U0816047

祁阳年鉴

2017

中共祁阳县委 祁阳县人民政府 主办

祁阳县党史地方志征集编纂办公室 编

方志出版社
Publishing House of Local Records

图书在版编目（CIP）数据

祁阳年鉴．2017/祁阳县党史地方志征集编纂办公室编．—北京：方志出版社，2017.12

ISBN 978-7-5144-2846-9

Ⅰ.①祁… Ⅱ.①祁… Ⅲ.①祁阳县—2017—年鉴
Ⅳ.①Z526.44

中国版本图书馆 CIP 数据核字（2017）第 321684 号

祁阳年鉴（2017）

编　　者：祁阳县党史地方志征集编纂办公室
责任编辑：顾洁

出 版 人：冀祥德
出 版 者：方志出版社
地址　北京市朝阳区潘家园东里 9 号（国家方志馆 4 层）
邮编　100021
网址　http：//www.fzph.org
发　　行：方志出版社图书经销中心
电话（010）67110500
经　　销：各地新华书店
印　　刷：衡阳顺地印务有限公司

开　　本：889×1194　　1/16
印　　张：27
字　　数：673 千字
版　　次：2017 年 12 月第 1 版　　2017 年 12 月第 1 次印刷
印　　数：0001～1000 册

ISBN 978-7-5144-2846-9　　**定价**：300.00 元

·版权所有　翻印必究·

《祁阳年鉴》编纂委员会

名誉主任	周新辉	县委书记
主　　任	金　彪	县委副书记、县长
副 主 任	陈　莉	县委常委、常务副县长
	唐明生	县委常委、县委办主任
委　　员	张学明	县政府办主任
	何志刚	县人大办主任
	张松柏	县政协秘书长、政协办主任
	唐　军	县委办副主任
	桂健新	县政府办工会主席
	李新建	县人武部政工科科长
	赵作琦	县纪委副书记、监察局局长
	曾　鑫	县委组织部副部长
	唐书东	县委宣传部副部长
	黄荣升	县委统战部副部长
	郭升平	县委政法委副书记
	张　平	县史志办主任
	王晓毛	县史志办副主任

《祁阳年鉴》编辑部

主　　编	张　平	
副 主 编	周红生	王晓毛
编　　辑	周　娟	李　斌

《祁阳年鉴》编辑说明

一、《祁阳年鉴（2017）》以马克思列宁主义、毛泽东思想、邓小平理论、“三个代表”重要思想、科学发展观、习近平新时代中国特色社会主义思想为指导，坚持辩证唯物主义和历史唯物主义的立场、观点和方法全面记载 2016 年度全县各部门、各行业等方面的主要工作、重大事件，收录若干文献和资料，反映祁阳经济建设和社会发展以及改革开放的新成就、新经验，所载的资料客观、翔实，是社会各界了解祁阳的百科式全书。

二、《祁阳年鉴（2017）》采用分类编辑法，以条目为主要记事形式。设类目、分目、条目三个层次。类目和分目设置的原则是以事分类。用字体、字号设计区别不同层次；条目中的一级标题用黑体加【】号表示。

三、《祁阳年鉴（2017）》资料由各单位撰稿人提供，并由供稿单位负责人审核，由年鉴编辑部编辑、审校。在采编过程中，力求内容真实，注重资料性、实用性和可读性。统计资料由统计部门提供，气象水文资料由气象局和水文局提供。有些数据由于统计口径不同等原因，与统计部门公布的数据不尽一致，请读者在查阅和引用时注意鉴别。

四、《祁阳年鉴（2017）》所录省、市驻祁单位和市县管理干部名单以 2016 年 12 月 31 日任职为准，有多个职务的，原则上只列主要职务。

祁阳县行政区划图

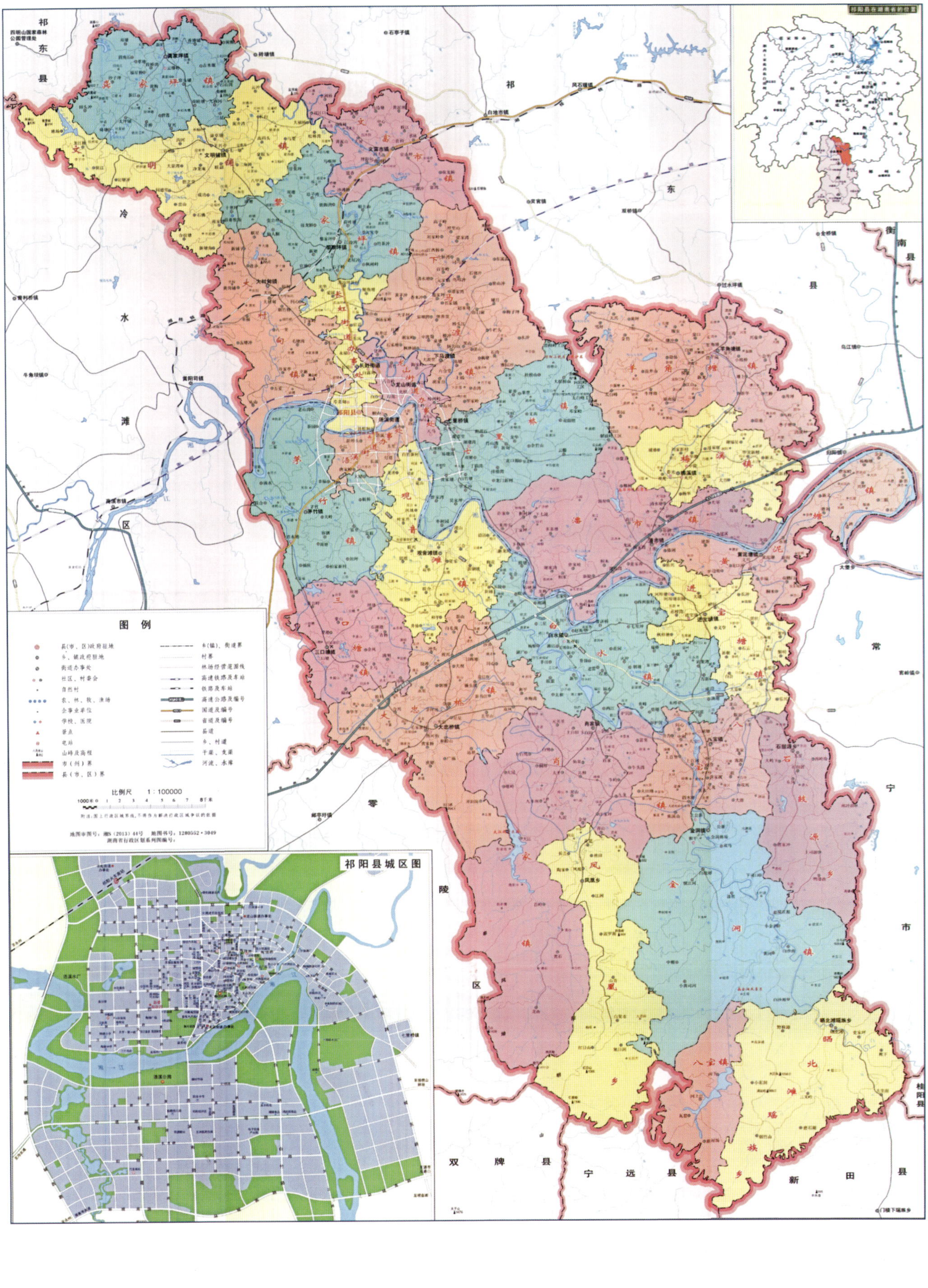
祁阳县在湖南省的位置
祁阳县城区图
图例
县(市、区)政府驻地
乡、镇政府驻地
街道办事处
社区、村委会
自然村
农、林、牧、渔场
企事业单位
学校、医院
景点
电站
山峰及高程
市(州)界
县(市、区)界
乡(镇)、街道界
村界
林场经营范围线
高速铁路及车站
铁路及车站
高速公路及编号
国道及编号
省道及编号
县道
乡、村道
干渠、支渠
河流、水库
比例尺 1:100000
1000米 0 1 2 3 4 5 6 7 8千米
附注:图上行政区域界线,不得作为解决行政区域争议的依据
地图审图号:湘S(2013)44号 地图书号:1280552·3049
湖南省行政区划系列图编号:
祁东县
祁东县
冷水滩区
零陵区
双牌县
宁远县
新田县
常宁市
衡南县
桂阳县
晒北滩瑶族乡
八宝镇
凤凰乡
金洞镇
石鼓源乡
白水镇
大忠桥镇
三口塘镇
进宝塘镇
黄泥塘镇
潘市镇
羊角塘镇
观音滩镇
茅竹镇
文明铺镇
黎家坪镇
文富市镇
下马渡镇
大村甸镇
肖家镇
梅溪镇
七里桥镇

①

②

③

①3月8日，省人大常委会副主任、省总工会主席刘莲玉（前中）到祁阳调研

②12月8日，省林业厅党组书记、厅长邓三龙（左一）到祁阳大江林场考察石斛基地

③5月19日，省司法厅党组书记、厅长谈敬纯（中）一行到祁阳调研司法行政工作

①

②

③

①12月20日，市委书记李晖（右二）到祁阳县城乡、企业、项目工地和农业产业化基地调研经济社会发展情况，督查精准扶贫和安全生产工作

②4月5日，市委书记陈文浩（右三）到祁阳新塘角村调研，进一步推动该村各项工作的开展，加快精准扶贫目标的实现

③5月17日，市委副书记、市长易佳良（左一）深入祁阳部分重点企业和乡镇调研工业企业和乡村旅游工作

8月29-31日，中共祁阳县第十二次代表大会召开，周新辉当选县委书记。

县委书记周新辉在党代会上作工作报告

县委副书记、县长金彪在人大会上作政府工作报告

县人大常委会主任邓晓阳在人大会上作报告

11月25-28日和26-29日分别召开政协祁阳县第十届委员会第一次会议和祁阳县第十七届人民代表大会第一次会议，金彪当选为县人民政府县长，邓晓阳当选为县人大常委会主任，郑增敌当选为县政协主席。

县政协主席郑增敌在政协会上作报告

①1月19日上午，祁阳举行阿里巴巴农村淘宝项目集中上线暨服务中心开业庆典

②3月30日，广东温氏食品集团股份有限公司总投资5.2亿元的一体化生猪养殖项目落户祁阳，图为签约仪式

③8月27日上午，黎（家坪）马（坪）公路祁阳段在祁阳县大村甸镇大村甸村开工

④9月5日，县民政局慈善总会、县慈善义工协会等单位联合在白竹湖广场开展以《慈善法》颁布实施为主题的宣传活动。县慈善总会主要是通过社会的募捐资金来实行扶贫、助残、助学，为困难群众排忧解难

12月1日，为个体工商户黄中华颁发永州市首张个体工商户“两证整合”（即营业执照和税务登记证改为加载法人和其他组织统一社会信用代码的营业执照）营业执照

11月6日，县委、县政府举行重大项目发布会，21家央企、39家大型国企、14家上市公司还有港资企业、500强企业、祁阳外地商会、金融机构以及中央省市新闻媒体等143家单位800余人参加了发布会。会上发布重大项目56个，总投资达675亿元，内容涵盖祁阳经济社会发展众多领域，深度激发社会资本投资兴业的“兴奋点”

11月7日至11月13日，祁阳县全县612名村（社）、非公企业、社会组织党组织书记分三期进行集中培训

12月11日，永州祁剧文化研究会成立仪式在白水镇竹山村举行

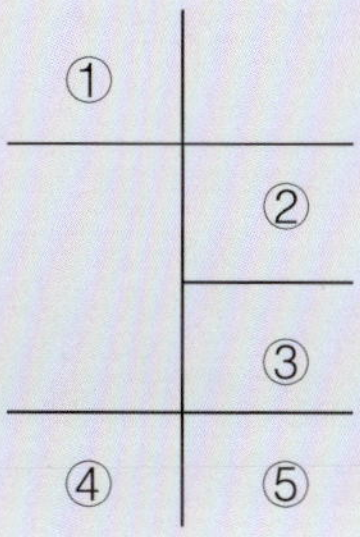

①为建设美丽幸福新祁阳，10月9—10日，县党政代表团先后到永州中心城区、宁远、江华、道县就城市规划建设管理、城建投管理运营、招商引资、发展云计算大数据产业、美丽乡村建设、重点项目征地拆迁、安置房建设等工作进行考察学习

②8月12日，祁阳县召开全县安全生产工作集体约谈会议。近年来，县委、县政府始终把安全生产工作摆在重要位置，以对人民群众极端负责的精神，全力维护抓好安全生产各项工作，为全县改革发展稳定大局创造更好环境

③8月23日，召开祁阳葆春慈善基金会2016年度奖励暨资助大会，共发放奖优助困资金及资助农村公益事业21万元

④10月17日，全市美丽乡村环境整治推进会在祁阳召开

⑤6月30日，祁阳县举办纪念中国共产党建党95周年暨红军长征胜利80周年“青春向党，公益同行”徒步活动，并为文明铺镇中心小学、肖家镇中心小学等6所乡村小学捐助8000元“微益中国”公益基金

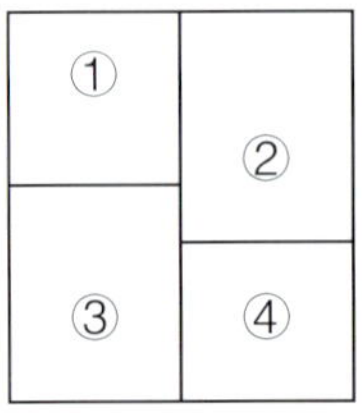

①9月7日，祁阳县举行2016年易地扶贫搬迁工程集中安置小区建设项目签约仪式，共确定易地扶贫搬迁规模为269户793人

②11月，祁阳全面启动机关单位“拆墙透绿”工程。拆除围墙后，各机关单位由原来的“封闭式”办公转变为“开放式”办公，各单位绿化“私地”将成为居民休闲“公地”，拉近了与百姓之间的距离

③11月23日，祁阳县畜禽养殖废弃物综合处置与资源化利用示范项目在十里坪畜牧场开工

④10月18日，祁阳县分别与大唐新能源广西公司和湖南湘安新能源科技有限公司签约祁山山脉风力发电项目和文明铺镇豪冲光伏发电项目。两个项目装机容量约16万千瓦，总投资约16亿元

目　录

特　载

大　事　记

祁阳概况

中共祁阳县委员会

祁阳县人大常务委员会

祁阳县人民政府

政协祁阳县委员会

社会团体

军　事

法　治

综合经济与管理

农 业 经 济

商业·贸易

国土环保·城建城管

交通·通信

财税·金融

教　　育

文化·卫生·体育

社会管理与服务

镇乡办场概况

金洞管理区

主要统计资料

附　　录

特　　载

团结实干　跨越争先
为建设美丽幸福新祁阳而努力奋斗

——在中国共产党祁阳县第十二次代表大会上的报告

县委书记　周新辉

（2016年8月29日）

中国共产党祁阳县第十二次代表大会，是在“十三五”规划开局之年召开的一次十分重要的会议。大会的主题是：团结实干、跨越争先，为建设美丽幸福新祁阳而努力奋斗。确定这一主题，是历史发展的必然选择，是时代赋予的神圣使命，是全县人民的共同心愿。

一、过去五年的工作回顾

县第十一次党代会以来的五年，是祁阳发展史上很不平凡、卓有成效的五年。五年来，面对错综复杂的经济形势和艰巨繁重的改革发展稳定任务，我们紧密团结和依靠全县人民，攻坚克难，奋力拼搏，圆满完成了县第十一次党代会确定的目标任务，书写了赶超崛起、科学发展的精彩篇章。

（一）综合实力实现质的飞跃。2012年，县域经济综合实力挺进全省20强。2014年，全县地区生产总值、财政总收入分别历史性突破200亿元、10亿元关口，2015年分别达到240亿元、12.9亿元。三次产业结构比由2010年的22.4：36.7：40.9调整为2015年的18.6：39.0：42.4，构建了初具祁阳特色和比较优势的现代产业体系。新型工业稳步提升。2015年，全县实现规模工业总产值184.4亿元、增加值51.3亿元，年均增长24.2%、15.1%；规模企业达到104家，其中年产值过亿元企业64家、过5亿元企业11家。获评全省发展非公有制经济和中小企业先进县。祁阳经开区实现规模工业总产值160亿元，成为全市首个县级百亿园区，被列为全省推进新型工业化产业示范基地、特色经济园区、首批“飞地”经济试点园区。现代农业强力推进。粮食生产稳定发展，实现十二连增。农业产业化进程加快，培育市级以上龙头企业26家、“中国驰名商标”4个、“湖南名牌”7个，发展专业合作社524家。我县被列为全国农业社会化服务体系创新试点县，保持全国粮食生产先进县、生猪调出大县荣誉称号，获评全省特色县域经济重点县、粮食生产标兵县、农业产业化先进县、产油大县，国家级现代农业示范园落户祁阳。第三产业加快发展。文化旅游融合提速，龙溪李家大院被评为国家AAA级景区，入选全国重点文物保护单位、中国历史文化名村、第一批全国文化传统村落保护名录；陶铸事迹陈列馆被列为国家国防教育示范基地；乡村休闲旅游日渐火爆。现代金融业阔步前行，县信用联社成功改制为祁阳农商银行，祁阳村镇银行、华融湘江银行祁阳支行挂牌营运。健康养老产业初具规模，房地产消费总体平稳，电子商务、汽车珠宝成为消费热点，信息、文化等消费持续扩大，专业市场、物流园区建设提质提速。获评全国电子商务进农村综合示范县。

（二）改革开放取得重大突破。积极开展先行先试，大力推动创新创造，重要领域和关键环节改革有力有序有效。稳步实施行政管理体制和政府机构改革，“三清单一目录”（权利清单、责任清单、投资准入负面清单、投资项目目录）管理制度全面推行，行政效能持续提升，乡镇区划调整工作被评为全省先进。大力实施商事制度改革，探索建立“宽准入、严监管”的新机制，极大地激发了全社会创业热情、规范优化了市场环境。纵深推进农村产权制度改革，农村土地承包经营权确权登记颁证工作经验被全省推广。在全省成立首家县级农村建设投资开发有限公司。率先完成国有林场改革工作。社会治理机制改革落地见效，以社区党工委为核心的“一委一会一办三站”社区组织体系组建到位。财税、投融资体制不断完善，住房保障、医疗卫生、教育、文化等领域改革取得实质性进展。对外开放、区域合作不断深化。五年来，全县共引进各类项目284个，到位外资5亿美元，内联引资216亿元。成功引进华能集团、华润集团、广垦集团、阿里巴巴、千山药机、湘粮集团、红星美凯龙等一批战略投资者。千山医疗器械、海螺水泥、凯盛鞋业、湘江稀土、东骏纺织、凯迪生物质发电等一批重大工业项目相继建成投产。外贸实绩企业达到25家，2015年实现外贸进出口总额2亿美元，是2010年的4.6倍。连续三年被评为全省发展开放型经济先进县。

（三）城乡面貌发生可喜变化。五年累计完成固定资产投资948亿元，是前五年的2.4倍，被评为全省固定资产投资先进县。城镇建设迈开大步。县城建成区扩容8平方公里，总面积达到28平方公里。“一江两岸、一轴五星”发展格局初步形成。入列国家智慧城市试点县、全省新型城镇化试点县、全省撤县设市重点县。保持省级文明县城称号。全面启动创建国家卫生县城工作，城镇品位和功能日益提升。加快以建制镇为重点的小城镇建设，黎家坪镇、白水镇被列为全国重点镇。全县城镇化率达47%，比2010年提高7个百分点。美丽乡村建设深入推进。建设小康示范村166个，创建全省新农村建设示范村4个，被评为全省新农村建设先进县、全省“芙蓉杯”水利竞赛先进县。基础设施建设全面加强。湘桂高铁投入运营，祁阳跨入“高铁时代”。祁冷快线建成通车。浯溪水电站、湘祁水电站、祁阳新火车站、沿江路风光带、浯溪污水处理厂、三水厂扩能改造等项目建成投用。县城供电台区、农村电网改造升级。通讯网络升级换代，“三网”融合步伐加快，宽带迈入“百兆”时代。生态环境持续优化。淘汰落后产能企业85家，“三高”产业规模工业总产值占比下降40%。森林覆盖率达60.4%，全国绿化模范县创建通过国家验收。全面实施水域综合治理，地表水、饮用水全部达到国家标准。矿产资源开发秩序进一步规范，矿产资源综合利用水平不断提升。新建城镇污水处理厂4个，县城污水处理率达85%；全县垃圾无害化处理率90%以上。农业面源污染和养殖业污染治理取得实效。

（四）人民生活获得极大改善。民生福祉全面提升。2015年，全县用于民生的财政支出达34.8亿元，是2010年的2.4倍，占总支出的84.6%。城乡居民收入分别达到23809元、10861元，年均增长9.4%、11.5%。就业和社会保障体系更加完善，新增城镇就业3.4万人，新增农村劳动力转移就业4.5万人。五项社会保险扩面征缴，社会养老保险实现城乡居民全覆盖。新农合参合率达99.96%，县、镇两级医疗机构实际报账比例分别达到70.2%、88.5%。城乡低保、农村五保、社会救助水平进一步提高，保障性住房建设和农村危房改造加快推进，就业、民政、保障性住房等工作被评为全省先进。累计投入资金20余亿元，解决了2.1万户住房困难家庭的居住问题、4.2万人的脱贫问题、35万人的饮水安全问题，获评全省为民办实事先进集体。社会事业加快发展。科技对经济增长的贡献率达到54%，被评为全省科技成果转化示范县、可持续发展实验区、知识产权示范创建县，保持全国科技进步先进县、科普示范县称号。教育强县建设加快推进，各类教育协调发展，教育质量持续提升，累计输送一、二批本科生近万人，8人被清华北大录取，高考各项指标全市领先，祁阳一中跻身全省示范性高中第一方阵，县职业中专晋升为国家改革发展示范学校、湖南省卓越中职学校，我县被评为全国“两基”工作先进单位、职业教育先进单位、农村职成教育示范县和全省建设教育强县先进集体。文化体制改革完成阶段性任务，文化站和农家书屋分别实现镇、村全覆盖。文化市场综合执法力度加大，新闻宣传再创佳绩，群众文体活动丰富多彩，传统文化传承保护工作得到加强。一批重大文化体育项目竣工投用。县级公立医院改革有序推进，基本药物制度全面推行，食品药品管理体制改革平稳实施。人口计生工作迈上新台阶，被评为全国计划生育优质服务先进县。国防动员、国防教育、人民防空和民兵预备役工作水平提高。社会治理有效加强。社会治安形势不断向好，人民群众安全感明显提升。矛盾纠纷排查调处有力，信访形势日益好转。安全生产形势持续稳定，连续5年获评全省安全生产工作先进县，被命名为全省安全生产示范县。

（五）党的建设取得新的成就。这五年，我们坚持党要管党、从严治党，党的执政能力建设和先进性不断加强。坚定了党员干部的信念。坚持和完善各级党委（党组）中心组学习制度，广泛开展中共十八大和十八届三中、四中、五中全会精神及习近平总书记系列重要讲话精神等学习教育活动，大规模实施干部教育培训，学习型党组织建设迈出新步伐，全县党员干部理想信念更加坚定、党性修养进一步提高。开创了和衷共济的局面。县委常委会注重加强自身建设，坚持总揽全局、协调各方，既讲原则又讲团结，自觉绷紧政治纪律这根弦，强化组织纪律和程序观念，认真贯彻落实民主集中制，与人大、政府、政协班子坦诚相待，相互支持，形成了良好的干事创业氛围。营造了风清气正的环境。深入开展创先争优、党的群众路线教育实践活动、“三严三实”专题教育和“两学一做”学习教育，全力反“四风”、改作风，全县干部作风持续好转；全力推动“两个责任”落地见效，坚持以“零容忍”态度惩治腐败，及时查办了一批违纪违法案件，立案378件，给予党纪、政纪处分395人，风清气正的政治生态和创业环境正在形成。汇聚了一体同心的力量。牢固树立重品行、重实绩、重基层的用人导向，坚持用好干部标准选“好干部”、配“好班子”；深入推进“三超两乱”（超职数配备干部、超机构规格提拔干部、超审批权限设计机构、擅自提高干部职数待遇、擅自设置职务名称）专项治理，认真抓好县镇两级换届工作，班子结构不断优化，活力不断增强。率先在全省创建“智慧党建”信息平台，扎实开展“基层组织建设年”活动，全面推动人财物向基层倾斜，大力整顿软弱涣散村党组织，基层党组织战斗堡垒作用不断强化。我县被列为全省基层党建工作示范县创建单位，小江村党支部被评为全国先进基层党组织。充分发挥宣传思想工作提神鼓劲作用，为经济社会发展提供强大的舆论支持、思想保证和精神动力。进一步加强民族、宗教、对台、侨务和老干部工作，重视发挥工青妇等各类团体和机关事务、保密、党校、编制、档案、史志等单位的作用，充分调动方方面面的积极性，凝聚了干事创业的强大合力。

奋斗的历程充满艰辛，积累的经验弥足珍贵。五年来，祁阳共获得国家级荣誉称号25项、省级荣誉称号58项，粮食生产、安全生产等10余项工作得到国家或省级肯定。我们深深体会到，全县各项工作之所以有今天的局面，主要得益于：始终坚持解放思想，确立了科学的发展思路；始终坚持把握大势，抢抓了难得的发展机遇；始终坚持项目带动，蓄积了充足的发展动能；始终坚持改革创新，践行了务实的发展作为；始终坚持改善民生，贯彻了以人为本的发展要求；始终坚持党建引领，提供了坚强的发展保障。

各位代表、同志们！过去五年成绩的取得，关键在于有省委、市委的坚强领导，关键在于离退休老领导老同志和各条战线、各界人士的信赖支持，关键在于历届领导班子团结和带领全县人民的不懈努力。在此，我代表中共祁阳县第十一届委员会，向所有关心、支持、参与祁阳建设和发展的同志们、朋友们，表示崇高的敬意和衷心的感谢！

在肯定成绩和进步的同时，我们也必须清醒地认识到存在的困难和问题。主要是：经济总量不大、经济结构不优，要素瓶颈破解不力；社会事业欠账较多，民生改善任务较重，精准扶贫任务艰巨，社会治理难度较大；经济发展环境有待改善；少数党委（党组）管党治党的主体责任落实不力，没有管到位上、严到份上；少数基层党组织软弱涣散、核心作用不强；少数党员干部党员意识不强、状态不佳、作风不实、能力不足，为官不为、为官慢为甚至胆大妄为，影响了党的形象。对这些问题和挑战，我们必须增强忧患意识，坚持问题导向，采取切实有效的措施加以解决。

二、今后五年工作的指导思想和奋斗目标

今后五年，是祁阳全面建成小康社会的决胜期、实现经济转型升级的攻坚期。登高方可望远，谋势才能布局。放眼全球观趋势，世界经济在深度调整中曲折复苏，新一轮科技革命和产业变革蓄势待发，外部环境中不确定不稳定因素增多，但总体上有利于发展，特别是世界多极化、经济全球化、文化多样化、社会信息化深入发展，为我们更大范围、更高层次聚合资源，带来了良好机遇。环视国内观大势，当前和今后一个时期，我国经济虽然面临复杂的内外环境和较大的下行压力，但经济发展长期向好的基本面没有变，新型工业化、新型城镇化、农业现代化和信息化同步推进孕育着巨大发展潜能，创新、协调、绿色、开放、共享发展理念的提出，为我们破解发展难题、形成后发优势提供了遵循；国家层面“中国制造2025”、“互联网+”行动计划、供给侧结构性改革、大众创业万众创新、精准扶贫等一系列重大举措的出台，为我们发展新经济、培育新动能提供了难得机遇；省委省政府支持湘南承接产业转移示范区建设、支持永州建成对接东盟的桥头堡，为我们承接产业转移、增加有效投入创造了有利条件；新一轮区域竞争日益激烈，“百舸争流、不进则退”的形势更加严峻。立足县情观态势，祁阳人杰地灵、物华天宝，干部群众品质淳朴、务实重干。更为重要的是，经过多年来持续打基础、蓄后劲，我县后发优势更加明显。只要我们在应对挑战中把握机遇、在克服困难中主动作为，全力以赴提升发展实力、激活发展潜力、汇聚发展合力，祁阳就一定能够在争先中实现科学发展、在跨越中实现快速崛起！

今后五年，全县工作的指导思想是：高举中国特色社会主义伟大旗帜，全面贯彻中共十八大和十八届三中、四中、五中全会精神，深入

贯彻习近平总书记系列重要讲话精神，紧紧围绕打造经济强县、决胜全面小康、实现撤县设市三大战略目标，牢固树立创新、协调、绿色、开放、共享五大发展理念，始终坚持“团结实干、跨越争先”工作总基调，把项目作为第一抓手、园区作为第一战场、开放作为第一选择、民生作为第一取向、党建作为第一保障，大力实施创新强县、产业富县、文教兴县、生态立县、依法治县五大发展战略，全面建设美丽幸福新祁阳。

今后五年，全县主要奋斗目标是：

——经济实力更强。GDP 年均增幅保持 8.5%左右。固定资产投资、社会消费品零售总额与规模工业增加值分别年均增长 16%、12%和 10%。财政总收入年均增长 15%以上。产业发展更加协调，三次产业结构调整为 13∶44∶43。成功跻身全省经济强县行列。

——发展品质更优。教育、文化、医疗等公共服务体系更加完善，基本公共服务均等化水平提高，劳动人口受教育年限明显增加，文化软实力持续提升，全民素质普遍提高。创新能力明显增强，创新成果不断涌现。开放型经济水平全面提升。

——文明程度更高。治理体系和治理能力现代化水平取得重大进展。人民民主不断扩大，法治政府基本建成，司法公信力明显提高。廉政工作取得扎实成效，党的建设制度化水平显著提高。

——城乡环境更美。生态环保机制日益健全，低碳绿色生产方式和生活方式基本形成。城镇化率达 56%，城乡区域发展的协调性继续提高，城乡更加宜居宜业宜游。成功创建国家卫生县城、国家园林县城，实现撤县设市。

——人民生活更好。民生得到切实改善，人民群众幸福感大幅提升。就业稳步增长。社会保障体系更加健全完善，人民健康水平不断提升。城乡居民人均可支配收入大幅上升。现行标准下农村贫困人口全部脱贫。如期全面建成小康社会。

今后五年，全县工作的总遵循是：践行创新、协调、绿色、开放、共享五大发展理念。创新是引领发展的第一动力，协调是持续健康发展的内在要求，绿色是永续发展的必要条件，开放是繁荣发展的必由之路，共享是中国特色社会主义的本质要求。我们必须深刻领会、积极践行五大发展理念，以理念领先带动发展争先。

今后五年，全县工作的总基调是：团结实干、跨越争先。团结实干，就是要始终坚持“团结就是生命、团结就是胜利”的工作信念，大力弘扬“干部就要干事、做事绝不作秀”的务实精神，凝心聚力、同心同向、真抓实干、大干苦干，努力干出一个大变化、干出一番新天地。跨越争先，就是要强化“大县要有大气魄”“大县要有大作为”的意识，始终把“永州率先、全省领先、全国争先”作为全县各项工作的基本取向，敢于担当，砥砺奋进，勇争一流，在跨越争先的拼搏中争得祁阳地位、展现祁阳风采。

今后五年，全县工作的总要求是：坚持把项目作为第一抓手、园区作为第一战场、开放作为第一选择、民生作为第一取向、党建作为第一保障。项目支撑未来。必须坚持将项目建设作为推动跨越争先发展的核心抓手，创新思维谋划项目，全力以赴争取项目，挂图作战推进项目，主动服务保障项目，以大项目、好项目推动祁阳发展行稳致远。聚集产生力量。必须坚持抓重点、重点抓的工作方法，举全县之力主攻工业园，建好农业园、物流园，发挥园区的聚集、示范和带动效应。开放带来机遇。必须坚持以更广阔的视野、更开放的心态谋划祁阳未来，把开放大门打得更开，把开放步伐迈得更大，着力打造湘南开放发展新高地。民生体现宗旨。必须坚持以人民为中心的发展思想，把增进人民福祉、促进人的全面发展作为一切工作的出发点和落脚点，坚定不移保障和改善民生。党建引领方向。必须坚持党委总揽全局、协调各方，充分发挥各级党委（党组）领导经济社会发展的核心作用，全面从严治党、依规治党，为发展提供坚强的组织保证。

各位代表、同志们，“凡是过去，皆为序章”。祁阳的发展前后相续，今天的奋斗将成就明天的荣光。“为者常成，行者常至”。当历史的航船驶入建党100周年，我们的祁阳，必将成为一个创新驱动、活力迸发的新祁阳，产业发达、经济繁荣的新祁阳，文教兴盛、人民幸福的新祁阳，山清水秀、生态良好的新祁阳，法治昌明、治理有序的新祁阳！

三、努力实现经济社会发展新跨越

未来五年，我们一定要扭住关键，聚焦重点，着力实施“五大战略”，推动经济社会跨越发展。

（一）着力实施创新强县战略

创新是引领发展的第一动力。实施创新强县战略，就是要切实提高创新发展能力，努力建设创新驱动、活力迸发的“智慧祁阳”。

1. 培育发展新动力。发挥科技创新在全面创新中的引领作用，加快实现发展动力转换。突出企业创新主体。完善以企业为主体、市场为导向、产学研紧密结合的技术创新体系，加快推动创新资源向企业集聚，创新人才向企业流动，创新政策向企业倾斜，培育和发展一批创新型企业。引导和支持企业加大研发投入，鼓励企业联合高校、科研院所、央企等共建研发机构，建立健全产业技术创新战略联盟。全力支持本土企业掌握核心技术，培育自主品牌，提升企业核心竞争力。到2020年，规模以上企业普遍建立技术创新机构。精心构筑人才高地。进一步完善人才政策，用好本地人才、引进紧缺人才、培育优秀人才，加快由人力资源大县向人才强县、由“民工大县”向“技工大县”迈进。完善创业创新服务。搭建创新创业公共服务平台，扎实推进经开区小微企业创新创业园建设，打造全县小微企业创新发展的孵化器、转型升级的主平台。大力推广创客空间、创新工场等新型孵化模式。全面落实财税、金融、土地、用工等创新创业扶持政策。支持和鼓励新业态、新商业模式发展。

2. 释放发展新活力。始终坚持改革不停步、开放不止步，不断增强发展活力。全面深化改革。坚决落实改革任务。深化行政管理体制改革，持续推进“放管服”改革，大力推行“互联网+政务服务”；深化土地和农村产权制度改革，促进农村土地产权和林权等有序流转；深化社会治理机制改革，提高社会治理能力和水平；深化结构性改革，在供需两端发力的同时，更加注重供给侧结构性改革，积极培育新的发展动能。切实抓好改革试点。积极争取国家、省级、市级层面的改革试点机会，充分用好试点政策赋予的先行先试权，当好改革“先行军”，真正把“试点”做成“示范”。主动进行改革探索。聚焦我县发展过程中迫切需要解决的根本症结，坚持“非禁即可”，实施一批自主创新改革事项，努力形成改革先发优势。对项目用地、企业用工、拆迁安置等难题，要逐一进行分析、研究，想方设法加以解决，扫除发展的“绊脚石”。扩大对外开放。主动适应开放发展的大趋势，坚持把招商引资作为经济工作的重中之重，大力开展产业链招商、以商招商、全员招商、环境招商等，努力引进一批产业层次高、带动能力强、税收贡献大的大项目、好项目。创新招商体制机制，着力构建专业化、市场化、精准化招商格局。搭建“引老乡回故乡建家乡”的平台，吸引祁阳籍人才回乡投资兴业。推进外贸发展转型升级，提升对外经济合作水平。力争到2020年，外贸进出口总额突破5亿美元；利用内、外资年均增长20%以上。

3. 打造发展新平台。城镇是经济发展和社会活动的主要平台和载体。要坚持以现代城市的标准规划祁阳、建设祁阳、管理祁阳，努力将祁城建成发展升级的大平台、潇湘城市群的战略支点。力争县城建成区面积拓展到34平方公里以上、人口达到33万人以上。要精心规划。着眼撤县设市，依据县城总体规划，加强城市设计，精心编制好各个专项规划和控制性详规，科学谋划城市“成长坐标”。要精致建设。抓好道路畅通、旧城改造、市场建设、地下综合管廊、给排水、车站等重点工程，连片开发原种场片区、杨梅湖片区、高铁新城片区，提高城市承载能力。突出“滨水之城、文化之城”的城市特色，精心打造标志性建筑、重要节点、特色街区，充分彰显祁城个性魅力。建设智慧城市、海绵城市、园林城市。大力实施旧住宅区、旧厂区、城中村改造和拆除违法建筑“三改一拆”行动，改善城市品质。要精细管理。推进城市数字化管理，发展民生服务智慧应用，深化城市管理体制改革，推进城市管理高效、服务便捷，全面提升市民素质，让城市更加宜居美好，争创国家卫生县城。在做大做强县城的同时，按照突出重点、彰显特色、引领示范的原则，着力培育一批工业强镇、商贸重镇、旅游名镇等特色小城镇，带动农业现代化和农民就近城镇化。加强小城镇规范化管理，彻底改变小城镇脏乱差的面貌。强化城乡统筹发展，全面推进美丽乡村建设。科学规划村镇建设、农田保护、村落分布、生态涵养等空间布局。开展农村人居环境整治行动，建制村基本完成村庄人居环境整治任务。发展农村中心社区，推进平安乡村建设。加快推进城乡公交一体化建设，扩大农村班车覆盖面。建设农村文化礼堂，打造农民精神文化家园。以农耕文化为魂，以美丽田园为韵，以生态农业为基，以古朴村落为形，推动美丽乡村建设与发展休闲农业、乡村旅游有机融合、相互促进，大力发展田园观光、农事体验、户外拓展、特色民宿等新型乡村旅游休闲产品，让更多市民到乡村体验慢生活。

祁阳撤县设市，对加快祁阳科学发展、造福全县人民具有重大现实意义和长远战略意义，是全县百万人民的迫切愿望和要求。要聚万众之力、集全民之智，全力推进撤县设市各项工作，争取早日实现全县人民的“建市梦”。

4. 提升发展新势能。围绕经济社会发展的薄弱环节和关键领域，新上一批事关长远发展的重大项目，以大项目聚合跨越争先新势能。力抓一批重大产业项目。全面建成康都膳食、电子信息产业园、自然韵黑茶、广垦农业产业化基地、王府坪市场改扩建工程、浯溪公园扩园和浯溪小镇开发等项目，增创产业发展新优势。谋划建设湘粮银光粮油产业园、湘江稀土产业园、广垦国际农产品物流园、祁阳火车站综合物流园、祁阳国际汽车城等一批特色项目，切实提升产业发展水平。力抓一批重大基础设施项目。建设综合交通网，配合推进衡永高速公路、湘桂铁路既有线电气化改造等项目建设，动工建成环城大道、祁阳大道延伸工程、灯塔路跨湘江大桥、祁阳港区千吨级港口码头及航道等一批重大工程，完成黎马公路、S236羊角塘到潘市二级公路等干线公路建设，提质改造农村公路1000公里，完成危桥改造、渡改桥项目51个。争取祁阳大道今年底全线拉通，明年建成通车。完善水利设施网，推进河道治理、城市防洪、除险加固、续建配套、节水改造、农田水利、安全饮水等工程建设，兴建日供水6.1万吨的大村甸水厂，新建东方红水库等一批水源工程，加快大江灌区等中型灌区续建配套与节水改造，加快衡邵干旱走廊治理和高标准农田建设。构筑能源保障网，加快推进风电、光伏发电项目建设，安全有序发展小堆核电，完成城西和白竹110KV变电站、茅竹和龚家坪35KV变电站建设，抓好城市和农村电网改造升级；推进“气化祁阳”工程。打造现代通信网，实施城市基础设施网络完善工程和宽带乡村工程，推动宽带接入光纤化改造，推进第四代移动通信和免费高速无线局域网建设，加快构建高速、移动、安全、泛在的新一代信息基础设施。加快智慧城市公共信息平台和应用体系建设，建设智慧城管、智能管网、智慧医疗、智慧教育等系统，使公众分享智慧城市建设成果。力抓一批重大民生项目。重点抓好易地扶贫搬迁、教育提质均衡工程、教师住房建设、棚户区改造、养老服务机构建设、祁阳文化会展中心等民生项目，让人民群众有更多的获得感、更多的幸福感。

（二）着力实施产业富县战略

产业是发展之基、强县之源。实施产业富县战略，就是要着力健全现代产业体系，全面提升我县产业综合实力和市场竞争力，加快打造产业发达、经济繁荣的“实力祁阳”。

1. 挺起新型工业脊梁。牢固树立工业首位意识，加快工业转型升级步伐。到2020年，力争全县工业总产值突破400亿元、规模工业增加值突破100亿元，跻身全省工业经济强县行列。力促产业“中高端”。积极运用高新技术和先进适用技术改造提升食品、轻纺服饰、制鞋等传统优势产业，培育壮大电子信息、先进装备制造、生物医药、新能源、新材料等新兴产业，坚决淘汰落后产能，加快工业化、信息化融合，全力推动产业结构向中高端迈进。打造企业“小巨人”。全力支持产值高、贡献大、前景好的骨干企业做大做强，力争打造10家年产值过10亿元的标志性龙头企业、100家年产值1亿元以上的骨干企业；年均新增规模企业15家以上。大力支持和帮扶中小微企业健康发展。聚焦园区“主战场”。举全县之力支持祁阳经开区开发建设，以经开区新区为重点，坚持“工业新城、城市新区”的定位，突出基础设施的完善与配套，促进经开区建设提速、发展提质。力争到2020年，园区总面积达25平方公里、技工贸总收入突破600亿元、规模工业总产值达320亿元，建成国家新型工业化产业示范基地。

2. 争当现代农业示范。坚持以促进农业增效、农民增收为目标，加快建设现代农业产业体系、生产体系、经营体系，推动祁阳由农业大县向农业强县转变，争当全省现代农业示范县。加快构建现代农业产业体系。稳定发展粮食生产，大力发展优质稻，确保全国粮食生产大县地位不动摇。依托“中国油茶之乡”“全国生猪调出大县”等品牌优势，着力抓好油茶、油料、生猪、茶叶、蔬菜、水果等特色主导产业，扩展优质农产品基地，做大产业规模。突出抓好现代农业示范园建设，将其打造成全市乃至全省农业产业集成示范的样板、引领农业发展的标杆。促进和扶持龙头企业发展，提升农产品精深加工能力。力争五年内培育国家级、省级龙头企业5~8家。积极发展林下经济，推进农林复合经营。加快构建现代农业生产体系。坚持用现代设施、装备、技术手段武装农业，发展绿色生产，提高农业良种化、机械化、科技化、信息化水平。全县田间作业综合机械化程度达到62%；农业科技进步贡献率达到60%。实施“互联网+现代农业”行动。推进农业标准化生产，强化农产品质量安全监管，加强品牌培育，提升农产品质量安全水平。加快构建现代农业经营体系。着力构建以龙头企业为核心、农民专业合作社为纽带、专业大户和家庭农场为基础的新型农业经营组织联盟，提高农业经营的集约化、规模化、组织化水平。未来五年，培训新型职业农民10万人，新发展家庭农场800个、农民专业合作社600个。鼓励和支持工商资本投资现代农业。完善农业社会化服务体系。

3. 构筑三产发展高地。准确把握、科学应对全面进入高铁时代、融入永州中心城区半小时生活圈带来的机遇和挑战，大力实施“服务业升级计划”，奋力打造三产发展新高地。到2020年，力争完成第三产业增加值170亿元，实现社会消费品零售总额110亿元。提质发展商贸物流业。全力促进商贸流通业提档升级，加快大型专业市场和城市综合体建设，加快发展连锁超市、购物中心等现代商贸业态，以品牌服务、高端服务吸引消费。完善现代物流基础设施，积极发展第三方物流，努力将祁阳建成大湘南区域性物流中心。大力发展电子商务，抓好全国电子商务进村综合示范县建设，实现网货下乡和农产品上行双向流动。积极发展现代金融业。建设祁阳金融集聚区，推动金融产业集聚发展。积极引进各类金融机构入驻祁阳。鼓励金融机构推进金融产品和服务方式创新，更好地服务实体经济。大力发展普惠金融。鼓励发展互联网金融。加大企业上市培育力度，力争实现3~5家企业成功上市。加强金融监管，防范金融风险。推进民间融资阳光化。加快发展特色旅游业。迎接正在兴起的大众旅游时代，做好“古、绿、红”三篇文章，发展全域旅游，努力将祁阳建设成全国知名、全省一流的生态文化旅游目的地。突出抓好“百里湘江画廊”建设，汇聚山水田园、人文历史等资源禀赋，打造集中展示祁阳新形象的生态文化旅游长廊。新增1个AAAAA级、3个AAA级旅游景区。协调发展其它服务业。重点推动和支持教育、健康、养老、休闲、娱乐等与民生密切相关的服务业发展。促进房地产业持续发展，优化房地产业发展结构，引入碧桂园等大品牌房企，新上一批精品楼盘，提高房地产开发档次。

（三）着力实施文教兴县战略

教育成就梦想，文化引领未来。实施文教兴县战略，就是要坚持教育优先发展，加快提升文化软实力，统筹推进扶贫、就业、社保等民本民生工作，全面建设文教兴盛、人民幸福的“魅力祁阳”。

1. 努力办好人民满意教育。坚持教育优先。保证教育投入按比例逐年增长，未来五年力争建成中小学标准化学校30所，所有学校教学仪器设备满足教学需要，逐步实现教育现代化。加快教育城建设步伐，彻底解决城区学校“大班额”问题，切实满足人民群众对优质教育资源日益增长的需求。抓好县级领导和县直部门联系学校制度落实，全面推动各级各部门高效履行教育职责，努力形成“党以重教为先、政以兴教为本、民以助教为荣”的生动局面。打造教育品牌。大力发展学前教育，促进义务教育高位均衡，提升普通高中优质特色发展水平，加快发展现代职业教育，支持和规范民办教育发展。因地制宜实施“一校一品牌”工程，倾力在精细管理、校园文化、体艺特色等方面实现新突破。扎实推进“三名”工程，努力在各个学段创建一批名学校，培树一批名校长、名教师。大力支持祁阳一中进入全国普高学校100强，全面提升祁阳二中、祁阳四中、陶铸中学综合实力，加紧推进县职业中专中高职衔接发展，努力将县职业中专打造成全省乃至全国中职教育的一面旗帜，加速教育名县建设进程。推进教育改革。成立县教师发展中心，整合优质资源，强化教师培训，不断提升教师教书育人能力和水平。落实乡村教师支持计划，积极稳妥推进教师绩效工资增量改革，逐步提高教师经济待遇。深化教育管理和教学模式改革，对接发达地区先进经验，积极在集团化办学、学区制管理、教师“县管校聘”等方面走出一条具有祁阳特色的新路子。鼓励社会力量和民间资本提供多样化教育服务。促进教育公平。高度重视困难群体、特殊群体和进城务工、经商人员随迁子女受教育权利，完善学生资助政策体系，做到不让一个学生因家庭经济困难而失学；稳步发展特殊教育。加强和改进农村留守儿童、城乡流动儿童教育。

2. 擦亮特色文化品牌。坚持传承与发展并重，促进产业和事业共荣，努力将祁阳打造成湘南乃至湖南文化“版图”上的新坐标。着力弘扬先进文化。培育和践行社会主义核心价值观，创新载体和抓手，传承发展优秀传统文化，切实加强社会公德、职业道德、家庭美德、个人品德和未成年人思想道德建设，广泛开展文明单位、文明村镇、文明家庭等群众性精神文明创建活动，发挥新闻媒体、网上阵地和精神文化产品传播先进文化、育人化人的重要作用，以文化的浸润、道德的力量巩固清风正气、引领祁阳发展。着力发展文化事业。加快构建现代公共文化服务体系，推进图书馆、文化馆、美术馆、剧场、体育设施等建设改造，实现村级文体广场全覆盖。推进文化信息资源共享、农村电影放映、农家书屋等文化惠民工程，抓好直播卫星“户户通”、农村广播“村村响”等文化惠民工程建设。广泛开展群众性文化活动，着力推动文化精品创作和优秀文化人才培育。充分挖掘祁阳丰富的文化资源，加强浯溪碑林、祁剧、祁阳石、祁阳小调、祁阳渔鼓等文化遗产的传承保护，建好文化载体，讲好祁阳故事，使祁阳千年文化遗产能够让群众听得到、看得见、可感知、可触摸，让文化成为祁阳最有价值、最具竞争力的品牌和名片。切实加强文化市场监管，净化文化环境。着力壮大文化产业。积极发展文化旅游、文化创意、演艺娱乐、艺术培训等文化产业，丰富文化产品供给，扩大和引导文化消费。加快历史文化综合性项目开发，研究包装大型文化项目，着力将文化资源优势转化为文化产业优势。

3. 改善人民生活品质。着力补齐基本民生保障的短板，持续增进民生福祉。全面打赢扶贫攻坚硬仗。切实把脱贫攻坚作为头等大事和第一民生工程来抓，坚持精准扶贫、精准脱贫的基本方略，通过产业扶贫、搬迁扶贫、生态扶贫、教育扶贫、保障扶贫、基础扶贫等组合措施，推动贫困地区和贫困群众加快脱贫致富步伐。力争到2019年，实现全县建档立卡贫困人口全部脱贫、88个贫困村全部“摘帽”。大力实施就业惠民计划。完善就业创业服务体系，加强就业援助，开展贫困家庭子女、失学青少年、农民工、失地农民、失业人员、转岗职工、退役军人等免费接受职业培训行动，大力实施新生代农民工职业技能提升计划和一户一产业工人培训计划，完善创业扶持政策，鼓励以创业带动就业。加快完善社会保障体系。实施全民参保计划，基本实现法定人员全覆盖。完善职工养老保险个人账户制度，健全多劳多得激励机制。建立基本养老金合理调整机制。发展职业年金、企业年金和商业养老保险。不断完善工伤、失业保险制度。建立统一的城乡居民基本医疗保险制度，完善城乡居民大病保险制度。健全医疗保险稳定可持续筹集和报销比例调整机制，实行职工退休人员医保缴费参保政策。强化社会救助制度，统筹发展扶老、助残、救孤、济困、赈灾等社会福利事业。发展老龄事业，关爱老年人。完善住房保障体系，着力满足困难家庭基本需求。优化卫生健康服务。深化医药卫生体制改革，加强公共卫生服务，完善医疗服务体系，积极发展中医药事业，广泛开展全民健身运动，保障食品药品安全。实施全面“二孩”政策，促进人口均衡发展。统筹推进其他各项社会事业发展。

（四）着力实施生态立县战略

绿色是祁阳发展的最美底色。实施生态立县战略，就是要统筹生产生活生态，推进绿色惠民，保护好祁阳的蓝天碧水净土，建设山清水秀、生态良好的“绿色祁阳”。

1. 加强生态治理。加强大气污染防治，建设具备PM2.5监测能力的空气自动监测站，持续强化工地和道路扬尘、机动车尾气排放等主要污染源的监管和治理，提升空气质量优良率，让祁阳的天更蓝。坚持治污水、防洪水、排涝水、保供水、抓节水“五水共治”，落实湘江污染防治第二个“三年行动计划”；完善城乡污水处理设施，削减生活排污总量，基本消除城市黑臭水体；推进农村和集镇生活垃圾无害化处理；推进城乡供水一体化，强化饮用水源地保护，全面禁止水库投肥养鱼，让祁阳的水更清。加强土壤污染防治，强化工业污染场地治理、耕地重金属污染治理，加强农业面源污染防治；优先保护耕地土壤环境；推进实施“沃土工程”、农药化肥使用量零增长行动，开展秸秆、畜禽粪便无害化处理、资源化利用和农田残膜回收，让祁阳的地更净。

2. 开展生态创建。巩固和扩大全国绿化模范县创建成果，在公路边、铁路边、山边、河边等区域开展洁化、绿化、美化行动，筑牢生态屏障，争创国家级重点生态功能区。加强森林、湿地生态和生物多样性保护，争创浯溪国家湿地公园、挂榜山国家森林公园、大江省级森林公园；抓好废弃矿山复绿，大力开展森林小镇、秀美村庄创建，新建一批公园（小游园），形成城乡一体的“绿网”，扩大生态服务供给。到2020年，秀美村庄建设达标率达到95%以上。深入开展绿色家庭、绿色社区、绿色学校等系列绿色创建活动，使生态文明的理念深入人心，使生态保护成为全县广大人民群众的价值取向。

3. 发展生态经济。坚持节约高效利用资源，以节能、节水、节地、节材、节矿为重点，实行最严格的水资源管理制度和耕地保护制度，努力提高资源能源利用率、投入产出率和发展贡献率。推进循环发展，加快建立循环型工业、农业、服务业体系，深入推进全社会节能减排。推进低碳发展，大力发展低碳产业、低碳技术、低碳交通等，严格限制高能耗、高污染、高排放产业发展，进一步降低单位 GDP 的“碳强度”。加强生态林体系保护和建设，增加森林碳汇。大力倡导合理消费、低碳消费，推动形成文明、节约、绿色、低碳的生活方式和消费模式。积极挖掘生态附加值，发展生态旅游、生态农业等绿色经济，把生态优势转化为发展优势。

（五）着力实施依法治县战略

全面建成小康社会，必须有和谐稳定的社会环境作保障。实施依法治县战略，就是要以法治思维凝聚共识、规范行为、维护稳定，全力打造法治昌明、治理有序的“平安祁阳”。

1. 全面推进依法治县。建设法治政府。依法履行政府职能，完善行政决策机制，深化行政执法体制改革，严格规范公正文明执法，强化行政权力制约监督，推进政务公开。严格公正司法。坚持以司法公正为核心提升法治公信力，健全司法权力运行机制，完善依法独立公正行使审判权和检察权的制度，完善对权利的司法保障、对权力的司法监督，加强法律援助和法律服务工作，构建开放、动态、透明、便民的阳光司法机制，努力让人民群众在每一个司法案件中都感受到公平正义。坚持党对政法工作的绝对领导，确保政法工作的正确方向。建设法治社会。实施“七五”普法，加强法治文化建设，弘扬社会主义法治精神，增强全社会特别是公职人员尊法学法守法用法观念，在全社会形成良好氛围和法治习惯。推进多层次多领域依法治理，提高社会治理法治化水平。

2. 积极推进治理创新。加强和创新社会治理，不断完善党委领导、政府主导、社会协同、公众参与、法治保障的社会治理体制。改进政府治理方式，充分运用现代技术改进社会治理手段，推进社会治理精细化，加强源头治理、动态管理、应急处置和标本兼治。加强乡镇服务型政府建设。建立人口基础信息库，加强人口管理、实名登记、信用体系、危机预警干预等制度建设。完善城乡社区治理体制，全面实行社区网格化服务管理。健全城乡社区综合服务管理平台，促进公共服务、便民利民服务、社会工作服务和志愿服务有机衔接，实现一站式服务。五年内，县城社区和各镇办、建制村综合服务设施覆盖率均达到100%。推进社区工作者队伍职业化。完善重大民生项目咨询听证等公众参与机制，形成党政群社共商共治的治理生态。加强对社会组织的培育和规范管理，引导其有序参与社会管理和公共服务，实现社会治理主体多元化。

3. 深入推进平安建设。落实重大决策社会稳定风险评估制度。加强和改进信访工作，推进信访工作法治化。依法处理涉访违法行为。完善社会矛盾排查预警和多元化解机制，健全群体性事件预防处置机制，有效预防和化解矛盾纠纷。加强社会治安综合治理，提升社会治安防控体系法治化、社会化、信息化水平，严密防范、依法惩治黑恶势力、“两抢一盗”（抢劫、抢夺、偷盗）、“黄赌毒”、非法集资等各类违法犯罪活动，提升人民群众安全感。毒品是万恶之源。必须全民动员，万众一心，以更严举措推进打防管控，坚决打赢禁毒人民战争，确保全县毒情有效遏制，确保人民群众对禁毒工作的满意度大幅提升。筑牢安全发展理念，坚持依法治安，实施党政同责、一岗双责、失职追责，严格落实企业主体责任，坚决防止和遏制较大及以上事故发生，巩固全省安全生产“示范县”“先进县”地位。加强防灾减灾和应急能力建设，切实维护人民生命财产安全。

全力支持人大依法履职、人民政协依照章程开展工作。支持工会、共青团、妇联等群团组织更好地履行职责，加强与党外人士合作共事，切实做好民族宗教、侨务、对台等工作，广泛凝聚人心和力量，画大同心圆。提高党管武装工作水平，加强全民国防教育和后备力量建设，推动军民融合深度发展，争创双拥模范县。进一步做好老干部工作，充分发挥老干部优势，为党的事业增添正能量。完善村民和社区居民自治机制，扩大公民有序的政治参与，保障人民依法行使民主权利。

四、坚定不移落实党的建设新要求

推动祁阳加快发展，核心在党，关键在人。全县各级党组织要以最坚决的态度、最有力的举措，全面提高管党治党水平，为建设美丽幸福新祁阳提供坚强组织保证。

（一）推进思想政治建设，坚定铁一般信念。要强化理论武装。深入推进“两学一做”学习教育，学深悟透党章党规和习总书记系列重要讲话精神，坚定对马克思主义的政治信仰、对中国特色社会主义的深厚信念、对改革开放的牢固信心。异地新建党校，发挥党校干部教育培训主阵地作用，办好“祁阳大讲堂”，定期举办专题报告会，分层分级开展干部轮训，切实提高思想政治建设成效。要严守政治纪律。牢固树立政治意识、大局意识、核心意识、看齐意识，坚定政治方向，站稳政治立场，强化政治定力，做到中央提倡的坚决响应，中央要求的坚决照办，中央禁止的坚决杜绝，确保党的各项方针政策、决策部署在祁阳开花结果。要维护党委核心。充分发挥县委统揽全局、协调各方的领导核心作用，进一步完善县委常委会、全委会议事规则和决策程序，严格贯彻民主集中制，坚定不移“把方向、管大局、作决策、保落实”。要管好意识形态。落实党管意识形态工作主体责任，牢牢把握意识形态工作的领导权、主导权和话语权。探索宣传思想工作新思维、新方法，加强传统与新兴宣传阵地建设，让群众听得懂、让群众能参与，提高宣传覆盖面，弘扬主旋律，传播正能量。

（二）推进基层组织建设，构筑铁一般堡垒。要落实镇村两级的党建责任。坚持推行党组织书记抓党建“双述双评”和领办党建重点工作制度，强化镇办抓村社的党建责任，每年对党建考核后两位的镇办、县直单位党组织书记实行诫勉谈话。要提升全覆盖的工作水平。着力推动党组织和党的工作从“有形覆盖”向“有效覆盖”转变。坚持分类施策和整体推进相结合，统筹抓好农村、社区、机关、非公经济和社会组织等领域及老干部党建工作，创树一批在全市乃至全省有影响的基层党建品牌。贯彻精准扶贫政策、依托“美丽乡村”建设，以党建引领农村发展，以发展厚植党的意识，以扎实的经济社会建设成效体现党建成果。充分发挥“智慧党建”的平台作用，完善“互联网+党建”模式，实现全县党建工作经验共建共享。要实施村社“两委”干部“领头雁”工程。以村支两委换届为契机，着力选出一批年富力强、政治成熟、能办好事的村组干部。围绕“选育管用”的各个环节，选优配强基层党组织领导班子和带头人队伍，挖掘和培养更多的村级干部后备队伍，切实把优秀人才选拔进基层党组织班子。要完善严管、厚爱并重的机制。加强教育管理，深入推进“四议两公开”（村支部会提议、“村两委”会商议、党员大会审议、村民代表会议决议、决议公开、实施结果公开）制度，建立健全村级事务“小微权力清单”、村级组织负责人经济责任审计、述职述廉等监督制度。

严格落实“三会一课”（支部党员大会、支部委员会、党小组会和上党课）“党员活动日”等制度，不断规范党内生活。深入实施农村党员积分管理、党员执行力卡等制度，为“党性体检、民主评议”党员提供扎实依据。持续加大软弱涣散党组织整治力度，探索细化不合格党员认定标准，完善党员队伍自我纯洁机制。完善党内激励关怀机制，进一步加强乡镇机关“五小”设施建设，全面落实基层党组织书记、专职党务工作者报酬待遇和基本养老、医疗保险等社会保障，建立健全报酬待遇稳定增长机制，扎实开展村级活动场所“三规范一提升”活动，为基层干部搭建干事创业、展示才华的大舞台。

（三）推进干部队伍建设，打造铁一般执行。最大限度调动积极性，让想干事的有事干。坚持正确的用人导向，加大从脱贫攻坚、招商引资、征地拆迁、项目建设等一线培养选拔干部力度，把政治强、懂专业、善治理、敢担当、作风正的干部，选配到各级领导班子和重要岗位。推进干部交流轮岗常态化，加强后备干部培养锻炼，重视年轻干部、女干部、党外干部的选拔使用，盘活干部资源，形成合理的梯次结构，切实增强干部队伍活力和领导班子的整体功能。最大限度提升能力，让有事干的会干事。以能力建设为核心，强化教育培训。把培训目标、培训内容、培训方法和干部能力提升紧密结合起来，切实提高培训的针对性和实效性。以能力业绩为导向，加大竞争性选拔干部力度。破除论资排辈、求全责备等观念，讲台阶而不拘泥于台阶，论资历而不唯资历，为优秀干部发挥聪明才智提供广阔舞台。以增长才干为导向，强化干部实践锻炼。教育引导干部到改革发展的主战场、服务群众的最前沿砥砺品质、提高本领、成长进步。对有培养前途、有发展潜力的干部，要推动他们到急难险重的工作岗位接受锻炼，在攻坚克难、应对复杂局面中增强党性、磨炼意志、增长才干。最大限度强化执行，让会干事的快干事。建立健全“有为激励、无为问责”的制度体系，对标未来五年的任务书、时间表、路线图，以“说了算、定了干、马上办”的过硬作风为标准，打造一支召之即来、来之能战、战之能胜的干部队伍，办好祁阳每一件发展大事、民生实事。进一步完善干部考核评价体系，创新考准考实干部方式方法，强化考核结果运用。推进干部能上能下，着力形成能者上、庸者下、劣者汰的有效机制。最大限度优化环境，让快干事的干成事。全力营造鼓励创新、宽容失败的干事创业环境，建立容错纠错机制，保护那些作风正派又敢作敢为、锐意进取的干部，为创新者鼓劲，为实干者撑腰。

（四）推进党风廉政建设，勇出铁一般重拳。严格落实“两个责任”。全县各级党组织要切实履行全面从严治党主体责任，将反腐倡廉工作纳入经济社会发展和党的建设总体布局。党组织书记要直接主抓、全面落实，抓在手上、扛在肩上；班子成员要严格落实“一岗双责”要求，切实抓好分管范围内的党风廉政建设。各级纪检监察机关要挺直腰杆、敢抓敢管、动真碰硬，当好监督执纪的忠诚卫士。各级各部门要坚决支持执纪执法机关依纪依法履行职责。广大党员干部要切实增强党纪党规意识，严守做人做事、为官用权的纪律底线。持续推进作风建设。紧盯重要节点、重要岗位和重点领域，密切注意不正之风的新动向、新表现，防松懈、防变通、防回潮。持续开展作风整顿，加大检查和曝光力度，坚决纠正懒政怠政、为官不为、效率低下、衙门作风等突出问题。健全作风建设长效机制，把制度的笼子扎得更紧。切实管住“关键少数”。把领导干部这个“关键少数”作为惩防并举的重中之重，坚决查处严重违反党的政治纪律、组织纪律、保密纪律的行为；重点查办发生在领导机关和重要岗位领导干部中插手矿产资源配置、违规干预工程项目建设等行为，把反腐棒子举起来，努力形成强大震慑力，让那些想搞腐败的人断了念头、搞了腐败的人付出代价。重拳出击基层贪腐。加大对发生在群众身边的不正之风和腐败现象的查处力度，在全县深入开展“拍苍蝇”专项行动，坚决惩治“小官大贪”，真正打通基层执纪监督“最后一公里”，让群众实实在在地感受到反腐败工作的成效。

各位代表、同志们，新的时期充满新的希望，新的征程开启新的辉煌。让我们更加紧密地团结在以习近平同志为总书记的党中央周围，在省委、市委的坚强领导下，用发展凝聚共识，用团结汇聚力量，用实干创造实绩，为建设美丽幸福新祁阳而努力奋斗！

政府工作报告

——2016年11月26日在祁阳县第十七届人民代表大会第一次会议上

代县长　金　彪

一、本届政府工作回顾

2013年来，在县委的正确领导下，在县人大、县政协的监督支持下，县政府与全县人民一道，抢抓机遇、应对挑战、攻坚克难，较好完成了县十六届人大历次会议确定的目标任务，经济实现跨越发展，社会保持和谐稳定。

（一）经济发展逆势而进，实力倍增。2016年，完成地区生产总值260亿元（预计数，下同），是2012年的1.56倍，年均增长9.3%；完成财政总收入15.1亿元，是2012年的1.85倍，年均增长16.6%；三次产业结构比调整到18.6：39：42.4。工业更具实力。2013年来，共淘汰落后产能企业85家，规模企业新增56家、总数达到109家，其中年产值过亿元企业65家。2016年规模工业总产值、增加值分别达到195亿元、55.6亿元，四年年均分别增长14%、11.1%；祁阳经开区率先成为全市规模工业产值过百亿园区，产业聚集度达到90.3%，是全省推进新型工业化产业示范基地、特色经济园区和首批“飞地经济”①试点园区。农业更具特色。通过引项目、建基地、兴产业、创品牌，发展特色农业在全省走出“祁阳路径”。国家现代农业示范园落户祁阳；成立全省首家农建投公司，其运作模式成为全省农村改革的新典范；农村土地确权颁证登记试点工作经验在全省推广；实施三年的特色县域经济重点县建设顺利通过省复评验收，并获好评。2016年，全县土地流转总面积超60万亩，粮食总产达65万吨，农业机械化作业程度达55%；四年培育市级以上龙头企业26家、国家地理标志产品1个、“中国驰名商标”4个、“湖南名牌”7个，发展专业合作社630个。我县被列为全国农业社会化服务体系创新试点县，保持全国粮食生产先进县、生猪调出大县荣誉称号，获评全省农业产业化先进县、产油大县。三产更具活力。2016年，完成全社会消费品零售总额73亿元，年均增长12.5%，第三产业对经济增长的贡献率达50.8%。文化旅游加速融合，龙溪李家大院被评为国家AAA级景区，获批中国历史文化名村1个、国家级传统村落5个；陶铸事迹陈列馆被列为国家国防教育示范基地；现代金融快速发展，县信用联社成功改制为祁阳农商银行，华融湘江银行祁阳支行挂牌营运；房地产业健康发展，电子商务、现代物流、健康养老等服务业快速兴起，我县被列为全国电子商务进农村综合示范县。

（二）城乡建设乘势而上，扩容提质。城镇建设更有品质。县城建成区面积由20平方公里拓展到28平方公里，人口由19.5万增加到26万，城镇化率达49%。沿江路风光带一期、祁阳新火车站、浯溪水厂改扩建等项目全面完工，城镇功能不断提升，市容市貌明显改观。我县被列为全国新型城镇化综合试点县、国家智慧城市试点县；黎家坪镇、白水镇、金洞镇被列为全国小城镇建设重点镇；建成小康村166个，创建美丽乡村示范村55个，其中省级示范村5个，我县被评为全省新农村建设先进县。基础设施不断完善。湘桂高铁投入运营，祁阳迈进“高铁时代”；祁冷快线、木金公路建成通车，衡永高速纳入省“十三五规划”。水利设施加快实施，完成病险水库除险加固205座、水利工程3.5万处，被评为全省“芙蓉杯”水利竞赛先进县；电网改造持续推进，共完成85个县城台区、278个农村电网升级，新建110KV变电站2座；“三网”②融合步伐加快，新建4G移动基站472座，无线通讯覆盖率达到97%，宽带进入“百兆”时代。生态建设富有成效。成功创建全国绿化模范县，森林覆盖率达60.4%。城乡同治、农业面源污染治理、养殖业污染治理、湘江流域综合治理深入推进；新建城镇污水处理厂4个，县城污水处理率达85%，全县农村生活垃圾无害化处理率90%以上，地表水、饮用水、空气质量达到国家标准。金洞被列为“中国楠木之乡”，并成功申报猛江河国家湿地公园。

（三）改革开放应势而变，活力迸发。坚持一手抓改革创新，一手抓开放对接，发展活力不断增强。重点改革成效明显。行政管理体制、政府机构改革、公务用车、商事制度、财政省直管等各项改革深入推进，行政区划调整并乡合村、国有林场改革全面完成。农村综合改革纵深推进，土地流转、农民转市民机制更加顺畅。社会治理改革落地见效，“一委二会一办三站”③社区组织体系逐步健全，城乡网格化建设全面推行。卫计、教育、文化、住房保障、养老保险、不动产登记等领域改革取得实质性进展。对外开放成果丰硕。2013年来，共承接产业转移项目283个，到位外资5亿美元、内联引资216亿元，年均分别增长25%、25.3%；对外贸易日趋活跃，四年新增外贸实绩企业25家，2016年完成进出口总额2亿美元，是2012年的4.1倍，我县被列为全省外贸重点县，连续四年获评发展开放型经济先进县。体制创新激发活力。土地清收树立新理念，变临时征地为提前储地，近三年批复储备土地1.19万亩；拆迁安置实现新转变，货币安置、小区安置成为新选择；投融资改革取得新成效，近两年置换政府性债务31.3亿元，争取PPP示范项目补贴资金300万元，政府购买服务成为新常态。

（四）民生事业顺势而为，普惠共享。2016年，财政用于民生支出达40亿元、占总支出的85%，比2012年提升11个百分点。社会保障覆盖城乡。2013年来，城镇新增就业2.7万人，实现农村劳动力转移就业3.7万人。“五大保险”④扩面提标；城乡居民最低生活保障、五保供养实现应保尽保，补助标准不断提高；残疾人两项补贴和90岁以上高龄老人补贴全面落实；城乡居民基本医疗保险实现并轨。新建保障性住房5567套，实施棚户区改造3413户、农村危房改造7900套，较好缓解了低收入家庭住房难题。民政、就业、创新创业、住房保障等工作被评为全省先进。社会事业协调发展。科技创新不断加快，科技对经济增长的贡献率达到54.5%，保持全国科技进步先进县、科普示范县称号。教育强县快步推进。共建成合格学校93所，新增城区学位1.2万个，输送一、二批本科生9845人，祁阳一中高考升学进入全省第一方阵；县职业中专晋升为国家改革发展示范学校，入围全省卓越中职学校；我县被评为全国“两基”工作先进单位、职业教育先进单位、农村职成教育示范县和全省建设教育强县先进集体、两项督导评估“优秀”等次。文体广电事业全面发展，文化站和“农家书屋”实现全覆盖，广播电视“村村响”“户户通”工程和数字电视整体平移稳步推进；群众体育蓬勃发展，我县荣获全国全民健身先进单位。卫计事业不断进步，县级公立医院改革取得阶段性成效，基本药物制度全面推行；人口增长得到有效控制，连续四年保持全国计划生育优质服务县。扶贫开发深入实施，帮助4.5万人成功脱贫。移民工作扎实开展，累计发放后扶资金1.33亿元，库区移民和设施建设取得明显成效。档案、法律援助、民族宗教、外事侨务、人民防空、关心下一代、全国第二次经济普查等工作被评为全省先进；国防教育、国防动员、民兵预备役工作取得新成绩；工会、共青团、妇联、残联等群团组织作用得到发挥，精神文明建设取得新成果。监察、统计、供销、盐务、气象、水文、老龄、残联、机关事务、史志、对台等工作都有新的进步。社会大局和谐稳定。深入实施社会治安、城市客运、建设环境、河道采砂等专项整治，强力开展“打黑除恶”“控违拆违”“打非治违”“超限超载”等专项行动，群众满意度提升；市场和质量监管体系不断健全，食用油、湿米粉、桶装水、校园食品更加安全放心，我县被列为全省出口食品农产品质量安全示范县；信访维稳持续加强，一批信访突出问题得到解决，综治民调排位前移；安全生产形势持续稳定，年年被评为全省先进。

（五）法治政府因势而建，效能提升。扎实开展党的群众路线教育实践活动和“三严三实”⑤“两学一做”⑥专题教育，“四个意识”⑦不断强化，政风行风明显好转。政府执行力大幅提升。大力开展“正风肃纪”、电视问政、县直机关“满意不满意”股室民主测评等活动，“说了算、定了干、马上办”成为新风尚。大力推进简政放权，四年取消行政许可项目112项、调整8项；不断完善政务服务体系，积极推进网上政务服务和电子监察系统应用，每年通过电子政务受理服务事项12万件以上，办结率95%以上。政府凝聚力不断增强。全面落实县委的决策部署，认真执行县人大的决议、决定，自觉接受县政协的民主监督，广泛听取各民主党派、工商联、无党派人士和人民团体的意见、建议。四年共办理县人大代表建议1201件、县政协委员提案971件，办复率100%、满意率96%以上。政府公信力显著提高。扎实开展“六五”普法活动，法治祁阳建设迈出新步伐。认真贯彻落实中央“八项规定”，全面规范办公用房、公务用车行为，“三公”⑧经费逐年下降。切实加强重点领域、关键环节的行政监察和审计监督，落实党风廉政建设主体责任，全面推进廉政风险防控，着力营造政治清明、政府清廉、干部清正的政治生态。

即将过去的2016年，是“十三五”开局之年，我们认真落实县委的决策部署，主动适应发展新常态，全力稳增长、促改革、调结构、惠民生、防风险，经济发展稳中向好。全年地区生产总值、财政总收入、规模工业增加值、固定资产投资、社会消费品零售总额分别增长8.3%、17.2%、8%、16%、11.8%，全面小康实现程度达到90%，较上年提升7.1个百分点。成功举办2016年祁阳县重大项目发布会，推介项目56个，计划投资675亿元；撤县设市工作取得实质性进展，被列为全省重点支持县；创国卫工作取得阶段性成效，8条主干道提质改造全面完成，卫生保洁、垃圾转运、园林绿化、美化亮化水平迈上新台阶；农业标准化、农村生活垃圾处理和美丽乡村建设的工作经验在全市推广；精准扶贫成为第一民生工程，“一大一小”⑨政策深入实施，发放小额贷款1.58亿元，实施易地扶贫搬迁269户；省市明确的重点民生实事项目和县委、县政府承诺的“十件民生实事”较好完成。

各位代表，2013年来，我们视困难为考验，化挑战为机遇，变压力为动力，较好地保持了经济社会持续快速健康稳定发展。这些成绩的取得，是县委正确领导、科学决策的结果，是县人大和县政协监督支持、积极参与的结果，更是全县人民加压奋进、团结拼搏的结果。在此，我代表县政府，向关心、支持、参与祁阳发展的干部群众、驻祁官兵、社会各界人士和老同志，表示衷心的感谢，并致以崇高的敬意！

各位代表！艰苦的奋斗历程令人难忘，生动的发展实践给我们深刻启示：必须把团结实干作为重要遵循。面对新形势，只有始终坚持党的领导，同心协力、务实进取，才能排除万难、敢打必胜。必须把敢于担当作为重要导向。面对新机遇，只有豁得出来、顶得上去，才能抢占先机、率先发展。必须把项目建设作为重要抓手。面对新常态，只有大抓项目、抓大项目，才能拉动投资、提升实力。必须把产业发展作为重要支撑。面对新任务，只有转型升级、做强产业，才能提升实力、树立标杆。必须把群众满意作为重要标尺。面对新期待，只有尊重民意、维护民利，才能取信于民、赢得支持。必须把狠抓落实作为重要法宝。面对新要求，只有转变作风、落到实处，才能披荆斩棘、跨越争先。

在总结成绩的同时，我们也清醒地看到：经济总量不大、结构不优、效益不佳的问题依然存在；支撑加快发展和结构调整的大项目、好项目，尤其是重大产业项目还比较少；财政收支矛盾突出，发展投入压力较大，精准扶贫任务较重，保障和改善民生任重道远；发展环境仍需进一步优化，少数部门和干部服务意识、责任意识还不强等。我们将认真负责地对待这些问题，不回避、不推脱、不懈怠，尽最大努力加以解决。

二、今后五年工作总体部署

未来五年，是实现第一个百年奋斗目标、建成全面小康社会的决胜阶段。放眼全国，我们迎来了一个机遇增多、优势凸显、活力增强的战略机遇期。审视县情，我们面临着一个夯实基础、破解瓶颈、开拓创新的攻坚克难期。展望未来，我们进入了一个扩大总量、优化结构、提速增效的奋发赶超期。站在新的起点上，我们必须准确把握形势，坚定发展信心，始终保持时不我待、只争朝夕的拼搏精神，脚踏实地，团结实干，在发展中抢占制高点，争当排头兵，确保祁阳在“全市率先、全省领先、全国争先”。

根据县十二次党代会的精神，今后五年，政府工作的指导思想是：高举中国特色社会主义伟大旗帜，全面贯彻中共十八大和十八届三中、四中、五中、六中全会精神，认真学习习近平总书记系列重要讲话精神，紧紧围绕打造经济强县、决胜全面小康、实现撤县设市三大战略目标，牢固树立创新、协调、绿色、开放、共享五大发展理念，坚持以提高经济发展质量和效益为中心，着力稳增长、调结构、促改革、打基础、惠民生，大力实施创新强县、产业富县、文教兴县、生态立县、依法治县五大发展战略，全面建设美丽幸福新祁阳。主要预期目标是：地区生产总值年均增长 8.5%，三次产业结构比调整为 13：44：43，财政收入年均增长 15%，规模工业增加值年均增长 10%，固定资产投资年均增长 16%，社会消费品零售总额年均增长 12%，城乡居民收入年均增长 10%，城镇化率达 56%。

落实上述指导思想，实现预期发展目标，必须坚持党的领导，突出团结实干、跨越争先的工作总基调，用新思想谋划新思路，新理念引领新发展，新作为实现新跨越。

（一）坚持创新强县，建设智慧祁阳。创新驱动进步、引领未来。坚持用改革创新激发跨越争先的强大动力，开启富民强县的崭新征程。深化改革开放。深入推进行政管理体制改革、商事制度改革、财税体制改革，加快简政放权步伐。健全多元化投融资机制，鼓励社会资本进入公共服务和基础设施建设领域。以农村土地“三权分置”[10]为目标，加快土地流转，有序推进集体经营性建设用地和宅基地增减挂钩改革。全面实施不动产登记工作。深化社会治理机制改革，进一步抓好城乡网格化建设。坚持全域开放发展，狠抓招商引资，扩大外经外贸，深化区域合作。到 2021 年，实际利用内、外资年均增长 20%以上，外贸进出口总额突破 5 亿美元。实施创新驱动。不断完善以企业为主体、市场为导向、产学研紧密结合的科技创新体系，到 2021 年，全县高新技术企业总数达到 15 家以上，高新技术增加值占 GDP 比重达到 15%，科技对经济发展的贡献率 56% 以上。大力营造“大众创业、万众创新”的浓厚氛围，支持和鼓励新产品、新业态、新模式竞相发展。创新人才培养、引进、使用、管理机制，推动我县向人才强县、技工大县迈进。强化品牌创建。实施“质量兴县”和商标发展战略，设立县长质量奖，提升品牌效益；加快建设国家区域性食品检验检测中心，强化食品药品安全质量监管。五年新增省级以上品牌3个、中国驰名商标5个、国家地理标志保护产品2个以上。打造智慧城市。加快推进国家智慧城市试点工作，完成智慧社区、教育、城管、交通、供水、安监、市场和质量监管等项目建设，全面提升城市信息化、数字化水平。突出“一核一带二轴二环五桥五区”[11]规划引领，加快杨梅湖、经开区、高铁新城、原种场片区开发，实施湘江风光带二期、给排水管网、地下综合管廊、农贸市场、公交站场、公共停车场等重大设施建设，推动城市绿色、智能发展。到2021年，县城面积达到34平方公里、人口达33万。祁阳建成国家卫生县城、国家智慧城市、国家海绵城市、潇湘城市群副中心城市，成功实现撤县设市。

（二）坚持产业富县，建设实力祁阳。始终把产业发展作为打基础、管长远、增后劲的核心来抓，稳步提升县域经济整体实力。打造工业旗舰。举全县之力推动工业转型升级、提质增效。到2021年，全县规模工业企业总数达到150家，其中年产值过10亿元的企业10家、过亿元企业100家、上市企业3家，规模工业总产值突破400亿元、增加值突破100亿元，成功跻身全省工业经济强县行列；祁阳经开区成为全国推进新型工业化产业示范基地。彰显农业特色。狠抓国家现代农业示范园建设，加速推进农业产业化、规模化、标准化、品牌化发展。五年新培育国家级农业产业化龙头企业2个、省级4个，新发展专业合作社200个、家庭农场400个，争创省级家庭农场示范县。农业机械化作业水平达到62%，农产品加工转化率达到70%，农业科技进步贡献率达到60%。鼓励发展休闲农业、观光农业，争创全国发展乡村旅游示范县。激发三产活力。把现代服务业作为结构调整的重要抓手，到2021年，三产对经济增长的贡献率达到65%。融合发展文化旅游业。宣传祁阳四张“历史文化名片”，做好“绿色、古色、红色”三篇文章，打造“湘江百里画廊”，开发精品旅游景区，把祁阳建设为全国知名的生态文化旅游目的地。大力发展现代物流、电子商务、健康养老、金融保险、专业市场、房地产业。强化项目支撑。牢固树立“项目为大”的理念，以项目突破带动产业升级。着力提升产业发展新优势。全面建成电子信息产业园、千山医疗二期、广垦农业产业化基地等产业项目；建设湘粮银光粮油产业园、湘江稀土产业园、广垦国际农产品物流园、祁阳火车站综合物流园、祁阳汽车城。着力构建基础设施新网络。交通方面，建成环城路[12]、灯塔路跨江大桥、祁阳千吨级航道及港口码头项目，配合建设衡永高速、湘桂铁路电气化改造，完成黎马、上大公路建设；加强农村道路提质改造，有效增加农村运力，力争90%以上的村通客车。水利方面，加快推进河道（河流）治理、城市防洪、除险加固、节水改造、农田水利、安全饮水等设施建设，完善四大灌区渠系配套。能源方面，建成1座110KV变电站、2座35KV变电站，大力发展风电、光伏发电；推进“气化祁阳”工程。通讯方面，完成移动通信基站建设，实现4G网络和城区免费高速无线网络全覆盖。着力推进民生事业新发展。全力抓好易地扶贫搬迁、教育提质均衡工程、城区学位建设、社区办公用房、棚户区改造、基层养老服务机构、祁阳文化会展中心等民生项目，让发展成果更多惠及人民群众。

（三）坚持文教兴县，建设魅力祁阳。发扬崇文兴教的优良传统，发展人民满意的民生事业，既体现公平，又展示魅力。优先发展教育。均衡协调发展学前教育、义务教育、高中教育、职业教育、民办教育、老年教育、特殊教育，深入实施“三名工程”[13]，将祁阳一中打造成全国普高百强学校，县职业中专建成全省卓越中职院校，县职教中心创建成国家级示范性县级职教中心，祁阳成为全省教育名县。注重文化引领。弘扬社会主义核心价值观，树立良好社会新风尚。做好浯溪碑林、祁剧、祁阳小调、祁阳渔鼓的保护传承和祁阳石、古村落的开发利用，让文化遗产世代相传。抓好文化中心、体育中心等文化设施建设，大力实施文化下乡、送戏下乡等文化惠民工程，做好群众文化、群众体育工作，丰富群众精神文化生活。增进民生福祉。决胜脱贫攻坚。全面完成精准扶贫任务，88个贫困村、7.5万贫困人口全部脱贫摘帽。强化社会保障。推进就业优先战略，促进高校毕业生就业、农村劳动者转移就业、城镇失业人员再就业，城镇登记失业率控制在4%以内；大力实施全民参保计划，基本实现法定人员全覆盖；进一步健全城乡低保、农村五保、大病医疗、兜底扶贫、特困救助等帮扶制度，统筹发展扶老、助残、救孤、济困、赈灾、慈善等事业；大力实施“健康祁阳”建设，深化医药卫生体制改革，强化基本公共卫生服务，巩固完善基本药物制度，逐步推行分级诊疗，积极发展中医药事业，争创“百岁健康县”。

（四）坚持生态立县，建设绿色祁阳。牢固树立生态红线意识，大力倡导绿色、循环、低碳发展，着力建设蓝天常有、青山常在、绿水常流的美丽祁阳。提升绿化水平。深入开展创森创绿活动，实施森林禁伐限伐十年行动，严禁采伐生态公益林，重点抓好“三边”绿化[14]，每年造林3万亩以上。到2021年，全县森林覆盖率达到64%。加强环境保护。以改善空气、水域和土壤等生态环境为重点，抓好工业、农业、城市污染防治，落实湘江流域综合治理第二个“三年行动计划”，全面禁止水库、山塘投肥养鱼，严禁电鱼和非法捕捞，保护湘江母亲河，净化水源地，维护生物多样性，从根本上提升环境质量。建立完善城乡生活垃圾一体化处理机制，确保农村生活垃圾无害化处理率达100%，农村生活污水处理率75%以上。开展生态创建。加强绿色乡镇和秀美村庄建设，推动城区建公园、社区建游园、机关建庭园、农村建庄园，五年创建省级生态镇5个、市级生态村25个以上，秀美村庄建设达标率95%以上，城镇绿化覆盖率38%以上。切实加强森林、湿地、景区的保护管理，成功申报浯溪国家湿地公园、挂榜山国家森林公园、大江省级森林公园，争创全国生态示范县和国家重点生态功能区。

（五）坚持依法治县，建设平安祁阳。树牢法治理念，提升法治素养，促进社会公平正义。加快依法治县，推进行政执法规范化。坚持依法用权，建立完善“三清单一目录”[15]管理制度，严格权力制约监督，从严追究违规执法行为，做到“法无授权不可为，法定职责必须为”。坚持依法维权，完善覆盖城乡、惠及全民的公共法律服务体系，加大司法救助和法律援助力度，努力让人民群众在每一个司法案件中都感受到公平正义。以创建全国“七五”普法先进县为目标，加强法治文化建设，在全社会形成尊法、学法、守法、用法的法治氛围。创新体制机制，推进综合治理现代化。探索社会综合治理新模式，全面推行城乡网格化建设，实现一站式服务。深化社会治安综合治理，加强以信息化为支撑的社会治安立体防控体系建设，始终保持严打高压态势，依法惩治各类违法犯罪活动，提升人民群众安全感。净化社会风气，推进平安建设常态化。落实重大决策社会稳定风险评估制度，最大限度地把矛盾化解在萌芽状态。创新信访机制，规范信访秩序，化解信访矛盾，下大气力把信访突出问题处理好，把群众合理合法的利益诉求解决好。健全群体性事件预防处置机制，提升应对突发事件的能力。筑牢安全发展理念，严格落实安全生产“一岗双责”和企业主体责任，加大重点行业、重要领域监管执法力度，引导烟花爆竹企业依法自愿关闭退出，严防较大及以上事故发生。力争三年内创建省平安县，五年内创建国家平安县。

三、2017年工作安排

2017年是新一届政府履职的开局之年，也是加快全面小康建设、加速撤县设市步伐的攻坚之年。“重在开局、赢在起步”。做好明年的工作意义重大、影响深远。全年经济社会发展主要预期目标是：地区生产总值增长8.5%，规模工业增加值增长10%，财政总收入增长15%，固定资产投资增长16%，社会消费品零售总额增长12%，城乡居民收入增长10%，全面小康实现程度提升4个百分点，节能降耗减排等约束性指标达到省市要求。实现上述目标，突出抓好五个方面的工作。

（一）突出项目建设，增强经济发展后劲

把项目作为第一抓手，全力推进大投入、大建设、大发展。

加强开发，储备项目。紧盯国家和全省“十三五”发展的重大战略、重要政策、重点工程，结合我县实际，精心策划、包装、储备一批重点项目，确保年内新开发50个以上，项目库动态储备100个以上。以实施国家智慧城市试点、国家新型城镇化综合试点、国家电子商务进农村综合示范等项目建设为契机，打包开发一批公益性、基础类重点项目，争取进入全省PPP[16]示范项目库。强化跑项争资工作，全力争取更多的重大项目进入国家和省计划“笼子”，年内到位中央和省无偿资金15亿元以上。

加大投入，建设项目。对每个项目列出时间表、路线图，以目标倒逼责任，以时间倒逼进度，以督查倒逼落实，确保全年实施重点项目60个以上，完成固定资产投资50亿元。工业能源，力促千山医疗器械二期、富福服装、华润燃气加气站、盈通达物流建成投用，开工建设鸿达园食品、新天磁电、泰戈服装、金桔酒业等项目。交通建设，拉通黎马公路路基，启动上大公路祁阳段、长虹至白竹塘一级公路、龚家坪至长虹公路建设，唐家岭汽车站站场主体完工，完成危改桥18座、渡改桥1座。农田水利，加快推进四大灌区渠系配套和衡邵干旱走廊综合治理，启动东方红水库、老屋冲大型水闸除险加固工程，分批实施城市防洪和湘江重要河段及支流治理，完成高标准农田建设3万亩。社会事业，筹划浯溪水利风景区、湘江百里画廊综合旅游项目，实施大众小学整体搬迁和宝塔完小、县妇幼保建院异地新建，完成王府坪市场主体工程建设，加快公安局“三所合一”[17]步伐。

加力服务，保障项目。强化要素保障。坚持节约集约利用土地资源，年内批回项目用地3000亩，新征地3000亩，动态储地10000亩以上。积极推进银企合作，发挥投融资平台作用，年内争取金融资金20亿元以上，其中工业贷款10亿元。全面落实企业参保、员工出行、校企互促等优惠政策，年内帮助企业新招员工8000名以上。强化环境保障。强力整治“三强”“三非”行为，重点解决好项目建设和征地拆迁难题。对影响和阻碍项目建设的，坚决以铁的手腕，从严从重从快处理。强化服务保障。进一步优化政务服务，加大项目服务力度，严治行政不作为、乱作为、慢作为。切实落实项目全程代理、并联审批、打捆收费、限时办结等制度和政策，减少审批事项，简化办事程序，加快项目实施进程。

（二）突出转型升级，构建现代产业体系

以产业为核心，全力转方式、提质量、增效益，培植骨干财源、壮大经济实力。

强力发展新型工业。始终将新型工业化作为富民强县第一推动力，做大做强新型工业，力争规模工业增加值增长10%以上、工业税金增长12%以上。推动产业升级。实施科力尔电机、凯盛鞋业等劳动密集型企业的数字化、智能化改造，提升生产效率；启动文明铺光伏发电、祁山山脉和大江风力发电项目建设，力促鑫利生物、江涵电子、千山医疗器械二期等项目建成投产，确保电子信息、生物制药、新能源新材料等新兴产业产值占比达到40%以上；强化供给侧改革，继续引导“三高”企业[18]退出市场，“三高”产能降至7.5%。壮大企业规模。深入实施“工业企业服务年”活动，全力帮助海螺水泥、科力尔电机、凯盛鞋业、东骏纺织、湘江稀土、千山医疗器械等骨干企业发展壮大；

配合新金浩、科力尔电机、皓志新材料等企业做好上市前期工作；支持天宇建筑公司建设成为具有施工一级资质、税收过亿元的建筑龙头企业。全年培育100家以上小微企业，新增10家规模工业企业。完善园区平台。把祁阳经开区作为推进新型工业化的第一战场，打通望洲路、真卿路、渡香路及滨江路，硬化长流路、白竹路、元结路；加快给排水工程建设，确保新埠头水厂一期建成投用，白竹污水处理厂完成主体工程；引入社会资本建设小微企业创新创业园工业地产项目；推进园区热电联供项目；大力发展园区金融、物流、检测等生产性服务业，完善生活功能设施配套。确保全年新入驻企业10家，规模工业产值和工业税金分别增长15%、20%，产业聚集度达到92%。

稳步发展现代农业。放大优势，做靓特色，创优品牌，推动我县由农业大县向农业强县跨越。加快基地建设。围绕优质稻、油茶、果蔬、茶叶、竹木、畜禽、水产品等七大主导产业，发展超级稻35万亩、果蔬40万亩、油菜39万亩、茶叶2万亩，重点抓好广垦集团15万亩高产油茶基地和温氏50万头、新广安20万头生猪一体化养殖基地建设。创新发展机制。积极培育新型农业经营主体，发展专业合作社40个、家庭农场80个。运用市场手段，做活“农建投”平台，通过直接投资、股权投资、基金增信和融资担保等方式，引导社会资本10亿元投入现代农业示范园和美丽乡村建设，引进10家以上新型农业经营主体入驻园区，带动全县新流转农村土地5万亩以上。完善服务体系。加大农业新品种、新技术推广力度，全年实现农作物良种覆盖率95%以上，引进推广农作物优良品种20个、新技术10项以上。农业机械化水平达到57%、作业服务面积达230万亩。严格农资准入制度，强化农业投入品监管，加强农产品质量监测，全年抽检蔬菜、水果样品5500个以上，确保农产品质量安全“零事故”。狠抓品牌创建。加快实施特色农业品牌战略，全力推进农业标准化生产、食用农产品合格证管理和“三品一标”认证工作，力争全年发展中国名牌农产品1个、省级名牌农产品2个、新增“三品一标”[19]认证产品5个，发展“三品”基地认证面积3000亩。

加快发展第三产业。以发展商贸物流、特色旅游、现代金融、健康养老为重点，奋力打造第三产业发展新高地。重点抓好红星美凯龙家居商业广场、兴龙国际商贸城、铁路综合物流园等重大服务业项目的谋划和建设工作，有序推进全国电商进农村综合示范县建设，促进工业品下乡和优质农产品进城；抓好浯溪公园扩园、浯溪特色小镇、陶铸故里、挂榜山旅游综合开发、龙凼生态旅游基地等景区建设，启动浯溪碑林创AAAAA景区和陶铸故里、白水竹山村、观音滩鸭婆洲创AAA景区，推进香湖湾旅游开发，完成龙凼旅游公路建设；支持金洞发展生态旅游和康养产业；加大农商银行清欠力度，帮助农商银行做大做强，打造诚信安全金融生态环境；稳步发展房地产业，出台购房优惠政策，有效化解房产库存，促进房地产市场平稳健康发展。

（三）突出城乡统筹，提升综合承载功能

坚持扩容与提质并举、建设与管理并重，加快新型城镇化，统筹城乡一体化，打造功能齐全、设施完备的品质活力新祁阳。

做大县城。规划大手笔。坚持规划先行，力促“多规合一”，维护规划的严肃性、权威性，年内完成杨梅湖公园、浯溪电站坝桥扩宽等项目建设规划和县城慢行交通系统、照明节能改造、湘江百里画廊等专项规划；抓好县城总规道路深化定位，通过建设环城路、祁阳大道、浯溪南路及规划浯溪生态新城，拉大县城骨架。力争县城建成区达29.5平方公里，城镇化率提高2个百分点。设施大建设。完善城市路网，启动环城路建设，延伸盘龙西路、人民西路、大井北路、文昌街，打通永兴路、校园路等断头路。加强片区开发，高标准打造原种场、杨梅湖、高铁新城片区，高档次规划建设湘江风光带。改善城市功能，启动货运停车场、渣土消纳场、地下综合管廊、城乡规划展览馆、原种场安置小区、公交综合停车场、东部商贸城建设，实现供气主管过河；实施“点亮祁阳”行动，完成陶铸广场、重点地段周边建筑亮化。改造大提质。加快推进王府坪、九塘冲等棚户区改造；完成城区主干道和45条次街道提质建设，抓好西区主次干道“白改黑”和一、二水厂改造，完善环卫设施，提升城市品位。

做特城镇。城市智慧化。依托大数据、物联网、云计算中心，完善人口、法人、地理框架等六大基础数据库，年内开工建设智慧祁阳城市运营指挥中心，在智慧交通、智慧安监、智慧城管等领域逐步推行APP智能应用，加强敏捷感知、安全高效的城市网格化管理，打造智慧、和谐、宜居的城市环境。管理精细化。以实施创卫攻坚年活动为契机，突出抓好城市“绿化、亮化、净化、美化”，加快完善农贸市场等基础设施，深入开展拆违控违专项整治，坚决禁止燃放烟花爆竹；推进清扫清洗并举、创卫创绿并行、城乡同治一体，实现城市管理精细化、网格化，全面提升“创国卫”水平。乡镇特色化。按照“一镇一特、产镇融合”的要求，创新小城镇开发模式，大力支持黎家坪、白水镇创建全国工业小镇，观音滩镇创建产镇融合示范镇，肖家、三口塘、下马渡、七里桥镇和浯溪街道办创建旅游小镇。

做美乡村。加强湘江、祁水、白水河流域的保护和综合治理，严格保护耕地，加快“绿色祁阳”和生态园林建设，强化村庄整治，完成行政村规划编制。抓好大气污染、农村面源污染、水库污染、畜禽养殖污染治理，严管重罚水库、山塘投肥养鱼，全面实施茅竹垃圾填埋场、十里坪畜牧场污染综合治理和农村生活污水处理，改善城乡环境面貌。实行户分类、村收集、镇转运、县处理模式，整县推进农村环境综合整治，加快城乡环卫一体化建设，农村生活垃圾无害化处理率达98%。推动美丽乡村建设与发展休闲农业、乡村旅游有机融合，打造100个小康村、25个美丽乡村示范村、10个省级历史文化名村、5个国家级传统村落。

(四) 突出改革开放，释放发展内生动力

把开放作为第一选择，深入推进改革创新，汇聚正能量，催生新动力。

深化各项改革。加大重点领域和关键环节改革力度，完善政府机构改革，推进行政管理体制、事业单位法人治理结构、城市执法体制改革，完成供销社综合改革，提升行政效能。加强基层政权建设，完成第十届村委会和城镇社区换届选举工作。积极推进供给侧结构性改革，落实“去产能、去库存、去杠杆、降成本、补短板”任务，增强经济发展原动力。推进农村产权制度改革，完善农村基本经营制度，探索信托流转、专业合作社流转、土地入股流转等形式，促进适度规模经营。推进户籍制度改革，鼓励农民工进城。创新拆迁安置模式，大力推行小区安置，鼓励货币安置。整合县住保投、水务投及各个项目部，组建祁阳城投集团，扩大融资功能；积极推广PPP建设模式，发挥财政资金的放大效应，切实保障重点项目建设的资金需求。

加快科技创新。支持企业与大专院校、科研机构开展协同创新和产学研合作，鼓励科力尔、美星光电、新金浩等20家企业申报高新技术企业，力争10家规模企业建立技术研发平台，提高科技进步贡献率。促进工业化、信息化深度融合，提升工业化水平。加快“宽带祁阳”建设步伐，力争2017年4G覆盖率95%，宽带到村入户率90%。大力培育、引进紧缺型专业技术人才，建立健全以教育、医卫、科研人才为核心，产业工人为主体，管理人员为支撑的人才体系，有效促进人才事业发展。

扩大对外开放。坚持进出口和利用外资并重，不断优化出口市场、产品结构，力争进出口总额增长10%以上；创新招商引资方法，大力开展“引老乡、回故乡、建家乡”行动，强化全民招商。主动对接世界500强、央企、省企和大型民营企业，集中力量引进一批具有带动力、支撑力和辐射力的龙头型、基地型大项目落户祁阳。全年引进各类项目50个以上，其中投资过亿项目10个以上，过1000万项目20个以上，努力把祁阳建成湘南地区对外开放的排头兵。

（五）突出共享发展，提升群众幸福指数

把民生作为第一取向，着力构建普惠、均衡、优质的公共服务体系，让全县人民共享美好生活。

致力发展民生事业。不断加大教育投入，改善办学条件，加快公办幼儿园、标准化合格学校建设，缓解入学难、学位紧问题；协调发展义务教育、高中教育，提升学考和中考质量，启动祁阳一中创建全国普高百强学校工作，确保高考一、二批本科上线2000人以上；鼓励发展职业教育和民办教育，启动县职业中专异地新建工程，支持创建“湖南省卓越中职学校”和全国中职教育百强学校。强化就业和社会保障，年内新增城镇就业6800人、农村劳动力转移就业10000人以上，五大社会保险参保总人数达90万人次。大力发展卫生事业，深化医药卫生体制改革，大力推进公共卫生服务，重点抓好县人民医院住院综合大楼、县中医院二期工程、县卫生监督急救指挥中心和三口塘卫生院、羊角塘卫生院、龙山社区服务中心等项目建设，支持县人民医院、县中医院创建三级医院，力争使县域内就诊率提高到90%，基本实现大病不出县。优化计生服务，实施“全面二孩”政策，巩固“国优县”地位。发展文体广电事业，确保全县80%的村（社区）建成200平方米综合性文化中心，城区设立3家以上24小时自助图书馆；实施十星级文明创建工作；筹备好陶铸同志诞辰110周年纪念活动。完成体育馆配套设施，加快全民健身休闲场所建设，推动群众文化体育发展。做好民兵预备役和征兵工作，推进军地融合发展。重视老年人、妇女、儿童和残疾人工作，关爱空巢老人、留守儿童；关心老干部，办好老年大学，建设老年特色公寓。抓好区划地名及全国第二次地名普查、第三次农业普查工作。做好人防、民族宗教、外事侨务、移民、对台、邮政、气象、水文、地方志等工作，力推事业繁荣、各业兴旺。

努力办好民生实事。在完成省市重点民生实事任务的基础上，为民办好十件实事：①推进精准扶贫。实现40个贫困村出列，2.1万贫困人口脱贫，完成650户、2200人易地扶贫搬迁。②实施创卫攻坚。完成浯溪路、陶铸路、兴浯路和45条次街“白改黑”工程，完善人行道、绿化带、管网等设施；动工建设望浯、椒山公园，提质改造龙山、府前、府后公园。③强化就学保障。大力实施城区学位三年攻坚计划，年内新增城区学位4000个；分别完成65所学校信息化、23所学校标准化、2所中心幼儿园建设。④强化住房保障。基本完成王府坪、九塘冲等棚户区改造4493户和农村危旧房改造3500户。⑤完善交通路网。全力确保祁阳大道年底通车，完成木金公路扫尾工程，拉通黎马公路路基，启动环城路、上大公路、农业现代示范园进园公路建设，力争祁羊路纳入省计划笼子；年内完成220公里农村公路提质改造，积极推进城乡客运一体化。⑥实施城乡供水一体化。完成新埠头水厂一期工程和一水厂改造，启动二水厂和老旧小区管网改造，实现城区联网供水；基本完成大村甸水厂一期工程，年内为5万农村人口解决不安全饮水难题。⑦推进通信基础设施和城乡电网改造。加快光纤网络、4G基站建设，实现“千兆”进企业、“百兆”进家庭；启动祁阳经开区、现代农业示范园电网改造，完成10个县城台区、72个行政村农网升级。⑧推进市场建设。完成西北、西区农贸市场建设，启动王府坪、盘龙、芦家甸、望浯园、经开区等市场建设，有序改造集镇农贸市场。⑨全面推进城乡环卫一体化。完成城南、白水污水处理厂建设，黎家坪污水处理厂全面投用，有序推进农村生活污水处理，加快城乡环卫一体化进程。

⑩健全农村服务平台。年内确保建制村100%完成农村综合服务平台[20]建设，全面实施农村网格化管理。

全力促进民生和谐。强化安全生产。全面落实“党政同责、一岗双责、失职追责”制度，高密度开展安全隐患排查治理，强有力抓好食品安全监管，有效防范较大以上安全事故发生。强化综治维稳。推进社会治安综合治理创新，加强立体化治安防控体系建设，严打黑恶势力、“两抢一盗”“黄赌毒”、非法集资等各类违法犯罪行为。建立健全依法信访、依法处访的工作机制，畅通群众诉求渠道，依法惩治非法信访行为，推动信访工作步入健康良性轨道。强化应急管理。认真落实和完善各类应急预案，加强应急管理机构和应急救援队伍建设，启动救灾物资储备中心建设，提高预防和处置突发公共事件能力，认真做好防汛抗旱、地质灾害防治、气象灾害防御等工作，建设第二消防站，完善城镇公共消防设施，整治火灾隐患，确保人民群众生命财产安全。

四、建设人民满意政府

坚持说了算，定了干，马上办，努力打造勤政、务实、效能、服务、廉洁型政府。

坚持依法行政。牢固树立法治思维，推进法治建设，把依法行政贯穿于政府工作的各个领域、各个环节，依照法定权限行使权力、履行职责。推进依法决策，建立健全公众参与、专家论证、风险评估、合法性审查、集体讨论等决策程序，不断提高政府依法、科学、民主决策水平。自觉接受人大法律监督、政协民主监督，认真办理人大代表建议和政协委员提案，密切与各民主党派、工商联、无党派代表人士的联系与协商。

坚持团结理政。团结就是力量。始终把“团结干事”作为政府的生命线，强化团结意识，坚持团结共事，打造团结班子，在发展的道路上始终做到思想合心、工作合力、步调合拍。认真贯彻落实党的十八届六中全会精神，在县委的领导下，坚持教育从严、标准从严、制度从严、反腐从严、惩处从严的要求，深入开展全面从严治党，努力营造风清气正、心齐气顺的政治生态，教育和引导广大党员干部不忘初心，继续前进。

坚持务实勤政。把强化执行、狠抓落实作为政府工作的首要标准，真正把时间和精力用在深入一线上，用在破解难题上，用在完成任务上。大力倡导求真务实之风。从实际出发，讲实话、办实事，不空谈、不作秀。从制约长远发展的难点问题、群众反映强烈的热点问题入手，一环扣一环地抓工作，一步一个脚印地干实事。大力弘扬勇于担当精神，以迎难而上的勇气和“抓铁留痕”的毅力，破冰涉滩，攻坚克难，尽最大努力促进各项决策部署落到实处、取得实效。

坚持廉洁从政。认真落实党风廉政建设主体责任，牢固树立监督执纪“抓大不放小”的理念，大力支持纪检监察机关依法办案，“老虎”“苍蝇”一起打，始终保持反腐败的高压态势，以实际成效取信于民。严格用制度管权管事管人，持续推进“雁过拔毛”式腐败问题及“纠四风、治陋习”专项整治，切实加大对涉农惠农资金、重大项目投资、工程招投标、国有资产经营管理等重点领域和关键环节的预防和监管，确保权力在阳光下运行。

各位代表！发展全凭实干，奋斗成就梦想。让我们在县委的坚强领导下，以披荆斩棘的勇气、勇往直前的毅力、雷厉风行的作风，把人民的期待变成我们的行动，把人民的希望变成生活的现实，努力创造无愧于时代、无愧于人民、无愧于历史的光辉业绩，为建设美丽幸福新祁阳而努力奋斗！

附：特载相关名词解释

①“飞地”经济：指两个相互独立、经济发展存在落差的行政地区打破原有行政区划限

制，通过跨空间的行政管理和经济开发，实现两地资源互补、经济协调发展的一种区域经济合作模式。

②“三网”融合：指电信网、广播电视网、互联网三大网络通过技术改造，实现互联互通、资源共享，为用户提供语音、数据和广播电视等多种服务。

③“一委二会一办三站”：指社区党工委，居民委员会、居务监督委员会，综合办公室，网格管理站、便民服务站、综治维稳站。

④五大保险：指养老保险，医疗保险，生育保险，工伤保险，失业保险。

⑤“三严三实”：指习近平总书记在第十二届全国人民代表大会第二次会议安徽代表团参加审议时，关于推进作风建设的讲话中，提到“既严以修身、严以用权、严以律己；又谋事要实、创业要实、做人要实”的重要论述，称为“三严三实”讲话。

⑥“两学一做”：指学习中国共产党党章党规、学习贯彻习近平总书记系列重要讲话精神，做合格党员。

⑦“四个意识”：指政治意识、大局意识、核心意识、看齐意识。

⑧“三公”经费：指国家公务人员因公出国（境）、公务车购置及运行、公务接待所产生的经费开支。

⑨精准扶贫“一大一小”政策：“一大”指易地扶贫搬迁政策；“一小”指扶贫小额信贷政策。

⑩农村土地“三权分置”：指2016年10月30日，中办、国办印发了《关于完善农村土地所有权承包权经营权分置办法的意见》，将农村土地所有权、承包权、经营权“三权分置”，所有权归集体、承包权归农户、经营权归土地经营权人。

⑪“一核一带二轴二环五桥五区”：“一核”，即以县城为发展核心。“一带”，即培育湘江沿线经济带。“二轴”，即打造黎家坪~县城~白水南北向发展轴、七里桥~经开区~茅竹东西向发展轴。“二环”，即建设环城路，形成城市外环线；拉通沿江路、连接盘龙路，形成城市内环线。“五桥”，即在湘江大桥、浯溪电站坝桥的基础上，新建灯塔路大桥、环城西路大桥、白竹湖大桥。“五区”即以老城区、县城西区、祁阳经开区、浯溪新区、东江片区为主体，建设宜居宜业宜游的功能片区。

⑫环城路：由环城东路、环城南路、环城西路、环城北路四个部分组成，规划全程33.48公里。其中，环城东路从龙山街道陶家岭村至七里桥镇白竹塘村，环城南路从七里桥镇白竹塘村至茅竹镇大塘村，环城西路从茅竹镇大塘村至长虹街道长虹村，环城北路从长虹街道长虹村至龙山街道陶家岭村。

⑬“三名工程”：指“名校、名师、名校长”建设工程。

⑭“三边”绿化：指通道视线内荒山绿化、城郊绿化和沿江绿化。

⑮三清单一目录：指权力清单、责任清单、负面清单及投资项目目录。

⑯PPP模式：指公共私营合作制。

⑰“三所合一”：指看守所、拘留所、强制戒毒所。

⑱“三高”产业：指高污染、高耗能、高排放产业。

⑲“三品一标”：指无公害农产品、绿色食品、有机农产品和农产品地理标志。

⑳农村综合服务平台：指在乡镇和建制村配置为广大农村居民公共生活和社会治理提供服务的综合性场所，主要包括便民服务大厅、文体活动设施、农业服务设施、医疗服务设施、党建服务设施五个方面。

忠诚履职　依法做好县级人大工作

县人大常委会主任　邓晓阳

当前，我国正处于经济转轨、社会转型的关键时期，县级人大面临着新的形势和任务。我们必须深刻认识，准确把握，主动融入，勇于担当，积极作为，把保证人民当家作主、实现国家长治久安、全面推进民主法制建设，作为加强和改进县级人大工作的首要任务；把维护人民群众利益，作为人大工作的基本要求；把改善民生、回应人民群众重大关切，作为对人民负责的自觉追求。

一、坚持党的领导，围绕党委重大部署谋划工作

要始终坚持中国特色社会主义政治发展道路，以习近平总书记系列重要讲话特别是关于人大工作的重要讲话精神为遵循，更加自觉地坚持党的领导，增强“四个意识”，始终站在有利于加强和改善党的领导，有利于巩固党的执政地位、有利于党领导人民有效治理国家的高度，做好人大各项工作。一是善于把党的主张经过法定程序成为国家意志。要通过人大工作，确保党的主张经过法定程序成为国家意志，确保党组织推荐的人选经过法定程序成为国家政权机关的领导人员，从法律和制度层面保证党的路线方针政策的贯彻实施，有效地把党的主张与人民意志统一起来，把党的决策和决策的贯彻执行统一起来，把对党负责与对人民负责统一起来。二是坚持重大事项向党委请示报告制度。要自觉把人大工作置于党的领导之下，人大常委会要在人大常委会党组的领导下开展工作，人大常委会党组要在党委的领导下开展工作。要坚持请示报告制度，重大问题和重要活动人大常委会党组要及时向党委报告，争取党委的重视和支持，始终与党委同频共振；要切实发挥人大常委会党组的核心作用，保证党委意图的贯彻实施，真正把党的领导贯穿于依法履职的全过程，落实到人大工作的各方面，确保人大工作始终与党委同心同向。三是充分发挥人大党组织和党员的政治保障作用。要注重发挥人大及其常委会党组织和党员的作用，在思想上、政治上和行动上始终与党中央保持高度一致，积极宣传党的主张，团结和动员各党派和各方面人士，深刻理解把握和贯彻执行党和国家的路线方针政策，代表人民依法行使好各项职权，真正把维护党和国家利益与维护人民利益统一起来。

二、严格依法履职，确保各项法定职权行使到位

宪法和地方组织法赋予县级人大及其常委会的职权，归结起来主要是决定权、监督权和任免权。县级人大常委会职能作用发挥得如何，在很大程度上取决于这“三权”能否得到有效行使。行使好三项职权最基本的要求就是严格依法履职，确保把各项法定职权行使到位。一是要行使好决定权。由于县级人大没有立法权，决定权就成为行使国家权力的重要形式，只有充分行使好这项权力，才能树立人大的权威，才能真正发挥人大的职能作用，才能把人民当家作主的权利落到实处。决定权对于县级人大具有更特殊、更重要的意义。要科学界定重大

事项，除有关法律确定的重大事项外，还应对地方经济、生态建设、文化建设中有重大影响、与人民群众切身利益密切相关的事项列为重大事项，紧紧抓住决策这个重要环节，健全决策机制、把握决策重点、提高决策质量，努力实现决策的科学化、民主化、制度化。二是要强化监督工作。人大监督是我国监督体系中最具法律效力的监督。县级人大必须通过有效行使人大监督职权，督促行政机关严格按照法定权限和程序办事，加快建设法治政府；督促审判机关依法行使审判权，保证依法裁判、合理裁判、公正裁判；督促检察机关依法行使检察权，通过开展法律监督等方式，切实解决好人民群众反映强烈的某些个案，切实维护社会公平正义，切实维护宪法法律的尊严。三是要把好任免关。人事任免权是宪法和法律赋予县级人大常委会的一项重要职权。县级人大要依法行使好人事任免权，把党管干部与人大依法行使人事任免权科学结合起来，把一批“想干事、能干事、干成事、不出事”的好干部选进“一府两院”的领导班子，形成正确政绩观和用人导向，在全社会营造勇于担当、干事创业的良好氛围。对任命后的干部，要不断改进完善述职、测评方式，通过引入票决制，加大对各级干部的监督考核力度。

三、关注民生民利，促进地方改革发展和社会稳定

把人民群众的利益实现好、维护好、发展好，把人民群众最关心、最直接、最现实的利益问题解决好，让广大人民群众安居乐业，过上有尊严的幸福生活，是县级人大及其常委会坚持人民代表大会制度，发挥人大监督作用的基本要求，更是广大人民群众的共同愿望和迫切需要，要始终把解决民生、维护民利作为人大监督工作的出发点和落脚点。一是要关注弱势群体。社会弱势群体涵盖城市农村，诸如低收入群体、老弱病残孤寡群体、被拆迁户、失地农民、企业退休人员、精减退职人员、下岗失业职工群体等等。这些群体缺乏自已的相关代表，几乎没有什么话语权。因此，应该关注他们，关心他们，帮助他们，重视他们的权利与生计，督促政府并配合各方解决这些弱势群体的基本民生问题。二是要关注社会热点问题。近些年来，关于民生问题的社会议论热点很多，比如大众所关心的就业问题，教育问题，医疗问题，社保问题以及房价问题、生态环境保护问题等等。这些社会热点，都是当前广大人民群众最关心，要求最迫切，反映最强烈的突出问题。县级人大必须把监督工作的着眼点放在这里。每年有计划地将这些社会议论热点的若干问题列入人大常委会议题，摸清情况，分析成因，找出症结，思考对策，为督促政府切实解决问题奠定扎实的基础。三是要注重代表的反映。代表是联系人大常委会和广大人民群众最好最直接的桥梁和纽带，他们在履职时的发言，比如人代会期间的审议发言，列席人大常委会时的讨论发言，代表接待日的意见发表，或是参加人大常委会组织的诸如视察、调研等活动中的发言，多是他们平常特别关注、又能反映民生民意的重要信息，人大应注重代表的关注点，善于从代表发言中捕捉了解民生问题的有用信息，为推动政府及其部门关注民生、重视民生、保障民生、改善民生发挥基础性作用。

在县第十届政协委员培训班上的讲话

郑增啟

（2017 年 3 月 3 日）

各位领导、各位委员、同志们：

为期两天的县第十届政协委员培训班，今天就要结束了。这次培训是在新形势下举办的一次以了解政协、做好政协工作、当好政协委员为基本内容的学习培训班。时间虽短，效果很好。主要体现了以下特点：

一是领导重视组织好。举办这次委员培训班，得到了县委、县政府的高度重视和大力支持，县委常委会就政协委员培训工作专题作了研究。县委新辉书记亲自作了安排部署，昨天县委副书记黄赞校同志又专门到会并作了重要讲话。为办好这次培训班，县政协年初就开始着手筹备，今年年后一上班就马上进入快进筹备模式。在主席会议的精心安排部署下，政协机关同志各司其职，认真准备，把各项工作做细、做深、做实，使各环节环环相扣，严丝无缝，确保培训有条不紊进行。县委党校在组织、场地、生活等方面也给予了大力支持和配合，给培训工作提高了有力保障。

二是内容丰富档次高。这次培训既有理论传授，又有实践辅导；既有学习讲座，既有经验交流。我们有幸邀请到了省政协提案委和研究室的领导给我们讲座，他们知识渊博，经验丰富，用精辟生动的语言，深入浅出地讲解了人民政协理论和基本知识。同时，又结合实践，辅导了社情民意及提案工作方法和技巧，让我们开阔了眼见，增长了见识，享受到了一场丰富的知识盛宴。我们能同时把省政协三位领导请来授课很不容易，这在县政协的历史上是第一次。刚才经验交流环节上，四名委员的发言也非常精彩，既有体会，也有认识；既有亮点，也很有特色，尤其是他们在政协工作方面的宝贵经验，有很好的借鉴意义，为委员们如何开展工作提供了重要指南。

三是委员认真劲头足。政协委员来自各行各业，都有自己的本职工作，不论是在机关、事业单位，还是在企业、农村，大家平时都很忙，但为了参加这次学习，都能克服诸多自身困难，妥善安排好手中的工作，调配好时间。即使在长沙、广州等外地工作的委员也都及时赶来参加学习，体现了我们政协委员是一支纪律严明、作风过硬的高素质队伍。在学习期间，各位委员认真听课、仔细做笔记、深入思考问题，学得很踏实，很有成效，充分显示了委员们求知如渴的学习精神。

四是收获很大效果好。这次培训，大家普遍感受很有意义、很受教育、很有收获。首先，提高了对政协的认识。对政协“是什么、干什么、怎么干”有了比较清楚的了解。其次，明确了委员的职责。大家熟悉了政协工作的方式方法，知道了政协有哪些经常性工作，了解了委员的权利和义务，为履职奠定了良好基础。再次，坚定了做好政协工作的信心。通过培训，大家都充分感受到了政协事业是前景远大，政协工作是大有可为。我相信，今后大家一定会更加努力自觉地加强学习，不断提高参政议政能力和水平，积极投身十届政协工作实践。

前几天，也就是 2 月 27 日，省委召开了政协工作会议，省委书记、省人大常委会主任杜家毫出席会议并讲话，省委副书记、省长许达哲主持，省政协主席李微微出席。杜家毫在充分肯定近年来全省政协工作取得的显著成绩后，突出强调要把坚持正确政治方向贯穿政协工作始终，要把服务中心大局贯穿政协工作始终，要把发展协商民主贯穿政协工作始终，要把发挥团结统战功能贯穿政协工作始终，要把提高履职能力贯穿政协工作始终，这些都为我们做好基层政协工作指明了方向。我们举办这次培训班，也是全面贯彻省委政协工作会议精神的重要举措，根本目的是帮助本届政协委员尽快掌握人民政协的基本知识，熟悉人民政协履行职能的基本形式和要求，把握委员履行职责的基本方法、特点和规律，为大家尽快进入角色、参与政协工作、发挥委员作用奠定基础。下面，我结合自己近半年来参加政协工作、学习政协知识的情况，谈一点自己的认识和体会，与大家共勉。

一、要满怀激情，不忘初心

在座的很多委员，特别是新当选的委员，对政协的认识还不太清楚，存在这样那样的疑问。也有的委员虽然对政协有所了解，但也存在这样那样的误区，如不消除这些疑问，不走出这些误区，肯定会贻误工作，影响大局。因而很有必要先从思想认识上入手，让委员们真正了解政协、热爱政协，从而更好地履好职、担好责。

（一）政协有位。一是有历史地位。人民政协的成立是新中国历史的一段华美篇章，1949年9月21日全国政协第一次会议上，群贤毕至，共商国事，通过了定都北京、国旗、国徽和采用公元纪年等重大建国事项。它履行了建立新中国的伟大使命，揭开了新中国历史的第一页，中华民族从此进入了一个新的时代。“人民政协创造了辉煌的历史，是实现国家富强、民族振兴、人民幸福的重要力量”，在庆祝全国政协成立65周年大会上，习近平总书记高度肯定了人民政协的重要历史地位。二是有政治地位。从大格局来讲，党委、政府、人大、政协是支撑我国政治体制的四根柱子，各有所用，缺一不可。从职能上来看，政协的政治协商、民主监督、参政议政三大职能随着民主政治建设的不断深入，只有增强不得削弱。“民主不是装饰品，不是用来摆设的”。习近平同志这句话指明了政协工作的发展前景。政协有没有地位，我们自己最有发言权，这些年，对县政协工作，县委始终是高看一等、厚爱一层的。对我们政协机关和领导办公用房、办公用车、办公经费的安排，基本上做到了四大家同等对待，有些还优先对待、特事特办。工作上除了坚持协商“三在先三在前”原则外，还对重大项目、重大决策、重要人事任免都交给县政协先调研、先协商。三是有社会地位。人民政协的社会地位，取决于政协融合社会的程度和人民群众对人民政协的认同感。以我们自己为例，这些年来，我们政协组织广大政协委员进基层、进农村、进社区，积极开展访民情、解民忧、帮民困等服务社会活动，社会影响力越来越高。越来越多的人民群众知道政协委员和人大代表一样，都是代表群众，为群众说话，为群众办实事，也为群众做好事，因此，他们有什么问题乐意向政协反映，有什么困难也愿意向政协倾诉。也有越来越多的社会各界人士看到了政协的价值所在，迫切希望能加入政协组织，成为一名光荣的政协委员。所以说政协并不是有些人所说的那样只是一个安排、照顾老同志和团结各界代表人物的荣誉机构，也不是一个“说起来重要、实际上并不重要”的机关。

（二）政协有为。一是想事有点子。出点子、当参谋是政协的一项职责所在。这些年来，我们县政协准确把握经济社会发展过程中各种问题，清楚了解政情县情，审时度势，与时俱进地出“点子”。通过调研报告、提案、建议案、社情民意信息等多种形式，向县委、县政府及有关部门提出的意见建议，既能反映各党派团体的主张，又能表达各社会群体的诉求；既能反映全局性、普遍性的问题，又能反映局部性、特殊性的问题。既能在宏观决策上出点子，又善于在解决问题上出计谋，且含金量重，既能引起共鸣，又能得到认可。政协可谓是一个名副其实的“金点子”中心。二是做事有法子。多年来，几届县政协在有限的政治空间内，积极探索有效履职的途径和形式，创造了许多鲜活经验，使“虚功实做，弱话强语，软程硬序”。比如九届政协推行“双月协商”，开创全市先河。改革全会大会发言形式，实行联组讨论等，都增强了建言协商实效，产生了良好反响。还有，这些年来，县政协主席们，在主动承担的县委、县政府安排的中心工作和重点项目建设任务上，攻坚克难，关键时刻顶得上去、帮得上忙、管得上用，尽职尽责地作出了有目共睹的成绩，不仅如期保质完成各项任务，还创造出来许多样板工程、示范工程。三是成事有路子。政协是党委政府联系群众的纽带，沟通的桥梁。多年来，县政协坚持做到党委、政府的工作推进到哪里，政协工作就跟进到哪里，一方面发挥联系广泛的优势，在人民群众中积极宣传县委、县政府惠及民生的政策和实事，营造干事氛围。一方面配合性做好工作，助推惠民政策落实，如调动委员力量，积极开展“三个一”和“六送解六难”精准扶贫和“与爱同行”“手拉手”等济弱助困等活动，切实帮民富、谋民利、解民忧，把党委政府的关爱之情放大地传递给了人民群众。所以说政协不是有些人所说的那样“政协政协进来就歇”，而是干到不歇，并能干出成绩来。

（三）政协有味。一是不会白来。政协精英荟萃，人才济济，这里“谈笑有鸿儒，往来无白丁”。既有“羽扇纶巾，谈笑自如”的专家学者，也有“可上九天揽月，可下五洋捉鳖”的时代闯将；既有“我自挽弓射大雕”的气势澎湃之人，又有“俏也不争春，只把春来报”的默默耕耘之士。与这些人为伍，可以学到许多处事的哲学，做人的道理，受益匪浅。还有，政协位置超脱，在这里，可以打开门窗办公、敞开心扉讲话、甩开膀子干活。在这里，有界别，但没界限；有包容，但不纵容，气氛融洽，亲如一家。二是不会白干。政协委员干事，靠的不是权力、不是强制力，而靠的是真知灼见、以理服人和社会影响力。因此我们的努力得到了各界尊重，辛勤付出也得到了回报，如县委对我们政协干部的关心和培养也是厚爱一层，该提拔的会提拔，该重用的会重用。县政府和各部门对政协各项工作和活动都非常支持，越来越多的部门主动向政协汇报工作、反映情况，主动邀请政协到本部门指导工作、视察调研，提出意见与建议，期望通过政协这个平台，更好地推动部门工作。三是不会白说。虽然政协更多的权利是话语权，但我们说出的话并不是有些人所说的“不说白不说，说了也白说”，而是说话有人听，并且喜欢听。比如，县政府批办提案的规格越来越高，落实《社情民意》和《建议》的效果越来越好。可以说，这几年，县委、县政府对政协召开的重要会议，是“有请必到”；对政协报送的重要意见和建议，是“有报必批”；对政协需要解决的实际困难，是“有求必应”。

二、要塑好形象，不负众望

当前，委员资格要求越来越高，选拔委员的程序越来严，千挑万选出来的政协委员不是各行各业颇有建树的专家学者，就是各界别具有影响力的代表人士。肩负党和政府的厚望，人民群众的期待。所以我要告诉大家，政协委员不仅仅是光环，也是责任；不仅仅是荣誉，也是使命。当上委员不易，当好一个委员更难。希望各位要从以下三个方面努力，争做优秀的政协委员。

（一）能力过得硬。一是坐下来能想。只有会想事的政协委员才能干成事、干好事。中央电视台有句广告词说的非常好，“心有多大，舞台就有多大”。我们一方面要在自己的本职岗位上会想事，另一方面又要围绕经济社会发展、民生需求等涉及全局的重大问题主动谋事、善于谋事，谋出金点子，尽量提出一些既要在道理上讲得通，又要在实践中行得通的建议和措施供有关部门参考，以求得最佳解决效果。二是提起笔能写。政协履职靠的就是笔杆子，无论是提案也好，还是调研报告、社情民意信息，都离不开写作。写好了才能一针见血，切中时弊，才能掷地有声，反响强烈。就如毛泽东同志说的那样：笔杆子和枪杆子一样重要。希望各位委员都能勤于动笔，认真练笔，能够执笔。特别是我们年轻的同志，在政协这个大舞台、大学校、大家庭里，一定要多学习、多思考、多调研、多总结，不要怕吃苦，要多写一些群众关注、期盼度高的东西，用手中的笔写出参政议政好文章。三是张开嘴能讲。口才也是当好政协委员的一项基本功。政协履职活动都会要求委员积极发言、敢于发言，且能发好言。在前几天的省委政协工作会议上，杜家毫就强调要让委员愿意讲话、敢讲话、讲真话，要求建言建在需要时、议政议到点子上、监督监在关键处。因此，一个合格的政协委员不仅要能讲，更重要的是要敢于讲，敢于亮剑，不留情面。决不藏着、掖着，只讲表面的，不讲实质和本质的根本没有作用。如果这样，等于没讲。

（二）品行立得正。一是懂得取舍。取是本事，舍是王道。懂得取舍，定能淡定从容。政协委员肩负为国家办事，为人民说话的神圣使命，因此不是一般的民，具有官的色彩。所以要学会取公义，懂得舍私义。也就是说我们在党和政府最需要我们的关键时刻不要被私利遮望眼，要靠得住、挺得上。对县委县政府实施的重大决策部署，要深明大义，带头执行，即使有损私利，也要在所不辞。在与老百姓交往中，要豁达谦让，当自己的利益与老百姓利益相冲突时，要有“让他三尺又何妨”的气度。二是懂得珍惜。一方面，要珍惜岗位。人民政协事业是一项非常光荣的事业，政协工作岗位是引以自豪的岗位。作为一名政协工作者，要珍惜为政协事业服务奉献的大好机会。另一方面，要珍惜缘份。我们能够走到政协这个大家庭里共事，这是一种缘份。政协事业使我们结下了这种风雨同舟合作共事的缘分，政协事业的不断发展需要我们不断地巩固这种缘分，更加珍惜这种缘分。珍惜缘份，关键是要包容、要和谐。做到“以道相交同甘苦、以诚相交见肝胆、以志相交共奋斗。”三是懂得修养。修养是一个人立足社会待人处世的一种态度，是知识、能力、个性的外在体现，也是内在的人格魅力的表现。要学会谦虚，不但要在比自己强的人面前谦虚，还要在某些方面能力不如自己的人面前谦虚。要学会尊重，与人打交道，要尊重对方的人格，尊重对方的感受，待人接物让人如沐春风。要学会宽容，以宽容接纳人，以宽容感召人，最大程度增进团结。

（三）形象树得好。形象是影响，形象是门面，形象是内在素质、外在表现。我们政协委员，是从全县108万人民中挑选出来的，每一位同志都代表着政协，出这个门、进这个门，你的一言一行、一举一动都代表着政协形象，要让县委、县政府，让干部群众看到我们政协委员综合素质是高的。提升形象，要树立政治意识、大局意识、责任意识、服务意识、争先意识，要时时从政协整体着想，事事从政协大局出发，处处爱护好我们这个“大家庭”。提升形象，要从个人做起，从一点一滴做起，于细微之处显形象。重点要做“五好”委员，也就是在单位是个好员工，在家是个好父亲、好丈夫，好母亲、好妻子，好女婿、好儿媳，好女儿、好儿子。提升形象，还要争做遵纪守法、诚实守信、热心公益的模范和表率，弘扬正气，传递真善美，增加社会的正能量。总之，我们每一位委员都要勤自省、严要求，在工作上把握好自己，在生活上、作风上把握好自己，做一个让组织放心、让机关放心、让家庭放心的合格的优秀政协委员。

三、要立足本职，不辱使命

政协委员位置超脱，非官非民、亦官亦民。政协委员又来自五湖四海，各行各业，那么怎样才能做一名合格政协委员呢？我的理解，就是要立足本职。具体来讲，需要从三方面来入手。

（一）争做行业能手。“三百六十行，行行出状元”。政协委员都是所在党派、界别、单位、行业的代表性人物，我们就是要争取成为各个行业的状元，成为这个行业的一面旗帜。如企业家委员，你就要办好企业、解决人就业，承担更多的社会责任。政府部门委员，你就要创造性地干好本职工作，取得优异的工作成绩。农业届委员，你就要发家致富，成为有影响专业户。只要你在行业里干得非常出色，你就会得到尊重。如阿里巴巴的马云，连美国总统特朗普上任不久都单独会见了他，令许多民营企业家羡慕不已。因此，每个委员都要在自身工作岗位上做出突出贡献，在建设美丽祁阳的实践中施展身手，展现作为，才能发挥政协委员的示范作用和带动作用，才能赢得赞誉，才能影响群众。

（二）争做建言高手。建言献策是政协的强项和优势。政协人才荟萃，是“人才库”、“智囊团”，天然禀赋很好，这是事实。我们县的政协委员，基本上由界别精英、社会成功人士以及党政领导所组成，具有较高的文化素养和专业知识，很多委员水平很高，对问题有独到的见解，对趋势有前瞻的见地，对事物有专业的见识。正因为如此，政协的话才有人听，政协报送的材料才有人看，政协组织的活动才有人愿意参加。作为政协委员，建言献策水平的高低，直接决定了履职成效。因此，我们要争做建言的高手，使建议意见力求洞察深刻，见解独到，成为“真知灼见”，成为“金玉良言”，力求得到党委、政府的重视和采纳。

（三）争做团结里手。“团结就是力量”。目前，处于发展转型期的中国，社会最需要的是和谐。政协委员在促进和谐上有得天独厚的优势。政协委员要促进和谐，就要当好情报员。“时时留神，处处观察”，及时捕捉群众的呼声，倾听群众的愿望，及时向党委政府传真信息，成为民情的“传感器”，党政决策的“安全阀”。要当好宣传员。充分发挥与本界别群众利益相近、认同感强的优势，及时把党的路线方针政策、政府的施政决策和有关工作部署等传达给群众，把群众的思想统一到党委政府中心工作上来。要当好调解员。“家家有本难念的经”，社会各方面的磕磕绊绊也在所难免，特别在当前我县征地拆迁、县城改造、信访维稳等“易发性”、“突发性”和“尖锐性”矛盾面前，政协委员要敢于第一时间出面帮助当地党委、政府和相关部门及时化解各类纠纷，防止事态扩大，维护好社会的和谐稳定。

四、要勇担责任，不图虚名

当政协委员不仅仅是荣誉，而更是一种责任、一种担当。强化政协委员的责任感，增强政协委员的责任意识，是提升政协履职成效，发挥政协组织作用，扩大政协社会影响力的关键所在。政协委员只有牢固树立社会责任意识，不图虚名，敢于担当，才能在新世纪、新阶段的社会大舞台上展示作用、体现价值。

（一）在主题活动中勇当主角。有活动才有活力。政协工作只有创新开展好活动，才能永葆政协的生机活力。这几届政协都坚持创新开展一项主题活动，并贯穿一届始终。经反复研究，我们决定十届县政协的主题活动是“四比四看齐”，即比忠诚，爱党爱国向我看齐；比担当，投身发展向我看齐；比奉献，扶贫济困向我看齐；比形象，遵纪守法向我看齐。这项活动很有特色，很实在，也很有搞头。开展“四比四看齐”活动，主要目的就是最大程度地调动政协委员、政协工委和政协联络组参政议政的积极性，营造奋发向上的良好氛围。每年终，我们都将严格按照考核办法，对政协联工委、县直联络组“四比四看齐”活动开展情况进行考核，并在县政协全委上进行通报表彰。此活动方案已经下发到各位委员手中，希望各政协组织和各位委员培训结束后，要认真研究活动方案，扎实开展好相关活动。特别是联工委主任、联络组组长为活动的第一责任人，负责本委、组活动的规划、组织和落实和考核工作。活动既可以单独开展，又可以联合共同开展。特别是委员人数较少的联工委和联络组，要主动联系其他联络组或联工委，就共同关注的问题、共同喜爱的主题联合开展活动。各政协组织开展活动时，要注重创造条件，争取单位和领导支持，在资金、场地和组织上给予保障。

（二）在规范管理中争当典范。委员强，则政协强。政协委员主体作用的发挥，取决于是否有完备规范的制度和体制。为加强政协委员队伍建设，充分调动委员履行职能的积极性，今年我们制定了《政协委员管理办法》，拟将学习培训、活动、提案、社情民意、公益奉献等履职活动细化为履职菜单，量化考核，并将考核情况作为委员评先评优和下届推荐留任委员的重要依据。同时，我们今年开始又在全县政协委员中开展创业之星、岗位之星、建言之星、公益之星“四星”创评活动，对评选的“四星”委员将集中进行表彰，并通过新闻媒体宣传。请各政协联工委、联络组对照方案迅速召开相应会议安排，并通过政协委员履职台帐等形式，及时将委员履职情况和成果客观真实地予以记录，为年终评选“四星”委员提供依据。各位委员要争做典范，在活动前要细读活动方案，做到心中有数，有备而来。活动中要听从指挥，服从安排。活动后要有成果，即学习有体会、调研有报告、视察有建议。政协各办委要加强对口联系，指导各政协联工委和县直联络组把活动开展得丰富多彩、更有成效。同时，要注重成果运用，对在活动中形成的成果，要追踪论效。

（三）在感恩回馈中收获感动。感恩回报是中华民族的传统美德。“鸦有反哺之义，羊有跪乳之恩”。我们政协委员在各行各业上能取得成就，特别是经济界委员，你们创造的财富，离不开党委政府的关心，离不开社会各界的支持，因此，你们要致富思源，用爱心回报党的政策之恩，回报社会的给予之恩。一方面要更好地干好自己的事业，报效国家。另一方面要更多地施舍善心，在架桥、修路、建学校等社会公益事业上，要尽己所能给予大力支持。最近，省政协下发了《关于继续做好委员参与“三个一”扶贫行动的通知》，要求各级政协委员积极开展“三个一”扶贫行动，为我省打赢脱贫攻坚、实现湖南与全国同步全面建成小康社会作出积极贡献。通知明确要求对已离任的委员，要积极鼓励其继续开展帮扶工作；对继续留任的委员，要重新开展结对帮扶工作；对新任的委员，要尽快做好结对帮扶和建档工作。前两天，县政协办已将《贫困户信息登记表》《委员帮扶信息登记表》和《委员信息登记表》以电子表形式发送到各联工委、联络组电子邮箱。请各联工委主任、联络组长从现在开始，迅速动员部署，务必在3月15日前，将本委（组）委员结对帮扶情况，以电子表的形式统一格式报送到县政协办邮箱。同时，为贯彻落实省政协部署的助力脱贫攻坚“三个一”行动，县政协也决定在全体政协委员中开展送政策，解决“立志难”；送服务，解决“生活难”；送爱心，解决“就学难”；送信息，解决“创业难”；送岗位，解决“就业难”；送项目，解决“发展难”的“六送解六难”活动，这次我们又发放了《政协委员参与精准扶贫活动倡议书》和精准扶贫联系卡。其中，倡议书、联系卡每个委员人手一份，联系卡各联工委主任、联络组组长留存一份用来统计归档，并要将联系情况及时报县政协办。这样做，总的目的就是真正将“六送解六难”活动引向深入，抓出成效，以此激励大家感恩回报社会。请大家按照活动要求，迅速行动，抓好落实，用实际行动展现勇担社会责任、为民办实事的良好形象。

各位委员，大海之美在于壮观，山川之美在于隽秀。人生不论什么岗位，只要深入其中，都能发现精彩。希望各位委员，迅速调整好工作状态，主动融入政协工作当中，务实创新，砥砺前行，在美丽幸福新祁阳建设征程中踏下坚实足印，为自己的人生留下浓墨重彩！

最后，祝大家身体健康、家庭幸福、工作顺利！

谢谢大家！

大 事 记

1月

1月8日，祁阳县被省委省政府确定为全省粮食生产标兵县，这是5年间祁阳3次获全国粮食生产先进县之后再一次荣获的省级奖项，也是2015年度在国家层面未开展评奖时所获粮食生产最高级别奖。

1月22日，县委经济工作会议召开。会议全面贯彻落实中央、省委、市委经济工作会议精神，总结2015年工作，分析当前形势，部署2016年工作，动员全县上下坚定信心、明确目标、加压奋进，大干开局之年，务求首战必胜。市政协副主席、县委书记魏湘江作重要讲话，县委副书记、县长周新辉就当前工作进行安排部署。

1月27日，省妇联党组成员、副主席周迎春一行到祁阳县观音滩镇、长虹街道办看望慰问部分贫困妇女儿童和离任村妇代会主任，为她们送上慰问金，带去冬日的温暖。

1月31日，祁阳县并村改革试点暨文明铺镇新塘角村成立挂牌仪式在文明铺镇新塘角村举行。并村改革是乡镇区划调整改革的重要内容，是贯彻落实中央决策部署的内在要求，是推动城乡统筹发展的必然选择，是增强基层公共服务效能的有力举措。并村改革将进一步巩固基层政权，壮大农村产业，让农村获得更好发展，让村民充分享受更多的公共服务产品。

是月，祁阳县获得2015年度全省“安全生产工作先进县”荣誉称号。这是自2011年来连续五年获得这项荣誉称号。

2月

2月4日，祁阳县祁剧博物馆在白水镇竹山村正式落成并对公众开放。市政协副主席、县委书记魏湘江、市委常委、宣传部长石艳萍先后作重要讲话，通过祁剧文化的传承推广和当地的旅游产业进行“联姻”，做强竹山旅游文章，创新祁剧表现形式，使之成为永州展示县域文化品牌和美丽乡村建设成果的重要窗口。

2月25—28日，召开政协祁阳县委员会第九届四次会议。

2月26—29日，召开祁阳县第十六届人民代表大会第四次会议。

3月

3月7日，祁阳县大江林场风电场开发项目签约仪式正式举行。中国风电集团计划总投资15亿元，按照“一次测风、整体规划、区域分期建设”的原则在大江林场区域范围内开发风电场，规划装机容量15万千瓦。项目全部竣工运营后，预计年上网电量约3亿度，年产值2亿元，年税收2000万元。县领导魏湘江、周新辉、陈环玉等出席签约仪式。

3月8日，省人大副主任、省总工会主席刘莲玉，省总工会党组书记、副主席徐文龙一行到祁阳调研指导工会帮扶困难农民工、精准扶贫暨“一户一产业工人”培养工程三项民生工作。

3月11日，祁阳县列入国家智慧城市试点。

是日，省禁毒办常务副主任，省公安厅禁毒总队总队长董瑛，禁毒总队副总队长刘自力一行来到祁阳督导检查禁毒工作。

3月14日，祁阳县顺利通过全国绿化委员会审核验收，被授为“全国绿化模范县”称号。

3月17日，省移民局党组书记、局长李新连到祁阳调研移民开发工作，为产业扶贫带动移民开发工作探索新路子，寻找好经验。

3月25日，祁阳经济开发区外贸综合服务中心揭牌仪式隆重举行。园区外贸综合服务中心以服务企业外贸为主旨，以园区企业外贸市场的开拓、融资平台的引进、一体化便捷通关、降低物流成本、绿色退税、结汇等外贸全流程服务为重点，以推动园区企业外贸业务增长为目标，利用合作电商平台、海外代理平台、广交会平台，积极组织和协助相关企业参加境内外展会和境外市场考察活动等，帮助企业推广产品，拓展海外市场。

3月30日，祁阳县与广东温氏食品集团股份有限公司成功签约，总投资5.2亿元的一体化生猪养殖项目落户祁阳。祁阳与温氏集团正式签约，标志着双方正式进入实质性合作阶段，实现温氏集团先进管理理念、雄厚经济实力与祁阳特色主导产业、优势农业资源的有机结合，对进一步发展壮大祁阳畜牧养殖产业，促进农业产业结构升级，带动农村经济社会发展具有重要意义。

4月

4月5日，市委书记陈文浩到祁阳县新塘角村调研精准扶贫工作，查看项目进展，并进行现场办公。新塘角村精准扶贫工作开展以来，产业扶贫项目顺利实施、水利设施建设全面推进、乡村旅游发展有新突破、美丽乡村建设初见成效、基层组织建设得到强化、脱贫攻坚取得阶段成果。

4月11日，《祁阳年鉴（2015）》在县史志办举行首发式。《祁阳年鉴（2015）》为祁阳县首部综合性年鉴，也是永州市首部出版的县级综合年鉴。全书共67.5万字，采用分类编辑法，设特载、大事记、祁阳概况等部类，是反映祁阳县情的综合性、权威性年刊。

5月

5月16日，全县“两学一做”学习教育工作会议召开。会议学习贯彻习近平总书记关于“两学一做”学习教育的重要指示精神和中央、省、市委“两学一做”学习教育工作会议精神，安排部署全县“两学一做”学习教育工作。

5月17日，市委副书记、市长易佳良到祁阳部分重点企业和乡镇调研工业企业和乡村旅游工作。在湘江稀土、东骏纺织等企业走访调研时，易佳良进厂房、听汇报、问难处，实地查看企业的生产经营情况，听取企业运行发展及产品销售等情况汇报，并鼓励企业进一步提振信心、鼓足干劲，强化资本运作，加快转型发展。

5月19日，省司法厅党组书记、厅长谈敬纯一行到祁阳调研司法行政工作，在黎家坪镇司法所，实地查看该所的办公设施、各项制度以及档案管理等工作情况，并详细了解人民调解、法律援助、社区矫正各项工作开展情况及存在的困难，勉励司法所工作人员扎根基层，服务群众。市政协副主席、县委书记魏湘江，县委副书记、县长周新辉等领导陪同调研。

5月20日，祁阳县龚家坪镇草塘村李彩云家庭、龙山办事处卢家甸社区汪柏秀家庭分别荣获全国“最美家庭”、“五好文明家庭”荣誉称号。

5月25日，经湖南省商务厅、财政厅、扶贫办组织专家综合评审，祁阳县以全省第一名的优异成绩，成功入围全国电子商务进农村综合示范县，并将获得中央财政近2000万元专项建设资金扶持。

6月

6月7日，湖南省质量技术监督局副局长周笑春到祁阳县烟花爆竹生产企业，督查烟花爆竹产品质量安全工作。周笑春要求要加强标准宣传贯彻、指导帮助，督促企业严格执行新标准；对督查中发现的问题，该整改的要督促整改到位，对涉嫌假冒的要彻查，该立案查处的要坚决依法查处；强化企业质量主体责任，把好原材料进购关口，重视过程记录，提高产品自检能力和企业质量管理水平，同时，加大监管力度，进一步完善监督抽查不合格后处理措施，确保监管到位、处理到位，促进企业持续稳步发展。

7月

7月1日，县委副书记、县长周新辉率领县安监、交警、城管、交通等部门相关负责人分别到黎家平镇和龚家坪镇，对部分重点企业的安全生产工作进行检查。周新辉指出，高温季节要始终绷紧安全这根弦，全县各级各部门要时刻抓好安全措施，务必要求人员到位、责任到位，安全检查不留死角，监督整改不留盲点。同时要完善安全措施，对发现的问题要及时整改到位，惩治违法违章行为，各企业要严格落实值班制度，及时掌握安全生产动态，制定好紧急应急预案，确保全县不发生一起重大安全生产事故。

7月6日，市委书记陈文浩到祁阳检查指导安全生产工作。陈文浩强调，要深入开展道路交通安全“大排查、大管控、大整治”行动，坚决遏制各类事故发生，确保人民群众生命财产安全。

7月18日，省政协党组成员王晓琴一行到祁阳开展调研活动。王晓琴一行先后来到观音滩镇鸭婆洲、德辉现代农业基地、自然韵黑茶科技有限公司、下马渡镇梅岭湖山庄等地，详细了解祁阳县乡村旅游、饮食文化、种养殖业与精准扶贫联系情况等。

8月

8月2日，祁阳召开全县领导干部大会。市委组织部常务副部长周益志宣布省委、市委关于祁阳县委、县政府主要领导调整的决定：魏湘江不再担任祁阳县委书记、常委、委员职务，周新辉任祁阳县委书记，提名免去其祁阳县人民政府县长职务；金彪任祁阳县委委员、常委、副书记，提名为祁阳人民政府县长候选人，不再担任永州市城市建设投资发展集团有限公司董事长、党委书记。

8月5日，省政府公布2015年全省发展开放型经济目标管理考核结果，祁阳县人民政府获评“2015年全省发展开放型经济优秀单位”，全省仅有6个县获此荣誉。

8月15日，县委书记周新辉，县委副书记、县长候选人金彪深入经开区和农建投果蔬产业园督查调度项目建设，安排筹备迎接全市重点项目建设流动现场会相关工作。

8月20日，在为期2天的“沪洽周”活动中，祁阳县代表团共签约5个项目，涉及资金22.36亿元，分别为：投资10亿元的15万亩高产油茶基地建设项目项目，投资5亿元的祁阳县现代生态农业公园建设项目，投资4.36亿元的祁阳县环保项目，投资2亿元的年产3万吨柑桔水果酒项目以及投资1亿元的畜禽养殖废弃物综合处置与资源化利用示范项目。

8月27日，黎马公路祁阳段开工仪式在祁阳县大村甸镇大村甸村举行，县委书记周新辉宣布工程正式开工，县委副书记、代县长金彪等出席开工仪式。

8月29—31日，在鑫利大酒店召开中国共产党祁阳县第十二次代表大会。县委书记周新辉代表中国共产党祁阳县第十一届委员会向大会作题为《团结实干、跨越争先，为建设美丽幸福新祁阳而努力奋斗》的工作报告。周新辉在报告中回顾了过去五年的工作情况，提出了今后五年工作的指导思想和奋斗目标。周新辉在报告中指出，今后五年，全县工作的指导思想是：高举中国特色社会主义伟大旗帜，全面贯彻中共十八大和十八届三中、四中、五中全会精神，深入贯彻习近平总书记系列重要讲话精神，紧紧围绕打造经济强县、决胜全面小康、实现撤县设市三大战略目标，牢固树立创新、协调、绿色、开放、共享五大发展理念，始终坚持“团结实干、跨越争先”工作总基调，把项目作为第一抓手、园区作为第一战场、开放作为第一选择、民生作为第一取向、党建作为第一保障，大力实施创新强县、产业富县、文教兴县、生态立县、依法治县五大发展战略，全面建设美丽幸福新祁阳。今后五年，全县主要奋斗目标是：经济实力更强，发展品质更优，文明程度更高，生态环境更美，人民生活更好。工作的总遵循是：践行创新、协调、绿色、开放、共享五大发展理念。工作的总基调是：团结实干，跨越争先，工作的总要求是：坚持把项目作为第一抓手，园区作为第一战场，开放作为第一选择，民生作为第一取向，党建作为第一保障。

廖道南代表中共祁阳县第十一届纪律检查委员会常务委员会向大会作《保持坚强定力、从严管党治党、深入推进党风廉政建设和反腐败斗争》的工作报告。郑国荣向大会作了《关于全县党费收缴，使用和管理情况》的书面工作报告。

会议选举产生新一届县委和县纪委，周新辉、金彪、黄赞校、唐晓波、郑国荣、廖道南、陈莉、龚红辉、刘建能、张少宣、唐明生 11 名同志当选中共祁阳县第十二届常务委员会委员，周新辉当选为书记，金彪、黄赞校当选为副书记。廖道南当选为县纪委书记，赵作琦、李柏林、柏宏胜当选为县纪委副书记。

9 月

9 月 18 日，省商务厅党组成员、副厅长肖彬一行深入检查指导电子商务进农村工作。肖彬一行到祁阳电商产业园、和顺新电子商务有限公司、自然韵黑茶有限公司、京东（祁阳）运营中心、祁阳电商运营中心实地查看祁阳县电子商务发展情况。肖彬要求，认真领会中央、省市推进电子商务进农村工作相关会议精神。切实加强对项目实施的组织领导，制定好符合祁阳实际的实施方案，制定详细的时间表、路线图和责任书，有序发展。

9 月 25 日，县委书记周新辉，县委副书记、代县长金彪深入到观音滩镇祁阳现代农业示范园调研指导，实地查看示范园建设情况，听取相关情况介绍，并对如何进一步推进示范园建设提出具体建议和详细要求。

10 月

10 月 9—10 日，县委书记周新辉，县委副书记、代县长金彪率代表团到永州中心城区、宁远、江华、道县就城市规划建设管理、城建投管理运营、招商引资、发展云计算大数据产业、美丽乡村建设、重点项目征地拆迁、安置房建设等工作进行考察学习。周新辉要求以此次学习考察为契机，把学习成果化作推动祁阳发展的实践，推动全县上下团结实干、跨越争先，建设美丽幸福新祁阳。

10 月 18 日，祁阳县人民政府与大唐新能源广西公司的祁山山脉风力发电项目和湖南湘安新能源科技有限公司的文明铺镇豪冲光伏发电项目同时成功签约。两个项目装机容量约 16 万千瓦，总投资约 16 亿元。标志着祁阳在发展新能源产业上迈出跨越性的一步，开启“绿色经济”发展的新篇章。

是日，祁阳经开区举行投资项目集中签约仪式，与凌礼实业、金桔食品、泰戈服装、富康钢构、新华书店 5 家企业签订投资合作项目协议，总投资过 4 亿元。

10 月 25 日，广铁集团副总工程师王华一行来祁阳县就祁阳货运铁路建设、合作事宜进行交流洽谈。座谈会上，周新辉介绍祁阳基本县情和未来发展潜力，并就加快湘桂货运线祁阳段改造升级情况进行汇报。双方就祁阳北站进行搬迁改造、规划共建大型现代铁路物流园区以及黎家坪毛荔山道口进行全面改造事宜展开详细洽谈和深入沟通。

10月26日，省扶贫办副主任张智勇到祁阳调研指导脱贫攻坚工作。张智勇指出，产业扶贫是脱贫致富的治本之策，金融扶贫则是产业扶贫的必要支撑，要注重扶贫政策与金融政策相结合、财政资金与信贷资金相结合，努力打造信用环境、着力增加信贷总量、奋力做好精准扶贫信贷、尽力扩大基础金融覆盖面，充分发挥金融在推动扶贫工作中的重要作用，为全力打赢脱贫攻坚战作出积极贡献。

10月27日，祁阳县委书记周新辉，县委副书记、代县长金彪深入白水镇烟塘村、茅竹镇板桥村，调研温氏集团和鑫广安公司现代畜牧一体化建设项目，实地查看项目规划、基地选址情况，并与温氏集团和鑫广安公司祁阳负责人进行沟通和交流，现场办公解决项目建设中出现的困难和问题。

11月

11月6日，祁阳县在鑫利大酒店召开重大项目发布会，共发布亿元重大项目56个，总投资675亿元，吸引195家央企、国企、上市公司及银信机构到祁阳参与洽谈合作。在发布会上，县委书记周新辉指出，祁阳召开重点项目发布会目的是要构筑集聚重点项目新高地战略，通过深化交流与合作，争取把更多的企业和客商引到祁阳，把更多的资金带来祁阳，推动祁阳经济社会又好又快地发展。发布会期间，祁阳先后与永清集团、中盐集团、五矿二十三冶、东大智库等前来参加“祁阳县重大项目发布会”的部分客商进行招商洽谈。

11月7—13日，祁阳县委组织部和县委党校对全县612名村（社）、非公企业、社会组织党组织书记分3期进行集中培训。

11月14日，陶铸同志诞辰110周年纪念活动筹备工作会召开。会议指出，要深切缅怀陶铸同志的丰功伟绩，弘扬陶铸同志“心底无私天地宽”的革命精神。要求各相关单位明确好纪念活动的主要内容、拟建设项目及资金概算，早日做好活动方案，积极准备各项工作，确保纪念活动圆满成功。

11月15日，祁阳县召开专题会议就全省解决贫困村突出问题三年行动计划进行安排部署。会议传达省发改委、省扶贫办《关于进一步摸底核实“解决全省贫困村基础设施和公共服务设施突出问题三年行动计划”项目清单通知》的文件精神，并对“三年行动计划”项目表进行详细讲解说明。副县长周树和指出，此次“三年行动计划”是全省实现2020年如期脱贫、全面小康的一次政策性调整，项目申报时间紧、任务重，各乡镇要高度重视，抢抓机遇，深入细致地摸清底数、积极申报，发改委、扶贫办要加强项目对接、指导和把关，做好协调服务，尽可能地为全县贫困群众争取更多受益项目。

11月17日，民进中央参政议政顾问周建明一行到祁阳，调研祁阳县扶贫攻坚工作。调研组一行来到文明铺镇新塘角村，与文明铺镇新塘角村、牛筋塘村、桥梓塘村以及豪冲村的村支部书记举行座谈会。周建明指出，祁阳脱贫攻坚工作取得明显成效，下阶段要重点解决农村基层组织发展后劲乏力的问题。要配备一支老中青结合的干部队伍，为村民自治、农村经济发展强化后备力量。要完善农村基础设施建设，逐步吸引年轻人回乡创业。

11月22日，香港铜锣湾集团董事、副总裁李济华女士一行6人到祁阳县现场考察项目和投资环境。考察团到原种场开发片区、杨梅湖开发片区、生态新城项目等地进行现场考察，实地了解祁阳县城市区域环境和发展规划情况，对具体规划、土地使用和利用情况作详细了解。

11月23日，祁阳县畜禽养殖废弃物综合处置与资源化利用示范项目正式开工。该项目的开工建设，标志着祁阳向发展“产出高效、产品安全、资源节约、环境友好”的现代畜牧业迈出坚实的一步。县委书记周新辉，县委副书记、代县长金彪等领导出席开工仪式。

11月24日，中央政策研究室信息局副局长、中国政策科学研究会副秘书长薛宝生到祁阳考察。薛宝生指出，祁阳文化厚重，要充分挖掘底蕴深厚的文化资源，旅游业发展才能后劲足。光靠美景支撑的旅游业只是一幅画，有文化的旅游景区是一本书，才可以让游客更久地停留。文化中国投资基金是一家致力于以挖掘文化资源开发旅游业发展的投资公司，此行的目的是加深了解，共谋发展。

11月25—28日，召开政协祁阳县第十届委员会第一次会议。受政协第九届祁阳县委员会常务委员会委托，县政协主席郑弋向大会作工作报告。大会选举郑增啟为政协祁阳县第十届委员会主席，陈振文、于建春、文英雄、黄爱蓉、桂湘为政协祁阳县第十届委员会副主席，唐书东当选为政协祁阳县第十届委员会秘书长。

11月26—29日，召开祁阳县第十七届人民代表大会第一次会议。县委副书记、代县长金彪在会上作政府工作报告。金彪在报告中总结过去4年的工作成绩，提出今后五年政府工作的指导思想和奋斗目标，即：高举中国特色社会主义伟大旗帜，全面贯彻中共十八大和十八届三中、四中、五中、六中全会精神，认真学习习近平总书记系列重要讲话精神，紧紧围绕打造经济强县、决胜全面小康、实现撤县设市三大战略目标，牢固树立创新、协调、绿色、开放、共享五大发展理念，坚持以提高经济发展质量和效益为中心，着力稳增长、调结构、促改革、打基础、惠民生，大力实施创新强县、产业富县、文教兴县、生态立县、依法治县五大发展战略，全面建设美丽幸福新祁阳。实现地区生产总值年均增长8.5%，三次产业结构比调整为13∶44∶43，财政收入年均增长15%，规模工业增加值年均增长10%，固定资产投资年均增长16%，社会消费品零售总额年均增长12%，城乡居民收入年均增长10%，城镇化率达到56%。县人大常委会主任黄春华作人大常委会工作报告。县人民法院院长欧阳韶勇作县人民法院工作报告，县人民检察院代理检察长冯湘琳作县人民检察院工作报告。会议选举邓晓阳为祁阳县第十七届人大常委会主任，刘晓春、谢铁山、桂富生、刘双顺、唐江当选为县人大常委会副主任。金彪当选为祁阳县人民政府县长，唐晓波、陈环玉、柏曼红、陈志标、周贞霖、彭国锋、刘军当选为副县长。欧阳韶勇当选为县人民法院院长，冯湘林当选为县人民检察院检察长（报经市人民检察院检察长提请市人大常委会批准后再依法公告）。

12月

12月4日，中国城乡统筹科学发展工程办公室主任陈运高到祁阳县考察指导经济社会发展情况，围绕祁阳县第十二次党代会提出的创新强县、产业富县、文教兴县、生态立县、依法治县五大战略目标，提出许多合理化意见与建议。陈运高还深入到肖家镇九泥村调研传统村落保护项目，实地考察九泥村传统村落保护实施情况。

12月5—6日，县委书记周新辉率领全县党政代表团赴益阳市南县、赫山区、长沙市宁乡县学习考察当地在农村综合服务平台建设、小城镇建设、美丽乡村建设、医养结合等方面的先进经验，以此推动全县相关工作在全市创一流、做表率，切实做到“大县要有大气魄、大县要有大作为”。

12月7日，祁阳县被列为第三批国家新型城镇化综合试点地区，这是湖南省第三批唯一的县级试点地区。

12月8日，省林业厅党组书记、厅长邓三龙到祁阳大江林场考察石斛基地，详细察看石斛种植模式、生长情况，对石斛基地引进现代技术，发展珍贵中药材种植，推进林场经济发展的有益探索表示肯定。邓三龙强调，要进一步融入生态理念，强化科技支撑，完善发展模式，为提高林业效益，保护生态环境作出积极贡献。要进一步加大宣传，充分挖掘石斛的产业链经济潜力，实现生态效益和经济效益双丰收。

12月10日，祁阳温氏畜牧有限公司三口塘高效工厂化猪场开工典礼在三口塘镇巉山村举行。

12月14日，祁阳县城西区农贸综合市场项目开工奠基。

12月20日，市委书记李晖到祁阳县城乡、企业、项目工地和农业产业化基地调研经济社会发展情况，督查精准扶贫和安全生产工作。李晖强调，祁阳县作为全市乃至全省县域经济发展的排头兵，要主动适应和引领经济新常态，坚持不换频道、务求实效，奋力抢占县域发展新高地，确保新一轮发展在全市率先，在全省领先，在全国争先。

12月22日，祁阳县小城镇“10+X”工程暨农村综合服务平台建设现场会召开。会议动员全县各级各部门统一思想认识，创新工作思路，迅速掀起新一轮小城镇建设发展热潮，大力推进农村综合服务平台建设，为实现祁阳跨越争先发展奠定坚实基础。

是日，湖南省地理标志产品保护工作新闻发布在长沙举行，祁阳石、城步青钱柳茶等7个产品新增为国家地理标志保护产品。祁阳石因石质温润细腻、色泽晶莹、纹路独特等特点，使其天然成为珍贵的收藏品，经过精工雕琢，更是焕发出无穷的魅力。祁阳石的开采历史可以追溯至唐朝，尤以祁阳砚为盛。

是月，祁阳县成功创建为第一批国家级农村职业教育和成人教育示范县创建合格单位，祁阳县是永州市唯一、湖南省三个创建成功的县区之一。

祁阳概况

地理位置

祁阳县位于湖南省南部、永州市东北角，北依衡山、祁山，南靠阳明山，湘江横贯县境中部。东接衡阳市的常宁市、祁东县，东南邻郴州市桂阳县，南接新田县、宁远县，西南邻双牌县，西抵永州市零陵区、冷水滩区，西北邻永州市冷水滩区，北连衡阳市祁东县，东北邻衡阳市祁东县。地理坐标为北纬26°02′10″~26°51′12″、东经110°34′58″~112°14′20″之间。南北长距离90.4千米，东西宽64.5千米，土地总面积2538平方千米。其中山地1066平方千米，占土地总面积的42%，丘陵355平方千米，占14%，岗地431平方千米，占17%，平地558平方千米，占22%，水面、道路、村庄等128平方千米，占5%。

地形地貌

祁阳县境山岗、丘陵、盆地、平原兼有，大小河流250余条，南北狭长，三山四水构成地貌基本骨架。南有阳明山，北有四明山，东北有祁山，中有湘江，流长100.8千米，主要支流有3条，白水自南向北流入湘江，长78.1千米，祁水自北向南流入湘江，长67.2千米，清江自西北向东南经祁东归阳流入湘江。

地形南北高，中部低。地势以湘江为基准，南部由南向北倾斜递降，最高点与最低点相差1467米，两点间距55公里，地势比降为2.7%；北部由北向南倾斜递降，最高点与最低点相差716.4米，两点间距15公里，地势比降为5%。地势此起彼伏，地貌错综复杂，山丘岗平呈横向带状阶梯式分布，形成南北高、中间低的凹形盆地，为工、农、林、牧、副、渔各业的发展提供较好的自然条件。

自然资源

【土地资源】 全县土地面积253769.27公顷，其中耕地面积53194.38公顷，园地面积7888.52公顷，林地面积135710.75公顷，草地面积9230.11公顷，城镇村及工矿用地面积18039.01公顷，交通运输用地面积3089.23公顷，水域及水利设施用地面积18963.96公顷，其他土地面积7653.31公顷。

【水力资源】 祁阳境内溪河纵横，河网密布，全县境内共有1公里以上河流250条，其中湘江境内长100.8千米，湘江的一级支流有白水河、祁水河等30条，二级支流有清江等58条，三级支流108条，四级支流45条，五级支流9条。流域面积在200平方千米以上一级支流有祁水河、白水河，200平方千米以上的二级支流有祁水河的燕子岩和双江口、白水河的大黄系河、祁东白河的清江等。祁阳县多年平均降雨值为1398.3毫米，湘江经流祁阳多年平均地表水资源量约为184.8亿立方米。全县水能资源理论蕴藏量35万千瓦，技术可开发量30万千瓦，县内河流大多数是山溪性河流，河床落差较大，适应于小型水电站的开发，水能资源绝大部分集中蕴藏在湘江河、白水河、祁水河、昌木套河、大黄司河及黄花河流域，占全县水能理论蕴藏量80%以上，其它小河流由于地势平坦，其水能资源的可开发利用价值不高。

祁阳洪水主要由降水形成，因此水位变化与降水相应。由于全年降水时空分布特点，既有局部暴雨，又有普遍大雨，加之水库蓄水发电调节，因此全县的水位变化并不完全同步。

【野生动植物资源】 全县共有野生植物135科972种，主要木本植物103科、290属、835种。其中具有栽培经济价值的210种，特用经济价值的25种，速生树30多种，古老孑遗树种7种，国家一级保护植物4种，二级保护植物9种，省级保护植物11种。主要乡土树种有杉木、马尾松、檫木、泡桐、香椿、柏木、樟树、毛竹、油茶、油桐、杜仲、厚朴、柑桔等。野生动物有13纲28目75科246种，其中国家一级保护动保护动物有梅花鹿，二级保护动物有穿山甲、水鹿、果子狸、鸳鸯等9种，省级保护动物20余种。境内设有祁阳小鲵自然保护区。

【矿产资源】 祁阳矿产资源种类较全，分布具有明显的分带性，2016年，全县共探明矿产地235处，已发现矿种21种。煤炭资源储量1068.89万吨，铁矿资源储量1342.7万吨，锰矿资源储量180万吨；有色金属矿产有铜、铅、锌、金、银、钨、锡、钼、锑、汞等10种；非金属矿种有水泥石灰岩、建筑用石灰岩、耐火粘土、砖瓦粘土、砖瓦页岩、砂卵石、重晶石、花岗岩8种，水泥石灰岩资源储量25113.3万吨；重晶石资源量12.0万吨；耐火粘土资源储量153.3万吨。2016年全县共有矿山企业67个，矿业从业人数3915人，矿业总产值29亿元。

【旅游资源】 祁阳旅游资源丰富，文化底蕴深厚。有全国最大的露天碑林、国家AAAA级景区、全国重点文物保护单位、湖南十大文化遗产——浯溪碑林；有国家AAA级景区、中国历史文化名村、全国重点文物保护单位、独具湘南民居特色的明清古民居——龙溪李家大院；有国家非物质文化遗产——祁剧、祁阳小调；有全省30个重点红色旅游景区之一的伟人故里——陶铸故居及陈列馆；有至今保存最完好的中型哥特式教堂、省重点宗教活动场所——天主教堂；有文昌塔、潇湘楼、甘泉寺等10多处省市重点文物保护单位。祁阳山水清秀，别有风情。大自然在这里慷慨恩赐黄沙河漂流、狂狮河峡谷漂流，神奇造化三圣湖风光、八庙温泉、祁阳小鲵，形成“红色、古色、绿色”三日游旅游线路。

乡村旅游胜地有肖家镇龙凼瀑布、观音滩镇八尺村鸭婆洲等。2016年，当代中国十大名石之一——祁阳石被评为国家地理标志保护产品。

行政区划

【建置沿革】 祁阳历史悠久，早在约几万年前就有人类活动。秦始皇统一中国，置郡县，祁阳属长沙郡。西汉时置零陵郡，祁阳属零陵郡。东吴孙皓元兴元年（264），分泉陵县，置祁阳县，因县治（今祁东县金兰桥镇）地处古祁山之南（今祁东、衡南、衡阳3县交界之岐山），故名祁阳。唐贞观四年（630），将县治迁至老山湾（今茅竹镇老山湾村和茶园村一带）。明景泰三年（1452）将县治迁至西北高埠檀山湾，今祁阳县城。自建县至清末，祁阳隶属未变。

民国3年（1914），祁阳属衡阳道，不久，废道。民国27年（1938），设行政督察区专员公署，祁阳属第七区行政督察专员公署。

中华人民共和国成立后，改第七行政督察专员公署为零陵地区专员公署。祁阳仍属之。1952年，改属湘南行政公署（衡阳、零陵、郴州三个区合并为湘南行政公署），4月，将原祁阳县的东北部地区划出，另置祁东县。1954年，将宁远县部分地区划入祁阳，置金洞区（今金洞管理区），7月，撤湘南行政公署，祁阳改属衡阳地区行政专员公署。1983年又改属零陵地区行政公署，1995年11月，撤销零陵地区，设立永州市，祁阳隶属永州市。

【区划设置】 2016年，祁阳辖观音滩、茅竹、三口塘、大忠桥、肖家村、八宝、白水、进宝塘、黄泥塘、潘市、梅溪、羊角塘、下马渡、七里桥、大村甸、黎家坪、文富市、文明铺、龚家坪、金洞20个镇，龙山、浯溪、长虹3个街道办事处，晒北滩、凤凰、石鼓源3个乡，共26个乡镇及街道办事处。

【区划变更】 2016年，对全县建制村进行合并，由原有的808个建制村、79个社区，合并为481个建制村、79个社区，减少328个建制村、精简幅度为40.59%；金洞管理区70个建制村、3个社区，合并成42个建制村、3个社区，减少28个建制村，精简幅度为40%。至2016年年底，全县共有523个行政村，82个社区居委会，总人口106.83万人。

人口·民族

【人口】 2016年年末，全县总人口数为1068308人。比2015年减少207人。全年出生人口11641人，出生率为10.86‰；死亡人口8004人，死亡率为4.46‰。

【民族】 2016年年末，有汉族、瑶族、佤族、苗族、蒙古族、壮族、傣族、彝族、回族、布依族、土家族、哈尼族、朝鲜族、拉祜族、侗族、景颇族、藏族、满族、白族、维吾尔族、布朗族、水族、傈僳族、阿昌族、仡佬族、普米族、仫佬族、毛南族、德昂族等30余个民族。

气　候

【气候综述】 2016年，年平均气温19.5℃，较历年平均偏高1.0℃。年极端最高气温40.9℃，出现在7月31日；年极端最低气温-2.2℃，出现在1月25日。1月5—16日出现连续12天的中度低温连阴雨天气，全年极端最高气温≥35℃的高温日数有50天，7月7—11日、14—19日、8月15—21日出现轻度高温热害天气，7月21—8月1日出现连续12天的中度高温热害天气。日平均气温稳定通过10.0℃和20.0℃的初日，分别出现在3月14日和5月20日。年降水量1214.6毫米，比历年平均略少134.1毫米，年降水日数（日降水≥0.1毫米）165天。年日照时数1421.2小时，比历年平均偏少32.9小时，年日照百分率32%。上年度终霜日出现在2月17日，全年度初霜日出现在11月17日，年无霜日283天。

【基本气候概况】 2016年，平均气温19.5℃，较历年平均偏高1.0℃，与2009年平均持平，居1981年以来第三高位。全年各月平均气温如表（2016年各月平均气温及距平一览表）所示，2016年4—11月气温正常；1—3月、12月气温偏高，其中12月气温偏高18.2%。

表1　　2016年各月平均气温及距平一览表　　单位：℃

月份	1月	2月	3月	4月	5月	6月	7月	8月	9月	10月	11月	12月	全年
月平均	7.1	9.7	14.0	20.0	22.5	28.4	31.4	29.5	26.1	20.5	13.8	10.4	19.5

续表1

月份	1月	2月	3月	4月	5月	6月	7月	8月	9月	10月	11月	12月	全年
气候平均	6.4	8.4	12.2	18.4	23.3	26.7	29.8	28.9	25.1	19.8	14.3	8.8	18.5
距平	0.7	1.3	1.8	1.6	-0.8	1.7	1.6	0.6	1.0	0.7	-0.5	1.6	1.0

2016年，总降水量为1214.6毫米，比历年平均略少134.1毫米，属于正常年景。全年各月降水量如表（2016年各月降水及距平百分率一览表）所示，3月、5月降水量正常；1月、4月、8月、9月、12月降水量偏多，11月降水量异常偏多57.1%；10月降水量偏少，2月、6月、7月降水异常偏少，其中7月异常偏少78.2%。

表2　　2016年各月降水量（毫米）及距平百分率（%）一览表

月份	1月	2月	3月	4月	5月	6月	7月	8月	9月	10月	11月	12月
各月降水量	85.5	43.5	131.7	215.5	175.6	78.6	26.0	170.4	82.8	37.8	103.7	63.5
气候平均值	76.1	97.6	140.2	152.2	191.9	197.7	119.4	132.5	63.4	66.2	66	45.5
各月距平	9.4	-54.1	-8.5	63.3	-16.3	-119.1	-93.4	37.9	19.4	-28.4	37.7	18.0
距平百分率	12.4	-55.4	-6.1	41.6	-8.5	-60.2	-78.2	28.6	30.6	-42.9	57.1	39.6

2016年，日照总时数1421.2小时，较历年平均少32.9小时，偏少2.3%，年日照百分率为32%。7—9月、12月日照正常，3月、6月日照偏多，2月异常偏多129.6%；1月、4月、5月、11月日照偏少，10月日照异常偏少51.0%。全年各月日照分布如图（2016年各月日照平均分布）所示。

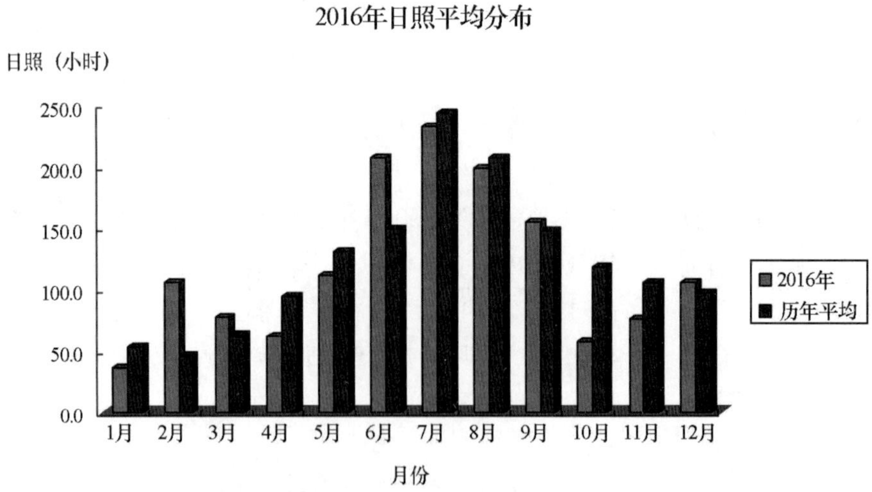

【主要气候事件】 2016年，祁阳先后出现强冷空气、连阴雨、暴雨洪涝、高温热害、局地大风、寒露风等天气气候事件。但灾害性天气气候事件种类较少、至灾频次较低，暴雨洪涝是年内主要灾害性天气气候事件。

【强冷空气降温】 年内祁阳先后出现5次强冷空气降温过程，受强冷空气影响，1月5—7日，48小时降温幅度达12.7℃，同时最低气温降至7.7℃，达到强冷空气标准；2月14—15日受强冷空气影响，48小时降温幅度达20.0℃，最低气温降至1.9℃，达到寒潮标准；受地面冷空气影响，3月8—10日，48小时降温幅度17.7℃，最低气温降至2.2℃，达到寒潮标准，并且10日出现雨夹雪；受冷空气影响，11月7—9日，48小时降温幅度达14.2℃，同时最低气温降至7.9℃，达到强冷空气标准；受冷空气影响，11月21—23日，48小时降温幅度达17.7℃，同时最低气温降至2.8℃，达到寒潮标准。

【连阴雨】 1月5—16日出现连续12天降雨天气，期间日照总时数只有0.6小时，每天平均不到0.1小时，达到中度连阴雨天气标准。由于连续阴雨寡照，空气和土壤长期潮湿，对作物造成不利影响。

【5—6月暴雨洪涝】 受西南暖湿气流影响，5月4—6日，祁阳上游县出现连续强降水，部分县区普降大到暴雨，局地大暴雨，我县出现了中到大雨过程。由于连续强降水，湘江水位增高，沿江两岸和其他低洼地区受淹成灾，其中潘市、观音滩、肖家村、八宝、白水、黄泥塘等7个乡镇共有17个乡村受淹。这次洪涝灾害受灾人口4470人，农作物受灾面积360公顷，倒塌房屋39间，直接经济损失1537万元，其中农业损失490万元。受高空槽和切变线共同影响，6月11日8时到12日8时，全县普降大雨，局地大到暴雨，大于50.0毫米的站点9个。全县有6个镇，28个乡村出现不同程度的洪涝。洪涝使祁阳受灾人口4522人，紧急转移安置28人，茅竹镇、大忠桥镇、梅溪镇、白水镇、肖家村镇、潘市镇、八宝镇；龙山、长虹、浯溪街道办事处等都出现灾情。受高空低槽和中低空切变线共同影响，6月14—15日，祁阳出现连续强降水，部分乡镇普降大到暴雨，县城出现中到大雨过程。此次洪水致使祁阳3个城区、15个镇区、55个乡村受灾。其中城乡居民财产、农业、交通，水利设施受灾严重，全县7436人受灾。倒塌房屋108间，直接经济损失5728万元。

【高温热害】 夏季7—8月日最高气温≥35℃高温日数有38天，较常年同期偏多7天，较2015年多17天；祁阳在7月11—14日、7月14—19日、8月15—21日，出现了轻度高温热害，在7月21—31日出现中度高温热害，另外还出现了3天日最高气温≥40℃的高温天气，极端最高气温出现在7月31日40.9℃，最热两月7月、8月气温较常年同期偏高明显，特别是7月份，气温较常年偏高1.6℃。自6月16日雨季结束以来，境内以晴热高温天气为主，降水稀少，处衡邵干旱走廊的零祁盆地（零陵、冷水滩、祁阳）雨量偏少8成，零祁盆地达中等强度气象干旱等级。

【局地大风】 受副热带高压南侧偏东气流的影响，8月21日下午3时许，祁阳县城出现了伴有大风的雷雨天气。据监测资料显示，祁阳站1小时最大降水强度达8.5毫米/小时，瞬时最大风速17.9米/秒。

这次雷雨大风对县城车辆和一些基础设施造成一定的损失，但是未出现人员伤亡情况。大风导致广告牌和遮阳棚坠落砸坏车辆，电线倒杆、树苗倒伏等；这次雷雨大风天气对农业生产和户外作业带来不利影响。

【9月寒露风】 受冷空气的影响，9月底到10月初（9月29日—10月1日）连续三天日平均气温≤20℃，达到中度寒露风天气标准。

国民经济和社会发展

【概况】 2016年，祁阳实现

地方生产总值263.59亿元，增长9.1%；其中：第一产业48.8亿元、第二产业94.51亿元、第三产业120.26亿元、分别增长3.3%、7.3%、13.4%。规模工业增加值完成49.61亿元，增长8.4%；实现财政总收入15.1亿元，增长17%；全社会固定资产投资299.43亿元，增长16.1%；社会消费品零售总额73.09亿元，增长11.8%；外贸商品进出口总额完成2亿美元，增长28.6%；内联引资28亿元，增长10%；实际利用外资1.6亿美元；城镇居民可支配收入26143元、农民人均纯收入11784元，分别增长9.5%和8.5%。节能减排达到省定目标，万元GDP能耗下降7.5%。各项约束性指标均顺利实现2016年年初的预计。

【项目建设】 2016年，安排重点项目76个，重点建设项目60个，年度计划投资45亿元。完成投资47.82亿元，占年计划的106.2%。其中：工业能源类，完成投资9.7亿元，占年计划的107.8%，东骏纺织二期、富福服饰、千山二期、鑫利生物等项目进展顺利，输变电工程完成65个行政村和15个台区升级改造，梅溪变电站建成投用，完成了200个移动基站建设。农业类，完成投资9.5亿元，占年计划的101.1%，湘江治理唐家岭段完工，104座病险水库加固工程全面完工，特色县域经济重点县工程全面竣工，农建投果蔬产业园初步建成。交通类，完成投资3.9亿元，占年计划的114.7%，农村公路提质改造完成160公里，危桥改造完成25座，祁冷快速通道扩建工程完基本完工，黎马公路完成了部分路基。城建类，完成投资9.9亿元，占年计划的111.2%，火车站配套工程、经开区灯塔路公租房、民生路建筑外立面改造等基本完工，华润燃气完成中压管网20千米、庭院管网40千米、CNG合建站竣工并完成设备采购，黎家坪污水处理厂和浯溪区扩建工程建成投用。社会事业类，完成投资4.8亿元，占年计划的102.1%，职业中专创卓越学校建设及公租房完工，人民医院综合大楼和教育强县工程、新增学位建设、教师公租房等基本完工。商贸旅游类，完成投资10.2亿元，占年计划的101.8%，观音滩鸭婆洲旅游开发项目已基本建成投用。

【工业经济】 2016年，规模工业总产值195亿元，实现税收2.8亿元，增长4%。规模工业企业新增6家，达到109家，过亿元企业新增3家，达到65家，七大产业集群、六大标志性企业初具规模，冶炼、造纸、玻璃、煤炭等落后产能逐步淘汰。经开区规模工业产值破百亿，产业聚集度90.3%，是全省推进新型工业化产业示范基地、特色经济园区和首批“飞地经济”试点园区。

【农业生产】 2016年，粮食播种面积165万亩，粮食总产量65万吨，保持全国粮食生产先进县称号。优质稻、油菜、果蔬基地分别达到165、38、40万亩；特色农业快速发展。土地流转超过60万亩，特色水果、油茶、茶叶、蔬菜基地不断壮大，特色县域经济重点县通过省财政复评验收。培育市级以上龙头企业26家。

【第三产业】 2016年，完成第三产业增加值118.3亿元，首次超过第二产业。对经济增长的贡献率达50.8%。房地产市场回暖升温，去库存5.6万平方米，销售面积及销售价格比去年同期有所回升，分别增长12.6%和8.3%。文化旅游融合发展。开发包装旅游项目6个，新增乡村旅游示范点4个，星级农庄15个。现代金融蓬勃发展。金融机构存贷款余额分别达到312亿元、118亿元，银企合作洽谈项目68个，授信融资73亿元，累计发放贷款1.58亿元，对地方经济的支持力度不断加大。华融湘江银行挂牌营业，业务发展迅速。电子商务、现代物流、健康养老等新兴服务业快速兴起。

【改革开放】 全面改革不断深入。行政管理体制、政府机构、商事制度、农村产权制度等纵深推进。撤乡并村、国有林场改革全面完成。投融资体制改革稳步推进，率先实施负面清单管理，明确权力清单和责任清单，简政放权得到落实，行政效能进一步提升。农村综合改革走在全省前列，土地流转、宅基地入市、人口市民化分担机制先行先试。社会综合治理改革正在推进，网格化管理形成雏形。公共资源交易、公车改革有序推进。招商引资初有成效。到位外资 1.6 亿美元，内联引资 28 亿元，完成外贸商品进出口总额 2 亿美元，新增外贸实绩企业 6 家，达到 25 家。被列为全省外贸重点县，获评全省发展开放型经济先进县。

【城乡建设】 2016 年，城镇化率达到 49%，县城建成区面积 28 平方千米，城区人口 26 万。以国家新型城镇化综合示范县建设为契机，强化基础设施投入。县城水、电、路、讯、绿化、亮化、美化、公共基础设施建设投入 7.3 亿元。县城道路提质改造、祁冷快线扩建、祁阳大道、新埠头水厂、华润燃气、污水处理厂等一批项目扎实推进；王府坪市场及棚房区改造、红星美凯龙、祁阳大道高架桥、西区综合市场、湘江千吨级航道码头、城乡垃圾收运一体化、环城线路网等完成方案设计及评审，进入施工设计阶段，部分项目已进入招投标阶段，即将启动建设；智慧祁阳建设已全面启动，网格化管理纵深推进。城建 PPP 项目洽谈对接进展迅速，来势喜人。

【社会事业】 科技，申报省级科技计划项目 39 个，获批专利 158 个，科技对经济增长的贡献率达到 54%，连续九年保持全国科技进步先进县、科普示范县称号。教育，教育强县稳步推进。完成 11 所合格学校建设，缓解了义务教育阶段学位紧张的问题。县职业中专晋升为国家改革发展示范学校，入围全省卓越中职学校。高考成绩再创佳绩。2016 年，全县一、二批本科上线 2016 人，占全市四分之一，其中一本 653 人，上线率居全市第一；职高对口招生二本以上 342 人，上线人数及上线率连续蝉联全省榜首。文体，文体广电事业全面发展，文化站和“农家书屋”实现全覆盖，广播电视“村村响”、“户户通”工程和数字电视整体平移全面完成；群众体育蓬勃发展，荣获全国全民健身先进单位，体育馆建设基本完工，即将交付使用。卫计，继续推行“五位一体”医疗救助体系，村级卫生室建设迅速推进，县级公立医院改革有序推进，公共卫生和基本医疗卫生服务体系进一步完善。人口增长得到有效控制，连续四年保持全国计划生育优质服务县殊荣。

【民生民本】 2016 年，财政用于民生支出 40 亿元，占总支出的 85%。全年共完成农村危房改造 1400 户；棚户区改造稳步推进，新建保障性住房 868 套，分配公租房 1839 套。新增城镇就业 7200 人，转移农村劳动力近万人。社会保障覆盖城乡。“五大社会保险”实现扩面征缴，就业和再就业、失地农民社会保险、社会救助等工作扎实开展，城乡保障能力增强，五大社会保险参保人数达到 90 万人次，新农合参合率达到 99.98%。精准扶贫纵深推进，帮助 8 千人成功脱贫。易地扶贫“两大一小”政策深入实施，搬迁安置点建设投入资金 3680 万元，已完成 10 个安置点建设，8 个安置点快速推进，新农村建设扎实推进。全年完成水利工程 1.6 万处，增加基础蓄水量 2500 万立方米，新增、恢复、改善灌溉面积 5.8 万亩，为 7 万人解决不安全饮水难题。社会管理不断加强。全县上下以“创国卫”为契机，大力开展城乡环境综合治理和专项整治，取得了良好效果。开展社会治安专项整治活动，严厉惩治“两抢一盗”“黄赌毒”等违法犯罪行为，群众安全感不断增强，社会治安综合治理明显改善。

领导名录

（以2016年12月31日所在职位为准）

中共祁阳县委员会

书　　记　周新辉
副 书 记　金　彪　黄赞校
常　　委　唐晓波　郑国荣
　　　　　廖道南　陈　莉(女)
　　　　　龚红辉　刘建能
　　　　　张少宣　唐明生
副调研员　苏元朝
副处级干部　王贵华　江国田

祁阳县人大常委会

主　　任　邓晓阳
副 主 任　刘晓春　谢铁山
　　　　　桂富生　刘双顺
　　　　　唐　江(女)
原 主 任　黄春华
原副主任　尹显乾　毛学标
　　　　　蒋忠朝　李建民

祁阳县人民政府

县　　长　金　彪
副 县 长　唐晓波　陈环玉
　　　　　陈志标　周树和
　　　　　柏曼红(女)
　　　　　周贞霖　彭国锋
　　　　　刘　军
正处级干部　陈俊广
原副县长　唐安宝
副处级干部　莫少波　蒋祁阳
　　　　　龚　伟　张应生
　　　　　邓开封　刘文高

祁阳县政协

主　　席　郑增敀
副 主 席　陈振文　于建春(女)
　　　　　文英雄(女)
　　　　　黄爱蓉(女)
　　　　　桂　湘
正处级干部　汪亚雄
原副主席　刘和平　伍文化(女)

县人民武装部

部　　长　龚红辉
政　　委　（暂缺）

县法院

院　　长　欧阳韶勇

县检察院

检 察 长　冯湘琳(女)

县委部门管理机构

县委党校校长　唐双喜

县政府部门管理机构

县经济开发区管理委员会书记　段观阳
县经济开发区管理委员会主任　蒋明明
县浯溪碑林风景名胜管理处党委书记主任　柏一秀(女)

祁阳县直机关单位主要负责人

县纪委书记　廖道南
县委组织部　部　长　郑国荣
县委宣传部　部　长　陈　莉(女)
县 委 办　主　任　张少宣
县委统战部　部　长　唐明生
县政府办　主　任　唐明生(兼)
县编委办　主　任　何志宇
县保密局　局　长　邓梦琪
县直属机关党委　书　记　黄玉彬(女)
县政法委　书　记　刘建能
县委610办　主　任　曾新和
县综治办　主　任　李文斌
县维稳办　主　任　胡国强
县机关事务局　局　长　罗卫平
县史志办　主　任　张　平
县档案局　局　长　蒋盛文
县接待科　科　长　张俊卿
县信访局　局　长　邹长明
县老干局　局　长　刘祥贵
县总工会党组书记副主席　何晓松
团 县 委　书　记　周　洁(女)
县 妇 联　主　席　周思敏(女)
县工商联　主　席　桂　湘
　　　　　书　记　陈巧琼(女)
县 侨 联　主　席　李永明
县 残 联　理事长　黄拥军

县科协	主席	肖霏霏(女)
县文联	主席	邓艳明(女)
县人大常委会办公室	主任	雷卓明
县人大常委会选举任免联络工作委员会	主任	朱金权
县人大常委会内务司法工作委员会	主任	陈超
县人大常委会财政经济工作委员会	主任	廖廷
县人大常委会城建环保工作委员会	主任	陈爱君
县人大常委会农业农村工作委员会	主任	毛智永
县人大常委会民族教育科学文化卫生工作委员会	主任	何建红
县政协办公室	秘书长 主任	唐书东
县政协提案委员会	主任	赵道生
县政协文史委	主任	王双春
县政协经科委	主任	李爱华(女)
县政协法制群团委	主任	陈新春
县法制办	主任	邓国勇
县人防办	主任	李秋来
县民宗局	局长	周新民
县政务中心	主任	蒋金勇
县禁毒办	主任	段慧颖
县发改委	主任	曾海燕(女)
县科技和经信委	主任	张松柏
县教育局	局长	刘双顺(兼)
县公安局	局长	陈志标
	政委	陆强耀
县交警大队	大队长	刘志杰
	政委	文爱武
县监察局	局长	赵作琦
县民政局	局长	周金生
县司法局	局长	刘盛华
县财政局	局长	谭元明
县人事劳动社保局	局长	彭国峰(兼)
县国土资源局	局长	何志刚
县住建局	局长	董黎明
县自来水总公司	总经理	高连佑
县交通运输局	局长	周贞霖(兼)
县水利局	局长	邓卫芳
县内下管理局	局长	詹国平
县大江水库管理所	所长	蒋军
县农业委	主任	吕勤
县林业局	局长	郑昭宇
县商务局	书记	王胜
	局长	曾白玉(女)
县文广新局	局长	黄爱蓉(女)
	党组书记	庄小敬
县卫计委	主任	奉毅
县审计局	局长	张俊球
县环保局	局长	甘小玲(女)
县安监局	局长	谢波
县市场和质量监督管理局	局长	刘勇
县统计局	局长	蒋志红
县市场管理服务中心	主任	谢东良
县农机局	局长	李少华
县农经局	局长	申庆宇
县广播电视台	台长	陶藜
县农业开发办	主任	钟凌云
县供销社	主任	何贵云
县畜牧水产局	局长	全辉
县城管执法局	局长	谢建军
县房产局	局长	奉江南(女)
	书记	刘银球
县移民局	局长	奉和成
县商业企业改革服务办	主任	熊自立
县工业企业改革服务办	主任	包本发
祁阳科技工业园	主任	郑新华
县城建投	主任	谭振华
县公路局	局长	唐冬平
县畜牧场	场长	曾爱民
	总支书记	赵仁忠
祁阳一中	校长	邓振
	总支书记	唐秀成
祁阳二中	校长	杜来根
	总支书记	于华山
祁阳四中	校长	王建华
	总支书记	聂伍阳
祁阳七中	校长	石献忠

	总支书记	张华成
县职业中专	校　长	钟端阳
县教师进修学校	校　长	何新军
	总支书记	胡爱民
县人民医院	书　记	郭金玉(女)
县中医院	院　长	李安清
县疾控中心	主　任	邓海平
	总支书记	周四清
县妇幼保健院	院　长	蒋建明
	书　记	陈　湘(女)

中央、省、市驻祁单位主要负责人

官山坪红壤站	站　长	张会民
祁阳师范	校　长	刘吉祥
县国税局	局　长	邓志民
县地税局	局　长	黎金元
县烟草局	局　长	唐明友
县药材公司	经　理	漆国华
县气象局	局　长	邹志红
县水文局	局　长	钟　铭
县邮政局	局　长	盘光军
电信祁阳分公司	经　理	陈　军
县移动通信公司	经　理	钟洪斌
县联通公司	经　理	邓拥军
国网祁阳县供电公司	经　理	陈　捷
县石油公司	经　理	周洪祁
县盐业公司	经　理	陈小文
县人民银行	行　长	陈智明
县工商银行	行　长	龙立新
县建设银行	行　长	邹云山
县中国银行	行　长	陈珍娥(女)
县农业银行	行　长	曾逊杰
县农业发展银行	行　长	刘定波
县农村商业银行	行　长	刘国富
县村镇银行	行　长	周光映
县邮政银行	行　长	蒋齐勇
华融湘江银行祁阳支行	行　长	陈　璐
县新华书店	经　理	雷辉和
县人寿保险公司	经　理	陈青山
县人民财产保险公司	经　理	邓开彪
县平安产险公司	经　理	谢　芳(女)
县平安寿险公司	经　理	唐东风
县住房公积金管理部	主　任	郭小兵
县消防大队	大队长	陈琪树
县武警中队	中队长	袁　华
大华山电台	台　长	刘毅华

祁阳县乡镇办场正科级机构负责人

龙山办

书　记	暂　缺
主　任	苏建萍
人大主席	蒋贤娟(女)
政协工委主任	李荣文

长虹办

书　记	蒋明明
主　任	王可君
人大主席	赵凌云(女)
政协工委主任	陆德君

浯溪办

书　记	王恩鹏
主　任	汪小军
人大主席	夏立军
政协工委主任	陈爱阳

观音滩镇

书　记	张学明
镇　长	张　敏(女)
人大主席	林少华
政协工委主任	翟宏亮

茅竹镇

书　记	陈　彬
镇　长	于　浩
人大主席	周　春
政协工委主任	谢毓达

三口塘镇

书　记	暂缺
镇　长	王　孟
人大主席	唐贵军
政协工委主任	唐文斌

大忠桥镇

书　　记　黄荣升
镇　　长　刘剑波
人大主席　曾红军
政协工委主任　王胜利

肖家村镇

书　　记　刘军（兼）
镇　　长　赵明奇
人大主席　伍易军
政协工委主任　唐拥群

八宝镇

书　　记　王启明
镇　　长　莫　逆
人大主席　邓　辉
政协工委主任　张　昆

白水镇

书　　记　尹显仪
镇　　长　陈江森
人大主席　奉建军
政协工委主任　刘建飞

进宝塘镇

书　　记　邓志刚
镇　　长　杨　扬
人大主席　丁召方
政协工委主任　谢　军

黄泥塘镇

书　　记　刘建华
镇　　长　陈旭东
人大主席　杨海欧
政协工委主任　肖　勇

羊角塘镇

书　　记　任海峰
镇　　长　文　键
人大主席　蒋志杰
政协工委主任　陆勇军

梅溪镇

书　　记　柏建勇
镇　　长　陈文广
人大主席　段向群
政协工委主任　伍颖松

潘市镇

书　　记　陈贻春
镇　　长　汤铁球
人大主席　蒋　将
政协工委主任　陈　龙

七里桥镇

书　　记　陈首文
镇　　长　李峥嵘
人大主席　蒋　彬
政协工委主任　郭颂国

下马渡镇

书　　记　唐小娟(女)
镇　　长　唐琳玮
人大主席　赵富生
政协工委主任　付路军

黎家坪镇

书　　记　刘　诚
镇　　长　周立志
人大主席　谭方东
政协工委主任　伍巍巍

文富市镇

书　　记　邓燕山
镇　　长　（暂缺）
人大主席　伍　军
政协工委主任　邓艳凤(女)

大村甸镇

书　　记　郑志宇
镇　　长　汪建军
人大主席　刘　竣
政协工委主任　桂玉荣(女)

文明铺镇

书　　记　李　政
镇　　长　邓　飞
人大主席　伍国梁
政协工委主任　张　斌

龚家坪镇

书　　记　唐　军
镇　　长　王卫红
人大主席　唐普善
政协工委主任　伍仲阳

大江林场

书　　记　王勇平

挂榜山林场

书　　记　邓玉华

中共祁阳县委员会

综　述

【概况】　中共祁阳县委辖57个党委，83个党总支，1849个党支部，共有党员39828名。全县全年完成地区生产总值263.59亿元，增长9.1%；固定资产投资299.43亿元，增长16.1%；财政总收入15.1亿元，增长17%；社会消费品零售总额73.09亿元，增长11.8%；城镇居民人均可支配收入26143元、农村居民人均可支配收入11784元，分别增长9.8%和8.5%；全面小康实现程度达到87.5%。

【综合实力不断增强】　以构建现代产业体系为重点，加快产业转型升级步伐，全力推动经济持续健康发展。工业经济增量提质。实现规模工业增加值49.61亿元、增长8.4%，新增规模工业企业18户，规模工业实缴税金3.6亿元、增长33.8%。轻纺制鞋、农副产品加工等传统产业持续发展壮大，先进装备制造、电子信息、新能源新材料等新兴产业比重提升。园区开发建设取得新突破，祁阳经开区实现规模工业产值188.5亿元，园区产业集中度达到93.8%，获评2016年度全省经济技术开发区先进单位。现代农业稳步推进。粮食生产稳定发展。农业经营集约化、规模化、组织化水平提升，新增专业合作社109家、家庭农场151家、省级农业产业化龙头企业1家。现代农业示范园建设推进有力，示范引领作用进一步凸显。被列为全省食用农产品合格证管理试点县，获评全省粮食生产先进县。现代服务业持续向好。乡村旅游日趋活跃，房地产业总体平稳，现代金融、健康养老、电子商务等新型业态健康发展。被评为全国电子商务进农村综合示范县。

【改革开放不断深入】　坚持以深化改革破解发展难题，以扩大开放增强发展活力。重点领域改革全面深化。行政管理体制改革取得突破，颁发永州市首张个体工商户“两证整合”营业执照；圆满完成并乡合村工作，被评为全省乡镇区划调整改革工作先进县。农村产权制度改革、社会治理机制改革持续深化。改革试点工作有序推进，成功跻身国家新型城镇化综合试点县。开放型经济加快发展。全年实际利用外资1.55亿美元、内联引资实际到位29.5亿元，分别增长6.9%、16.1%；完成对外贸易总额2.375亿美元、增长30.1%。成功引进总投资15亿元的大江林场风电场开发等一批重大项目。连续四年被评为全省发展开放型经济先进县。在全市率先向全社会发布拟引进战略投资者重大项目56个，总投资金额达675亿元，受到人民网等主流媒体关注。创新发展能力大幅增强。保持全国科技进步先进县、科普示范县称号。新增5家高新技术企业、总数达到10家；新金浩茶油、宇晖机电被评为国家知识产权优秀企业。“两化融合”发展水平进一步提升。

【城乡面貌不断改善】　坚持城乡统筹、一体发展，扎实推进新型城镇化进程，打造宜居秀美生态家园。新型城镇化加速推进。全县城镇化率达49%，较上年提升2个百分点。大力推动创国卫工作，滨湖路等8条主干道提质改造如期完成，城市公园、小游园以及“拆墙建绿”工程建设步伐加快，控违拆违工作强势推进，新埠头水厂等项目加紧建设，县城综合承载能力不断增强。小城镇建设“10+X”工程全面启动。美丽乡村建设有序开展，观音滩镇八尺村被评为全省美丽乡村建设示范村。基础设施不断完善。群众期盼多年的祁阳大道建设全面提速，路基基本拉通。木（梓圩）金（洞）公路基本建成通车，衡永高速列入交通路网规划，农村公路提质改造扎实开展。水利建设力度加大，获评全省“芙蓉杯”水利竞赛先进县。电网改造推进有力，供电保障水平有效提升。生态文明建设成效显著。完成造林3.5万亩，森林覆盖率达60.4%。成功创建全国绿化模范县，浯溪湿地公园获批为国家湿地公园试点建设单位。县城污水处理率85%，全县垃圾无害化处理率96%。

【民生福祉不断提升】 全力做好惠民生、增民享、保民安各项工作，省市分配的19项和县定10项重点民生实事全部完成，广大群众获得感更多。社会保障坚实有力。减少贫困人口16183人、3个贫困村出列，新塘角村等3个村被评为全省脱贫攻坚示范村。新增城镇就业6975人，实现农村劳动力转移就业9146人，被评为全省创新创业带动就业示范县。城乡居民基本医疗保险实现并轨，城乡居民最低生活保障、五保供养实现应保尽保，住房保障工作有效加强。社会事业繁荣发展。成功创建国家农村职业教育和成人教育示范县；教育工作“两项督导评估考核”获省优秀等次，被认定为湖南省教育强县。高考各项指标继续保持全市第一。文体广电事业全面发展。祁阳石成功获批国家地理标志保护产品，九泥村等4个村入选中国传统村落名录。卫计事业不断进步。社会治理卓有成效。加大矛盾纠纷排查化解力度，信访形势总体平稳。依法从严惩治各类违法犯罪活动，综治民调全省排位比上年前移22位。安全生产和食品药品监管持续加强，连续六年被评为全省安全生产先进县。

【党的建设不断加强】 严格落实思想建党要求，“两学一做”学习教育有力有序开展，全县1989个基层党组织、近4万名党员参加学习教育。坚持把纪律和规矩挺在前面，着眼事业发展抓好换届工作，县第十二次党代会胜利召开，县乡两级党委、人大、政府和县政协换届工作圆满完成，领导班子和干部队伍建设不断加强。认真履行基层党建工作责任制，从严落实基层党建七项重点任务，基层党建工作再上新台阶。严格落实“两个责任”，坚决认真整改省委巡视组反馈的问题，严肃查处了一批违纪违法案件，营造了风清气正的政治生态。同时，县委常委会还始终注重加强自身建设，认真贯彻落实民主集中制，坚持总揽全局、协调各方，改进对人大、政协工作的领导，支持政府依法行政、履行职责，加强统战、民族宗教、对台、党管武装、老干部等工作，积极发挥工商联和工、青、妇等群团组织的作用，充分调动方方面面的积极性，凝聚干事创业的强大合力。

县委常委会议

【第一次会议】 2016年1月19日，市政协副主席、县委书记魏湘江在县委常委会议室主持召开了县委常委扩大会议。（一）会议就县委全会报告和县委经济工作会议报告（征求意见稿）进行了讨论，对“两个报告”提出了部分修改意见和建议，进一步做好“两个报告”的修改完善工作；并定于1月21日召开县委十一届七次全体（扩大）会议和1月22日召开县委经济工作会议。（二）会议研究了春节期间走访慰问工作，原则同意县政府常务会议研究的意见，做好春节期间走访慰问活动。（三）会议研究了2016年春运工作，原则同意县政府常务会议研究的意见，下发《祁阳县2016年春运工作实施方案》，成立2016年春运工作领导小组，加强对春运工作的领导，春运期间客运票价一律不准乱涨价，维持原价；同时加强对各线路的督查和监管，对违反规定乱涨价者依法从严查处。此外，会议还安排了当前其他有关工作。

【第二次会议】 2016年2月4日，市政协副主席、县委书记魏湘江在县委常委会议室主持召开了县委常委扩大会议。会议讨论了政府工作报告，会议原则同意《政府工作报告（征求意见稿）》并同意将《政府工作报告（征求意见稿）》提交县十六届人大四次全体会议审议。会议要求，县政府办要充分吸纳与会人员的意见和建议，按照县委十一届七次全会和2016年县委经济工作会议确定的工作思路和全年经济发展主要预期目标，进一步做好报告的修改完善工作。会议强调，一要科学研判形势，主动适应新常态。二要积极组织收入，加强财源管理。三要不断规范财政管理，提高科学理财水平。此外，会议还研究了2016年度财政预算，安排了当前春运、安全生产、防控禽流感、春节期间值班备勤等工作。

【第三次会议】 2016年3月1日，市政协副主席、县委书记魏湘江在县委常委会议室主持召开了县委常委扩大会议。会议原则同意县纪委提出的《关于落实省委巡视第七组对祁阳县巡视反馈意见的整改工作方案（送审稿）》。会议指出，乡镇区划调整改革是基层政权建设和农村经济社会发展的大事，对减少行政成本、调剂更多的资金加大对“三农”的投入意义重大，全县各级各部门和广大党员干部必须从讲政治、讲大局的高度，把这项工作抓好落实。会议原则同意县发改委提出的《关于2016年重点项目建设目标管理工作方案（讨论稿）》。会议传达学习了1月31日省委扶贫开发暨全面建成小康社会推进工作会议和2月26日市委扶贫开发暨全面建成小康社会推进工作会议精神；会议强调，要明确2016年脱贫工作任务，同意将精准扶贫工作纳入重点工作考核。根据市委出台的“1+X+部门”精准扶贫政策体系，对祁阳县精准扶贫“1+9”系列文件进行细化对接，同意按程序将县扶贫办按正科级机构进行报批，增加工作经费和人员。

【第四次会议】 2016年3月2日，市政协副主席、县委书记魏湘江在县委常委会议室主持召开了县委常委会议。会议研究了2015年度考核评奖、县市场管理局机构人员编制和经费保障问题、2016年美丽乡村布点等工作，传达了贯彻落实市四届纪委九次全会精神、全市乡镇领导班子换届工作会议精神。会议同意县考核办及有关单位提出的表彰意见，奖励按照祁办发〔2015〕19号文件有关规定执行，在全县2015年工作综合表彰大会上进行通报、表彰。会议明确县市场管理局为财政差额拨款事业单位，关于欠发欠缴的职工工资和“五险一金”缺口问题由县财政与社保部门办好挂账手续，予以妥善解决，会议决定全面启动农贸市场的规划、建设和提质改造。会议一致同意县新农村建设办公室提出的关于2016年美丽乡村布点名单的建议。会议原则同意县纪委提出的贯彻落实市四届纪委九次全会精神和2016年全县党风廉政建设及反腐败工作主要任务，会议要求全县各级党委（党组）、纪委（纪检组）要认真抓好贯彻落实，并于3月9日上午召开县十一届纪委六次全会。关于乡镇领导班子换届工作，会议传达了全市乡镇领导班子换届工作会议精神，并提出了贯彻落实意见。会议要求，各乡镇党委和组织部门要充分认识做好这次换届工作的重大意义，严肃纪律，明确责任，抓好这次换届，并成立成立由县委书记魏湘江任组长的祁阳县乡镇领导班子换届领导小组。此外，会议还研究了其他有关工作。

【第五次会议】 2016年4月6日，市政协副主席、县委书记魏湘江在县委常委会议室主持召开了县委常委会议。会议研究了乡镇领导班子换届、选人用人整改、人大、政协等工作。会议原则同意县委组织部提出的《祁阳县2016年乡镇领导班子换届干部调配意见》和落实省委巡视第七组反馈选人用人问题的整改意见。会议要求县委组织部进一步研究政策、吃透政策、用活政策，并根据会议研究的意见，对《祁阳县2016年乡镇领导班子换届干部调配意见》进行修改完善。会议同意以县委名义批转县人大常委会和政协祁阳县委员会2016年工作要点；以县委名义按程序下发《关于加强县乡人大工作和建设的实施意见》，依法保障人大代表和政协委员活动经费。加强县人大及其常委会组织建设，相关机构设置和人员编制，按程序报批。

【第六次会议】 2016年4月6日，市政协副主席、县委书记魏湘江在县委常委会议室主持召开县委常委扩大会议。（一）关于并村工作，会议强调，全县各级各相关部门要继续做好并村后续工作，确保合并的村有机结合，各项工作正常开展、融合发展；县委组织部尽快出台全县并村后的村支两委干部配备意见。（二）会议要求对2016年的重点建设项目管理方案、考核实施意见进一步修改完善，确保2016年的重点建设项目安排和重点工作确定更合理、更完善，并尽快按程序行文下发。（三）会议原则同意县政府常务会议关于禁毒工作研究的意见，切实扭转我县禁毒工作不利的局面，摘掉国家禁毒委重点关注地区的帽子。（四）会议原则同意县政府常务会议关于安全生产工作研究的意见，全面开展“安全生产监管执法年”活动，全力推进安全监管网格化建设，切实抓好当前安全生产工作。（五）关于信访工作，会议同意将“祁阳县处理信访突出问题及群体性事件联席会议”更名为“祁阳县信访工作联席会议”，并进行职能调整，将相关单位明确为成员单位；同意将县驻京工作组的招商和信访职能分开，招商联络工作由县委办管理，由周殷负责，信访工作由县信访局管理，由吴铭章负责。（六）关于关心下一代和创建“百岁健康县”工作，会议批准同意县关工委2016年工作要点，同意继续开展“关爱明天·普法先行”青少年普法教育活动；扎实开展全县创建“百岁健康县”各项具体工作，以实际行动迎接全市创建“百岁健康市”工作推进会在我县召开。（七）会议传达了全省加强换届风气监督工作视频会议、全市创建文明城市动员大会、全市美丽乡村暨农村精神文明建设推进会议、全市组织部长、统战部长和宣传部长会议及中央、省市委政法工作会议精神，并研究了贯彻落实意见。会议明确，成立全县加强换届风气监督工作小组，出台《关于加强换届风气监督的工作方案》。同意设立文明县城创建办公室，与县文明办合署办公，两块牌子，一套人马，并同意将县文明办升格为正科级机构，按程序向市编委办报批。会议同意成立全县美丽乡村暨农村精神文明建设工作领导小组，负责该项工作的政策研究、协调指导、调查调度、督查考核和日常事务等工作。会议充分肯定了过去的一年党务工作部门取得成绩，并完全赞同各部门提出的2016年工作要点。关于组织工作，同意出台祁阳县《关于进一步加强和改进离退休干部工作的实施意见》。关于宣传思想工作，同意开展“‘两学一做’知识抢答赛”、“我的中国梦·责任与担当”演讲比赛、“道德模范巡回演讲”、评选“十佳文明市民”“星级文明户”“十大新闻稿件”“十佳新闻通讯员”“十佳学习型党员”“十佳学习型党组织”和“欢乐潇湘、和美祁阳”群众文艺汇演活动、“2016年祁剧、祁阳曲艺作品创作大赛”等活动。关于统战工作，同意参照市委模式成立祁阳县委统战工作领导小组，同意参照省市成立全县党外知识分子联谊会。关于政法工作，同意建立祁阳县法学会，由县编委办按副科级机构依程序向市编委办报批，确定县网格中心主任人选和加快综合信息平台建设进度，同意将县委610办的机构、编制、财务单列。

【第七次会议】 2016年4月18日，市政协副主席、县委书记魏湘江在县委常委会议室主持召开了县委常委会议。会议研究了2016年祁阳县事业单位拟吸纳人才工作、传达全了省信访工作座谈会议精神。会议原则同意县人社局提出的2016年祁阳县事业单位拟吸纳人才工作的意见，会议强调，事业单位吸纳人才工作要严格按照《祁阳县事业单位公开招聘人员试行办法》（祁办发〔2012〕36号）规定，坚持“公开、平等、竞争、择优”的原则，严格规范公开招聘程序，自觉接受监督。会议要求，针对祁阳信访工作中存在的问题，县委常委会组成人员和县信访工作联席会议办公室要认真贯彻落实全省部分县（市、区）委书记信访工作座谈会精神，认清形势、分析问题、研究措施，补齐短板；全县各级各部门要高度重视，高度警醒，落实措施，确保全县信访工作形势切实好转。

【第八次会议】 2016年4月29日，市政协副主席、县委书记魏湘江在县委常委会议室主持召开了县委常委会议。会议研究了信访、“雁过拔毛”式腐败问题和“纠‘四风’、治陋习”专项整治、工作。关于信访工作，会议要求做到“五个加强”，即加强各级责任，层层传导压力；加强领导包案，推动问题解决；加强依法惩治，维护法治形象；要加强督查追责，保持高压态势；加强底线思维，树立红线意识，并组建白水镇花广村和天宇第一城债务危机化解两个信访问题专门工作组。会议同意成立祁阳县“雁过拔毛”式腐败问题专项整治协调领导小组和祁阳县“纠‘四风’、治陋习”专项整治工作办公室，并召开全县“雁过拔毛”式腐败问题和“纠‘四风’、治陋习”专项整治工作会议。会议还就全县乡镇领导班子换届后召开乡镇人大会议作了安排。

【第九次会议】 2016年5月12日，市政协副主席、县委书记魏湘江在县委常委会议室主持召开了县委常委会议。会议研究了组织、“三实”信息采集工作，传达了省委人大工作会议精神。关于组织工作，会议传达了全市“两学一做”学习教育工作和全市县区领导班子换届工作会议精神、研究了关于举办提升领导干部执行力培训班、乡镇（街道）党员档案室建设等工作。会议原则同意县委组织部起草的《关于在全县党员中开展“两学一做”学习教育实施方案》和《关于中共祁阳县委常委会深入开展“两学一做”学习教育的安排建议》；成立县换届工作领导小组，根据市委要求，确定领导小组成员、抽调专门人员、配强工作力量。领导小组下设全县加强换届风气监督工作小组，切实做好换届工作的监督、检查和问题查处工作；会议同意举办提升领导干部执行力培训班；同意由县财政按每个镇（街道）3万元的标准拨付党员档案室建设工作经费。关于“三实”信息采集工作：会议同意成立全县“三实”信息采集工作领导小组，同时启动“智慧祁阳”六大数据库的信息采集工作。会议传达了省委人大工作会议精神，会议指出，要认真贯彻习近平总书记系列重要讲话和中央、省委加强和改革人大工作有关精神，切实做好新时期地方人大工作，切实加强和改进党对人大工作的领导，解决人大工作的具体问题，保障人大更好地履行职责。同时严明换届工作纪律，层层压实责任，层层传导压力，确保县乡换届风清气正。

【第十次会议】 2016年6月23日，市政协副主席、县委书记魏湘江在县委常委会议室主持召开了县委常委会议。会议研究了县法院、检察院有关机构编制问题、开展庆祝建党95周年系列活动、县委十一届八次全会筹备、研究浯溪碑林风景名胜区（陶铸故居）管理处、研究财税等工作。会议决定，参照市委关于市法检两院机构调整的批复，同意对县法检两院内设机构和领导职数进行调整，并原则同意县编委办提出的关于县法检两院内设机构和领导职数调整的意见；同时，积极与市编委办进行对接汇报，尽快启动法院执行二局、检察院案管中心、司法检察大队等副科级机构的报批程序。同意县委组织部提出的关于开展庆祝建党95周年系列活动的方案，开展一系列纪念活动；通过《庆祝中国共产党成立95周年暨总结表彰大会》拟表彰的先进集体和个人名单，向社会广泛宣传先进人物的先进事迹，引导和激励广大党员学先进、争先进、赶先进。会议原则同意县委组织部提出的县委十一届八次全会筹备工作方案，并决定在6月底召开县委十一届八次全会，主要任务是讨论通过《关于召开中国共产党祁阳县第十二次代表大会的决议》。会议决定，同意按峿台亭第三设计方案重修峿台亭；浯溪碑林风景名胜区（陶铸故居）管理处属于公益性事业单位，县财政应予以保障；要将重建陶铸生平事迹陈列馆纳入浯溪景区扩园的统一规划进行选址、重建；启动浯溪摩崖碑刻文物保护区的抢救维修保护工作。对于当前全县财政收入总体形势不容乐观问题，会议要求全体在职县级领导要带头抓财源税源的入库工作，积极联系重点项目、重点企业，全力以赴深入基层和一线，挖潜促收，确保时间过半、任务过半。此外，会议还研究了当前其他有关工作。

【第十一次会议】 2016年8月22日，县委书记周新辉在县委常委会议室主持召开县委常委会议。会议原则同意县委组织部提出的《关于县第十二次党代表大会筹备工作意见》和县直属机关党工委提出的《关于召开县直属机关党代表会议的请示》事项，县直属机关党代表会议和县第十二次党代表大会分别于8月25日—26日和8月28日—31日在县城召开；会议强调，要严格遵守“九个严禁、九个一律”换届纪律要求和有关规定；对县直属机关党工委委员配备与人员编制、工委第一书记和专职委员的任职等问题按照市编委的批复予以行文。同意以县委名义出台《祁阳县关于贯彻落实〈中国共产党党和国家机关基层组织工作条例〉的实施细则》。由县财政局根据今年党员教育经费有关情况进行测算，拿出县直机关党员教育经费列入2017年及以后年度县财政预算方案，再按程序审批。同意从今年开始，每年开展县直基层党组织书记抓基层党建工作述职评议和考核工作，将评议和考核情况纳入全县绩效评估党建工作考核的重要依据。此外，会议还研究了其他有关工作。

【第十二次会议】 2016年8月26日，县委书记周新辉在县委常委会议室主持召开县委常委会议。会议讨论县第十二次党代会工作报告、县纪委工作报告，审议县第十二次党代会日程（草案）。与会人员对两个报告进行认真讨论，一致认为两个报告实事求是地总结了过去五年的工作，同时很好描绘未来五年的发展蓝图。会议强调，大会期间严禁任何单位和代表到外吃请或请吃，不允许任何代表团、单位和个人搞赞助。县级领导要率先垂范，发挥好模范带头作用，全县各级各部门要统一行动，做标杆，当表率，对违反换届纪律和会议纪律的人和事“零容忍，斩立决”。

【第十三次会议】 2016年9月5日，县委书记周新辉在县委常委会议室主持召开县委常委会议。会议审议《祁阳县第十七届人大代表、第十届政协委员推荐提名工作方案》《中共祁阳县人大常委会党组关于做好县、乡镇人民代表大会换届选举工作的意见》，研究城乡网格化建设、信访维稳、公务员职务与职级并行等工作。会议原则同意县委组织部提出的《祁阳县第十七届人大代表、第十届政协委员推荐提名工作方案》，按照政协常委占委员总数不超过20%的规定，设政协常委55名。同意成立县换届工作领导小组。同意9月7日召开县乡人大代表推荐提名及换届选举工作培训会议。会议通过《中共祁阳县人大常委会党组关于做好县、乡镇人民代表大会换届选举工作的意见》。会议原则同意《关于进一步加强城乡网格化建设工作的意见》，就具体问题作出安排部署。关于访维稳工作，会议分析研判当前形势，做好下阶段信访维稳工作，同意组建依法处置专项队伍，同意在县行政办公中心设立警务室，同意更新县信访接待场所设施；根据会议讨论提出的意见，着重从“建好台账、解决问题、依法惩治、从严追责”四个方面，就一些具体措施和问题进行梳理，对相关方案和制度进一步修改完善。会议同意县人社局提出的关于全县机关单位实施公务员职务与职级并行工作贯彻落实意见及下步工作建议。会议还宣布县委常委分工及县级领导联系镇（街道、林场）、重点企业、重点工作、重点项目安排。

【第十四次会议】 2016年9月23日，县委书记周新辉在县委常委会议室主持召开县委常委会议。会议审议《关于进一步加强和规范领导干部外出请示报告等十个事项的通知》《祁阳县第十二次党代会报告确定的任务责任分工表》，由黄赞校、张少宣牵头，组织全县各级各部门办公室传达学习《关于进一步加强和规范领导干部外出请示报告等十个事项的通知》。会议要求，相关部门单位要牢固树立全县一盘棋的思想，结合各自工作职责，对《责任分工表》提出合理化意见和建议，反馈至县委督查室。黄赞校、唐晓波、张少宣等牵头，组织相关单位和人员进一步研究全面小康有关方案、目标、指标，吃透精神，结合撤县设市、“十三五”规划等指标和全县实际，对相关数字进行测算，修改完善好《责任分工表》，本月底前按程序行文下发。会议同意重阳节召开老干部工作“四先”表彰会议，确保会议顺利召开。

【第十五次会议】 2016年10月8日，县委书记周新辉在县委常委会议室主持召开县委常委会议。会议原则同意县委组织部提出的祁阳县第十七届人大代表建议人选名单。同意成立祁阳县法学会，并于10月底前召开第一次代表大会。会议同意县政府常务会议关于整合城乡居民医保工作的研究意见；同意县人社局增设城乡医保股，县医保中心改名为县医疗保险管理服务局。同意将原新农合经办职能移交，其职能、人员按照“编随事走、人随编走”的原则整体划入县医疗保险管理服务局，同意整合开设县城乡居民医保基金银行户头。会议原则同意县政府常务会议关于国有林场改革工作的研究意见，明确大江林场和挂榜山林场（以下简称“两场”）为县政府直属公益一类正科级事业单位，业务上接受县林业局指导。“两场”改革后核定全额拨款事业编制115名，其中大江林场69名，挂榜山林场46名，人员编制经费从2016年1月1日起纳入县财政全额预算。关于华润燃气项目，会议明确由郑国荣牵头，经开区、商粮局、国土资源局、政府法制办等部门负责，对照合同条款，核查双方履责情况；华润燃气综合站供地方式为公开挂牌出让，供地性质为公用设施用地，并不得改变土地用途，供地年限与特许经营权年限配套。会议原则同意县扶贫开发领导小组提出的《祁阳县脱贫攻坚工作考核办法》，同意聘请具备资质的专业公司编制全县“十三五”脱贫攻坚规划，同意继续采取自贷自还和分贷统还两种方式发放扶贫贷款，积极推进扶贫小额信贷等政策的全面覆盖。同意县财政对易地扶贫搬迁工作相关的6个镇实行工作经费补贴和奖励机制。会议还安排了10月9日—12日《团结实干、跨越争先——中共祁阳县委常委（扩大）学习贯彻市县党代会精神专题研讨会》的有关筹备工作。

【第十六次会议】 2016年10月21日，县委书记周新辉在县委常委会议室主持召开县委常委会议。会议学习传达全市精准扶贫工作推进会议精神，全市美丽乡村环境整治、乡村旅游、农村秋冬生产、农村人饮工程、河道治理工作推进会议精神，全市农村网格化建设现场推进会议精神并研究贯彻落实意见，审议祁阳县第十届政协委员初步建议人选名单、《祁阳县2016年度工作目标管理综合考核实施方案》，研究了全县基层党建、组建巡逻防控大队、城建重点项目建设等工作。会议原则同意各部门提出的贯彻落实意见。会议原则同意县委组织部提出的祁阳县第十届政协委员初步建议人选名单。会议明确关于基层党建财政保障问题，同意县委组织部提出的关于“两新”组织党建工作意见，同意县委组织部提出的关于领导机关党员干部学习教育问题意见。会议原则同意县考核领导小组提出的《祁阳县2016年度工作目标管理综合考核实施方案》，同意对祁阳县工作目标管理综合考核领导小组成员进行调整，由县委办按程序行文。同意组建一支200人的巡逻防控大队，提升保障标准，配备相应警用装备。会议还就祁阳大道建设、农商行选址等10个城建重点项目建设进行认真研究。原则同意祁阳大道、环城北路建设综合管廊，原则同意道路扩宽及交通组织设计、祁阳大道（人民西路至熊飞路段）高架桥、沿江路与祁阳大道立交桥设计，原则同意尽早开工建设县城环线，并尽快拉通灯塔路东延至环城东路段（3.2公里）、浯溪南路延伸至环城南路段（2.5公里），原则同意祁冷快速、祁阳大道绿化景观设计，原则同意启动王府坪市场及周边棚户区改造，原则同意启动原种场片区开发建设，原则同意启动规划展览馆及城建档案馆建设，原则同意启动杨梅湖片区开发及文化中心、体育中心建设，原则同意启动陶铸广场片区提质改造。原则同意农商行选址于金盆路与复兴路交汇处东北角（唐茹冲地块）。会议要求以上10个城建重点项目规划设计建设必须依法依规按程序组织招投标和实施。会议还研究其他有关工作。

【第十七次会议】 2016年10月26日，县委书记周新辉在县委常委会议室主持召开了县委常委议教会议。会议充分肯定近三年全县教育工作取得的主要成绩。会议原则同意由县教育部门牵头，县财政、编委办、人社、住建、国土等部门共同制定的《祁阳县关于加快民办教育发展的决定》。同意县职业中专实行校系二级管理，将现有的专业调整为3个系。由县教育局牵头，县科经、经开区、商粮、财政、税务等部门共同参与，起草《祁阳县职业教育“校企合作”实施方案》。原则同意《祁阳县义务教育学校标准化建设实施方案》。同意将每年100万元的高考奖励经费提高到每年300万元。同意出台《县级领导、县直单位联系学校和镇（街道）履行教育职责考核方案》，由县委督查室牵头，县政府督查室和教育督导室参与，每半年对工作落实情况进行一次考核，并下发通报。同意由县残联牵头拟定的《祁阳县高中以上阶段（含高中）残疾学生和贫困残疾人家庭子女资助管理办法》，按程序行文下发。

【第十八次会议】 2016年10月31日，县委书记周新辉在县委常委会议室主持召开了县委常委会扩大会议和县委常委会会议。扩大会议学习传达了《中共中央办公厅关于学习宣传贯彻党的十八届六中全会精神的通知》和《中共湖南省委关于认真学习贯彻党的十八届六中全会精神的通知》精神，研究了农业重点项目建设；常委会会议讨论《祁阳县2016年重大项目发布会方案》，研究创国卫工作，审议《2016年11月份全县主要工作重要活动预安排》。会议就现代农业示范园区项目、油茶现代农业观光园项目、湖南祁阳浯溪国家湿地公园申报和创建工作、创森创绿工作、四大水利项目、河道采砂专项整治及湘江河道砂石开采拍卖金收缴、农业综合开发、农机深松整地等十个城建重点项目建设进行认真研究，议定一些重要事项。

【第十九次会议】 2016年11月9日，县委书记周新辉在县委常委会议室主持召开县委常委会议。会议审议祁阳县第十届政协委员建议人选和永州市第五届人大代表、政协委员初步建议人选，研究县十七届人大一次会议筹备工作、学习传达2017年度全市党报党刊发行工作会议精神并研究贯彻落实意见。会议原则同意公示后的县第十届政协委员建议人选和市第五届人大代表、政协委员初步建议人选公示人员名单。会议同意11月25日至29日在县城鑫利大酒店召开县十七届人大一次会议，会期四天半。会议同意召开全县意识形态工作和2017年度党报党刊发行工作会议。同意以“两办”名义按程序行文下发《关于做好2017年度全县党报党刊发行工作的通知》。会议还研究了其他工作。

【第二十次会议】 2016年11月13日，县委书记周新辉在县委常委会议室主持召开县委常委会议。会议审议补选的祁阳县第十届政协委员建议人选，研究县政协十届一次全会筹备、陶铸同志诞辰110周年纪念活动筹备、开展“十星级文明户”创建等工作。会议原则同意县委组织部提出的补选祁阳县第十届政协委员建议人选。原则同意县政协党组提出的筹备工作方案。增加郑国荣、廖道南为县政协十届一次全会临时党组成员。同意成立祁阳县纪念陶铸同志诞辰110周年活动筹备工作领导小组，由周新辉任组长，黄赞校牵头具体抓，领导小组下设办公室和若干工作组，办公室由陈莉同志兼任办公室主任，各工作组分别由相关的县委常委任组长，分头负责、协调推进。原则同意县委宣传部提出的《关于开展“十星级文明户”创建活动实施方案》。会议还安排部署祁阳县重大项目发布会的后续衔接和加快祁阳大道工程建设、浯溪国家湿地公园创建等工作。

【第二十一次会议】 2016年12月9日，县委书记周新辉在县委常委会议室主持召开县委常委会议。会议审议《祁阳县农村综合服务平台建设实施方案》《关于加快推进小城镇“10+X”工程建设的实施意见》《祁阳县集体土地房屋征收安置补充规定》《关于筹建潘市镇红军学校的实施方案》，学习传达《中共永州市委组织部关于县区超职数配备干部问题整治工作情况的通报》（永组〔2016〕13号）并研究贯彻落实意见。会议明确农村综合服务平台建设、小城镇“10+X”工程建设。会议原则同意县政府常务会议关于《祁阳县集体土地房屋征收安置补充规定》研究的意见，待条件成熟后再出台。会议原则同意县教育局提出的《关于筹建潘市镇红军学校的实施方案》。会议还研究干部人事等工作。

【第二十二次会议】 2016年12月13日，县委书记周新辉在县委常委会议室主持召开县委常委会议。会议审看《祁阳县经济社会发展情况汇报片》，听取祁阳经开区13万平方标准厂房招商情况和参加广东省祁阳商会成立庆典仪式方案建议、重大项目前期进展情况、祁阳经济开发区入园项目建设情况、赴上海松江区和南京东大智能公司参观考察情况、赴金荣集团考察情况的汇报并研究下步工作。会议就《祁阳县经济社会发展情况汇报片》进行认真讨论，提出修改意见。会议定于12月17日至19日参加广东省湖南祁阳商会成立庆典仪式暨赴深圳东莞招商考察活动。全县各级各部门必须坚持把项目作为加快发展的“第一抓手”，由金彪牵头，召集郑国荣、刘建能、陈环玉、陈志标等相关领导及相关部门，迅速召开园区项目建设现场办公会，现场交办和督查。要为金荣集团来祁考察工作做好充分的准备，为进一步的对接洽谈打下基础。

【第二十三次会议】 2016年12月22日，县委书记周新辉在县人武部作战指挥中心三楼会议室主持召开县委常委议军会议。会议学习《中共湖南省委湖南省人民政府湖南省军区关于加强新形势下国防教育工作的实施意见》（湘发〔2012〕16号），传达改革强军和中共湖南省委、中共永州市委议军会议精神，听取军队改革相关情况介绍和去年以来全县党管武装工作及国防后备力量建设有关情况汇报。会议同意对县人武部营区和民兵训练基地进行提质改造；同意在交通要道醒目位置和人员相对集中的地方设置3块以上永久性大型国防教育公益广告宣传牌；对涉军的信访件和案件，相关部门要积极协调，依法依规及时处理。会议还传达学习市委书记李晖12月20日在祁阳县经济社会发展情况汇报会上的重要讲话精神和市委常委、纪委书记杨永12月16日在祁阳县纪检监察干部培训班上的重要讲话精神，并就如何贯彻落实两个讲话精神作了安排部署。

【第二十四次会议】 2016年12月29日，县委书记周新辉在县委常委会议室主持召开县委常委会会议。审议《2017年春节期间走访慰问活动实施方案》《关于进一步调整、规范我县划拨土地使用权出让、转让的意见》《2017年元月份全县主要工作重要活动预安排》，研究2017年全县事业单位拟吸纳人才工作、公车改革工作。会议原则同意《2017年春节期间走访慰问活动实施方案》，要求由县民政局牵头负责。《关于进一步调整、规范我县划拨土地使用权出让、转让的意见》会议原则同意县政府常务会议研究的意见，尽快按程序行文实施。关于全县事业单位拟吸纳人才工作，会议原则同意县政府常务会议研究的意见。关于全县公车改革工作，会议原则同意县政府常务会议研究的意见，严格按照有关文件规定和要求落实到位。会议审议并原则通过《2017年元月份全县主要工作重要活动预安排》，由县委办按照会议讨论提出的意见修改完善后印发。会议还安排元旦、春节期间有关工作。

县委常委办公会议

【第一次会议】 2016年4月26日，县委常委、县委办主任邓晓阳召开专题会议。会议主要研究鼎城新都、金鼎名府项目完善报建手续需解决的问题。同意这两个项目按照2014年7月1日前的缴费标准进行缴费并完善相关报建手续，但违规超面积部分按现行标准缴纳相关费用。关于翰林御景项目，已获准住建局审批的第一期“麓园”项目按照2014年7月1日以前的缴费标准缴费并完善相关报建手续。关于吾苑小区项目完善报建手续和依法建设需解决的问题，应按正常程序报批缴费，并按经过批准的规划实施建设。

【第二次会议】 4月5日，县委常委、县委办主任邓晓阳在县政府四楼会议室主持召开关于如何妥善处理祁山小区84户“以息代租”廉租住房有关问题协调会议。会议通报了省住建厅《关于网曝祁阳县骗取廉租房用地及配套资金建商品房有关问题调查情况的报告》，传达张剑飞副省长就此问题作出的重要批示。会议要求各部门通力协作，尽快启动兴建84套廉租房建设。国土、房产、住建、规划设计、财政、发改等部门要形成合力，简化办事程序，各司其职，尽快做好新建补建廉租房的相关前期工作，力争早日开工建设。严把廉租房分配关，杜绝类似情况发生。重新兴建的84套廉租住房建成后要严格按照我县颁布实施的《祁阳县保障性住房分配和运营管理办法》（祁政办发〔2015〕4号）要求，严把分配审核关，按照公开、公正、公平的分配原则，保障符合廉租房保障条件的住房困难家庭使用。

【第三次会议】 2016年5月4日，市政协副主席、县委书记魏湘江在县委常委会议室主持召开原种场开发建设工作现场办公会议。会议明确，调整充实原种场区域开发安置建设指挥部人员。邓晓阳同志任指挥部指挥长，柏一秀同志任常务副指挥长，谢铁山、谭振华同志任副指挥长，相关部门主要负责人为成员，从相关部门抽调人员充实办公室力量，负责原种场开发建设的组织、协调、推动等工作；整个原种场片区开发建设由县政府主导，县城建投资总公司融资，自主进行一级开发；由谢铁山同志牵头，组织指挥部成员单位以及房产、法制等相关部门，借鉴外地成功经验、结合祁阳实际，在5月12日前出台原种场片区开发实施方案，提交县委常委会议研究；将原种场的全部未征土地一次性征收。国土等职能部门要提前介入，作好计划立项，分期分批做好土地报批手续；县城建领导小组和规划等部门要结合沿江风光带景区规划，吸收前段概念性策划成果，召开专家论证会、意见征求会，集思广益，尽快拿出体现祁阳特色、祁阳文化、祁阳品味的区域整体规划；由指挥部牵头对原种场当前存在的干部职工养老保险和失地农民生活保障等问题进行调研，拿出具体解决意见，提交县委常委会议研究。

【第四次会议】 2016年4月12日，县委常委、副县长左雅婷在县委办四楼会议室主持召开县城区农贸市场建设改造工作专题会议。按照商务部《标准化农贸市场设置与管理规范》要求，会议决定，三年内对王府坪市场、西区综合市场、芦家甸市场等11个农贸市场进行全面改造提升。各农贸市场建设改造同步推进，在管理上做到交易入棚入室，全面取缔马路市场；在分布上确保达到“每1-2万人建立一个社区市场，3-5万人建立一个骨干市场”的标准；坚持“抓大放小，分类有别”原则，大型市场实行综合体开发、骨干市场产权必须公有，以确保公益性；社区市场、小区市场的建设改造吸收民营资本参建；对现有民营农贸市场要强化管理，督促其进行规范化改造。在县城建投资管理中心名下成立祁州市场开发建设有限公司，以其为主体，对公有农贸市场的建设改造进行项目化推进、公司化经营、资产化管理。对农贸市场的建设改造免收行政性收费，减半征收事业性收费。对国有农贸市场的建设改造优先保障用地指标，采取划拨方式进行供地。鼓励民间资本投资市场建设，政府根据实际情况给予适当支持，一事一议。

【第五次会议】 2016年5月9日，县委常委、县委办主任邓晓阳在白水镇人民政府二楼会议室主持召开白水城镇环境卫生整治工作现场办公会议。会议原则同意白水镇党委政府提出的《祁阳县白水城镇交通秩序及环境卫生集中整治联合执法行动方案》，决定启动白水市场改造。以县市场管理服务中心为主，按会议要求对中间通道搭建透明雨棚、市场内亮化、下水道疏通等拿出施工图、做好预算，并组织施工，在5月15日前完成市场亮化和通道雨棚搭建，5月底前完成下水道疏通工程；对高速路口至黄泥塘路口城镇道路安装8—10个监控摄像头，其中从桥头至镇政府段实行电子监控全覆盖。对白水镇近期添置垃圾车、洒水车等环卫设施的投入，给予50%的奖励。白水镇党委、政府要与县市场管理部门共同谋划好白水市场的建设和发展问题。

【第六次会议】 2016年7月8日，县委常委、县委办主任邓晓阳在县委常委会议室主持召开县城建筑垃圾管理工作专题会议。会议强调，一要狠抓领导责任落实，成立祁阳县建筑垃圾管理领导小组。二要狠抓制度机制落实。要求严格按照《县委常委会议纪要》2015年第15期和祁政办发〔2015〕16号文件决策和规定执行，强化运输、处置、消纳、防污、运输企业、监督等方面管理，全面落实建设工程工地“五有”设施和围档作业，全面落实签订承诺书和缴纳建筑垃圾管理责任金制度，并由县城管局将相关单位执行情况报县创国卫办公室，纳入创“国卫”工作考核奖惩。三要狠抓执法整治的落实。城管、交警、运管等执法队伍要严格执法、规范执法、联合执法，对全县所有的工程项目、单位和个人违反规定的行为，要一视同仁，按标准处罚到位。四要狠抓配套措施的落实。迅速启动建筑垃圾消纳场建设。按照初步选址意见尽快将有关事项按程序提交县规委会研究，启动建筑垃圾消纳场建设。

【第七次会议】 2016年10月1日，县委书记周新辉在G322线祁阳绕城公路建设现场主持召开绕城公路建设现场办公会。会议充分肯定指挥部和相关部门、镇（街道）几年来所做的工作。就下阶段工作，会议强调，绕城路建设要从祁阳长远发展出发，坚持高标准设计、高档次建设，坚持“先地下、后地上”的原则，实行雨污分流，高标准绿化亮化，将绕城路打造成展示祁阳形象的优质、安全、生态、文化、廉政的标志性景观大道。祁阳大道全程规划路面宽为80米，道路红线外绿化带2×15米，控制红线110米。指挥部、相关镇（街道）和县直有关部门要增强使命感、责任感，切实担负起各自的职责，加强协调、配合，共同服务好绕城公路建设。住建局要尽快完善立交桥一阶段设计；交通运输局负责路改桥重大设计变更和浯溪坝桥加宽的项目报批审批工作。建设施工由指挥部负责组织协调，建设主体由业主负责，实行项目法人负责制，指挥部在建设过程中要倒排工期，挂牌施工。

【第八次会议】 2016年8月26日，县委常委、县委办主任邓晓阳在县政府四楼会议室主持召开潘市镇危房改造整体推进工作会议。成立潘市镇危房改造整体推进试点工作领导小组。会议明确，县住建局负责整体推进工作的统筹协调，具体负责项目的指导、对象审核、信息录入、质量安全监管、竣工验收；县发改委负责年度投资计划安排，参与计划实施，积极争取国家、省投资补助；县民政局负责危房改造整体推进项目帮扶资金；县财政局负责危房改造资金的筹措、拨付，加强资金管理和监督，合理安排工作经费；县国土资源局负责危房改造整体推进土地整理项目资金帮扶；县交通运输局负责危房改造整体推进村主次道路硬化工作；县水利局负责危房改造整体推进村庄安全饮水工程资金筹措与帮扶；县农业委负责沿线村庄稻田抛荒治理工作；县林业局负责沿线危改整体推进村庄主次干线绿化提质改造；县卫计委负责危房整体推进村庄改厕资金筹措及帮扶。县环保局负责危房改造整体推进村庄生活用水项目资金筹措帮扶；县残联负责协助做好摸底调查、对象确定工作；县政府督查室负责项目进度及工作开展情况的督查和通报；县扶贫办、县新村办负责新农村建设资金、扶贫资金整合与帮扶；县城乡环境治理办负责农村环境设施、垃圾治理整治工作；潘市镇负责调查摸底、登记造册、政策宣传、资料收集建档；履行项目实施主体责任，将以奖代补资金拨付到危房改造户。各相关单位要切实履行责任，加大支持力度，确保所有安排资金务必在11月底前到位，以确保潘市镇危房改造整体推进项目年底前完成。

【第九次会议】 2016年10月19日，县委常委、宣传部长陈莉在原县体育局会议室主持召开县体育馆和白竹湖戏剧舞台工程建设现场办公会议。会议决定继续按《关于研究县体育馆主体工程扫尾及配套设施建设的会议纪要》（祁府阅〔2016〕23号）精神实施。县体育馆在2016年12月底前建成并投入使用。关于白竹湖戏剧舞台工程建设，要求在主体工程完成80%的基础上加快工程建设力度，同时加快内外装饰，确保在12月底前全面完成。戏剧舞台工程建设由县政府办副主任雷志刚负责组织协调，县文体广新局负责组织力量在10月31日前做好灯光音响、舞台背景设计，搞好预算和评审，在11月10日前依法依规按程序进行招标采购；在核定原合同施工项目的基础上，对于不在主体工程招标范围内的附属项目，由县文体广新局牵头会同财政等相关部门完善各项建设手续后，按审批意见重新评审、招标和采购。

【第十次会议】 2016年11月4日，县委书记周新辉在县委常委会议室主持召开G322线祁阳绕城公路（以下简称绕城公路）建设现场办公会议。会前，与会人员一起去工地现场察看了今年10月1日现场会以来的绕城公路土地征收补偿安置及工程进展情况。会议决定绕城公路建设由县委书记亲自挂帅，唐明生任指挥长。相关镇（街道）和县直有关部门要做到领导有力、人员不少、力量不减；同时要切实理顺土地征收补偿安置机制，按照新人新办法、老人老办法和严格按文件执行的原则，做到全县一盘棋，具体实施意见由县委、县政府分管领导尽快牵头相关部门起草，提交县政府常务会议讨论研究。绕城公路建设标准、重大设计变更、绿化景观设计等县委常委会会议已作决策，县住建、交通、水利等相关部门要依法依规按程序按照县委常委会议研究的意见，高档次、高标准、高水平优化设计方案，加快相关工作的汇报和衔接，确保规划设计跟上步伐，相关建设一次性到位，避免重复建设。相关指挥部、镇（街道）和县直有关部门要各负其责、各司其职，全力支持，全力配合，共同服务好绕城公路建设。

【第十一次会议】 2016年11月4日，县委书记周新辉在文明铺镇新塘角村活动室主持召开文明铺镇新塘角村精准扶贫项目建设现场办公会议。会前，与会人员察看了扶贫产业项目现场。会议指出，近两年新塘角村在市县两级党委政府、各部门的关心支持和文明铺镇党委政府、新塘角村村支两委的共同努力下，大力发展生姜、槟榔芋等种植业，推广种植祁东酥脆枣，促进光伏发电产业落地生根，大做“生态旅游”项目，产业扶贫初见成效；乡风文明、村庄卫生和水电路讯等基础设施建设得到极大改善，村容村貌发生了翻天覆地的变化。会议强调，一要坚持党建引领。新塘角村是市县两级书记的精准扶贫工作点，要坚持将基层党建与精准扶贫深度融合，充分发挥党员和村组干部在精准扶贫工作中的模范带头作用。二要突出产业扶贫。要突出支柱产业，即以槟榔芋和生姜的种植产业为抓手，协调推进果蔬、乡村旅游、光伏发电产业的发展。三要狠抓基础设施建设。公路硬化项目标准按旅游公路项目申报。县交通运输局要尽快与市交通运输局汇报衔接，争取市交通运输局支持解决。四要强化项目管理。国土、扶贫等相关部门要强化项目管理和政策资金倾斜。正在实施的国土整理项目，务必春节前完工；重点产业扶贫项目，县扶贫办要针对相关村统筹安排。五要建设秀美村庄。要加快秀美村庄建设步伐，围绕农村建房、垃圾治理、基础设施改善、生态保护、产业富民、公共服务水平提升、和谐文化建设、社会治理创新等开展专项行动，将新塘角村建设成为整洁美丽、和谐宜居的知名乡村，并于明年争创湖南省美丽乡村。

【第十二次会议】 2016年12月19日，县委常委、县委办主任张少宣分别在长虹街道芹菜甸社区和浯溪街道望浯园社区主持召开创国卫工作现场办公会议。会前，与会人员实地察看了长虹街道芹菜甸社区活动中心小游园、罗家大院小游园和浯溪街道望浯园社区于家塘小区、望浯园一小区及望浯花苑等小游园建设现场。望浯园社区的4个小游园建设主题突出、品位较高、进度很快、效果明显，群众反响好，值得充分肯定。会议指出，创国卫工作是当前县委、县政府的一项中心工作，是为百姓建设宜居家园的民生工程、基础工程。小游园建设在创国卫工作中更有着重要意义，既可以美化环境，又为广大群众提供了娱乐、健身、休闲的场所，对于改善居民生活环境，丰富市民生活空间，进一步完善城市功能，改善城市面貌，提升城市品质都有重要意义。会议要求，办事处、社区和各联系帮扶单位要深刻认识到创国卫是加快祁阳发展的必然选择，是推动撤县设市的必然选择，在思想上与县委、县政府的决策部署保持高度一致，坚定信心，做好总体规划，实实在在、坚持标准抓好创国卫各项工作；办事处和社区要因地制宜、科学建管，发挥好主人翁作用，积极主动履行职责，多方筹集建设资金；各联系帮扶后盾单位要主动担责、同心同行，把联系点的创国卫工作当作本单位份内工作来抓，积极主动地当好坚强后盾，想方设法落实好联系点的帮扶资金和项目建设。

附：县委文件目录

祁发［2016］1号
2016年4月29日
中共祁阳县委关于加强县乡人大工作和建设的实施意见

祁发［2016］2号
2016年4月29日
关于批转《祁阳县人大常委会2016年度工作要点》的通知

祁发［2016］3号
2016年4月29日
关于进一步加强禁毒工作的实施意见

祁发［2016］4号
2016年6月13日
关于批转《祁阳县政协2016年工作要点》的通知

祁发［2016］5号
2016年9月6日
转发《中共祁阳县人大常委会党组关于做好县、乡镇人民代表大会换届选举工作的意见》的通知

祁发［2016］6号
2016年9月6日
关于印发《祁阳县第十七届人大代表、第十届政协委员推荐提名工作方案》的通知

祁发［2016］7号
2016年9月30日
关于印发《中共祁阳县委常委会议事规则》的通知

祁发［2016］8号
2016年9月14日
关于切实做好县乡两级人大代表直接选举工作的意见

祁发［2016］9号
2016年12月9日
关于贯彻落实《中国共产党党和国家机关基层组织工作条例》的实施意见

纪检监察

【概况】 2016年，在上级纪委的正确领导下，在县委的坚强领导下，全县纪检监察机关深入学习中共十八大和十八大历次全会精神，全面贯彻落实习近平总书记关于全面从严治党的重要论述和中央、省、市、县纪委全会精神，坚持全面从严治党，加强纪律建设，强化管党治党责任，加大治标力度，完善治本措施，强力推进基层反腐，全县党风廉政建设和反腐败斗争取得新的重大成效，党风政风呈现出新的气

象。县纪委机关与县监察局合署办公，实行一套工作机构、两个机关名称的体制，履行党的纪律检查和政府行政监察两项职能。县纪委对县委全面负责，县监察局属于县政府序列，接受县政府领导。县纪委、监察局内设12个副科级职能部室，依次为办公室、组织部、宣传部、党风政风监督室（县政府纠正行业不正之风办公室）、信访室、案件监督管理室、第一纪检监察室、第二纪检监察室、第三纪检监察室、第四纪检监察室、案件审理室、纪检监察干部监督室，共有干部职工40人。

【纪律审查】 坚持有案必查、执纪必严，科学谋划、周密部署，集中力量开展纪律审查工作。实行班子成员分片包干联系责任制，将全县分成四个责任片区，分别由3名纪委常委和1名监察局副局长负责责任片区的案件查办，定任务、定奖惩，有压力、有动力。规范执纪行为。坚持依纪依法安全文明办案，厘清纪检监察室查办案件的工作职责，对办案程序、办案措施、涉案款物处理等进行统一规范，不断提升纪律审查工作法制化、规范化水平。创新办案方式，推进分片联组交叉办案制度。探索建立线索联享、力量联用、措施联动的“三联”案件查办机制，通过召开党风廉政建设领导小组会议、反腐败协调小组会议、部门联席会议等方式，切实加强与组织、宣传、政法等县委工作部门和检察、法院、公安、审计等执法机关的协调沟通，形成抓党风廉政建设责任落实的强大合力。9月，通过反腐败协调小组的联动，成功抓获携带23万公款外逃13年的县种子公司原副经理兼出纳雷朝明，此次追逃行动获得省、市领导的高度肯定和表扬。县纪委全年共受理信访举报502件次，全县纪检监察机关立案117件，给予党政纪处分127人，其中撤职以上处分13人，收缴违纪金额200余万元。

【监督检查】 围绕党的路线方针政策和市、县党代会确定的目标任务，督促各级各部门认真落实祁阳县“十三五”规划、经济社会发展重大政策措施，切实加大对县委、县政府的重要决策部署、重大项目、重要工作落实情况的监督检查，严肃查处有令不行、有禁不止、为官不为，确保政令畅通、令行禁止。扎实开展部门监督检查，查处征地拆迁、安全生产、环境保护、教育卫生等方面损害群众利益的行为628起、316人，对9个整治行动迟缓、措施不力的单位一把手进行约谈或诫勉谈话。开展全县财务大检查，发现财务违规问题65起，责令39个单位进行整改，处理财务违规资金190余万元。积极落实省委巡视第七组巡视整改工作，集中清查国家公职人员违规参与土地和房地产开发等违规行为，全县共清查出公职人员397人，立案16件，给予党政纪处分20人，移送法院强制执行8件，移送司法3人。

【换届监督】 全面落实从严治党要求，切实加强县乡两级换届风气监督，营造风清气正的换届氛围。成立以县纪委书记为组长的加强换届风气监督领导小组，组建23个换届风气监督工作小组，建立健全换届风气监督小组工作机制。坚持教育在先、警示在先、预防在先，确保中央“九严禁”和省委“约法三章”、“三个一律”等换届纪律要求在代表委员中入脑入心，发放换届纪律宣传资料3000余份，综合运用媒体宣传、专题学习、警示教育、谈心谈话等多种方式对代表委员进行纪律预警，把纪律和规矩挺在前面，把丑话说在前头，促使领导干部、“两代表一委员”及与换届相关的各方面人员知边界、明底线，讲规矩、守纪律。坚持问题导向，突出监督重点，聚焦苗头性、倾向性问题，在换届期间对会议日程实行全过程监督。同时，坚持代表团日报告制度，加强对代表、委员在整个会议期间的就餐、住宿、会客、考勤等方面的监督管理，确保对代表、委员的全方位监督。严肃问责追责，坚持抓早、抓小、抓现行，对违反换届纪律问题，发现一起坚决查处一起，始终保持对换届不正之风的高压态势。坚持日通报制度，换届期间共下发情况通报8期，其中收到反映人大代表违反会议生活纪律问题1件，全县通报批评1名在会议期间饮酒的县人大代表。

【纠风治乱】 坚持“节假日必查、工作日抽查、重点问题专查”，抓住春节、端午、中秋等重要时间节点，对公款吃喝送礼、奢侈浪费、公车私用、违反工作纪律等行为开展明察暗访和专项督查，驰而不息推进作风建设。全年共下发作风建设专项通报8期，查处典型案例16个，免职1人，诫勉谈话4人，取消2人年度评优评先资格，责令2人作出书面检查，通报批评19人次，通报批评单位137次。以打通部门“中梗阻”现象为突破口，持续开展“满意不满意”股室民主测评活动，有效提高部门办事效率。开展“雁过拔毛”式腐败问题专项整治，全县共排查出“雁过拔毛”式腐败问题线索289条，立案43件，给予党政纪处分和组织处理79人，追缴违纪金额156.629万元。开展“纠‘四风’、治陋习”专项整治活动，对公款吃喝送礼、奢侈浪费、公车私用、酒后驾车、黄赌毒等违纪行为，开展明察暗访和专项督查，切实加大正风肃纪力度。全县各级纪检监察机关在“纠‘四风’、治陋习”专项整治中共立案118件，给予国家公职人员及农村党员干部党政纪处分和组织处理99人。“两项专项整治”开展以来，共下发通报四期，对在全县有影响的“雁过拔毛”式腐败问题重点案件进行通报曝光，如白水镇赵衙里村村委会原主任申文贪污挪用征地补偿款69.97万元案、进宝塘镇里仕村原村主任陈奇忠虚报冒领养老保险金7370元案、黄泥塘镇中心小学克扣学生伙食费案以及一批国家公职人员酒驾醉驾、涉赌涉毒案。

【自身建设】 配齐配强干部队伍。通过委局机关内设机构改革，纪检监察室由原来的1个增加到4个，委（局）机关60%以上的力量充实到执纪监督和案件查办一线。按照省、市纪委和县委的安排部署，有序开展县级纪委班子换届，换届后，县纪委监察局领导班子职数10名，班子成员平均年龄45岁，本科以上学历9人，班子成员均有纪检监察工作经历，保持工作的连续性。紧扣省、市四个《提名考察办法》，落实纪检监察干部提名考察以上级纪委为主的工作机制，全面完成乡镇纪委换届工作，乡镇纪委书记平均年龄45.4岁，其中大学本科以上学历15人，优化了乡镇纪检监察干部层次结构。常抓干部教育培训。采取集中培训、跟班轮训、以案代训等多种形式，全方位提升全县纪检监察干部监督执纪问责能力。组织44名乡镇纪委书记和监察室主任参加全市纪检监察工作专项培训，安排9名纪检监察干部参与全市纪检监察案件查办工作。县纪委班子换届后，组织和选派21名委局干部参加省、市纪委组织的纪检监察业务专项培训。严格落实“三个不直接分管”制度，明确各级纪委书记（纪检组长）履行监督执纪职责，不再分管其他业务工作。健全完善机关制度，细化出台《机关财务管理制度》《请示报告制度》和《工会慰问制度》等规章制度，对机关财务、工作纪律等事项进一步规范管理，既严明纪律边界，又充分体现创建和谐机关、以人为本的理念，建立健全运转协调、管理规范、科学高效的工作机制。

县委办工作

【概况】 中共祁阳县委办公室的主要职责是协助县委抓党的方针政策的贯彻执行情况，负责上呈下达，为县委书记办公会议、常委会议做好会务、资料准备工作；当好县委参谋；负责县委文件、报告的起草及机关行政事务工作。2016年末有干部职工50人，设有政研室、督查室、文秘室、政工室、行政事务室、信息室、法规室、值班室、保密局、接待科、机关事务管理局等11个科（局）室。2016年，全方位为县委领导提供优质服务的同时，较好地完成全年各项工作指标和县委、省市委办交给的各项工作任务。

【队伍建设】 县委办着力于以思想促队伍建设，始终将学习型、创新型办公室摆在突出位置来抓，坚持每月25日党员活动日学习习近平总书记系列重要讲话精神，提高广大党员干部思想政治理论水平，确保党办姓党，坚定政治立场。创新学习方式，各科室根据科室主要业务内容拟定学习计划，由科室负责人带头领学，用最短的时间将办公室所有工作人员打造成全能服务能手。2006年，县委办新增法规室、值班室，县委改革办新增行政编制2个，招考和调入了一批优秀年轻人充实到干部队伍，进一步优化了干部结构。全年共组织30名业务骨干参加全市党委系统在名校举办的“执行力+干部素质提升”培训班，有效提升干部素质和执行力。

【政研工作】 坚持“围绕工作中心，提供智力服务”的工作目标，按照“超前对路、优质高效”的要求，积极走出去深入基层和一线，围绕经济社会宏观战略、干部群众关注的热点问题、县委重大决策开展综合调研，解剖典型，在此基础上，研究总结全县经济社会发展中带有方向性的新创造、新经验，探讨新情况、新问题，拿出针对性强的建议与对策，较好地发挥了参谋助手作用。全年共撰写调研报告12篇，部分调研成果转化为县委决策，为推动全县经济社会平稳快速发展做出积极贡献。着力提升服务水平，坚持高标准、高质量办好《今日祁阳》，在宣传县委、县政府重大方针政策、重大决策部署，以及宣传推介祁阳等方面发挥积极作用；经县领导指示，在多方筹备之下，着力打造县委信息平台——《决策参考》，为领导提供相关的信息助力。起草一批有影响的讲话材料，撰写一批有深度的调研报告，为领导科学决策发挥积极参谋作用。起草县第十二次党代会报告、在县委常委（扩大）学习贯彻市县党代会精神专题研讨会上的讲话等一批重要文稿，把关各类综合性文稿230多篇、近180万字。并多次在《湖南日报》《新湘评论》《湖南领导参考》《内参》等重要刊物上发表署名文章。

【督查工作】 按照“围绕中心，突出重点，抓住关键”的工作思路，紧紧围绕上级党委和县委的中心工作，不断创新督查思路，改进督查方法，在全市率先对县党代会报告进行分解，具体将党代会确定的五年任务逐项细化分解到每年，牵头抓好六件惠民实事、党委政府重大事项督查工作，将六件惠民实事纳入县委、县政府安排的14项重点工作之一和各单位年终目标管理综合考核内容，对两项工作做到高密度督查，高密度通报，督促加快建设进度，协调解决相关问题，确保两项工作按照市委市政府要求全面完成任务。突出开展春耕生产、信访维稳、重点项目建设、精准扶贫、禁毒、防汛、油茶收摘、秋冬生产、六件惠民实事、联系学校工作、农商行不良贷款清收等专项督查。紧贴党委关注的热点、决策落实中的难点和群众反映的焦点问题，深入基层，开展督查调研和民情调查，分析问题原因，提出对策建议，紧跟县委决策部署抓督查，精准发力，主动作为，确保各项决策部署全面落实到位。全年开展专项督查调研10次，重点开展了现代商贸物流、水利建设、农建投平台建设、新型农业经营主体等督查调研，上报省市正反两方面典型情况材料15篇，其中，《创新三项机制 加快水利建设》《以农建投平台助推精准扶贫》作为全市经验交流材料在《永州督查》上刊发。2016年，共开展各项决策督查活动45次，编发专报22期、通报19期。

【文秘工作】 紧紧围绕党委中心工作，忠诚履职尽责，自觉服务大局，扎实做好公文审核、公文传输、请示件办理，县委常委会会议、书记专题会议、县委常委议事协调会议等会议服务，全县性会议会务准备、全县性重大公务活动安排、上级党委领导来祁调研活动组织安排、全县办公室业务指导等各项工作，并不断提升各项工作的规范化、精细化、科学化水平和“三服务”能力，较好地发挥参谋助手作用。全年单独承办或与县政府办一道承办以及协助部门组织召开各种会议共200多次，建立健全办会工作制度、会议请假制度、会议作风督查制度，严格控制会议的规模和数量，确保了会议的效率；共办理各类文件176个，下发《关于进一步加强和规范领导干部外出请示报告等十个事项的通知》（祁办〔2016〕15号），就建议县委制发文件有关事项进行明确规定，就精简文件数量、控制发文规格、提高发文质量、规范文件审批程序作了明确要求；改进工作作风，带头落实好《中共祁阳县委办公室关于进一步加强和规范领导干部外出请示报告等十个事项的通知》（祁办〔2016〕15号）精神，严控会议数量、规格和规模，严格会议和邀请领导同志出席会议活动报批程序，严把县委常委会议议题质量，周密细仔做好会议活动事前、事中、事后服务工作；在领导服务方面做到了事前准备充分，事中服务周到，事后服务及时。全年共筹办和服务全县性会议（县委经济工作会议1次、县党代会1次、县委全会4次、县委常委会（扩大）学习贯彻市党代会精神专题研讨会1次、全县上半年工作总结暨下半年工作部署会议1次、全县重大项目发布会1次、其他全县性会议4次）13次，全县性重大活动5次，县委常委会会议26次，书记专题会议和县委常委议事协调会议11次，制发常委会议纪要23期，常委办公会议纪要11期。

【法规工作】 2016年，在县委领导高度重视下，县委办公室增设法规室为股级内设机构。法规室的设立为党内规范性文件专项审查提供组织保障，有效的保证在规定时间内迅速对下级党委和县委各部委制发的规范性文件进行审核，避免与党章和党的路线、方针、政策相违背，避免与宪法、法律、法规、党内其他规范性文件相抵触；避免内容明显不当、不符合制定权限和程序的党内规范性文件的出台。2016年6月份开始，法规室对以县委办公室名义下发的党内规范性文件开展全面清理工作，及时将不符合制定权限和程序的文件，及时通知制发单位，能修订的修订，不能修订或没有实际意义的，宣布废止，使党内规范性文件上下协调、合法合规。在党内规范性文件的清理过程中不仅起到宣传教育作用，更维护党内规范性文件的严肃和权威性，在服务地方法治建设和经济建设方面，发挥重要指导作用。全年共前置审核党委办公室文件180余件，向市委办按时报备党内规范性性文件19件，做到有件必备、有备必审。

【值班应急工作】 2016年，为更好地与市委办相关业务科室对应，进一步明确职责，提高工作效率，在县委领导高度重视下，县委办公室增设值班室。值班工作严格落实《值班工作制度》《值班人员信访接待制度》《值班交接班制度》《紧急情况重大事件报告处理规范》《处理突发事件工作预案》等各项值班工作规章制度，有力推进值班工作制度化、规范化、科学化，充分发挥值班工作的信息主渠道和县委机关的枢纽作用，为确保政令畅通，推动各项工作的开展提供坚实的保障。全年共下发通知600余次，办理领导临时交办事项180余件，接待群众电话、信访、人访300余人次，接处紧急重要情况报告50余件次，传办上级党委批示、指示50余件次。

附：县委办文件目录

祁办发［2016］1号

2016年1月22日

关于印发《祁阳县环境监管网格化管理实施方案》的通知

祁办发［2016］2号

2016年1月22日

关于印发《2016年春节期间走访慰问活动实施方案》的通知

祁办发［2016］3号

2016年1月18日

关于进一步加强干部人事和机构编制管理工作的通知

祁办发［2016］4号

2016年3月3日

关于印发《祁阳县乡镇领导班子换届工作方案》的通知

祁办发［2016］5号

2016年3月4日

关于印发《祁阳县建 建村合并工作实施方案》的通知

祁办发［2016］6号

2016年3月17日

关于中国共产党祁阳县第十二次代表大会代表选举工作的通知

祁办发［2016］7号

2016年3月1日

印发《关于落实省委巡视第七组对祁阳县巡视情况反馈意见的整改方案》的通知

祁办发［2016］8号

2016年4月6日

关于印发《祁阳县委中心组2016年理论学习安排意见》的通知

祁办发［2016］9号

2016年4月29日

关于印发《祁阳县禁毒工作责任制规定》的通知

祁办发［2016］10号

2016年4月29日

关于印发《祁阳县禁毒工作绩效考核评估细则》的通知

祁办发［2016］11号

2016年5月12日

关于印发《2016年落实党风廉政建设和反腐败工作分工意见》的通知

祁办发［2016］12号

2016年5月12日

关于印发《祁阳县党风廉政建设签字背书实施办法》等文件的通知

祁办发［2016］13号

2016年5月13日

印发《关于在全县党员中开展“两学一做”学习教育实施方案》的通知

祁办发［2016］14号

2016年5月29日

关于做好2016年度全县美丽乡村建设扶持资金统筹与管理工作的通知

祁办发［2016］15号

2016年6月14日

关于印发《县委、县政府非领导职务干部安排》的通知

祁办发［2016］16号

2016年6月21日

关于印发《祁阳县计划生育协会主要职责、内设机构和人员编制方案》的通知

祁办发［2016］17号

2016年6月29日

关于印发《祁阳县2016年重点项目建设和重点工作目标管理考核实施方案》的通知

祁办发［2016］18号

2016年6月29日

关于在全县国家机关中实行“谁执法谁普法”责任制的实施意见

祁办发［2016］19号

2016年7月11日

关于印发《2016年全县优化经济发展环境工作要点》的通知

祁办发［2016］20号

2016年7月11日

关于印发《2016年度全县优化经济环境和机关效能建设工作“满意不满意单位”民主评选活动实施方案》的通知

祁办发［2016］21号

2017年7月21日

关于印发《祁阳县2016年“八·一”期间拥军优属活动实施方案》的通知

祁办发［2016］22号

2017年7月29日

关于印发《2016年祁阳县重点民生实事项目实施意见》的通知

祁办发［2016］23号

2017年7月29日

关于印发《祁阳县创建全国绿化模范县2016年绿化攻坚行动考核奖励方案》的通知

祁办发［2016］24号

2017年8月12日

印发《关于推进行业协会商会与行政机关脱钩的实施方案》的通知

祁办发［2016］25号

2014年9月6日

关于印发县委常委分工和县委、县人大、县政府、县政协领导联系镇（街道、林场）情况的通知

祁办发［2016］26号

2016年9月6日

转发中共永州市委办公室永州市人民政府办公室关于2016年县区党委政府、管理区（经开区）党委管委会绩效评估指标的通知

祁办发［2016］27号

2016年9月30日

关于印发《县级领导安全生产职责清单》的通知

祁办发［2016］28号

2016年9月23日

关于印发《中共祁阳县委办公室领导班子成员分工》的通知

祁办发［2016］29号

2016年10月18日

关于认真学习贯彻落实县第十二次党代会精神的通知

祁办发［2016］30号

2016年11月8日

关于印发《祁阳县创国卫工作责任追究暂行办法》的通知

祁办发［2016］31号

2016年11月13日

关于印发《祁阳县2016年秋冬农业生产工作意见》的通知

祁办发［2016］32号

2016年11月26日

关于印发《祁阳县创建全国绿化模范县2017年绿化攻坚行动方案》的通知

祁办发［2016］33号

2016年11月26日

关于调整全县2016年重点项目建设和重点工作目标管理考核内容的通知

祁办发［2016］34号

2016年11月29日

关于印发《祁阳县2016年度工作目标管理综合考核实施方案》的通知

祁办发［2016］35号

2016年12月2日

关于进一步做好非公有制经济组织和社会组织党的建设工作的通知

祁办发［2016］36号

2016年12月8日

关于印发《2016年县委县政府主要工作目标任务责任分工表》的通知

祁办发［2016］37号

2016年12月13日

关于印发《祁阳县2016年新型工业化、招商引资和跑项争资工作目标管理考核实施意见》的通知

机要保密工作

【概况】 2016年，县保密局（县委机要局、县国家密码管理局），三块牌子一套人马。全局工作人员5人，一正两副，一名副科级密码管理督查员，一名办公室主任。

【机要工作】 2016年，全县密码工作紧紧围绕县委中心工作，努力提升密码通信和密码管理水平，切实强化密码通信主渠道网络安全畅通，充分发挥密码工作“生命线、保障线、指挥线”作用，为全县经济社会发展作出一定的贡献，被评为2016年度永州市机要工作先进单位荣誉称号。2月，下发《关于组织开展签订保密承诺书的通知》，对全县各单位领导班子成员和涉密人员签订保密承诺书。3月中旬，对全县普密单位进行一次全面的检查。4月，经县委研究决定，报请省、市委机要局批准，任命邓梦琪为祁阳县委机要局局长，免去唐渊明祁阳县委机要局局长职务。积极推进信息化建设。6月，落实党政电子政务内网机房选址问题。10月，党委视频会议室安装大型LED液晶电子显示屏，更换高清摄像头。全年，机要专网共收市机电报550份，其中密报214份、明报336份，递发县直各单位各类密、明电报1215份。

内部工作网共收发文件1059个，党委视频会议系统顺利共收听收看上级党委视频会议11次。

【保密工作】 2016年，全县保密工作按照年初制定的工作目标，不断提升保密工作能力和水平，为实现“富民强县、振兴祁阳”的宏伟目标，推动祁阳经济社会发展做出一定的贡献，被评为2016年度永州市保密工作先进单位荣誉称号。3月，对全县涉密单位的涉密人员分类确定和上岗审查、涉密人员在岗保密管理、涉密人员出国（境）保密管理以及涉密人员离岗离职保密管理等工作进行专项审查。共确定涉密岗位2类，涉密人员60人。5月，开展保密法制教育下乡活动，发放资料1300余份，保密宣传挂图120份，悬挂横幅10余幅。在高考、中考、学考、事业单位招考中，共抽查试卷保密室6个，派人参与动员教育5次，现场指导检查8次。5月11日，下发《关于进一步做好政府机构改革中保密工作的通知》，对机构改革中撤并单位的涉密载体、密级文件、涉密人员的管理作了明确的规定。6月15日，下发《关于贯彻落实〈机关、单位保密自查自评工作规则（实行）〉的通知》和《关于开展全县保密管理工作专项检查的通知》。6月20—25日对全县16个重点涉密单位和15个互联网门户网站的进行检查。6月下旬，经县委领导研究决定，将全县保密工作纳入全县各单位绩效评估指标考核并占总分10分。6月22日，省国家保密局技术监测中心主任沈震冰带队，对祁阳县保密管理工作进行专项检查与指导。

组 织 工 作

【开展“两学一做”专题学习教育】 县委组织部坚持学深学透、做实做细“两学一做”专题学习教育，成立以县委书记为组长的学习教育协调小组，引导全县各级领导干部开展“四讲四有”专题研讨、带头作表率，并多次组织全县各级各部门召开“两学一做”学习教育专题会议。全县各级领导干部和党组织书记累计讲党课2000多次，参与互动党员3万余名，发放学习资料2万余册，编印“两学一做”知识卡3000余份。充分利用祁阳手机报、祁阳新闻网、横幅展板、党建园地等媒介加大宣传力度，其中，黎家坪镇在镇区主要街道开辟总长2000多米的“党建一条街”；白水、肖家等镇制作100多米的“两学一做”宣传标语，营造浓厚的学习教育氛围。丰富学习教育活动方式，开展“两学一做”理论研讨征文活动、优秀党课评选、“两学一做”知识竞赛等活动，进一步增强全县广大党员的大局意识和党性意识。加强适应“互联网+”新常态，对祁阳“智慧党建”平台进行升级改版，开辟“两学一做”专栏，上传信息近万条，实现党组织与党员的实时互动。肖家镇东莞桥头流动（微信）党支部，开创“互联网+两学一做”的新形式，以微信为平台，通过设置“基层党建”“学习小班”“创新视点”等特色栏目，实现党员面对面在线交流学习。

【换届选举】 严肃选举纪律、夯实换届风气，设立换届风气监督专栏，开通举报热线“12380”和党政门户网换届举报邮箱，并聘请换届风气监督员60余名，发放换届纪律宣传资料5000余份，坚持把加强党的领导、严肃换届纪律贯穿于换届工作的始终。全县19个镇党委、人大换届工作圆满成功，所有县委提名的人选均高票当选。选任交流干部219人次，其中统筹选拔“三类人员”19名，提拔重用长期扎根基层的“老实人”43名，提拔重用“80后”干部46名，干部转岗、交流超过72%，消化超职数配备干部76名。坚持精心谋划、周密部署，高质量完成人大代表、政协委员推荐提名工作。制定出台《关于切实做好县乡两级人大代表直接选举工作的意见》，严格按程序选举产生县第十七届人大代表318名、市第五届人大代表78名（含市本级11名）；研究确定县第十届政协委员291名，推荐市第五届政协委员20名。

【整治整改】 将政府机构改革和乡镇区划调整改革干部人事工作当做推进“三超两乱”专项整治的有利契机，制订《祁阳县政府机构改革和乡镇区划调整改革干部人事工作实施意见》，调整涉改单位干部106人，其中交流50人、重用10人、提拔3人、自愿退出、改任或免职43人，交流人数达41.76%。积极完成省委巡视组交办的整改任务，主动衔接协调有关部门，分期分批整改到位，已全部按期完成63件交办件。

【干部队伍建设】 坚持德才兼备的用人标准，全年共招录公务员27名，公开招聘事业单位工作人员385名，引进教师18名，统筹安排选调生8名。积极做好科技特派员工作，全年共派送科技特派员30名（市2名、县28名）。认真落实县以下机关公务员职务与职级并行制度，共审批科级干部享受职级待遇333人。严格把好干部选拔任用关，规范中层干部选拔任用。全年收到干部调整请示11件，其中，同意调整6件，制止拟违规任用干部3件，提出暂缓任用意见2件。扎实开展干部培训，全年在县委党校举办各类培训班19期，培训学员4432人。同时，全面完成调训任务，共选派49名县处级干部、122名科局级干部、5名村干部参加省、市委党校或高等院校的培训。做好干部学历证书的认证工作，全年共认证干部学历档案378份，其中研究生3份，本科312份，专科63份。切实做好信访接待和举报受理查核工作，全年共接待来电来信来访100多人次、交办信访件6件、举报件7件，已全部答复到位。规范干部档案管理工作，严格按政策认定“三龄两历一身份”，及时维护更新各类数据库，收集归档、改版升级各类档案材料18600余份，认真做好干部档案专项审核和干部统计分析工作。

【服务型党组织建设】 全面强化基层党建责任，印发《关于开展“树标杆筑堡垒全面提升执行力”活动的实施方案》，开展党建大督查4次。认真做好党委换届工作，积极履行职责，抓好组织协调，指导各基层党委开展县党代表选举，严格执行县委换届程序规定，选举出席县第十二次党代会代表393名，圆满完成党委换届选举工作任务。深入推进基层党建“十项大排查”，深入排查、理顺党员组织关系，对全县在册的40326名党员信息全面“五核查”，联系上原失联党员258人，处置不合格党员69名，整改违规发展党员问题19例，补缴党费75680元。全面清理规范党员档案，在全县镇（办）统一建立高标准党员档案室和党员档案管理电子台账。加大软弱涣散基层党组织整改力度，对排查确定的51个软弱涣散党组织大力推行“五个一”（拿一套整顿方案、派一支工作队伍、配一名“第一书记”、定一批帮扶项目、建一个坚强班子）工作措施全力推进整改。把精准扶贫、美丽乡村建设作为基层党组织和党员干部发挥作用主战场，出台精准扶贫“1+X”文件及《关于充分发挥农村基层党组织在推进美丽乡村建设中作用的意见》等文件，选派88名优秀党员干部担任建档立卡贫困村“第一书记”，调整5名不适应岗位的贫困村党组织书记，助推长虹办的爱国村、大忠桥镇的金旗村、梅溪镇的大伍村实现全面脱贫。探索推行农村党组织书记专职化，从事业单位和“三类人员”中择优选配12名担任美丽乡村、贫困村农村专职支书，并送往浙江大学、市委党校和沿海发达地区见习培训，社会反响良好。严格做好全县发展党员工作，举办乡镇入党积极分子培训班23期、培训1500余人，并认真审查基层党（工）委报送的入党材料400份，从源头严把党员质量关。加大基层党组织建设力度，全面推行“联述联评联考”制度，强化述职结果运用，抓好村（社区）党组织书记“双述双评”活动。举办全县党务骨干培训示范班及各类党务骨干培训50余次，累计培训1200余人次。注重抓好基层党组织带头人，对全县612名基层党组织书记集中轮训，切实增强其政治意识、组织意识和责任意识。认真组织“微视频、微电影”、示范站点创建、先进远教工作者三项竞赛活动，制作微视频作品17部，评选《红星向党》《一心为民探富路，橙黄橘绿稻花香》等佳作6部；评比创建县级示范站点44个、市级示范站点6个；评选优秀远程教育工作者10名、优秀远教站点操作管理员32名和远程教育先进单位8个，极大提升全县远教工作者的积极性和主动性。积极举办远程教育和“智慧党建”管理员培训班，组织编写培训教材《祁阳县党员干部现代远程教育培训教程》，培训远教工作者610人次。抓好远教站点建设，投入100余万元，为44个县级示范站点配置投影仪、平板彩电和电脑等全套远程教育设备，为全县560个村社站点统一制作站点牌和制度牌。全力实施“农民大学生培养计划”，对所有的61名学员实行学费全免，极大减轻学员经济负担。充分发挥“红星视频”的作用，将远程教育站点管理和“红星视频”学用纳入全县基层党建目标管理考核责任范围，2016年，县红星视频新增学用积分2678万分。

【党建述职评议】 始终牢固树立“抓党建是最大政绩，抓党建是第一责任”的思想，不断夯实基层党建基础。2016年，县委书记周新辉在全市县（区）委书记履行基层党建工作责任述职评议名列全市前茅。为检验各镇（街道）党（工）委书记一年来履行党建工作责任制的工作情况，召开祁阳县镇（街道）党（工）委书记抓党建述职大会，组织22名镇（街道）党（工）委书记就2016年度履行基层党建工作责任进行集中述职、公开评议。述职评议会采取各镇（街道）党（工）委书记述职、群众提问、县委书记点评的方式逐轮进行。述职中，各镇（街道）党（工）委书记书记开诚布公，在8分钟规定时间内亮工作、找差距、析原因、明措施；述职报告现状清楚、问题清晰、整改措施明确。述职后，与会的“两代表一委员”和基层党员群众代表轮番上阵提问，涉及的问题广泛而集中，主要包括基层党建责任落实、投入保障、队伍建设等内容。县委书记周新辉对各镇（街道）党（工）委书记基层党建工作履职情况逐一进行点评，点评具体到位，说成绩恰如其分，点问题正中穴位，提整改直指要害。随后，120多名与会人员对各乡镇办场党工委书记的述职情况进行打分，并当场晒成绩、排名次。基层党建工作抓得好不好，由群众说了算。

【自身建设】 始终坚持从严治部，树立组织部门良好形象。积极推进学习型机关建设，加大组织工作的调研和宣传力度，全年在国家、省、市各类党报党刊上稿50余篇，向省、市组织部门报送各类组工信息和宣传稿件40余篇，网评280余篇，其中《湖南祁阳县：建立党建问题清单库抓整改》《在“两学一做”中坚持“四个强化”》等多篇信息被《中国组织人事报》《湘组研究》刊发。注重加强作风建设、增强党性修养，已开展各类党性教育活动15次。全面规范职能职责，健全完善《组织部机关管理制度汇篇》，进一步形成科学规范的组织工作制度体系，内部管理更加规范，2016年，共受理上级及县委、县政府来文来电390余份，下发各类文件近200份。始终坚持公道正派、率先垂范，带头践行“四讲四有”，准确定位组工干部职责，充分发挥先锋表率作用。

宣传思想工作

【概况】 2016年，在县委的坚强领导和上级宣传部门的正确指导下，全县宣传思想文化战线紧扣县委、县政府中心工作，弘扬主旋律，凝聚正能量，抢抓机遇、主动作为，对内凝聚力量、对外提升形象，全面贯彻中共十八大和十八届三中、四中、五中、六中全会精神，深入学习宣传贯彻习近平总书记系列重要讲话精神，紧紧围绕"五位一体"总体布局和"四个全面"战略部署，极力推进全县宣传思想文化工作，为加速建设美丽幸福新祁阳提供强有力的思想保证、精神力量、道德滋养和文化条件。祁阳县被评为2016年度全市宣传思想工作先进单位。

【意识形态管理】 加强领导，健全机制。严格落实党管意识形态原则，将意识形态工作纳入议事日程，纳入党建工作责任制，纳入党的纪律监督检查范围，纳入领导班子、领导干部目标管理责任制。成立以县委书记任组长，县长、县委副书记、县委宣传部长任副组长，其他县委常委为成员的县委意识形态工作领导小组。印发《2016年度党委（党组）意识形态工作责任制考评细则》的通知，加强对全县意识形态工作的指导、组织、协调、督查和落实。制订《祁阳县领导干部与知识分子联系制度》，密切领导干部与知识分子的联系，更好地了解、理解、关心、尊重和爱护知识分子，进一步调动他们的工作积极性和主动性，充分发挥他们在全县经济、文化等领域建设中的重要作用。县委常委会把意识形态工作作为全委会报告工作的重要内容，健全意识形态工作分析研判机制，牢牢把握意识形态工作的主导权。开展文明创建，提高全民素质。在全县范围内全面启动"十星级文明户"创建活动，深入开展文明创建工作，指导推荐县国税局、县人社局等4个单位为省级文明单位，指导推荐县人防办、县广播电视台等8个单位为市级文明单位。开展祁阳县首届"文明市民"评选活动，评出10名"文明市民"。目前，全县有省、市、县道德模范50多人。其中，唐建军等3人荣获"中国好人"荣誉称号，张银花等2人荣获省级"美德少年"荣誉称号，唐剑等4人获得市级"美德少年"荣誉称号。汪柏秀、陈昌世家庭先后荣获全国、省"最美家庭"荣誉称号，寸香荷等3人荣获市"十佳好媳妇"荣誉称号。祁阳陶铸图书馆荣升为国家一级图书馆，潘市镇龙溪村被列入第一批全国文化传统村落名录，浯溪碑林被列为AAAA级景区，陶铸事迹陈列馆被列入全国青少年教育基地。创作文艺佳品，传播正能量。在"云起新湖南，墨舞大洋河"湖南省首届中青年书法篆刻展中，祁阳县书法协会欧亮获优秀奖，作品入展第四届中国书坛兰亭雅集42人展；何苏作品入展"正山堂杯"全国第二届茶文化楹联书法大赛（中国楹联学会）；由陶晴编剧、伍立新作曲、张爱英导演的表演唱《浯溪水亦香》获2016年水电系统国庆汇演一等奖，推荐参加全国展演获优秀奖。全县全年完成各类文艺作品150件。其中，国家级10件，省级10件，市县级130件。在"欢乐潇湘·和美永州"大型群众汇演活动中，祁阳选送的节目《中国舞起来》获银奖，《今天您的生日》《养儿行孝》和《无中生有乐开花》获铜奖。

【新闻宣传管理】 加强先进典型宣传。积极挖掘、推介、宣传各行各业的先进人物和事迹。湖南科力尔电机股份有限公司总经理聂鹏举、湖南自然韵黑茶科技有限公司董事长王人庆被评选为永州市"十佳创新创业明星"。王海荣荣获2016年度"全国公益人物"称号；县档案局蒋胜文被评为全省"两学一做"先进典型；文明铺镇卫生院被评为全国"群众满意的乡镇卫生院"，祁阳县荣获“全省创新创业带动就业先进县”殊荣，黎家坪镇被评为全省创新创业带动就业先进街道（乡镇）。广泛开展各种活动。组织选派合唱团参加市“红旗颂”大型群众合唱比赛并获奖。在全县组织开展“庆祝建党95周年、红军长征胜利80周年”主题演讲比赛和“两学一做”知识抢答赛、“我的中国梦·责任与担当”演讲大赛、全县气排球赛、纪念长征胜利80周年书画展、“青春向党、公益同行”大型徒步等纪念建党95周年暨红军长征胜利80周年活动300多场（次）。在电视、网络、手机报等媒体上开辟专题专栏进行公益广告宣传，广泛开展“创卫”、“创森”、禁毒、征兵等活动的社会宣传，对省、市、县三级党代会进行重点专题、专栏宣传报道。加强电视广播宣传。县电视台共制作播出《祁阳新闻》330期，播发图像稿件2276篇，制作播出《政法在线》48期；广播电台共制作播出《创卫第一线》80期，《整点播报》135期，编辑采用稿件1100余篇，播发创国卫宣传标语近5000条；加快新媒体规划与建设的步伐，开通“祁阳新闻”微信公众号平台，与电视同步播发新闻。全年在中央新闻频道播出稿件3篇；在《湖南新闻联播》中播出新闻稿件51篇，在永州各县区排名第一；在《永州新闻联播》播出新闻稿件288篇，时长410分钟，有4个月排名全市县级台用稿时长第一，其余7个月的排名都在前三；连续三年荣获湖南省广播电视台优秀通联集体、连续四年荣获永州市优秀通联集体。投入110万元购买非编数字化网络系统、高清数字摄像机、专业调频喇叭，对制作系统、直播系统、广播系统进行全面升级和数字化改造。推出有线电视免开户费、看高清电视“一天一元”、续费3年免费换高清、看电视送宽带、宽带续费2年送一年等各种惠民活动，农村“户户通”顺利完成任务22500户。

【理论学习宣传】 切实加强理论学习。健全并落实党委理论学习中心组学习制度，全年县委理论学习中心组集中学习8次16天，学习环节齐备。先后邀请中南大学博士生导师刘新庚教授，市纪委常委、秘书长陶爱民，市卫计委副主任蒋玲萍，市委宣传部副部长王再兴，王志纲工作室陶杰先生等来祁阳专题讲课。县委书记周新辉亲自为全县领导干部作省第十一次党代会精神专题辅导。强化中心组学习督查，定期对各镇办场、县直各单位的学习情况进行指导、抽查，促进各部门各单位的党委中心组学习有序开展，强化信息报送，注重总结和推荐学习经验，在省红网刊发中心组学习信息5条。深入开展学习型党组织建设，县委下发《中共祁阳县委办公室关于建设学习型党组织的实施意见》，对全县建设学习型党组织工作作详细的安排部署，要求做到全年工作有计划、有总结、有特色活动，有实际举措，有专门班子抓落实，形成一级抓一级、层层抓落实的工作格局。积极开展“三个一”学习、心得征集活动，在全县党员干部中广泛开展“学讲话用讲话”微心得评选活动，选出优秀作品31篇上报市委讲师团。积极开展理论宣传。组织新闻媒体办好理论专栏，全县各单位各部门党员干部积极撰稿投稿，在永州新闻网“理论视窗”各类上稿超过25篇。从县委宣传部、县委党校、县文联、县文体广新局等单位抽调骨干力量组建县委宣讲团，到各镇办场、县直单位进行党的十八届五中全会精神和《准则》《条例》集中宣讲和微宣讲，精心组织“讲话精神进基层”百姓微宣讲活动。在全市“讲话精神进基层”百姓微宣讲比赛中，祁阳县获得二等奖一个，三等奖两个，县委宣传部被评为优秀组织奖。积极组织好理论读物的学习宣传和使用工作，把《习近平总书记系列重要讲话读本》《全面小康热点面对面》《读有所得》《2016年党委中心组学习专辑》作为党委中心组学习的必备教材。加强对辖区内研讨会、报告会、论坛、讲座的管理，确保全年理论阵地没添乱、没出事。深入进行理论研究。县委宣传部报送的调研选题《农村意识形态的现状与对策研究》被立为2016年永州市社科基金招标项目。深入开展“两学一做”理论研讨征文活动，下发理论研讨征文通知，在全县范围内开展“两学一做”理论研讨征文活动，共收到各单位各部门党员干部、社会各界人士及群众征文近100篇。县委宣传部对征文进行评审，对优秀作品给与奖励，并选送10篇优秀作品参评全市“两学一做”理论研讨征文比赛，成绩在全市名列前茅。

【舆论监督引导】 加强舆情正面引导。进一步健全新闻发言人制度，适时开展新闻发布工作，全年召开新闻发布会5次，发言人按规定作了登记备案，新闻发布会开展正常，没有出现违规发布新闻的现象。健全重大突发事件工作制度，制订应急预案，明确领导责任，及时准确做好突发事件新闻发布工作。2016年市以上负面新闻报道为零。积极主动地开展对外宣传工作，配合上级宣传部门完成相关外宣品的制作任务。加强网络宣传管理。实行24小时值班不间断监管，把敏感舆情始终控制在萌芽状态，全年未发生一起重大网络舆情事件，全年共转交办理各类涉祁舆情274条，及时回复永州新闻网“问政永州”和红网“问政湖南”网民留言，并较好地完成省市安排的跟贴跟评工作，问政栏目回复率达90%。把开展网络绩效测评纳入干部年度实职绩效考核重要内容。全年编发《涉祁舆情》12期，及时呈报县委、县政府领导，并积极协调相关部门妥善处理网上来信来访230余条，办结率达90%以上。在湖南省政务微信排名中，中国微祁阳稳居前二十位。加强综合管理与舆情信息报送。按时向市委宣传部办公室上报全年工作要点、工作总结及要求上报的其他材料，加强值班工作；按时完成市委宣传部交办的其他各项工作。年内，被《新湘评论》杂志社评为全省新湘评论推广使用工作先进单位，被湖南日报报业集团评为全省《湖南日报》发行工作先进单位。明确宣传信息网信息员和机要员，被市推荐为省委宣传部宣传信息直报点。做到每月上报舆情信息材料2篇以上，年内，在《湖南宣传动态》上稿3篇，均超额完成任务篇幅。

【对外宣传】 同期上稿有突破。全年在《湖南日报》上稿36篇，其中头版头条2篇，市州新闻版头条5篇；在《永州日报》上稿730篇，其中头版头条16篇。在《人民日报》、中央电视台、《农民日报》《中国教育报》、人民网、新华网等中央主要媒体上稿25条。全年在中央台上稿6条，在湖南卫视新闻联播上稿58条；全年在市台上稿305条，稳居全市县级台前二。实现市以上主流媒体对祁阳负面报道为零。加大新闻宣传、政务公开、信息发布、联系民众、引导舆论的力度，认真组织开展党委、政府重大决策、重大部署、重大工作的宣传报道和主题宣传活动。全年祁阳新闻网共发布新闻6300多条，人民网、新华网、新浪、腾讯、网易、红网、华声在线、永州新闻网、永州网等国家、省、市主要网络媒体上转发涉祁新闻稿件3200余条，祁阳的对外影响力不断显现。为配合全县各项重点工作和重大活动的宣传，制作“祁阳县第十二次党代会专栏”“两会专栏”“两学一做专栏”“创建国家卫生城市专栏”等专题宣传栏，营造良好的舆论氛围。全面完成2017年的党报党刊征订任务。舆论导向把握正确有力。积极邀请主流媒体来祁阳县采访报道，传播祁阳正能量，扩大祁阳影响力。央视《发现之旅》以《潇湘明珠，醉美祁阳》为题对祁阳经济社会发展情况进行专题报道。《湖南日报》、湖南电视台对祁阳县

"2016.11——祁阳《祁阳县举行重大项目发布会，总投资达675亿元》"进行专题报道。《湖南日报》头版头条以《工业蝶变，祁阳经济挺起脊梁》为题对祁阳新型工业化发展成就进行专题报道，以《三吾大地焕新颜》为题对祁阳经济社会全面发展的有关情况进行专版宣传推介。党代会期间，湖南电视台、《湖南日报》、永州电视台、《永州日报》等省市主要媒体对全县新型工业化、经济发展、文化教育、农业现代化、电子商务、招商引资等进行专版专题宣传报道。

（龚杰、黄文兵）

统战工作

【党外代表人士队伍建设】 贯彻落实《中国共产党统一战线工作条例（试行）》精神，切实加强党外代表人士队伍建设，为统一战线的持续发展提供人才支撑。政府班子配备1名党外副县长，人大班子配备1名党外副主任，政协班子配备3名党外副主席。第十七届人大共选举人大代表318人，其中党外代表72人，占比23%；第十届政协推荐政协委员292名，其中党外委员176名，占比60.27%。党外人大代表和政协委员分别超过23%和60%，符合政策相关比例要求。

【非公经济代表人士综合评价】 坚持凡进必评原则，联合组织部、工商联、公安、税务等14个部门，对拟推荐为第十七届人大代表候选人中的61名非公经济代表人士、对拟推荐为政协委员人选的42名非公有制经济人士全部按政策要求进行综合评价。

【"同心乡村"创建】 贯彻落实全省统一战线实施"同心工程"战略，按照"四同创建"的工作要求，开展"同心乡村"创建活动。将两委班子得力、群众基础较好、统战资源丰富的文明铺镇新塘角村创建成为高标准的"同心乡村"示范点。县委统战部多次召开专题会议进行研究，原县委常委、组织部部长、统战部部长蔡富强与现任县委常委、统战部部长唐明生先后十余次深入新塘角村调研指导，通过开展实地调研和资源情况分析，重点引导和服务群众发展特色农业，引进天之龙蔬菜公司，创新实行"公司+基地+农户"模式，支持农民自主创业，帮助村民联系镇域内的非公企业，引进非公经济资金，建设村民文化广场、农博园、农家乐等重点特色项目，实现在家门口就业。

【"3·4"讲话精神落实】 组织全县统战系统全体人员围绕什么是"两个毫不动摇""三个没有变"、新型政商关系以及解决好民营企业发展中的"五大问题"等方面深入学习习总书记"3·4"重要讲话精神。为支持非公有制经济发展，组织统战干部每周抽出2天时间深入到非公企业开展调研，查看企业生产经营状况，了解企业生产经营中存在的困难和问题。对凯盛鞋业有限公司等40多个非公企业进行集中走访调研，就了解的意见、建议和诉求进行梳理，形成材料向上级有关部门和县委、县政府，督促优惠政策落实到位，促进非公经济发展。

对台工作

【座谈会】 利用春节和中秋节，县台办召开两次台胞台属台商座谈会，充分听取意见，帮助解决具体问题。邀请12名台胞回家探亲、参观考察，有力促进两岸交流。

【台商利益维护】 5月，接到市台办转发省台办《关于台胞唐如君反映要求归还祖产及将其父亲骨灰回老家安葬》的信访件后，县台办深入一线调查了解，通过耐心细致的工作，7月底，确定唐如君父亲骨灰回家安葬的场地。但消息一传出，当地群众起哄，不准唐如君父亲的骨灰回家安葬和开挖墓穴。县台办一边向县委常委、统战部长唐明生进行汇报，一边与镇里商量，成立三个工作小组，深入村组做思想工作。晓之以理、动之以情，问题及时得以解决。8月，台资企业华庆泡棉杜女士反映该公司按照规章制度开除一名公司员工，该员工被开除后心有怨气，为维护自己的权益向劳动部门提出申述，要求劳动仲裁。公司得知后十分不理解，认为政府部门没有按照《台湾同胞投资保护法》保护其权益。接到反映后，县台办帮助台资企业找证据，咨询法律，聘请律师，与劳动部门进行沟通协调，做好开除员工的思想工作。劳动仲裁的时候，采信县台办提出的证据，对开除员工提出的无理要求不予支持。全年接到涉台各类来信来访12起，已办结10起，还有2起尚在办理中。

【对台经贸招商】 在深圳、东莞、广州、中山、福建等地建祁阳商会，派出招商小分队，依托凯盛鞋业，积极对接沿海台资企业大转移，邀请20多名台商来祁阳考察，签订框架协议2个，意向资金3.5亿元。全年包装对台招商项目9个，积极参加东莞对台招商，签约项目2个，签约资金近10亿元。

机关党建工作

【概况】 2016年，县直属机关委员会设书记1人，副书记1人，纪委书记1人。有党委委员7人，其中兼职委员4人；有纪委委员5人，其中兼职委员4人。辖县直机关基层党组织475个，其中局（台、处、院）党委13个，机关党委7个，党总支部27个，党支部428个，共有党员8279人，其中女党员1606人。

【基层组织建设】 坚持将党建工作摆在重要位置，全面落实“一把手”抓党建工作职责，将县直机关基层党组织班子建设、党员教育管理、发展党员、党费收缴等机关工作纳入全县党建工作责任制考核范畴。2016年年初下发《2016年县直机关党建工作要点》，做到早计划、早安排，层层分解任务、落实责任。切实抓好基层组织领导班子建设。5月，对县直机关基层党组织换届工作进行拉网式排查，对80多个未按期换届的基层党组织专门建立台账，实行销号管理，并责令在12月上旬以前整改到位。全年共审批新成立党总支1个，党支部12个，撤销党支部7个，完成换届改选的党委、机关党委6个，党总支7个，党支部236个，调整、充实班子成员322人。扎实开展软弱涣散党组织整顿工作。按照“一支部一策”的要求，分类施策、同步推进，指导完成县直机关10个软弱涣散党组织的整顿工作。建立健全党建工作制度。严格落实“三会一课”制度，健全党建工作量化考核、党员教育管理、党内选举、组织生活会、民主议事、党务公开等各项规章制度，真正达到以制度管人管事的目标。建立党内关怀机制，全年帮扶患重大疾病（伤害）的困难党员23人，帮扶金额5.09万元。全面强化基层党建保障。认真贯彻落实县委1号文件精神，督促县直单位按要求配备专职党务干部、按标准安排基层党组织活动经费，确保基层党建工作有序开展。2016年，县财政安排机关党员教育预算经费30万元。

【党员教育管理】 指导县直单位党组织围绕“认真学、主动改、扎实做”深入开展“两学一做”学习教育，实现“两学一做”学习教育在县直机关党组织全覆盖。针对县直机关党组织在学习教育中存在的问题，起草《关于开展机关党员学习教育“灯下黑”问题专项整治工作的实施方案》。积极抓好党员经常性学习教育。督促县直机关党组织按照建设“学习型组织”的要求，充分利用中心组学习、“三会一课”等平台，认真组织机关党员学政治理论、学政策法规、学业务知识。为推动机关工作信息互通、资源共享、交流直达，创立县直机关党建工作微信群和县直机关党组织书记微信群，县直机关100多名专职党务干部和400多名基层党组织书记有了微信交流平台。抓好入党积极分子培训。5月，举办1期县直机关入党积极分子培训班，培训入党积极分子115人，并对培训对象进行闭卷考试，发放结业证书，确保培训效果。

【党员队伍建设】 成功召开县直机关党代表会议。8月25—26日，成功组织召开县直机关党代表会议，会议选举产生新一届直属机关党委书记、副书记、纪委书记和87名出席县第十二次党代会代表，会议圆满完成各项议程，达到预定目标。认真做好县直机关发展新党员工作。经严格考察、资格审查和党委集体研究，批准发展预备党员62人，在资格审查中，有两名发展对象因有参与赌博违法行为被取消发展资格；审批县直机关转正党员69人，有1名预备党员因吸毒被取消预备党员资格，有1名预备党员因酒驾违法延迟1年转正。加强党组织书记和党务干部培训。11月15—18日，在县委党校举办两期县直机关党组织书记和党务干部业务培训班，县直机关571名在职党组织书记和党务干部参加培训，进一步提升县直机关党支部书记政治素质和业务能力。

【“七一”党建活动】 7月1—6日，在祁阳一中体艺馆成功举办县直机关庆“七一”“中医杯”第三届气排球比赛。来自县直机关基层党组织的56支球队参加比赛，共184场次，参赛领队、教练员和运动员达700余人。比赛决出一等奖1名、二等奖2名、三等奖5名、优胜奖8名、优秀组织奖3名、精神文明奖3名，取得了运动成绩和精神文明双丰收。

【勤政廉政】 大力改进机关作风。结合“两学一做”学习教育主题，从“强化群众观念、增强服务意识、规范从政行为、解决突出问题、严格督促检查”入手，着力加强机关作风建设，树立县直机关为民、务实、清廉的良好形象。全面深化党风廉政教育。加大机关廉政文化建设力度，深入开展党性党风党纪教育，有针对性地开展示范教育、警示教育和岗位廉政教育，引导机关党员干部在遵守党的纪律和廉洁自律上做表率。积极推进基层党内民主，推行党员定期评议基层党组织领导班子成员制度。全面落实“三会一课”，提高基层党组织议事决策科学化、民主化水平。继续搞好党务公开栏建设，深化党务公开。

（黄玉彬　黄国荣　曹宏满　丁凌明）

机构编制工作

【概况】 2016年，祁阳县编委办干部职工团结务实，扎实肯干，开创工作新局面，荣获目标管理综合考核先进单位、党建工作先进单位、县级文明单位、优化经济环境和机关效能建设工作满意单位、计划生育工作先进单位、乡镇区划调整改革工作先进单位。

【政府职能转变和机构改革推进】 进一步理顺政府工作部门职责职能。按照湘发〔2014〕14号、永发〔2015〕33号文件精神，在2015年机构改革的基础上，对政府工作部门职责进行细化调整，重新拟订县人民政府办、县发展和改革委员会、县科技和经济信息化委员会、县教育局、县民政府局、县司法局、县财政局、县人力资源和社会保障局、县国土资源局、县住房和城乡规划建设局、县交通运输局、县农业委、县水利局、县林业局、县商务和粮食局、县文体广电和新闻出版局、县卫生和计划生育委员会、县审计局、县环境保护局、县食品药品工商质量监督管理局、县统计局、县安全生产监督管理局、县城市管理行政执法局、县人民防空办公室、县公路局、县扶贫开发办公室、县大江林场、县挂榜山林场等28

家政府工作部门及相关事业单位的三定方案；对县公安局、县农机局、县畜牧水产局、县房产局等4家单位的机构编制事项进行调整。合理撤并事业单位。对相关政府工作部门所属事业机构按照精简效能统一的原则，对县煤炭管理办公室、二轻事务办公室、商业事务办公室、物资事务办公室、县政府采购监督管理办公室，县财政监督检查局等39个单位，予以撤并或整合，相应划转、核减、收回人员编制。

【简政放权和行政审批制度改革】 深入推进简政放权，及时承接落实国务院和省、市政府取消、调整及下放行政职权，并向社会进行公布。承接国务院、省、市下放、取消的行政许可事项，取消县本级行政审批事项39项，承接下放的行政审批事项13项，县本级调整的行政审批事项1项，承接市级下放的行政事项15项。按照市审改办要求，2016年9月，在县政府门户网站公布31个单位行政职权2453项，其中行政许可184项、行政处罚1640项、行政强制1542项、行政征收45项、行政征收给付6项、行政确认44项、行政奖励19项、行政检查147项、行政裁决5项，其他行政权力209项。各审批机关对184项行政许可事项办事流程进行优化，制定详细的办事指南。全县在网上审批办理政务服务事项收件150518件，办结了149133件，办结率为99%。

【控编减编】 根据中央、省、市控编减编的要求及《永州市机构编制委员会关于祁阳县控编减编基数的批复》的精神，祁阳县制定《祁阳县控编减编工作方案》，确保到2017年年底全县编制只减不增，具体为：严控编制总量：党政群机关行政编制总量、政法专项编制总量、事业编制总量不突破2012年年底基数。消化编制存量：按照中央、省、市编委的有关规定，对1994年预增的29名公安系统政法专项编制，进行逐年消化；对历史遗留的工勤编制，只减不增，逐年核减。

【编制计划使用】 根据严控编制管理权限和实名制的要求，按照“控制总量，盘活存量，优化结构，有减有增”的原则，规范全县机关事业单位人事用编手续和审批程序。遵循“编内进人，凡进必考”原则，严把机关事业单位人员入口，做好全县事业单位招录工作人员的机构编制审核工作。按照市编办批复招录计划，全县计划事业单位招聘490名，实际录取384人。对2015年、2016年祁阳县转业士官及城镇退役86名士兵办理入编手续。

【单位分类改革】 全面实施事业单位网上登记工作，网上受理年报439家、设立4家、变更56家、换发新版法人证书439家。下发《关于开展全县机关、编办直接管理机构编制的群众团体统一社会信用代码赋码工作的通知》，发放统一社会信用代码证书48家。坚持政府机构改革与事业单位分类改革相协调，对承担行政职能的事业单位，将其行政职能划归相关行政机构或转为行政机构，全县共将15个事业单位的行政职能予以划归，调整为公益一类事业单位，撤销行政类事业单位1个。

【中文域名管理】 按照省、市编办的工作要求，在全县党政群机关、事业单位开展政务和公益域名注册工作，新注册198个中文域名。域名管理费用实行财政代扣代缴。

（邓星文）

机关事务管理

【“两学一做”】 2016年，根据县委关于开展“两学一做”专题教育的总体部署，县机关事务管理局积极参加县委办举行集中学习，结合机关事务的实际工作，将“两学一做”教育活动融合到日常工作中。全局7名党员干部共记笔记12本，近20余万字。按照“让领导满意、让机关部门满意、让干部职工满意”的目标，重点围绕“三公”经费管理、办公用房清理、后勤保障服务等方面找准、找深、找实存在的薄弱环节，查找问题20余条，做到边查边改，立行立改。为确保精准帮扶有力推进，富有成效，专门派遣1名同志驻文明铺镇桥梓塘村进行精准扶贫，并拿出1万元协助联系镇开展精准扶贫工作。局领导班子与村贫困户接对帮扶，及时走访慰问，为贫困户送去慰问金，根据他们家庭情况量身定制脱贫方案，让贫苦户彻底脱贫。

【办公用房管理】 全县110个党政群机关及事业单位对其办公室整改情况重新进行自查自纠，共5940人参与整改，其中副厅级1人，正处级6人，副处级50人，正科级463人，副科级1166人，科级以下4254人。全县办公用房建筑总面积共计152296.72平方米，办公室使用面积62061.20平方米，符合标准要求。同时，强化督查落实，对县行政办公中心36个单位办公用房重新登记造册和20个涉改单位办公用房进行清查摸底。县人防办已搬迁至新办公楼，将人防办3间办公室清理腾退，移交县旅游局集中办公；将县工商联在县政府办公楼一楼5间办公室统筹调剂至县政协办公室楼一楼原旅游局4间办公室办公；县委办、县政府办、县人大办、县政协办、县委组织部、县机关事务管理局带头采取重新整合办公室、优化组合各职能科室和挤掉功能服务用房等办法共调剂12间办公室安排新晋12位副处级领导办公，共调剂腾空办公室面积1163.80平方米，交县机关事务管理局集中管理。摸清20个涉改单位办公用房底子，将涉改单位合署办公，方便涉改单位工作人员办公和群众办事，整层整栋腾空办公楼。县农业委将原县人大办公楼9间办公室腾空交县机关事务局管理，整体搬入原农业局办公楼办公；原县卫生局、计生委合并成立县卫计委，原卫生局办公楼整体腾空搬入原计生委办公楼办公；原县人事局、劳动保障局合并成立县人力资源和社会保障局，原人事局办公楼整体腾空，搬入原劳动保障局办公楼办公。

【公共机构节能】 6月8—14日，是第24个全国节能宣传周和全国低碳日，围绕全国节能宣传周“节能领跑，绿色发展”主题和全国低碳日“绿色发展，低碳创新”的活动主题，在机关大院公共区域电梯、公共走廊、卫生间、食堂等处张贴节水、节电等宣传标语，积极倡导绿色办公和绿色出行，促使干部职工自觉养成节约能源的良好习惯。在机关大楼会议室和公共区域的改造和维护过程中，将原25瓦和40瓦高耗能灯泡逐步更换为3瓦和5瓦的LED节能灯，节电率达80%。扎实开展公共机构能耗统计工作，系统收集整理全县近110个单位的公共机构能源消耗情况，形成《2015年度祁阳县公共机构能源资源消耗统计分析报告》。认真做好公共机构远程培训组织、协调和管理工作，顺利完成在“公共机构节能管理远程培训”项目网站的学习和考试。

【后勤服务管理】 一是委托服务优质化。年初，分别与安盾保安公司、亮丽保洁公司、泰禾花卉公司，就行政中心的保安、保洁、绿化工作签订新一轮的委托服务协议，提高服务标准，完善协议条款，提供优质服务。二是综合服务到位化。2016年，时值县委、人大、政府、政协“四大家”班子换届之际，在领导办公室和武装部宿舍的配备翻新、办公桌椅和宿舍家具、生活用品的配置过程中，做到迅速、细致、高效，按时完成交办任务，营造良好的办公环境和生活氛围。三是设施设备正常化。为保障各项设施正常运转，不断强化服务意识，共维修水、电、消防和修理门窗200余次，更换空调、电梯设备50余个部件，更新楼层指示牌2块、电梯内标语6块，制作春节、国庆、元旦横幅及水牌贺词14块（条）。四是卫生保洁标准化。结合全县创“国卫”，严格按照标准要求，确保地面有人扫、窗户有人擦、垃圾有人清、卫生有人查，做到无灰尘、无死角；按季及时更换领导办公室、会议室、大厅及走廊的盆栽花卉；国庆期间，对办公大楼的天花板、柱子、大堂东西两面墙体及北面墙体雕塑的进行清洗。

【安全保卫】 一是加强大院安保管理，了解上访信息，通过正确引导教育、现场保卫处置等方式，及时化解矛盾，维护工作秩序。二是加强保安巡逻，实行24小时值班制度，及时更新行政办公中心的消防器材，做好防火、防盗等工作，实现安全保卫工作零事故，保护人身和财产安全。三是加强大院停车管理，统筹规划停车位，凡是县行政中心的县级领导车辆和入驻单位的车辆安排停放在办公大楼车库内指定位置，禁止其他车辆占用车位，外单位车辆按规定全部停放在四周划分的车位上，摩托车、电动车及自行车按指定位置停放，办公楼前平台严禁停放车辆，严禁乱停乱放，对违停的车辆及人员进行登记和劝阻，共劝阻大院内外乱停乱放车辆1357辆次。

【会务服务】 进一步提高会务服务标准、规范服务流程，就“会前准备、会中服务、会场卫生、音控服务、总体质量”等方面向干部、职工广泛征求意见建议，制定改进措施，加大培训力度，明确会场布置要求。并对县委常委、政府常务委会议室和大会议室进行升级改造，对老旧设施设备进行维修处理和更新，增加电子显示屏和电子座位牌，全年共保障、承接会议234场次，与会人员3.2万余人次。圆满完成市委书记李晖首次到祁召开调研会的会务服务和保障工作，做到微笑服务、高效到位、领导满意。

【食堂管理】 为进一步提高行政办公中心机关食堂餐饮服务质量，2016年5月中旬，通过实地查看、座谈讨论、饭菜品尝等形式，对新田、宁远、零陵等兄弟县区机关食堂进行考察学习，采取相关举措，改善县机关食堂现状。一是加强成本核算。通过实行每日成本支出及收入情况通报制，加强对食堂物资的采购、入库、领用等环节的监管。二是规范就餐秩序。8月初，对机关食堂刷卡系统进行更新，及时更换新就餐卡537张，新增加就餐卡86张，确保干部职工就餐不受影响。三是提高菜品质量。经领导同意，机关食堂的中晚餐伙食标准由原来的8元提升到12元，改大锅菜为小锅菜，保证每餐至少有一样蒸菜，伙食菜品在花样和品质上大有改观，受到机关干部职工的一致好评。

【公车管理】 按照县公车改革整体安排，2016年12月30日，全县完成涉改车辆的封停工作。期间，机关事务局就组建公务用车管理服务中心的人员编制、管理制度等情况拟定相关文件上报给领导和部门；就保留车辆的平台运行、安装GPS定位系统、ETC通行卡等工作进行前期调查，并对公车使用审批、维修管理等环节制定相关制度。通过与兄弟县市的交流，探索公车管理新举措，为后期车辆的使用和管理打好基础。

史志工作

【概况】 2016年，县史志办紧紧围绕“存史、资政、教化”三大功能，凝心聚力，团结和谐、攻坚克难，开拓创新，各项工作都取得显著成效。全年在县区综合年鉴编纂、地方志、党史宣传和《名村志》系列丛书编写工作中因表现突出，受到市史志办通报表扬，其中《湘潮》杂志发行获省党史研究室“以史铸魂”先进集体荣誉称号，《祁阳年鉴（2015）》在湖南省第四届年鉴奖评选活动中荣获一等奖。

【纪念红军长征胜利80周年活动】 一是为纪念中国共产党建党95周年暨红军长征胜利80周年，县史志办与县直属机关党委、团县委以及祁阳商海精英联盟共同举办“青春向党、公益同行”徒步公益活动，此活动为文明铺镇中心小学等学校捐助公益基金8000元。二是参加全市史志系统的重走长征路主题活动，参观红军长征遗址遗迹、瞻仰红军烈士墓碑，并进行助学捐助等活动。三是完成《红军长征在永州实录》祁阳资料征集任务并按时上报。四是完成《红军长征在湖南》祁阳县组稿工作并上报省党史研究室。

【党史联络】 动员党史联络组成员撰写党史回忆录，共收集回忆文章8篇2万多字。整理新时期党史专题2个约1万字，党史联络组组长黄承先在永州电视台《潇湘讲坛》主讲的《陶铸的故土情怀》被评为全省党史部门党史优秀成果影视音像制品类二等奖。认真完成市党史回忆录——《潮涌潇湘》组稿工作，共提供稿件3篇，计1万余字。

【《祁阳年鉴（2016）》编纂出版】 为扎实做好《祁阳年鉴（2016）》的编纂工作，县委办、县政府办联合下发《关于做〈祁阳年鉴〉2016年卷有关工作的通知》，安排部署祁阳年鉴编写工作，出台年鉴编纂工作方案，制定年鉴编写任务，明确篇目大纲和编写要求；并成立以县委书记为周新辉为顾问，县委副书记、县长金彪为主任的祁阳年鉴编纂委员会，落实工作机制和经费保障。全体编纂人员认真对稿，严格把关，精心修改，经方志出版社审查通过后顺利出版，全书约55万字。

【《永州市志》祁阳组稿工作】 根据《永州市志》编委会要求，结合祁阳实际，制定工作方案，成立祁阳县资料征集工作领导小组；按照要求，向市史志办提供方镜等9人的人物资料，并正在征集、整理其他有关资料。

【《祁阳乡镇简志》修改完善】 根据省、市地方志部门的要求，在完成《湖南乡镇简志》供稿的基础上，并对《祁阳乡镇简志》进行组稿和编写工作，将全县（含金洞管理区）878个行政村、82个社区居委会纳入《祁阳乡镇简志》，丰富了乡镇简志内容。至2016年年底，全县乡镇办场的资料修改工作按要求基本完成。

【永州市《名村志》系列丛书编写】 史志办认真落实永州市《名村志》编写工作。以县委办、政府办名义下发《关于开展〈名村志〉编纂工作的通知》，对全县乡镇街道办的《名村志》编写工作进行认真安排部署，2016年，已有5个村正在进行村志编写，其中七里桥镇竹山湾村志已印刷出版。

【清乾隆三十年（1765）《祁阳县志》影印】 继2015年出版清康熙十九年《祁阳县志》校注本后，史志办继续抓好旧县志的搜集、整理和利用工作，2016年，史志办在争取县委、县政府领导重视后，组织人员先后2次前往北京故宫博物院图书馆联络影印事宜，并顺利将清乾隆三十年（1765）《祁阳县志》影印回祁阳。该志约1600页，是祁阳县最为详细的旧县志。

【宣传教育】 一是认真做好全国党史优秀期刊——《湘潮》杂志的发行工作，共订阅890份，圆满完成省定《湘潮》杂志优秀任务指标。二是做好宣传工作，在祁阳新闻网上报信息5篇，市史志书籍信息化工作提供书籍目录和书籍2本，市史志网上报信息6篇；《省党史工作简讯》和《市县志工作简讯》上报信息5篇；百年湘潮网上报信息3篇；在湖南省地方志网上报信息2篇；《湖南省地方志》上稿论文1篇。

档案工作

【概况】 2016年，祁阳县档案局紧紧围绕“为党管档、为国守史、为民服务”这个宗旨，扎实开展“两学一做”学习教育活动，以档案馆项目建设为重点，以档案资源建设为抓手，全力推进档案管理和档案服务工作，各项工作都取得了新成绩。新馆在2016年年底建成投用。县档案局继续评为全省档案宣传工作先进集体，荣获全县跑项争资二等奖。

【档案项目建设】 2016年，县委、县政府领导非常重视档案馆项目建设，扎实做好档案馆项目扫尾工作。县财政专门安排经费300万元，用于档案装备、数字化、档案安全设施设备、档案馆下水道和涵管安装、场地硬化、机关绿化、亮化等项目。

【档案资源和开发利用建设】 县档案馆通过对馆藏重点档案的全面清查，建立了国家重点档案保护开发项目储备库，并建立案卷级、文件级目录数据库，及时上报省局。争取到湖南祁阳县民间抗战档案史料专题开发项目资金83万元和抗战档案保护与开发数字化项目资金3万元。同时继续抓好各类档案移交和“三重”档案的征集工作，现馆藏档案总量达253328卷，94158件和资料10309册。通过开展函查、电话查询、节假日预约查询等服务，为群众提供一大批档案服务，一大批民生档案利用率逐年攀高，赢得了利用者点赞。积极配合县“两办”，利用“三重”图片档案成功出版《启航祁阳县2016年重点项目专辑》《祁阳县新型城镇化展示》两个富有地方特色档案文化产品。

【档案法制宣传建设】 扎实开展“两学一做”学习教育活动，县档案局局长蒋盛文被推荐为全省档案系统“两学一做”活动先进事迹报告团成员之一。全省档案系统“两学一做”活动先进事迹报告会于10月12日在长沙举行。

【档案基础业务建设】 积极开展档案业务指导上门服务活动，先后深入县委办、县政府办、检察院、国税局等16个单位开展业务指导，收集整理档案3895件，其中，县委办、县政府办、交通局、财政局、审计局等晋升为省一级，县委政法委、机关社保中心、医保中心、城建投晋升为省二级，国税局成功创建省特级。完成政府机构改革单位档案业务指导和涉改单位档案移交进馆，为做好政府机构改革档案处置工作，及时下发祁办〔2016〕1号文件，并在全县党务工作会议上作专门安排，要求各涉改单位严格执行。县档案局按文件要求深入涉改单位及乡镇开展业务指导，接收县计生委2011—2015年文书档案1014件，二孩审批档案586卷，县煤炭局改制企业人事档案576卷、文书档案896件等。

信访工作

【概况】 2016年，县信访局在职干部职工21人、离退休人员3人。祁阳县处理信访突出问题及群体性事件联席会议更名为祁阳县信访工作联席会议，下设办公室，简称为县联席办，与县信访局合署办公。

【工作成效】 2016年，全县信访总量为7222人次，较上年下降8.78%，其中：来县5283人次、到市1094人次、赴省637人次、进京208人次；发生集体访81批2437人次，较上年下降7.99%；发生未逐级走访行为122人次，较上年下降58.11%，其中：赴省52人次、进京70人次；发生非正常上访30人次，较上年下降12.86%，其中：赴省18人次、进京12人次；没有发生一起因信访问题处理不当引发的重大群体事件或恶性事件；新一届县委领导班子于9月履职以来，保持全县赴省进京非正常上访“零登记、零指标”。

全县信访工作呈现出信访总量、集体上访数量、非正常上访数量和群体性事件发生数量下降，信访秩序好转的良好态势，圆满实现县委、县政府年初确定的目标任务，为维护社会和谐稳定作出了积极贡献。在永州市2016年度信访工作绩效考核中，祁阳县排列全市第四位，被永州市信访工作联席会议授予“信访工作突出贡献奖”，黎家坪镇、八宝镇被评为“全市信访工作基层基础强化年活动先进乡镇”。祁阳县信访局被评为全市信访系统宣传信息工作先进单位、全县跑项争资工作三等奖、办公室、组织党建和社会管理综合治理工作先进单位。

【责任落实】 将信访工作纳入全县绩效考核，与县委经济工作同研究、同部署、同检查、同考核。领导干部率先垂范，县委书记、县长逢会必讲信访、遇事必议维稳，每季度召开一次县委常委会议、县政府常务会议集中议访，每月召开一次县信访工作联席会议协调推动。全体县级领导定期集中接访、带案下访、约访接谈各类重点信访人员，依法及时就地化解一批重大疑难突出问题，将大部分信访群体稳定在当地。层层压实主体责任，制订信访工作“五条规条”，明确各级各部门的主体责任，单位主要负责人亲自抓、负总责，班子成员协作抓，分管同志具体抓，其他干部全面落实“一岗双责”；县联席办、县信访局充分发挥统筹指挥和集中调度的职能作用，定期分析研判全县信访形势，为县委、县政府决策提供准确有效的服务，各级各部门不折不扣执行调度指令，对信访问题提前预警、及时应对和妥善处置。专项督查严厉问责，每季度、每个特防期开展一次信访工作专项督查，不定期开展重点信访事项专项督办，对责任不到位、工作不得力、措施不扎实的，逐个工作环节进行倒查，按照干部管理权限严格追究责任，促进全县信访工作整体推进，逐步形成“事情有人管、工作有人做、责任有人担”的齐抓共管信访工作格局。

【解决问题】 坚持把“事要解决”作为信访工作的核心来抓，依法及时就地解决信访问题。持续深入调处矛盾纠纷，每季度开展一轮排查调处活动，全年共排查各类社会矛盾纠纷1600余人次，重点信访隐患问题362件次，成功化解281件次，及时疏导化解8起可能引发的群体性事件，没有发生一起因调处不当引发的重大群体性和恶性事件。攻坚克难化解信访积案，深入开展化解信访积案百案攻坚活动，梳理县内近3年来的重点信访事项，逐案采取“定人员、定时间、定要求、定责任、定奖罚”的领导包案负责制进行交办化解，时任市政协副主席、祁阳县委书记魏湘江，现任县委书记周新辉和县委副书记、县长金彪，带头包重点难点案件，指导协调推动解决问题，其他县级领导主动担当、接访处访，因案因人施策化解信访问题。全年共解决各类突出问题33件次，成功化解省、市交办积案11件，促使一批信访老户息访息诉。依法分类处理群众诉求，实行信访与诉讼分离，引导28件涉法涉诉类事项进入法律诉讼程序；实行依法终结备案，对6例持无理诉求或诉求已解决仍重复上访的事项，依法依规按照程序予以终结；实行社会力量参与机制，引入律师、社会人士等第三方力量开展信访听证，成功调处化解5起疑难信访事项。

【畅通渠道】 丰富信访工作的手段和载体，有效拓宽民意诉求表达通道。积极推进网上信访，主动适应“互联网+信访”新常态，开展网上信访业务培训4次，指导基层部门有序开展网上信访，各镇（街道）、县直单位联通并运行湖南省网上信访信息系统，实现信访事项网上受理、登记、办理、回复全覆盖，通过网络系统、投诉平台、微信终端等方式，共受理、登记、办理信访件673件，其中：省长信箱28

件、市长信箱45件；国家级网上投诉62件、省级网上投诉31件、市级网上投诉10件、县本级网上投诉497件，及时受理率和按期办结率均达100%。持续推进领导接访，每月开展一次县级领导集中接访活动，每天安排一名县级领导在县群众服务中心信访接待大厅值班接访，全体县级领导共接待信访人员61批1257人次，就地解决问题167件次；各包案县级领导每月带案下访走访至少2次，各责任单位主要负责人每月带案下访走访至少4次，其他干部随时接访处访、带案下访走访，共约访接谈各类信访人员3000余人次，将信访问题隐患及时就地化解在萌芽状态和初始阶段。深入推进联合接访，不断夯实基层基础，建立健全各镇（街道）、县直职能部门的信访工作阵地，依托县、镇、村三级信访工作机构，实行职能部门联合接访机制，运行信访事项“一站式服务、一条龙服务、一揽子解决”工作模式，有力推进信访工作重心下移、关口前挪，有效促进信访问题依法及时就地化解。

【依法治访】 坚持推行依法治访，全力规范信访秩序。引导信访群众依法有序理性表达合理诉求，在县行政中心分流引导来访群众45批2337人次、现场处置缠闹访人员67人次，为县委、县政府机关营造了和谐舒适的办公环境。开展集中整治专项活动，政法各机关和各责任单位紧密配合，依法对涉访违法犯罪行为予以惩治处理。全年，对涉访违法人员训诫谈话603人次、行政拘留54人次、刑事拘留12人次，审理判决案件9起12人次，逐渐形成“有理信访必须依法有序、无理信访违法必须惩罚”的依法治访氛围。

【维护稳定】 牢固树立“守土有责、守土尽责、守土负责”的责任意识，按照全年都是信访维稳工作特别防护期的高标准、严要求，全县一切工作都以稳护稳定为先，一切人员都参与来抓信访维稳，采取各种行之有效的措施，确保中共十八届六中全会、杭州G20峰会、省市党代会、全国省市“两会”等重要时段节点期间，没有发生一起到市赴省进京非正常上访行为，有力地维护社会和谐稳定。

【队伍建设】 2016年，在全县信访系统中全面开展“三讲三创”主题活动，以讲政治、讲规矩、讲责任，创示范岗位、创文明机关、创一流业绩，扎实践行党的群众路线，全力助推“三严三实”专题教育深入开展，有效增强信访工作者素质，强化信访工作效能，提升服务群众能力，着力打造“工作一流、群众满意”的信访工作队伍。

（蒋海云）

老干部工作

【概况】 2016年，县委老干部局围绕县委、县政府工作大局，以贯彻落实中共中央办公厅下发的〔2016〕3号（以下简称中办发3号）和中共湖南省委办公厅下发的〔2016〕21号文件精神为契机，切实加强离退休干部思想政治建设和离退休干部党组织建设，围绕中心，服务大局，积极组织广大离退休干部开展为党的事业增添正能量活动，老干部工作成绩瞩目，荣获“全省老干部工作先进集体”、“全市老干部工作先进县区”、“全县基层党建、创森创绿工作先进单位”、跑项争资鼓励奖等荣誉称号。

【领导到祁调研指导】 2016年，省、市、县各级领导多次亲临祁阳调研、指导老干部工作。3月30日，省委组织部副部长、老干局局长崔永平来祁阳督查中办发3号文件的贯彻落实情况，并调研指导老干部工作，组织召开贯彻落实3号文件座谈会，并深入白水镇竹山村调研老干部发挥作用情况，县领导周新辉、宋振平、邓晓阳、蔡富强陪同调研并参加座谈会。崔永平对祁阳老干部工作给予充分肯定，认为祁阳老干部工作理念新、亮点多、氛围好、工作实。就贯彻落实文件精神，进一步加强和改进老干部工作，崔永平指出，《意见》对做好新形势下的离退休干部工作提出要求，作出部署，为推动离退休干部事业更好更快发展具有十分重大的现实意义和深远的历史意义。要深入学习领会文件精神，准确把握新形势下离退休干部工作的战略定位、总体要求、主要原则、工作重点和政策举措，持续开展《意见》的宣传，大力营造学习贯彻《意见》精神的舆论氛围。要结合实际贯彻落实《意见》要求，真学真用，以上率下，深入谋划，确保《意见》提出的各项措施落实到基层、落实到实处，更好地推动老干部工作再上新台阶、取得新成效。县委副书记、县长周新辉指出，《意见》是党中央、国务院根据新形势下老干部工作面临的新情况、新变化、新要求，制定出台的一个纲领性文件，必须坚定贯彻落实，要采取中心组学习、务虚研讨、专题培训等方式，组织四大家班子和全县各级各部门原原本本学《意见》，全面深入地抓宣传，抓落实。要引导老干部在保重身体、力所能及的前提下，当好政策宣传的辅导员、经济建设的参与者、先进文化的转播者，为祁阳发展发挥余热，添砖加瓦。周新辉强调，做好老干部工作是义不容辞的责任，必须按照《意见》要求，强化组织、制度、经费等各类保障措施，满足老干部学习、教育、培训和业余文化生活需求，让老干部生活舒心、工作开心、事事顺心，在全社会形成"尊重老同志、关爱老同志、服务老同志"的尊老敬老新风尚。10月20日，省委老干部局副局长龚健来祁调研老干部工作，参观县法院离退休干部支部建设工作现场，并召开离退休干部工作座谈会，市、县领导刘玲军、郑国荣陪同调研。

【经验介绍典型推介】 6月28日，市委、市政府召开全市老干部工作会议，县委常委、组织部长、统战部长蔡富强在会上作《认真做好老干部工作，努力实现老干部满意》的经验发言。7月14日，中组部老干局来永州召开贯彻落实3号文件精神座谈会，县老干局作为全市唯一县区在会上作工作汇报，获得好评。积极向省、市推介老干部工作先进典型事迹，一批老干部、老干部工作者受到表彰。文建宇、钟上元、彭开生、龙祖炎、尹光宇荣获全市离退休干部先进个人，曾鑫、段松柏、刘东鑫荣获全市老干部工作先进个人。县关工委荣获全省关心下一代工作先进集体。

【中办发3号文件学习贯彻】 中办发3号文件是老干部工作的纲领性文件，为老干部工作提供重要政策指引。年内，县老干局充分利用县老年大学、老干部党校、老年体协、老年科协等平台，采取集中宣讲、支部书记培训、书画展和知识竞赛等形式，认真组织老同志和老干部工作者全面学习，深刻领会和把握文件的精神实质，让文件精神入脑入心。同时，紧密结合全县实际，多次召开座谈会充分征求离退休干部意见和建议，制订并出台《祁阳县关于进一步加强和改进离退休干部工作的实施办法》。12月，县委离退休干部工委正式成立，县委组织部副部长、老干局局长刘祥贵任首任工委书记，另配备专（兼）职副书记、委员10名。

【正能量主题活动】 2016年，围绕"展示阳光心态、体验美好生活、畅谈发展变化"主题活动，引导老同志为党的事业增添正能量，展现良好的精神风貌。广大老同志在创国卫、拆违控违、精准扶贫、项目建设、综治民调、乡镇区划调整改革等工作中发挥积极作用，为建设美丽幸福新祁阳作出贡献。一是开展"聚焦新目标、畅享新生活、点赞新风貌、作出新贡献"主题活动。通过开展此项活动，引领全县广大离退休干部为祁阳发展点赞，为建设“五个祁阳”增光添彩。全县近2000多名离退休干部党员，紧紧围绕创卫创森创绿和重点项目建设等中心工作，提建议、献良策、发余热。近30名退休县级领导围绕县委“1353”总体发展思路，继续在祁阳经开区、“1511“重点项目建设”、“135”工程建设和精准扶贫中辛勤工作、再作贡献。县经委退休干部、葆春慈善总会董事长聂葆生致力于精准扶贫工作，两年共资助贫困学生100名，金额达40万元。二是开展“助力中心工作、我为县委献良策”主题活动。组织离退休干部围绕县委、县政府中心工作，努力当好创国卫“督导员”、拆违控违“促进派”、“三农”工作“问诊员”。5月，重新组建创国卫老同志督查队，这支队伍年龄结构更优，战斗力更强，他们切实履行职责，有力地推动了创国卫工作；离退休干部鼎力支持拆违控违，善于做群众工作，拆违控违工作有序推进。全县建制村合并工作在老干部的大力支持下，从启动至全面完成，仅用了短短二十多天，又好又快完成了改革任务。在校园，组织离退休干部努力当好法制教育“普导员”、青少年“帮扶员”、校园环境“安保员”。县关工委争取县财政资助和社会赞助形式筹资14万元购买普法书籍2万册，赠送给中、小学生，推动“法制进校园”活动开展。白竹湖社区近50名退休老同志自发组建“义务护校队”，为人民小学近3000名学生上、下学提供安全服务。三是开展“先进老干”评选活动。重阳节，县委、县政府评选表彰120名先进老干部。县老干局加大对这些先进老干部的宣传力度，在全县形成学习、点赞“先进老干”的浓厚氛围。组织引导老同志正确认识改革、宣传改革、支持改革，做凝心聚力的“粘合剂”、化解矛盾的“润滑油”、推动改革的“助力器”。县工商局退休干部陈昌世创办“昌世基金会”以来，二十年助力公益事业，共资助贫困学生1000余名，被评为全省“四好”老干部、“全国离退休干部先进个人”。

【离退休党支部建设】 2016年，以“两学一做”活动为契机，全面加强离退休干部党组织建设和党员队伍建设，大力开展“党建+系列”活动，离退休干部党建工作有亮点、有成效，走在全市前列。针对机构改革，县老干局汇同县直属机关党委加强涉改单位离退休干部党支部换届改选工作的督促指导，新成立城管局、公路局、妇联、审计局离退休干部支部4个，合并8个，实现支部换届全覆盖，将一批威望高、责任心强、奉献精神强的离退休干部选为支部书记，共调整支部书记13名，并选配一批有热心、讲团结、能共事的支部委员，实现支部班子平稳交接。全县离退休干部党员通过参与“两学一做”活动，政治立场、宗旨意识更强，支持在职同志工作、力所能及发挥作用、严格按照标准交纳党费成为自觉行动。切实加强支部的制度建设，进一步规范支部学习、组织生活、走访探望和党费收缴等制度。认真做好全县离退休干部党组织和党员的调查摸底和综合分析工作，年内完成曾担任正科级一把手退休干部的调查摸底工作，建立离退休干部数据库。在新兴路社区探索建立离退休干部临时党支部且与社区网格化管理有机融合，组织离退休干部开展“进网格、洒余热、促和谐”活动，让老干部余热在基层生辉。

【涉老组织活动】 2016年，县老干局大力开展老同志喜闻乐见的各项活动。4月，召开全县关心下一代工作暨第二届“最美孝心少年”表彰大会，对一批关心下一代工作先进集体和个人及13名“最美孝心少年”进行表彰。县关工委赴外地就关心下一代基金进行筹资，深入开展贫困学生资助行动，切实做好县关工委成立30周年纪念册《拥抱明天的太阳》的资料征集工作。县老年大学、老科协举办“创百岁健康县”、纪念建校建会15周年文艺演出，创办6所老年大学分校。县老年体协举办庆祝湖南省第28个老年节门球赛和全县第50、51届农村老年人门球赛，年内对老年体协办公房进行整修，并启动两个地掷球场建设。县老年书协举办建党95周年、纪念长征胜利80周年老年人书画展。11月中旬，分两次组织退休县级干部和部分退休科级干部代表对全县重点项目建设和美丽乡村建设进行参观考察。

（黄田星）

党校工作

【概况】 2016年，县委党校认真贯彻落实《中国共产党党校工作条例》和《中共中央关于加强和改进新形势下党校工作的意见》，认真学习习近平总书记系列重要讲话及“七一”讲话精神，强化“党校姓党，党校是校”的工作理念，紧紧围绕县委县政府的中心工作，结合党校工作实际，认真履行工作职能，创新干部培训，狠抓教学科研，强化行政管理，优化后勤服务，全面加强自身建设，充分发挥自身功能，全年先后获得全县综合考核先进单位、全市党校（行政学校）系统办学水平评估先进单位、全县基层党建先进单位、全县宣传思想工作先进单位、全县人口与计划生育工作先进单位、全县创国卫责任单位评比第七名等荣誉。县十二次党代会，把党校的异地新建纳入党代会的报告中。

【干部培训】 2016年，学校精心组织、统筹安排、发掘潜力，高质高效完成干部培训任务。全年共举办各类培训班11期，培训2555人次。其中举办科干班和中青班共2期、培训130人次。积极与县委组织部、宣传部、县民宗局、县司法局、县直属机关党委等兄弟单位联合办班9期，共计2425人次：4月5—7日，举办“祁阳精准扶贫第二期业务培训班”，培训学员280人；4月25—30日，举办“特警上岗培训班”，培训学员50人；5月19—20日，举办“全县宗教人士培训班”，培训学员258人；5月27日，举办“学校食品安全管理人员培训班”，培训学员354人；9月21—23日，举办“普法骨干培训班”，培训学员160人；10月25—26日，举办“远程教育培训班”，培训学员200人；11月7—13日，举办“村支书培训班”，培训学员621人；11月14—18日，举办“直属机关党委书记培训班”，培训学员182人；12月15—18日，举办“县纪检监察人员培训班”，培训学员320人。

【教学特色】 坚持“教学兴校，质量立校”，深化教学改革。落实《关于建立领导干部上讲台制度的意见（试行）的通知》精神，推动县委常委和领导班子到党校上课常态化。2016年，在办班过程中，先后有7名县级领导到党校为干部学员讲课和作报告。突出理论教育和党性教育两个主业。在教学内容设置上，注重理论教育和党性教育，合理安排理论教育和党性教育的比重。科干班和中青班理论主课比例分为84.2%、90.6%、党性教育课程比例分别为26.3%、28.1%。坚持与时俱进，立足马克思主义基本原理，使党校的教学内容体现时代性、把握规律性、富于创造性，不断提高教学的针对性、实效性。不断创新教学方法，综合运用研讨式、案例式、模拟式、体验式、桌面推演、“2+X”教学等多种教学方法充分调动广大学员学习的主观能动性，形成具有本校特色的教学方法。一是组织案例式教学。与组织部、宣传部、县委、政府政研室等单位合作，将祁阳在改革和经济社会发展中具有代表性和启示意义的事例编写成教学案例，引入课堂。同时与祁阳工业园等单位合作共建现场教学基地，促使学员从被动接受理论知识到主动进行理论思考，从简单了解理论观点到深入思考现实问题，从消极掌握理论词句到积极运用理论指导工作实践。

二是组织研讨式教学。采取“1+1+1”模式组织研讨式教学，即课前将讲课提纲发给学员阅读，并提出问题让学员思考，分组讨论一个小时，然后集中交流一个小时，最后教师点评总结一个小时，这样让学员联系工作实际谈看法，强化课堂所学的知识，交流学习体会。三是组织论坛式教学。设立学员论坛，开设以“祁阳加快转变经济发展方式”“如何做合格党员”为主题的学员论坛2次。及时开通中央党校的远程教育，在创新教学方法的基础上，所有在职教学人员积极运用远程教育和多媒体现代教学手段，产生良好效果。主动联系各部门，搜集教学案例，将祁阳在改革和经济社会发展中具有代表性和启示意义的事例编写成教学案例，引入课堂；组织科干班、中青班学员赴大江林场、内下乡等地开展基层工作实务的现场教学，引导教师和学员深入基层、深入群众，向社会学习、向群众学习，切实把调查研究作为提高党校教师和学员素质与能力的重要途径。学校坚决贯彻从严治校的方针，制定严格的学员管理考核办法。开班之初向每位学员发放一本学员手册，并在入学教育中组织学员认真学习。班上配备班主任和跟班老师各一名，成立党支部和班委会，严格组织和实施学员管理。班级学习纪律严明，学风浓郁，生活井然有序，各主体班到课率、自学率、参考率都超过90%。主体班党支部勇于创新，精心策划，每个班都召开形式多样，内容丰富的民主生活会。发挥优势，认真组织理论宣讲，学校组织6名理论骨干教师参加县委宣讲团，分赴机关、镇、街道、社区、企业、学校等，开展了十八届五中、六中全会精神、习近平总书记系列重要讲话精神、七一讲话精神等理论政策宣讲和“两学一做”学习教育辅导20多场次。一名理论教师在县电视台录制专题节目3期，解读县第十二次党代会报告精神，让全县各界群众全方位了解县委、县政府重大决策。

【科研成果】 制订《中共祁阳县委党校2016年教学科研管理制度》制度。强化“教科研一体化”共同理念，坚持实践出题目、科研做文章、成果进课堂，不断探索教学科研一体化运行机制。全年，全体教学人员按照研究方向，分成两大科研组，分别由两位副校长牵头，利用暑假期间，先后深入全县22个镇、街道，部分县直单位、社区、厂矿企业开展了调查调研，形成了有一定理论深度，实践性、针对性较强的调查论文。全年，学校共向省委党校申报4个课题，其中《创新有效预防和化解社会矛盾的体制研究——以祁阳为例》和《提升党员干部执行力研究》2个课题被省委党校成功立项。全体教学人员共撰写科研论文15篇，其中2篇在省级核心刊物上公开发表。向全市党校系统理论研讨会提交14篇论文，其中有2篇获全市党校系统理论研讨会二等奖、6篇获三等奖，全省党校系统理论研讨会上有2篇获二等奖、2篇获三等奖。学校还收集出版本校教师论文集一本。

【队伍建设】 县委党校共有在职专职教师13人，其中研究生2人，本科11人；高级讲师2人，讲师9人，助理讲师2人。制订《中共祁阳县委党校教师选聘及竞争上岗制度》，充分调到和发挥教师的积极性和创造性。强化党校教师队伍建设，先后派出6位教师参加省委党校校长培训班、省委党校师资培训班、中央党校师资培训班学习，1人参加市委党校农村专职党组织书记培训班学习，1人挂职专职农村专职党组织书记。强调教研实效，将提高教师教学科研水平作为加强队伍建设的重要途径，鼓励教师多研究、多探索、多提高。实行主体班听课制度，要求党校举办的干部培训班，教师都要跟班听课，有效拓展教师学习受教育的途径。党校教师代表队获得全县“两学一做”知识竞赛一等奖殊荣。

（桂卫平）

祁阳县人大常务委员会

【概况】 2016年，县人大常委会在县委的正确领导下，全面贯彻中共十八大、十八届三中、四中、五中、六中全会精神，以邓小平理论、“三个代表”重要思想、科学发展观为指导，深入学习贯彻习近平总书记系列重要讲话精神，坚持党的领导、人民当家作主、依法治国有机统一，牢固树立“四个意识”，紧紧围绕全县中心工作，充分依靠全体人大代表，切实履行宪法和法律赋予的职责，较好地发挥地方国家权力机关的作用，为建设幸福美丽新祁阳发挥重要作用，作出积极贡献。

【县十六届人大四次会议】 祁阳县第十六届人民代表大会第四次会议于2016年2月25—28日在县城举行。会议议程是：听取和审查祁阳县人民政府工作报告；审查和批准祁阳县国民经济和社会发展第十三个五年规划纲要；审查和批准祁阳县2015年国民经济和社会发展计划执行情况与2016年计划草案的报告，批准祁阳县2016年国民经济和社会发展计划；审查和批准祁阳县2015年财政预算执行情况和2016年预算草案的报告，批准祁阳县2016年财政预算；听取和审查祁阳县人大常委会工作报告；听取和审查祁阳县人民法院工作报告；听取和审查祁阳县人民检察院工作报告；补选县人民法院院长。

【县十七届人大一次会议】 祁阳县第十七届人民代表大会第一次会议于2016年11月25—29日在县城举行。会议议程是：听取和审查祁阳县人民政府工作报告；审查和批准祁阳县2016年国民经济和社会发展计划执行情况的报告；审查和批准祁阳县2016年财政预算执行情况的报告；听取和审查祁阳县人大常委会工作报告；听取和审查祁阳县人民法院工作报告；听取和审查祁阳县人民检察院工作报告；选举应由祁阳县选举的永州市第五届人民代表大会代表；选举祁阳县第十七届人民代表大会常务委员会主任、副主任、委员，祁阳县人民政府县长、副县长，祁阳县人民法院院长，祁阳县人民检察院检察长；审议通过关于设立祁阳县第十七届人民代表大会专门委员会的决定，通过祁阳县第十七届人民代表大会各专门委员会主任委员、副主任委员、委员名单。

【换届选举圆满完成】 2016年是人大工作承上启下之年，既面临县十六届人大常委会换届，又迎来县十七届人大常委会履新。县人大常委会始终坚持党的领导这一政治原则，在县委的领导下，团结协作，全力保证县委重大决策部署和人民当家做主得到贯彻落实，保障全县人民共同愿望和根本利益的顺利实现。常委会把做好人大换届选举工作作为推进民主政治建设的大事来抓。在县委的领导下，及早谋划，深入调研，加强指导，精心组织，确保2016年县乡人大代表换届选举工作顺利开展。顺利选举产生新一届县乡两级人大代表1820名（其中，县人大代表317名、乡镇人大代表1503名）。新一届各级人大代表结构得到进一步优化，整体素质有了新的提升，更好地体现了先进性、代表性和广泛性，为加强全县地方政权建设打下良好基础。

【人大职能依法履行】 规范任免强化组织保障。坚持党管干部原则，充分发扬民主，严格依法开展人事任免工作。严格执行任前调查、法律考试、法官检察官任前公示、颁发任命书、向宪法宣誓等程序，进一步强化被任命人员的法律意识、使命意识和责任意识。2016年，共依法任免37人次。为强化任后监督，11月16日，对31名常委会任命的政府组成部门主要负责人和“两院”负责人进行履职调查和测评，并将测评情况通报县委组织部门，进一步强化任命人员的法律意识、公仆意识和责任意识，促进国家机关及干部队伍建设。

【经济转型升级推进】 认真审议“十三五”规划纲要草案，常委会提出修改意见30余条，县十六届人大四次会议上提交纲要初审报告，为大会审查批准纲要提供充分依据。依法审议计划执行情况，支持政府沉着应对经济下行压力，适应和引领经济发展新常态，努力实现经济平稳健康运行。着眼唱好经开区重头戏，大力支持项目建设，批准政府融资近65.49亿元用于城市防洪和湘江重要河段治理，棚户区改造，西区农贸综合市场，中型灌区建设与节水改造、高效节水灌溉工程等重点工程建设。

【财政资金使用绩效】 常委会高度重视对全县经济运行的监督，依法定期审查和批准县本级财政决算、预算调整，听取和审议计划、预算的执行情况报告以及财政审计工作报告，针对政府计划和预算执行中的突出问题提出审议意见，督促政府及其有关部门改进工作。2016年，听取财政预算执行和其他财政收支审计整改情况的报告，并对审计查出问题整改情况进行跟踪监督，取得了实实在在的效果。

【荣誉称号依法授予】 为进一步激励全县人民在贯彻落实县委战略部署，不断推进全县经济社会发展中奋发进取、建功立业，根据《中华人民共和国地方组织法》的规定，县人大常委会在全县范围内开展了授予地方荣誉称号活动。通过层层推荐和调查评审，县十六届人大常委会第二十九次会议决定授予邓卫芳等10人“人民满意公务员”荣誉称号，尹湘林等10人“人民满意教育工作者”荣誉称号，王晓凤等6名同志“人民满意医务工作者”荣誉称号，赵国华等6人获提名奖，并举行隆重的授誉仪式，对表现突出的先进典型在县新闻媒体上进行推介，大力宏扬创先争优、爱岗敬业、乐于奉献的先风正气。

【监督职权依法履行】 围绕热点领域，开展专项执法检查。对全县贯彻《中华人民共和国食品安全法》《湖南省食品生产加工小作坊和食品摊贩管理条列》《中华人民共和国律师法》情况进行执法检查。检查组认真听取县政府及各部门贯彻执行“一法一条例”情况汇报。常委会在审议县政府执法情况报告和检查组调研报告后，提出进一步强化宣传教育，增强食品安全意识；进一步夯实食品安全监管基础，整合检验检测资源；进一步严格监管执法，保持高压态势。进一步完善监管体系，建立长效机制，确保全县人民“舌尖上”的安全。

【依法行政】 开展规范性文件备案审查。常委会对县政府等单位报送的规范性文件进行接收、登记、分送和审查工作，对报送的规范性文件是否违反上位法、是否侵犯公民基本权利等逐一进行审查，发现问题的及时与报送单位沟通，没有问题的按照规定进行备案。全年共完成11个规范性文件备案审查工作，有力的推进和监督政府依法行政，促进法治祁阳建设。常委会坚持把处理人民群众来信来访作为联系人民群众、了解社情民意的重要渠道，加强对信访工作的领导和协调、对来信来访的综合分析和梳理分类，认真督办重大信访事项。一年来，共受理群众来信182件，接待群众来访230人次，督促“一府两院”及相关部门较好地解决一批群众反映的实际困难和问题。

【人大换届选举培训】 为加强对各乡镇（街道）各选区的换届选举工作指导，着力抓好对他们的法律法规培训和选举各阶段操作程序的培训。9月7日，参与承办人大换届选举工作培训会。同时指导各乡镇（街道）、各单位采取专题辅导、以会代训等多种方式，进行分批、分阶段培训，使工作人员熟悉和掌握相关法律法规以及换届选举的方法、步骤和程序。据统计，全县共举办县、乡、村各级培训班112期，培训骨干3200多人次。开展代表学习培训。为提高新一届县人大代表和全县人大干部的履职能力和业务水平，更好地发挥人大代表和人大干部的作用，11月25日，在县十七届人大一次会议预备会议前举办了为期半天的县人大代表和人大干部培训班，对全体县人大代表和人大干部进行系统化的法律法规和人大业务知识培训。

【代表联系机制创新】 继续开展“双联”活动。在全县范围内广泛开展常委会组成人员和“一府两院”领导走访联系代表、代表走访联系人民群众活动。一年来，走访联系市、县人大代表223人次，广泛听取各级人大代表的建议、意见和要求。通过代表联系群众平台，开展代表联系群众活动。充分发挥全县24个平台作用，全年各级人大代表共联系群众2万余人次，收集群众意见2000多条，协助解决有关群众问题700余件。继续开展“十个一”活动。在服务代表中继续深化“十个一”活动，进一步密切代表与人民群众的血肉联系，激发代表们的履职热情。

【代表履职平台搭建】 一是确保代表知情知政。2016年，有计划、有针对性地邀请53名县人大代表列席人大常委会会议和“一府两院”有关会议，邀请26名县人大代表参加常委会执法检查、专题调研活动，组织70名市、县代表20次旁听法院庭审。11月，围绕人大常委会审议的有关议题和人民群众普遍关注的热点、难点问题，组织全体常委会组成人员视察创国卫、创森创绿、城市街道提质改造和义务教育工作情况。二是认真督办议案建议。根据代表建议和年度工作重点，采取常委会领导牵头督办、办委分类督办和代表广泛参与三管齐下的办法，坚持议案和重点建议办理情况提交代表大会测评、各部门办理建议意见情况纳入全县绩效考核两项创新举措，组织有关代表联同县政府办对26个单位的办理理进行了现场督办，县十六届人大四次会议以来的2件议案、5件重点建议和290件建议、批评、意见，绝大部分按期办结，效果较好，满意率有较大提高。

【激励考评制度健全】 深入推进代表述职。依照“代表受原选区选民监督”的原则，全年全县各代表小组共组织68名县人大代表、321名乡镇人大代表回原选区向选民开展述职活动，并进行履职测评，受到了选民和人民群众的好评。全面强化履职考核。在全县各级人大代表中深入开展创先争优活动，并严格实行“百分制”评比考核，激励全县各级代表在政策宣传、推动发展、扶贫帮困、化解矛盾等方面发挥积极作用，涌现一大批优秀代表典型。

【自身建设】 重视理论业务学习。常委会重视开展政治理论学习活动，主要领导带头传达学习中共十八大、十八届三中、四中、五中、六中全会精神，习近平总书记系列重要讲话精神，以及全国、省、市人代会和县委常委会等有关会议精神，坚定人大工作者正确的政治方向。全面学习贯彻《中共中央转发〈中共全国人大常委会党组关于加强县乡人大工作和建设的若干意见〉的通知》和《中共湖南省委关于加强县乡人大工作和建设的实施意见》文件精神，在全市率先出台《关于加强县乡人大工作和建设的实施意见》文件，就代表选举、"三权行使"、自身建设、党的领导等方面提出具体要求，并明确届内召开一次县委人大工作会议，为下阶段人大工作发展奠定扎实基础。注重加强人民代表大会制度理论和人大法律法规学习，每次主任会议前集中学法，并要求常委会组成人员和机关干部开展执法检查、调查视察前集中学习相关法律法规知识，切实增强依法履职能力。重视作风形象转变。常委会把党风廉政建设摆到重要位置，突出抓好机关干部队伍的廉政教育，加强作风整顿。突出开展批评与自我批评，开好民主生活会，增强党员干部的反腐意识，提高拒腐防变能力。常委会一班人认真学习并严格执行《关于新形势下党内政治生活的若干准则》《中国共产党党内监督条例》及省、市、县廉政建设各项规章制度。扎实开展"三严三实"专题教育"回头看"和"两学一做"专题教育，有效纠正存在的问题，常委会各委室工作作风更加优良，服务水平更加优化，以实际行动取信于代表和群众。重视规章制度建设。常委会主动适应形势发展要求，根据宪法和法律规定，结合本县实际，修改和通过《常务委员会议事规则》《关于加强和改进会议审议工作的规定》《关于讨论决定重大事项的规定》等一系列规章制度。同时，对原有机关工作制度进行修改完善，出台《机关岗位责任制考核办法》，进一步强化工作纪律，坚持上班签到、双休日值班、请销假等制度，机关制度化、规范化建设取得新进步，形成规范有序、风清气正的良好氛围。

【对外交流学习】 鼓励各委室参加市人大各专门委员会对口联系会议，虚心学习好经验、好方法，促进人大工作的整体水平提升。主动为省、市人大常委会来祁阳县开展调研视察、走访座谈等活动提供协调服务。加强与县直单位的联系，参加全县气排球赛、羽毛球赛，组织与县劳动社保局、科技局、国土局的联谊活动，加强沟通联系，促进工作开展。

祁阳县人民政府

【概况】 2016年，全县辖19个镇、3个街道办，土地总面积2538平方公里，耕地面积49.16千公顷。年末总人口108万人，其中常住人口为87.75万人，按城乡分有城镇人口39.51万人，人口出生率12.85‰，自然增长率5.43‰。年内最高气温38.6℃，最低气温0.2℃；年降水量1366.5毫米。

全年完成生产总值263.59亿元（现行价，下同），增长9.1%。其中：第一产业增加值48.8亿元，增长3.3%；第二产业增加值94.52亿元，增长7.3%；第三产业增加值120.27亿元，增长13.4%；一、二、三次产业对经济增长的贡献率分别为2.58%、24.44%和72.98%；实现财政收入突破15.1亿元，增长17.1%。

农业完成增加值48.8亿元，增长3.3%。优质稻、生猪、油茶、茶叶、畜禽等主导产业壮大，粮食生产保持稳定增长，主要产品产量：粮食64.55万吨，棉花610吨，油料4.41万吨，水果19.07万吨，茶叶321吨，生猪出栏103.72万头，牛出栏1.44万头，羊出栏6.05万只，家禽出笼1260万羽，水产品6.57万吨。农业产业化进程加快。新增省级以上龙头企业2家，新增国家地理标志保护品牌1个，全县农产品加工企业实现销售收入122亿元、增长16%；发展专业合作社288个，其中省级示范社7个。继续保持全国粮食生产先进县、生猪调出大县荣誉称号。国家农业综合开发现代农业示范园落户祁阳；土地流转速度加快，全县流转土地超过60万亩，农建投公司运作模式成为全省农村改革的新典范；特色休闲农业快速崛起，乡村旅游日趋活跃，全年接待游客70万余人次，实现收入1.4亿元，带动就业人员1.4万人以上。农业经营集约化、规模化、组织化水平不断提升，祁阳县被列为全省食用农产品合格证管理工作试点县。农业现代服务体系不断完善。年末农业机械总动力85.9万千瓦，比上年末增长0.6%。其中：农用排灌动力机械49.9万千瓦；联合收割机达826台。实际机耕面积达82.67千公顷；机械收获面积32千公顷。全面小康建设步伐加快，总体实现程度达到87.5，获评全省全面小康推进工作“十快进县”；美丽乡村建设深入推进。

规模以上工业实现产值198.96亿元、增加值49.61亿元，分别增长7.6%、8.4%。主要产品产量：大米36.89万吨，速冻食品5.3万吨，精制食用植物油3.4万吨，水泥399.4万吨，印染布512万米，服饰466.5万件，鞋1150万双，铁合金2309吨，铸钢件2.7万吨，日用玻璃制品2.05万吨。规模工业快速发展。全县规模工业企业总数达到109家，其中年产值过亿元企业65家、10亿元企业1家。2016年祁阳经济开发区完成工业总产值217亿元，增长11.3%。规模工业总产值188.34亿元，增长9.6%。实现税收4.2亿元，增长28.5%。全年固定资产投资额达32.54亿元，增长15.2%。其中基础设施投资完成2.6亿元。新入园企业12家。新开发工业园区面积2平方公里，新建标准厂房 18 万平方米。

社会消费品零售总额 73.09 亿元，增长 11.8%。人民生活水平不断提高。农民人均纯收入达到 11784 元，城镇居民人均可支配收入达到 26143 元，增长分别为 8.5%、9.8%。居民存款余额达 320 亿元。招商引资成效明显。全年新批外资项目 5 个，承接产业转移项目 25 个，总投资 70 亿元，实际利用外资 1.55 亿美元，内联引资 29.6 亿元。完成对外贸易总额 2.1 亿美元，总量居全市第一，连续四年获评全省发展开放型经济先进县。

固定资产投资达 299.43 亿元，增长 16.1%。城镇建设不断加快。全县城镇化率达 49%，县城建成区总面积达 28 平方公里，祁阳县被列为全国第三批新型城镇化综合试点县。祁阳经开区、火车站、原种场等片区开发稳步实施，滨湖路、金盆路、椒山路、甘泉路等 8 条主干道提质改造全面完成，新埠头水厂完成主体工程；原种场安置小区、西区农贸市场、唐家岭汽车站等项目开工建设，人民公园改造加速推进，城区近两个月建成小游园 32 个，完成县直机关“拆墙建绿”23 个单位、5800 米，拆除违规建筑 1679 户、9.9 万平方米。国家智慧城市试点扎实推进，撤县设市工作取得实质性突破，祁阳县被列为全省支持撤县设市重点县。小城镇建设步伐加快，各镇“10+X”工程全面启动。基础设施不断完善。祁阳大道建设全速推进，木金公路建成通车，环城北路、环城东路完成立项和设计等前期工作，衡永高速列入交通路网规划，农村公路完成提质改造 160 公里。电网改造持续推进，梅溪 110KV 变电站竣工，分别完成 15 个县城台区、79 个行政村电网升级；大江风电、文明铺光伏发电项目落地。“三网”融合步伐加快，新、改建 4G 移动基站 249 座，无线通讯覆盖率达 97%，宽带进入“百兆”时代。

科技创新成效显著。全年获批专利 233 个、授权 98 件，保持全国科技进步先进县、科普示范县称号。教育强县快步推进。新建非完全小学合格学校 20 所，改造农村薄弱学校 39 所，城乡办学条件进一步改善。高考质量稳步提升，全县一、二批本科上线 2016 人，高考各项指标继续保持全市第一。县职业中专对口升学连续 6 年居全省第一，并顺利通过“国家级中职改革发展示范校”省级验收。祁阳县在 2016 年教育两项督导评估中被认定为全省教育强县，成功创建为全国职成教育示范县。文体广电事业全面发展，文化站和“农家书屋”实现全覆盖，广播电视“村村响”、“户户通”工程和数字电视整体平移全面完成。卫计事业不断进步，县级公立医院改革取得阶段性成效，基本药物制度全面推行；人口增长得到有效控制，连续四年保持全国计划生育优质服务县。安全信访形势稳定。安全生产工作连续六年被评为全省安全生产先进县。抓好接访约谈、带案下访、排查化解和疏导劝返等工作，全县信访形势整体平稳。

县政府常务会议

【第 37 次常务会议】 1 月 11 日，召开县人民政府第 37 次常务会议，讨论《政府工作报告》，研究春节期间走访慰问工作，会议研究同意 2016 年《政府工作报告》，通过《2016 年春节期间走访慰问活动实施方案》。

【第 38 次常务会议】 2 月 3 日，召开县人民政府第 38 次常务会议，研究 2016 年财政预算，安排部署当前工作，会议通过《祁阳县 2016 年一般公共预算（草案）》《祁阳县 2016 年政府性基金预算（草案）》《祁阳县 2016 年国有土地使用权出让收支计划（草案）》《祁阳县 2016 年社会保险基金预算（草案）》等文件；会议要求，岁末年初，各级各部门要重点抓好人感染 H7N9 流感防控、工作谋划、春运、项目建设、农业生产、安全生产、信访维稳、农民工工资发放、廉政建设、值班备勤等当前工作。

【第39次常务会议】 3月29日，召开县人民政府第39次常务会议，研究禁毒、安全生产、并村、被征地农民社会保障和机关事业单位养老保险、教育和重点项目建设和重点工作目标管理与考核实施意见等工作，会议同意在322国道祁东县与祁阳县交界处建立祁阳毒品查缉站，将祁阳县三级禁毒教育基地提级为省一级禁毒教育基地。明确惩治摩托车非法载客的牵头单位为县交警大队，惩治电瓶车非法载客的牵头单位为县交通运输局，设立祁阳经济开发区安监分局或安监站，加快安全生产应急平台建设。同意以县政府名义批复各镇（街道）的并村方案，由县民政局统一办理新启用的村牌、村公章，再下发到各镇（街道）、村。同意成立祁阳县被征地农民社会保障工作领导小组，建立联席会议制度，分管副县长为联席会议第一召集人；加大清收已批准建设项目欠缴的被征地农民社会保障费力度，将用地单位应缴纳的被征地农民社会保障费、5%的土地出让收入和10%的征地补偿费及时收缴到位；同意由纪检监察部门牵头，组织国土资源、公安、财政、农经、人社等部门成立联合调查组，对已纳入和停保有异议的人员逐镇开展清查，对新征地的被征地农民身份进行联席会审；同意成立县机关事业单位养老保险改革工作领导小组，建立联席会议制度，常务副县长为联席会议第一召集人。同意成立祁阳县中心城区教育规划领导小组，由分管副县长为组长；设立“三名工程”配套奖励经费；启动创建平安校园建设先进县，实行以奖代补方式，全面推进创建工作。会议通过《2016年度祁阳县禁毒工作绩效评估办法及细则》《祁阳县进一步加强禁毒工作的实施意见》《祁阳县禁毒工作责任制规定》《祁阳县被征地农民参加养老保障实施方案》《祁阳县被征地农民参加养老保险实施办法》《祁阳县2016年重点项目建设和重点工作目标管理工作方案与考核实施意见》等文件。

【第40次常务会议】 6月30日，召开县人民政府第40次常务会议，研究安全生产、精准扶贫及异地扶贫搬迁、“县树县花”及“十大古树名木”评选等工作。会议同意按照30%的比例今明两年退出23家烟花爆竹企业，将羊角塘镇、梅溪镇定为烟花爆竹主产镇，并逐步引进先进生产企业；成立烟花爆竹企业整顿治理关闭退出工作领导小组，由常务副县长任组长；加大安全生产投入，每年财政预算给镇（街道）的隐患治理排查资金，各镇（街道）、县直有关单位、企业要在财政投入的基础上，逐年加大安全生产投入。同意县城建投为易地扶贫搬迁投融资平台，县扶贫开发投资有限公司为易地扶贫搬迁安置点投资、建设主体，镇（街道）为责任主体，组织实施易地扶贫搬迁集中安置点工程建设；整合水利建设、农村安全饮水、一事一议、库区移民、通畅工程、农村危房改造、农村电网升级、电信基础设施及农村卫生室等有关项目建设资金，加大贫困村资金投入。同意“县树县花”及“十大古树名木”评选结果，县政府颁文公告祁阳“十大古树名木”，并挂牌保护。会议通过《祁阳县金融产业扶贫工作实施方案》《祁阳县2016—2020年脱贫攻坚驻村帮扶安排》《关于祁阳县“十三五”时期易地扶贫搬迁工作实施意见》等文件。

【第41次常务会议】 7月29日，召开县人民政府第41次常务会议，传达贯彻落实全省道路交通安全和烟花爆竹整顿治理工作约谈会精神，研究城乡环卫一体化项目等工作。会议要求，全县各级各部门要切实做好关闭退出、产业升级、高温停产、“百日执法”行动和其他行业安全监管等工作，确保全县社会大局安全、和谐、稳定。会议同意以市场化运作、PPP 模式，采取先农村、再城市“分步走”战略，推进城乡环卫一体化项目建设；依法依规按程序确定一家有经验有资质的 PPP 项目咨询公司负责项目采购招标文件制作和招标代理等工作，咨询费列入项目投资预算，由中标单位承担；会议通过《祁阳县环保项目建设框架协议》。

【第 42 次常务会议】 9 月 14 日，召开县人民政府第 42 次常务会议，传达贯彻落实全省交通运输安全专项整治推进暨出租汽车行业改革动员会议精神，研究林业、整合城乡居民医保等工作。会议强调，道路交通运输安全方面：要始终绷紧安全生产这根弦，始终坚持源头防范、标本兼治，深入开展道路交通安全大排查大管控大整治行动，始终坚持党政同责、一岗双责、失职追责，始终坚持运输企业安全生产主体责任。出租汽车行业改革方面：要积极稳妥推进，出台实施方案，完善配套政策，强化行业监管，维护行业稳定；同意成立全县出租车行业改革领导小组，积极稳妥推进改革。同意建立联席会议制度，创建浯溪国家湿地公园；成立由分管副县长任组长、相关部门负责人为成员的县级生态公益林区划界定及生态效益补偿领导小组，县级生态效益补偿资金参照省定补偿标准执行，列入财政预算；严格按照省批复的方案对大江林场、挂榜山林场实施改革，维护社会稳定。同意将县卫计部门的新农合管理和经办职能划转合并到县人社部门；成立整合城乡居民医保制度协调小组，由常务副县长任组长；同意在不增编、不增人的情况下，设立城乡医保股；将县农合办、县医保中心合并，组建祁阳县医疗保险管理服务局（加挂祁阳县城乡居民医保服务中心牌子），按照人随事走的原则，安排一名领导、一块牌子、两套班子和人员；同意成立新农合制度管理职能移交小组，由常务副县长任组长；将城乡居民医保征缴工作继续纳入镇（街道）绩效考核。会议通过《祁阳县县级生态公益林区划界定及生态效益补偿工作实施方案》。

【第 43 次常务会议】 10 月 17 日、10 月 26 日，召开县人民政府第 43 次常务会议，研究司法行政、王府坪棚户区改造、秋冬农业生产、唐家岭车站建设、依法行政、村庄规划编制、安全生产等工作。会议同意启动法治文化宣传一条街、法治文化公园、法治文化广场“三项重点工程”建设；成立县司法局社区矫正工作局（副科级）。同意秋冬农业生产奖补资金办法，由县财政统筹安排。同意唐家岭车站改由旺达公司祁阳分公司全资建设，国家站场建设补助资金补给项目建设方。同意 2016 年内完成 100 个村的规划编制任务，三年内逐步实现村庄规划全覆盖；村庄规划编制由县住建局统一协调、总体把关，指导镇（街道）邀请有资质的设计单位，镇（街道）为业主，每个镇（街道）选取 7 个左右村，实施村庄规划编制工作。同意烟花爆竹企业关闭退出县内奖补政策标准。会议通过《王府坪棚户区改造项目房屋征收补偿方案》《祁阳县 2016 年秋冬农业生产工作意见》《祁阳县人民政府重大行政决策合法性审查暂行规定》《祁阳县人民政府重大行政决策事项目录（试行）》《祁阳县强化烟花爆竹企业安全监管淘汰落后产能工作方案》等。

【第 44 次常务会议】 11 月 8 日，召开县人民政府第 44 次常务会议，研究收储土地及新埠头、小江村集体土地上房屋征收补偿安置方案，城市管理，消防，畜牧场养殖污染防治，公共资源交易平台整合，公车改革，G322 祁阳绕城公路（祁阳大道）设计变更工程施工主体等工作，讨论《政府工作报告》。会议同意在祁阳经济开发区、县城西区建设 3 处建筑垃圾消纳场，同意出台《关于加强县城建筑垃圾管理的通告》《县城户外广告管理办法》；城区高立柱大型户外广告交由县城建投出资建设、运营、管理，每年拿出一定资金作为城市户外广告管理工作经费；同意建立市政公用设施建设管理移交制度，旧的市政公用设施项目采取自然、整体移交，新的市政公用设施在项目竣工验收后，及时提供工程建设相关资料，按程序组织移交。同意购置一台轻型消防车和一批专用灭火装备和器材，组建文明铺镇专职消防队；购置一台消防专用无人驾驶航空器，按照《永州市消火栓管理办法》落实市政消火栓的管理、维护和保障措施；在祁阳经济开发区、祁阳火车站新建道路配套建设市政消火栓，在浯溪公园暂时新建一套供水加压系统；同意启动第二消防站建设，出台《祁阳县政府专职消防队管理办法》、编制《祁阳县“十三五”消防发展规划》和县城、建制镇的消防专项规划。同意按照“依法依规、按合同办事”的原则，确定“路改桥”的设计变更工程施工主体为原中标单位；由综合管沟变为综合管廊的设计变更，由县政府法制办出具审查意见，确定设计变更工程施工主体。会议通过《新埠头片区、小江片区集体土地上房屋征收补偿安置方案》《切断祁阳县畜牧场污染源工作方案》《祁阳县公共资源交易平台整合工作实施方案》《祁阳县公车改革实施方案》等文件，讨论通过换届《政府工作报告》。

【第1次常务会议】 12月9日，召开新一届县人民政府第1次常务会议，研究加快推进小城镇“10+X”建设、安全生产、解决城乡低保及特困供养人员资助参保资金、祁阳县药材公司改制、王府坪棚户区改造项目房屋征收与补偿方案征求公众意见、教育等工作，讨论《祁阳县集体土地上房屋征收与补偿安置补充规定》《祁阳县创建国家卫生县城社区、城中村基础设施建设项目实施方案》。会议同意出台《加快推进小城镇“10+X”建设的实施意见》；县财政每年统筹安排6000万元，设立小城镇建设“以奖代补”引导资金，按考核实绩兑现；成立小城镇建设领导小组，由县长任组长，县委分管领导任常务副组长专抓。会议要求高度重视安全生产工作，全面开展领导带队检查，深入开展专项行动，县政府督查室、县安委办要切实加强安全生产明查暗访、督查督办，全力做好示范县复查工作，切实管控好车站、“两客一危”车辆、校车、在建工程、烟花爆竹等重点领域安全生产，全力确保全省安全生产示范县牌子。同意增加城乡医疗救助本级配套资金476万元，由县财政统筹安排2017年度本级配套资金876万元。同意成立祁阳县药材公司改制领导小组，县财政统筹借资2300万元给祁阳县药材公司破产清算组，用于支付职工安置补偿金和应清偿费用，待破产清算组依法处置祁阳县药材公司资产后，将借款归还给县财政。同意建立棚户区改造项目联席会议制度，由县长或常务副县长牵头，召集相关部门统筹协调、解决问题，加快项目建设进度。会议通过《祁阳县王府坪棚户区改造项目房屋征收与补偿方案》《祁阳县教育工作两项督导评估问题整改方案》《祁阳县集体土地上房屋征收与补偿安置补充规定》《祁阳县创建国家卫生县城社区、城中村基础设施建设项目实施方案》等。

【第2次常务会议】 12月23日，召开县人民政府第2次常务会议，研究加快推进不动产统一登记机构建设、调整县城出租汽车运价、国土资源、融资、春节期间走访慰问、水利、2017年全县事业单位拟吸纳人才、兴建祁阳现代铁路物流园等工作。会议同意组建县不动产登记中心，属县国土资源局归口管理的副科级全额拨款事业单位；整合全县国土资源、房产、林业不动产登记数据资料，土地、房屋、林业登记数据移交到县不动产登记中心，并统一设立档案馆。同意启动调整县城出租汽车运价相关程序；县发改委要尽快组织召开听证会，依法依规按程序开展相关工作。同意成立县土地管理委员会，由县长任土地管理委员会主任；同意对2017年1月1日前已取得的划拨土地，按照“尊重历史，分类管理，区别对待，依法处置”的原则，实行区别对待：对历史遗留的和非拆迁安置的城镇居民划拨用地办理出让、转让，按评估价的50%补缴土地出让金。对行政事业单位、公益事业设施和部分工矿企业划拨用地办理出让、转让，按原有关规定执行。对拆迁安置划拨用地办理出让、转让，符合条件经县人民政府批准后，在指定场所办理；严格按国有土地出让程序挂牌拍卖出让，按土地成交价款的70%收缴土地出让金。对2017年1月1日后拆迁安置用地，严格依法按政策办理。同意县城建投以湘江河道治理项目向长沙银行申请城市发展基金9.8亿元；启动发行城投债，以公开招投标方式确定债券发行承销商；成立发行城投债领导小组，由常务副县长任组长，负责统筹协调发行工作。同意县人社局提出的2017年全县事业单位拟吸纳人才工作建议。会议通过《祁阳县2017年春节期间走访慰问活动实施方案》《祁阳县农村饮水安全工程运行管理办法》《祁阳县水功能区划》草案等文件。

重点民生实事

2016年，全县实施重点民生实事指标21项39个（其中省市定12项19个，县定9项20个）。省市指标方面，全年共实现16169贫困人口脱贫，拨付资金6280万元；完成农村公路提质改造160公里，建设农村公路安保设施115.8公里；农村自来水普及率达到71.82%；完成新增城镇就业人员6852人；建设义务教育合格学校10所，农村公办幼儿园2所；改造农村危房1636户，改造城市棚户区1542户、国有工矿棚户区480户；新增管输天燃气1507户，县以上城镇市政管网供水水质已达到《生活饮用水卫生标准》要求；帮助0—7岁残疾儿童实施抢救性康复35人，救治救助贫困重性精神疾病患者170人；农村适龄妇女（35—64岁）“两癌”免费检查30361人；新增养老服务床位106张；完成行政村通宽带79个，农村直播卫星户户通22500户；完成茅竹镇肖家村美丽乡村示范村建设任务。县定指标方面，强化就业保障，完成就业培训7500人，失业人员再就业3013人，就业困难人员再就业1000人，新增农村劳动力转移就业9500人；强化就学保障，启动实施大众小学和宝塔完小异地新建，65所学校信息化建设方案已通过省专家组技术论证；强化就医保障，农合患者住院实际补偿率县级医院目前达72.2%，乡镇卫生院达90%，新建龙山社区卫生服务中心、大江卫生院、挂榜山卫生院；完善园区基础设施，长流路路基已全线拉通，真卿路白竹路—滨江路段、浯溪南路—水亦香路段、新阜路—祁阳大道已全线拉通，新埠头水厂主体工程基本完成，白竹污水处理厂由鹏鹞环保公司中标建设；推进燃气管网建设，华润燃气加气站建设进展平稳，新增市政燃气中压管网17公里、庭院燃气管网50公里；推进农贸市场建设，启动王府坪综合市场、西区综合市场、芦家甸综合市场、宝塔街农贸市场建设；推进城区道路和供水管网提质改造，完成县城金盆东路、滨湖路、椒山路、甘泉路提质改造，启动人民路、浯溪路、陶铸路、兴浯路提质改造，完成内林小区、于家塘小区、望浯园小区、吴家园小区、牛角巷小区5个小区老化供水管网改造；推进城乡电网改造，完成县城15个台区、79个行政村农网升级改造。

附：县人民政府文件目录

祁政发〔2016〕1号
2016年1月26日
关于县城区禁止燃放烟花爆竹的通告

祁政发〔2016〕2 号
2016 年 1 月 26 日
关于春节期间森林防火禁火的通告

祁政发〔2016〕3 号
2016 年 2 月 4 日
关于全县活禽批发市场和农贸（肉菜）市场禽类交易区实行短期休市的通告

祁政发〔2016〕4 号
2016 年 3 月 4 日
关于开展房地产行业税收清查的通告

祁政发〔2016〕5 号
2016 年 3 月 23 日
关于做好清明期间森林防火工作的通告

祁政发〔2016〕6 号
2016 年 4 月 19 日
关于进一步加强城乡控违拆违工作的通告

祁政发〔2016〕7 号
2016 年 5 月 4 日
关于全面建立困难残疾人生活补贴和重度残疾人护理补贴制度的实施意见

祁政发〔2016〕8 号
2016 年 6 月 1 日
关于承接落实国务院和省市政府取消、调整及下放行政职权的通知

祁政发〔2016〕9 号
2016 年 9 月 1 日
祁阳县人民政府关于森林高火险期林区禁火的通告

祁政发〔2016〕10 号
2016 年 9 月 7 日
关于切实加强油茶收摘管理的通告

祁政发〔2016〕11 号
2016 年 9 月 8 日
关于实施不动产统一登记的通告

祁政发〔2016〕12 号
2016 年 9 月 24 日
关于公布 2016 年县政府工作部门行政权力清单的通知

祁政发〔2016〕13 号
2016 年 10 月 14 日
关于印发《祁阳县人民政府重大行政决策合法性审查暂行规定》《祁阳县人民政府重大行政决策事项目录》的通知

祁政发〔2016〕14 号
2016 年 10 月 19 日
祁阳县人民政府关于加强城市广场和道路管理的通告

祁政发〔2016〕15 号
2016 年 10 月 23 日
府关于印发《祁阳县临时救助办法》的通知

祁政发〔2016〕16 号
2016 年 11 月 6 日
关于公布 2016 年规范性文件清理结果的决定

祁政发〔2016〕17 号
2016 年 11 月 21 日
关于创建国家卫生城市拆除城区违法建（构）筑物和设施的通告

祁政发〔2016〕18 号
2016 年 12 月 20 日
关于收回县规划展示中心及城建档案馆土地使用权的决定

祁政发〔2016〕19 号
2016 年 12 月 30 日
关于清理规范 73 项行政审批中介服务事项的决定

祁政发〔2016〕20 号
2016 年 6 月 28 日
关于印发《祁阳县乡村教师支持计划实施方案（2016—2020 年）》的通知

县政府办公室工作

【概况】 祁阳县人民政府办公室是协助县政府领导处理政府日常工作的机构，主要负责文电运转、材料起草、督促查办、后勤保障等工作，内设 12 个职能科（室）：综合调研室、督查室、文秘室、政工室、行政事务室、信息室、应急管理办公室、县政府总值班室、金融室、法制办公室、民族宗教办公室、旅游外事侨务办公室，归口管理县禁毒工作社会化办公室、县行政效能投诉中心、县旅游质量监督所。

【综合调研】 全年高质量撰写和审核把关工作报告、情况汇报及各类综合材料 467 篇，上报典型材料 77 篇，累计 320 多万字，出色地完成了县委经济工作会议、县人大政协“两会”、县委县政府工作会议、半年经济形势分析会、全市工业园区建设流动现场会等各类会议的文字材料。全年共组织和参加供给侧结构性改革、现代农业示范园建设、脱贫攻

坚、城乡居民基本医疗保险改革等10余次调研活动，全年编发《祁阳经济》12期，为领导决策提供服务。

【文电运转】 严格按照公文办理规定，全年共办理县政府及县政府办文件784个（不含以县委、县政府和两办名义共同下发的文件）。按照“按时批办、不积压”的原则办理上级来文1279个，落实领导特批文件493个，并及时做好督办反馈工作。同时，一丝不苟做好会议服务工作，全年共提供会议服务358次，其中电视电话会议97次。扎实做好档案立卷归档和保管工作。按照省一级档案室的标准，对2014年度的文件资料进行立卷归档、装订成册，并全部建立电子目录索引台账。全年提供档案查阅、借阅服务205人次，复印文件资料410余份。“准确、及时、高效”做好公文送递工作。全年共送呈各类文件2万件次，无拖延、积压、丢失现象，全年未出现泄密事件。

【金融管理】 2016年，全县金融工作以完善金融服务体系促进地方经济发展为目标，突出“增投放、惠民生、促改革、防风险”等工作重点，创新思路，扎实工作，金融业发展水平稳步提升。信贷投放创新高。至2016年12月31日，全县各类存款余额322.77亿元，比年初增加66.26亿元，增长25.83%，各类贷款余额124.18亿元，比年初增加26.4亿元，增长27%。存、贷款存量和增量均居全市各县之首。银企合作有深度。成功召开第十三届银企合作洽谈会，经过政府搭台，银企深入对接，辖区内9个金融机构与68个中小企业（项目）进行现场签约，授信金额31亿元。金融改革显成果。祁阳县为全市首个“一县两行”县，改制后的祁阳农商银行，资产突破100亿元，贷款余额达56亿元，比年初净增5.8亿元，税后利润1.9亿元，实现税收9000多万元，圆满完成县委、县政府下达的“188”目标任务，改革成效凸显。普惠金融得实效。加快农村金融服务基础设施建设，开展助农取款“村村通”工程，建成金融扶贫服务站79个，积极落实精准扶贫政策，全年为4124个贫困家庭发放扶贫贷款2.23亿元。企业上市有突破。加强组织领导，成立县上市工作领导小组；出台优惠政策，鼓励企业上市和企业进入新三板及其他场外市场挂牌融资；加强企业培育，筛选科力尔电机、皓志新材、天龙米业、自然韵黑茶、丰达电机等5家优秀企业进入省重点上市后备企业资源库。风险防范强保障。加强地方金融监管，强化银行和企业互信合作，严厉惩治逃废银行债务行为，强力清收银行不良贷款，开展互联网金融风险专项整治，严厉惩治非法集资，守住不发生系统性区域性金融风险的底线。

【信息工作】 2016年，县政府办以“加强联系沟通、提供决策服务、挖掘亮点工作、宣传祁阳形象”为目标，狠抓政务信息的搜集、整理、撰写、编发、上报和对外宣传工作，全年向县直部门和各镇乡办场约稿和收集政务信息1622余条，采用、刊发391条；向省、市政府办公厅（室）推介报送新型工业化、农业农村、城镇建设、旅游产业发展、技术创新等反映祁阳重要、亮点、特色工作的信息稿件483余条，分别被国办和省、市办公室分别采用3条、41条、229条。全年编发《经济参阅》刊物20期，及时将中央、省市最新政策安排和外地创新性的工作举措提供给各级各部门领导参阅，以利于指导和促进政府工作。

【重点督查】 坚持抓重点带全盘，把主要精力放在县委、县政府领导高度关注、事关经济社会发展的大事难事上，通过重点督办、联合督查的形式，充分发挥督查督办在推进工作落实中的作用。全年牵头或参与完成重点民生实事、精准扶贫、安全生产、春运、食品安全、信访维稳、粮食生产、创森创绿、森林防火、油茶收摘、防洪渡汛、水库污染治理、消防、禁毒、重点项目建设、招商引资、跑项争资、农普监测、易地扶贫搬迁、城乡医保整合、拆墙建绿亮化、会纪会风等 54 项专项督查，共编发《督查通报》18 期，《督办通知》4 期，《督查专报》6 期，督查现场提出整改落实意见 128 条。认真办理领导批示件和交办件，遇到难题不回避、不推诿，主动协调，处置妥当，既让领导满意，又让群众满意。全年办理领导批示件 135 件，回复及时率 100%，按要求处理到位率 100%。共接收市领导和市委、市政府督查室交办（转办）38 件工作事项，全部按要求完成。对群众关注的热点、难点问题，坚持一件一件地督促检查，一件一件的协调落实，千方百计为群众排忧解难，树立政府良好形象。全年共受理群众来信来访 98 件，已全部办结，其中电话直接办结 75 件，现场督办 23 件。

【电子政务】 2016 年，县电子政务管理办公室与相关职能部门积极配合协调，对全县各单位的网上政务服务和电子监察系统应用工作的重视程度、推进力度以及完成进度进行全面督查，推进全县各单位对电子政务应用的积极性，全力保证全县电子政务工程的整体推进和目标的全面实现。同时，选派专业技术人员对各单位操作人员进行了操作培训，面对面指导，提升业务素质。此外，通过建立“祁阳电子政务 QQ 群”，使各单位操作人员联系更紧密，在系统使用过程遇到任何问题，都可以及时得到在线帮助，包括远程指导、演示操作，解决技术难题，保证网上政务和电子监察系统应用工作的顺利开展。截至 2016 年 12 月底，祁阳县网上办事大厅共完成当年收件 129559 件，当年办结 129559 件，办结率 100%，全面完成省市要求办结率必须 95%以上的目标任务，办件量和办结率均居全市前茅。

【政府门户网站建设】 2016 年，祁阳县政府网站根据实际需求进行全面改版、升级，开设公共服务、政民互动等网站栏目，开辟县长信箱、民意征集、在线调查、咨询、投诉、反馈等互动渠道，优化网站结构，加快信息的更新。目前，网站栏目设有：走进祁阳（祁阳概况）、政务公开、网上办事、公共服务、政民互动、祁阳文化、祁阳旅游、电子地图等。在政府网站管理制度方面，完善《祁阳县人民政府网站安全管理制度》《祁阳县政府网站信息发布审核制度》《祁阳县政府网站在线服务管理制度》《祁阳县政府网站技术运维管理制度》《祁阳县政府网站监督投诉制度》《祁阳政府网“群众来信”处理批转制度》，认真实施《中华人民共和国政府信息公开条例》。截至 2016 年 12 月 30 日，祁阳县政府门户网站及子网站总体信息更新量达 28321 条，通过信息直报系统发布信息 312 条，网上行政审批办理 12 万余件，县长信箱 128 件。

附：县人民政府办公室文件目录

祁政办发〔2016〕1 号
2016 年 4 月 19 日
关于印发《祁阳县被征地农民参加养老保险实施办法》的通知

祁政办发〔2016〕2 号
2016 年 4 月 26 日
关于进一步加强建设领域农民工工资保障工作的通知

祁政办发〔2016〕3 号
2016 年 7 月 22 日
关于印发《祁阳县“十三五”时期易地扶贫搬迁实施意见》的通知

祁政办发〔2016〕4 号
2016 年 8 月 10 日
关于印发《祁阳县互联网金融风险专项整治工作实施方案》的通知

祁政办发〔2016〕5 号
2016 年 8 月 23 日
关于印发《祁阳县金融产

业扶贫贷款贴息管理办法》的通知

祁政办发〔2016〕6号

2016年8月23日

关于印发《祁阳县金融产业扶贫风险补偿资金管理办法》的通知

祁政办发〔2016〕7号

2016年9月24日

关于明确县级行政许可事项的通知

祁政办发〔2016〕8号

2016年10月31日

关于切实做好全县烟花爆竹经营布点规划工作的通知

祁政办发〔2016〕9号

2016年11月8日

关于全面治理拖欠农民工工资问题的实施意见

祁政办发〔2016〕10号

2016年12月12日

关于印发《祁阳县政府工作部门行政职权动态管理办法》的通知

祁政办发〔2016〕11号

2016年12月22日

关于印发《祁阳县高中以上阶段（含高中）残疾学生和贫困残疾人家庭子女资助管理办法》的通知

民族宗教工作

【典型发言】 6月13日，市委民族工作会议暨全市第六次民族团结进步表彰大会在冷水滩召开，县委常委、副县长左雅婷代表县委县政府作《做实民族工作促进民族团结》的典型发言。发言从健全工作机制、推进同步小康、推动民族团结、融洽民族关系四个方面总结了近年来全县民族工作的主要做法，推介祁阳经验。

【考察学习】 1月6—7日，县委常委、县委办主任邓晓阳，县政府副县长谢铁山率县政府办、县城管局、县民宗局、县公安局、县创卫办等部门相关人员到郴州市北湖区考察学习，就外来新疆籍务工经商少数民族人员服务管理工作进行实地考察和深入探讨，县民宗局会同县城管局形成《关于做好新疆来祁务工经商少数民族人员服务管理工作的情况汇报》，为县委县政府科学决策和进一步做好城市少数民族工作提供依据。

3月28日，县民宗局组织县佛教协会、县道教协会、县基督教“两会”和县天主教爱国会全体领导班子成员参观考察了祁阳县全国文明村、湖南省新农村建设示范村——白水镇竹山村和省农业产业化龙头企业自然韵黑茶基地，并听取了肖家镇党政领导对当前工作的情况介绍。通过参观考察，使宗教界人士对县委、县政府加强新农村建设和重点项目建设取得的成绩有了新的认识。纷纷表示，要认真做好宗教团体工作，确保宗教领域和谐稳定，以实际行动支持县委、县政府的各项工作，为建设富饶美丽幸福新祁阳作出自己应有的贡献。

【活动创建】 4月14日，县民宗局下发了《关于2016年以“规范”为主题开展和谐寺观教堂创建活动的通知》，全面启动2016年度全县宗教界和谐寺观教堂创建工作；6月，永州市民宗委副主任刘志刚深入祁阳青云寺、天主堂指导“规范”创建工作，认真听取场所负责人创建工作情况汇报，要求各场所要高度重视创建活动，要结合好本寺院的实际，创新载体，创出特色，做到可推可介；11月，市民宗委会同市安监、房产、公安、国安等部门对祁阳的创建活动进行检查验收。

【全县宗教工作会议】 5月20日，召开全县宗教工作暨爱国宗教团体理事扩大会议。县宗教工作领导小组成员单位分管领导、各镇办组宣统委员、各宗教团体负责人、宗教活动场所及基层佛教小组负责人230余人参加会议。县委常委、副县长左雅婷出席会议并讲话。县民宗局局长周新民在报告中，回顾总结全县2015年度民族宗教工作，并对2016年工作进行安排部署。县佛教协会常务副会长张修奇、县道教协会会长文德平、县基督教“两会”主席何建华、天主教爱国会主任邱林分别向大会报告本协会工作情况和2016年工作计划，同时递交《祁阳县2016年度宗教团体目标管理考核责任制》。

【民族团结】 做好少数民族“两种考生”资格审核和民族成份更改工作，为12名少数民族“两种考生”落实高考加分优惠政策，为3人办理民族成份更改手续；支持八宝镇组队参加在郴州市桂阳县举办的湘南3市6县8瑶族乡公祭盘王暨瑶族坐歌堂活动；做好流动少数民族人员的服务管理工作，帮助部分外来少数民族群众解决生产经营、子女就学等方面的问题，组织祁阳甘泉公益慈善普济会为在祁大众小学就读的3名新疆籍学生送去助学金4000元。

【春节走访】 2016年春节期间，开展走访慰问活动，把县委、县政府的温暖送到宗教界人士和少数民族困难群众的心中。县委常委、副县长左雅婷深入到甘泉寺、潇湘观、天主教堂走访慰问宗教教职人员。全县共走访慰问县级宗教团体4个、宗教活动场所31个、宗教界人员66人、少数民族贫困家庭22户，送去慰问金3万余元。

【协会换届】 11月21日，县佛教协会第四次代表会议在县委党校召开。全县佛教界183名代表参加会议，县委统战部、县民宗局领导全程参与、具体指导。县委常委、统战部长唐明生出席会议并讲话。会议听取和审议《祁阳县佛教协会第三届理事会工作报告》；选举产生以释常能为会长的县佛教协会第四届理事会。会议要求，全县广大信众积极行动起来，高举爱国爱教伟大旗帜，切实加强自身建设，严格遵守党的宗教政策法规，依法开展佛教活动，团结一致，奋发向上，慈悲济世，服务社会，将会议提出的目标、任务和措施全面认真地贯彻落实，促进全县佛教事业健康、有序发展。

【政治安排】 县民宗局以今年市县人大、政协换届为契机，积极向市民宗委、县委组织、统战部门沟通协调、配合推荐、争取重视，全县宗教界人士政治安排喜获大丰收，共有7人担任市县人大代表或政协委员，其中市人大代表1人、市政协委员2人、县政协委员4人，极大地提高了宗教界人士的政治待遇，温暖了全县广大信教群众的心。

【宗教慈善】 5月16日，祁阳甘泉公益慈善普济会正式揭牌成立。县委常委、副县长左雅婷为新成立的祁阳甘泉公益慈善普济会揭牌。祁阳甘泉公益慈善普济会的前身是2008年成立的祁阳甘泉佛教普济会。8年来，甘泉佛教普济会共组织会员捐款捐物60.6万元，走访慰问300多户贫困家庭，为灾区、先天性心脏病患者、白内障患者、病残患者、孤寡老人等群体奉献爱心，送去温暖。同时，推出贫困学生专项救助项目，为本县和全国各地一些贫困家庭的学子购买书包、文具等学习用品，为2390名贫困学生发放助学善款21.6万元。为适应发展新常态，创新慈善工作方法，经县民宗局、民政局等部门批准，甘泉佛教普济会改名为祁阳甘泉公益慈善普济会，并有了专门办公地点和活动场所，为开展公益慈善活动奠定了良好基础。

（于金良）

政务公开

【概况】 2016年，县政务中心紧紧围绕“流程最简、服务最优、效率最高、费用最低”的目标，重新清理全县行政审批和政务服务事项276项。中心按照“事进、人进、权进”的原则，坚持“一门受理、一条龙服务、一站式办结”的运行模式，对进入“中心”的审批服务事项实行办事依据、办事流程、申报资料、承诺时限、收费标准、投诉电话“六公开”。创建“高效、廉洁、公开”的政务服务平台。不断完善商事制度改革，积极推进“五证合一，一照一码”网上办证。真正做到便企利民，提高群众办事效率。以智慧祁阳建设为支撑，大力推进“互联网+政务服务”，完善网上政务服务电子监察系统，实现行政审批事项网上操作实时监督。2016年，全县共完成网上办事140098件，为提升政务服务质量，树立窗口工作人员良好形象，更好地服务群众，中心每月开展“服务明星”“传承文明，用心服务示范岗”“委屈奖”的评选活动，活动效果良好，窗口服务质量得到提升，也得到来中心办事群众的一致好评。

政协祁阳县委员会

【概况】 2016年，县政协在县委的坚强领导和市政协的正确指导下，以“两学一做”活动开展为契机，按照围绕中心、服务大局的履职原则，切实履行政治协商、民主监督、参政议政职能，认真开展各项经常性履职活动，较好地完成了年度各项目标任务。

【政治协商】 2月底，召开九届四次全体会议，会议期间组织委员围绕政府工作报告、十三五规划（草案）以及全县经济社会发展思路和目标等，集中协商，坦诚建言，全方位、多角度地参政议政、建言献策。并就“强化基地引领带动 规范发展生态旅游”“抓住转型‘牛鼻子’，打造园区升级版”“提质改造农村公路，造富广大人民群众”“借重文化积淀、彰显祁阳魅力”“让祁阳发展搭上‘互联网+’快车”等五个方面作大会发言。会议还听取县委常委、县委组织部部长、统战部部长蔡富强作县人民法院院长候选人的有关事项说明。11月24—28日政协祁阳县第十届委员会第一次会议在鑫利大酒店四楼国际会议厅召开。会议听取和审议祁阳县政协第九届委员会常务委员会工作报告和提案工作报告，列席县人大十七届一次、二次会议，听取并协商政府工作报告和相关报告，选举产生政协祁阳县第十届委员会主席、副主席、秘书长和常务委员会委员，协商县委提议的有关人事任免事项，李琼委员就“提升耕地质量刻不容缓”、李星委员就“‘把准三个导向’，助推产业扶贫”、伍岳委员就“齐心协力搞棚改，不遗余力惠民生”、伍媛委员就“推进城乡客运一体化，实现出行方式新跨越”作大会言。全年共组织召开政协常委会议5次、主席会议5次、专委会对口协商会议6次。传达贯彻全国、全省“两会”精神，着重就2016年度财政预算、年度经济形势分析、新农合资金监管等全县经济社会发展大事和热点难点问题，组织开展多层次的协商讨论，有效地推进决策科学化、民主化和部门工作的落实。继续推行“双月协商”制度，在6月和9月召开两次双月协商会议，分别专题协商反映强烈的老年人“乘车难”问题和湘江祁阳段渔业资源养护工作，在社会上引起良好反响。同时，县政协主席、副主席、秘书长及委室主任，坚持列席县委常委会议、县政府常务会议和其他党政重要工作会议，积极建言献策，进一步扩大党政工作视野，促进民主科学决策。

【征办提案】 坚持以促进发展为主题，以维护群众利益为主线，引导政协委员精心选题，深入调研，认真撰写选题准、立意高，具有前瞻性、科学性和可操作性，为党委政府制定决策提供有效参考。九届四次会议期间委员提案立案214件，其中，“加快工业园转型升级的建议”“提质改造农村公路的建议”“对农贸市场宰杀动物污染问题进行强力整治”等4件被列为重点提案由主席会议专题督办，并与县委、县人大、县政府于4月联合召开提案交办会议。创新运用领导领衔督办、无预告视察、跟踪督办、民主测评等措施，将提案办理从常规督办转变为高层促办、重点督办，大大提高办理质量，增强工作实效。9月下旬，联合县人大、县政府法制办到各单位召开提案见面会，集中督办委员提案，促进提案办理落实。12月，召开政协常委会对重点提案办理情况进行民主测评。

【监督评议】 遵循“监督就是服务，评议就是支持”的原则，找准位置，把握尺度，不断探索民主监督、维护民利的有效途经和方法。选派委员担任行政执法部门的监督员、评议员、陪审员，组织参与优化经济发展环境、机关效能建设、事业单位招聘、县直机关“满意不满意”民主测评，为促进部门依法行政和干部选任作风建设发挥积极作用。挑选30名参政议政能力强的政协委员，分成农业、医疗卫生、住房保障、司法公正、劳动仲裁5个特约监督小组，按照“监督不越位，帮助不添乱”的工作定位，采取视察、设立举报电话等形式，进行各项监督，推动县委、县政府决策部署的落实和有关民生问题的解决。

【采编民意】 委员们深入基层，深入群众，通过调研、走访、视察等形式，广泛收集民生和热点难点问题方面的社情民意，全年共向县政协办公室上报信息200余条，办公室将有关意见建议进行认真分析整理后，及时向省市政协上报《莫让“断头路”成为并村“后遗症”》《省直管县体制下涉农整合资金拉响“四多四少”警报》等6篇有深度见地的社情民意信息，引起上级有关部门的高度重视，相关问题得到批办落实。

【专题调研】 着眼党政所思、群众所盼、社会所需的热点难点，结合县政协十届一次会议大会发言准备工作，4—5月，县政协组织政协常委和部分政协委员组成四个调研组，分别由五位副主席带队，围绕耕地质量保护、精准扶贫、城乡客运一体化、棚户区改造等课题，进行深入细致地调查研究，并赴省内外考察学习先进经验。在此基础上，内外结合，形成高质量的调查报告，并在十届一次会议上作为大会发言，产生良好反响，县委书记和县长当即批示，要求抓好落实。县政协调研组开展的“祁阳美丽乡村建设的调查与思考”一文，在省政协优秀调研报告评选中获二等奖。同时，配合市政协和兄弟政协，组织开展创新创业、园区转型升级的专题调研活动，受到领导好评。

【《九届回眸》精编】 重视资料的整理和经验的总结。对反映九届政协以来各项工作的资料进行收集整理，编纂《九届回眸》，该书图文结合，以文为主的形式，注重资料性、朴实性，较为客观如实地反映九届政协工作亮点和特点。

【联络联谊】 不断加强与社会各界人士的沟通联系，推进政协组织之间的联络与交流，先后接待河南漯河、衡阳市、郴州临武县等省内外政协的20余次考察学习活动，对提高祁阳的知名度发挥积极作用。加强各专委会与政府部门和有关单位的对口联系，确保政协工作顺畅推进。

【项目建设稳步推进】 祁阳火车站配套建设指挥部完成站前路硬化工程，完成钉子户拆迁和迁坟工作，稳定所有拆迁安置户思想情绪，严厉惩治了拆迁红线范围内的“两违”行为；货运停车场建设重新启动；新埠头水厂拉通主路，完成厂房主体工程。创国卫工作进入攻坚阶段，等等。积极开展招商引资活动，牵线深圳怡田饮水公司达成初步投资意向，计划在长虹办永福村租地60亩投资办厂。同时搞好协调服务，协助2015年引资项目——业茂农林综合开发公司办理山林租赁和申请特色县域经济奖励扶助资金等相关手续。

【扶贫帮困】 响应省市政协的号召，在全体政协委员中发出开展“三个一”扶贫活动的倡议，广大委员积极与扶贫对象开展结对帮扶活动。截至2016年年底，全县政协委员共结对帮扶贫困户300余户。政协机关结对帮扶长虹办爱国村，为该村争取资金5.5万元，整修骨干山塘3口。扶持30户贫困户饲养宁乡花猪30头，养水产品65亩，种植锦红冰糖橙、苦参、金线莲等水果药材200亩，并为贫困户落实金融扶贫贷款90万元。同时，继续发扬优良传统，各联工委、联络组、葆春基金会积极行动，开展以教育资助为重点的“四助”行动。

【能力提升】 按照上级统一部署，在机关深入开展“两学一做”活动，制定学习教育活动实施方案和学习教育计划表，将学习教育作为提升领导班子素质能力的重要途径。积极开展“能力建设年”活动。落实党组中心组学习制度，一年来深入组织学习中共十八届四中、五中、六中全会精神和习近平总书记系列讲话精神，学习《中国共产党章程》《中国共产党廉洁自律准则》《中国共产党纪律处分条件》以及统一战线理论和人民政协知识等基本理论，以武装头脑、指导实践、推动工作。先后组织开展“讲政治、有信念”等四个专题讨论。深入探索和研究县级政协工作新思路、新途经、新方法，组织广大委员和政协工作者参与基层政协理论研讨活动，《让“人民性”在基层政协更出彩》《坚持批判精神创新民主监督职能》等理论文章相继在省、市获奖。

【规范管理】 政协班子以制度创新和管理创新为突破口，狠抓班子队伍的规范化管理，在深入调研和多方征求意见的基础上，制订出台《党组议事规则》《常委会工作规则》《主席会议工作规则》《专委会工作规则》等例会工作规则。为加强委员管理，出台《委员管理办法》。为提高提案办理工作实效，制订《提案协商实施细则》。为加强机关效能建设，完善《机关工作规章制度》。

【委员作用】 采取以会代训的形式，对新任的政协联工委主任进行业务培训，使他们迅速进入角色。继续部署开展“两为”活动，创新开展“金点子”“心连心”“一家亲”等活动，并对活动开展情况及时考核，有效促进了活动落实，彰显政协活力。为体现政协组织的温暖，换届之前，领导班子分片带队，走访慰问了九届政协委员，了解委员们的工作、生活、思想状况。

【政协宣传】 切实加强同电视台、网宣办等新闻媒体的协调联系，搞好例会宣传和日常工作经常性宣传，及时反映县政协工作动态，展示履职成果和委员风采，共在各级各类报刊、电台、网站，刊播宣传稿件40余条，有效扩大政协工作影响。同时也向各级推介了一批爱岗敬业，乐于奉献的机关干部和履职成效突出、热心公益事业的政协委员等先进典型，发挥很好的示范带动作用。

【政协换届选举】 在县委的坚强领导下，在县纪委、县委组织部、统战部等各单位各部门的通力协作、密切配合下，严格按照省市县委的要求和安排，精心组织、周密部署，选拔县政协委员291人，通过县委、县政协临时党组的直接领导和政协机关全体人员积极努力、认真筹备，确保十届一次会议胜利召开，选举产生46名政协常委，选举郑增敞任主席，选举陈振文、于建春、文英雄、黄爱蓉、桂湘为副主席，选举唐书东为秘书长，圆满完成了大会各项任务。

社会团体

工会工作

【概况】 祁阳县总工会现有在职干部职工12人，内设办公室、组织宣传部、生产保护部、女工部、县困难职工帮扶中心。2016年年底，全县基层工会组织发展到579个，工会会员5.45万人。2016年，县总工会获得市总目标管理综合考核第一名、全县综合目标管理考核同类单位第一名，组织工作、优化经济环境和机关效能建设、综治民调、跑项争资、精准扶贫等多项工作荣获县先进单位称号。

【工会组织建设】 按照工会组建要向基层延伸、向企业覆盖、向园区集中、向产业聚焦的要求，着力构建“横向到边，纵向到底”的工会组织网络。8月，在县经开区召开祁阳县第二次非公企业工会组建暨农民工入会工作会议，效果良好。会后，组建竹山村、白竹湖社区等村级工会和祁阳县雷锋志愿号等新型社会组织工会，新建华泰钢瓶等非公企业工会组织70家，吸收农民工会员3500人。工会组建工作经验在《湖南工人报》头版头条得到推介和省总会议上受到表彰。

【“模范职工之家”创建】 县总工会组织专门班子对全县职工之家建设开展专题调研，出台《祁阳县职工之家建设管理办法》，全年共申报市级模范职工之家3个、省级模范职工之家1个、全国模范职工之家1个。其中县政府办工会、文明铺镇卫生院工会、凯盛鞋业工会成功创建市模范职工之家。

【职工文体活动】 一是举办全县庆“五一”第二届职工全健排舞大赛，二是举办庆“七一”全县“两学一做”知识抢答赛，三是举办庆“元旦”全县镇、街道办事处职工气排球赛。全县各基层工会通过组织丰富多采的职工文体活动，增强了工会组织的凝聚力。

【女工工作】 一是广泛深入开展“芙蓉杯”女职工岗位建功竞赛活动。印发全县第八轮“芙蓉杯”女职工岗位建功竞赛方案，并在县经济开发区举办上规模、上档次、上品位的盛大启动仪式，县委、县政府及经开区党政领导出席仪式。通过一年的竞赛，赛出全县女职工工作先进单位10个、“芙蓉标兵岗”6个、“芙蓉百岗明星”12人。凯盛鞋业公司女职工委员会以竞赛为载体、以维权为重心，成效显著，在全省典型发言。二是开展女职工“关爱行动月”活动。3月，共走访企业4个、贫困女工家庭36户。全年共为56名困难女职工、16名困难女劳模、10名单亲困难家庭发放大病救助、生活救助和金秋助学款21.5万元。三是加强女职工特殊权益保护。发动全县8600名机关事业单位女职工购买女职工“两癌保险”，入保率占全市四分之一强。在国税办公大厅及园区女职工较多的凯盛鞋厂建立高标准“母婴关爱室”，切实关爱孕期、哺乳期的女职工。

【职工合法权益维护】 2016年，为困难职工提供全程法律服务3例，建立了由6人组成的维权律师团队，并提供资金保障。

【帮扶慰问活动】 一是开展“四送”活动。即“春送岗位”、“夏送清凉”、“秋送助学”、“冬送温暖”。全年送岗位1200个；夏送清凉进企业11个，发放物资3.5万元；秋送助学65人次，发放助学金8万元；冬送温暖298人次，发放帮扶金50.4万元。二是开展第3期全县职工医疗互助活动。全县职工医疗互助参保人数稳居全市各县区第一。全县参保职工达2.08万人，缴纳职工医疗互助金154万元，累计帮扶住院职工1560人次，发放医疗补助金126万元，还对全县“两癌保障”女职工6名、意外死亡人员1名每人赔付1万元。切实解决职工“看病难、看病贵”的问题。三是扎实推进“一户一产业工人”培养工程。按照党中央提出的精准扶贫的要求，积极争取县委、县政府的重视，下发专门文件，提出“一村一品”、“一户一产业工人”的思路，形成入会、培训、就业、脱贫的良性循环，有力推进了全县“一户一产业工人”培养工程。全年累计培训2000人次，实现脱贫600人。2016年3月，省人大副主任、省总工会主席刘莲玉一行专程到祁阳调研，并在祁阳召开永州市帮扶困难农民工精准扶贫工作座谈会，县委、政府主要领导在会上介绍祁阳县的经验和做法，得到了省总工会主席的充分肯定和与会人员的一致好评。

【劳模管理工作】 一是对全县4名全国劳模、33名省部劳模、59名市劳模生活状况进行全面、系统调查，确保了全县劳模档案常建常新、动态跟综管理新常态。二是召开全县劳模代表座谈会，组织与会代表集体观摩全县第二届职工全健排舞大赛。三是入户走访慰问一批生活特别困难市以上劳模，发放慰问金2万余元。

共青团工作

【思想引领】 2016年，祁阳团县委始终坚持以社会主义核心价值观为引领，深化思想意识教育。一是联合县委组织部共同举办祁阳县青年典型评选活动，通过线上投票和专家评委量化评分，共评选出2015年度祁阳县“青年五四奖章”、“十佳青年创新创业典型”、“十佳青年志愿者”、“十佳中学生共青团员”各10名，线上投票达13万多人次，团县委微信公众号当周排名全省第二。二是围绕党建带团建的“大思维”，举行“高举团旗跟党走、奋力实现中国梦”“五四”宣传片首映礼等微信专题宣传活动。在五四宣传片中，县委书记首次通过微信平台寄语祁阳广大青年“继承和弘扬五四精神，勇担历史使命，用饱满的青春热情、昂扬的青春斗志投身于富饶美丽幸福新祁阳建设，在全面建成小康祁阳的历史征程中书写无愧于时代的青春华章”。通过一系列专题宣传，将大道理转化为青年易于吸收、乐于接受的“心灵鸡汤”，让社会主义核心价值观在广大青年中入脑入心，起到“润物细无声”的作用。三是组织开展多次“社会主义核心价值观”宣讲进校园和“我心中的雷锋”分享交流活动，在青少年中产生了一定的影响力。以创新活动形式为突破口，提升思想引领效果。举办祁阳县纪念中国共产党建党95周年暨红军长征胜利80周年“青春向党，公益同行”徒步活动。此次活动共吸引全县各界400余人参与。活动主题由县委书记亲自题写，县委办主任全程参与，该活动为文明铺镇中心小学、肖家镇中心小学等6所乡村小学捐助8000元“微益中国”公益基金，使得“微益中国”在祁阳的影响力大大提升。在浯溪二中举行2016年新团员入团宣誓仪式，全校254名新团员通过学习团的章程、互戴团徽、入团宣誓等流程，完成入团仪式。联合祁阳县关工委、县少工委在白水镇完小举行“红领巾相约中国梦”入队仪式。仪式上，县关工委主任寄语少先队员“自学、自理、自护、自强、自律”，做社会主义事业的合格建设者和接班人。这些仪式活动让青少年对共青团和少先队充满向往。

【志愿服务】 以志愿服务为载体，争当创卫先锋。积极响应、主动作为，全力支持祁阳创卫工作开展，助推全县创国卫向纵深发展。2016年年初，主动帮扶社区解决问题、为社区清除牛皮癣顽疾，有序推进小区内路面硬化及健身设施安装等工作。组织志愿者开展“保护母亲河”垃圾清理活动，为母亲河“美容”。组织县义工联和雷锋号志愿者协会在县城主要十字路口定期开展文明劝导工作，身体力行传播文明知识，营造文明氛围。

【助学扶贫】 以助学项目为依托，支持精准扶贫。一是积极与青年企业家联系沟通，加大对贫困学子的帮扶力度。8月，通过市青企协祁阳团的积极组织募集，筹得善款6万余元对新入学的大学贫困新生进行资助，使得贫寒学子实现求学梦。依托祁阳商会、助学金等对贫困学子进行一对一的资助，资助金额达20余万元。到扶贫村开展“青春扶贫”工作，深入一线摸清贫困学生的底子，从心理和物质上进行“双重”扶贫。

【禁毒宣传】 以禁毒宣传为重点，助力摘牌摘帽。一是“6·26”国际禁毒日前夕，团县委指导祁阳县职业中专团委承办湖南省“蓝结行动第六季——禁毒志愿者三湘行”为主题宣传教育活动，利用“禁毒快闪”的方式吸引广大青少年，增强广大青少年的识毒、拒毒、防毒、禁毒意识。此次“禁毒快闪”视频在湖南卫视、湖南经视、红网等主流媒体播出，取得良好的效果。与县禁毒办共同开展“踏查铲毒——青年在行动”活动，来自全县各行各业的骑行爱好者和青少年参与活动，现场邀请禁毒民警进行禁毒知识宣讲。六一国际儿童节当天，县团委结合“争做文明小使者”活动，开展禁毒宣传教育及讲解，让小朋友们树立良好的拒毒防毒意识。

【青年创新创业】 以青年创新创业为切入点，搭建交流平台。一是永州市青年企业家协会祁阳团月度活动有效开展，青年企业家之间的交流逐渐向制度化、品质化迈进。11月，永州市青年企业家协会祁阳团月度交流会召开，团市委书记龙亮亲临现场指导与各位会员进行深入交流，表示将一如既往地支持青年企业家协会的发展。此外，永州市青年企业家协会祁阳团成功召开2016年年会，团市委副书记冯志多出席会议并寄语祁阳青年企业家。在祁阳县大视界影城挂牌设立祁阳县“共青团影院”，设立每月的第一个星期一为“青年观影日”，全县所有35岁以下的青年都能以15元的优惠价观看任意场次电影。并在观众休息区设立共青团书刊架，提供《年轻人》等团报团刊供青年阅读。组织指导祁阳县农村青年致富带头人协会成功换届，为协会注入新的血液，进一步夯实农村创业青年的交流沟通平台。

【服务青年】 以阵地建设为突破口，扩大服务覆盖。一是按照“1+100”工作的相关要求，依托青年之声线上平台和青少年综合服务平台、青年之家等线下平台，积极与各青年社会组织加强联系，各项指标均居全市前列。二是有步骤地引导乡镇团委创建青年之家和青少年综合服务平台，成功创建祁阳县青少年综合服务平台、祁阳县七里桥镇“青年之家”等示范平台，通过平台的搭建，助推“1+100”工作的开展，进一步凝聚青年力量，拉近共青团与青年的距离。三是大力创建“青年文明号”，2016年，成功创建祁阳县检察院反贪局、祁阳县人民医院护理部、祁阳农商银行大村甸支行3个单位为市级“青年文明号”单位。以青年诉求为着力点，积极为青年发声。举办祁阳县2017年度“共青团与人大代表和政协委员面对面”，与会领导、人大代表、政协委员和青年电商代表围绕“扶持城乡电商品牌”的主题进行深入交流，给共青团为青年发声提供相关的信息与支持。在永州市第五次党代会、祁阳县第十二次党代会、祁阳县政协第十届一次会议期间，通过媒体、大会发言等方式积极为青年发声。

【业务素质】 队伍素质不断强化。一是强化少先队辅导员、学校团委书记的业务素质。12月12日，祁阳县首届少先队辅导员业务素质培训班开班，团市委纪检组长胡湲晖亲临培训班现场指导，团市委学少部部长周永红以“如何做好少先队辅导员工作”为题与各位辅导员进行深入交流，培训期间还邀请省内知名专家进行授课，有力地推动全县少先队工作。该次培训参与学校31所，参训人员达100余人。另外，县团委还联合教育局印发《祁阳县中学中职共青团工作文件资料汇编》和《祁阳县少先队工作文件资料汇编》，为学校共青团和少先队工作的开展提供理论指导。二是积极主动向组织汇报，及时物色综合素质高、群众口碑好的年轻干部接手团的相关工作，保持工作的连续性。按照《团章》的相关规定对10个县直单位进行换届，保证共青团工作正常开展。三是优秀青年不断涌现。祁阳一中、县公安局、县林业局三个单位的3名优秀同志获得全市“青年岗位能手”荣誉称号，强化共青团工作对青年的有效辐射和积极影响。

【基层党建】 党支部建设不断增强，党的建设成果斐然。2016年，团县委党支部成功获评永州市先进基层党组织，党建带团建工作不断迈上新台阶。承办祁阳县“两学一做”知识竞赛。团县委充分发挥共青团的组织优势，获得各级党组织、团组织的大力支持，得到领导的一致好评。建立健全常态化的学习机制。七一前夕，团市委副书记李玲带领团市委机关干部与县团委干部一起在陶铸铜像前重温入党誓词，参观陶铸纪念馆，接受党性教育。

【宣传教育】 2016年，祁阳县荣获“‘全国基层团建示范县’称号”。“‘奋斗中的青年最美丽’——当好青年引路人”分别于2月10日和5月4日被《永州日报》头版刊发。团县委申报的“创业沙龙为青年返乡创业安装新引擎”成功入围第二届全国基层团建创新典型案例网络投票。以新媒体为载体，扩大思想引领覆盖面。努力发挥“互联网+团委”的“倍增效应”，将团的理想信念教育和价值引领融入新媒体之中。在五四表彰评选期间，团县委利用“祁阳共青团”官方微信公众号积极发动宣传，优秀青年的事迹迅速传播开来，形成满满正能量的良好氛围。二是在县党代会期间，团县委制作的“党有号召，团有行动，青年党代表热议‘两报告’”专题，以青年视角宣传党代会精神，获得社会各界的一致好评。从内容供给出发，安排专人进行维护，以思想引领为总基调，全力满足青少年所需所想，多次为全县的突发事件及时发声，取得良好成效。2016年，团县委微信号粉丝稳定在3万左右，微信公众号综合影响力多次进入全省十强。团县委2016跨年微信用文字和图片与青年朋友们一起回顾2016年的各项工作，得到青年们的认可和转发，浏览量达5000次以上。

妇联工作

【概况】 2016年，县妇联按照省、市妇联的工作部署，紧紧围绕县委、县政府打造经济强县、决胜全面小康、实现撤县设市三大战略目标，牢固树立创新、协调、绿色、开放、共享五大发展理念，按照党政所需、妇女所急、妇联所能的工作定位，努力增强政治性、先进性、群众性，大办好事实事，富有创造性地开展一系列工作，取得良好成效。县妇联荣获2016年度省妇联宣传思想工作先进单位、市妇联综合工作绩效评估特等奖、“粉·蓝双丝带”行动暨推进女性安康保险竞赛活动一等奖、关爱帮扶工作先进单位，县重点民生实事工作、综治民调工作先进单位，县跑项争资工作鼓励奖。

【“双学双比”】 全县各级妇联积极与农业、科技、劳动部门合作，开展各类实用技能培训，培训农村妇女4600余人；结合当地实际，与劳动社保局联合开展“春风行动”，组织专场招聘会10次，发放春风卡等宣传资料7万余份，为9100余人提供免费服务，成功介绍3100余名女性就业，为70名妇女提供劳动维权服务和法律援助，推荐用工规范诚信企业3家，诚信服务机构1家；开展示范基地创建活动，湖南省唐家山油茶开发有限公司创建市级“巾帼现代农业科技示范基地”。

【巾帼建功】 引导城镇妇女岗位建功、岗位立业，争创先进。2016年，祁阳县财政局社保股创建为省级“巾帼文明岗”；县万寿宫宾馆有限公司唐顺华获得“永州市十佳女企业家”；县实验幼儿园彭莎获得“永州市十佳女创业明星”荣誉称号。继续加大妇女小额担保贷款工作宣传力度，通过宣传，全县425名妇女获得妇女小额担保贷款3622万元，女性获贷比例53.45%。

【“五好文明家庭”创建】 在全县广泛开展“五好文明家庭”“书香家庭”创建；寻找“最美家庭”“最美创业”“最美湘女”等活动。陈昌世、汪柏秀家庭荣获全国“五好文明家庭”，李彩云、陈桂元家庭获全国“最美家庭”，桂昭财家庭、李君良家庭获市“最美家庭”，七里桥邓艳君获市“最美湘女”。全年评选县级“最美家庭”50户、“最美创业”20名、“最美湘女”50名。同时，县妇联还整合各类社会资源，开展4场现代家庭教育公益讲座。

【“三八”“六一”系列活动】 “三八”期间，组织召开庆“三八”总结表彰暨2016年全县妇联系统务虚工作会议，会上表彰各类先进集体和个人43个。在祁阳电视台开辟《巾帼风采专栏》，对县寻找出的“最美家庭”“最美创业”等先进典型进行大力宣传。“六一”期间，组织开展“六一”文艺汇演暨少年儿童关爱活动，现场为30名贫困学生发放助学金1.8万元，时任县委常委、组织部部长、统战部部长蔡富强作重要讲话。6月2日，县妇联全体同志到祁阳县特殊学校慰问特殊学生，发放爱心雨伞及慰问金。

【维权信访】 畅通维权渠道。县妇联积极探索县婚姻家庭纠纷调解委员会运行模式，2016年，祁阳县被列为省婚姻家庭矛盾纠纷多元化解机制建设试点县。全年婚调委接待来访160人次，受理婚姻家庭纠纷102件，调和82对。充分发挥妇联信访窗口的职能作用，以12338维权热线和日常信访接待为依托，热情接待上访妇女群众。2016年，全县妇联系统共接待来信来电来访385起，其中县妇联接待来信来访案件98起，结案率100%，并对5起以上的家庭暴力信访案件进行风险评估。

【两个规划实施】 县妇联充分发挥县妇儿工委办公室的组织协调作用，组织召开县妇儿工委全体会议，安排2011—2015年“妇女儿童发展规划”的终期评估工作，就“十二五”规划实施中面临的困难和存在的问题进行调研，梳理总结，确保两个规划终期目标如期实现，并认真做好“十三五”规划相关编制工作。

【贫困妇女儿童帮扶】 一是大力实施农村妇女“两癌”免费检查项目，2016年，共完成30605人次检查任务。同时，为省政府督导永州市农村适龄妇女“两癌”免费检查工作提供现场，召开现场汇报会，获得领导好评。二是积极争取救助资金。县妇联在按时保质完成填报全国妇联“两癌”数据统计的同时，向上级妇联积极争取105.4万元的贫困妇女“两癌”救助金。三是动员社会各界开展捐资助学活动。2016年，全县各镇乡办场妇联干部共走访慰问特困、孤残妇女儿童300人，慰问金额10万余元，真正把党和政府的关怀、妇联“娘家人”的温暖送到贫困妇女儿童中去。

【基层组织建设】 2016年，县妇联组织召开基层妇联组织改革动员会，全县已有10个村完成村妇代会改妇联的工作任务。通过以会代训的形式，开展妇联系统干部培训班2期。组织260人次参加全国、省、市、县妇联组织的能力建设培训班。在各镇（街道）和各县直单位妇联干部中建立“妇女之家”微信群和QQ群，做到资源共享、信息互通，问题可以在网上直接得到答复。加强“妇女之家”示范创建。浯溪街道办小江村创建省级“示范妇女之家”；长虹街道芹菜甸社区、龙山街道光明社区创建市级“示范妇女之家”；茅竹镇肖家村、文明铺新塘角村创建县级“示范妇女之家”。2016年，县妇联在各类新闻媒体上报信息256余篇，发表112篇，其中潇湘女性网50篇，今日女报17篇，新湖南客服端1篇，祁阳新闻网12篇，其他媒体32篇。就妇联基层组织建设、健全社会心理服务体系和疏导机制、危机干预机制、预防青少年犯罪、妇女创业就业等维权热点重点问题开展调研，接待上级妇联组织来县调研7次。县女企业家协会组建的永州博成生态发展有限公司，开发建设祁阳东部商贸城项目，树立永州乃至湖南省巾帼特色品牌。

（刘小文）

侨联工作

【加强学习】 2016年，县侨联深入学习党的十八届六中全会精神，认真贯彻中央《关于加强和改进党的群团工作的意见》及中央统战工作会议有关精神，全面落实全市侨联工作会议各项工作部署，认真做好侨联工作，为科学发展侨联事业打下扎实基础。统一思想，理清思路，确立工作着力点。侨联始终坚持以邓小平理论和“三个代表”重要思想为指导，严格与党中央保持一致，不断加强学习，提高理论素养和政治素质，侨联机关以每周四机关学习日为阵地，定时学习上级文件精神，进一步加强政治理论水平，提升政治修养，确保机关人员严格按照规章制度进行规范运作，齐心协力把工作做好。

【为侨服务】 为广大归侨、侨眷服务，维护归侨侨眷权益是侨联的工作重心。一年来，侨联通过各种渠道以多种形式认真做好群众工作，深入贯彻《归侨侨眷权益保护法》和国务院《信访条例》等法律法规，切实解决归侨侨眷中的热点难点问题。重大节日，县侨联组织丰富多彩的集体活动活跃归侨侨眷生活，如新春座谈会、庆中秋茶话会，重阳登高峰行等群众活动深受广大归侨侨眷的欢迎和喜爱，起到凝聚侨心，团结侨力的作用。对归侨侨眷做到“患重病必访、发生困难必访、婚丧嫁娶必访”，遇到困难问题及时解决。

【工作亮点】 扎实开展全县留学人员和侨资企业的普查，建立完善留学人员和侨资企业数据库。开展精准扶贫工作，积极采取“请上来、走下去”的方式，迅速与被帮扶村进行对接，深入了解帮扶村情况，认真研究帮扶工作方案。针对帮扶村的生产生活和村政建设实际，结合侨联工作的特点，研究制定帮扶工作方案。赴澳门参加由市侨联组织、澳门家协会主办“澳湘心联心，艺海砚真情”字画展览活动。引进“海外人才智力援乡工程”，邀请全美湖南同乡会主席黄厚斌博士为祁阳一中全体师生演讲，受到全校师生的一致好评。10月，借助县重大项目发布会的机会，诚邀香港铜锣湾集团再次来祁考察，已达成初步意向。

【参政议政】 县侨联为更好地提高侨界人大代表、政协委员和侨联委员的政策水平和参政能力，在侨联机关以委员活动室为阵地，积极组织侨界代表、委员深入实际调查研究，掌握第一手资料，向各级人大、政协反映热点、难点问题。在县政协十届一次大会期间，侨界代表、委员在深入实地考察的基础上，认真讨论问题，研讨对策，撰写的议案、提案、社情民意受到各级领导的重视。

（谭斌）

工商联工作

【概况】 2016年，县工商联以湖南省“五好”县级工商联示范点标准为起点，以执行力为抓手，把工商联建设成为非公经济发展的助推器和非公经济人士的精神家园，努力促进工商联各项事业科学发展，为全面建成小康祁阳做出新的贡献。获得“全国‘五好’县级工商联”“永州市工商联系统先进单位”“祁阳县办公室系统先进单位”“祁阳县党建工作先进单位”和“祁阳县统战工作先进单位”等荣誉称号。湖南鑫利大酒店党支部荣获“湖南省非公有制经济组织基层党组织示范单位”“永州市非公企业先进党组织”，湖南环兴公司党支部荣获“永州市非公企业先进党组织”，祁阳商会大酒店党支部荣获“祁阳县先进基层党组织”，工商联副主席蒋宜森荣获“祁阳县优秀共产党员”，工商联副会长彭莎荣获“永州市非公企业优秀党员”“永州市十佳女明星”，工商联执委唐顺华被评为“永州市十佳女企业家”。

【组织建设】 2016年，县非公党工委增加2个事业编制，县工商联（含非公党工委）现有编制5个（其中行政编制2个，事业编制3个）。机关工作人员7名，设主席1名（兼任县政协副主席）、党组书记兼副主席1名（兼任统战部副部长）、副主席2名，其他工作人员3名。日常办公、经济联络、非公党建等专项经费列入财政预算，并逐年增长。现与县总商会合署办公，两块牌子一套人马，办公场所于6月从县政府一楼搬迁至县政协一楼。2016年，县工商联共有会员1725个，新发展15个。其中，企业会员616个，团体会员25个，个人会员1084个。全县非公经济代表人士中，永州市第五届人大代表11名，第五届政协委员6名；县第十届人大代表35名，占总数的11%，县第十一届政协委员36名、占总数的12%，其中政协常委10名，占总数的3%，队伍数量进一步增长，结构进一步优化，整体素质明显提高。同时，全县基层组织建设有了较快发展，巩固完善了22个镇办商会和女企业家协会，建立了建材商会、美容美发行业协会，正在筹建餐饮、房地产、家居装饰行业商会。

【教育培训】 4月，通过下发文件，微信群、QQ群向全县非公经济人士传达习近平总书记“3.4”系列重要讲话精神，引发了学习高潮。5月9—13日，在祁阳县人社局举办了为期五天的非公经济组织党支部书记暨入党积极分子培训班，全县60余名非公经济党组织支部书记和入党积极分子参加培训。5月25日，组织工商联执常委50余人召开“两学一做”学习教育动员会议，并下发“两学一做”实施方案，明确学习要求，压实工作任务。6月，组织县非公企业党支部员工参加永州市、祁阳县“两学一做“知识抢答赛”，取得优异成绩。8月，组织20名党外非公经济代表人士参加湖南省委统战部举办的“两学一助”知识竞赛，并全部得满分。10月19日，协助县委、县政府召开构建亲清型政商关系工作座谈会，工商联副主席唐湘旗、工商联常委蒋新平作为非公经济人士代表就如何构建良好的政商关系作典型发言。

【经济联络】 一是以“祁阳县民营企业维权服务中心”为平台，开展法律咨询和维权服务。2016年，通过法律顾问、法律咨询、诉讼代理等形式，为工商联会员企业提供法律维权服务70余次，咨询服务500余次，很好地维护会员合法权益。二是为加强同商业银行的联系与沟通，做好融资服务。县工商联主动加强与县内商业银行、县内中小企业担保中心联系，促进银企沟通和合作，为民企融资铺路架桥。7月15日，协助县委、县政府举行祁阳县第十三届银企合作洽谈会，建立政银企协调联动机制，搭建银企对接平台，推动实体经济、“三农”、小微企业及重点项目融资工作，县内9家银行与68个贷款项目达成合作意向，签约信贷资金达30.73亿元。三是认真搞好全国第十二次私营企业抽样调查。根据湖南省工商联安排，祁阳县被列为全省六个抽样调查点之一，为详细了解全县民营企业生产经营状况，县工商联通过会议座谈，走访调研，逐个问询等方式，共调查各类私营企业16家，回答各类问题共计1000余次，向湖南省工商联交上一份满意答卷。

【公益事业】 引导全县广大非公经济人士参与精准扶贫、捐资助学、扶贫济困等公益行动。2016年，县工商联引导全县100多家非公企业参与全县88个贫困村帮扶行动，帮扶资金超过1000多万元。广东省祁阳商会、深圳市祁阳商会、东莞市祁阳商会向文明铺镇新塘角村捐助扶贫款共计40万元。深圳市祁阳商会资助祁阳一中高考成绩优异学生19.2万元。梅溪镇商会组织会员到广歧完小捐献人民币5000元添置电风扇，改善学生就读环境。县女企业家协会向七里桥镇中心学校、挂榜山林场中心小学、梅溪中学、大江林场小学捐赠近36万元，为学校添置办公桌等办公学习用品，又向七里桥镇捐赠5万元，提质改造乡村道路，改善当地交通状况。工商联常委许和平为大村甸镇许家亭完小全体职工及优秀学生发放教奖学金3万余元。民营企业家邹全胜向黎家坪镇老屋冲村捐助价值2万多元公共设施设备，向文明铺镇新塘角村捐款2万多元建设文化广场长廊。民营企业家聂葆生向优秀初高中教师学生发放奖优助困资金17万元，资助农村公益事业4万元。

【非公党建】 一是开展好党员党组织关系集中排查。成立党员组织关系排查工作领导小组，制订排查工作方案，召开专题部署会议，明确专人负责审核和业务指导，进一步规范党员组织关系管理，从源头上治理党员组织关系“空挂”“失联”现象，保持党员队伍先进性和纯洁性。二是抓好软弱涣散基层党组织排查。按县委要求对软弱涣散基层党组织继续进行摸底排查，认真确定整顿对象，仔细分析原因，登记造册，建立台账，对被确定为整顿对象的基层党组织，开展集中整顿，确保完成整顿任务。三是开展“送党课下企业”活动。邀请县委组织部、党校等单位专家开展“送党课下企业”活动，为全县24个非公经济组织党支部上专题党课，切实提高非公企业党支部组织生活质量。四是抓好专题学习讨论。紧紧围绕“讲政治、有信念”“讲规矩、有纪律”“讲道德、有品行”“讲奉献、有作为”四个专题抓好学习讨论。结合非公有制经济发展需要，重点开展习近平总书记关于鼓励非公有制经济发展重要讲话的学习讨论。四是拍摄优秀专题记录片。针对非公党建巩固提升难、作用发挥难、创新发展难问题，对全县35个非公企业党支部进行走访调研，了解非公经济组织发展和党建工作情况，认真听取意见建议，形成鑫利大酒店党支部“三会一课”创新工作案例，并拍摄鑫利大酒店党支部书记王苏政——红心向党纪录片。

【“访民企、办实事、强信心”活动】 一是解决民营企业提升难。县工商联主动履职，为民企分忧，为祁阳县友谊商业广场制定发展规划，拟定改扩建请示报告资料，并积极搭建政企交流沟通平台，通过短信和电话预约县委、县政府主要领导，得到县委主要领导高度重视，为祁阳县友谊商业广场改扩建起到较大的推动作用。二是解决民营企业融资难。2016年上半年，永州市全宏农牧科技有限公司遇到融资困难，县工商联积极作为，主动找到全宏农牧科技有限公司负责人，为企业出谋划策，衔接县内金融机构，为该公司找到贷款机构。三是协调直属企业顺利开业。为积极筹备工商联直属企业祁阳县商会大酒店于3月10日开业，县工商联积极协调县内相关职能部门，邀请市工商联、县委、县政府、本市兄弟县区工商联领导，企业家代表，社会名人近1000余人参加。

（唐忠林）

残联工作

【概况】 2016年，县残联在职干部职工27人。主要负责全县残疾人康复、教育、培训、就业、扶贫、社会服务、用品用具供应等工作。

【残疾人康复】 2016年，向全县残疾人免费提供辅助器具2249余件。免费为766名白内障患者做复明手术。完成矫形器装配16例、大小假肢装配58例，适配普通轮椅89台，贫困重度残疾人辅助器具适配63人、残疾儿童辅助器具适配30人。抓好省重点民生实事项目——“0—7”岁贫困残疾儿童抢救性康复救助工作，全县共完成康复训练30人（脑瘫儿童训练19人，智障儿童康复训练10人，孤独症儿童康复训练1人）。为249名盲人进行定向行走训练；为140名成年肢体残疾人做康复训练；为50名低视力家长进行培训；培训聋儿家长21名、成人助听器验配43人；肢体儿童残疾康复训练39名、成年人肢体康复训练2080人；智力儿童康复训练23人、智力残疾儿童家长培训和家庭康复指导505人；精神病防治康复150名，精神病服药及住院50名；将县浯溪社区卫生院服务中心打造为祁阳县肢体残疾定点康复医院，县妇幼保健院争创为小儿脑瘫定点康复医院。指导两医院实行规范化服务，做好医院内无障碍设施建设，做到一人一台帐，归档立卡工作。与相关部门协调把康复费用纳入农村及城镇医保报销范围，开展“爱耳日”“助残日“及以“杏林春雨”为主题的大型活动，下发各类宣传图册5千多份。

【教育就业】 2016年，向湖南省特殊教育学校送入4名残疾人学生，全年共有45人申请大学生资助，其中5名为残疾人大学生（本科2人每人补助5000元，大专3人每人补助4000元），40名为贫困残疾人家庭子女（硕士1人，本科21人，大专18人）每人补助3000元，共发放资助金13.35万元。出台《高中阶段残疾学生和高中阶段贫困残疾人家庭子女资助管理办法》，申请高中资助共49人，其中6名为残疾人高中生（高中阶段每人每年补助1400元），43名为贫困残疾人家庭子女（高中阶段每人每年补助1000元）。积极参加市残联举办的全市残疾少儿艺术基本功及形体比赛，其中唐伟胜和赖琪的双人舞《姐弟同行》获得三等奖，赖琪的独舞《神秘园》获得优秀奖。选拔4名运动员参加体育自训，其中2名田径运动员，2名乒乓球运动员。报送5名盲人参加市残联组织的“全民健身挑战日活动”。全面完成按比例安排残疾人就业年审工作，全县共年检单位460个，其中财政代扣单位160个，地税代征单位300个。加强农村残疾人实用技术培训和扶贫基地管理，扩大农村贫困残疾人的就业创业渠道，筛选3名自主创业的残疾人申请省扶持资金15.6万元。2016年，全县新增残疾人就业203人，其中按比例就业 73 人，集中就业 74 人，个体就业、自主创业和灵活就业 24 人，社区就业和居家就业 21 人，辅助性和支持性就业 11 人。举办 2 期残疾人电子商务职业技能培训班，培训学员 41 名；举办三期面点实用技术培训班，培训学员 180 名；扶持残疾人创业项目 26 个，扶持资金 25.5 万元，其中省级资金 15.6 万元，县配套资金 9.9 万元，为 6 名残疾人创业申请贷款贴息 16.52 万元。

【扶贫帮困】 组织人员核实贫困残疾人建档立卡情况，实现贫困人口数据库的动态衔接和数据共享，确保将符合条件的残疾人脱贫项目列入全县新时期精准扶贫范围。大力开展临时救助，共救助困难残疾人 300 余户，发放临时救助金 12.6 万，两项补贴已全部发放到位，其中：重度残疾人护理补贴发放 39768 人次，发放资金 633.06 万元；贫困残疾人生活补贴发放 27059 人，发放资金 612.675 万元。对 40 户贫困残疾人家庭实施每户平均 7000 元的无障碍设施改造工程，发放 14.3 万余元残疾人燃油补贴费；对 180 名精神、智力及肢体一、二级残疾人实行“阳光家园”居家托养，发放护理补贴款每人每年 600 元。积极向县委、政府争取再一次扩面支助城镇户口残疾人，全县所有残疾人入医保纳入政府 100%的补贴，实行先缴后返。从 2016 年起，全县城乡所有持证残疾人不分等级、不分贫富参加医保都由财政全额补助。财政支助残疾人入医保每人补助 150 元，全县持证的 25000 残疾人补助资金达 400 万元。

【维权信访】 2016 年，残疾人法律救助站免费为残疾人提供法律援助案件 8 件，提供咨询 41 人次；做好来信来访工作，接待来访 80 余人次，做到事事有答复，件件有回音。

【信息数据动态更新】 根据中央、省、市残联文件精神，为建立健全持证残疾人的基础数据库，及时掌握全面建成小康社会进程中残疾人的基本服务状况和需求，以便资源共享，全县全面启动动态更新工作的核查录入工作。完成全县持证残疾人调查对象 21643 人的入户调查及录入工作。

科协工作

【概况】 2016 年，县科学技术协会充分发挥职能，团结和组织全县广大科技工作者，坚持“四服务一加强”工作职责，即“为科技工作者服务，为创新驱动发展服务，为提高全民科学素质服务，为党和政府科学决策服务”，贯彻实施《中华人民共和国科学技术普及法》和《全民科学素质行动计划纲要》，普及科学技术知识，繁荣学术交流。县科协内设办公室和科普学会部，现有党组书记、主席 1 名，党组成员、副主席 2 名，党组成员、秘书长 1 名。

【成绩荣誉】 祁阳县被列为“2016—2020 年度湖南省全国科普示范县”创建单位；祁阳县科学技术协会被湖南省科协评为湖南省“2016 年度全国农民科学素质网络知识竞赛”优秀组织单位；祁阳县樱桃种植专业技术协会获中国科协、财政部联合表彰的“科普惠农兴村计划”项目中的全国先进农村专业技术协会；祁阳县浯溪街道办望浯园社区、茅竹镇容驷村于配良分别被湖南省科协、财政厅评为“基层科普行动计划”项目中湖南省科普示范社区、湖南省农村科普带头人。

【全民科学素质】 县科学技术协会认真履行祁阳县全民科学素质工作领导小组办公室工作职责，提高全民科学素质，调整因工作变动的领导小组成员名单；依据国家、省、市相关精神，制订出台《祁阳县青少年科学素质行动计划纲要实施方案》等十个方案；落实市、县绩效考核关于全民科学素质工作考核指标。县委、县人大、县政府、县政协四大家召开专题会议，听取全民科学素质工作情况汇报，分别对全民科学素质工作作出安排部署。全民科学素质工作领导小组成员单位和相关单位，围绕“政府推动、全民参与、提升素质、促进和谐”的方针，将《纲要》实施工作纳入工作计划，根据职能，组织广大科技工作者，大力开展科普讲座、科技培训、科技示范、科技推广、科普宣传，开展“五下乡”、“农村阳光工程”等各类主题科普活动。突出四个重点人群，将科技知识纳入全县公务员的科干班和中青班培训内容，培训130人次。开展农村实用技术培训和专业技能培训，培训农民1770余人。开展青少年科技创新大赛，10万学生报名参加。培训城镇劳动人口和社区居民6000余人次，带动城镇就业2400人。广泛开展科普进社区、进农村、进学校、进企业，受益群众达12万人次。

【科技培训】 2016年，县科协以县农村函授大学为平台，联合县委组织部、县科经委等组织30余名科技专家和技术骨干，在25个镇（办），举办蔬菜种植、水果种植、家禽家畜养殖、特种养殖等农村专业技术培训班37个，培训学员1200余人次。联合县人社局、县职业中专开展联合技能培训，开设农产品加工、车工、钳工、电焊等专业技术培训班，为6000名返乡农民工传授致富技能。联合县农业委举办新型职业农民培训班，全年培育生产经营型农民150人，培育专业技能与专业服务型农民220人。

【科普宣传】 整合社会各方资源，开展多种形式的科普宣传。利用宣传栏基础设施开展科普宣传，全年更新县白竹湖11块科普画廊和镇、村700多块科普宣传栏内容4次。通过媒体开展科普宣传，继续与县电视台、中国科学技术协会联合开设“科普大篷车”电视专栏节目，全年播放52期。开展“互联网+科普”形式的科普宣传。组织全县25个镇（办）科协召开专门会议，发动4400余名农民参加中国科协“农村科技网络书屋”微信平台开设的“中国农民科学知识网络竞赛”活动。2016年，县科学技术协会将“科普湖南”公众号二维码打印张贴在办公、会议、活动等场所的宣传栏里，有新用户不断关注和使用，因“科普湖南”科技内容贴近时事，贴近生活，实现科普知识及时传送，“科普湖南”微信平台用户比上年增加2600名。开展主题科普宣传活动。组织和发动县级17个学（协）会、25个镇（办）科学技术协会开展“科普之春”、科技下乡、科教进社区、科普集市、食品药品安全知识宣传、“防艾日”、“世界环境日”等主题科普宣传活动。县科协编印《特种珍禽养殖技术》等共计技术资料12种11万余册发放到农户和市民手中。

【科技之家】 2016年，全县有25个镇（办）科学技术协会；17个县级学（协）会、会员6000余人；科普志愿者2290人，所有学（协）会，都进行了年检。县科协召开全县2016年学会工作会议，传达中国“科技三会”会议精神，部署安排县级学（协）会工作，表彰10个学会工作先进单位、10名学会工作先进个人。2016年，17个县级学（协）会共收集调研报告和学术论文1320篇，科研、科技开发项目56个，开展调研、考察活动36场次，参加人员570余人，学术交流会46场次3400多人。在镇（办）科协工作方面，各镇（办）将科协工作纳入镇党委、政府的工作计划，重点抓好农村科普“四个1”（即“1个科普活动站、1个科普宣传栏、1名专（兼）职科普宣传员，1个科普志愿者队伍）建设，服务农业产业发展、建立全民健康生活方式，培育农村专业技术协会、科普示范基地、科技示范户。县科学技术协会新发展农村专业技术协会1个，科普示范基地5个，县级科技示范户5户。

【科普项目】 科普项目即“基层科普行动计划”项目，包括“社区科普益民计划”和“科普惠农兴村计划”两项目。2016年，县科协开展项目培育、申报工作，成功争取项目资金35万元。其中，向中国科协、财政部申报1个“科普惠农兴村计划”项目，即祁阳县樱桃种植专业技术协会，该协会被评为全国先进农村专业技术协会，获得奖补资金20万元；向湖南省科协、财政厅申报2个“基层科普行动计划”项目，祁阳县浯溪街道望浯园社区、茅竹镇容驷村于配良分别被湖南省科协、财政厅评为“基层科普行动计划”项目中湖南省科普示范社区、湖南省农村科普带头人，分别获得项目资金10万元、5万元。

【品牌活动】 一是“全国科普日”活动。9月17—25日，县科协组织农业、林业、水利、农机、畜牧、环保、工业、教育、卫生、计生等17个学（协）会及县科经委等共计30个单位的科技工作者和科普志愿者1500多人次，以“创新放飞梦想，科技引领未来”为主题，深入县城白竹湖广场、潘市镇、梅溪镇等地，开展科普宣传、科普展览、科技咨询、义诊、科普大讲堂、科技体验、实地科技培训等活动。活动共展出水稻收割机等实物100件，展出挂图25幅，展板360块，发放图书资料63种11万余份（册），免费发放种子、兽药、药品、计生用品、科普宣传袋等物品20000余件，便民义诊5500人次，发放光盘1200张，开展科技咨询活动22场次，举办科技培训班8期，受惠达58000余人次。

二是“科技活动周”活动。县科协、县科经委、县教育局、县委宣传部联合下发活动方案，5月17日，组织17个学会的科普志愿者和科技工作者150余人，围绕“创新引领，共享发展”，开展科普一条街活动，上街宣传防灾减灾、新科技等知识，活动共展出展板300多块，发放科普图书、宣传资料40多种8万余份（册），科技咨询300多人次，义诊2000多人次，科普宣传实物2万余件，价值3万多元，现场大型体检仪器4台，出动科普宣传车辆12台次，受益群众达3万余人。

三是科普企业活动。11月，县科协组织县工业学会、县医学会联合举办“科普进企业，健康伴我行”活动，出动医务工作者和科普志愿者15名，为科力尔电机股份有限公司开展义诊活动，发放价值0.5万元的药品，义诊1000人次，健康咨询100人次。

四是祁阳县第二十届青少年科技创新大赛。12月，县科协联合县青辅学会、县教育学会举办祁阳县第二十届青少年科技创新大赛活动，全县有10万名在校中小学生参加竞赛。共有330件优秀作品参赛，其中科技小发明128件，科技实践活动22件，科学幻想绘画160幅，优秀科技教师材料20份。活动评选出一等奖35件、二等奖49件、三等奖57件、优秀科技辅导员8名。

（张永红）

文联工作

【概况】 2016年，县文联设有县作家协会、县书法协会、县美术协会、县摄影协会、县音乐协会、县舞蹈协会、县诗词协会、县国际流行舞蹈协会、县诗词协会、浯溪书画院、浯溪碑林书画研究院、芙蓉文艺研究院、县戏曲艺术协会、祁阳石文化研究协会、县公安局文联，共15个文学艺术团体，有会员1207名。定行政编制1名、事业编制3名，内设办公室、组联部（加挂《浯溪艺苑》编辑部），其中主席1名、副主席1名。因工作成绩突出，县文联荣获2016年全市文联系统先进单位。

【文学】 出版发行全县唯一的综合型文艺刊物《浯溪艺

苑》第3期，为文艺界人士提供了创作的园地和平台；组织文学作者20余人召开《祁阳当代散文选》发行座谈会，鼓励文艺人士积极创作；组织召开“祁剧祁阳曲艺创作作品大赛”全县文学艺界座谈会及“两学一做”上党课（重温入党誓言）。《莲水瑶笺》《寻母记》《彝海结盟》《滴水老街》《流淌笔端的赞礼》等20余篇文学作品在报刊杂志发表和获奖；长篇小说《人生没有重来》在湖南文艺出版社出版；《蟠龙岭恩仇录》在2016年第三届“相约北京”全国文学艺术大赛荣获图书一等奖。

【书法美术】 8月，参与宣传部主编的《祁阳之光》大型画册的编撰；10月，组织与中国美术学院卓鹤君教授一行15位全国知名画家进行文化交流；11月，积极筹备开展怀素草书故里行——祁阳浯溪碑林书法考察活动；邀请省书协副主席崔向君、胡紫桂及山东省、四川省、湖南省知名书法家来祁交流学习。在“墨韵潇湘”永州市首届山水画展中，2幅作品获优秀奖，7幅入展；在纪念抗日战争胜利七十周年书法摄影作品展中，2幅作品入展；在“云起新湖南，墨舞大洋河”湖南首届中青年书法展，欧亮作品获优秀奖，陈山河、何苏作品入展；在第四届中国书坛兰亭雅集42人展中，欧亮作品入展；在“正山堂杯”全国第二届茶文化楹联书法大赛中，一幅作品入展。

【摄影】 9月，应鑫利生物制药的邀请，组织摄影协会10余名会员在九龙谷度假休闲村庄举办摄影大赛，拍摄作品50余幅；12月，县文联组织摄影协会10余名会员前往文明铺镇协助举办“姜·芋”文化节摄影创作活动5次。

【音乐曲艺】 组织戏剧协会献演“全市京剧票友艺术节”活动；5月，县文联与音乐家协会组织联合举办“庆五一”歌唱比赛。6月，由县委、县政府主办，县委宣传部、县文联承办的“2016年祁剧、祁阳曲艺（含小调、渔鼓、地花鼓等）作品创作大赛”在全国征集祁剧、祁阳曲艺作品，鼓励更多的祁阳地域特色的文艺在继承与创新中绽放，打造谱写祁阳有筋骨、有思想、有温度的优秀文艺新篇。8月，由县委宣传部、县文联组织，县委常委、宣传部部长陈莉率领文联同志前往常德学习交流曲艺创作。11月，举办首届祁剧曲艺创作座谈会和培训班，并邀请全国一级剧作家黄士元来祁阳授课，力求走出去，请进来，搭建交流与学习的平台。12月，成立祁阳县曲艺家协会，由县文联依据全县“十星级文明户”创建活动，自编自导自演原创祁阳小调《新聘礼》，登上2017年春晚舞台。

【文化惠民】 1月，组织书协7人、美协3人前往大忠桥金旗村开展“送万福进农家”活动（送春联、送字画、送文化）。5月，由市文联主办，县文联、市文联直属协会、竹山村委会协办的“寻找乡土艺术家”走进祁剧故里——祁阳白水竹山文艺演出活动在祁阳县白水镇竹山村举办，加强对外交流学习与合作。6月，祁阳石文化研究协会联合浯溪街道，举办“看龙舟赛，赏祁阳石”为主题的“盛大金禧杯·祁阳石文化旅游节”，隆重推介祁阳县非物质文化遗产——祁阳石。县文联、肖家镇、县音协组织开展“永远跟党走”两学一做主题送文化进肖家镇晚会活动。7月，“七一”慰问特困退休党员资金1400元。10月，组织参加祁剧故里——祁阳县白水镇竹山村的祁剧祖师像落成揭幕庆典仪式。

【新协会成立】 1月11日，祁阳石文化研究协会成立，李飞任主席，伍湘祁任副主席兼秘书长。6月23日，县曲艺家协会成立，伍立新任主席，朱纹正任秘书长。6月27日，县公安文联成立，县公安局党委委员、政工科长谢海青任主席，县公安局政工科副科长李会生任秘书长。

军　　事

人民武装

【概况】　2016年，祁阳县人民武装部深入落实中共十八届五中、六中全会和军委国防动员部、军区和分区党委扩大会议精神，紧紧围绕使命任务，按照“举旗铸魂抓根本、扭住打赢谋发展、从严治部保稳定、求真务实促发展”的思路，抓好工作落实。

【思想政治建设】　始终把思想政治建设摆在首位，顺应新常态，激发新动力，推动新发展，做到听党指挥毫不动摇，铸牢强军之魂。一是扎实开展“两学一做”学习教育，每月组织一次集中学习和理论考核，重点学习党章党规和习近平主席一系列讲话。二是认真抓好十八届六中全会精神的学习贯彻和肃清工作，采取集体学习与个人自学相结合的方式，先后召开2次党委会，1次机关党支部会，认真学习党的十八届六中全会精神，研究部署深化肃清工作方案和措施。三是扎实推进行业风气清理整治工作，制定人武部7个行业风气清理整治实施方案，对清查出11个方面问题均列出清单、界定责任，立行立改。

【战备训练】　着眼“能打仗、支援保障打胜仗”要求，深入推进战备训练工作落实，修订完善各类战备方案25个，调整编组基干民兵3900人。按照《战备工作条例》，严格落实战备值班和干部住宿制度，每季度组织1次的战备演练，结合春节、“两会”、清明、“八一”等节假日和重要敏感时期抓好战备防护。对照“三套本领”、“六种能力”要求，重点抓好现役干部在职训练，在永州军分区组织的年终军事训练考核中，县人民武装部在图上作业、战术标图、研究作业、军事理论、体形体能等5类10项考核，总评为优秀；先后组织3期民兵训练，共310人，重点对舟桥、森林防火、医疗救护、安全警戒、工程抢修和公路护路分队进行强化训练，提高民兵分队遂行应急应战任务能力。2016年4月，部长龚红辉指挥全市防汛演练受到省军区高度评价。

【安全管理】　认真贯彻上级党委全会精神和安全工作会议精神，始终把安全工作作为各项工作的重中之重。每月召开党委安全形势分析会，查找安全隐患，针对查找的问题制定整改措施，2016年投入10多万元对枪库进行升级改造，使之达到防爆要求。严格落实安全责任，层层签订安全责任书，确保安全工作时时有人管、处处有人抓。狠抓安全工作的学习教育，先后组织学习研究《中国人民解放军政治工作条例》《专职人民武装干部工作规定》《民兵工作文件选编》《安全工作条例》《预防犯罪工作条例》和《新时期军分区人武部工作应用指南》等一系列法规制度和文件，增强干部职工的安全观念、法制观念和遵规守纪、令行禁止的意识，营造人人抓安全、事事讲安全的良好氛围。开展安全常识教育。重点抓好防失泄密、防触电、防失火、防淹亡、防煤气中毒等内容的学习教育。

3月，开展以“学条令、严秩序、强基础、保安全”为主题的“条令月”活动，10月，开展“百日安全”活动。加强干部、职工经常性保密教育，提高保密意识，严格密级文件和涉密资料的管理，正规使用和保管秘级文件和存贮介质的手续。对转业干部开展脱密工作。

【后装保障】 围绕首长机关集训、专武干部集训、专业分队训练、全市防汛演练等演训活动以及民兵应急分队、基层武装部达标等建设任务、兵员征集等大项任务，加大经费保障力度，切实把有限经费用在战斗力建设的刀刃上。2016年战备训练保障、动员能力建设经费支出同比增长50%，行政消耗性开支同比下降29%。严格落实武器装备“一日一查一报”制度，组织民兵训练和过“军事日”活动须动用枪支弹药，提前3天上报军分区审批，不准搞临时动议，活动结束后，组织验枪清点，擦试保养后签字入库，确保整个回路安全可靠。

【党管武装】 认真贯彻落实《关于进一步加强新形势下党管武装工作意见》，自觉坚持双重领导、双向兼职、常委议军等一系列制度。一是国防教育进一步优化，研究制定年度国防教育实施方案，加强国防教育宣传；二是专武干部队伍进一步优化，2016年提拔调整33名专武干部，圆满完成民兵常驻应急分队30人组建工作和5所高中阶段学校武装部挂牌工作。三是征兵工作富有成效，紧紧把握“五率”（报名率、上站率、合格率、择优率、退兵率）精准发力，人武部、基层武装部、村级民兵营三级联动，严格兵役登记，其中18岁应征青年登记率达到100%，在全省排名首位；今年，共发放征兵宣传单2万余份，悬挂标语横幅500余条，群发短信30万余条，张贴征兵公告1200余张，应征报名1291人，进站体检749人，体检合格405人，双合格395人，圆满完成305名男兵征集任务。征兵期间没有发生上访和举报的现象。

【精准扶贫和“双带双促”工作】 2016年，根据县委、县政府安排，县人民武装部继续对文富市镇幸福桥村进行精准扶贫，先后投入了300万元帮助该村修建农村安全饮水工程，兴建村活动中心，发展了种养殖产业，已有26户86人脱贫致富。开展“双带双促”活动，协调县民政局、农业局、财政局等有关单位，共同做好军队退役人员工作；全县退役军人任村支书或主任的有333人，创办企业产值在100万以上的有6人。

人民防空

【概况】 2016年，县人防办在县委、县政府和县人武部的坚强领导和上级人防主管部门的悉心指导下，顺势而谋，乘势而上，迎难而进，有创造性地开展工作。现有干部职工12人，其中党员10人。全年共荣获市级以上荣誉2项，即全省人民防空先进单位和永州市文明单位。

【项目建设】 4月20日，被省国家保密局列为机密级国家秘密项目的县人防指挥信息系统建设项目，按照有关要求和规定程序，搞好政府采购招投标后正式施工，于11月16日顺利完成项目一期建设并通过验收合格。

【指挥通信】 强化警报系统建设。县城在原有7台防空警报器的基础上又新安装12台防空警报器，并确保警报器的完好率、覆盖率和鸣响率达到100%。同时，借助人防指挥中心平台，依托人防指挥信息系统建设项目，实现统控率100%。强化指挥演练训练。全面完成省市下达的联训（演）任务，主要是每月2次的省市县三级无线短波通信训练、8月省办组织的“湘防—2016”衡阳片区人防机动指挥通信系统跨区演训活动、9月市办组织的市带县人防机动指挥通信系统拉练，均取得优异成绩。完成警报试鸣活动。“11.1”湖南省防空警报试鸣日，在县城按照全省统一部署圆满完成警报试鸣活动。

【工程建设】 对县城所有早期人防工事（防空洞）进行全面彻底地清查，完善登记台账，绘制布局图纸，检修重点工事。参与全县涉及人防的规划编制。加强与规划部门的衔接和沟通，参与以县住建局牵头为主编制的县城总体规划修改和城市地下空间开发利用规划编制，并聘请有资质的县规划设计院抓紧编制全县人防工程建设专项规划，现已完成规划成果包括规划文本、规划说明和规划图三个部分的编制且形成初稿。

【宣传教育】 按照宣传“五进”、教育“四化”的要求，积极探索模式，不断创新形式，竭力改进方式，扎实有效推进人防宣传教育。结合“5·12”防灾减灾日，按照全县统一部署在县城白竹湖广场开展集中宣传活动；10月27日，在椒山小学隆重举行2000册人防科普图书《人防小博士》的免费赠送仪式；圆满完成2016年度人防杂志的征订工作和省市下达的人防宣传教育年度重点任务。

【行政执法】 按照上级要求，在政务网站上公开部门权力清单和责任清单，公布人防3项行政许可事项的审批流程图和办事指南。增派一名专职人员到县政务中心人防办窗口，专门办理人防部门的行政审批事项和规费征收业务，持续推进全县建筑领域报建一站式联审和税费一体化征收。坚持做到”应建尽建，应收尽收”，坚决杜绝违法违规批准免、少、缓建防空地下室和免、少、缓交纳易地建设费的现象。

（陈安美）

法　治

政法委及综治工作

【概况】 2016年，全县政法机关在县委、县政府的正确领导下，紧紧围绕县委“1353”总体战略部署，主动适应经济社会发展新常态，攻坚克难，锐意进取，较好地完成了年初县委、县政府提出的目标任务，为美丽幸福新祁阳建设做出了新的贡献。在2016年全省公众安全感民意测评中，祁阳县综合排名居全省第58位，较2015年上升21位，圆满完成县委、县政府提出的民调前移10位目标；信访工作考核全市排名第4位，被市联席办授予特别贡献奖；全县没有发生一起重大群体性事件、重大公共安全事件、治安灾害事故和涉恐涉暴案件，社会大局持续稳定。县政法委内设4个机构，分别为办公室、政工室、维护稳定工作办公室（加挂县维护稳定工作办公室牌子，简称县维稳办）和执法监督室，在编在岗人员18人。

【社会稳定维护】 全县政法机关始终把维护国家安全和社会稳定摆在首位。全力化解社会矛盾。扎实开展“三调联动解纠纷、防控风险促发展”专项调解活动；积极开展信访积案“千案攻坚”行动，强化领导包案化解负责制。2016年，全县各级各部门共排查化解各类矛盾纠纷3761件，成功调处3633件，化解省、市交办积案11件，有效地将矛盾化解在基层。扎实推进维稳保安。强化情报信息工作，及时掌握境内外敌对势力、重点人群的活动内幕和行动线索。全年共搜集上报情报信息共计130余条。破获“法轮功”、“全能神”等涉邪案件3起。加强对反恐重点目标常态化检查，强化巡逻防控。突出对重点人群、重点领域的安全风险防范化解，确保纪念抗战胜利70周年、北京APEC会议、杭州“G20峰会”、十八届六中全会以及省市县党代会等重大活动的安全顺利进行。妥善处置突发事件。组建县公安局巡逻防控大队，强化应急处突队伍实战演练，提升突发事件应急处置能力。依法成功处置30余起突发事件，强化舆情监控，依法查处网络谣言类案件5起。

【服务经济发展】 始终坚持严打方针不动摇、服务民生不懈怠、优化环境不松手，为全县经济社会发展营造良好社会环境。严打犯罪护平安。2016年，公安机关共立各类刑事案件1654起，破获767起，抓获各类犯罪嫌疑人1056人，其中刑事拘留693人，摧毁恶势力团伙7个，查处行政案件1863起，治安拘留1365人。破获公安部督办的制毒贩毒案件2起，抓获犯罪嫌疑人27人，缴获毒品达625公斤。检察机关共批准逮捕227件271人，审查起诉441件557人。审判机关共审结各类刑事案件560件，作出有罪判决705人。查处各类交通违法行为8.33万余起，其中酒驾302起，醉酒驾驶143起，刑事拘留144人，行政拘留151人。铁腕整治保项目。惩治强买强卖、强装强卸、强揽工程和堵路、堵桥、堵门等违法犯罪行为。全县共查处“三强”“三堵”案件34起，刑事拘留16人，治安拘留36人，确保全县重点工程项目建设的顺利推进。优化服务促发展。县公安局积极开展服务窗口文明创建活动，行政审批全部实现“三集中三到位”。公安交警部门深入企业和农村墟场，上门办理车驾管业务。县人民检察院建立视频接访室，强化文明窗口建设。县法院全力推进巡回法庭、假日法庭等便民措施，实现巡回审判乡镇全覆盖。县司法局大力开展“五个一”和“法律六进”活动。积极拓展服务领域，广泛深入开展专项法律服务，高标准建设公共法律服务站。

【社会治理创新】 以全国综治“南昌会议”为契机，不断深化平安祁阳建设，不断创新和完善社会治理体制、机制，推动形成共建共享的社会治理格局。积极推进网格化管理。通过规划新建、产权置换等方式确保城区12个社区服务用房达标；配齐城区社区网格管理员；69项公共服务事项全部下放到社区。综合信息平台与市级平台成功实现联网对接。扎实开展采集实有人口、实有房屋、实有单位等各类基础信息采集，共录入基础信息140余万条。强力推动防控体系建设。完善技防设施，新增视频监控点位490处，高清探头490个。创新宣传载体，推进“一网一微”建设（祁阳长安网、“平安祁阳”微信公众号）。组建公安局巡逻防控大队，加强重要路段、重点时段的武装巡逻。加强机关事业单位内部安保工作。落实平安创建法人负责制，积极开展平安创建活动。七里桥镇被授予2016年市“平安乡镇”称号，黎家坪镇等8个镇继续保持市“平安乡镇”荣誉。切实加强特殊人群管控。率先在全市开展社区矫正人员电子化签到管理。社区服刑人员411人，无一脱管、漏管。加强对刑释解教人员的“再社会化”。加强对社会闲散青少年、肇事肇祸精神病人、法轮功人员等重点人群、高危人群的管理。

【队伍建设】 严格落实全国政法队伍建设工作会议精神，以思想政治、主题活动、纪律作风为重点，全面加强政法队伍建设。突出政治引领。在全县政法系统深入开展“学党章、学系列讲话，做合格党员”活动。制定出台《祁阳县县直政法机关党组（党委）向县委政法委报告制度（试行）》《关于进一步加强执法监督工作的实施意见（试行）》等制度，推进党管政法职能有形化、具体化、制度化。突出活动实效。扎实开展“三强化三提升”主题活动。培育和涌现了全省优秀反贪局长包不弱、全省司法行政工作先进个人李良钢等一大批先进集体和先进个人。突出执纪问责。严格执行《中国共产党廉洁自律准则》《中国共产党纪律处分条例》《中国共产党问责条例》及中央、省、市、县有关作风建设的警规禁令，集中开展“纠四风，治陋习”“雁过拔毛”等专项整治活动，有效地促进队伍作风转变。

【司法体制改革】 严格按照中央、省委、市委和县委的部署要求，积极稳妥推进司法体制改革。突出普法宣传机制改革。落实“谁执法谁普法”制度，实施“互联网+法治宣传”，开设《调解现场》电视栏目、《法治之窗》手机报专栏。开通“祁阳普法”微信公众号。试行公务员学法用法学时制和积分制。强化基层基础工作改革。祁阳县人民检察院被省人民检察院确定为检察体制改革试点院。完成法检两院员额制改革，严格按程序遴选员额法官和员额检察官。聚焦执法办案体制改革。积极完善案件繁简分流机制，扎实推进“轻案快审”机制。制定出台《关于律师参与代理和化解涉法涉诉信访案件的实施方案》（试行）和《律师代理申诉工作实施办法》（试行），规定律师须定期到政法各部门进行值班接待。

（邓奇峰　郭石磊）

法治政府建设

【概况】 2016年，全县各级各部门紧紧围绕全县工作大局，认真贯彻落实《中共中央关于全面推进依法治国若干重大问题的决定》，全面履行政府职能，健全依法决策机制，深化行政执法体制改革，严格规范执法行为，为全县经济社会发展创造良好的法治环境，各项工作取得可喜成绩。祁阳县人民政府（以下简称县政府）被评为2016年度全市法治政府建设工作先进单位。

【行政决策】 完善行政决策合法性审查。县政府所有重大行政决策严格按照承办单位制定决策方案和起草说明，县政府法制办进行合法性审查，县政府常务会或县长办公会讨论。如，出租汽车价格调整、农村安全饮水工程管理等重大行政决策，决策前都对决策方案进行完善，并经县政府法制办合法性审查后，提交集体讨论决策。规范行政决策程序。在作出重大行政决策时，严格遵循公众参与、专家论证、风险评估、合法性审查、集体讨论决定等法定程序。如，县发改委、县财政局对全县PPP项目执行项目实施方案、合规性审核、可行性论证、召开座谈会、集体决策等程序规定。召开听证会、座谈会。各级各部门认真落实重大行政决策听证制度，确保决策广泛听取民意。

【规范性文件管理工作】 制定、公布规范性文件，严格执行听取意见、组织听证、集体讨论、合法性审查、公开公布和“三统一”（统一登记、统一编号、统一公布）等各项制度。据统计，2016年，以县政府和县政府办名义出台的32件规范性文件，相关单位制定的18件报政府法制办备案的规范性文件，均按要求进行认真审查，做到有件必审、有件必备，把好规范性文件审查关，制定公布的规范性文件无一件受到质疑或被申请审查。根据领导安排，审查把关党委文件、会议纪要等其他文件217件，提出修改意见1500多条。规范性文件按要求实行“三统一”管理，在祁阳政府网和《祁阳政报》上统一公布。严格备案。按要求将县政府及其县政府办制定的规范性文件报永州市人民政府和祁阳县人大常委会备案；对县财政局、县发改委、县教育局、县畜牧水产局等政府部门报送的规范性文件进行“三统一”。

【政府法律顾问工作】 县政府组建第四届政府法律顾问工作组。县政府法律顾问工作组办理28件涉法事务，在处置突发事件和信访复查中发挥了积极作用。据统计，全县聘请法律顾问的单位（含工程建设指挥部、协调小组、国有独资公司）达67个，各单位在重大行政决策、重大执法行为或处理重要法律事务等工作中，基本做到充分听取法律顾问意见，有效推进依法行政工作。

【行政审批制度改革】 2016年，祁阳县取消县本级行政审批事项39项、承接下放的行政审批事项13项、县本级调整的行政审批事项1项，承接市级下放的行政事项15项。加强对行政审批事项的规范管理，对于没列入权力清单的审批事项，一律不再审批。进一步清理规范行政审批中介事项，经过仔细筛查、认真核实，2016年祁阳县清理规范73项行政审批中介服务事项。

【权力清单、责任清单和负面清单编制工作】 制定发布权力清单、责任清单、负面清单，规范行政权力运行。由县编办牵头，从县法制办、行政服务中心、县发改委等单位抽调人员，组成专门的行改审批制度改革领导小组办公室集中办公，对全面31个政府工作部门及省、市垂直管理单位的行政职权进行清理。清理后全县31个单位共保留行政权力2453项，其中行政许可184项、行政处罚1640项，行政强制154项、行政征收45项、行政给付6项、行政确认44项、行政奖励19项、行政检查147项、行政裁决5项、其他行政权力209项。加强对负面清单动态调整和管理监督、抓好投资项目在线审批监管平台应用和在政府门户网站上公布举报、监督电话等工作。

【行政复议工作】 通过加强行政复议能力建设，创新工作机制、改进工作方法，使行政复议应诉工作在履行监督职能，化解行政争议，促进社会和谐发展等方面发挥积极作用。将行政复议与执法监督有机结合起来，2016年，县政府办理行政复议案件12件，将10件不属于复议范围的复议申请转作了执法监督案件，有效地解决了群众投诉无门的问题，保证了行政管理相对人的利益诉求表达渠道畅通。

【政务公开工作】 加强政务服务标准化建设，积极推进“两集中两到位”行政审批制度改革到位。简化审批服务流程，优化服务环节，打造便捷高效的“一站式”服务，并做到办理事项、服务流程、申请材料、收费标准、收费依据、承诺时限进行“六公开”要求“一站式”服务，缩短审批时限，提高审批效率，成立专门的行政审批股室，努力提高政务大厅窗口现场办结能力。

【行政执法培训】 各执法部门通过举行各种学习和培训不断提高本单位工作人员的执法能力和水平，县水利局、县交通运输局、县公路局、县商务粮食局、县林业局、县畜牧水产局、黎家坪镇等单位都举办了行政执法知识培训班，邀请上级业务部门领导、县法制办干部以及律师为单位工作人员授课。对行政处罚、行政强制等重要法律法规以及具体执法工作中和案卷方面出现的问题，进行专门讲解和培训。县商务粮食局、县食品药品工商质量监督管理局等单位还组织执法人员赴常德、华容、南县、平江、娄底等地学习取经，学习和借鉴外地的先进经验和做法。县住建局举行《中华人民共和国城乡规划法》知识抢答赛，住建系统十三支代表队参加本次比赛。通过培训，基层执法人员执法行为日趋合法规范，案卷质量、工作效绩明显提高。

【行政执法资格考试】 2016年11月，全省统一组织开展行政执法资格考试，祁阳县共有35个单位近2800人报名参加考试。考试采取在各级广播电视大学进行电脑考试，这是有史以来纪律最严的行政执法资格考试。省法制办、省电大通过视频监控设备实时巡查考试纪律，整个考试，祁阳县共有12名考生因携带手机进考场、看手机等原因，被省电大视频抓拍而取消考试成绩。各单位对本次考试高度重视，考前组织报名人员认真学习相关法律知识，并做了大量的模拟题。考试过程中，县法制办和湖南省电大祁阳站严格执行考场纪律、严肃考风，参考人员自觉遵守考试纪律，认真细致答题，考完后考生纷纷感受到本次考试严格、规范，给大家以后要严格依法执法上了活泼生动的一课。本次考试有效地提高了广大行政执法人员的能力和水平，为全县依法行政、规范执法打下了坚实的基础

【行政执法工作】 全县各单位加强对各个领域的管理和执法力度，特别是加大关系群众切身利益的食品安全、安全生产、公共卫生、国土城建等领域的执法力度。县食品药品工商质量监督管理局积极开展以食品药品“四小”整规、“打黑除非”专项行动为重点，先后组织开展了食用油、米粉、大米、乳制品、大桶装水、集中消毒餐具服务机构、学校及学校周边食品市场等十四项整治工作，加大日常监管力度，实现全覆盖。为规范河道采砂秩序，县水利局联合公安、检察、法院、国土、交通、电力、安监等有关部门及相关镇（街道），开展了11次大型专项执法行动，下发执法文书60份，出动执法人员700余人

次，查处非法采砂行为12起，封停机械采砂船只7艘，强制拆除、切割非法作业船4艘，停止非法上砂码头（砂场）供电10个，司法拘留1人，行政处罚5个，达到了惩治一片、治理一片、规范一片的要求。针对现在利用鸟鸣声、大型网等工具非法诱捕鸟类等野生动物增多的现象，县林业局开展了一场旨在保护鸟类等野生动物的“清网行动”，共查获放生各种野生动物2000余只（条）。

【政府性合同管理工作】 严格执行“三级审核、三级把关”制度，即由县政府法制办承办人员、分管领导、主任分级审核，承办单位、县政府法制办、县政府三级把关。对合同审核中发现的双方权利义务约定不对等、超出国家规定范围的土地及税收优惠、履约主体不明确等问题提出修改意见，保障了项目落地投产、提高了服务质量和工作效率、防范了政府及其部门的法律风险。据统计，全年共审核合同77件，提出修改意见206条。

【法律咨询服务】 坚持热情提供法律咨询服务，对部门、镇等单位及广大公众向县政府法制办咨询的法律问题，坚持“有求必应、认真解答”，提供优质高效的法律查询、咨询，并提供口头法律意见，受到一致好评。据统计，2016年，全办共提供法律咨询服务720多人次，出具法律意见4000多条，被采纳率达99%以上。

【县人大代表建议和县政协委员提案办理工作】 2016年，县政府系统共承办县十六届人大四次会议代表议案、建议、批评、意见（以下简称建议）297件、县政协九届四次会议委员提案（以下简称提案）208件。所有的建议提案经过归纳整理分类，依据单位职责，于4月全部交由各职能部门办理。5月，县政府法制办对所有的承办单位进行一次全面督办。7月，县政府法制办会同县人大、县政协及部分代表委员对部分承办单位进行现场督办。通过县政府及各承办单位的共同努力，所有建议提案均在规定时限内办结，逐件向代表、委员作书面答复，办结率为100%。

【祁阳政报编辑】 《祁阳政报》是县政府机关刊物，履行县政府公报职能。2016年，共出版6期，约30万字，实行免费赠阅。赠阅范围是：县委，人大，县政府，县政协，县政府工作部门，县法院，县检察院，镇（街道），村委会、社区居委会，中央、省市驻祁单位，县内规模以上企业，县公共图书馆、档案馆及其他公共场所，县级领导，县人大代表，县政协委员。

（王猛）

公 安

【概况】 2016年，县公安局在编在职民警479人，职工45人，内设政工科、纪检监督室（警务督察大队合署办公）、指挥中心、考核办、警务保障室、法制与信访室和刑事侦查大队、治安管理大队等17个直属大队；所属单位有看守所、拘留所、交警大队、森林分局，下设县城4个派出所、各乡镇派出所及水上派出所。全县全年共立各类刑事案件1962起，较上年同期2899起相比，立案下降32.32%；破获各类刑事案件969起，较上年同期1629起相比，破案下降40.52%，其中破获现行命案7起，命案破案率100%，另破获命案积案1起。抓获各类犯罪嫌疑人1056人，刑事拘留836人，逮捕336人，直诉507人，移送起诉850人，打掉恶势力团伙7个（市“打黑办”认定战果团伙5个，人员36名），共受理行政案件3168起，治安拘留1727人，强戒323人。全局共抓获各类逃犯127名，其中抓获命案逃犯2名。禁赌扫黄方面，全局共破获黄赌刑事案件13起，查处黄赌治安案件66起；抓获涉黄涉赌人员358人，其中刑事拘留23人，治安拘留290

人。大力开展道路交通安全保卫战、不断加强交通安全隐患排查整改，全县事故总起数391起，死亡人数15人，受伤32人，直接财产损失29.8万元，同比分别下降4.65%、25%、11.1%、8.4%。

【维护稳定】 县公安局主动适应维稳安保新常态，坚持源头治理与末端管控相结合，依法治理，综合施策，有力保障全县社会政治大局持续稳定。一是不断深化对敌斗争。狠抓国保“四级情报网络”建设，拓展情报信息触角，上报国保情报、反邪教等信息130余条，做到“耳聪目明、未动先知”。以“飓风行动”为契机，及时办理各类案件。其中法轮功案件2起，治安拘留2人。“全能神”案件1起，治安拘留2人，收缴“全能神”练功本2本、工作手册1本、练功机5台、资料60页。二是扎实推进反恐防暴。坚持逢会必讲反恐防暴、检查督导必查反恐防暴，推动反恐防暴全警参与、全面排查、全力整改。深化“一村一警”，加强反恐重点目标常态检查。落实扁平指挥，在城区设立5条武装巡逻路线和3个查缉卡点，强化巡逻防控，动中备勤、联勤联控、武装值守，全年开展反恐处突综合演练1次，反恐应急能力水平进一步提升。三是强化重大活动安保。全警动员，全员上阵，连续作战不休息，圆满完成重要节日和重大活动的安保任务，对重点人员进行120余次训诫谈话，确保全县社会秩序持续稳定。四是稳妥处置群体事件。在县委、县政府和县委政法委的统一指挥下，全年发生的群体性事件，及时得以解决，未造成不良后果。积极组织民警深入社区、村庄、企业、单位、学校，参与排查各种矛盾纠纷及不稳定因素，发现问题立即整改。通过调查摸底，发现和掌握不稳定苗头40起，调解纠纷326起。五是强化信访秩序维护。深入开展市局集中交办的信访积案活动，全年共接待群众来信来访135人次。受理信访案件71起，正在办理11件，办结率为98%。全局共排查涉法涉诉矛盾纠纷86件，化解86件，有效预防信访案件的发生。六是加强网络舆情监控。不断加强网络巡查处置力度，密切关注网络舆论，严控不利信息传播。全年共处置涉警舆情15条；查处网络谣言类案件5起，治安处罚5人，行政拘留4人。

【严打整治】 县公安局以实战为导向，以平安为目标，将专业手段、警务保障、基础信息等资源要素向侦查破案聚焦，全力以赴攻坚命案犯罪，从重从严惩治黑恶犯罪，持续推进禁毒人民战争，始终保持对违法犯罪活动的高压态势和凌厉攻势。一是强化严打整治。开展命案侦破、“集中惩治整治农村黑恶势力违法犯罪”“严打盗骗毒第二阶段”“飓风行动”、收缴整治枪爆物品等专项行动，共立各类刑事案件2157起，破获1419起，抓获各类犯罪嫌疑人1056人，刑事拘留836人，逮捕372人，移送起诉800人，打掉恶势力团伙7个，共受理行政案件3168起，治安拘留1718人。坚持一周一清查，深入开展旅馆业、娱乐场所、废旧收购业、印章刻制业等行业场所管理整治，加强网吧实名制监督管理，查处各类治安案件19起，通过旅业信息系统，抓获逃犯15名。网吧安全管理系统安装、使用率达100%，实名刷卡上网率达98%以上，网吧审计在线率、日志留存率达98%以上，查处违规经营网吧32家，其中依法警告并处罚款10家，责令整改22家。二是实现命案全破。成功破获7起现行命案，破获1起命案积案。追回上网逃犯127名，其中命案逃犯2人。在市公安局禁毒支队统一调度下，县公安局与其他县区公安机关全力协作，共同破获一起部督团伙贩毒案件，抓获犯罪嫌疑人21人，缴获毒品麻古20板，计13600余克。6月28日，在市公安局的坚强领导下，成功破获公安部督办的2016—612制造贩卖毒品案，当场抓获郭某某、谢某某、叶某某、韦某某、伍某某、向某等制造毒品犯罪嫌疑人6名，缴获毒品K粉623.2公斤及大批制造毒品的原材料。8月7日，抓获一名盗窃嫌疑人，破获近几个月来发生在祁阳的砸车窗玻璃盗窃案件百余起。抓获犯罪嫌疑人6人，缴获毒品氯胺酮约300多公斤。四是“两禁”再创佳绩。禁毒方面，积极开展“盗骗毒”“百日会战”“网络扫毒”“飓风”等严打专项行动，全年共破获涉毒刑事案件67起，刑事拘留66人，逮捕44人，检察院起诉69人，收缴毒品1000余克；查处涉毒行政案件500余起，查处涉毒违法人员630余人，强制隔离戒毒226人，责令社区戒毒152人，收治特殊人群29人次。禁赌扫黄方面，全局共破获黄赌刑事案件13起，查处黄赌治安案件66起；抓获涉黄涉赌人员358人，其中刑事拘留23人，治安拘留290人。辖区涉黄涉赌重点区域得到有效整治，专项行动初见成效。

【治安防控】 一是突出“警防”，做强专业力量。深入开展“压警情、控发案”，成立“压警情、控发案”领导小组，对社会治安防控体系建设进行全面、科学、系统规划，制定方案，完善措施，并定期召开会议，确保工作常态化、连续性。建立警情日分析、周研判工作机制，以警情分析研判为基础，建立社会治安形势的监测体系，设立不同级别的预警制度，找准巡逻防控的着力点，科学制定巡逻防控策略，将信息研判置于防控工作的先导性地位，有针对性地指导打防工作，做到精确防控。在敏感节点组建战训队，开展城区巡逻、护学护岗、设卡盘查、检查清查、接处警工作，最大限度地屯警街面。实行武装巡逻、武装备勤、动中备勤。实施警灯闪烁工程，规定所有警车上路一律亮警灯，有效震慑违法犯罪。全年110接警平台共接各类报警电话66097个，有效报警9400起，处置刑事警情840起、治安警情3643起、交通事故552起、火灾15起，救助服务群众4145人次，举报线索172起，投诉监督9起。2016年，全县警情发案总体平稳，同比上升13.28%，刑事类警情日均2.3起。二是借力“民防”，实行群防群治。充分发挥应急处突队、专职巡逻队作用，开展形式多样的群防群治工作。深入落实“一村一警”，深入推进“平安小区、平安企业、平安校园、平安单位”创建，敦促加强内保工作。把发案情况作为综治考核的重要依据，确保单位内部安全责任落实到人，防范措施落实到位。三是整合“技防”，提供技术支撑。在全县新增视频监控点位490处，高清探头490个，联入省厅共享平台的摄像头600个，完成任务数的103%。四是倡导“心防”，增强防范意识。开通公安局官方微信号“祁阳县公安局”，发布安全防范、预警提示80余条。开展全警大走访活动，共发放《关于防范电信诈骗的安全告示》《反恐》等宣传图册6万余份，发送提示短信1万余条，在楼宇电视、公共电子屏幕滚动字幕200余次，群众安防意识进一步增强。全县八类案件警情下降31.9%，“两抢”警情、诈骗警情同上年相比，分别下降56.94%和4.78%。

【法治建设】 深入贯彻落实中共十八届六中全会精神，以全面建设法治公安为引领，以“执法无懈怠、办案无过错”为目标，深入推进执法规范化建设，公安执法公信力有新提升。提升执法素养。深入开展人民警察核心价值观教育、宗旨教育和法治理念教育，按照“让最熟悉执法办案的民警当教官”的思路，建立规范执法随岗训练点，全面开展“点菜式”、“订单式”培训，筑牢民警执法为民思想根基、提升民警执法综合素质。把执法资格考试作为职级晋升的前置条件，组织全警认真学法、用法。强化执法监督。坚持内外监督和重点监督相结合，加强执法办案区域和涉案财务管理，落实“四个一律”要求，深入推进执法公开，通过阳光警务平台，拓宽人民群众对公安执法的监督渠道，开展执法不作为集中整治，加大对执法环节的全方位监督。继续深化和改进执法考评服务。加大案件审理力度，完善网上考评流程，突出抓好网上证据上传，网上上传率达100%，在服务好专项行动开展的同时提升执法办案质量。一年来，上级业务部门未受理县公安局办理的行政复议案件。全年没有国家赔偿案件。

【基层建设】 坚持立足当前，着眼长远，以解决基层突出问题为抓手，进一步更新理念、加强制度、完善机制、提升能力，有效驱动基层基础工作提质升级。一是安全底线牢牢守住。大力整治治安隐患。全年陆续开展枪爆物品集中大清查、烟花爆竹安全集中专项治理等行动，实现“不打响、不炸响”目标，确保辖区安全。深入开展保安市场整治，为全县中小学校培训、配备保安，提升校园安全防范能力。开展快递邮寄等运输服务单位安全隐患整治，摸清行业底数，一家一档规范建档，建立快递邮寄安检工作站，落实100%实名寄递、100%开箱验视、100%X机检等治安保卫制度。深入开展学校周边治安整治、交通秩序整治、校车安全和消防安全整治，确保学校无重大案件和零事故。大力压降交通事故。相继开展“保秩序、压事故”专项整治行动、“货三轮摩托车专项整治”“预防重特大事故”专项整治行动、“查处公职人员酒驾”专项行动、“九打九治”、“大排查大管控大整治”、“飓风行动”等重大专项惩治行动，集中力量严厉惩治突出交通违法犯罪行为，取得显著效果。全县共查处各类交通违法行为8.33万余起，其中违法停车6072起，客车超员60起，闯红灯4432起，货车交通违法1015起，涉牌涉证3648起，超速4856792起，饮酒驾驶302起，醉酒驾驶143起，刑事拘留144人，行政拘留151人，吊销驾驶证130本，惩治处理数据再创历史新高。在全县创国卫工作17个专业组中，交通整秩序整治组一直靠前。全局采取治理与建设相结合，成立8个整治小组，每个小组由一名大队领导牵头，对民生路、人民路、浯溪路、陶铸路等城区11条重点路段和万联超市、步步高超市、光明路口、浯溪大桥两侧、椒山停车场等繁华路段以及民生小学、椒山小学等学校路段，安排警力常态化整治，兴浯路、湘运车站路段和人民西路路段等多处道路“肠梗阻”被打通。民生路通过示范创建初见成效。投入经费600余万元新建8处红绿灯、2套便捷简易移动式红绿灯、3套电子警察抓拍系统。施划16000平方米的标志标线、小车停车位1200个、二轮摩托车位1160个，城区总计2150余个小车停车位，2210个二轮摩托车停车位，有效缓解城区交通压力，有效预防交通事故。大力清剿消防火患。深入开展消防安全隐患排查整治，共检查单位450家次，发现火灾隐患180余处次，整改火灾隐患150处次，办理处罚案件41起，办理行政拘留案件7起，下发临时查封决定书12份，责令“三停”单位2家，依法拘留2人，提请政府挂牌督办重大火灾隐患单位2家，确保全年祁阳火灾形势总体平稳，未发生重大火灾事故、未发生亡人火灾事故。大力加强监所管理。认真贯彻落实上级公安机关关于监所工作系列会议精神，充分履行监所管理职能，始终坚持严管队伍不放松，始终坚持严管安全不放松，严格公正文明执法，严格落实各项规章制度，严密监所安全防范措施，在人员关押量大幅增多和上级高标准、严要求的高压工作形势下，守住监所安全底线，看守所在省、市一级的各类评比中力争上游，继续保持创建二级拘留所。全年，看守所共收押690人，拘留所共收拘被拘留人员1056人，有效保障刑事诉讼和行政执法活动的顺利进行。二是服务发展赢得满意。2016年，经侦大队共受案23起，立案23起，破案10起，追回网上逃犯2人，刑事拘留23人，取保候审32人，监视居住4人，移送起诉13人，直诉9人，为国家、集体和个人挽回经济损失1500余万元。一年来，迁移户口6736人（其中省外迁入786人、省内迁入1125人，省外迁出2514人、省内迁出2311），为来祁阳县务工的流动人员办理居住证2694张。服务保障民生，开展服务窗口文明创建活动，重点建设出入境、户政、车管、监所等一批文明“窗口”。推行“上门服务、延时服务、代办服务”，做到小事快办、急事先办、好事多办、错事少办。全年，户政窗口共为群众办理二代证61239张，上门送证148张，办理临时身份证1072张，受理、办理群众各类户口业务20482件，接受各类咨询热线1672件；出国证照申请份29931人次，（其中办理护照9660人次，办理港澳旅游18980人次，港澳探亲352人次，办理赴台湾探亲申请295人次，台湾旅游644人次）。交通管理服务推陈出新。坚持严管重罚和流程管理，完善执法质量考评机制，对交通违法“零减免”。制定系列便民服务举措，深入凯盛鞋厂等企业和农村墟场，上门办理车驾管业务1260余件。为残疾人、大学生、边远农村地区群众驾驶考试开通“绿色通道”服务。加强警务调查工作，落实不满意样本整改，群众满意率达97.6%。严格考核工作标准，圆满完成全县征兵政审工作任务，全县未出现政审责任退兵，政审工作无违法违纪投诉，受到市政府、市武装部的高度肯定。三是四项建设深入推进。深入推进基础信息化建设。坚持信息化应用定期巡查和通报制度，共编发警综平台信息质量、接处警数据质量、打处人员指纹采集、橙色预警人员信息采集、“DQB”应用等通报10多期。加大预警指令处置，共接收四色预警指令1984条，通过对红色预警实施抓捕和二次研判等手段共抓获逃犯3人。大力推进临控布控应用，收到各类临控布控申请48人，抓获46名犯罪嫌疑人。做好治安预警和常规预警研判，共上报重大事件预警78条，对公安部下发的重点人员登记管控率达到100%。深入开展“三实信息采集”工作，全局民警共采集“三实”信息1789873条，人均达到每月372.8条。深入推进警务实战化建设。开展“飓风行动”等严打整治专项行动，实行一周一行动、一月两通报、一月一推进、一案一专班“四个一”工作法，实现快破大案、多破小案、控减发案，增强群众安全感，提高群众满意度。加强“刑侦大队、网安大队、技侦工作站、情报中心、图侦中心”核心战斗力工程建设，推进情报信息综合研判，改造升级指挥中心大屏监控系统，投入18万余元采购一批刑事技术设备，投入28万元对全局各执法办案区的审讯系统进行升级改造，同时，为执法办案区添置一批电脑及空调；投入21万元对6个派出所执法办案区的审讯室更换高清设备。全年通过视频监控破获各类刑事案件440余起、治安案件710余起，抓获各类违法犯罪嫌疑人220人，有效预防群体性事件4起，保护民警合法权益2次，服务群众550次。充分发挥刑事科学技术在揭露、证实惩治犯罪中的重要作用，合理利用痕迹物证在侦破案件中的作用。本着实战、实用、实效的原则，紧紧抓住预案、训练、装备三个关键点，大力加强实战保障体系建设。从指挥调度、警力编成、勤务运作、通信联络、后勤保障等方面入手，修订完善各类预案，坚持“仗怎么打、兵就怎么练”，加强战术战法演练和实战技能培训。深入推进执法规范化建设。加强对执法规范化建设的统筹规划。紧紧围绕公安部《公安机关深化执法规范化建设工作任务和阶段目标》，按照省厅、市局关于执法规范化建设目标任务和职责分工，并合本局实际，制订工作措施、细化工作任务，确定推进重点，明确完成时限。加强执法管理。建立刑事案件由法制部门“统一审核、统一出口”的工作机制，严格案件法律审核把关，确保执法办案质量；组织开展全局执法突出问题专项整治工作。修订《祁阳县公安局法制员制度》，加强法制员队伍建设，充分发挥执法“源头质检”的作用。加强执法主体能力建设。继续开展“新刑诉法”、两个“程序规定”和新版公安法律文书制作使用的学习培训，认真研究解决基层执法实践困难和问题，提供准确的法律指导服务；广泛开展新法律法规、规范取证、证据收集审查运用、非法证据排除、民警出庭作证、正确适用强制措施等专题学习培训，认真落实案件点评制度，不断提高民警执法能力与水平。加强与检、法部门的工作联动。定期、不定期邀请县人民检察院、人民法院有关部门的同志对公安机关办理的不捕、不诉等案件进行点评和对疑难案件进行研讨，多次组织民警参加案件庭审旁听，从公诉、审判视角对案件事实、证据、法律的理解及要求，进一步树立和提高办案民警的证据意识、程序意识、法律意识和风险意识。

【专项整治】 对全县2015年1月1日以来涉赌涉毒党员干部或国家公职人员底数进行两轮比对、澄清，重点对2016年1月1日以来的查处情况进行全面梳理，共核查出涉赌涉毒党干部29人，其中涉毒19人，涉赌10人。在全年各节假日及敏感节点，开展明查暗访50余次，查纠问题9起。狠抓查信办案，加大违纪惩诫力度。接待群众来访100余人次，受理来信来电和交办件共60件，均已办结。

【基础设施建设】 严格遵守中央及省级转移支付资金的使用管理制度，积极与县财政进行协调，确保各项资金及时足额拨付到位，全年累计到位资金1400多万元。投入10余万元采购一批单警装备，规范民警日常执法。积极做好县局业务用房和“三所合一”工程建设工作。局中心执法办案区、人口与出入境大厅及网技办公区的装修工程已完成，其他工程建设也在按进度进行。“三所合一”各项建设进展顺利，“三通一平”基本完成，部分监所的基础工程也陆续完工。文富市检查站装修已完成，下一步将进行设备采购。着重加强以派出所建设为重点的基础设施建设。自2015年10月以来，对全局所有基层派出所的房屋进行防漏维修，以及对各农村所的厕所、厨房、浴室进行改造等工程，现已全部完工并通过验收。投入7万余元为派出所采购证照设备，投入9.8万元为“三实”信息采集采购电脑；投入40万元为新办公大楼采购安防设备。

【队伍建设】 严格落实中央纪委“三转”要求，抓住契机、聚焦主业，坚持正人先正己，先管好自己、再管住别人，不断强化执纪监督能力，从主体上保障反腐倡廉工作质效。强化从严治警，认真落实好“两个责任”，强化责任追究，持之以恒贯彻执行中央八项规定，严格队伍管理，狠抓纪律作风，深入整饬警纪警风，坚决惩治腐败，强化权利监督制约，加大监督执纪问责力度，坚定不移地推进公安机关党风廉政建设和反腐败斗争，着力开展“雁过拔毛”式腐败问题和“纠‘四风’、治陋习”专项整治工作专项整改工作。查处1名民警涉嫌玩忽职守，给予行政记过处分；1名民警被停止执行职务；14名民警职工被诫勉谈话；17名民警职工被通报批评并进行约谈。强化素质强警，全面推进分层、分类、递进式民警教育培训，积极推行“轮训轮值、战训合一”培训模式，结合各警种组织开展业务培训和晋衔培训、党校培训等上级调训，确保民警每人每年不少于15天的教育训练。认真组织“两网学习”，完成网上学习考试任务，切实提升民警政治思想水平和业务能力。60名同志拟晋升职级，进一步激发队伍活力。2016年，共举办“轮训轮值，战训合一”培训班7期，培训民警近200人，参加上级调训、党校培训50余人次，举办各类业务培训、专题讲座23期。强化宣传赞警，积极开展内外宣传，大力宣传公安业务和队伍建设的丰硕成果，全年撰写各类经验材料127篇，其中被省厅采用4篇，被永州市局采用14篇，在各类新闻媒体上稿232篇，其中中央级11篇、省厅82篇、[illegible]市92篇。

【工会活动】　2016年，县公安局看望慰问因公牺牲民警遗属、困难民警80余人次。投入[illegible]万余元，为全局800多名民警、职工、[illegible]体检。大力开展警营文化、“三八国际妇女节”、“八一建军节”活动，举办书画摄影、各种球类比赛，评选“十优女警”，充分体现组织关怀，增强民警的归属感。

（李国钰　伍娟）

公安消防

【概况】　2016年，县公安消防大队有现役官兵33人（其中干部8人、士官15人、士兵10人），合同制消防员10人。荣获永州市公安消防支队先进基层党组织、永州市公安消防支队政治工作先进单位、永州市公安消防支队后勤工作先进单位、全市消防部队第十届“消防卫士杯”三人制篮球赛第三名、全市消防部队“两学一做”知识竞赛优秀组织奖、祁阳县“安全生产目标管理考核”先进单位。2人被支队荣记个人三等功，32人次被支队荣记个人嘉奖，被支队评为优秀党务工作者、优秀共产党员、优秀警官、优秀士兵、训练标兵、十佳政府专职消防员各1人次。共接警出动765次，火灾扑救246次，抢险救援155次，社会救助386次，抢救和疏散人员1069人，抢救财产价值3.86亿元。

【思想政治建设】　大队以“两学一做”专题教育整顿活动为中心，深入学习贯彻全军和公安现役部队政治工作会议精神，通过采取中心发言、专题辅导、集中研讨、交流心得、知识竞赛等形式，认真落实党委中心组学习制度、党课制度及每周学习日制度，强化官兵思想基础建设，将作风建设、廉政建设和学习活动贯穿教育全过程，全力提升官兵素质。开设“官兵大讲堂”军政主官带头授课，开展全员岗位大练兵，党风党政文化长廊学习等活动，切实强化官兵党性意识。

【基础设施建设】　县政府投入经费120万元，购置一台重型水罐消防车和一架消防专用无人驾驶航空器。在祁阳经济开发区、祁阳火车站等新建道路配套建设市政消火栓。全面启动第二消防站建设项目，在祁阳经济开发区内选址规划用地21亩，用于第二消防站项目建设，已完成项目方案设计，省消防总队方案评审，力争2017年年底第二消防站主体动工，尽快投入执勤，切实增强全县抵御火灾和应对公共突发灾害事故能力，为建设平安祁阳和保卫人民生命财产安全和经济建设保驾护航发挥应有作用。

【实战化大练兵】　紧扣祁阳县区灭火和救援的形势任务特点，全面加强实战演练、战术推演、体能技能训练、“六熟悉”和“四掌握”工作。先后开展“安全隐患排查整治”“作战训练安全教育整顿”“官兵心理健康咨询”等专项活动，强化官兵个人意识。全年共开展辖区“六熟悉”及消防安全重点单位灭火演练63次，针对辖区主要灾害事故特点开展战术研讨16次，修订各类灭火救援预案70份，参加整建制中队实战化训练对抗赛和比武竞赛活动1次，不断提高官兵们执行任务能力。

【火灾防控】　全方位推进消

防工作社会化进程，大力推进多种形式消防队伍建设。先后开展“微型消防站建设”“消防安全户籍化管理”“劳动密集型企业消防安全专项整治”“今冬明春火灾防控”“社会福利、救助机构消防安全专项整治”“夏季消防安全大检查行动”“G20峰会安保行动”“消防安全重点单位安全专项检查”等一系列专项行动，对检查发现的火灾隐患，严格按照“四个一律”的刚性措施坚决依法督促整改到位，排查和整改一大批火灾隐患，确保全县火灾形势平稳。2016年，大队共派出检查人员2975人次，检查单位1482家，发现并整改火灾隐患1673处，下发《责令改正通知书》1236份，“三停”单位17处，罚款43万元。

【消防宣传教育】 坚持以《全民消防安全宣传教育纲要》宣传法规为主线，全方位、多层次地开展消防宣传“进社区、进学校、进企业、进农村、进家庭、进机关、进网站”七进活动。依托楼宇广告、LED显示屏、官方微信、红网手机报、手机短信及消防常识飞播等宣传媒介，强势推进消防安全宣传。县消防大队印制4.7万份《学生消防安全知识读本》，免费赠送给县教育局，并由其发放至全县各中小学校、幼儿园，供师生们阅读学习。制作长119米的消防安全知识长卷在全县巡回展出，深入浅出地为群众讲解用火、用电、用气常识和防灭火、逃生自救知识，切实提高群众的火灾自防自救水平。积极开展社区消防宣传大使推选工作，共计评选社区消防宣传大使12人。县消防大队联合湖南省消防协会开展消防巡回宣讲26次，举办知识讲座18期，开放消防站25次，培训人员近6000余人次，接受群众咨询4900余人次。组织企业、社会单位开展大型灭火逃生疏散演练活动，动员全社会积极参与，共同做好消防安全工作，努力减少火灾事故的发生。创建“祁阳县公安消防大队微信公众号”，大队窗口设置群众举报投诉信箱，设立“96119”火灾隐患举报投诉热线，发动全社会共同发现、寻找隐患，构筑平安祁阳，和谐祁阳。

检　察

【概况】 2016年，县人民检察院忠实履行法律监督职能，依法严厉惩治刑事犯罪，大力惩防职务犯罪，不断加强诉讼监督，稳妥推进司法改革，各项检察工作迈上新的台阶。全年共有38个集体、40余名个人受到省、市、县表彰，综合考核名列全市第一。

【刑事检察】 2016年，以开展“三项监督活动”为抓手，加大对危害经济环境、破坏资源生态、危害食品安全犯罪的审查批捕力度。探索实行“案件分类、办案分组”审查起诉机制，切实提高办案效率，取得较好成绩，该经验做法在全省公诉工作会议上作典型发言，获得省院领导肯定。全年共受理公安机关提请审查逮捕案件401件480人，经审查批准逮捕291件355人，批捕率73.96%，不批准逮捕108件130人。积极协同公安、法院等部门，严厉惩治毒品犯罪，共受理毒品犯罪案件77件81人，批准逮捕61件65人。受理移送审查起诉刑事案件535件649人，经审查起诉441件557人，起诉准确率达100%，不起诉68人，未出现涉检上访及被法院判无罪或撤案的情形，为维护社会稳定，保护人民群众生命、财产安全作出积极贡献。认真贯彻宽严相济刑事政策，在批捕环节刑事和解不捕16件16人，在起诉环节达成和解协议不起诉15人。对全县几个镇多数村干部涉嫌骗取失地农民养老保险及信用卡诈骗等重大案件，适时介入公安侦查，引导取证，及时移送审查起诉，共起诉骗保案件10件15人，有效化解社会矛盾。率先推行“捕诉监防”一体化未检工作模式，由同一承办人负责审查逮捕、审查起诉、诉讼监督和预防帮教等全过程，全面落实犯罪记录封存、社会调查回访和不起诉训诫等工作，对涉罪未成年人给予更多司法关怀。及时、有效处理来信23件，接待来访群众156件358人，未发生缠访闹访和涉检赴省进京上访事件。积极开展法律宣传活动，在白水、潘市等地和县城主要地段设立宣传点，发放宣传资料600余份，接受群众法律咨询和服务50余人次。

【职务犯罪查办和预防】　围绕社会反映强烈、党委政府关注和腐败案件高发频发的领域、环节，突出查办一批土地审批、房产开发、城建规划环节的职务犯罪案件，取得了突破性成效。全年共立案查办贪污贿赂等职务犯罪案件15件16人，同比上升114.3%，涉案金额达340余万元，其中涉案10万元以上案件9件10人，获判决10件12人；立案查办林权流转和房地产领域渎职犯罪案件5件9人，侦查终结并移送审查起诉3件5人。在办案中，积极与公安机关联合办案，抽调骨干力量成立专案组，精心查办每一起案件。如查处金洞林业局原局长唐某等3人致使林农15000余亩林权流失的滥用职权案，维护群众权益，有效化解社会矛盾。注重发挥系统和规模办案效应，仅在土地资源审批出让领域就查办职务犯罪案件12件13人，社会反响强烈。在办案的同时，积极开展追逃工作，在重点个案追逃追赃“天网”行动中，对涉嫌贪污犯罪而在逃的县农业局种子公司原经理兼出纳雷某某展开追逃，历时三个多月，先后数次远赴广东、北京、贵州等省市获取情报信息，最终于9月底将潜逃13年之久的雷某某抓获归案。结合执法办案，全面开展职务犯罪预防，完成专项预防调查2次、发出检察建议书4份，开展职务犯罪警示教育5次，出具行贿犯罪档案查询结果告知函1139份。针对县国土局发生的系列贪腐窝串案，通过上法制警示教育课、召开案件分析座谈会及约谈该局相关领导等多种形式开展预防调查，效果较好。

【诉讼监督】　强化立案监督，重点放在重罪案件、插手经济纠纷造成严重后果以及涉及侵害民生民利领域的犯罪案件，共移送职务犯罪线索5起（已立案2人），监督立案、撤案4件4人。强化侦查监督，发出纠正违法通知书10份，建议公安追捕9人，直接决定逮捕1人，追捕到案9人，及时介入侦查2件。加强行政执法衔接，督促各行政机关建立“两法衔接”信息共享平台。对漏犯、漏罪、违法办案、定性不准等问题加大监督力度，共追诉漏犯3人，追诉漏罪6件7人，所追诉漏罪漏犯均被作出有罪判决。如在审查雷某坚强迫交易案件时，发现同案人雷某某参与共同作案便对其进行追诉，经审查向法院提起公诉后，被判处有期徒刑一年。强化审判监督，监督纠正有罪判无罪、无罪判有罪、量刑畸轻畸重等裁判以及严重违反法定程序的案件，全年抗诉9件9人，同比上升125%。以更名“刑事执行检察局”为契机，加大刑罚执行和监管活动违法检察力度，开展安全执法检察、惩治牢头狱霸活动20次，消除安全隐患42起，发出纠正违法通知书、检察建议书24份，受理在押人员控告、申诉14件。加强监外执行监督，对调查评估的225件案件及250份调查评估意见书进行同步监督，共接收社区矫正档案300份，建议撤销缓刑5人。开展防脱管专项整治，对全县492名社区矫正人员监管到位。开展超期羁押、财产刑执行等专项检察活动，办理羁押必要性审查案件24件，发出检察建议书24份，均得到采纳。不断加大民事行政检察力度，积极开展督促履职、支持起诉等工作。多次走访县国土局、环保局、安监局、住建局等职能部门，全面调查行政执法台帐，摸排针对非法占用土地、规划建设等行政处罚案件线索。全年共接待民事行政申诉当事人35人次，办理行政执法机关不当履职案件14件，发出检察建议书6份。协助市院民行处办理申请民事、行政监督案件9件。

【队伍建设】 积极开展“两学一做”学习教育，机关各支部围绕“四讲四有”集中开展学习讨论，参学率达100%。结合“雁过拔毛”式腐败问题专项整治，开展各类日常督察70余次，发出通报13期，发现问题5个，整改5个，有效推进检察队伍建设和党风廉政建设。多措并举抓好党建工作和精神文明建设，举行“我的中国梦·责任与担当”演讲比赛，成立检察志愿者协会，发动会员踊跃捐款献爱心，组织会员开展卫生文明和交通安全劝导、重阳节敬老助老等志愿服务活动，受到群众好评。冯湘琳检察长带领干警先后到明德小学、张公坪希望小学开展捐资助学活动。组织50余名青年干警开展重走长征路徒步体验活动。加大干警教育培训力度，参加上级党委和检察机关举办的各类培训36人次，进一步提升干警执法办案的综合素能。做好56名检察官的职务套改和40名干警的职务与职级并行工作，积极落实从优待检各项政策。公开招考和选调6名检察人员，为检察工作提供有力的人才支持。

【司法体制改革】 8月，全省员额检察官首次遴选启动，该院经科学统筹和安排，做实思想工作，坚持公开公平公正，从现有符合条件的55名检察官中拟选出35名检察官遴选对象，圆满完成入额遴选任务，同时确保检察队伍的稳定。应对改革要求，多次衔接编制、组织等部门，成功增设侦监二科、公诉二科、大要案指挥中心等6个内设机构及职位，进一步完善机构和职能设置，有效改善干警职级待遇，激发队伍活力。

（周逸林）

法　　院

【概况】 2016年，县人民法院在县委的正确领导和上级人民法院正确指导下，在县人大及其常委会有力监督下，在县政府、政协和社会各界的大力支持下，紧紧围绕“努力让人民群众在每一个司法案件中都感受到公平正义”目标，依法履行宪法和法律赋予的职能，坚持依法独立公正行使审判权，充分发挥司法职能作用，为维护全县和谐稳定和经济社会发展提供有力的司法保障。全院共受理各类案件5560件，审结5179件，收结案总数再创历史新高。全院办案数量、质量、效率、效果指标持续优化，司法状况综合考评继续保持全市人民法院第一，宣传、调研、信息、司法警务四项单项考核工作全部被评为全市先进，祁阳人民法院被评为全市优秀基层人民法院、全省文明卫生单位、全国敬老文明单位，各项工作取得新进展，实现新跨越。

【刑事审判】 始终坚持依法惩治刑事犯罪，维护社会安全稳定。全年共审结刑事案件560件，判处刑罚705人。依法严厉惩治严重暴力犯罪，从重从快判处故意杀人、故意伤害、抢劫、强奸等案件113件127人，严厉惩治严重危害社会治安秩序的多发性犯罪，从重从快判处抢夺、盗窃、黄赌毒等案件252件317人。依法惩处破坏市场经济秩序犯罪，判处非法经营、集资诈骗、非法吸收公众存款等犯罪案件36件53人；依法惩处职务犯罪，判处贪污贿赂、职务侵占、渎职等犯罪9件11人；坚持宽严相济的刑事审判政策，对76名初犯、偶犯和未成年犯依法从轻、减轻或免予刑事处罚。

【民商审判】 有效化解民商纠纷，助推经济社会发展。共受理民商事案件3396件，审结3195件，结案率94.08%。其中审结婚姻家庭、赡养、扶养、抚养、继承等纠纷761件，有力增进家庭邻里和睦团结；审结劳动争议、土地流转、财产权属、人身损赔等纠纷957件，有力维护当事人合法权益。审结金融借款合同、买卖合同、民间借贷、建设工程等合同纠纷1056件，依法维护市场交易秩序；依法参与处理因资金链断裂引发的系列经济纠纷，规范民间资本运行秩序。

【行政审判】 妥善解决行政争议，促进法治政府建设。依法加大对非诉行政执行案件审查力度，共审查国土、工商、劳动、计生、水利、环保、税务等行政部门申请的非诉行政执行案件148件，准予执行146件，既依法维护行政相对人合法权益，又有力支持和监督行政机关依法行政。

【阳光执行】 努力破解执行难题，保障胜诉权益兑现。共受理各类执行案件1323件，执行结案1220件，结案率92.91%，执行标的总金额2.6亿余元（省高院指定执行的案件除外）。推行“阳光执行”，明确“十一个公开”，满足当事人对执行工作的知情权、参与权和监督权。紧扣两到三年内基本解决执行难的工作目标，大力加强执行信息化建设，建成执行指挥中心，构建统一管理、统一指挥、统一协调的执行工作新机制。完善与金融、房产、国土等部门的“点对点”网络执行查控机制，利用查控平台依法查询被执行人存款、房产、土地等财产2000余人次，成功冻结账户2100余个。依法突出执行工作的强制性，司法拘留61人次，罚款25人次，纳入失信黑名单474人，对所有失信人员全部限制出境、限制乘坐高铁、限制乘坐飞机、限制高消费、限制办理银行相关业务、限制担任公私企业法人代表等等。严厉惩治拒不执行法院判决、裁定犯罪，联动公安、检察依法开展惩治拒不执行法院判决、裁定犯罪的专项行动，45名被执行人移交公安立案侦查，126人慑于法律威严主动履行法院裁判，对构成拒不执行法院判决、裁定犯罪的依法判处刑罚。2016年，全院按照县委政府的要求继续开展为县农商行清收不良贷款专项行动，共收回各类贷款本息1.2亿余元，为全面优化经济发展环境，提供司法保障。

【司法改革】 2016年，县人民法院认真贯彻中央司法体制改革精神，积极稳妥推进司法改革，取得明显成效。一线法官人均办案数96件，审结率、当庭裁判率、上诉发改率、审判周期等司法绩效主要考核指标全市领先，司法状况综合考评继续保持全市第一。

一是推进法官员额制改革。根据中央、省委和上级法院关于法官员额制改革的具体要求，以县人民法院现有的147个中央政法编制为基数，确定39%的员额法官比例，严格按程序从本院96名法官当中遴选出56名员额法官，为下一步深入推进人员分类管理和法官职业化改革打下坚实基础。

二是推进立案登记制改革。严格按照最高人民法院发布的《人民法院推行立案登记制改革的意见》和《关于登记立案若干问题的规定》的要求，认真落实“有案必接、有诉必理、有案必立”的规定。2015年5月实行立案登记制至2016年底受理各类案件8873件，同比上升18.51%。各类案件当场登记立案率达98.6%，有效杜绝有案不立、拖延立案、年底不收案等现象。

三是推进以审判为中心的诉讼制度改革。制定完善以审判为中心的工作机制和庭审规范意见，明确庭审在保护诉权、认定证据、查明事实、公正裁判中发挥的决定性作用。落实非法证据排除规则，贯彻疑罪从无原则，切实杜绝冤假错案。积极完善案件繁简分流机制，在全市率先推开刑事“轻案快审”机制，300件刑事案件进入快速审理通道，平均审理周期仅10天，当庭宣判率100%，服判息诉率100%。

四是推进人权司法保障制度改革。强化刑事司法人权保障，所有被告人不穿马甲、囚服等具有监管机构标识的服装出庭受审；完善少年审判“圆桌审判”方式，所有未成年人犯罪记录全部实行封存；为所有符合条件的刑事诉讼被告人依法指定辩护人，为62名民事诉讼当事人依法争取法律援助。

【司法为民】 牢固树立宗旨意识，为民服务举措进一步完善。一年来，县法院积极回应新常态下人民群众司法需求，全面落实司法为民各项举措。

一是着力完善便民举措。持续推进诉讼服务中心建设，完善诉讼服务大厅、网上诉讼服务平台、“12368”热线“三位一体”的诉讼服务体系，为当事人提供“一站式”服务。全力推进巡回法庭、假日法庭等便民措施，巡回审判点增加到26个，实现巡回审判乡镇全覆盖。完善司法救助机制，为经济确有困难的当事人缓减免诉讼费133万余元。

二是着力化解涉诉信访。牢固树立司法为民宗旨意识，切实抓好涉诉信访源头治理。严格落实诉访分离工作制度，运用法治思维和法治方式处理涉诉信访。依法解决信访当事人合理诉求，坚决惩治利用信访违法犯罪，信访秩序明显好转。推行网上信访和远程视频接访，安排多名信访人通过远程视频向最高法院反映诉求；引导群众依法维权，信访投诉总量下降16.9%。认真探索律师代理申诉信访试点工作，引导申诉人合法理性表达诉求，信访积案逐步予以化解。

三是着力推进司法公开。加强审判流程公开、裁判文书公开、执行信息公开、庭审直播公开“四大平台”建设，公布裁判文书3992份，为群众参与诉讼、了解诉讼提供可视平台。积极开展法院开放日活动，96位村社群众代表走进法院，零距离了解法院。创新司法公开载体，多维度、多形式地传播法院工作正能量，县人民法院官方网站及微博微信共发布信息700余条，人民法院与人民群众之间的沟通渠道进一步拓展。

【队伍建设】 切实加强自身建设，“争创一流”基础进一步夯实。坚持以自身建设为关键保障，夯实长远发展基础，着力推进法院工作科学发展。

一是强化思想政治建设。常态化开展“两学一做”等主题教育和政法干警核心价值观教育，不断加强党建工作，严明政治纪律、组织纪律和政治规矩，教育全院干警牢固树立政治意识、大局意识、核心意识和看齐意识。持续推进创先争优活动和法院文化建设，注重对干警的人文关怀，关心干警的身心健康，队伍活力不断增强。

二是强化司法能力建设。强化文化建院，增强法院“软实力”。以《浯溪法苑》为载体，营造全院上下积极参与审判调研的学术文化氛围。2篇学术论文转化为调研成果，并在全国法学理论研讨会上荣获国家级奖项。加强司法能力建设，提升执法办案硬实力。14名法官参加国家法官学院、省高院的业务培训，42名干警参加市中院和本院举办的审判工作专项培训，开展审判技能竞赛、审判实务讲评6场次，全院干警业务素质进一步提高，司法能力、司法水平进一步增强。

三是强化党风廉洁建设。全面落实“两个责任”，确保党风廉政建设责任落地生根。严格贯彻中央“八项规定”，坚决纠正“四风”问题。持续加强日常检查监督，以落实上下班指纹打卡制度为抓手，开展纪律作风督查25次，发出纪律作风通报25期。持续加强党风廉洁教育，开展党风廉洁主题教育3场次，开展党组书记上廉政党课2场次，开展警示教育3场次。深入开展“雁过拔毛”式腐败问题和“纠四风治陋习”专项整治工作，做到有案必查、有腐必惩，全院干警队伍形象明显好转，司法公信力显著提高，

四是强化基层基础建设。“两庭”建设持续推进，按照最高法院的要求，建成数字科

技法庭2个，刑事案件庭审过程实现同步录音录像，办案过程全程留痕。通过“两院”招考和公开遴选，共招录10名干警充实到法庭队伍，人民法庭基层基础进一步夯实。强化法庭职能，8个基层人民法庭共审执结民商事案件2156件，开展各种形式的巡回审判400余场次，人民法庭服务农村、化解矛盾、维护稳定的前沿阵地作用日益凸现，辖区群众参与诉讼更为方便快捷。

【民主司法】 自觉接受各方监督，司法公正公信进一步彰显。县人民法院牢固树立自觉接受监督意识，不断完善接受监督机制，促进公正司法。

一是主动接受人大权力监督。坚持定期向人大及其常委会报告工作，先后就刑事审判、民事审判、执行工作、人民陪审、司法改革等工作向县人大常委会及其相关部门作专题报告。加强与县人大常委会有关专门委员会的工作联系，密切与人大代表的联络，坚持定期走访、定期通报工作情况。向代表们寄送反映法院各项工作的《浯溪法苑》400余份，同时每月以短信形式报告法院工作动态。共邀请代表参加旁听庭审、见证执行、评查案件等活动80余人次，认真办理、及时反馈代表建议18件、关注案件51件，满意度达100%。

二是自觉接受政协民主监督和检察法律监督。完善接受民主监督机制，及时向政协通报法院工作情况。先后向委员寄送反映法院各项工作的《浯溪法苑》300余份，走访政协委员32人次，加强与各民主党派、工商联、无党派人士、各人民团体的日常联络，通过调研、联席会议等形式，认真听取政协委员的意见。依法接受检察抗诉，邀请检察长、副检察长列席审委会讨论案件，依法接受检察建议，改进问题，促进工作。

三是广泛接受社会各界监督。虚心接受新闻媒体舆论监督和人民群众监督，对红网等新闻媒介曝出的情况反映，全部及时予以回复，积极改进存在的问题。重视与律师沟通交流，召开邀请律师参加的理论研讨会、工作推进会1场次，支持和保护律师依法行使职权，认真听取律师及其他法律工作者的法律意见，不断改进法院在审判工作中存在的问题。

【基层党建】 2016年，县人民法院党组及全体党员干警在县委的正确领导和县委组织部、县直机关党委的精心指导下，全面履行党建和党员工作职责，党组书记认真履行抓党建工作“第一责任人”职责，团结院党组一班人，认真落实基层党组织建设工作各项措施，党建工作取得一定成效。

一是狠抓“两学一做”教育常态化。召开党员干警大会专题宣讲如何做好“两学一做”常态化工作。让全体干警牢记“两学一做”不是一次活动，而是一项党内常规性、常态化、制度化的党内学习教育。学习的内容是党章党规和习近平总书记系列重要讲话精神，目标是做一名合格的共产党员。推动院党组、机关党委、各党支部从政治和全局的高度，充分认识推进“两学一做”学习教育常态化制度化的重大意义，确保中央精神和省、市、县委部署及时传达到每个基层党支部、每名党员。同时紧密联系法院审判工作实际，制订好具体的、个性化的学习教育计划和落实举措，做到精准对接、持续用力、扎实推进。认真总结过去的经验做法，在抓长、抓细、抓常上多下功夫，搞好深化拓展，强化改革创新，不断提高基层党建规范化、制度化、标准化水平。同时要求院党组和本院“两学一做”办公室，从严开展督促检查，坚决防止简单应付、走过场、搞形式。

二是狠抓“三会一课”的落实生根。2016年年初，院党组专题研究“三会一课”制度的落实方案，对全院13个党支部（8个法庭党支部，4个机关党支部，1个退休党员党支部）布置“三会一课”具体作业，全体党员干警和各党支部扎实按照规定时间和规定动作开好党员干警大会、党支部委员会、党小组会和上好专题党课，让全体党员干警过组织生活正常化、常态化。尤其在民主生活会中，开展好批评和自我批评，及时发现问题，及时整改。2016年，领导班子、班子成员以及全院干警，在省民调群众的满意率有了新的提高。在发展党员工作方面，制定党员发展工作计划，认真做好新党员的发展工作，共发展入党积极分子1名，1名预备党员转正。

三是帮助贫困村搞好党建工作。为切实抓好联系贫困村的党建工作，院机关党委派出政治素质较高、基层党建工作经验丰富的两名党员干警到梅溪镇龟山村指导该村开展各项党建工作，党组主要领导10余次深入该村，共同帮助村支两委开展好工作，特别是帮助提高村支部班子成员的党建工作能力，让党支部能够发挥出战斗堡垒作用，打赢这场脱贫攻坚战役。

四是加强基层服务型党组织建设情况。按照县委要求，认真安排和落实党员培训、党建扶贫、特困党员慰问、专项活动开展等费用，保障人、财、物的到位，切实夯实机关党建工作基础。积极开展“五进”（进社区、进农村、进学校、进企业、进机关）活动，共走访、座谈、调纠达300余次，解决群众关注的民生问题30余个，较好地满足来诉来访群众的司法需求。同时，健全完善党内关怀，开展结对帮扶活动，共慰问、看望党员20余人次，让处于困难的党员感受到组织的温暖。

（李春林）

司法行政

【概况】 2016年，县司法局认真贯彻落实省司法厅、市司法局和县委、县政府及县政法委的决策部署，在县人大、县政协的有效监督、大力支持下，积极履职担责，求真务实、团结奋进，较好地完成年度目标任务。全局共增加普法、社区矫正、硬件建设资金100多万元，为历史之最，为促进司法行政工作上台阶提供切实的经费保障。投资近60万元改扩建黎家坪司法所，新建浯溪街道、黎家坪镇两个公共法律服务站，黎家坪司法所顺利通过省司法厅检查验收，被评为“全省模范司法所”。国家工作人员学法考试、法律顾问等工作先后在永州市第八次法治宣传工作、永州市司法行政工作会议上作典型发言，县司法局被评为“全国维护妇女儿童权益先进单位”、“全市司法行政系统优秀单位”。

【基层党建】 扎实开展“两学一做”学习教育活动，队伍形象进一步提升。县司法局荣获“全县社会管理综合治理工作先进单位”、“县文明单位”、“县组织工作先进单位”、“县统战工作先进单位”、“县老干工作先进单位”、“县先进基层党组织”等系列荣誉称号。大力开展“法律体检”、“案卷评查”等专项活动，全面推进从严治党，风清气正氛围更加浓厚。进一步落实党风廉政建设“两个责任”，有效开展纠“四风”治陋习和“雁过拔毛”式腐败问题专项整治，全系统廉洁自律意识进一步增强。

【法治宣传】 以县两办名义下发《关于在全县国家机关中实行“谁执法谁普法”责任制的意见》，以县“党代会”、“两会”为契机，吹响争创“七五”普法全国先进县的号角。坚持贴近实际、贴近基层、贴近群众，注重运用以案说法、法治文艺汇演、法治动漫、法治实践等丰富多彩的方式进行普法。大力开展以“最美法治课堂”评选为代表的法律“六进”活动、高位推动以农民现场有奖答题为亮点的农村法治宣传月及青少年法治宣传周、“12.4”国家宪法日等主题活动，依托“祁阳普法”微信公众号，策划开展“学法送红包”活动。依托手机报、广播电视台、高铁站、祁剧团等大众传媒及宣传平台，开设

《法治之窗》《调解现场》专栏，编撰祁阳小调《众人齐夸如法网》、小品《选择》等节目，小品《选择》更是荣获“全省法治文艺节目二等奖”，既有效扩大普法覆盖面，又提高普法实效。争取县委、县政府将“法治一条街”、“法治文化公园”、“法治文化广场”(法治宣传“三项重点”工程）纳入县城提质改造范畴统筹谋划。联合县人社局制定下发《关于做好2016年度全县国家工作人员学法考法工作的通知》，运用“互联网+普法考试”新模式，组织8706人参加网上学法考试，参考率和合格率均为100%。

【法律服务】 县公共法律服务中心通过省验收，全县公共法律服务信息化建设及服务水平大大提升。法律援助服务不断优化。认真执行省两办印发的《关于完善法律援助制度的实施意见》，扩大法律援助范围，努力做到应援尽援。全县共接受法律咨询800余人次，受理法律咨询案件385件，受理法律援助案件228件，让困难群众和弱势群体深切感受到党和政府的温暖，让公平正义的理念更加深入人心。人民调解作用充分发挥。不断健全调解组织网络体系建设，高标准创建三家村、雨坛岭社区两个村级规范化调委会，全县规范化调委会达45家。全县各级、各行业、各专业性调委会共调处各类矛盾纠纷7922件，调解成功7921件，调解成功率达99.98%，防止民转刑案件9件106人，防止群体性械斗9件125人，防止群体性上访32件418人。法律服务有新业绩。全县37名律师担任93家政府、企业单位、重点项目的法律顾问，为企业免费法律体检36次，为社会挽回和避免经济损失6000余万元。律师参与信访形成制度，全县37名律师参与法、检、公、司、信访值班，为全县社会大局稳定作出应有贡献。律师“双培”工程成效显著，全县4名优秀律师、法律工作者担任市县人大代表、政协委员、人民监督员，有力助推“法治祁阳”建设。公证服务有新发展。全年共办理各类公证860件，其中国内公证626件，涉外公证234件，无一件错证、假证，涉及标的1600万元。司法鉴定有新突破。共鉴定案件1399件，其中人身损害赔偿案件866件，交通事故伤害案件533件，实现司法鉴定零投诉。

【特殊人群管理】 投入10万余元，进行社区矫正人员行为规范训练。与德辉现代农业示范园合作，在茅竹镇三家村高标准建立社区矫正与刑释人员安置帮教基地。加大社区矫正管理力度，扎实推行每周一会议（社区矫正人员审前调查局长办公会)、每月一评估（社区矫正风险评估)，每季一督查（坚持明查与暗访相结合)，设立社区矫正“监督岗”，发放入矫监督卡，力争最大限度地从源头、从制度上规范社区矫正管理，打造“阳光矫正”。进一步完善社区服刑人员手机定位监控系统，对485名社区服刑人员进行实时监控。实施“防脱管”专项行动，全县共接收各类社区服刑人员411人，无一人因脱管而导致重新违法犯罪。

（张艳）

综合经济与管理

发展和改革

【概况】 2016年，根据中共祁阳县委、祁阳县人民政府关于祁阳县人民政府机构设置、职能职责变化及部分单位机构级别的调整，设立祁阳县发展和改革委员会（加挂县物价局牌子），不再保留县物价局。调整后县发改委主要职责：负责拟订并组织实施全县国民经济和社会发展战略、中长期规划和年度计划，统筹协调相关总体规划、区域规划、主体功能区规划与专项规划；负责研究全县宏观经济运行、总量平衡、经济安全和总体产业安全等重要问题，提出宏观调控措施建议；负责协调推进产业、创业等投资基金的发展，组织拟订全县综合性经济体制改革方案，协调有关专项改革方案，会同有关部门搞好专项改革之间的衔接；负责拟订全县社会固定资产投资总规模和投资结构的调控目标、意见及措施，规划全县重大建设项目和生产力布局，按规定权限审批、核准、审核、备案建设项目、外资项目，研究提出县重点建设项目计划，组织开展重大建设项目稽察，政府投资项目代建制实施的指导、协调；负责贯彻实施综合性产业政策，协调全县一、二、三产业发展的重大问题并衔接平衡相关发展规划和重大政策，拟定发展战略性新兴产业规划；负责拟订并组织实施全县以工代赈规划和计划，参与研究拟订全县城镇化发展战略和意见措施，统筹协调区域合作；承担全县重要商品总量平衡和宏观调控，编制重要农产品、工业品和原材料进出口总量平衡计划并监督执行，根据全县经济运行情况对计划进行调整，拟订现代物流业发展战略、规划，协调物流业发展重大布局；负责全县社会发展与国民经济发展的相互衔接，组织拟订全县社会发展战略、总体规划和年度计划；负责研究分析全县经济社会与资源、环境协调发展的重大问题，节能减排的综合协调工作，组织拟订发展循环经济、能源资源节约和综合利用规划、措施并协调实施，参与编制生态文明建设、环境保护规划，协调生态建设、能源资源节约和综合利用的重大问题，综合协调节能环保产业和清洁生产促进有关工作，完善固定资产投资项目节能评估和审查办法；负责贯彻执行国家、省、市价格政策，研究拟订全县重大价格改革方案并组织实施，监测、分析全县市场价格形势，组织实施全县价格总水平调控，依法组织价格听证会和价格专家论证，运用价格杠杆促进经济社会发展；负责价格调节基金的征收、管理、使用工作，拟定全县商品价格、服务价格及行政事业性收费的定价目录和管理办法并组织实施，制定和调整实行政府指导价、政府定价的商品、服务价格，参与审批事业性收费项目及收费标准，管理行政机关和法律法规授权的组织依法强制使用或指定配套销售的商品和服务价格，规范中介组织的收费行为，依法对重大自然灾害和特殊时期实施临时价格干预措施；负责指导全县价格监督工作，组织实施价格监督检查，依法查处商品、服务价格和各类收费中的违法行为，协助上级价格监督检查部门调查价格垄断行为，指导全县价格行政复议并按规定受理复议案件；负责指导价格公示、价格自律、价格诚信、价格信息等价格服务工作，推行明码标价；负责依法组织对实行政府指导价、政府定价的商品、服务价格和行政事业性收费的成本监审工作；负责涉案物价格鉴证工作，指导中介机构的价格鉴证、价格评估工作；负责研究制定推进社会信用体系建设的政策措施，统筹推进统一的信用信息平台建设，促进信用信息资源的整合与运用，协调社会信用体系建设的重大问题；负责组织编制全县国民经济动员和装备动员规划、计划，组织实施全县国民经济动员和装备动员有关工作，协调有关重大问题；指导和协调全县公共资源交易平台建设，监督公共资源交易活动；承办县委、县人民政府交办的其他事项等。调整后共有干部职工 128 人，其中在职 99 人、退休 29 人，根据职责内设办公室、行政审批股、投资股、社会发展股、公交能源股、农经股、环境资源股、重大项目稽查股、价格调控股、价格和收费管理股 10 个职能股室，归口管理县招标投标管理办公室、县重点项目建设管理办公室、县以工代赈办公室、县价格监督检查局、县价格成本调查队、县价格认证中心、县价格调节基金管理办公室等单位。

【宏观调控】 在分析宏观经济环境和全县发展现状的基础上，找准经济增长点，积极稳妥地提出 2016 年全县发展目标及工作措施建议，认真拟订《2016 年国民经济和社会发展计划（草案）》，并提请县十六届人大四次会议审议通过。一是在深入各企业调研，在组织召开县级部门分析会的基础上，完成季度全县经济运行分析报告，分析全县经济主要指标运行情况，剖析存在的主要问题，讲观点、提建议，积极为县委、县政府出谋策划，得到县主要领导高度肯定。二是加强专题形势分析。形成《2016 服务业发展报告》《2016 社会发展报告》《2016 改革形势报告》。三是加强物价监测分析。每月开展一次价格监测，形成价格形势分析报告，反映价格变化趋势，提出对策建议，积极应对预防，努力管理好通胀预期。

【项目投资审批】 依法审核投资项目，全面实行网上监管平台审批和并联审批模式，完善“两单”制、限时办结制、首问责任制、责任追究制等制度，优化审批服务，提高审批效率。全年共审批基建项目 152 个，概算投资总额 91.46 亿元，在全省项目总数排位由 98 位上升到 11 位。根据《中华人民共和国招标投标法》《湖南省招标投标条例》等法律法规，对重点项目建设过程中的招投标工作进行指导和协调，全年依法核准招投标 105 项，概算投资 5 亿元以上，无一差错和遗漏。

【项目建设】 采取“一天一调度、一周一督查、半月一通报、一月一排位”的工作机制，开展定期与不定期督查。全年共安排重点建设项目 76 个，其中前期项目 16 个，重点建设项目 60 个、年度计划投资 45 亿元。2016 年，60 个建设项目完成投资 46.92 亿元，占年计划的 104.2%。按行业分：工业能源类，完成投资 9.67 亿元，占年计划的 107.5%。千山医疗器械二期工程完成综合车间地面硬化，东骏纺织二期工程 2 万平方米厂房完工、另 1 万平方米厂房完成主体工程，富福服装第一栋厂房建至第二层，鑫利生物科技正在厂房装修和设备安装，新建移动通讯基站完工程投资 85%。农林水利类，完成投资 10.16 亿元，占年计划的 107.2%。湘江治理唐家岭段基本完工，104 座病险水库加固工程全面完工，特色县域经济重点县工程基本完工，农建投果蔬产业园机耕道、渠道等基础设施及水肥一体化蔬菜大棚完成 80%工程量，湘祁水电站完成移民拆迁42户、抬填114亩，广垦完成油茶种植3200亩。交通设施类，完成投资3.92亿元，占年计划的115.9%。祁阳大道完成部分路面硬化、征地、137户拆迁、白沙11组赔损及迁坟，农村公路提质改造完成120公里，危桥改造完成13座，祁冷快速通道扩建工程完成90%，木金公路如期推进，建成农村公路90公里，黎马公路完成征地工作。城建基础设施类，完成投资9.23亿元，占年计划的103.7%。火车站配套工程完成车站路道路硬化1700平方米、管道3000米，经开区灯塔路公租房二期工程完成外墙装修，民生路建筑外立面改造全面完工，华润燃气完成中压管网15千米、庭院管网25千米、L—CNG合建站完成基础工程和设备采购，浯溪区污水处理厂扩建工程氧化沟和二沉池墙体完工，道路改造提质工程扎实推进，黎家坪污水处理厂主体完工。社会事业类，完成投资5.33亿元，占年计划的113.4%。职业中专公租房建成8层、校大门完工，教育强县工程教师公租房主体完工，人民医院综合大楼完成外墙瓷砖粘贴、消防、水电等安装和室内装修，卫生监督及急救指挥中心完成三层施工。商贸旅游类，完成投资10.74亿元，占年计划的118.7%。祁达钢材物流正在建厂房，盈通达物流完成场地平整，东部商贸城完成征地、房屋拆迁2000平方米、土地平整65亩，观音滩鸭婆洲旅游开发项目水上动感区、儿童游乐区及观光农业区已建成使用、民俗风景区（吴家大院）正在建设，“金沙湾”、“汀兰华府”、“浯溪御园”、“翰林御景”等房地产正在加紧施工。重大前期项目，衡永高速公路完成工可招投标，铁路物流园完成初步规划设计，大江林场风电项目正在测风，东方红水库工程完成地质勘测、正在做初步设计。重点抓好项目推介。在祁阳县政府网站发布100多个包装、开发、储备的项目，11月6日，协助举办祁阳县重大项目发布会。会上共发布现代农业、新型工业化、新型城镇化、交通基础设施、社会事业、旅游发展六类重大项目56个，总投资675亿元。目前，大部分项目已完成立项、可研工作。

【跑项争资】 重点围绕供给侧改革、国家专项债券、投融资改革、补短板行动计划、养老产业、配电网建设、双孵双创、绿色低碳等方面，开发、包装、储备项目100余个，充实项目库。年计划争取资金17.9亿元，实际到位资金项目336个，到位资金17.65亿元，占年度计划的98.6%。资金到位项目主要有：职业中专产教融合2000万元、基本公共卫生服务3039万元、企业基本养老保险转移支付资金10039万元、保障性住房建设和中央专项资金9436万元、保障性住房建设及配套基础设施建设8278万元、易地扶贫搬迁资金4600万元、农村危房改造补助资金1750万元、新增粮食产能1800万元、城市防洪工程资金3000万元、公安局“三所合一”项目资金1362万元。争取专项建设基金项目4个，到位资金1.6亿元，主要有：原种场棚户区改造8000万元，城市供水扩能提质工程3000万元，白竹污水处理工程2000万元，内下黄司河河道治理工程3000万元。

【价格调控】 推行涉企收费清单制度。在县政府的统一领导下，与相关部门配合，对涉企收费进行清理规范，从严落实“涉企收费进清单、清单以外无收费”的要求。稳步推进医药价格综合改革，规范依法办案程序，实行律师顾问制度。落实案件预审、查办制度、结案审议制度，完善审议流程。围绕供给侧改革，全面取消、停止、免征、降标收费116项；小微企业和营利性养老及医疗机构建设免征35项，降标3项，调整2项；服务性取消17项，降标9项，规范18项；实行市场调节价的服务性收费20项。

【价格监督检查】 加强价格监测预警，稳定市场价格水平，每周2次对城区农贸市场蔬菜、粮油肉蛋等农副产品进行监测，采集市场价格、定期发布。不定期组织对县城王府坪、芦家甸市场和步步高、万联超市等农副产品市场进行价格巡查，坚决制止哄抬物价及价格欺诈等行为。累计出动人员400余人次，检查车辆1500余辆次，查扣违价车辆8辆，有效遏制票价涨价行为。围绕群众关切、社会关注的价格热点和消费重点，重点开展教育、国土、医院、自来水、通讯行业收费专项检查．切实加强“12358”价格举报平台建设，进一步畅通价格举报渠道，转变价格监督检查方式。全年受理“12358”价格价格举报案件85起，调解处理3件，退还群众价款5万余元，举报、交办案件办结率、回复率100%。开展“中秋”“国庆”节日期间市场价格监管工作，开展节日市场巡查，确保节日市场稳定。

【价格鉴证与成本调查】 全年共受理各类价格认证鉴定125件、涉案标的达116万元，做到了公平公正和零投诉，较好地发挥“调节价格矛盾、处理价格纠纷”的作用，赢得服务对象的广泛好评。高质量做好农产品成本调查。一方面，加强业务指导，完善生猪、稻谷价格指数成本发布平台，认真分析、预测和上报市场价格变化情况。另一方面，坚持质量优先，推动农调户登记质量提升。对全县农调户分批次进行培训、指导，开展优秀农调户的评比竞赛，较好地保证农业生产成本数据的真实可靠。其中，价格成本调查工作荣获省农产品成本调查先进集体荣誉称号。

【亮点工作】 一是稳步推进公车改革。公车改革作为全县所有公务人员关心关注的头等大事，县成立公车改革办公室，明确由发改委牵头抓。到2016年年底，改革工作基本完成，在前期依政策摸清底子，反复核算经费的基础上，县委、县政府多次研究，确定于2017年正式实施。二是扎实开展易地扶贫搬迁。共完成投资1315万元。10个安置点集中安置203户620人，七里桥镇龙塘村安置点和八宝镇内下村安置点主体工程基本完成，其他8个集中安置点正在进行主体工程建设。分散安置66户，安置贫困户173人。三是有效实施新一轮农网改造。针对农村电力需求增长过快，国家迅速实施了新一轮农网改造工程。2016年，全县共投入农网改造资金近8000万元（包括后期争取增加的3000多万元在内），涉及112个行政村，9个台区，3条10KV线路。目前，已完成投资6000多万元，112个村完成立杆施工，县城9个台区正在全面施工，12月底可全面完工。110KV梅镇线、潘梅线完成95%工程，羊镇线正在施工，年底均可建成。县城西区110KV变电站已纳入2017年省发改委和省电力公司计划。县经开区电网建设县政府已与国网永州供电公司签订投资协议，纳入全省农网改造范畴，目前正在进行前期规划设计工作。

【队伍建设】 在县委的统一部署下，扎实开展党的群众路线教育实践活动，强化措施，狠抓整改，努力为群众排忧解难。落实党风廉政责任制。高度重视反腐倡廉工作，把党风廉政建设和反腐败工作纳入首要工作，全面落实党风廉政建设责任制。积极推行政务公开，县发改委党员对廉洁自律进行承诺，公务接待、通讯、汽油、差旅、学习培训等报销情况，及时公示，接受群众监督。打造高素质干部队伍。在机关建设上，县发改委既重视抓好领导班子建设，又注重抓好干部队伍建设。在班子建设上，认真执行党风廉政建设责任制，通过定期召开民主生活会，加强班子成员之间的交流沟通，明确职责，落实责任，发挥领导班子核心作用，提高领导班子的凝聚力、战斗力、创新力和执行力，增强决策的科学性。在干部队伍建设上，通过抓思想理念、工作作风、工作思路和工作方法，树立创新务实、勤政廉洁的队伍形象，提升干部履职能力。严格依法行政。积极转变工作作风，努力增强服务意识，大力提升窗口服务工作水平，自觉接受县人大和各方面的监督，认真贯彻落实县人大及其常委会的决议、决定，虚心听取和办理人大代表的批评、意见和建议，共办理县人大代表建议2件，办结率、回复率、满意率均为100%。

（王宏伟　王嵘）

审　　计

【概况】 2016年，县审计局有干部职工61人，其中：在职49人（初级职称6人，中级职称14人）；退休职工12人；党员45人。局机关内设办公室、经济责任审计室、基建投资审计室、法规审理股、行政事业股、财政金融股、经济贸易股、政工股八个股室；下设祁阳县审计基层工作室，为全额拨款事业单位。

2016年，共完成审计项目55个，查出各类违规、损失浪费问题金额6019万元，管理不规范金额43834万元，发现非金额计量问题47个，促进增收节支5542万元，挽回（避免）损失667万元。移送纪检监察机关处理事项1件，涉及1人；协助县检察机关办案并处理事项1件，涉及1人。一是深入开展财政预算执行审计。对县财政局2015年度具体组织实施的县本级预算执行情况进行审计，重点延伸审计县地方税务局、县人民银行、县劳动和社会保障局、县教育局、县水利局、县卫生局、县民政局及所属单位的预算执行情况。对审计发现的问题，依照有关法律法规进行处理并提出建设性建议。同时，按照县人大常委会的要求，向县人大专题汇报2015年度财政预算执行审计中发现问题的整改情况。并就财政预算执行审计情况在祁阳政府网进行公示。二是扎实开展经济责任审计。对31个单位已离任的主要领导任职期间的经济责任进行审计。通过审计，增强领导干部执行“八项规定”和财经纪律的意识，促进领导干部依法行使权力和履行职责，提高单位财务管理水平和依法理财能力。三是全力配合开展审计专项检查。全力配合省、市审计机关，积极开展贯彻落实“稳增长、促改革、调结构、惠民生、防风险”政策措施情况的跟踪审计、保障性安居工程跟踪审计、医疗保险政策制度及基金筹集管理使用情况的审计。四是大力开展基建投资审计。突出狠抓全县财政性投资项目基建决算审计，对县中医院医疗大楼、县武装部附属设施、县民生小学田径场等8个项目进行基建投资审计，共核减工程造价1850万元。

【审计工作成效提升】 坚持把揭露问题与推进审计整改相结合，加强审计成果的开发利用，进一步提升审计工作的层次和水平。一是积极建言献策。对审计发现的问题，注重深入分析原因、区分性质、厘定责任，从制度、机制和体制层面提出建议和改进措施。一年来，共向县委、县政府提交审计专题、综合性报告55篇，被批示3篇。二是促进规范管理。在加强监督的同时，帮助被审计单位建立健全财务管理制度和内控制度。共向被审计单位提出审计建议99条，被采纳审计建议99条。三是推进问题整改。对审计发现问题较多或较突出的审计项目，以《审计督促整改函》等方式，督促被审计单位有针对性进行整改。特别是同级预算执行审计中发现的问题，由县人大牵头，组织审计、财政等部门对相关责任单位整改落实情况进行专项督查。整改结果依法向人大常委会进行报告，接受人大对整改工作的监督。

【审计业务管理】 坚持以推进业务规范化为抓手，不断完善审计工作的方式方法，审计工作创新发展取得新成效。一是建立健全制度。制订涵盖审计计划、审计实施、审计报告、审计执行、审计时限管理、审计结果运用、审计质量控制与责任追究等11个方面内容的《审计业务管理办法》，对审计行为进一步进行规范。二是强化审计控制。对每个审计项目均进行审前调查，并根据调查结果制定有针对性的审计实施方案。对审计项目开展情况，实行定期调度工作制度，审计现场工作效率得到提高。三是创新技术手段。在安居工程、医疗保险基金等大型行业审计中，注重加大数据集中和分析力度，对财政、医保、房产等大数据进行综合关联分析，查出一批问题疑点，提高核查问题的精准度。

【党风廉政建设】 按照全面从严治党的要求，坚决落实“两个责任”，狠抓审计队伍党风廉政建设。一是扎实开展“两学一做”学习教育。坚持把“两学一做”学习教育作为审计机关的一项重大政治任务，不断加强理论学习，深入践行“四讲四有”，切实增强“四个意识”，全局思想作风进一步转变。二是狠抓自身党风廉政建设。按照《准则》《条例》要求，从班子成员抓起，狠抓全局机关作风建设，严格工作、学习、生活纪律，进一步提升审计士气。同时，从严压缩办公经费开支和公务接待开支，树立审计部门勤俭节约形象。全面落实党风廉政建设责任追究制，进一步增强审计人员依法审计、廉洁自律的自觉性。2016年，向被审计单位发出的55份审计纪律回访单，没有发现一起不廉洁行为。

（唐洪斌　黄丽莉）

统　　计

【概况】 2016年，县统计局紧紧围绕建设经济强县、全面建成小康和撤县设市等中心工作，抓基础、求质量、强服务、提素质、树形象，不断加强队伍建设，各项工作齐头并进，为助推全县跨越争优目标做出统计部门应有的贡献。全县生猪监测、住户调查和粮食监测等3个统计专业荣获全省一、二等奖，乡镇统计规范化建设、网站和信息化建设等4项工作荣获全市先进。圆满完成第三次全国经济普查和全省1%人口抽样调查，稳步推进第三次全国农业普查各项前期工作。

【业务培训】 针对基层统计人员换岗频繁，业务素质不高的现状，县统计局把业务培训作为夯实统计基础的重头戏来抓。一是积极创新培训方式。加大对镇村和企业统计人员的培训力度。采取分片、分专业开展业务讲解和培训，加强培训的针对性和有效性。2016年，全局分别在经开区、科技工业园、黎家坪镇以及县农普办组织开展统计业务培训，累计培训乡镇和企业统计人员640人次，有效地提升农业统计、工业企业、建筑、房地产企业以及固定资产投资项目的统计水平。二是积极搭建学习平台。鼓励县、镇统计人员参加统计培训和考试。组织、选派专业人员参加省、市学习与培训。全年共组织90余名基层统计员参加省、市学习与培训。截至2016年年底，县统计局机关14人获得统计师职称，27个乡镇统计员中90%以上为本科学历，平均年龄25.8岁，100%获得从业资格，其中5个获统计师职称。

【农业普查】 2016年是第三次全国农业普查和人口抽样调查的交集年，祁阳县普查、调查工作量约占全市的1/6，工作相当艰巨和繁杂。全局坚持统筹兼顾，突出调查重点，狠抓督促落实，提升工作效能。一是圆满完成1%人口抽样调查工作。一季度，全局人员奋战100天，汇总数据57.4万笔，审核逻辑关系11.5万起，较好地完成1%人口抽样调查的数据汇总和对比分析任务。11月，全局分两个大组，坚持“5+2”“白+黑”工作模式，加班加点，攻坚克难，深入村、组、农户，全力以赴做好1‰人口抽样调查工作，基本完成数据审校和电脑录入工作。二是积极推进第三次全国农业普查工作。祁阳县是全省农业大县，第三次全国农业普查（简称“三农普”）涉及全县23个镇（街道）、2388个普查小区，241062户农户，2710户规模经营户，1591个规模经营单位。年初，成立县、镇普查机构，并将普查经费纳入年度预算。下发祁政办函文件，明确成员单位职责，规划全县三农普查的各项环节任务。上半年，完成“两员”选聘和业务培训，开展粮食样点遥感测量和普查小区划分。下半年，组织5000余名农普工作人员、镇乡干部、村指导员、普查员进村入户，发放宣传手册、张贴宣传画等宣传资料21.6万份，营造普查氛围。召开镇（乡、办、场）“三农普”动员会、业务培训以及数据采集器（简称PDA）操作员技能培训会议，为县、镇、村三级普查机构全面掌握普查流程、学习普查指标和规范普查操作创造了条件。11—12月，组织全县近3000名普查员、普查指导员，开展为期两个月的入户摸底工作。同时，坚持把督查、指导贯穿整个普查登记流程，抓紧、抓实每个工作环节。逐单位分析和对比各镇办场的基本信息，全面明晰镇表、村表、户表和规模农业经营户表基本信息的逻辑关系，做到户表不清，不准入登，从源头上确保调查资料的可靠性，为2017年元月起的正式普查登记作好充分准备。

【数据质量提高】 积极履行统计职责，不踩“红线”，不触“底线”，严把数据监测“关口”，确保报数据质量。一是扎实推进企业联网直报。加强与责任单位的沟通与联系，督促起报企业如期如质完成联网直报任务。1—12月，全县170家“四上”企业、11个统计专业、48个统计指标，累计上传70余万笔联网直报数据。二是认真开展居民收入、粮食生产和生猪统计监测。严把起报、审核和上报“三道关口”，顺利推进52个调查样点的日常报表工作，为全县保持全国粮食生产先进县、全省粮食生产标兵县和全国生猪调出大县奠定坚实基础。三是有序做好企业“入统”工作。会同税务局、市场监督服务局、科经委、商粮局等单位，扎实做好名录库管理。挖掘优质企业及投资项目入统，培育碧锦塑胶、绿尔康有机肥、凯迪电厂等9家优质工业企业做大做强入统。有序地把极祥制衣、汉源青蒿生物工程、三华针织等退出联网直报，提高联网直报工作质量。四是全力完成小康统计监测。加强报表收集和整理，做实数据基础，进一步完善小康指标体系。同时，加强对116个小康指标的分析与定位，及时向县委、县政府和县全面小康办汇报监测结果，为祁阳县实现争先创优目标作出积极努力。

【服务水平提升】 2016年，全县统计工作始终坚持忠诚统计，服务大局，努力在细致、繁琐的数据采集与报送工作上有所作为。面对严峻的经济下行压力，积极主动地加强统计预警监测，认真仔细地做好调查研究。1—12月，共撰写统计信息和经济运行分析材料16篇，为县委、县政府实现稳中求进的目标建言献策。县统计局争取“撤县设市”和保持全国粮食生产先进县、生猪调出大县荣誉以及在省、市重点民生实事考核等作出积极贡献，为实现全面建成小康工作既定目标，以及保持省、市文明县城指数测评工作进类、排位，充分发挥统计部门的自身优势，竭尽全力协助县委宣传部和县全面小康办拿出较为全面细致的工作方案，并积极跑省跑市，加强协调，为全县实现预期目标奠定基础。采取网络服务、现场服务、电话服务等方式，开展数据咨询服务，让社会各界更加快捷便利地分享统计数据和信息。1—12月，共接待群众来访查询数据190人次，群众满意率和按期办结率达到100%。

【依法治统推进】 以国家和省统计局开展统计核查为契

机，进一步强化统计法制意识，规范工作流程，全面开展依法治统。一是重学习。开展《统计法》《统计法实施细则》《统计违法违纪行为处分条例》等法律法规学习。局机关每月集中学习两次，每季度进行一次小结，提高统计工作的敏锐性、预见性和准确性。二是强基础。针对乡镇换届，部分统计人员轮岗换岗的情况，会同有关单位对全县28个乡镇场办配齐专兼职统计人员，做到有分管领导，有统计人员，全县统计机构和网络得到健全。三是抓核查。联合相关职能部门，开展企业统计核查。通过送达《统计告知书》等形式，督促、检查起报企业配齐统计人员，完善报表制度，夯实统计台账，如期如质做好数据上报。1—12月，全局共送达《统计告知书》210份，纠正35处统计人员缺位、数据报送逾期等错误行为，42个企业统计基础台账得到完善。

【队伍建设】 继续坚持内练素质，外树形象，局机关保持和发扬永州市文明单位的精神风貌和务实的统计团队精神。深入开展“两学一做”活动，丰富党建工作内容和载体。以党建引领全局干部勤学苦钻，创新求变，增强大局意识、责任意识和服务意识。机关支部荣获全县先进基层党组织荣誉称号。积极开展结对帮扶活动。扶持贫困对象22人，并经常走访、慰问大忠桥镇双凤村、金旗村，大忠桥第二中学，以及创国卫联系的浯溪街道沿江路社区和龙山街道东江村，落实帮扶建设资金3.2万元，实现精准扶贫和创国卫工作预期目标。切实改进机关工作作风。为预防“机关病”，局党组狠抓上班纪律和岗位责任制落实，增全局人员的工作紧迫感、责任感，提升整体形象和执行力。1—12月，全局月平下乡人次在120人次以上。尤其在粮食样点测产、住户样点回访以及普查调查等阶段性工作期间，全局月平下乡人次达200人次。

食品药品工商质量监督管理

【概况】 2016年3月14日，根据中共祁阳县委、祁阳县人民政府《关于印发〈祁阳县人民政府职能转变和机构改革方案的实施意见〉的通知》《关于祁阳县人民政府机构设置、职能职责变化及部分单位机构调整的通知》文件精神，原祁阳县工商行政管理局、原祁阳县质量技术监督局、原祁阳县食品药品监督管理局合并，组建成立祁阳县市场和质量监督管理局，加挂县食品药品监督管理局、县食品药品安全委员会办公室牌子。2016年12月，省编办下发《关于县级市场和质量监督管理局更名事项的通知》，统一更名为县食品药品工商质量监督管理局。党组书记、局长刘勇。全局在职干部职工316人，退休干部职工129人。

2016年，在全县绩效考核中，县食品药品工商质量监督管理局获宣传思想工作、组织工作、全面建成小康社会推进工作、依法行政工作、安全生产目标管理考核、人口和计划生育综合治理工作等多项先进；获2016年度全市特种设备安全监察工作先进单位，全市食用油、米粉放心工程考核第一名。

【商事制度改革】 全县于9月20日全面启动企业（含农民专业合作社）“五证合一”，在原工商营业执照、组织机构代码证、税务登记证“三证合一”的基础上，整合社会保险登记证和统计登记证，实行“一套材料、一表登记、一窗受理”的工作模式，由市场和质量监督管理部门核发加载统一社会信用代码的营业执照，社会保险登记证和统计登记证不再另行发放。自12月1日起，全面实施个体工商户营业执照和税务登记证“两证整合”登记制度改革。12月1日，在祁阳县市场和质量监督管理局城南所，永州市副市长刘鹏为个体工商户黄中华颁发永州市首张个体工商户“两证整合”营业执照。2016年，全县新登记企业805户、农民专业合作社201户、个体工商户3055户。祁阳县市场和质量监督管理局被省工商局评为2016年度全省商事制度改革先进单位。

【商标品牌战略】 2016年，全县申请商标注册176件，申报湖南省著名商标1件、永州市知名商标4件；2016年首次将质量工作纳入县政府绩效考核，扶持永州市北大农牧有限公司、湖南精工科教设备有限公司等两家企业的产品获“湖南名牌”称号。祁阳县地理标志保护产品实现零的突破。9月7日，“祁阳石”正式获国家质检总局批准为国家地理标志保护产品，“祁阳槟榔芋”的地理标志产品保护申请亦获国家质检总局正式受理。

【事中事后监管】 依托全国企业信用信息公示系统，通过企业自主报送年报和即时信息，实现企业信息共享，加快形成企业自治、行业自律、社会监督、政府监管的新格局。全年共指导2263户企业、507户农民专业合作社、13128户个体工商户在规定时间内完成2015年度报告，全县市场主体年报率达92.35%，依法将329户不按规定报送年报的市场主体列入经营异常名录，通过工商信息化综合管理系统，抽查企业124户次、个体工商户375户次、农民专业合作社15户次。

【企业融资】 2016年，共为企业办理动产抵押登记12件，为企业融资3251万元；办理股权出质登记17件，出质有限责任公司股权6110万元，担保债权数额8198万元。

【食品安全监管】 组织开展元旦春节暨“两会”期间流通领域食品安全、惩治冷冻肉品走私行动、校园及周边食品安全、“查无证、清死角、端窝点”、中高考及端午期间流通环节食品安全、“放心食用油”“放心米粉工程”、大桶水、肉制品等专项整治。加强食品药品示范街、示范店的质量创建，以点带面，引领辐射，引导餐饮店提高诚信经营、守法经营意识。2016年，县城各餐饮服务单位累计投入提质改造资金1200余万元，改造餐饮服务单位达标229家，建成县城内民生路、金盆路、金果路等3条食品药品安全示范街。与所有获证食品生产企业签订《食品获证企业质量安全承诺书》《食品生产原料采购员质量安全责任承诺书》《食品生产配料员质量安全责任承诺书》及《食品生产检验员质量安全责任承诺书》。通过日常监督检查及专项整治，全年未发生一起食品安全事故。祁阳县在全市食用油、米粉放心工程建设考核中获第一，被市食安委评为先进单位。

【药品医疗器械监管】 开展药品流通领域专项整治，对辖区内药品生产和包装企业进行药用原辅料和药包材的专项检查，严厉惩治利用互联系网销售假药，严厉查处医疗机构和零售药店的药品违法违规行为，对违法广告药品及非药品冒充药品行为进行专项整治。大力加强药械不良反应监测工作，针对全县ADR和MDR监测工作任务，对县直各医疗卫生单位、乡镇卫生院、民营医疗机构，各药品（医疗器械）生产、经营企业等38个单位进行药品不良反应、器械不良事件监测的任务分解及通报，全县监测站点端口乡镇覆盖面达100%，通过完善药械监测信息网络，全县药械不良反应上报的主体监测意识和监测水平不断提高。

【特种设备安全】 出台《特种设备安全监管执法年实施方案》《特种设备安全大排查、大管控、大整治工作方案》《特种设备安全监管执法计划》，全年共督查自查自纠单位116家，检查特种设备287台（套），发现一般隐患42处。重点开展电梯、锅炉、压力容器、液化石油气充装站的专项整治行动，突出重点行业、重点区域、重点设备，将医院、超市、工业园区企业、气瓶充装单位为重点排查行业，共排查医院7家、气瓶充装单位11家、超市5家、小区电梯8家、园区企业15家，发现隐患18处，均已整改到位；同时，开展警示约谈教育活动，通报检查中发现的问题和隐患，明确整改要求和期限，强化企业红线意识和主体责任意识。

【消费维权】 在全县范围设立47个消费申诉举报联络站，9个12315消费维权申诉举报站，在主要消费场所和大型超市悬挂统一制作12315公示牌，并在旅游景点竖立大型宣传牌，基本形成覆盖城乡的消费维权网络。“3·15”期间，在全县各乡镇设立消费维权咨询台，现场发放各类宣传资料20000余份；向社会发布消费警示17条，受理各类申诉举报96起、咨询121起，为消费者挽回经济损失18.4万元。

【监督抽检】 以质量监督抽查和认证监管为抓手，严厉惩治生产销售伪劣产品违法行为。2016年，全县产检所获得食品18大类、350个参数、工业产品10大类335个参数的检验资质。计量所通过8项计量标准考核，技术机构能力建设及现场管理整顿规范活动得到省市局高度评价。检定检修各类计量器具2800台（件），定量包装检验35余批次，出租车计价器120台，产品质量检验600多个批次，为全县经济社会发展提供可靠的技术支撑。

（陈海峰　张雪静）

安全生产监督管理

【概况】 2016年，全县共发生各类生产安全事故10起，同比去年下降37%，各类生产安全事故死亡2人（道路交通事故），同比去年5人下降60%，其他各行业领域实现“零事故”“零死亡”。2016年，祁阳以创建省级安全生产示范县为抓手，着力构建安全生产长效机制，有力地推动全县安全生产形势持续稳定好转，2011—2016年连续六年被评为全省安全生产先进县，2014—2016年连续三年保持“全省安全生产示范县”。

【安全生产形势】 县委、县政府高度重视安全生产工作，坚持把安全生产摆到突出位置来抓，先后7次召开全县性安全生产工作会议，县委常委会、县政府常务会议10次专题听取安全生产情况汇报，研究部署工作。县级领导亲自带队全面履行“一岗双责”，深入基层、深入矿区、深入生产一线调研指导安全生产工作。全县各级各部门把安全生产与经济发展、社会稳定、小康社会等工作同步部署、同步推进、同步考核，及时解决工作中存在的困难和问题，形成全县上下齐心协力抓安全生产的良好局面，有力地促进全县安全生产形势的持续稳定好转。

【安全生产责任】 认真学习贯彻习近平总书记关于安全生产的系列重要论述，牢固树立“发展绝不能以牺牲人的生命为代价”的红线意识，严格落实安全生产责任。在相继建立和完善领导干部“一岗双责”、“一票否决”和“黄牌警告”、领导干部安全生产述职和包干责任制等制度基础上，各单位与县政府签订目标管理责任状和重大安全隐患责任状，明确责任，并交办7个市级重大安全隐患、75个县级重大安全隐患。同时将安全生产考核结果作为考核各级领导班子和干部的重要指标，作为党政领导班子和领导干部选拔任用、培养教育、奖励惩戒的重要依据。凡是涉及到表彰奖励的党政领导、企业负责人等必须征求安监部门意见。对年度安全生产目标责任考核不合格的单位实行“一票否决”，取消当年度各类评先评优资格。

【安全生产大检查】 一是全面大检查，按照“党政同责、一岗双责”的要求，分片对安全生产大检查情况进行督查督办。各镇乡办场和县安委会成员单位根据各自监管的实际，制定了切实可行的工作方案，做到一把手亲自抓，分管领导具体抓。二是全面大督导，县安委办常设10个安全生产督查组，每个组负责督查2—3个镇乡办场，采取不打招呼、直插现场、直面隐患、严厉问责的方式不定期督查，督查区域实现全覆盖。2016年，共检查生产经营性单位1426家次，督促企业隐患自查自纠1758处，治理1241处，责令停产整顿企业60家，关闭取缔企业12家。

【重点行业领域专项整治】 2016年，全县组织开展水上交通、道路交通、煤矿、烟花爆竹、非煤矿山、职业卫生、城市工业灾害、损害群众利益等安全生产专项整治行动，排查和整治一批安全隐患，改善重点行业领域安全生产状况。全面落实重点渡口视频监控措施，成立了视频监控中心，对年均日渡运量300人次以上的8个重要渡口码头实施实时视频监控，及时发现隐患，督促船主、签单员及时整改。全县共排查客运车辆14000余台次，客运驾驶员4100余人次，查处各类交通违法违规行为1.6万多起，排查各类安全隐患120余处，取缔非法运营摩托186辆，“黑校车”21辆，完善交通标志、标牌和防护墩30余处，有效遏制较大以上道路交通事故的发生，全县道路交通各项事故指标同比全面下降。截至2016年底，全县烟花爆竹生产企业数量比2013年底减少30%以上、企业控制数在58家左右。非煤矿山方面共关闭非法矿山7家，取缔非法开采矿点2处，捣毁各类机械设备设施12台，立案调查6起，移送公安处理案件3起，遣散采（洗）矿人员200余人。

【“打非治违”集中行动】 成立由13个县直部门牵头负责的“打非治违”集中行动驻点督导工作组，督导全县各镇乡办场和重点领域“打非治违”工作。严厉惩治13类非法违法生产经营建设行为和深入排查治理20类安全生产隐患和制度缺陷，全县安监部门共检查生产经营单位423家、1700次，出具整改和处罚文书311份，责令停产停业整顿企业42家，现场处罚企业113家，立案12家。公安交警部门开展整治无证驾驶、非法挪用牌照和假牌假证车辆，以及两轮摩托车违章载人、不戴安全头盔等专项执法。水上交通严打非法采砂行为，共封停采砂船17艘，扣押采砂船22艘，强制拆除采砂设备18套，疏通航道2处共计5.8公里。消防部门开展消防产品质量、警示标志等专项执法，共收缴不合格消防产品260件。全县共开展13次大的联合执法行动，查处各类非法违法行为1600余起，停产整顿生产经营单位50余家，依法取缔关闭生产经营单位24家。

【安全监管能力建设】 县委、县政府高度重视乡镇安监机构和队伍建设，多次对乡镇安监站建设进行专题研究，在全市乃至全省做到“四个率先”，即：率先成立乡镇安监站机构、率先将安监站纳入全额拨款事业单位、率先将安监站工作人员的工资及经费列入县财政预算、率先将安监站进行标准化建设。对镇乡安全生产连续两年实现“零事故”或连续三年实现“零死亡”的，乡镇安监站工作人员是干部的给予政治上优先待遇。加强对乡镇安监站标准化建设，真正做到工作有机构、办公有场所、干事有专人、经费有保障。各镇乡办场明确安全信息员，各村民小组明确了安全信息联络员。县安监局每年邀请省、市安全生产方面专家，对乡镇安全生产执法人员进行培训。特别是创立安全监管直属管理的祁阳模式。乡镇安监站管理，由县安监局负责业务指导，由所在乡镇负责日常管理。每年都对乡镇安监站工作人员进行轮换，从源头上避免违规执法、执人情法。

（杨龙泉）

市场管理

【概况】 2016年3月18日，县委常委会议纪要第4期明确县市场管理服务局为财政差额拨款事业单位，核定全额拨款编制232个，自收自支编制89个。主要工作职责是经营管理市场资产；负责市场内的物业管理、市场规划、市场开发和维修；负责市场内治安、消防、卫生等日常服务；提供交易场所和服务设施，开展代储、代运、信息咨询和其他服务；收取市场设施租赁费、交易手续提成费和其他符合国家和省规定的有偿服务费。市场管理服务干部职工414人，其中在职321人、退休93人。内设政工股、财计股、监管股、建设股、调纠股、办公室；下设12个市场管理服务所。市场管理人员总数480人，其中县市管中心市场管理人员321人，各民营市场管理人员159人，市场内经营户数6000余户，从业人员2.3万余人。

【市场开发建设】 2016年，按照《湖南省乡镇农贸市场标准化改造项目建设规范》的要求，合理设计规划布局。为加快农贸市场建设改造，特邀农贸市场专业规划设计单位，联合规划、街道办等部门深入县城区各地实地调研。根据“方便居民生活”的原则，结合城区建设总体规划和土地利用规划，编制县城及周边5镇农贸市场设置布局规划。大力提质改造乡镇市场。投入资金216.6万元，进一步改善白水、八宝、肖家、文明铺、潘市、羊角塘、文富市、黎家坪、大村甸等乡镇中心市场基础设施，累计改造面积4000平方米，新增经营面积1000平方米，新增摊位600个，直接创造就业岗位800个，带动当地就业2000余人。全面启动建设城区市场。3月18日，县委常委会议明确城区8个市场建设改造任务，其中王府坪、芦家甸纳入国家棚户区改造项目。王府坪改造项目：北起人民路、南至南司街、东至南长街、西至县前街，改造面积45761平方米，拆迁房屋面积73800平方米，拆迁户数1008户，地上总建筑面积为220000平方米，其中：农贸市场16000平方米、商铺18000平方米、住宅186000平方米，地下两层车位2260个，总投资9.47亿元。建设成为市民受益得实惠的棚户区改造示范工程和农商贸综合市场的样板工程，打造祁阳宜居小区新名片，交易流通大平台，提升城市新形象。当前，已完成入户调查，绘制出改造规划用地红线图，出台房屋征收与补偿方案，完成评估测绘工作。芦家甸改造项目：北至陶铸路、东至百花小区、南至人民路、西至兴浯路，改造面积约41200平方米，拆迁房屋面积约65800平方米，拆迁户数为885户，改造后总建筑面积为190000平方米，其中：农贸市场15000平方米，商铺18000平方米，住宅157000平方米，地下车位900个，总投资8.6亿元，已完成工程前期宣传、入户调查摸底，项目用地预审、项目立项，出台房屋征收与补偿方案（征求意见稿），计划三年内全面完成芦家甸农贸市场及棚户区改造工程建设。西区（杨梅湖）综合市场新建工程项目坚持县政府主导、城建投融资、指挥部建设、市管中心管理，计划总投资6351万元，规划建设3层，地上2层，占地面积约8700平方米，总建筑面积26100平方米，其中负一楼为停车场和冷库，一楼为生鲜农贸市场、粮、油、面等农产品市场，二楼为平价超市，兼营干货等，综合批发市场配置自产自销区3000平方米，市场内基础设施齐全，市场配套垃圾中转站、公厕等，2016年年底已完成前期工作，准备开工建设，预计2017年底竣工投入使用。成立由县级领导挂帅的王府坪、西区、芦家甸、宝塔街市场改扩建指挥部（协调小组），西北、望浯园、盘龙、经开区等市场改扩建指挥部（协调小组）也即将成立。

【市场交易】 2016年，全县共有各类集贸市场62个，总占地面积326785平方米，总营业面积216630平方米，资产总值（市值）1.86亿元。其中：县城有集贸市场10个，总占地面积38000平方米，总营业面积26000平方米；乡镇有集贸市场52个，总占地面积96000平方米，总营业面积73000平方米。按规模大小和基础设施条件划分，规模较大且基础设施条件较好的市场，县城有王府坪市场、芦家甸市场、望浯园市场；乡镇有白水中心市场、大忠桥中心市场、羊角塘中心市场、文明铺综合市场、黎家坪中心市场、观音滩中心市场6个市场；规模较小且基础设施条件较差的市场，县城有西北农贸市场、盘龙路市场、光明市场，乡镇有近30个市场；已经投用或自然形成的马路市场，县城有2个，乡镇有16个。按市场结构划分，有农贸市场36个，工业品市场4个，专业批发市场3个，综合性市场19个。按产权及管理性质划分，国有资产市场36个，镇办、村办或合资联办等形式的市场18个，个体民营市场8个。全县市场年交易额约30亿元，年上缴税收550万元，各项规费合计800余万元。

【市场管理】 全面划行归市。投入10余万元，对市场内地面划双白色线5000米，功能分区明显，所有经营户全部入行交易，摊位摆放整齐。整治经营秩序。按照“分工明确、部门联动、依法行政、规范治理”的原则，联合公安、城管、街道办、社区、交警等部门开展执法行动30余次，对城区市场特别是马路市场经营秩序逐一进行整治。通过集中整治，城区的西北、芦家甸、兴达等10个重点市场无摊位外溢，无占道经营，摊位秩序井然。规范交易行为。联合工商、畜牧、疾控等相关职能部门加强对农贸市场的检查，重点查处市场内经营户无照经营、经销假冒伪劣商品、消费欺诈、欺行霸市及市场周边铺面业主占地非法收费等行为，取缔马路市场摊点360处，治理流动摊贩520户，规范固定摊点2360个，拆除违章棚架220个，实现农贸市场经营交易秩序明显好转。

（桂小松）

住房公积金管理

【概况】 2016年，在市委、市政府的正确领导下，县委、县政府的大力支持下，县住房公积金按照年初制订的工作思路，紧紧围绕“稳增长、促发展、去库存”政策，积极执行住房公积金惠民新政，出色完成目标和任务，进一步提升公积金的社会形象和影响力。

【工作业绩】 2016年，全县共归集住房公积金2.89亿元，较上年增长5600万元，同比增长24.03%。归集余额8.61亿元，缴存单位300个，较上年增加19个。缴存职工2.92万名，新增扩面7293人；为4232位职工办理住房公积金支取1.08亿元，较上年增加2835万元，同比增加35.66%；全年发放职工个人住房公积金贷款2.2亿元，较上年增长7800万元，同比增长54.93%。支持购建房面积103718平方米，发放住房公积金贷款本金余额4.9亿元，贷款逾期率为零。全年办理“公转商”贴息贷款117笔，放贷金额4565万元，各项主要业务指标均超额完成年度计划，资金运营安全。

【政策宣传】 2016年，全市出台一系列住房公积金惠民新政，县住房公积金按照“电视有影、报纸有文、网站有栏、现场有活动、活动有资料”的要求，开展多形式的宣传活动。积极通过媒体宣传，在祁阳电视台连续播放新政宣传视频，向祁阳电视台、广播台、新闻网、手机网、微祁阳、《今日祁阳》等媒体广泛投稿。组织和参加现场宣传活动，组织工作人员现场对群众答疑解惑，发放宣传资料1万多份，接受政策咨询数千次。深入企业进行宣传，组织非公企业召开座谈会，与企业负责人交流，消除认识误区，引导他们了解公积金制度，督促单位实现开户缴存。全年新开户19家单位，其中非公企业13家，湖南凯盛鞋业有限公司、祁阳成信鞋材有限公司和永州市协荣橡胶制品有限公司开户人数共达4000余人。

【资金监督管理】 2016年，县住房公积金期房贷款取得新突破，陆续签约新城名都、翰林御景、鼎城新都三个优质楼盘，从根本上解决职工无现房抵押贷款的问题，全年共发放期房贷款347户，共计1.27亿元。申请发放“公转商”贴息贷款117笔，放贷金额4565万元。坚持“保民生、促增长”的理念，全力支持合理住房需求，克服人手少、业务量大的客观困难，切实贯彻落实公积金新政，全年提取住房公积金1.08元，发放住房贷款2.2亿元，资金使用率达113.5%。在扩大资金使用的同时，进一步规范资金风险防控机制，防范骗取骗贷情况发生，强化贷后复查和贷后跟踪管理，严格控制逾期率。通过网上银行每月定期不限次扣款，对于部分逾期贷款，采取短信、电话、单位协调、发催收通知单及上门等措施进行每月催收，做到每月必催、每户必催，全年贷款逾期率接近于零，确保贷款资金安全。

【规范内部管理】 为改进工作效率，切实转变作风，反对“四风”，县住房公积金创新内部管理机制，遵循中央八项规定，坚持实行首问责任制、责任追究制、限时办结制、一次性告知制等措施，健全文件签批、例会学习、协调沟通和信息公开制度，规范资金划拨、签章使用、网银盾使用等流程。公务接待实行报批制和公函制，重大财务开支集体决策，公务活动、公车使用等经费开支厉行节约，勤俭办事。多次召开廉政座谈会，邀请工作人员家属共同学习廉政思想，要求每位同志必须坚持低调务实的工作作风，为广大职工提供亲切、热情、周到的服务，让权利在阳光下运行，杜绝了腐败现象的发生。积极参加“两学一做”专题教育活动，党员起到模范带头作用，非党员同志以党员的标准要求自己，做到心中有党、心中有民，时刻铭记公积金人的责任。

【服务质量提升】 坚持以“做政治上的明白人、做人民群众的贴心人”为宗旨，努力提升服务质量。强化业务技能，通过自学、培训考试提高政策理论水平，在2016年全市业务考试中，县公积金干部职工成绩均名列前茅。强化服务水平，换位思考，注重礼仪，贴心温馨服务广大职工。简化办事程序，优化办事流程。接受社会监督，实行阳光办公。积极参加创国卫活动，全员上阵，坚持每日上街文明劝导，每周清扫责任街道，每月为责任小区解决问题。积极投身精准扶贫工作，多次深入农村调研，探访慰问贫困户，为他们出谋划策，解决困难。

农业经济

【概况】　2016年，全县完成农业增加值48.8亿元，农产品加工业实现总产值124.58亿元，增长17.5%。全县农村居民人均可支配收入11900元，增长8.5%。

农业农村工作

【概况】　2016年，原中共祁阳县委农村工作部、祁阳县人民政府农村工作办公室、祁阳县农业局合并组建为祁阳县农业委员会。新组建的祁阳县农业委员会加挂中共祁阳县委农村工作办公室牌子，实行一套班子、两块牌子合署办公。辖县扶贫办、县新村办、县蔬菜办、县能源办、县乡镇企业局、县原种场、县河埠塘农场、县农业技术推广中心、县农业执法大队、县农作物种子繁育推广技术服务中心、县农产品质量综合检验检测站、县耕地质量建设管理局、县粮油作物站13个副科级单位，辖县种子管理站、县农业利用外经办、县植保站、县经作站、县农环站、县农广校、县绿色食品管理站、县农业信息站、县农产品质量安全监管站、县农药监管站，22个镇（办）农技站，委办公室、政工股、计财股、法制科教股、项目管理办公室等37个正股级单位。有干部职工570人，其中，在职干部职工467人，具有中高级职称113人，助理职称112人，技术员职称22人。

2016年，全省食用农产品合格证管理工作试点会议，全市农村产权制度改革、农业综合开发暨农业标准化生产推进会，全市美丽乡村环境整治、乡村旅游、农村秋冬生产、农村人饮工程、河道治理工程推进会，全市农委系统综合信息工作会议相继在祁阳县召开。祁阳县获评全省粮食生产优秀县、省级出口食品农产品质量安全示范区、全省食用农产品合格证管理试点县、全市农业农村工作先进县、全市精准扶贫工作先进县。祁阳县农业委获评全省农业政府网站工作先进单位、全省农民教育培训工作先进单位、全省超级稻种三产四示范基地、全省依法办事示范窗口单位、全省农药监管工作先进单位、全省文明卫生单位，荣获全县目标管理综合考核、全面建成小康社会、跑项争资、精准扶贫、创建全国绿化模范县、农村环境污染治理、优化经济环境和机关效能建设工作先进单位等荣誉。

【农村经济】　2016年，全县完成粮食播种面积165.76万亩，总产量67.15万吨，同比增加0.8万亩、0.74万吨，祁阳县被评为全省粮食生产优秀县。油料播种面积38.1万亩，种植水果25.53万亩，播种蔬菜39.2万亩。畜牧水产业稳步发展，出栏生猪130.2万头、家禽1318万羽，同比增长4.97%、2.97%，水产品起水量6.41万吨，同比增长2.7%，祁阳县被评为全国生猪调出大县。全年完成新造林3.52万亩、生态公益林4万亩，祁阳县成功创建全国绿化模范县。农业产业化水平持续提升。新增省级农业产业化龙头企业1家、市级4家，全县市级以上龙头企业总数达到25家，农产品加工业实现总产值124.58亿元，增长17.5%。

【农村改革】 农村产权制度改革持续推进。完成县镇两级农用地规划编制和农村土地承包经营权确权登记。全县新增农村土地流转面积 5.8 万亩（耕地 1.55 万亩，林地 2.54 万亩，其他 1.71 万亩），增幅 10%，专业合作社、家庭农场增加 142 家、187 家。全县农村土地流转面积达 64.4 万亩，约占土地总面积的 25.8%，专业合作社、家庭农场达到 663 家、320 家。农村电子商务和综合供销服务发展良好。全县建成“网上供销社”县级服务中心，网上供销社镇村级服务网点达到 47 个，全年实现网上销售额近 2000 万元。

【基础设施建设】 水利建设扎实开展，全年新建 29 个贫困村供水工程和茅竹镇供水延伸等工程，解决 40 个村共 4.18 万人的饮水问题；白水工业园段河道治理工程完成岸坡整治 1.6 公里；唐家岭河段治理工程全面完工，完成治理长度 1.58 公里；县城市防洪工程城北保护圈东江桥至污水处理厂段完成防洪堤 750 米；病险水库实现全部销号；水保项目完成蒋龙滩项目区 2016 年板桥生态清洁小流域建设项目综合防治面积 12.85 平方公里。生态建设稳步推进，新造林 3.52 万亩，生态公益林 4 万亩，种植绿化大苗 30 万余株，完成义务植树 180 万株，广垦集团流转林地 12300 亩，高标准建设高产油茶示范基地 4200 亩。农业机械化水平日益提高，全县农机总动力达到 88 万千瓦，同比增加 2 万千瓦，水稻耕、种、收综合机械化程度达 56%。农业综合开发有效推进，祁阳县现代农业园区试点项目，在茅竹镇肖家、尹家等村完成高标准农田建设 0.36 万亩，祁阳县高标准农田建设项目在茅竹镇周塘、容驷、大岭、三塘等 4 个行政村，建设高标准农田 1.49 万亩。新增粮食产能田间工程项目建成高标准农田 1 万亩。

【农村民生事业】 新农村建设力度加大，八尺村晋升为省级美丽乡村建设示范村。全年完成县域美丽乡村总体规划、村庄布点规划、乡镇镇域规划、传统院落及历史文化名村体系保护规划 7 个、行政村美丽乡村规划 292 个，占全县总数的 60.7%。完成“穿衣戴帽”房屋 2070 套，拆空心房 4 万平方米，外墙装修 82.17 万平方米，改厨 1.55 万户，改厕 1.38 万户，改栏 0.41 万处，改水 1.68 万户。打造美丽乡村建设示范村 25 个，其中旅游重点村 13 个，全县初步形成五条精品乡村旅游线路。主要是以潘市龙溪李家大院、陶家湾陶铸故居为特点的红色忆古旅游线路；以茅竹肖家、浯溪小江、唐家岭特色种养产业为特点的乡村休闲旅游线路；以观音滩八尺、白水湘湖、竹山为特点的青春活力和民俗文化体验线路；以肖家村九泥、自然韵黑茶基地、大江龙凼为特点的山水茶园自然生态旅游线路；以黎家坪海螺水泥、陶家冲竹海为特点的现代企业和自然环境和谐发展旅游线路。休闲农业蓬勃发展，培育四星级农庄 3 个（八尺旅游开发有限公司、麒麟山庄、桂香荷园），三星级农庄 1 个（福源农庄）。积极实施农村能源提质改造，全年兴建 5 个沼气综合利用工程，推广农村太阳能节能产品 600 台（套），新增节煤炉灶 400 台，维修各类病池 105 口。脱贫攻坚稳步推进，全年完成 269 户 793 人易地扶贫搬迁，投放扶贫小额信贷资金 3.23 亿元，1.6 万贫困人口实现稳定脱贫，3 个未拆并的贫困村顺利出列，超额完成省定目标，顺利通过省、市脱贫攻坚工作考核验收，通过国务院扶贫办精准扶贫工作成效第三方评估考核，祁阳县荣获全市精准扶贫工作先进县。落实移民后扶政策，打卡发放大中型水库移民直补资金 864.72 万元，惠及农村水库移民 15006 人。

【蔬菜种植】 全县落实蔬菜种植面积 38.75 万亩，蔬菜总产量 54 万吨，蔬菜总产值 11.1 亿元，同比分别增长

6.5%、8.76%、9.58%。其中商品菜完成26.16万亩，商品菜产量41.28万吨，实现商品菜产值8.36亿元，同比分别增长10.2%、11.5%、12.3%。县政府第18次常务会议和第82次常务会议专题研究蔬菜工作，由县农委牵头组织，召开两次全县"菜篮子"工作领导小组联席会议。县政府安排财政预算"菜篮子"工程专项资金260万元，主要用于新扩菜地和扶持重点项目。出台新的扶持发展蔬菜生产政策，对现代农业园区公司基地大棚、道路、厂房、冷库等基础设施，县特色办按照建设资金的20%进行专项奖补。湖南德辉现代农业开发有限公司的茅竹蔬菜基地和祁阳新龙现代农业开发有限责任公司的白水蔬菜基地纳入奖补范围，发放奖补资金170万元。县水利局投入600万元在潘市镇中洲蔬菜基地和祁阳县强村种养专业合作社建设节水灌溉等水利设施，县特色办在湖南德辉现代农业开发有限公司茅竹蔬菜基地投入380万元新修水利工程，县农业开发办100万元智能温室大棚建设项目在湖南德辉现代农业开发有限公司茅竹蔬菜基地实施；县扶贫办100万元扶贫项目在祁阳天子龙蔬菜专业合作社的文明铺镇新塘角村实施。县国土资源局、县移民局、县农机局、县能源办、新村办等单位也加大对蔬菜产业的支持力度。据统计，2016年全县各部门整合资金4700万元，支持蔬菜产业发展。

【农村清洁能源】 建成规模化大中型沼气综合利用工程1个，新建小型沼气工程4个，建设"猪沼菜"综合利用示范项目1个。推广农村太阳能节能产品600台（其中太阳能热水器400台、太阳能路灯200盏），新增省柴节煤炉灶400台。争取中央、省级项目资金295万元，占年初计划的197%；回访农村清洁能源用户2000余户，维修各类病池105口，分别占年初计划的100%和105%。白水鸿丰中央投资大型沼气项目建成投产。省级小区联户小型沼气示范项目已建成小型沼气工程22个，累计投入建设资金近100万元（其中省级资金25万元、县级资金20万元、农户自筹50余万元），所建项目的质量合格率和正常使用率均达到100%；茅竹德辉现代农业蔬菜基地"猪沼菜"综合利用示范项目全面竣工，建设总池容300立方米，发展沼肥种植有机蔬菜面积500余亩。七里桥镇乌山冲村、三口塘镇里塘村、八宝镇中心村及观音滩镇叶家井等村自筹资金100余万元，在村道集中连片安装太阳能路灯300余盏，文明铺勐源农业和三口塘民康养殖二个规模养殖场成功挤进全省2016年大中型沼气工程项目笼子，争取到位中央项目建设资金270万元。

【农村扶贫】 全县开展在档贫困人口甄别工作，清理出不符合贫困条件的对象24551人，按程序重新识别出贫困对象24851人，扶贫系统与民政、卫计、住建、残联等部门系统平台对接更加精准，大扶贫系统平台初步建成。出台县、镇、村三级业务管理规范文件，组织开展3次大规模的业务培训会、4次大规模的督查活动，坚持边查边改，全县脱贫攻坚软件资料实现规范化、科学化。全县共组织110余个县直单位、80余家县内规模企业参与扶贫；共派出88个驻村帮扶工作队帮扶88个贫困村；组织1.2万党员干部与贫困户结成3万余对帮扶对子。4月，出台《祁阳县关于贯彻落实省委、省政府打赢脱贫攻坚战战略部署的实施意见》，加强脱贫攻坚工作指导。通过全县上下努力，全年发放小额信贷扶贫资金3.23亿元，完成易地扶贫搬迁269户，实现1.6万人稳定脱贫、3个贫困村顺利出列。

种植业

【概况】 2016年，全县耕地面积79.83万亩，其中稻田面积72.15万亩，旱土面积7.68

万亩。全县农作物播种面积256.71万亩，其中粮食播种面积165.76万亩，油菜38.1万亩，蔬菜（含菜用瓜）43.56万亩，规模茶叶基地面积1.5万亩。

【粮食生产】 全县粮食作物播种面积165.76万亩，总产量67.15万吨，其中水稻126万亩，总产54.82万吨。早稻播种面积61.5万亩，总产25.37万吨，中稻及一季晚稻播种面积3.045万亩，总产1.47万吨，晚稻播种面积61.88万亩，总产27.98万吨。全年新增耕地流转面积0.83万亩，全县耕地流转面积达34.63万亩，占耕地总面积的45%。新培育市场化育秧主体60个，新增30亩以上种粮大户70户，各经营主体种粮面积占全县粮食总播面49.2%。集中育秧扩面积。落实早稻集中育秧主体950个，建设育秧大棚50栋，全县以抛秧、机插秧为主的集中育秧栽插大田面积25万亩，其中专业化集中育秧面积8.95万亩。改造良田扩面积。大力实施新增粮食产能田间工程项目，在大村甸镇丁家岭、石桥铺等7个村，衬砌防渗渠道30.7千米，新建机耕道6.7千米，清淤及防渗山塘34口，改扩建电灌站5座，建成高标准农田1万亩。开展技术服务。全县建立了技术专家—农技干部—科技示范户—农户的技术推广体系，围绕水稻无盘旱育抛秧、超级稻强化高产栽培技术、水稻三定栽培技术、水稻标准化生产、测土配方施肥、病虫害专业化统防统治等配套栽培技术，分批分层次地组织开展粮食生产技术培训400余期，发放技术资料3.46万份，完成培训2.62万人次。开展示范创建。全县创建粮食绿色高产高效万亩示范片6个、千亩示范片22个、百亩示范点175个，示范面积10万余亩。推行机械化作业。落实农机购置补贴资金300万元，推广农机化新技术10项，推广农机新机具2658台套。全县农业机械总动力达88万千瓦，同比增加2万千瓦，增长2.3%。全年完成机耕120万亩，机电排灌57万亩，机插23万亩，机械化植保48万亩，机收56万亩，水稻耕、种、收综合机械化程度达56%。优化种植结构。全县早、中、晚稻超级稻种植面积分别为51.5万亩、1.3万亩、26.7万亩，平均亩产分别为510.5公斤、605.8公斤、541.3公斤。全县优质稻播种面积94.51万亩，占水稻面积的78.76%，同比增加0.6万亩，增幅0.63%；种植高档优质稻64.68万亩，占水稻面积的53.9%，同比增加0.58万亩，增幅0.9%；落实优质稻订单生产面积70万亩，其中，高档优质晚稻标准化订单生产面积35万亩。推行标准化生产。融合推进水稻病虫害统防统治及绿色防控，在白水、七里桥、八宝、茅竹等镇建立核心示范区面积3.5万亩，辐射面积15.5万亩。大力推广测土配方施肥技术，全县配方肥应用面积累计达160万亩。发展绿肥生产，通过绿肥本田翻压减少化肥施用量10%以上。全县防治农田鼠害面积138万亩，防治效果达92.5%，挽回粮食作物及经济作物损失1482吨。

【粮食生产投入】 县财政安排发展粮食生产资金4830万元，较上年增加330万元。其中，水稻集中育秧资金900万元，制止耕地抛荒资金400万元，新技术推广资金500万元，优质稻基地建设资金500万元，粮食高产创建资金450万元，种植大户补助680万元，统计监测点经费500万元，粮食生产先进单位和个人奖励资金600万元，农机购置补贴资金300万元。

【经作生产】 祁阳县经济作物有水果、蔬菜、油料、茶叶、棉花、麻类、糖料、烟叶、药材、席草等10大类上百个品种，其中，以水果、蔬菜、油料、茶叶为主。全年完成柑桔品改扩园5300亩、低改面积8000亩，茶叶扩园6000亩；建设水果标准园和茶叶标准园建设两个，面积各1000亩。湘君白茶和仙人源茶业有限公司在七里桥和潘市镇租地新种茶叶6000亩，在七里桥低改老茶园800亩。新建优质桃、李、枣等果园0.1万亩，繁育优质果苗80万株，西瓜种植面积达5万亩以上，推广秋季西瓜1500亩。全县培育一批特色产业基地，规模较大的有白水镇烟塘村1000亩脐橙基地，浯溪镇小江村2000亩早熟密桔基地，茅竹镇肖家村5000亩温州蜜桔基地，黄泥塘九洲村美国糖桔和锦红冰糖橙基地，肖家、八宝、大忠桥等镇建设5000亩特优桃、梨基地。

【农业产业化】 2016年，全县农产品加工企业完成总产值124.58亿元，同比增长17.5%；实现销售收入122.36亿元，同比增长16.32%；实现利润4.17亿元，同比增长12.08%；上交税金1.34亿元，同比增长10.69%。金丽鸽业成功申报为省级龙头企业，源森农林、天子龙专业合作社、鸿丰生态养殖、林峰农林公司成功申报为市级龙头企业。全县市级以上农业产业化龙头企业达到25家，其中国家级2家、省级5家、市级18家。农业产业化龙头企业扩能提质工程建成投产：鑫利生物科技有限公司总投资1.4亿元的年产50吨植物提取物生产线；宝达食品总投资5600万的全自动化菠萝、八宝粥生产线，七里香米业投资1000万元的米粉生产线。休闲观光农业蓬勃发展，全年培育四星级农庄3个（八尺旅游开发有限公司、麒麟山庄、桂香荷园），三星级农庄1个（福源农庄）。建成规模休闲农业基地50余处，共接待游客70万余人次，实现收入1.4亿元，带动就业人员14000余人。

【农业技术推广】 全县形成县有农业技术推广中心，22个镇办设立农业技术推广站、村有科技示范户的三级农技推广服务体系。农业新品种、新技术得到大面积推广应用，一季稻+再生稻平均亩产达950公斤，稻油模式与稻鱼共生种养模式效益明显。农民科技培训见成效，全年开展冬春农民科技大培训1.5万人次，220名新型职业农民、60名省级现代青年农场主通过培训，成为带动当地农民致富的“领头雁”。耕地质量大幅提升，侵占、损毁耕地现象得到有效遏制。农业环境日趋改善，开展重金属污染耕地“VIP”技术修复治理田间试验，防治外来生物5.3万亩。全年在农业部、省市县新闻网和农业信息网站发布信息970条，报送县两办信息120余条，县农业委获评全省农业政府网站工作先进单位。

【农业项目建设】 全年争取大小项目58个，到位项目资金2.689亿元（包括粮食直补等财政支农惠农资金）。通过重大项目实施，全县完成集中育秧栽插大田面积25万亩，发展油菜38.1万亩，高档优质稻64.68万亩，建成高标准农田1万亩。招商引资成果丰硕，重点招商项目祁阳香湖湾旅游度假酒店试营业，唐家山主题文化公园项目建设加快，现代农业示范园形成产业规划。

【农业综合执法】 全县共出动执法车辆400台次，执法人员2000余人次，检查农资经营网点250家，抽查农资样品500个，查处假劣农资10个，异地封存不合格农资5000公斤，查处简易案件5起，一般案件11起，执罚金额11余万元，为农民挽回直接以济损失200余万元。从源头上杜绝假冒伪劣农资和五种剧毒农药的销售和使用，全县未发生一起销售使用违禁农药事件。

【农作物种子繁育推广】 全县建设1.5万亩水稻制种基地，全年推广示范种植“陵两优268、陆两优996”杂交早稻和“天优华占、五优308”杂交晚稻品种，以及订单生产的盛泰优9712、玉柱香、湘晚籼13号、湘晚籼17号、天龙香103号、农香21等高档优质稻品种，全县水稻良种覆盖率达 100%。

【农产品质量管理】 以创建全省食用农产品合格证管理工作试点县、省级农产品质量安全示范县、省级农业标准化综合示范县为契机，围绕农产品质量安全，深入农资经营网点、农贸市场与生产基地，开展质量监测与监管，保障群众“舌尖上的安全”。农业投入品监管到位，全县无销售使用违禁农药现象，化肥使用量实现零增长。严格农产品产地准出与市场准入，开展食用农产品合格证管理试点，天之龙、德辉蔬菜等经营主体推行食用农产品合格证管理；加强农产品质量例行监测，全年抽检蔬菜、水果样品 5512 个，总合格率为 99.80%。创建标准化生产示范面积 2.3 万亩，技术应用面积达 35 万亩，天子龙蔬菜、天江药材、德辉蔬菜晋级省级特色产业园。新增“三品一标”产品 7 个、产地认定面积 0.74 万亩，全县种植业有效使用“三品一标”农产品达 49 个。

【耕地质量建设管理】 推广测土配方施肥，湖南绿尔康有机肥生产企业与种粮大户签订有机肥购销合同，由厂家直接送货到户。普及水稻秸秆全量还田技术，提高秸秆综合利用率。在机械化程度较高的八宝镇古桥、田岭、新建、同心等村实行秸秆全量还田，在机械化程度不高的村结合其他的农艺措施实行整秆还田和高温堆肥技术。实行绿肥种子和根瘤菌补贴，鼓励农民恢复发展绿肥生产，改良土壤，培肥地力。在绿肥种植基础较好、冬闲田面积较大、种植绿肥不影响粮食和主要经济作物发展的黄泥塘、八宝、进宝塘、潘市等镇集中连片发展绿肥生产，全县种植冬绿肥 16.01 万亩，其中核心示范区面积达 10000 亩以上，计划示范区平均鲜草亩产达到 2000 余公斤，通过绿肥本田翻压减少化肥施用量 10%。加强耕地质量监管，查处制止三口塘黄公岭村兴建页岩砖厂非法占用基本农田案件。开展新增耕地选址、质量评定、验收等工作，先后对白水花桥村、八宝荣华村、肖家九龙村、羊角塘飞马村、三口塘香山村、观音滩烟竹村、大忠桥杨家冲村、茅竹吉庆、富里村等 27 个村共计 9000 余亩新增耕地进行质量评定。

【农业环境保护】 全年防治福寿螺、假高粱等外来入侵生物 5.3 万亩。在黎家坪镇培子湾村和文富市镇坪阳甸村，共选取 106 亩双季稻田开展重金属污染耕地“VIP”技术修复治理田间试验。在七里桥镇乌山冲村开展农村清洁工程示范，示范区共推广测土配方施肥 850 亩，秸秆综合利用 400 亩、稻鸭共生 200 亩、安装性诱剂盒 370 个。大力推广“猪—沼—稻”、“猪—沼—果”等立体生态种养模式。共建成生活污水处理系统 15 套、生活垃圾回收池 2 座、田间收集池 4 个、有机物发酵堆沤池 2 个，制订各项规章制度，成立村级物业管理站 1 个。示范农户污水处理率达到 95%以上，示范户生活垃圾处理率达到 100%，农作物秸秆资源化利用率达到 95%，测土配方施肥户达 100%，化肥、农药使用量减少 50%以上，98%的农业投入品包装袋（瓶）等废弃物集中回收处理。

【植物保护与检疫】 2016 年，全县新成立专业化防治组织 2 个，全县专业化统防统治组织达 8 个，其中服务规模在 5000 亩以上的有 4 家，全县专业化防治组织有机防队 138 个，担架式喷雾器 128 台，背负式喷雾器 816 台，植保无人飞机 2 架，从业人员 1048 人，全程承包服务面积 22.8 万亩，日服务能力达到 5 万亩。2016 年，祁阳县为全省水稻病虫害统防统治及绿色防控融合推进一类示范县之一，由县植保站负责项目申报、监管、培训，祁阳县金博农作物病虫害防治专业合作社为项目实施主体，在白水、七里桥、八宝、茅竹等核心示范区，防治面积 3.5

万亩，辐射面积15.5万亩。全县开展柑桔黄龙病普查和防控工作。全县水稻主要病虫害累计发生总面积520.2万亩次，防治467.8万亩次，由于测报准确及时，防治措施得力，使用农药对口，有效地控制病虫的危害，共挽回损失近8万吨。对全县种子、苗木市场进行全面检疫，共检疫种子30万公斤，苗木170万株。在对西瓜病虫害的调查过程中，发现一处检疫性病害黄瓜绿斑驳花叶病毒病疑似病例，送检确症后，及时销毁病苗27万株，防止疫情在全县传播。全县农田鼠害为中等偏重发生，发生面积142万亩，防治面积138万亩，平均防治效果达到92.5%，总挽回粮食作物及经济作物损失148.2万公斤、415.68万元。开展烟蚜茧蜂服务大农业的示范推广，示范点安排在湖南德辉现代农业发展有限公司茅竹镇肖家村蔬菜基地，示范面积为1000亩，防治效果达85%。

【新型经营主体培育】 全县有650余户种养大户、农村经纪人、家庭农场主符合新型职业农民标准，目前已认定新型职业农民234个，其中133名新型职业农民获得国家农艺工五级证书。全县650名新型职业农民认定对象中，有130余人成立专业合作组织，承包面积在100亩以上种粮大户300余户，以种植、养殖业为主的家庭农场160余户。全年开展冬春农民科技大培训1.5万人次，完成新型职业农民培训220人，省级现代青年农场主培训60人。

（彭卫华　陈铁牛　蒋德元　赵安原）

养　殖　业

【概况】 2016年，县畜牧水产局有干部职工280人，具有专业技术职称人员165人，其中中级职称41人，初级职称124人。县畜牧水产局被评为全市重大动物疫病防控工作优胜单位。

【重大动物疫病防控】 2016年，祁阳县因地制宜，大胆创新，狠抓动物防疫体系建设，规范防疫队伍管理，变被动防疫为主动防疫，变突击防疫为常年防疫，变单一防疫为综合防疫，强力推进动物防疫工作科学发展，全县没有发生重大动物疫情。一是抓好组织建设。成立由县长任指挥长、分管领导任常务副指挥长以及23个县直单位主要负责人为成员的防治重大动物疫病指挥部，各镇乡（办）建立相应的指挥机构，配备强有力的工作班子。二是抓好硬件建设。为进一步规范动物及动物产品检疫工作，率先落实检疫电子出证。在黎家坪、七里桥等县域边境和养殖大镇设立8个动物产地检疫申报点，总投资198万元（其中整合县财政预算安排检疫工作经费90万元），每一个申报点均按照“五统一”标准进行建设，即统一标志、统一公示、统一制度、统一设备、统一人员，全面实施官方检疫。同时，推进标准化动物防疫站站房建设5个，动物防疫硬件建设全面提质，防控能力全面提升。三是抓好队伍建设。建立一支由专职防疫员、兽医和村级防疫员组成的基层“三位一体”防疫队伍，每个防疫员都负责了4—7个村的防疫工作任务，每个镇乡（办）站长还带头创办动物防疫工作示范村。各负其责，互相监管，全县形成了“三位一体”的宝塔式防疫结构队伍。

【综合防控】 强化行政手段。将重大动物疫病防控工作纳入全县工作目标管理绩效考核，县政府与镇乡（办、场）、镇乡（办、场）与村（社区）层层签订动物防疫工作目标管理责任书。春、秋两防期间，县政府还专门下发文件，对全县的重大动物疫病防控工作作出部署，各级各有关部门层层召开动物防疫工作会议。县畜牧水产局每名班子成员负责2个镇乡（办），责任到人，对动物防疫工作实施明查暗访，发现问题，及时整改，并以政府名义下发督查通报，加大工作力度，保障免疫密度、进度和质量。强化法律手段。切实加强动物卫生监督执法，全年动物产地检疫率、屠宰检疫率、“瘦肉精”同步检测率达100%。及时追溯追究、查处违法案件39起，立案率、结案率均达100%。无害化处理病死动物及产品31.2吨。全年疫情监测采样6000余份，疫病化验150余份。统一制发规模养殖场养殖档案，督促养殖户做好养殖记录。强化政策手段。切实将动物防疫工作与养殖项目资金管理有机结合起来，将生猪调出大县奖励、生猪标准化规模养殖场建设以及动物防疫体系建设等项目资金与动物防疫工作好坏挂钩，对各类项目资金实行量化打分发放，切实将规模养殖场免疫措施、制度上墙、免疫密度、养殖档案建立、无害化处理等工作分类打分。根据得分多少，分别发放相应的项目资金。同时，还明确“两个一律取消”，即出现疫情不及时报告和饲喂“瘦肉精”现象的养殖场，一律取消养殖项目资金。通过政策手段调控，有力促进规模养殖场落实动物防疫措施的自觉性。健全奖惩和督查机制。建立动物防疫工作单项责任制奖罚措施，由县政府对防重指挥部成员单位、各镇（办）进行考核，制订出台防疫员管理办法，实行量化计分考核，发放劳务报酬，实行责任追究和末位淘汰制度。预算安排动物防疫工作专项经费185万元，其中安排55万元用于动物防疫必需的疫苗、器械、防护服、消毒药品等防疫物资专项开支，安排40万元配套村级防疫员劳务报酬。每年各镇（办）预算安排4000元至5000元的资金用于动物防疫工作，全县备足防疫物资，配齐冷链设施，为防疫工作开展提供坚实的物资保障。同时，全县已全额解决乡镇站兽医人员工资、生活津补贴、养老保险、医疗保险等待遇，充分调动兽医人员工作积极性。由“两办”督查室牵头，县防重指挥部相关成员单位派技术员参加，采取督查暗访和随机采血检测的办法，全年开展6次以上督促检查。每次督查结束后7天内将检查（检测）结果反馈到各镇（办、场）。6月和12月，县里将根据半年度督查和血检结果，统一口径，对全县所有镇（办、场）的重大动物疫病免疫密度逐一排名，并由县委办、县政府办下发通报。对挂榜山林场禽流感免疫不达标的情况在全县范围进行通报批评，并责令整改，取消该场2016年评优评先资格。

【畜禽水产品质量安全】 祁阳县把畜禽水产品质量安全工作摆在突出位置，采取多项措施开展畜禽水产品质量安全监管工作，筑牢畜禽水产品质量安全“防火墙”。严格按照“政府负责，部门指导协调，各方联合行动”的畜禽水产品质量安全工作机制，县里成立以县长任组长的县级农产品质量安全监管工作领导小组，建立县财政局、畜牧水产局、药品食品监督管理局、质监局、公安局等有关单位各负其责的工作机制，研究制订《2016年畜禽水产品质量安全监管工作要点》，进一步完善乡镇畜禽水产品质量安全监管站工作职责，在县、乡镇两级建立责任制，保证工作正常有序开展。通过开展放心肉下乡进村活动，在各镇乡办开展畜禽水产品质量安全宣传培训，广泛宣传畜禽水产品质量安全知识，引导群众树立正确的消费观，提高群众自我保护能力，形成全社会重视畜禽水产品质量安全的良好氛围。同时，大力创建农业标准化示范基地，狠抓农业生产环节监管，对全县畜禽水产品生产基地，重点检查投入品使用问题，查处养殖业生产中违规使用兽药行为，强化对无公害畜禽水产品的监管，重点检查产地认定条件、生产过程、产品质量安全状况以及标志规范使用等情况。每月不定期对全县畜禽水产品养殖基地、农贸市场、畜禽水产品加工场所进行抽检。2016年，全县共检测畜禽水产样品1526个，合格率达99.6%，开展畜禽水产品质量安全抽查16

次，抽查兽药品种 45 个、饲料品种 17 个，切实保障全县畜禽水产品质量安全，促进经济社会健康发展。

【基层畜禽水产品质量监管员培训】 5 月 12—23 日，祁阳县畜牧水产局检测检验中心深入 22 个镇乡办，举办畜禽水产产品质量安全监管员培训班，培训内容涉及药物检测操作技术、药剂配备与保管、被检样品抽样方法、养殖业投入品的监管、标准化生产技术规程和档案的建立等方面的业务知识。参加此次培训人员共有 60 人，其中畜禽水产产品质量监管站 30 人、协管人员 10 人、养殖业合作社质监员 20 人。全县 22 个镇办均成立畜禽水产品质量安全监管站，相继开展养殖业投入品、无公害畜产品及水产品认证，确保全县畜禽水产品质量安全。

【养殖污染治理】 随着养殖业迅速发展，养殖污染问题日益突出，祁阳县高度重视养殖业环境保护，着力推进养殖污染整治，重点在畜禽养殖“三区”划定、推广养殖污染科学治理模式、禁养区养殖场拆迁等方面下功夫。强化组织保障。把养殖环保工作列入“一把手”工程，成立养殖污染整治工作领导小组，由县长任组长，负总责，分管领导任副组长，畜牧、环保、财政等相关单位和镇（办）负责人为成员，负责养殖污染整治工作统一指挥协调，领导小组下设办公室，从各相关单位抽调专人，具体负责养殖污染整治日常工作。逐步启动禁养区范围内畜禽养殖场退养工作，完成祁阳四中、黄泥塘镇二中等学校周边的生猪养殖场拆迁任务。同时，稳步推进水库投肥投料整治工作，全年整治中小型水库投肥投料 13 个，推进饮用水资源保护工作。强化制度保障。建立目标责任机制。年初，全县将目标任务分解落实到每一个镇（办）、每一个领导、每一个具体责任人，与各镇（办）签订目标管理责任状，形成分工明确、责任到位、一级抓一级、层层抓落实的工作责任体系。建立督查督办机制。实行养殖业污染整治工作定期报告与考核兑现机制，坚持一月一报告、半年一考核、年终一验收。分管领导每月组织对养殖污染整治工作完成情况进行 3 次以上检查，及时掌握工作进度，化解矛盾，处理问题，推进养殖污染整治工作落实。推行考核奖惩机制。将养殖环保工作纳入综合绩效考评，实行养殖业环境保护工作与各相关单位及镇（办）绩效考核挂钩，与相关负责人年底绩效考核评优挂钩，因相关责任单位及负责人工作不力，导致单位在省、市考核中扣分的，将取消评先评优资格。强化资金保障。完成祁阳二中、黄泥塘二中附近生猪养殖场退养 2 个，发放补偿资金 128.26 万元。

【养殖业转型升级】 全县提出用 1—3 年时间全力推进养殖污染治理，打造工作亮点，促进养殖产业转型升级。坚持科学规划。根据养殖业发展实际和县域经济发展总体要求，制订《祁阳县畜禽养殖禁养区限养区适养区划分方案》，科学划分禁养区、限养区和适养区，并细化到每个村组。严格按规划分类指导养殖产业布局，确立禁养区逐步退出养殖业，限养区不再发展畜禽养殖和禁止新建或改扩建猪猪场，适养区养殖做到科学规划、合理布局。2016 年，全县治理养殖场户 385 个，关停场 26 个，依法拆除违规养殖场 5 个。相继推行生化处理、地膜式沼气处理、生物发酵床等 3 种养殖污染治理模式，并引进室外生物发酵床处理模式（零排放）。其中肖家镇太平村薛规元、进宝塘镇毛高村王一龙，白水镇花桥村曾小明、三口塘镇里塘村谭连生，三口塘镇嶷山村刘开虎等养殖场生物发酵床处理模式已投入使用，还有一大批养猪场正在进行粪污处理方式改造，将传统的治污方式变为零排放的室外生物发酵床处理模式。发展生态养殖。祁阳县“十三五”养殖业发展主线突出转型升级、生态环保。着力引进大型环保型企业投资发展现代养殖，充分发挥养殖龙头企业的示范带动作用，促进生态养殖发展。2016年，祁阳县招商引进广东温氏集团，投资建设50万头生猪生态养殖项目，总投资5.2亿元。该项目已于4月27日开工建设，现已完成三口塘种猪场基础部分工程建设任务。8月，招商引进浙江地升农业科技有限公司，投资建设畜禽养殖废弃物综合处置与资源化利用示范项目，总投资1亿元，12月23日开工建设。大型养殖龙头企业相继落户祁阳，必将促进全县养殖业转型升级，加快现代养殖业发展步伐。

【渔业资源养护】 按照“以人为本、养护资源，和谐发展”的思路，推进渔业资源养护和渔政综合执法。2016年，县畜牧水产局组织开展渔政专项执法行动6次，共出动执法人173人次，查获非法捕捞作业鱼船23艘、清理取缔“布围子”“迷魂阵”等违法网具29套、收缴高频升压机36台、电瓶19台、电竹杆112根，放生鱼类109公斤，依法处理处罚当事人23人，有力地惩治非法捕鱼行为。5月27日，县委、县政府在浯溪桥老航运码头举行全县2016年水生生物增殖放流活动。县畜牧水产局、各镇乡办畜牧水产站站长、群众代表、渔民代表、县义工联志愿者等百余人，在县公证处监督下，共向湘江河投入青、草、鲢、鳙等鱼苗300万余尾，投资15万元。

林　　业

【概况】 祁阳是全国绿化模范县、中国油茶之乡、国家油茶产业发展示范基地、国家级林业科技示范县、中央财政森林抚育补贴、造林直补和生态公益林补偿试点县，湖南省重点林区县。2016年，全县围绕城市森林、通道森林、水系森林、山地造林、绿色乡镇和秀美村庄建设等五大“创森创绿”工程，抢抓机遇，通力协作，林业经济实现快速发展，绿色祁阳建设稳步推进。2月，全国绿化委员会授予祁阳县“全国绿化模范县”称号。12月8日，永州林博园祁阳园竣工开园，迎接省林业厅党组书记、厅长邓三龙，市委副书记、市长易佳良，市领导唐定、蒋善生、唐能武、罗建华、李俊湘和祁阳县委书记周新辉等首批游客。12月30日，申报的湖南祁阳浯溪国家湿地公园正式获国家林业局批复，成为祁阳县第一个国家级湿地公园试点建设项目。截至2016年年底，全县（含金洞管理区）有林地面积231万亩，森林覆盖率60.27%，林木蓄积量632.3万立方米，林业生产总值突破30亿元。

【成绩荣誉】 2016年，全县国有林场改革工作全面完成；投资500余万元兴建的永州林博园祁阳园竣工开园；成功牵头组织祁东、常宁、冷水滩、祁阳和金洞五市县区开展油茶收摘边际联防；成功举办“县树、县花”“祁阳十大古树名木”和“园林式单位”三项评选活动；集体林权制度改革确权发证到户工作获得市委、市政府领导大会现场表扬。在全市2016年度林业工作目标管理绩效考核中名列前茅，森林防火获全市先进，安全生产、综治维稳、信访调纠等工作获全县先进单位；县林业局“雁过拔毛”专项整治保绿治腐在永州电视台推介；林业局离退休干部党支部荣获全省先进离退休干部党支部称号，尹光宇荣获全市老干部工作先进个人；县直机关庆“七一”气排球比赛中，县林业局荣获桂冠。

【造林绿化】 2016年，全县完成人工造林总面积32000亩，合格面积32000亩；人工造林中工程造林13098亩，其中退耕还林荒山造林1000亩，油茶造林10098亩；面上造林18901.5亩；按林种分：防护林3000亩，经济林13348.5亩，用材林15651亩；采用良种造林32000亩，良种率

100%。完成更新造林1000亩。按林种分：用材林1000亩；良种造林1000亩，良种率达100%。造林树种有速生树种166.5亩，乡土树种31278亩，珍贵树种1555.5亩。完成“一抚两垦”70000亩，其中楠竹低改15000亩，油茶低改30000亩，中幼林抚育30000亩；封山育林25000亩。2016年，全县实际完成各类造林33000亩，面积核实率100%；造林成活率85%以上的合格面积33000亩；中幼林抚育率为100%。

【中央财政森林抚育补贴项目】 2016年，全县实施中央财政森林抚育补贴项目总面积13500亩。按乡镇分，挂榜山林场1000亩，大江林场2000亩，内下乡1684.5亩，大忠桥镇429亩，肖家镇4654.5亩，八宝镇1041亩，黎家坪镇84亩，潘市306亩，下马渡镇2004亩，七里桥镇297亩；按权属分，集体林10500亩，国有林3000亩；按林种分，防护林13500亩；按龄组分，幼龄林8679亩、中龄林4821亩。按抚育方式分，疏伐4821亩、割灌除草8679亩。

【通道绿化】 2016年，全县完成通道绿化、三边绿化小苗造林5000亩，桂花、杜英、樟、桉、杨等大苗绿化26万株，通道绿化达标建设240公里，衡枣高速公路、湘桂复线、G322国道、S320省道沿线全面绿化，无宜林荒山荒地。

【规模基地建设】 2016年，全县新建连片500亩以上基地8个；建设万亩油茶基地4个、杉木速丰林5000亩规模基地4个、千亩珍贵树种培育基地1个；新培育100亩以上造林大户39户，其中100—499亩以上大户31户，500—999亩的大户6户，1000亩以上造林大户2户。

【公益林保护建设】 2016年，全县有省级以上生态公益林地672204亩。按事权等级分：国家级公益林589229亩，省级公益林82975亩。国家级公益林按权属分：国有23090.6亩，集体（个人）548136.4亩。省级公益林全部为集体（个人）所有。2016年，上级拨付祁阳县森林生态补偿基金总额1118.74万元，其中国家级公益林974.357万元（国有标准为12.75元/亩，集体标准为16.75元/亩），省级公益林138.983万元（标准为16.75元/亩），落实公益林小班15494个，涉及镇（街道办、场）22个，涉及行政村个数466个，涉及国有单位个数2个，涉及林农人数57496个，落实公益林护林员512名，签订管护合同512份，管护面积到位率100%，资金发放到位率100%。

【退耕还林】 截至2016年年底，全县累计实施退耕还林195544亩。其中坡耕地造林74020亩，配套荒山造林105524亩，封山育林16000亩，工程覆盖全县24个镇（街道办、场）454个村53939户。全年国家下达完善退耕还林资金846.23万元，涉及全县22个镇办场，20618户。县林业局组织技术人员检查验收后，对合格小班造具发放表，经县财政审核后打卡发放。

【森林病虫害防治】 2016年，全县古树名木白蚁、樟袋蛾危害严重，采用防治白蚁专用药液防治36株，樟袋蛾危害古树名木51株，实施防治51株。苗木检疫圃地面积1630亩，产地检疫715亩。

【湿地保护】 2016年，全县成功申报湖南祁阳浯溪国家湿地公园，新增湿地保护面积3500余公顷。

【野生动物保护】 开展鸟类保护执法行动5次，收缴违法猎捕工具16件，放生鸟376只；发放野生物驯养繁殖许可证6本，发放野生动物及其产品经营许可证2本。开展珍稀树种挂牌保护等专项执法行动，制作珍稀树木标识牌

876块。

【天然林资源保护】 推行“采伐指标进村入户”阳光工程，年度下达主伐指标17623立方米，采伐蓄积15000立方米，材积9850立方米，办理林木采伐许可证260份，年审年检木竹经营（加工）许可证102本（正本），查处无证加工案件1起，加工无证木材案件8起，办理县内木材运输证22份，省内和出省木材运输证共320份，审核审批建设项目使用林地13起，面积32.1145公顷；农民建房使用林地15起，面积0.6公顷。

【林下经济】 2016年，祁阳县东方红立体农场被省林业厅评为全省林下经济发展示范基地；8月，湖南自然韵黑茶公司获湖南省农业产业化龙头企业和湖南省名牌产品称号，“自然韵”品牌被中国茶品牌协会授为中国最佳有机黑茶品牌；12月8日，省林业厅党组书记、厅长邓三龙视察指导大江林场林下经济名贵中药材石斛、重楼基地建设；唐家山万亩油茶基地发展林下养殖、种植业，年产值超过200万元。2016年，全县以林业行业脱贫攻坚为抓手，在龚家坪镇、七里桥镇、挂榜山林场等地大力发展国槐、山芍、牡丹等林下经济作物基地和规模养殖业，带动一大批林农脱贫致富。

【林木种苗】 2016年，全县主要树种育苗327亩，验收保存327亩，育苗用种12510公斤，产合格苗968.5万株，其中一级苗848万株，二级苗120.5万株。主要造林树种产苗：杉木300万株，湿地松125万株，木荷3.5万株，油茶230万株，柏木160万株，漆树50万株，楠木60万株，柑桔40万株。全县造林所需种苗来源主要有：杉木、国外松等种籽从省种苗站进购；油茶接穗从省指定地点采回的良种接穗；板栗、柑桔等经济水果林苗木，从县内优良林分种子园采种，林农自采自育。主要树种良种使用率100%。

【油茶产业】 2016年，完成油茶新造10000亩，低改3.32万亩，油茶林总面积52.7万亩，茶油总产量5000吨，产值达5亿元。年内突出建设广垦集团15万亩高产油茶示范基地、唐家山油茶主题文化公园、金浩公司油茶产业园、八宝油茶特色产业园、羊角塘油茶特色产业园和祁羊公路沿线油茶低改产业带；育苗150万株；开始提高油茶基地建设补助标准，工程项目区内油茶新造每亩补助800元（含种苗），低改每亩补助300—400元。年内被永州市委、市政府授予油茶产业开发先进单位。广东农垦集团流转林地12300亩，开垦荒山和残次林8200亩，高标准建设高产油茶示范基地7000亩。

【森林防火】 成立祁阳县森林防火指挥部，由分管农业的副县长任指挥长，下设防火办。县森林消防大队设3个中队，共有25名队员。24个镇（街道办、林场）设半专业防扑火队伍24支。县政府发布《关于森林防火禁火的通告》，印发《关于加强森林防火工作的紧急通知》和《森林防火、人人有责》公开信10万份，签定责任状，重点林区村制定《森林防火乡规民约》，开展村内“五清”活动（清地边、清林边、清坟边、清矿边、清隔离带内的可燃物）。全县投入森林防火经费120万元，修建望台（哨）10台，购置高压水泵4台，喷水灭火机6台，油锯6台，购置2号扑火工具300套，配备砍刀600把，无线对讲机12部。全年未发生较大森林火灾。

（刘得花）

水　　利

【概况】 2016年，全县加大水利基础设施投入，全县水利人秉持“献身、负责、求实”的水利精神，攻坚克难，开拓奋进。全年完成水利建设投入1.79亿元，完成水利工程4550处，完成劳动工日130.47万个，出动机械台班9.57万个，新增供水能力789.6万方，新增/恢复灌溉面积1.12万亩，改善灌溉面积3.12万亩，新增/改善除涝面积1.14万亩，新增旱涝保收面积1.89万亩。祁阳县被评为2016年度全市防汛抗灾工作先进县区、2016年度全市水利建设工作先进县区。县水利局蒋军获“2016年全省抗洪抢险先进个人”。

【防汛抗旱】 2016年1—12月，全县平均降雨量1379.5毫米，较历年均值1414毫米，减少2.4%，降雨集中在4、5、8月。出现8次强降雨过程，湘江共发生6次洪水，其中超警戒水位一次，即6月17日9点46分祁阳站水位83.02米，超警戒水位0.2米。全县降雨总量较历年均值偏多，但降雨分布不均，6月下旬至7月，全县进入高温少雨天气，35°C以上高温天数达25天，因旱造成局部地方受灾，但未对人畜饮水造成影响，未对农业生产造成重大损失。

【抗旱应急水源工程】 祁阳县2016年抗旱应急水源工程项目总投资为1332.23万元，其中国家资金1150万元，项目由大村甸镇引提水工程、大江水库引水工程、龚家坪镇引提水工程和红旗水库引水工程四个子项目组成，其主要工程任务为新建改造机埠、新建压力管道、新建改造渠道、加固改造河坝及山塘等。

【农村饮水安全工程】 2016年，实施农村饮水安全工程30处，解决饮水不安全人数3.98万人，涉及30个行政村。工程总投资为1988.43万元，其中国家投资125.58万元，市县财政配套资金304.34万元，其他投入1555.42万元。联村及单村工程共30处：茅竹镇供水续建延伸工程，黎家坪镇供水管网延伸工程，原种场自来水管网延伸工程，潘市镇盘古村农村饮水安全工程，肖家镇大桥村农村饮水安全工程，潘市镇陶家湾村农村饮水安全工程，潘市镇高山村农村饮水安全工程，肖家镇唐家冲村农村饮水安全工程，文明铺镇林场村农村饮水安全工程，黄泥塘镇九州村饮水安全续建工程，七里桥镇接龙桥村农村饮水安全工程，七里桥镇乌山冲村管网延伸工程，七里桥镇双江口村供水工程，文富市镇建设村供水工程，羊角塘镇油湾村供水工程，八宝镇上百里供水工程，大忠桥镇金旗村供水工程，文明铺镇桥梓塘村供水工程，龚家坪镇石山湾村供水工程，七里桥镇龙塘村供水工程，肖家村镇青石村供水工程，潘市镇白果村供水工程，潘市镇东桥村供水工程，下马渡镇谭家湾村供水工程，梅溪镇大伍村供水工程，黄泥塘镇红星村供水工程，潘市镇东江村供水工程，文富市镇幸福桥村供水工程，羊角塘镇茶园供水工程，七里桥镇吊楼湾村供水工程。

【水库除险加固工程】 “百库工程”全部进入加固后试运行阶段，达到设计效果。2016年度完成水库除险加固工程建设投资2340万元，完成104座水库的除险加固扫尾工程，分别为：小一型水库1座：石堰脑水库；小二型水库103座：大新塘、德牛冲、下塘、肖家村镇红旗、杨家冲、塘冲、麻叶塘、白水长塘、尖和冲、金塘、少白、小井塘、横冲塘、荷叶塘、月塘、毛家塘、撬猪塘、浮鸭塘、泉子塘、官塘、碧子塘、文明铺红旗、长清塘、奄祖塘、崇山、三塘、麻石塘、石马塘、倒塘、白露塘、大村甸白竹塘、枯井塘、广塘、龙山乌龟塘、池子塘、叶家井、瓦屋塘、老塘冲、大塘冲、黄泥塘泉塘、涛母塘、竹塘、白毛冲、堰塘、路边塘、进宝塘长塘、双龙、进宝塘大塘、石梓塘、观山冲、戏塘、卉塘、黎家坪邓家塘、藕塘、老塘、腰子冲、羊角塘清水塘、竹鸡岩、庙后、羊角塘大塘、车头、铁路冲、铁丝岭、井冲、马斯冲、芒冬塘、老里冲、韩家冲、铁丝井、羊角塘、蔡塘、老虎冲、上椿、朱泉塘、三口塘杨家冲、新塘、纸马塘、三角塘、梅溪镇白竹塘、张家冲、湖塘、夭塘、井塘、金竹山、芦冲、下马渡楠木冲、向东、下马渡清水塘、群力、金子观、香木冲、八宝长塘、陈塘、显塘、大村甸大塘、大村甸长塘、砖房冲、城木塘、月塘冲、三口塘长塘、杨柳冲、正冲、下马渡泉塘。

【河道治理】 完成湘江治理白水工业园段完成治理河段长度1.5公里，完成投资890万元；湘江治理唐家岭段完成河段治理长度1.9公里，完成投资1290万元；湘江观音滩镇段岸坡整治工程完成开工前准备工作，完成投资80万元。

【小农水项目】 祁阳县2016年中央财政农田水利项目实施在祁阳县梅溪镇、潘市镇等2镇，分别涉及潘市镇的丫冲村、享塘村、荷花村、中州村4个村、梅溪镇的华兴村、龙湖村、谢阿村、太子村、大书村、新亭村、石牛村、龟山村、新青村、月华村、珠溪村、秧塘村、华塘村13个村，受益人口1.52万人，项目建设面积1.86万亩。年度完成山塘整治44口，堰坝改造17座，泵站改造7座计200千瓦，改造灌渠道混凝土56条，34.27千米；改造灌排两用浆砌石渠道12条，13.49千米；新建高效节水（管道输水）示范片784亩。完成工程总投资1932.43万元，资金来源：中央财政补助资金1200万元，省财政补助资金290万元，县财政配套资金120万元，群众自筹及投工投劳折资316.4万元。

【“五小”水利】 2016年，市委市政府将“五小”水利建设纳入祁阳县六件惠民实事之一。24个“五小”水利建设重点村总投资542万元，其中财政奖补288万元。24个重点村分别是长虹街道办事处爱国村、芹菜町村青竹村，观音滩镇漫山村，茅竹镇富里村，大忠桥镇走马村、深滩村，三口塘镇香山村，肖家村镇桐梓村、三合村，八宝镇新建村，白水镇桥口村、向阳村，黄泥塘镇桐木村，进宝塘镇荷叶村，潘市镇赤一村，羊角塘镇合山村，下马渡镇清水塘村，七里桥镇竹山口村，黎家坪镇朝主山村，文富市镇排林村，文明铺镇豪冲村，龚家坪镇铁丝江村，大村甸镇永福坪，共完成渠道防渗12.66千米、山塘改造69口、泵站维修改造1座、河坝维修改造6座。

【水土保持】 祁阳县是湘资沅上游国家级水土流失重点预防保护区，全县水土流失面积419.28平方公里，占全县总面积的16.52%。2016年，审批水土保持方案11宗，下发限期编制水土保持方案通知书16份，下发整改通知书20份。蒋龙滩项目区板桥生态清洁小流域工程，完成综合防治面积12.92平方公里，工程总投资632.4万元，其中国家资金450万元。在茅竹镇三塘村创建水土保持生态园，打造水土保持中小学教育基地。在县委党校举办科干班，开设水土保持专题讲座；在祁阳生活网大力宣传水土保持相关法律、条款。

【水电开发】 2016年，启动4座电站的增效扩项目，分别为内下一级电站、群力电站、翔宏电站、冷水江电站，4座电站总投资2214万元，改造后增加装机容量1245千瓦，年增发电量893万千瓦时，预计2017年年底完成完工验收。

【水政执法】 全县成立7个水政监察中队，水行政执法责任制试点县通过省水利厅验收，并将试点经验向全省推广。全县共查处各类水事违法案件14件，移送司法部门案件2件，处置全县因河道采砂权转让而产生的遗留问题47起，发放奖补资金196.4万元。全县控制用水总量在3.6亿立方米之内，万元工业增加值用水量在100立方米之内，两项指标符合市里要求。全县没有明文禁止的高耗水企业进入，水功能区达标率100%，全年无一重大水污染事件发生。

内下电站管理

【概况】 2016年，祁阳县内下电站管理局在上级部门的正确领导下，紧紧围绕工作目标，有序地推进各项工作。强化管理、创新思路，顺利完成各项经济指标，全年共完成发电量11335万千瓦时，较上年同比增长13%；上网电量10486万千瓦时，较上年增加15%；实现发电收入3730万元，较上年增加16%；各类非生产性开支较去年减少60多万元。强化项目建设，加强跑项争资力度，打造新的经济增长点。一级电站增效扩容项目，是湖南省水利厅批复的清洁能源工程，争取项目资金750万元，2016年年初启动工程，预计2017年年底完工。黄司河道综合治理工程，由县财政局担保，以贴息贷款的形式向湖南省农业发展银行贷款3000万元，工程正在施工建设过程中。2016年度，内下电站管理局获得全县工作目标管理综合考核先进单位、全县基层党建工作先进单位、全县跑项争资工作目标管理二等奖、全县社会管理综合治理先进单位和全县宣传思想工作先进单位等荣誉称号。

【黄司河综合治理工程项目】 由祁阳县内下电站有限公司申请立项，经湖南省发展和改革委员会审批同意，项目总投资3500万元，工程由五部分组成：一是内下水库除险加固项目。二是五指山至将军岐引水及安保工程，包括二级电站引水坝区域治理，二级电站引水坝观测设施土建工程，隧洞除险加固，渡槽进水口浆砌石挡墙拆除重建，泄洪道旁踏步改造，小茗洞闸坝及引水渠改造、压力前池及安保工程改造，总投资1072万元，现已完工。三是黄司河河道综合治理管理用房改造工程，投资332万元，改造一幢五层、面积为2569平方米的管理用房，预计2018年3月完工。将军桥至压力前池防汛道路提质改造工程，投资115万元，路面宽4米，长3500米，厚0.25米混凝土公路，涵洞2处，长19米，护坡360平方米，现已完工。四是小黄司河引水工程项目。五是豹虎龙水闸加固及下游灌溉引水渠工程项目。

【内下一级电站增效扩容设备改造项目】 一级电站于1996年投入运行以来，已有20余年，设备严重老化。内下电站管理局争取项目资金750万元，挂网招标一级电站增效扩容项目，最终由中国中车集团中标，工程项目建设于2016年年初启动，计划于2017年年底完工。

农业机械化管理

【概况】 2016年，县农业机械化管理局以兴机富民为主旋律，突出工作特色，改进工作作风，强化工作措施，完成农机化推广、服务、项目实施和安全生产等目标任务，农机化发展呈现出“上天、下田、入水、进林”的崭新局面。全县农业机械总动力15.3万台，86万千瓦，稻田亩均1.4千瓦。拖拉机拥有量3333台，水稻联合收割机拥有量826台，插秧机拥有量606台，烘干机拥有量79台套，完成机耕面积82000公顷，机电排灌面积22000公顷，机插面积20000公顷，机械化植保面积3700公顷，机收面积32000公顷，机械初加工农产品45.8万吨，农用物资机械化运输量2.85亿吨/公里，农机经营服务总收入11.5亿元，水稻耕、种、收综合机械化程度达到56%，农业机械化使用程度已经成为现代农业的重要标志，为推进农村经济发展提供有力支撑。2016年，县农机局荣获全省农机综合信息工作先进单位，全市农机化工作先进单位、全市文明单位，县创国卫、办公室工作、宣传思想工作先进单位等称号。

【农业机械推广】 以加快水稻生产全程机械化为目标，狠抓农机化新技术、新机具的推广。全县推广水稻机械化育插秧、机械植保、节水灌溉、土地深松、机收、烘干、油菜机械化直播、收获等农机化新技术10项，与之相适应的新机具2658台套，其中：大中型拖拉机、旋耕机、收割机、烘干机发展一再提速，购置金额占全县农机购置总额的80%以上，各类先进适用的农业机械不断进入农家，改变过去小型机械多，大型机械少；田间作业机械多，其他作业机械少；耕灌运机械多，收插烘机械少的"三多三少"局面。

【机械化育插秧】 把机育秧和大户购机作为推进机插秧的重要一环，通过项目扶持，资金拉动，技术服务等措施，激发种粮大户购机用机的热情。全县推广水稻插秧机45台，其中大户购机35台，播种流水线19台套，育秧硬软盘12万张。白水、肖家村和大村甸等镇种粮大户购机超过15台。同时，做到农机与农艺融合，层层办点示范。县农机局在大忠桥、八宝、白水、大村甸和七里桥等镇办水稻机械化育插秧示范点5处，示范面积810公顷，各镇农机站完成示范面积1处，机插面积在7公顷以上。全县22个镇（办）全面铺开，开机插秧大户191户，种植专业合作社30多家，年完成机插面积18000公顷。

【植保无人机杀虫】 6月27日，种粮大户雷顺阳首次使用农业植保飞机杀虫，在七里桥镇三门滩村连片平坦的田间上空，两架"大疆MG—1"农业植保机盘旋低飞，来回喷洒，经过4个多小时的连续作业，30多公顷稻田喷洒完毕。使用植保飞机喷洒农药，不但速度快，损失少，效果好，而且避免高温人力杀虫的安全危险，突破制约水稻植保环节的瓶颈。此外，邓根智、黄黑生等种粮大户也与永州市绿地生物防治有限责任公司签订水稻植保飞机作业订单，全县机防面积8000公顷。

【农机"双抢"作业】 投入"双抢"的耕、灌、收、插、运、烘等各类农业机械达10万余台套，农机手4.5万多人，双抢完成机收面积达60%，机耕面积达90%，机插晚稻6670公顷。组建机耕、机灌、机收、机插服务队56个，与农民签订作业订单15000公顷，农民双抢机械化唱主角。为解决农民稻谷晾干难的问题，大多数烘干基地和农机合作社充分利用机械优势，开展订单作业，做到收、运、烘一条龙服务。安邦公司、天龙米业、银光粮油、家乐、鑫穗水稻机械化种植专业合作社等20多家谷物烘干基地，为农民提供稻谷烘干服务，烘干稻谷12万多吨。

【农机跨区作业】 6月21日，肖家镇栗木村1组农机大户李兴业等人开大、中型拖拉机和收割机奔赴邵阳县木铎镇跨区作业，拉开全县跨区机收机耕巨幕。县农机推广站、大忠桥、白水、肖家村、八宝、黎家坪、羊角塘等镇站创新服务机制，拓展服务门路，积极组织跨区跨镇机收服务队，在抢收好本村组水稻的基础上，双抢和秋收期间，分别开赴到毗邻的区镇收割水稻，机收面积达8000公顷，既打开机收市场，又增加农机户收入。

【农机深松整地】 9月20日，祁阳县第一台土地深松机械首次装上"电子眼"，在茅竹镇富联村的梯土中试耕效果良好。2016年，全县首次实施农机深松整地项目，采取广泛宣传发动、添置机械设备、培训操作人员、签订深松订单、规范作业质量、明确补贴标准、加强技术监控等措施，按照先办点示范，组织观摩，总结经验，再在全县逐步铺开的推广模式，让种植大户和农民看到农机深松作业有提高土壤蓄水保墒能力、改善土壤理化性能、促进作物生长发育的三大优势和发展旱作农业、解决农村土地抛荒的两大好处，从而调动农机专业合作社和农机大户的积极性。全县有3个农机合作社和5个农机大户购置土地深松机械及监控设备，分别在茅竹镇富联村、肖家村，观音滩镇天堂村、八尺等村开展土地深松作业，高标准地完成农机深松整地作业面积150多公顷。

【机械化直播油菜】 9月下旬，县农机推广站和服务站抽调技术人员15人，深入到观音滩镇天堂和双合等油菜机械直播示范片（点），开机作业示范，指导操作和传授油菜机械直播技术，带动“家乐”、“福田”等农机专业合作社和10多个种植大户机械化直播油菜。全县完成油菜机械直播面积150多公顷，逐步改变人工种植油菜的传统方式。

【农机抗旱救灾】 7月初，全县境内持续晴热高温少雨，干旱日趋蔓延。组织农机修理小分队46个，为农民检修抗旱机具1.2万台次，并以镇为单位，对沿湘江，祁水，金洞河，黄花河等河流两岸的重点机电排进行逐台检修。调回农民抗旱机具1850多台套，胶水管500多卷，确保农民抗旱需求。同时，积极组织农机技术人员深入旱情严重的村组，因地制宜，突出重点，帮助羊角塘镇升平村和七里桥镇豪爽口村等8处新建机电排，新增灌溉面积1.2万亩，投入抗旱机械1.5万台套，抽水抗旱面积10000公顷，极大地减少干旱的损失。

【机收绿色通道开辟】 在农机秋收中，切实做好组织、引导、协调和沟通工作，尽力为跨区机收的“稻客”解决实际困难。当外地“稻客”在泮泥田作业出现陷机时，只要机手一个电话，种粮大户就会请来拖拉机或挖掘机立即拖出，以保证机手在最短的时间内恢复机收作业。在过插花田作业时，遇有农户不讲理时，由种粮大户出面调处，不耽误机手作业时间。机械需要转运时，由种粮大户负责请拖车转运，不要机手操心。外地机手的吃住与种粮大户聘请的员工一视同仁，在食堂就餐，安排专门住宿，以保证机手吃饱睡好。既充分利用外地机械加快秋收进度，又架起跨区机收的“绿色通道”。

【农机越冬保养】 采取以镇为单位，开展宣传发动，办点示范的方法，对田间作业机械进行越冬保养。积极组织农机技术人员深入村组、农户，做到印发资料、宣传到村、送技上门、检修到机，全县冬修农机具3.8万台套，铁水管刷漆360多米，20多家农机专业合作社500多台套田间作业机械冬修完好率达90%以上，100%的机械有了越冬安全“窝”。

【农机科普宣传】 9月18日，围绕“创新放飞梦想，科技引领未来”的主题，在县城白竹湖广场举办全国科普日宣传活动中，农机展区按照耕、插、收、植保、加工等类别，摆放旋耕机、插秧机、收割机和加工等不同类别的机械；制作农机科普宣传和农机购置补贴宣传展板；印发农机化新技术、新机具宣传资料，设立咨询台，吸引众多农民群众前来观看咨询。在科普咨询台前，围满了咨询农机购置补贴政策、农机使用操作、维修保养、安全生产常识等问题的农民群众，农机技术人员为他们答疑解惑，并以认真负责的态度、熟练的技术操作水平，热情接待每一位农民朋友，得到参观农民一致好评。接受技术咨询580多人次，发放宣传资料2500多份，农民订购先进适用的农机具20多台套。

【农机购置补贴】 及时传达省农机购置补贴工作会议精神，组织相关股室的业务人员专题学习相关文件和资料，深刻领会精神实质。同时，利用宣传媒体、张贴农机购置补贴流程图、发送手机短信等多种形式广泛宣传，并将补贴政策和具体申报程序、申报要求编写成宣传资料，发送到村、组、农户。严格执行国务院“三个禁止”和农业部“八个不得”等有关规定要求，根据补贴范围、补贴标准、补贴对象、补贴种类等新特点，严格规范补贴程序，简化补贴手续，规范操作，阳光操作，信息公开，确保购机农户的知情权，自觉接受购机农户及社会各界的监督。切实加强对农机购置补贴工作的组织实施，加强对农机购置补贴工作程序、办事流程、审查审批、公示等工作的监督，加强对各经销商及补贴机具产品质量的监督管理，落实补贴机具售后服务措施，加大对补贴机具的核查力度，确保购机补贴资金落到实处。切实加强与县财政部门的对接、沟通和协调，用好用活补贴资金，最大限度地拉动农民的投入。全年落实农机购置补贴资金近600万元，拉动农民投入1800多万元，农民购置补贴机具1398台套。

【农机作业补贴】 2016年，在全省率先实施农机作业补贴。全县下拨专项资金120万元，用于年度安全技术检验合格的耕整机械、插秧机、烘干机和联合收割机作业补贴。按照补贴范围、原则和标准及作业补贴办理流程，经农机户申请、镇站统计初审、镇村公示、县局核实的基础上，县农机、财政部门联合审批，补贴资金一次性打卡发放到户，罗庚生、黄黑生、张石桥等907个农机手喜领作业补贴。

【农机安全生产】 以“农机安全生产年”为主线，贯彻落实安全生产“三项行动”。集中力量，集中时间，组织开展农机“黑车非驾” “打非治违”安全整治活动，纠正违章行为，消除事故隐患，加大查处农机违章行为的力度。同时加强农业机械和驾驶操作人员管理，扎实开展“平安农机示范县”创建活动。进一步落实安全责任，层层签订安全责任书，明确安全职责，层层齐抓共管，抓好贯彻落实。切实加强农机监理免费服务，不断提高农机年检率。2016年，新发拖拉机号牌39台，年检营运拖拉机、收割机485台，年检率达95%；新发联合收割机号牌35台，驾驶员持证率100%；拖拉机投保率占已检拖拉机的96%以上，第三者责任险投保率均达到100%。连续3年实现全县农机重特大事故持续为零。

【机关建设】 按照创建国家卫生县城的要求，积极筹措资金、组建专门班子、精心设置施工项目，改造水、电、路、房、地、墙、门、厨、厕、窗等10多个项目，添置办公设备，加强绿化建设，机关院内整洁干净，走道和办公室绿树迎风，井然有序。同时，加大社会公德、职业道德，中国精神、中国形象、中国文化、中国表达的宣传，开展道德讲堂等宣传教育活动，局机关面貌焕然一新。

【镇站办公条件改善】 采取领导重视，多方协调，互相勾通等办法，先后解决三口塘，文富市、梅溪等镇农机站和3个办事处农机站的办公场地，结束镇（办）农机站长期在外租房办公的历史。6月和11月，分两批为镇站配置办公桌、椅，进一步优化镇站的办公条件。

【市级文明单位创建】 围绕创建“市级文明单位”的目标，坚持“两手抓、两手都要硬”的方针，按照领导班子坚强、业务成效显着、思想教育深入、工作作风良好、科教文化发展、内部管理有序、环境整洁优美的要求，抓机制、强队伍、拓载体、优服务、树形象、促发展。全局干部职工积极投身文明创建活动，知晓率、参与率、支持率均达100%，形成“人人重视，个个参与，共同创建”的良好氛围。思想政治工作常抓不懈，干部职工教育培训有声有色，完善制度管理，机关运转有序，规范行政服务，转变机关作风，加强环境建设，改善机关面貌，强化综合治理，促进和谐稳定，弘扬社会主义新风尚，积极履行社会责任，活跃职工文化生活，提升文明创建质量，在深化精神文明建设的同时，促进全县农机化事业又快又好地发展，文明创建取得显著成效，成功创建市级文明单位。

（唐文达）

扶 贫 开 发

【概况】 2016年，祁阳县把脱贫攻坚作为第一民生工程，坚持党建引领，构建大扶贫格局，高位推动，夯实攻坚责任，挂图作战，凝聚攻坚合力，脱贫攻坚工作呈现出提速提质、奋力赶超的良好态势。全县建档立卡贫困人口31321户、88315人，其中未脱贫人口17167户，47833人，省定贫困村88个，是全省脱贫攻坚任务较重的面上县。县扶贫办坚持突出产业“扶”，结合就业“转”，瞄准对象“搬”，金融造血“贷”、齐心协力“帮”、落实政策“保”，全力帮助贫困人口脱贫，同步实现小康。脱贫攻坚和县域经济发展深度融合，全县农村居民人均可支配收入预计实现12050元，增幅可达12.26%；实现贫困人口脱贫16183人，顺利实现3个贫困村出列；截至12月，全县完成小额信贷投放金额3.23亿元，占市指导计划任务的375.58%；易地扶贫搬迁10个集中安置点、66户分散安置户房子主体建筑工程建设在年底全面竣工，269户、793名搬迁对象可以入住新居欢度新年。祁阳县顺利通过省、市脱贫攻坚工作考核验收，荣获全市脱贫攻坚工作先进县荣誉称号。

【扶贫格局】 祁阳县把脱贫攻坚作为最紧迫的政治任务、最大的民生工程来抓，坚持基层党建和精准脱贫深度融合，举全县之力打好脱贫攻坚战。一是建强“三支队伍”，打造脱贫攻坚先锋队。精心选派和培育党性好、能力强、作风优的骨干队伍。加强带头人队伍建设。先后调整村班子36个、村书记27人，让扶贫有思想、致富有办法的优秀人才走上村书记岗位。建立绩酬相符激励机制，把村干部推动扶贫攻坚的潜能激发出来。加强帮扶工作队伍建设，配强脱贫攻坚一线力量。统筹实施“领导挂点、部门包村、企业联村、工作队驻村”的定点帮扶制度。二是发挥党员先锋模范作用。实施“双百”党员骨干培训计划，全县每年培训100名农民党员致富骨干，对100名农民党员进行就业技能培训。全年共培育党员致富带头人326人，深化“党群共同致富”活动，村干部和党员领办创办党群共同致富组织达129个。三是全面落实驻村帮扶和结对帮扶贫政策。在全县推进“四位一体”的驻村帮扶工作，由1名县级领导带队联系1个贫困村、至少1个后盾单位帮扶一个贫困村、1个县内规模企业帮扶1个贫困村、1个驻村工作队驻村帮扶，全面强化驻村帮扶工作；同时在全县推进“54321”结对帮扶工作，共组织110余个县直单位、80余家县内规模企业，参与驻村帮扶；共派出88个驻村帮扶工作队帮扶88个贫困村，组织1.2万党员干部与贫困户结成3万余对帮扶对子。结对帮扶党员干部深入到所结对贫困户家中，指导贫困户制定脱贫计划，落实帮扶措施，加快贫困户脱贫步伐。

【基础设施改善】 祁阳县坚持把改善基础设施作为精准扶贫的当务之急，以改善农村农民生活环境、增添福祉为目的，积极破解农村发展瓶颈问题，认真谋划和实施一批关系百姓福祉的民生工程，整合各种资源，着力改善基础设施条件，夯实发展基础，全力推进精准扶贫工作。加快农村道路建设，大力实施建制村通畅、农村路网改善工程，总计投入1.2亿元，共硬化村组公路200多公里、新修机耕路160余公里，实现行政村通畅率达100%；加快农田水利建设，全年共投入水利建设资金1.79亿元，其中投入贫困村5985万元，完成农村居民安全饮水人口3.98万人，占计划的100.5%，备用水源建设5处，按计划任务3处的目标超额完成；加快农村电网升级改造建设，投资4063万元，完成79个行政村的农网升级改造，已实现全县22个镇办场、88个贫困村中452个自然村的动力电全覆盖；加快光伏电站建设，全县完成贫困村村级光伏电站建设5个，投资6亿元的重大招商引资项目文明铺镇光伏电站已完成前期工作。加快美丽乡村建设，结合新农村建设，整合项目资金3290.4万元，加快推进2个省级、1个市级、2个县级美丽乡村示范村建设，乡村人居环境得到持续改善，极大地改变贫困村发展面貌。

【产业扶贫】 全县遵循“因地制宜，立足资源禀赋和产业特色，打造特色经济板块”的原则，因村施策、精准发力，培育富民产业。一是抓好特色产业发展定位。根据自然条件、土地资源利用现状，在观音滩、茅竹等13个镇规划发展油茶20万亩；在文明铺、龚家坪等9个镇，规划发展生姜、槟榔芋等蔬菜种植面积20万亩；利用祁阳乡村资源与文化特色，发展乡野风光、休闲情调和民俗文化和谐统一的休闲旅游，构建“一带六区”的祁阳休闲农业，大力发展乡村旅游，丰富祁阳旅游扶贫产品体系，促进祁阳乡村旅游的发展。二是培育壮大特色产业。全县共整合各类产业扶贫资金16670万元，其中，部门资金13544万元，社会资金3126万元，把发展油茶、茶叶、蔬菜、水产、养殖、中药材、高效林果、家庭手工业、乡村旅游等扶贫产业作为促进贫困群众增收的重要手段，新发展农产品规模种植基地32个，形成以高档优质稻米标准化生产基地15万亩、杂交稻制种基地1.5万亩、柑桔低改品改基地2.6万亩、茶叶基地3万亩；蔬菜基地10万亩、油茶基地60万亩，全县扶贫特色产业快速发展。三是培育扶贫市场主体。通过土地流转、合作经营等方式，选准产业，规模发展，培育市场主体，重点实施“四个一”工程，即：每个贫困村培育1个村办或其它形式创办产值10万元以上的小微企业、1个拥有成员20人以上的农民专业合作社、1个达到一定规模的家庭农场、1个达到一定规模的专业大户。全县农业产业化龙头企业不断涌现。全县拥有农业产业化市级以上龙头企业24家，其中，国家级2家、省级6家、市级16家，预计农产品加工产值年底可达到80亿元。

【金融扶贫】 采取农户自主申请、村评议小组集中评议、县镇集中审核方式，对建档立卡贫困户30750户，全面实现评级授信，参评率100%，有效授信28550户、有效授信率93%。在贷款投放上，实行“批零”并举，对有自主创业意识和贷款愿望的贫困户做到应贷尽贷。同时，积极探索实行“分贷统还”模式，选择效益好、信誉好、前景好的“三好”经济组织，推动贫困户以小额信贷结对优质企业或其他组织，并统一按照10%的年回报率，对承贷贫困户实行股份分红。共精心筛选4家经济组织与贫困户合作，全县已投放贷款户9220户，投放金额3.23亿元，贷款投放任务完成率375.6%。

【易地扶贫搬迁】 把群众自愿作为易地扶贫搬迁的前提条件，根据水土资源状况和基础设施条件，因地制宜制定群众认可的搬迁方案，按照“搬得出、稳得住、能发展、可致富”目标和“群众自愿、规模适度、梯度安置”的原则，采取集中安置为主、分散安置为辅的搬迁模式，灵活安置搬迁群众。集中安置全面推行统一规划设计、统一报批手续、统一整合资金、统一招标建设、统一组织验收、统一分配的“六统一”安置；分散安置主要针对生活在边远山区、有一定自主建房能力的贫困户，由农户自主建设住房，配套基础设施建设由项目所在村统一组织建设，宅基地由农户和所在村共同协商解决，所需资金主要由国家补助和农户自筹解决。全县10个集中安置点、66户分散安置户房子主体建筑工程建设全面竣工，年底269

户、793名搬迁对象可以入住新居。

【兜底扶贫保障】 一是切实解决好贫困人口“看病难、看病贵”问题。按照《湖南省卫生计生委关于救治精准扶贫工作方案》的要求，组织职能部门积极筹措资金，制定切实可行的工作方案，落实好建档立卡贫困人口新农合“应保尽保”，确保所有建档立卡贫困人口100%参加新农合，并对贫困人口住院医疗费用报销比例提高10%以上，建立“一站式”结算机制，为贫困病人提供便捷医疗保障服务。同时进一步加大筹资力度，把农村居民大病保险作为医疗救助的重中之重来抓，提高建档立卡贫困人口大病保障补偿力度，务必做到建档立卡贫困人口大病保险补偿起付线降低50%以上，有效遏制“因病致贫、因病返贫”，同时委托中国人民保险和中国人寿保险两大商业保险机构承办大病保险业务，开拓商业保险渠道，为贫困人口提供多渠道保障。二是加快推进“两线融合”。按照建档立卡贫困人口兜底保障对象联合认定实施方案，由扶贫办和民政局严格人员认定，确保符合条件的贫困人口不“漏保”、不“错保”，已完成4181名兜底保障对象认定，采取动态管理，实现符合条件的建档立卡贫困人口农村低保“应保尽保”。三是切实抓好教育扶贫。治贫先治愚，扶贫先扶智，让贫困家庭子女都能接受公平有质量的教育，是精准扶贫的治本之策。县教育局积极建立就读学生信息库，并与建档立卡系统平台数据进行比对，梳理各类贫困学生教育资助政策，确保每一个贫困家庭子女得到就学政策资助。同进加强贫困乡村薄弱学校改造，加强贫困地区乡村教师队伍建设，推进教育资源向贫困地区倾斜，制定学前教育、义务教育、职业教育、乡村教师队伍、特殊教育、学生资助、技能培训等方面的专项支持计划，实现与全县扶贫攻坚的总体节奏同频共振。

【劳务协作扶贫】 县委、县政府、县扶贫办高度关注贫困群众需求，着力从就业帮扶和技能培训方面入手，严格落实创业扶持政策，充分聚焦劳动力技能培训，全面推进劳务协作扶贫。一是强化基础管理，建立信息台账。根据省、市、县关于建档立卡工作相关要求，全面核实贫困村和贫困劳动力基本信息资料，对需要就业培训、创业扶持、社保兜底的贫困人群的基本信息全部建立台账，并定期进行核实和更新，实行动态管理。按照“一人一卡”的要求，全县共采集符合条件的农村贫困劳动力信息26830条，其中，未转移就业7819人，有培训意愿5517人，全县88个贫困村中，无劳动能力、无脱贫能力的“两无”人员共1510人。二是强化职业培训，提升贫困人群就业技能。围绕电子信息、机械制造、制鞋、轻纺服饰等支柱产业，积极实施就业技能培训、创业培训，极大地提高贫困人群的就业技能。全年共完成贫困家庭劳动力职业技能培训1963人（其中，贫困家庭“两后生”技能培训106人），贫困家庭劳动力创业培训63人，贫困家庭劳动力职业技能鉴定350人。三是加强创业扶持，支持贫困人群创业就业。严格落实创业扶持政策，支持贫困人群创业就业，全力做好贫困大学生创业就业帮扶。对符合条件的大学生，提供2年期10万元的小额担保贷款，并全额贴息，对高校未就业毕业生优先推荐岗位，并提供一次性岗位补贴每人1000元。

【科技扶贫】 实施创新驱动发展战略，强化科技扶贫，全力助推精准扶贫工程。一是建设科技扶贫载体，打造科技支撑平台。以粮油加工产业为基础，培育自然韵黑茶、唐家山油茶、宏发养殖专业合作社等3家科技型扶贫示范企业，引导贫困农户到企业基地务工并学习技术，实现贫困户示范企业无缝对接。同时，以祁阳县技术转移综合服务项目平台为主要载体，在全县22个镇办设立信息服务站点，为贫困户和贫困村提高供科技服务、科技信息、培训科技人才、联系科技项目、推动科技成果转化，促进贫困发展，贫困户增收。二是强化科技服务，推进特色优势产业发展。重点围绕茶叶、油茶、林果、蔬菜、食用菌、畜牧、粮食等农业优势及特色产业的发展，优化农业科技资源配置，强化技术创新和成果转化，为提高农业优势产业市场竞争能力提供有力的科技支撑。依托祁阳县技术转移综合服务项目平台，与湖南省科学技术信息研究所开展平台建设咨询服务，推行以“信息集成”+“技术咨询”+“融资服务”+“企业培训”为主要内容的技术创新服务模式，为贫困户、贫困村开展科技服务。全年组织农林水机各部门技术专家，对22个镇办和10个贫困村进行技术培训和技术指导，培训5000余人次，发放科技资料2万余册，传授新技术15项，解决实际问题28个，完成油茶改良1万亩、垦复3.2万亩，黑茶基地5000亩。三是选派科技特派员，做实民生科技服务。通过项目优先、资金优先等措施，鼓励科技人员深入农村基层服务。紧紧围绕区域优势主导产业发展和推进农村面貌改造提升，选派16名专业技术能力强、熟悉农村工作、责任心强的专业技术人员作为科技特派员，深入到全县9个贫困村开展技术服务，将一大批先进实用技术送到贫困农民、种养大户手中。开展农业科技民生服务，进行稻瘟病、秸杆还田、诱蛾灯等绿色生态技术进村；开展健康科技进村服务，组织技术人员和医务人员下乡进村入户进行“肝吸虫病”等地方防病防治筛查服务，开展“无损农产品检测技术”推广，保障食品安全，服务民生。科学保护湘江水源，落实湘江污染防治行动计划，逐步控制网箱养鱼，缩小网箱面积，在一级水源保护区等环境敏感区域禁止网箱养殖，改善水质。

【扶贫机制创新】 一是创新电商扶贫机制，积极推进电子商务进农村。大力引导工业企业通过第三方电子商务平台开设网络销售终端，县内新金浩茶油、自然韵黑茶等传统龙头企业均在天猫、京东、1号店等大型平台开设店铺，年销售额都在5000万元以上。大力支持阿里巴巴农村淘宝项目发展，“淘宝特色中国·湖南馆·祁阳馆”于2015年12月10日正式开馆，有效带动祁阳米粉、祁阳烟笋等特色农产品在淘宝网的销售。面积达1500平方米的“农村淘宝”县级运营中心已建成投用。全县“村淘”交易笔数、交易额稳居全省前10名。大力发展本土电商企业200余家，其中规模以上企业10余家。目前，以和顺新、品乡愁为代表的本土电商企业，正积极推动祁阳曲米鱼等名优特农产品网上展示展销。3月，祁阳县成功创建全省电子商务进农村示范县；5月份，祁阳县被确定为全国电子商务进农村综合示范县。二是创新利益联结机制，积极拓展资产收益。引导贫困村将集体资源资产资金、贫困户将土地承包经营权和个人财产入股，将财政扶贫资金投入形成的资产量化给贫困户，采取委托经营、合作经营等方式，帮助贫困村和贫困户多渠道增收，实行贫困户收益保底、按股分红。比如县重点扶贫产业项目，采取“党组织+合作社+贫困户+基地”的模式与祁阳县天之龙蔬菜专业合作社进行股份合作，将重点产业扶贫资金100万元作为全村贫困户的股金入股，合作社负责技术支持和生产经营，贫困户不参与生产经营，农户可获得土地流转的租金收入、扶贫项目资金入股的分红收入和本地务工的工资收入，村集体通过参与管理、有偿服务等获得一定的经济收入，从而实现贫困户脱贫致富、企业增收和村集体经济壮大的多赢局面。该项目已为500多名贫困户人均增加纯收入2000元以上，村集体经济收入增加10万元以上。

农村经营管理

【概况】 2015年11月，县农村经营管理局（县农民负担监督管理领导小组办公室）承担的行政职能划入县农业委员会，更名为县农村经营服务站，为县农业委员会所属副科级事业单位，继续履行公益性职责，并受县农业委员会委托，承担相应的行政职能。

2016年，祁阳县农村经营服务站（以下简称“农经站”）紧紧围绕县委县政府中心工作和省市局下达的目标任务，认真履行岗位职责，凝心聚力、拼搏进取，开拓创新、扎实工作，圆满完成2016年期间的各项目标任务。

【农村土地流转工作】 2016年，县农经局向县委编制机构呈报了《关于设立“祁阳县农村产权流转交易中心”的请示》和《关于增加祁阳县农村土地承包经营纠纷仲裁委员会办公室人员编制的请示》，2016年10月，仲裁委员会办公室增加2人，目前，仲裁委员会办公室工作人员5人。截至12月底，全县土地流转面积为64.4万亩，约占土地总面积的25.8%，其中，耕地流转面积36.14万亩。今年新增流转面积5.8万亩，其中新增耕地流转面积1.55万亩，林地2.54万亩，其他1.71万亩。

【农村土地确权登记颁证工作】 按照《湖南省农村土地承包经营权确权登记颁证工作操作规范（修订稿）》和《关于进一步规范农村土地承包经营权确权登记工作有关技术调查要求的通知》，每个技术公司出一个村的资料，对各项资料查漏补缺，修正和规范数据。着手抓好数据库建立、信息化处理、合同签订和资料归档等阶段的工作，扎实完成颁证前的所有准备工作，争取按时完成确权颁证工作。

【新型经营主体培育工作】 祁阳县将如何推动新型经营主体做大做强作为推进全县农村产权制度改革工作的重中之重来抓，通过办点示范，以点带面，以线带片，增强群众土地流转积极性，培育新型经营主体。截至12月底，全县工商注册专业合作社数为663余家，工商注册家庭农场数320家。今年新增工商注册专业合作社数142家，新增家庭农场工商注册数187家。4月，申报创建省级示范社1个，5月，申报省财政扶持家庭农场62家，共获省财政扶持资金140余万元（其中示范社30万元）。

【“三资”监管工作】 对全县887个行政村（居委会）进行了村级财务清理和“三资”问题的专项整治，共查处案件数16起，查处违法违纪村干部人数11人，查处涉案金额17余万元。争取省发展村集体经济奖补项目5个，项目资金60万元。

【农民负担监督管理工作】 一是为加强农民负担监督管理工作，县政府与县直涉负部门和各镇办签订2016年祁阳县农民负担监督管理工作目标管理责任书。二是常态开展义务教育“一费制”专项督查。每年春秋季开学时，由县政府牵头组织纠风、教育、物价、监负等部门对农村义务教育收费进行专项督查，所有中小学校按省、市物价部门统一规定的标准，在开学时一次性向学生收取自愿部分教辅资料费寄宿、搭餐生活费外，中途不得以任何理由向学生收取任何费用，严格控制中小学校乱收费现象的发生。三是根据《关于进一步规范和加强惠农补贴资金发放管理的通知》文件精神，为将全省明文规定的51项涉农补贴类全部纳入“一卡通”发放，农经站召开专题会议，部署安排整改措施。

【“一事一议”财政奖补工作】 2016年，全县共有264个村实施了一事一议财政奖补项目，获得国家、省级奖补资金2268万元。兴修村级公路90公里，垃圾处理场156个，山塘447亩，水渠87400米，其他项目32处。

移民开发

【概况】 祁阳县移民开发局是正科级全额拨款参照公务员管理单位，定编16名，2016年在编19人，内设办公室、发展扶持股、规划安置股等3个股级机构。主要职责是制定移民后扶规划计划申报，按照规计划组织移民后期扶持项目实施；负责移民直补资金打卡发放；负责新建水库移民搬迁安置和后期扶持；负责对移民进行培训；负责做好移民产业开发；负责移民资金项目管理安全运行；负责库区社会稳定并逐渐致富。全县有内下水库、大江水库、龙江桥水库、石喝库区、浯溪水电站、人民电站、湘祁水电站7座大中型水库，2016年，全县共有享受国家大中型水库农村移民28764人，其中直补打卡移民15515人（含三峡移民45户212人）。

【领导重视】 3月26日，全县移民工作会议召开，副县长唐安宝出席会议并讲话。县移民开发局党组书记、局长奉和成作工作报告，参加会议的人员：县委、人大、政府、政协及县直有关单位领导、相关移民镇（乡）、场分管移民工作的负责人，各库区村和三峡移民安置村村党支部书记、县移民局全体工作人员，特邀湖南自然韵黑茶有限公司领导、湘祁水电站和浯溪水电站业主等，共计80余人。会议回顾总结过去一年的工作，部署安排今年的移民工作任务。通报表彰2015年度全县移民工作先进单位和先进个人。会上，唐安宝就今年全县移民工作作重要讲话，他强调，2016年全县移民开发工作要在县委、政府的正确领导下，在省、市移民局的大力支持和精心指导下，认真贯彻落实水库移民后扶政策，着力抓好库区和移民安置区基础设施建设，突出移民产业开发和移民培训，狠抓移民后扶项目实施工作，重点做好石喝美丽库区建设，强化移民项目和资金管理，努力提高移民收入，全面确保库区移民社会稳定。

【移民后期扶持政策落实】 全面贯彻落实移民政策。祁阳县有享受国家大中型水库移民后扶政策农村移民28764人。移民后期扶持直补资金每个季度发放一次，在上级部门下拨资金后，县移民开发局在15个工作日内，以人均150元/季度的标准及时足额将资金划拨到邮政储蓄水库移民专户，由邮政储蓄将资金直接打卡发放至移民“一卡通”账户。2016年，全县打卡发放大中型水库移民直补资金864.72万元，惠及水库农村移民15006人。通过落实移民后期扶持政策，改善移民的生产生活条件，促进库区和移民安置区经济发展和社会稳定。加强移民后扶人口动态管理，按有关规定及时核减后扶人口。县移民局克服困难，组织全局人员深入相关移民村组移民户调查核实，共核减后扶人口137人，停止打卡发放移民后扶资金8.22万元。

【移民规划计划编报】 按照省、市局统一安排，按程序及时编制、呈报移民后扶项目年度计划。项目编报前期工作充分尊重移民意愿，明确呈报程序，由库区移民村或移民安置村向镇办呈报，经乡镇场签字同意后上报县移民局。2016年度，全县组织编制和上报600元以内后扶基金年度计划项目176个，资金903.3万元；上报后扶结余资金和库区基金项目183个，资金1582万元；移民扶助金208万元，并在县移民网进行了公布。按照省市县工作要求，成立专门班子，组织全局人员深入库区、安置区村组调查模底，编制“十三五”移民后扶规划。

【基础设施建设】 2016年，全县共投入基础设施建设移民项目资金1816.04万元，其中农田水利配套859.58万元，农村饮水安全123.26万元，农村交通810.18万元。农田水利配套中，整修排灌站1500千瓦，防渗渠道12.1千米，码头3处，小水库整修2座，骨干山塘22口；修建机耕道25公里，修筑公路130.95公里。通过基础设施项目的实施，受益移民群众达5余人次，改善移民生产生活条件。二是重点基础设施建设情况。投入移民资金90万元，整合其他资金89.67万元，完成大江水库10.63公里通库公路建设（其中新建硬化公路3.2公里，硬化扩宽公路7.43公里），解决大江库区移民出行难的问题。投入资金210万元完成祁阳内下、石洞源、龙江桥三大库区8个村安全饮水工程建设，修建储水池18座310立方米，架设安全饮水管网9638米，解决2790位移民饮水困难。

【移民产业开发】 全县在移民库区投资37万元发展种植杉树苗4835.6亩，共涉及14个村121个村民小组，惠及移民2965人。根据移民意愿，投入18.34万元购买楠木苗木10万株，发展种植珍稀楠木546亩。移民后扶项目湖南自然韵黑茶基地在原有基础上，2016年新扩建黑茶面积3086亩；投入资金34.58万元在茅竹镇詹家和茶园两村新扩种油茶376亩；投入资金247万元发展水果种植面积1954亩，其中近尾洲库区九洲村种植美国糖桔489亩，浯溪库区向家村新种冬枣198亩，石喝库区种植重阳红板栗500亩。投入移民产业资金80万元发展中药材、蔬菜种植，在浯溪库区发展移民种植蔬菜862亩，九洲村420亩，大江库区发展中药村种植2000亩。

【新建水库移民搬迁】 按照《湖南省大中型水库移民条例》和《湖南省大中型水库移民安置工程建设项目管理暂行办法》开展新建水库移民搬迁安置工作。抓湘祁水电站移民搬迁安置后续工作，全力做好湘祁水电站移民安置扫尾工作，全面完成库区淹没耕地抬填工作，全面完成基础设施和专项设施补偿、恢复重建工作，全面完成移民搬迁建房，移民安置基本完成。湘祁库区后期扶持工作已全面启动。

【移民培训】 一是在县陶铸图书馆举办一期小水库移民村干部培训班，共培训移民村干部50人，让移民干部学习移民法律法规和移民政策，确保执行移民政策不走样，确保移民利益不受损。二是浯溪库区和大江库区开展蔬菜栽培和中药材种植移民实用技术培训开班4期，培训移民316人。三是在2016年7—9月在县职业中专举办了一期电子商务和计算机应用专业移民转产就业技能培训班，培训时间90天，共培训移民54人，发放证件54本，就业率97%以上。

【精准扶贫】 落实国家政策，做好贫困移民脱贫精各项工作。按照国家省市县扶贫攻尖脱贫解困有政策文件指示精神，移民局吃透政策，认真出台工作方案，力争在三年内全面完成我县有大中型水库贫困户567户，1576人。一年来移民局认真贯彻落实上级，在县委、县政府的领导下，在市移民开发局具体指导下，主要做了以下三个方面工作。一是协助乡镇做好移民贫困人口精准识别。按照县委、政府统一安排，对贫困人口重新洗牌评审深入联系库区村逐户走访调查，按照“三评三审三公开”工作要求，换清贫困对象底子，找准贫困对象根源，制行帮扶脱贫措施和规划。逐村定方案，逐户开“处方”。二是突出产业帮扶脱贫。支持库区发展传统移民产业，发展杉树种植3000亩，楠木种植546亩，补助资金40万元。产业开发投入机制对接精准扶贫，今年祁阳县组织大江库区贫困移民成立茶叶专业合作社，由移民局担供资金100万元作为专业合作社股金，入股湖南自然韵黑茶公司基地，专业合作社享有固定回报和分红，其合作社收益按会员平均打卡发放到贫困户，最终实现精准扶贫。在石喝库区投入资金30

万元，发展规模种植重阳红板栗500亩，帮助贫困移民以土地入股分红脱贫。三是提高移民技能技术，开展培训帮扶脱贫。2016年共举办实用技术培训4期，受训移民316人。每个参训移民都掌握1—2门实用技术。同时今年7—9月在县职业中专举办一期移民转移就业技能培训班，培训90天，培训移民54人，培训移民全部结业并取得相应的资格证。

【资金管理】　加强移民资金监管力度。一是建立健全移民项目资金管理制度。坚持“资金跟着项目走，项目跟着计划走，计划跟着规划走”的原则，针对近年来内审、稽查及各种检查发现的问题，移民局制订移民资金管理内控制度，规范移民资金拨付程序，保障了移民资金的安全。二是严格按规定实行县级报账制，确保移民资金专款专用，防止任何部门调剂、挪用、截留移民资金。

【跑项争资】　2016年，祁阳县移民开发局，积极争取中央、省移民资金实际到位2693.3余万元，其中后期扶持基金1582万元，后期结余和库区基金903.3万元，移民扶助金208万元。

【信访维稳】　今年移民局制订了严格的综合治理、信访维稳工作目标管理责任制，及时准确掌握了广大移民的生产生活情，特别是对安置到祁阳县的三峡移民，随时了解他们总体动态，积极调解移民出现的各类矛盾，将一些矛盾纠纷消灭在萌芽状态，为移民局在移民综合治理、信访维稳工作中减少压力，防止重大事件或突发事件的发生。2016年，共接到群众咨询（含现场咨询及电话咨询）47人次，接待到访132人次，收到省市级交办件2件，下库区处理化解移民矛盾纠纷16起。做到件件有着落，事事有交代，来信来访办结率为100%，确保移民大局稳定。2016年，移民局认真落实信访维稳工作责任，妥善处理信访案件，维护库区社会稳定，未出现发生5人以上到市赴省进京非正常上访现象。

【好事实事】　抓好事实事，确保移民安居乐业。及时准确掌握特困移民和受灾移民情况，祁阳县移民局拿出4.86万元对三峡移民45户和库区特困移民96户进行春节走访慰问，人均每户送去300元慰问金，让他们过上一个喜庆祥和的春节。按照移民有关政策，给予2名考上大学的移民每人给予2000元的经济扶持；对两女户家庭、独生子家庭考上全日制大学的移民大学生每人发放2000元奖学金，共计发放6000元；对特困两女户、贫困户家庭走访慰问600元。

【计划生育】　狠抓计划生育综合治理。按照省、市、县人口计生综合治理工作目标要求，移民局一把手亲自抓、负总责，明确任务，责任到人，并与各股室部负责人签订《祁阳县移民开发局计划生育目标管理责任书》，把计生工作作为一项硬性指标层层分解到局各股室，确保计生工作落到实处。一是审核在大中型水库移民后期扶持中，对计划生育家庭给予优惠，对违法生育家庭没有缴清社会抚养费的，不予扶持。二是对违法生育的移民户以户为单位停止发放移民后扶直补资金。三是移民局对两女户家庭、独生子家庭2016年度考上全日制大学的3名移民共计发放奖学金6000元。四是对特困两女户家庭走访慰问4000元。

【美丽库区】　抓亮点突出美丽库区建设工作。石洞源水库座落在伟大的无产阶级革命家陶铸的故居旁，其自然条件、人文条件优越，且环境优美山清水秀，是美丽库区建设理想之地。2016年通过合理规划，已投入移民资金236万元，新修公路硬化2.5公里，新种水果1000亩，完成库区绿化亮化工程12000平方米，帮建养老院3000平方米，改卫改厕150座。石洞源库区通过一年建设，水库环境发生翻天复地的变化，移民生产生活得到很大改观，为进一步将石洞源库区打造为一个集旅游观光、生态文明、和谐美丽的库区打下基础，创造条件。

【改革创新】 抓改革做好移民项目实施工作。根据全县库区和安置区村后扶项目数量多而散，工程量小，项目实施管理难等存在实际情况和问题，2016年移民后扶项目实施要改变观念，创新理念，确保项目建设质量和效果，杜绝不良工程、政绩工程、腐败工程的发生。一是改革移民后扶项目实施主体。改村实施为县局直接组织实施为主，改杂牌施工队为聘请专业施工队为主，确保项目建设质量，加快项目建设进度，发挥资金效益，维护移民切身利益，杜绝豆腐渣工程、劣质工程、形象工程和腐败工程的出现。二是创新立异聘请专业施工队伍。根据各库区和安置区实际情况，以库区为单位每个库区聘请一个专业施工队，由专业施工队对库区和安置区的移民后扶项目实施建设。采取公开透明择优原则聘请专业施工队伍，通过公开透明、实地考察、民主测评，择优聘请5个具有资质、有实力、信誉度高、施工质量优的专业施工队伍，作为全县五大库区2016年度移民后扶项目工程建设施工队伍。三是出台后扶项目建设管理办法。成立移民项目建设管理办公室，出台具体的管理办法，确保对施工队伍进行有效管理。加强对移民后扶项目建设和资金使用监管力度，规范验收结算程序，确保移民资金安全，切实维护移民利益，有效降低行政成本，树立移民部门形象，促进库区和移民安置区经济健康稳定发展。

【产业投入机制试点】 抓创新做好产业投入机制试点工作。创新投入机制，企社联婚、合作共赢帮助移民脱贫解困。根据省移民局关于在祁阳县大江库区移民黑茶产业项目资金投入分配机制改革试点方案，县移民局组织大江库区73户246人贫困移民成立专业合作社，提供100万元产业开发资金作为专业合作社启动资金，合作社以入股分红的方式将资金投入黑茶企业试点茶园种植基地，合作社按入股资金比例享有固定回报和收益，黑茶公司按合作社投入资金总额的14.7%计算每年分红回报资金。分红回报资金全部分配给贫困移民。

【省移民局领导到祁调研】 省移民局调研组深入祁阳考察调研。3月17日，湖南省水库移民开发管理局局长李新连一行和市移民局领导深入祁阳县就移民开发工作进行实地考察调研，市政协副主席、县委书记魏湘江，县委副书记宋振平，县人民政府副县长唐安宝等陪同考察调研。李新连一行实地查看湖南德辉现代农业开发有限公司蔬菜基地和湖南自然韵黑茶科技有限公司总部，并与公司负责人进行亲切交谈，在了解移民扶持资金使用落实情况后，对公司发展状况、基地管理和未来规划，“企业+基地+移民”发展模式，较好发挥辐射带动作用，促进移民增收、农业增效，为移民发家致富安家乐业发挥良好作用，给予充分肯定。调研组一行听取了祁阳县移民开发工作开展情况汇报。李新连局长对祁阳县的移民开发工作情况给予充分肯定，对祁阳县移民产业开发工作给予高度评价。他要求：一要抓住国家扶持政策机遇，做好大江库区移民黑茶产业项目资金投入机制改革试点工作，让贫困移民直接受益；二要摸清底子，理清思路开展移民避险解困工作，保障移民生命财产安全；三要精心组织，做好移民精准扶贫工作，按照中央要到2020年贫困移民要全部脱贫致富。他强调：移民开发工作特别是移民产业开发，要抓住特色产业，发展合作社加移民户模式，把土地流转起来，发展种植业、养殖业等，形成规模化、产业化发展。通过合作社平台，增加移民收入，减轻移民负担，解决制约移民经济发展瓶颈。让移民不再四处奔波，在家就可就业、致富。几年来，在上级业务部门的大力支持下，祁阳库区和移民安置区经济得到快速发展，移民生活有了质的提高。一是通过加快基础设施建设，大力改善移民生产生活条件；二是大力发展移民产业开发，为促进移民增产增收提供优质条件；三是大力开办好移民实用技术和转移就业培训班，努力提高移民转移就业发家致富的能力。四是全力开展移民精准扶贫，力争提前完成贫困移民脱贫致富工作任务。

（陈锋）

气象工作

【概况】 2016年，祁阳县因气象防灾减灾工作突出，被永州市委、市政府评为“2016年度气象防灾减灾工作先进县区”。祁阳县气象局被评为市“2016年度综合观测先进集体”、县“2016年度综合治理先进单位”，在全县的年终目标管理中被评为良好等级。谭青萍被永州市政府评为“2016年度防汛抗旱先进个人”，邹志红被永州市人影办评为“2016年度人工影响天气先进个人”。唐雪花被评为“地面测报质量先进个人”。

【综合气象观测】 祁阳县气象局全体业务人员严格按规章制度要求自已，按照观测程序进行观测。全年综合观测质量优秀，年错情率为零，年内未发生观测业务事故，无缺测、缺报、涂改伪造等行为发生。

2016年，观测项目有气压、气温、相对湿度、能见度、天气现象、降水、蒸发、日照、地面温度、浅层地温、深层地温、草面（雪面）温度、风向、风速、积雪、电线积冰。承担大风、冰雹、龙卷、雷暴、雾、霾、积雪、雨凇等重要天气报的观测和发送。

国家级气象自动站全年上传小时数据8784份，累计观测要素总数404064个，分钟数据366份，日数据366份，编发重要天气报72份，数据上传及时率100%、数据可用率99.99%、设备稳定运行率100%。

全县共有48个区域自动气象站，1个土壤水分自动观测站，2016年新安装2个农田小气候观测站，分别安装在观音滩农业实施站和三口塘镇唐家山油茶基地。全年累计自动观测、上传数据518256份，上传到报及时，数据可用率高。

【气象装备保障维护】 祁阳气象自动站点多，分布广，维护难度大，气象局重视气象装备保障维护工作，2016年，共安排42批次技术人员，巡视维护180站次，共计更换各类设备零配件98件次。全县气象自动站和气象局网络信息设备总体运行良好，资料上传和利用率都比较高，设备稳定运行率90%以上。

根据湖南省气象局关于开展全省春播汛期地面观测等业务和信息网络巡检的通知精神，祁阳气象局组织业务骨干，严格按照汛前巡检要求和《地面气象测报业务检查报告书》内容，逐项进行汛前测报业务检查，加强仪器设备正常运行保障和维护。业务人员守班期间加大区域站运行监控密度，发现问题及时反馈和处理。汛期气象局共派出20多批次技术人员进行自动气象站的维护，保证全县所有气象自动站正常运行和资料及时上传，在汛期气象服务工作中区域自动站的资料发挥重要作用。

【气象服务】 2016年，气象局主要开展决策气象服务、公众气象服务、直通气象服务、专业气象服务、应急气象保障服务和气象预报、预警信息的发布。重点开展“三农”专项气象服务，建立健全县镇村三级防灾减灾体系，全县22个乡镇、街道成立由分管领导担任组长的气象防灾减灾领导机构。同时，全局建立和完善部门共同参与的气象为农服务工作机制。与水利、国土、林业、农业、水文等涉农涉灾部门联合印发文件，建立联合调查、联合会商，联合制作、联合发布等协同服务机制。

全年启动应急响应12次，发布暴雨、雷电、冰雹、大雾等气象预警40余次，气象预警信息75650条；全年共制作发布周报、旬月报，春播预报、汛期（4—9月）预报，重要节假期预报、重大活动专题预报、重要天气专题预报等服务材料125期15000余份。全县免费预警用户包括县委、政府等相关领导、县防汛抗旱指挥部人员、全县各单位应急联系人和全县各村、水库防汛应急责任人、交警、交通海事等1500余人；气象服务单主要有县委、政府、农、林、水、各乡镇场、农民专业合作社等74个。

2016年，全局还重点抓好汛期气象决策、气象服务和应急保障服务工作，全力做好“两会”、重大晚会等社会活动的气象保障任务。及时向县领导及有关单位提供气象决策服务材料，向县委书记、县长及副县长汇报雨情及天气形势。县委书记魏湘江亲临该局检查指导工作，听取气象防灾减灾工作汇报。

【气象防灾减灾科普宣传】 为做好气象宣传，全局利用“三农”专项气象服务的契机，印刷10000册《祁阳县气象灾害防御工作手册》和10000本《气象与农业生产知识手册》，增强广大民众应对气象灾害防范意识，提高遭遇突发气象灾害的应急处置能力。

利用“3·23”世界气象日、“5·12”全国减灾日等，组织专家和技术员下基层开展农业气象专题讲座、气象知识科普宣传，为新型农业经营主体现场、田间答疑和服务。5月19日，气象局开展祁阳县防灾减灾应急知识集中宣传演练活动。在白竹湖广场，通过摆放气象防灾减灾展板、发放气象应急宣传资料、现场介绍气象知识等多种方式进行宣传。

【气象队伍人才建设】 祁阳县气象局大力实施“人才强局”战略，《气象条件对双低油菜品种影响研究》科研课题顺利通过验收。2016年，有5人参加函授本科学习。1人到江西9394厂参加火箭炮作业培训。安排新进人员参加永州市气象局组织的县区气象台站预报技术轮训班。同时，在职人员积极参加中国气象局组织的各种远程教育培训，在线学习时间达到省局要求。通过培训，全局人员业务素质明显提高。

【防雷安全执法】 为了加强全县烟花鞭炮企业的防雷安全管理，县气象局与县安监局联合下发《关于加强烟花爆竹企业防雷工作的通知》，要求各烟花鞭炮企业充分认识防雷工作的重要意义和当前雷电导致事故多发的严峻形势，切实落实安全生产的主体责任，严格执行《防雷减灾管理办法》《防雷装置设计审核和竣工验收规定》《烟花爆竹工程设计安全规范》等规定，完善防雷防静电安全管理制度，建立防雷防静电装置、设施管理台账，落实定期检测、检查和维护制度。同时，与安监局联合组织开展检查，对检查中发现的问题及时提出整改意见，限期整改。通过宣传与检查，全县烟花鞭炮企业的防雷意识增强，防雷装置进一步完善。

（邹志红　罗潇　周娟）

水文工作

【概况】 2016年，县水文局有正式职工10人，其中工程师3名，助理工程师1名，高级工2名，中级工4名。下设祁阳水位站、下马渡水文站、金洞水文站及一个水质监测中心。三站的测验项目有水位、流量、降水、水质分析等，共管辖马井、日升堂、窑头铺、黎家坪、白沙源、白水、白果市7个基本雨量站及水文中小流域监测系统新建的白水、坪阳町等10个水位、雨量站，管理维护全县山洪非工程措施的24个水位雨量一体站。祁阳水位站为湘江干流站，国家重点站，集水面积25182千平方米，主要监测湘江祁阳段的水位流量变化情况。下马渡水文站于2000年由黎家坪水文站下迁至下马渡镇大湖塘村，为湘江一级支流祁水控制站，省级重点站，流域集水面积1627千平方米，主要监测祁水流域的水位流量变化情况。金洞水文站位于金洞镇神怡山庄，为湘江一级支流白水控制站，省级重点站，流域集水面积795KM2，主要监测白水流域的水位流量变化情况。

【设施设备建设】 县水文局紧紧围绕全县防汛和抗旱的大局，做好水情分析预报和墒情预测预报工作。为保障湘江流域自动测报系统正常运行，在洪水期间能准确及时提供雨水情信息，对出现问题的站点进行维护20站次，对祁阳县山洪预警系统维护40站次。根据据省防汛抗旱指挥部《关于印发湖南省山洪灾害监测预警系统维护管理办法的通知》精神，全县山洪灾害监测预警系统共有24个监测站点纳入县水文系统管理。按县防办的安排，组织技术力量对该系统逐镇逐站进行查验、维护，对发现的问题及时向县防指汇报，要求承建单位整改。协助完成市水文局2015年度水资源简报及水资源公报数据收集、整理、编制等准备工作。完成湘江、祁水、白水流域全年的水质监测工作12份/站，完成全县农村安全饮水的水源地水质监测近30份。

【防汛测报】 全年湘江流域祁阳段共发生一次超警戒洪峰水位，出现日期分别为6月17日，洪峰水位83.09米。全年主要洪水过程出现于6月，径流主要受上游强降雨影响形成。全年最高水位为83.09米，最低水位为74.88米，年变幅8.21米。县水文局积极与市水文局会商，及时发布雨水情预报，共发布实时洪水预报1次，洪水分析简报3份，发送雨水情信息短信100余条。参加县防指防汛会商会2次，为江河水库科学调度、防汛减灾工作提供可靠的决策依据。

（钟铭　冯永华）

中国农业科学院祁阳红壤实验站

【概况】 2016年，中国农业科学院祁阳红壤实验站主持和参加的课题总数19项，主要有：国家水稻产业祁阳综合试验站、祁阳农田生态系统国家站运行服务、国家科技支撑计划课题“湖南中低产稻田有机质提升及淹育瘠薄稻田定向培育技术”、国家重点研发专项“高产稻田肥力变化与培肥耕作途径”“稻田全耕层培肥与质量保育关键技术”及“茶园化肥减施增效共性技术研究”。973科学研究项目“东南丘陵区红壤酸化过程与调控原理”、公益性行业专项“双季稻区培肥与稳定增产技术研究与示范”等，留站科研经费总额393万元。发表论文59篇，其中SCI论文30篇；出版专著4部：《红壤双季稻田施肥与可持续利用》（高菊生，徐明岗，黄晶主编）；《跨越2030农业科技发展战略》（徐明岗参编）；《Twenty Years Research and Development on Soil Pollution and Remediation in China》（徐明岗参编）；《甘肃省耕地土壤肥力演变》（徐明岗参编）；授权专利3项。

【科学监测】 2016年，祁阳站继续开展红壤丘陵区水、土、气、生等生态要素变化监测。主要围绕红壤酸化、低产稻田土壤改良与培肥、绿肥资源管理、酸化红壤钾素转化特征和水稻产业体系等开展研究与示范。新增监测和科研数据368兆，其中长期定位试验共获取数据上万条（约70兆），各种中短期试验共获取数据约5万余条（约158兆），在综合观测场、辅助观测场、气象观测场、水碳通量涡度相关仪、蒸渗仪等获取联网观测数据8万余条（140兆）。

【人才培养】 2016年，祁阳站现有在职职工14名。到站开展研究和监测的固定人员22名，其中研究人员12名，技术支撑人员8名。研究人员部分来自资划所土壤培肥与改良创新团队。来祁阳开展客座研究人员46名。依托祁阳站培养博士研究生10名，硕士研究生16名。

【技术培训】 2016年，祁阳站在衡阳、永州两地市示范基层农技、农机推广体系的积极配合下，组织培训水稻产业技术骨干236人次，种田大户513人次（包括农技、农机），农民户1307人次。培训内容包括水稻高产栽培及其配套技术、常规优质水稻新品种展示与田间管理技术、超级稻田间管理技术、中晚稻抗旱与节水灌溉技术、稻瘟病防控技术研究与示范基地建设、晚稻肥水管理、病虫防治技术等，并结合水稻生产季节、突发性灾情等开展技术指导。

【合作交流】 2016年，祁阳站积极邀请水稻产业体系内岗位科学家和试验站长来站开展交流与合作。10月12日，浙江省农业科学院植保所植保岗位专家吕仲贤研究员、国家水稻产业技术体系稻飞虱防控岗位专家傅强研究员、湖南农业大学栽培土肥岗位专家唐启源教授和衡阳站站长刘龙生祁阳综合试验站交流水稻长期定位试验、稻瘟病监测技术和“双减”措施。还有来自美国农业部农业服务中心、英国洛桑研究所、中国科学院生态环境中心、南京土壤研究所、中国农科院资源区划所、浙江大学、中国农业大学、南京农业大学、华中农业大学、湖南农业大学、河南农业大学、中国农业科学院研究生院、衡阳师范学院等35家高等院校及科研院所420名研究人员来站开展学术交流活动。

【技术服务提供】 2016年，祁阳综合试验站为5家企业提供技术服务和产品创新。分别是：为永州鑫丰农业有限公司提供工厂化育秧技术和育秧基质配方材料；为成都新朝阳提高产品调理剂配方和技术服务；为中农博涛提供种植技术指导和场地服务；为永州果秀食品提供技术支撑；为山西天脊集团提供试验配方和技术服务。

【科普服务】 加强科普宣传力度，做好科普服务。为中国农业科学院研究生院提供野外实践活动；为衡阳师范学院自然地理师生提供科普教学基地服务；为祁阳县文富市镇中小学科普教育服务；为湖南农业大学、贵州大学、河南农业大学、长江大学、广西贺州学院、安徽科技学院等大学生提供教学实习基地。

工　业

【工业经济】　2016年，祁阳县完成规模工业总产值198.9亿元，同比增长7.6%；完成规模工业增加值50亿元，同比增长8.4%；全年规模工业实缴税金3.73亿元，同比增长33.1%，新增规模工业企业18家，过亿企业达到65家，过5亿元企业达到11家，过10亿元企业1家，缴税金1000万元以上的7户，500万元以上的13户。骨干企业成效显著。海螺水泥实现产值7.65亿元，同比增长33.2%，实缴税金7886.8万元，同比增长91.8%；科力尔电机实现产值5亿元，同比增长5.6%，实缴税金4611万元，同比增长48%；凯盛鞋业实现产值10.89亿元，同比增长9.5%，实缴税金5129万元，同比与去年持平；产业结构逐步优化。全县主要产业规模逐步扩大，大力推进“三高”（高污染，高能耗，高排放）产业进行整治升级力度，关闭85家资源消耗大、环境污染重的落后产能企业，全县高污染、高耗能、高耗水产业比重降低到7.5%；新型建材、新材料新能源、轻纺制鞋、生物医药、电子信息和装备制造成为新的增长点，2016年，全县战略性新兴产业产值103亿元，占工业总产值的比重达52.2%；由原来矿产品加工、农副产业加工为主导转变为以新型建材、纺织制鞋、电子信息、装备制造、新能源新材料、生物医药等为主导的多点支撑产业格局，高新技术产品增加值占规模工业增加值比重达到28%；万元规模工业增加值能耗比上年下降8%。同时，产业格局呈现多样化、集群化、高端化的特点。重点项目推进有序。重点推进旺华科技、泰格莱电子2016年初投产，鑫利生物、江涵电子开始安装设备，千山医疗器械二期即将进行厂房内部设计及装修；富福制衣、祁达钢材加工物流、盈通达物流、华润燃气等项目动工建设，进度较快；凌礼实业进行场地平整，林辉鞋材、鸿达园食品、泰戈服装、金桔酒业、延龄薪食品、富康钢结构等项目筹建正加紧进行；大江风力发电项目和祁山山脉风力发电项目、文明铺镇豪冲60兆瓦光伏发电项目正在加紧进行前期工作；科力尔电机、东骏纺织、凯盛鞋业、五洲药包等企业技改项目积极推进，科力尔电机通过购置先进设备和配套设施，形成年产200万台高效直流无刷电机的生产能力，国内产销量排名第一，国内市场占有率达到15%。

【信息化基础设施建设】2016年，全县共完成通信4G基站建设站点327个（其中：新建115个，改建212个），完成投资额7913万元，上交税金69.17万元。祁阳移动累计完成营业收入17000万元，移动客户数130726户，宽带户数20000户。祁阳电信累计完成业务收入7615万元，移动网上用户达到94012户，宽带网上用户达到42052户。祁阳联通全年移网收入3044.98万元，移网用户数62330户，固网收入275万元，固网用户数4553户。

【信息化产业】　2016年，祁阳县电子信息产业实现总产值20亿元以上。湖南美星光电科技有限公司承担的“高效节能混合型LED桔黄色发光二极管封装产业化”项目，申报成功2016年湖南省信息产业与信息化专项资金项目，获得财政安排的项目专项资金30万元，于2月圆满完成各项建设任务指标，完成总投资678万元，于3月全面通过验收达标，生产项目产品LED二极管达60120万只，为企业增加销售收入3200万元、利润492万元，为国家增加税收469万元。祁阳富康源电子科技有限公司建设的智能穿戴设备及移动智能终端产品周边配套的研发及产业化项目获得财政安排的湖南省信息产业专项资金10万元，项目建设推动企业发展，市场区域拓展至港澳台、韩国、日本，印度及欧美等地区，销售额也在逐年增加，2016年，实现总收入1.2亿元。

【工业企业服务年】 2016年，县委、县政府下发《祁阳县2016年“工业企业服务年”活动实施方案》，县经信委选取全县40户上缴税金过100万元或产值过5000万元的企业分别作为县级领导和县直单位、垂直管理单位的服务对象，进行结对帮扶，年底根据考核评分情况，对10家服务效果好、考核得分高的联系单位进行奖励。通过“工业企业服务年”活动，全县各县级领导、各单位部门主动深入一线，加强对企业的沟通联络，全年走访企业实现全覆盖，协调解决厂房办证、出口补贴、项目建设、企业用水、企业融资、企业职工社保政策等实际问题58项。

【工业固定资产投资及项目资金】 2016年，全县工业固定资产投资完成134.9亿元，同比增幅30.5%，其中，技术改造投资93.2亿，同比增幅41.8%。申报争取项目资金1288万元，其中，省中，小企业信用担保资金452万元，省中小企业发展专项资金56万元，省战略性新兴产业专项引导资金210万元，省技术改造专项资金115万元，有力地推动全县中小企业技术改造和产业升级转型。

【禁实推新】 2016年，全县禁实推新工作以逐步淘汰实心粘土砖厂、扶持发展新型墙材企业为主线，以迎接国家“县城禁实”验收为目标，认真履行职责、协调服务、务实工作，取得优异成绩。县科经委、县财政局联合下发《祁阳县新型墙体材料专项基金征收和使用管理办法》（试行），并于5月1日开始执行。县新型墙体材料专项基金实现了按省定标准全面足额征收，全年实现基金收入突破400万元，创历史最高纪录。陈怀玉副县长主持召开祁阳县禁实推新工作推进会，加强与国土、环保、住建等部门联合执法力度，对无采矿证砖厂和污染严重的粘土砖厂加大惩治力度，对城区建筑工地进行联合巡查，使城区内粘土砖厂全部关停到位，城区主要建设工地杜绝使用实心粘土砖的情况。促进新墙材企业壮大，全年扶持企业2个，扶持资金8万元。加大“县城禁实”工作和推广散装水泥宣传力度。从4月20日起，通过流动宣传车，采用广播、广告牌形式，深入城区各主要街道、各建筑工地、城区周边各砖厂进行广泛宣传，扩大“县城禁实”工作的知晓率。6月12日起，全县围绕“推广散装水泥、发展绿色产业”这一主题，开展内容丰富、形式多样的“散装水泥宣传周”活动。2016年年底市墙改办组织的墙材革新目标管理考核中成绩优异。

【轻纺制鞋行业】 轻纺制鞋行业是祁阳县承接长珠闽产业转移后发展壮大的新兴产业。2011年凯盛鞋业落户祁阳经济开发区，带动成信鞋材、海利鞋材、协荣橡胶等相关配套企业入驻，提高了全县鞋革生产工艺水平，产业聚集度达80%。2016年，制鞋产业实现产值16.6亿元，同比增长11.9%。2012年年产2.5亿米涤纶布、服装面料生产线落户祁阳，全县纺织行业实现飞跃发展，2016年纺织行业实现产值19.1亿元，同比增长3.3%。祁阳县已初步形成以湖南凯盛鞋业有限公司为龙头的鞋业制造、以祁阳东骏纺织有限公司为龙头的纺织织布产业链，成为湘南最大的轻纺制鞋基地。全县轻纺制鞋行业实现规模工业总产值49.64亿元，占总产值24.9%，同比增长13.5%。

【农产品精深加工行业】2016年，全县发展农副产品加工规模以上企业21户，实现产值49.4亿元，同比下降7.1%，培育市级以上农业产业化龙头企业26家，其中，国家级龙头企业2家，省级龙头企业6家。加强标准化农业产业基地建设。2016年，新增专业合作社142家，家庭农场187家，全县专业合作社、家庭农场达到663家、320家。建设2万亩绿色食品糯稻、2万亩高淀粉红薯、1.5万亩水稻制种基地，发展高档优质稻订单生产70万亩，其中，高档优质晚稻标准化订单生产面积35万亩，基本形成了“市场造龙头、龙头建基地、基地带农户”的农业产业化格局。积极构建标准引领体系。全县大力实施品牌强县战略，截至2016年年底，全县拥有各类农业产业加工企业1709家，规模以上企业55家，农业产业化龙头企业中有国家级2家，省级6家，市级17家，4家入选全省100强重点龙头企业。中国名牌产品2件，中国驰名商标4件，湖南省名牌产品6件，湖南省著名商标12件。全县种植业有效使用“三品一标”标志的农产品52个，其中无公害农产品29个、绿色食品23个。“三品一标”基地监测面积达30万亩，“三品一标”年认证产量5万余吨。

（伍双莲　毛桂方　张旭　田武　蒋志强　黄玺）

【中小企业信用担保】　县中小企业信用担保有限公司严格按照现代企业制度进行运作，2016年，共为125家中小微企业提供贷款担保，担保金额为37220万元，共收取担保费689.27万元，平均担保费率1.9%。在受保的125家企业中，按行业划分，工业企业38家，担保额13390万元；农林牧渔业64家，担保额17270万元；交通运输业5家，担保额1780万元；批发业11家，担保额2800万元；其他行业7家，担保额19800万元。按企业类型划分，微型企业56家，担保额4920元；小型企业57家，担保额21740万元；中型企业12家，担保额10560万元。

（李云霞　黄玺）

重点企业选介

【祁阳海螺水泥有限责任公司】祁阳海螺水泥有限责任公司位于祁阳县黎家坪镇，紧靠湘桂铁路及322国道，交通便利，区位优势明显。公司于2009年7月成立，计划投资16亿元，建设2条日产5000吨新型干法水泥熟料生产线，并配套年产500万吨水泥粉磨和18兆瓦纯低温余热发电项目，两条生产线同步规划，分期实施。一期工程5000吨/天熟料生产线于2010年5月开工建设，2011年6月建成投产，二期工程于2014年6月开工建设，2015年6月建成投产。公司主要产品为：商品熟料、P.O42.5普通硅酸盐水泥、P.C32.5复合硅酸盐水泥。2016年实现产值7.65亿元，实缴工业税金7886万元。

【永州市湘江稀土有限责任公司】　永州市湘江稀土有限责任公司位于祁阳县观音滩镇，是目前国内唯一一家通过国家环保核查验收的以独居石冶炼分离稀土的高新技术企业，现有员工298人。公司拥有自营进出口权、自理报关权，拥有7条国内先进的萃取分离生产线，年加工处理独居石5000吨、萃取分离3000吨稀土氧化物的生产能力。公司主要产品有：氧化镨钕、氧化镧、氧化铈、氧化镨、氧化钕等。2016年实现产值2.8亿元，实缴工业税金1754万元。

【湖南凯盛鞋业有限公司】 湖南凯盛鞋业有限公司位于祁阳经开区新区灯塔路，注册资本3500万美元，是祁阳县委、县政府2010年成功引进的一家台资投资企业。该公司计划总投资为8000万美元，分三阶段投资。公司总占地面积577.6亩，总建筑面积为262937平方米，设计年产各种鞋类产品及半成品1800万双，年产值为3.24亿美元，安置用工15000人，公司现有员工5000余人。公司经营范围为：生产、销售、加工各种鞋类产品、鞋类半成品及鞋材料，主要产品为世界名牌“耐克”（NIKE）运动鞋，产品主要销往美国及欧洲等世界各地。2016年，实现产值10.9亿元，实缴工业税金5129万元。

【湖南科力尔电机有限公司】 湖南科力尔电机有限公司位于祁阳县黎家坪镇，成立于2001年8月，现有注册资本5000万元，厂区面积300多亩。公司现有员工2000人，其中大中专毕业生约占35%，中级职称以上各类技术骨干、管理骨干约80名。公司主要从事微型电机生产销售，主要产品有罩极电机、串激电机、步进电机及贯流风机四大系列100多个品种，拥有国际先进水平的进口设备360多台（套）、15条柔性装配流水线，多年来罩极电机产销量位居全国第一。公司与湖南大学、信息产业部上海第21研究所、西安微电机研究所建立稳定的技术开发合作关系，产品通过中国电工委CCC认证、美国UL认证、欧盟CE认证及ISO9001质量体系认证、IS14001环境体系认证等。2016年，公司实现产值5亿元，实缴工业税金4929万元。

【祁阳东骏纺织有限公司】 祁阳东骏纺织有限公司位于祁阳科技工业园，项目总投资5亿元人民币，新建年产2.5亿米涤纶布、服装面料生产线和年产35000吨环保再生纤维生产线。项目建成后，可实现年产值8亿元、实缴工业税金2000万元。公司2012年落户祁阳后，发展迅速，已完成安装新型水能织布机1300多台并投入使用。2016年，实现产值6.8亿元，实缴工业税金750万元。

【湖南千山医疗器械有限公司】 湖南千山医疗器械有限公司位于祁阳县经济技术开发区，占地面积155.2亩，注册资本6000万元。千山医疗器械一期新建年产8亿套一次性无菌真空采血管及8亿支采血针项目于2012年10月动工建设，现已完成投资1.2亿元，目前生产车间（13206平方米）、办公楼（3651.8平方米）、会议中心（2100平方米）主体都已建成；预计投资9800万元的二期工程全面启动，计划生产自动配药机和自动发药机，预计2016年10月底完成主体工程建设。目前，采血管已取得GMP认证，2016年实现产值3232万元，实缴工业税金143万元。

（毛桂方　邓文舟　蒋志强　黄玺）

电　力

【概况】 国网湖南省电力公司祁阳县供电公司（以下简称国网祁阳县供电公司）主要担负着祁阳县工农业生产以及110千伏及以下输变电工程项目及农村电网建设任务。机构设置为：综合管理部、财务资产部、安全监察质量部、发展建设部、运维检修部、营销服务部、乡镇供电所管理部、电力调度控制中心。2016年，在册职工人数234人，农电工268人，用电客户32.5万余户。有变电站23座，主变压器36台998.8兆伏，其中220千伏变电站2座，110千伏变电站8座，35千伏变电站13座；共有输电线路41条482.168千米，其中110千伏线路19条226.718千米，35千伏线路22条255.45千米；

共有10千伏配电线路106条2346千米，配电变压器2066台259.315兆伏，形成以220千伏为枢纽，110千伏为骨架的坚强电网。

【安全生产】 坚持严抓严管，严格落实“三大体系”责任，扎实开展“三查三强化”专项行动，安全知识“五进”等安全主题活动，获市公司春季、秋季安全检查优胜单位。获省公司标准示范现场2个、市公司标准示范现场12个。创新安全稽查方式，设立微信红包奖励基金，鼓励全员开展自查自纠，有效利用视频记录仪、微信稽查手段，突出作业现场重点稽查100%到位。通过差异化、分级联动稽查，公司稽查组全年共稽查作业现场630个，发出稽查单483份，整改通知单19份，违章处罚3.33万元，对2个外包队伍的负责人进行约谈和黄牌警告。坚持配网线路三分段两联络的原则，集中整治县城配网互联、分段不合理现象，重点对庙西线、庙沿线、冠西线、宝大线、冠中Ⅰ、Ⅱ线等进行合理切改及负荷调整，全年完成配电专业集中检修21次，改造67个台区接户线，清理高低压线路走廊78公里，配变停运率减少到518次/百台·年。全年开出“双票”926份，合格率100%。深化隐患排查治理，查出隐患缺陷143项，隐患整改率100%。加强设备缺陷消缺力度，累计落实隐患治理资金39.09万元。实施变电站集中停电检修标准化管理，扎实开展输电线路本质安全专项分析和风险评估。安规调考中抽调人员全面达标。改革调控人员长聘用制度，强化值班人员工作责任性。加强电网科学调度，电网防冻融冰、抗洪防雷和防外力破坏工作有序开展。日最大供电负荷19.54万千瓦时，日最大供电量348.62万千瓦时，均创历史新高。圆满完成重要节日、重大活动保电任务。“高考”保电被人民网、新华网等多家媒体宣介，春节期间未发生一台配变烧损，2016年，公司被评为市公司安全生产先进单位。

【电网建设】 紧扣祁阳县委、县政府经济发展脉搏，完成《祁阳县“十三五”配电网规划》、祁阳县2016—2018年配电网项目需求编制、祁阳县2017年配电网规划评估工作。2016年，共完成电网建设投资7690万元，其中，新建、改造10千线路6条，完成94个行政村、15个县城台区的改造。乌山冲、白溪、高码头3个台区因质量过硬、标准到位，获得各级检查组标准示范工程推荐。在全市范围内率先与县政府签订《祁阳经济开发区供电框架协议》，为全县工业企业入园降低电力专线成本提供坚强支撑，同时也为公司作为工业园供电营业商赢得先机。在县政府农改办等单位大力协助下，稳妥化解10千伏冠中Ⅰ、Ⅱ线、羊镇线、羊兰线、梅春线、梅镇线建设矛盾，完成梅溪110千伏变电站后续工程和配套线路工程建设并竣工投运。在县城祁阳大道建设工程中日夜加班，率先完成电力杆线搬迁，得到县委县政府赞扬。完成户表改造22682户，完成配变推磨169台次，供电“卡脖子”及低电压现状得到有效缓解。

【经营管理】 2016年，完成售电量8.86亿千瓦时，以14.85%的增幅创下公司合并十年以来最好成绩；完成售电均价707.99元/千瓦时，电费回收率100%，均完成市公司计划指标；综合线损率8.57%，比计划低0.14个百分点。内部利润完成市公司下达任务；全口径劳动生产率107.5万元/人·年，同比提高10.7%。同业对标指标从原C段69位上升为全省B段41位，公司首次被评为市公司先进单位。进一步加强预算管理执行力度，扎实开展提质增效“五个一”、“治配网、降线损、控投诉”专项活动。以“增收节支”为主线，接管大忠、联谊两个电站供区近900户居民和4个普通工业用户，业扩新增客户9791户，增加容量8.7万千伏安。完成电能替代电量2854.21万千瓦时，完成率151.52%。严格执行电价政策，大力开展电价普查、整治特殊电价，核查专变客户768户，整治电价错误310户，取消定比定量92户，普查电价挽回直接经济损失5.3万元。全年查处违章违约、窃电及故障表计追补共计902户，追补电量941548千瓦时，追补电费及违约金共计73.84万元，刑拘1人。建立健全降损机制，消灭高损台区223个，挽回经济损失18.59万元，公司综合线损“破九入八”。

【供电服务】 成立优质服务委员会，下发《关于重申营销管理“十条红线”的通知》，建立供电服务例会制度，加强服务过程管控，强化投诉工单质量核查，剖析典型案例并定期通报，全面整治服务短板。完善明察暗访常态机制，共查处营销服务违章78次，通报31起，处罚金额2.2万元，处罚47人次。深化营销服务经营诊断，开展营销业务“台区问诊”14次，开展供电所全面稽查，结合稽查现场办培训班21期，查处违章8764起，整改8761起。营业厅服务规范率99.47%、营销现场服务规范率93.65%，95598业务处理及时率90.26%。加大供电投诉责任追究，运检类投诉处理完成时限平均缩短24小时。推广应用“掌上电力”APP，实现注册用户4.6万户。实现14.82万户自动化抄表和智能核算，占总户数的53%。构建统一业扩报装服务模式，大力推进业扩全流程信息公开及管控平台应用。加强“光明快车”宣传报道，公司应急抢修、服务客户工作被《湖南新闻》《湖南公共频道》《永州新闻联播》等多家媒体竞相报道。

【依法治企】 强化劳动纪律考核，公司经职代会通过下发《关于加强劳动纪律考勤措施的通知》，实现全员扫描刷脸上班，员工干事创业精气神明显提振。深化“三系一创”，平稳完成新绩效管理在公司落地应用。认真落实“三全五依”法治企业建设要求，完成依法治企“回头看”整改工作，清理整改问题87个，整改率97.7%，及时规避审计风险。科学应对电力体制改革，全力推进“专改公”工作，主动对接园区企业、市政建设工程和重点项目，加快祁阳工业园电力资产移交接管工作。严格落实“三重一大”制度，坚持重大事项集体决策制，集体企业组织开展物资招投标8次。按要求完成祁阳电力局劳动服务公司、永州恒源电力有限责任公司注销工作，有效规避关联企业交易风险。加强集体企业财务管控，湖南省永州电业发展总公司祁阳分公司各项经济指标完成市公司既定目标。主动开展依法维权，巧妙利用租赁方式，解决历史遗留难题，成功收回白水老仁冲变电站被村民侵占并分割到户的土地，有效防止国有资产流失。完成人民西路社区土地置换等价评估及规划前期审批工作，即将领证确权；补齐营销调度大楼各类资料并成功办理房产证，为企业节约百万资金。参加市公司主办的六大专业法律知识竞赛，唐艳获营销服务类一等奖、桂光荣获资产财务类二等奖。公司历年沉积累案，全部清理调处到位，企业发展步入新征程。

【党建和精神文明建设】 加强基层党组织建设，成立农电党总支，将公司原四个支部整合为三个支部，并完成换届选举工作。扎实推进“两学一做”学习教育，专题竞赛获团体第二名，学习教育成效得到市公司肯定并在专题会议上作典型发言。全面开展“三亮三比三无”主题活动，认真学习《准则》和《条例》，纪律和规矩意识明显增强。稳步推进廉政“暖心工程”，党政主要负责人分别上党课。深化党风廉政建设约谈机制，对2016年提拔、换岗的中层干部全部进行约谈，群众反映良好。积极响应县委县政府“拆墙透绿”号召，建设绿色美丽电力游园，彰显为民服务、与民共建共享博大胸怀。各部门精诚团结、加班加点，积极创建省级文明单位，市委文明办给予高度肯定。职工文体活动有声有色，组织参加市公司举办的羽毛球、篮球、气排球、广播体操等多项比赛，其中篮球赛进入决赛。以道德讲堂为平台，开展班组大讲堂，营造“积极工作，健康生活”风气；企业“6S”管理、“精品工程”共完成调控、营销监控等4个班组硬件建设，实现“外行看了舒服，内行看了佩服”的建设目标。加强与职工的协调沟通，引导职工有序合理反映诉求。扎实开展精准培训，共开展各类培训26期，培训工作经验在全市专业会议上推广。职工建功立业盛结累累硕果，胡文斌获得市公司唯一“国网湖南省电力公司最美国网人”称号，被市政府授予“永州工匠”。在市公司举办各类竞赛中调控、变电专业分别获得团体第二名，配电专业获得团体第三名，服务专业获团体第四名，胡文斌、王明明均获个人第一名，公司被授予“永州工匠培养摇篮”称号。

（陈蓉）

祁阳经济开发区

【概况】　2016年，祁阳经济开发区紧扣县委、县政府下达的目标任务，坚持“跨越争先发展”主题，加快转型升级步伐，坚定不移地做优园区、做强企业，做大产业，园区发展势头良好。全区规模企业达98家，占全县的86%，其中产值过亿元的企业51家，高新技术企业达21家，拥有驰名商标企业5家，中国名牌产品2家，省著名商标企业9家。全年实现技工贸总收入256亿元，增长16.36%；规模工业产值183.6亿元、增长9.6%；规模工业增加值46.9亿元、增长12.8%；上缴工业税金3.34亿元，增长28.8%；园区产业聚集度达到93.8%；被评为“湖南省经济技术开发区先进单位”、“永州市模范园区”。

【招商引资】　始终将战略招商作为第一要务，将企业品质作为招商第一标准，重点瞄准央企、上市公司和行业龙头型企业，有针对性开展招商选商。全年通过以商招商、以乡招商、小分队招商，全年引进凌礼实业、金桔酒业、泰戈服装、富康钢结构等项目8个，签约资金5.5亿元。重点招商取得突破，成功引进深圳传佳音科技有限公司入驻电子信息产业园，整体租赁电子信息产业园6栋厂房，投资2.5亿元以上新建移动电话、电子元器件等生产线；县委、县政府与金荣集团签订框架合作协议，该集团将与祁阳经开区加强合作，重点策划园区，运营园区，投资园区。

【项目建设】　始终坚持项目为重、项目优先，突出项目带动，使发展更有热度，产业更有质感。实施“五个1”工作机制，重点推进筹建的13个项目如期开工，在建的9个项目倒排工期，尽快投产，拟扩建的3个项目诚信履约，完成设计的用地规模、生产规模和效益规模。全年各重点项目完成固定资产投资8亿元以上，项目进度较快。其中在建的鑫利生物安装调试设备，准备试生产；富福服装2栋厂房主体完工，另1栋进行基础施工；盈通达物流开工建设11栋厂房，其中8栋主体竣工，3栋正作基础；华润燃气加气站、低压罐全部完工，进行工艺管道及罩棚安装。筹建项目中用地已批项目正加紧场地平整，用地待批项目加快拆迁赔损，其中凌礼实业开工建设，泰戈服装、新天磁电即将动工建设。拟扩建的凯盛二期工程建设相关问题加快推进落实。

【基础配套】　坚持大手笔建设园区，打造扎实的基础设施“硬”环境。共完成基础设施投入2.5亿元，重点加快道路提质改造工程、新建道路工程、安置区工程、公租房工程、供电工程、供水工程、供电工程、污水处理工程。其中道路提质改造工程，总投资

4.2亿元拟改造道路10条14.6公里，改造内容主要包括路面“白改黑”、强弱电入地、给排水改造以及绿化、亮化、美化等，规划设计全部完成，计划2017年上半年启动建设；新埠头自来水厂厂区构筑物、建筑物主体工程基本完成，配套管网管材采购到位；白竹污水处理厂动工建设；白竹路3栋393套公租房小区全面竣工，长流路2栋公租房加快主体施工；开工建设标准厂房15万平方米，其中电子信息产业园3栋厂房竣工验收，3栋厂房主体完工；完成创卫创绿投入600多万元，绿化提质主干道3公里，完成真卿公租房小区“三化”配套，对中小企业创业园实行物业化改革，园区创新创业、宜居宜业环境大幅改善。

【调区扩区】 为解决祁阳经开区总体空间不足、发展区域不合理等突出问题，全面启动祁阳经济开发区的调区扩区工作，拟将祁阳经济开发区规划调整为“一区两园”，即新区、祁阳科技工业园、祁黎产业园。祁阳经开区远景规划25平方公里，本次拟调区扩区面积10.36平方公里，其中新区7.46平方公里，祁阳科技工业园1.49平方公里，祁黎产业园1.41平方公里。调区扩区建设规划、地灾及压矿报告、土地集约利用评价和发展方向区规划调整、环境影响报告、产业规划以及可行性研究报告编制等工作加速推进，计划2017年6月审批完成。

【要素保障】 融资方面，共向各银行达成意向贷款28.9亿元，全年到位4.2亿元，另授信10亿元。土地方面，征地2500亩，批地518.8亩，入窗450.37亩，组织报批资料526.67亩。拆迁安置方面，完成拆迁203户，安置150户，完成滨江、灯塔、五里、元结安置区二期四个集中安置区的规划上报，枫树、渡香等安置区动工建设。用工方面，全年新招收员工3000余人，企业用工得到保障。

【创新驱动】 加快建设理念、模式、创新力度，推进园区建设运营由“政府建园，干部招商”逐步向“社会建园，企业招商”转型。重点加强与金荣集团的合作，通过其专业策划和服务，力求在园区招商体系，平台建设，产业定位、规划及指导，园区运营，投资共建等方面创新突破，打造产业链、孵化链、创新链、服务链，构建企业发展生态圈，引领园区步入转型发展的快车道。前期已与金荣集团湖南雅创科技服务公司签订战略合作协议，加快建设省级、国家级孵化器创建以及众创空间和创业服务中心，引进更多的社会中介和服务平台参与园区建设、招商、运营和管理，为园区企业提供咨询、担保、融资、创牌等服务。

【环境优化】 牢固树立“环境就是生产力，环境就是竞争力”的理念，不断完善服务企业机制，打造优质“软”环境。立足品牌服务和特色服务，对投资项目有关手续实行全程代办制，对重点项目实行“三个1”（“1个项目，1名领导，1个协调服务小组”）工作制，对生产企业实行“封闭式”管理，规范和控制涉企业检查。不断完善内部管理制度，建立和完善首问责任制、限时办结制、定期走访制、专人联系企业制，积极为企业提供“零距离、零障碍、零缺陷”服务。深入开展整治经开区发展环境“百日行动”，加强对“四强”的整治力度，园区建设环境和治安环境得到优化。

祁阳科技工业园

【概况】 祁阳科技工业园创立于2002年8月，位于湘江与白水河交汇及衡昆高速公路祁阳互通处，距县城25公里，距湘桂铁路祁阳站28公里，S320线贯穿园区，交通十分便捷。园区近期总体规划由武汉大学设计研究总院于2003年7月编制，规划开发面积为2.54

平方公里。于2003年9月撤建设指挥部设立管委会，属县政府正科级财政全额拨款事业单位，于2008年划归祁阳经济开发区管委会管理。园区管委会内设办公室、项目建设部。于2003年成立中共祁阳科技工业园支部，于2004年设立工业园党组。

【园区开发建设】　根据园区总体规划，先后投入近5000万元，用于交通、电力、供水、绿化、亮化等基础设施建设，包括建成主次干道4.5公里，110千伏变电站1座，日产1.5万吨自来水厂1座，铺设各类管线5公里，基本实现水、电、路、讯、排污、宽带网、有线电视“七通”，投资环境日臻完善。祁阳科技工业园定位为“农副产品加工区、机电制造配件园、沿海产业内移承接地”。园区管委会抓住国家中部地区崛起战略机遇，借鉴先进园区经验，以建设最适宜创业发展的现代园区为目标，视项目开发为第一要务，不断加大招商引资力度，确定全新的“亲商、富商、安商”理念，建立“精简、统一、效能”的组织架构和对企业“全过程、全方位、全天候”的服务体系，形成科学规范的管理秩序和法治环境，招商引资成效显著。到2016年年底，园区共引进企业项目24个，签约资金达28亿元，到位17亿元。其中投产企业已达20家，4家企业在建，固定资产投资额超过3亿以上企业2家，年产值过亿元企业7家，上市企业2家，正在培育上市企业2家。园区初步形成农产品加工、机电制造、生物医药、生物质发电、新材料加工、轻纺、日用品生产等优势产业。2016年是园区扩容提质重要的一年，总投资为5亿元的祁阳凯迪绿色能源开发有限公司30兆瓦生物质发电厂今年正式投产，实现全年发电量1.53亿度，实缴税收600多万元；总投资为5亿元的祁阳东骏纺织有限公司二期项目，被评为县重点项目建设三等奖。全园实现投产企业年产值19亿元，税金3000多万元。

商业·贸易

商务粮食

【概况】　2016年是“十三五”规划的开局之年、是进一步全面深化改革开局之年，县商务和粮食局在县委、县政府的正确领导下，在上级主管部门的精心指导下，积极主动适应开放发展的大趋势，创新招商体制机制，推进外贸发展转型升级，提升对外经济合作水平，各项工作都取得显著成绩，蝉联湖南省发展开放型经济先进县、成功创建全国电子商务进农村综合示范县、出口食品农产品质量安全省级示范区、全省外贸工作先进单位等殊荣。

【商改工作】　一是着力抓好商贸市场平台建设。着力引建一批专卖店、连锁超市等商贸平台，落实黑凤凰土鸡的湘菜引导资金10万元；协调农业、供销、物价等部门，进一步完善农村农家商店、平价商店等网点规划建设。配合工商、市场物业等部门，指导各镇开展集贸市场改造、整治和升级工作。二是成立以县政府分管领导为组长，商务、工商、公安、物价等部门参加的市二手车交易市场管理领导小组。通过整治，取缔8家非法经营点，将合法经营户全部集中到观音滩镇322国道旁的原永达燃料公司内。有效地规范二手车交易市场，彻底改变乱停乱放的无序状态，达到二手车入场交易、规范管理的目标。三是加强单用途商业预付卡管理。7月，对全县30多家开展商业预付卡业务的企业进行专项排查，对未签订购卡协议、未有效建立购卡人信息登记台账的企业下发责令整改通知书。通过单用途商业预付卡领域非法集资风险宣传和排查工作，切实增强广大人民群众防范非法集资的意识，使广大人民群众充分认识到非法集资的危害性，达到对社会公众提示风险，引导群众自觉远离非法集资的目的。

【招商引资】　2016年新批外资项目5个，实际利用外资1.55亿美元，同比增长19%；内联引资实际到位29.5亿元，同比增长20.5%；承接产业转移项目60个，落实省市重大平台签约项目7个。一是开展活动多。全县先后组团参加第四届湘博会、对台推介会、沪洽周、加博会、东博会、祁阳异地商会年会等重大活动。参加省、市举办的重大招商活动签约项目9个，总投资34.5亿元。“请进来”和“走出去”开展招商活动135批次，走访结识洽谈的客商和老乡940人次。二是签约项目多。2016年，全县各招商小分队成功签约项目60个，总投资额117.76亿元。其中，新型工业项目30个，总投资额70.2亿元；商贸服务项目8个，总投资额5亿元；社会事业项目6个，总投资额3.9亿元；现代农业项目15个，总投资额34.2亿元；城镇基础设施项目1个，投资额4.36亿元。主要项目有：广东温氏养殖一体化项目总投资5.2亿元、启迪桑德祁阳县环保项目总投资4.36亿元、浙江地升废弃物综合处理与资源化利用示范项目总投资1亿元、大唐新能源祁山风力发电项目总投资10亿元、湖南湘安文明铺光伏发电项目总投资6亿元、凌礼婴幼儿食品用品项目总投资2亿元、美星科技项目总投资2亿元、3万吨水果酒项目总投资2亿元。三是储备项目多。2016年，全县在谈的意向项目多达30多个，意向投资额83.6亿元。其中：新型工业项目24个，总投资额65.6亿元，现代农业项目1个，总投资额0.5亿元，旅游服务项目3个，投资额16亿元，商贸服务项目2个，投资额1.5亿元。重点洽谈项目是：13万平方米标准厂房租赁或转让、常青国际旅游养老、捷和汽车贸易、中科工业园、航空材料、廊桥旅游、高科陶瓷等。

【对外贸易】 2016年，外贸进出口实现稳增长。外贸进出口额跨越发展。全县对外贸易进出口总额完成23751万美元，占市定考核目标（20600万美元）的115%，占全市总量的26%，总量排名全市第1位，同比增长30%，其中出口额完成20952万美元，同比增长31%；进口额完成2799万美元，同比增长22%。主要外贸进出口企业完成情况：凯盛鞋业完成9622万美元；科力尔电机完成4347万美元；宝达食品完成969万美元，同比增长80%；成信鞋材完成600万美元，同比增长3%；协荣橡胶完成294万美元；添盛针织完成33万美元，同比增长106%。加工贸易进出口额迅速发展。全县加工贸易进出口总额共计完成11303万美元，占市定任务（12500万美元）的90%，同比负增长5%；总量排名全市第一。外贸“破零倍增”有新跨越。全县有进出口实绩企业18家，其中8家“破零”，2家企业实现“倍增”。其中：全县外贸企业进出口额倍增的有4家：添盛针织、清风包装。全县外贸企业进出口额“破零”的有8家：千山医疗、中南药机、澧仕申贸易、湘江稀土、湘兴隆贸易、鑫通贸易、祁鑫通程、江涵电子。外贸经营主体发展迅速。全县完成对外贸易经营者备案登记12家：主要有鑫通贸易、华飞商贸、湘怡教育、清风包装、兴峰木业、江涵电子、旺华保健、旺民实业、富福制衣、泓远贸易、千山医疗。全县累计发展达80家。企业积极参加境内外产品展会。全县组织30多家外贸企业开展10余次境内外比较大的商品展会活动。分别是：2016广东东莞加工贸易博览会；2016广西南宁东盟博览会；2016年长沙（国际）食品餐饮博览会；2016东盟湖南名优特交易博览会；第四届中国湘南国际承接产业转移投资贸易洽谈会；湖南省第七届农业机械、矿山机械、电子陶瓷产品博览会；2016东盟（泰国曼谷）博览会等。通过这些展会、参展企业大部分收效良好，为全县外贸企业进军国际市场奠定基础。为外贸企业提供优质服务。一方面积极组织20家企业参加省市政策学习活动；另一方面为企业排忧解难20余次。为湘祁水泥联系协商扩大厂房用地的问题、为旺华保健积极向省商务厅申请广交会展位、为旺民实业、清风包装等办理外贸进出口手续。贸易代理快速发展。一批新的代理贸易公司不断涌现，包括澧仕申贸易、湘兴隆贸易、鑫通贸易、祁鑫通程等，全年共实现代理出口6844万美元。外贸服务平台先发制人。成立外贸综合服务平台，积极主动找企业上门“嘘寒问暖”，先后为10余家外贸企业排忧解难，免费办理各项通关、物流手续、提供方便快捷的服务。出口食品农产品质量安全示范区建设通过省级考核验收。2016年10月，湖南省出入境检验检疫局、省农业委外经外事处等部门组成的省考核组来祁阳审核验收省级出口食品农产品质量安全示范区创建工作，经过评定，对祁阳创建省级出口食品农产品质量安全示范区验收予以通过。

【对外经济合作】 2016年，全县外派劳务人数1621人；对外工程承包和对外劳务合作营业额2880万美元，占市年定任务（2514.96万美元）的114.5%，同比增长37%；境外投资中方投资额3500万美元，占市年定任务（3315万美元）的105.5%，同比增长32%；连续3年被评为全省对外劳务合作公共服务示范平台。大力推进咨询报名体系建设。全县劳务平台共接受出国务工信息咨询1000余人次，登记报名400余人；在祁阳县出国劳务信息网报名300余人；电话咨询报名500余人次，对外劳务合作招聘会和“走进乡村、走进社区、走进校园”宣传现场咨询报名1000余人次，QQ微信咨询报名600余人次。大力推进宣传推介体系建设。共举办对外劳务合作工作总结表彰会、对接推介会、经验交流会、专场招聘会、先进事迹报告会等各种会议6场次，开展“走进社区、走进校园、走进乡村”集中宣讲活动3场次，在祁阳广播电视台采用飞播形式发布对外劳务合作招聘信息400余次，在超市、社区、农贸市场、宾馆、高铁站等人员密集场所悬挂宣传标语200余条；在祁阳县出国劳务信息网上传工作动态信息50余条，发布出国务工预警信息20余条，出国务工招聘信息60余条。大力推进劳务输出体系建设。全年共组团赴山东、安徽、河南、江苏、广东、大连、长沙等地考察对接对外劳务合作企业5批次100余家，并从中筛选30多家有资质、有实力、有信誉、收费低、出国快的优秀劳务企业进行合作，接收出国劳务订单800多个，提供就业岗位5000余个，就业工种50多个，建立国别齐全、工种多样、岗位充足的出国劳务项目数据库，满足劳务人员出国务工的多样化需求，彻底破解出国渠道不畅的问题。大力推进出国培训体系建设。全年共举办以语言培训、技能提升、体能训练、法律法规、国外生活常识、安全卫生教育、国外文化、困难救助等为主要内容的出国前适应性培训班4批次，培训劳务人员600余人，并邀请上级商务部门领导、对外劳务合作企业负责人、出国务工成功人士进行专题讲座，极大提高全县出国劳务人员的综合素质和境外岗位适应能力，提升心理、身体和技能素质，受到参训人员的好评。大力推进政策扶贫体系建设。修改完善《关于扩大对外劳务合规模的若干规定》，推出一系列减轻出国务工人员负担的政策措施。

【生猪定点屠宰管理】 2016年，全县完成生猪定点屠宰9.2万头，做到城区定点屠宰率100%，乡镇定点屠宰率90%以上，出场肉品合格率100%。继续加大惩治私屠滥宰力度，联合畜牧、公安成功查获私屠滥宰3起。全年共焚烧病害生猪、猪三腺及边角残料57.19吨，其中病害生猪12头、猪三腺及边角残料47.99吨，确保肉类食品安全。12月8日，祁阳县肖家镇生猪定点屠宰场正式营运，成功捣毁肖家镇汪家市场旁一处私屠滥宰窝点，杜绝肖家镇多年来私屠滥宰生猪现象，确保肖家镇老百姓吃上“放心肉”。县生猪定点屠宰管理工作移交县畜牧水产局。

【成品油市场管理】 积极与省厅市局联系，完善加油站布点规划，妥善化解加油站审批中的矛盾。对加油站年检严格把关，对照省厅市局工作要求，依据《成品油市场管理办法》，严格成品油市场监管。联合省成品油抽检中介公司，对全县的加油站油品抽样检查，查处祁阳县大忠桥加油站、三口塘加油站和奔驰加油站的油品为不合格，分别给予15000元的罚款。此举既加强了市场监管，又维护广大老百姓的权益。联合县安监局、县公安局、县消防大队、县市场和质量监管局在全县开展打非治违行动。通过整治，全县共取缔非法供油点28个，移交公安刑事拘留1人。

【粮油流通】 商粮局把建设法治粮食贯彻于粮食购销、储存、加工、运输、流通等工作全过程，加大行政执法力度，落实“四个严格”，确保粮食市场稳定有序、安全可靠，取得明显成效。一是粮食收购。全县粮食收购企业 24 家（含祁阳国库和祁阳县粮食购销总公司），仓容 27 万吨。收购早稻谷 82001 吨、中晚稻谷 68795 吨。中央和省里启动托市粮收购，祁阳县有黎家坪等 3 个点收购托市粮，收购托市粮 5691 吨，其中早稻谷 1471 吨。全县有粮油加工企业 20 家，其中小型粮油加工企业 15 家，设计加工能力为日产大米 370 吨，其中精米生产线 5 条，生产大米 17 万吨，生产优质精米 9 万吨，实现利税 1500 万元。食用油生产线 7 条，其中湖南银光粮油股份有限公司有年精炼山茶油 1 万吨生产线和年产 5 万吨食用调和油生产线各 1 条，湖南金浩茶油股份有限公司有价值 440 万元的精炼茶油生产线、价值 1600 万元的预检、精炼全套现代化生产线、价值 2000 万的德国的冷榨工艺技术及配套新一代冷榨生产线、价值 7000 多万元的 100 吨/日全自动精炼生产线、价值 1000 万元的全自动灌装生产线共 5 条，年植物油生产能力 15 万吨，年精炼茶籽油生产能力 4 万吨；湖南银光粮油股份有限公司有植物油储油罐 12 个，储油罐容 1.5 万吨，湖南金浩茶油股份有限公司有植物油储油罐 25 个，两个 3000 立方米的不锈钢地下储油罐，储油罐容 2 万吨。2016 年，全县共生产植物油 51400 吨，其中精炼茶籽油 800 吨，实现利税 1210 万元，湖南银光粮油股份有限公司库存食油全部销售。食品加工生产企业 4 家，生产销售食品 4 万吨，实现利税 1000 万元。饲料加工企业 1 家，湖南北大农牧饲料有限公司主要生产各类饲料，生产加工能力 8 万吨，生产各类饲料 5 万吨，实现利税 120 万元。二是粮食库存。2016 年，初库存早稻谷 41921 吨、中晚稻谷 45838 吨，其他杂粮（玉米）9962 吨。年末库存早稻谷 17757 吨、中晚稻谷 24331 吨。销售贸易粮（大米）19029.7 吨，食用油 51400 吨（其中茶籽油 1290 吨）；管理县级储备粮 7400 吨，专仓储存在湖南省银光粮油股份有限公司；粮食局和财政局共同与银光、天龙、七里香、军粮供应站，落实签订 1700 吨（大米）应急成品粮储备任务。三是粮仓建设。湖南银光粮油股份有限公司在黎家坪新塘点新建 2.5 万吨粮食储备仓建设项目，项目计划总投资 1605.8 万元，新建 4 座配备“四合一”储粮技术的浅圆仓，财政项目补助资金 525 万元，2016 年，完成全部扫尾工程，落实财政补助 325 万元。

（王永胜　汤旭　张红）

供　　销

【概况】　2016 年，县供销社认真贯彻落实省、市、县各级党委政府关于深化改革推进供销社“二次创业”文件精神，坚持为“三农”服务办社宗旨，突出以效益为中心，加快和推进农村现代流通网络建设步伐，全系统上下齐心，攻坚克难，扎实工作，着重抓好“新网工程”、农资供应、综合改革、电子商务、基层组织、社有企业等工作。现有编制 18 人，内设办公室、政工股、财审股、合作指导股、经贸股、法保股。现有社属企业 9 家，其中独资企业 2 家，即县供销社资产经营有限公司、县再生资源公司；控股企业 4 家，即县翔云蜂业有限公司、县新三湘农资有限公司、县供销安邦农业服务有限公司、县华胥电子商务有限公司；参股企业 3 家，即县华泰烟花爆竹经营有限公司、县群力报废汽车回收拆解有限公司和永州合永兴有限公司。

【新网工程建设】　一是加快发展农资现代经营服务网络。以县新三湘农资公司为龙头，大力建设农资农家店，延伸服务触角，公司连锁经营网点扩到 350 个，销售网络覆盖全县各镇（办）100%、行政村 70%，销售量占全县储备、供应总量的70%，实现全县农民用肥送肥一条龙服务。二是加快提升日用消费品现代经营网络。按照“开放办社”的原则，通过参股、租赁、合作经营、连锁等方式，新发展15家日用消费品便利店，营造便利实惠、安全放心的消费环境。三是继续构建农副产品购销网络。农副产品生产销售专业合作社16个，以现代农业、鸽业、蜂业等产业为主打产业，带动农户2430户，通过各农民专业合作社发挥积极作用，有效地解决工业品下乡、农产品进城等问题。四是完善再生资源回收利用网络。稳步发展以县群力报废汽车拆解有限责任公司为主体，节约利用再生资源，以城乡同治和创国卫为抓手，加快新建县级农村可利用垃圾集散处理中心和镇办、村回收站点，建成镇办农村可利用垃圾回收站22个，建成村农村可利用垃圾回收点542个。

【农资供应】 祁阳县是农业大县、全国粮食生产大县，全力做好春耕生产期间的农资储备供应工作意义重大。2016年，县新三湘公司调运销售各种化肥7650吨（其中：尿素2900吨、磷肥620吨、钾肥410吨、碳铵1460吨、复合肥2260吨），各种农药7吨。化肥、农药销售额比上年同期减少30%和17%。虽然销量有所下降，但公司的各类农资商品种类齐全，送货上门的服务方式没改变，未影响全县农业生产的农资需求，充分发挥供销社农资供应主渠道作用。

【综合改革】 中发〔2015〕11号、湘发〔2016〕3号和永发〔2016〕19号文件出台后，先后组织全体干部、职工、社属企业负责人对会议精神进行学习。11月26日，成立祁阳县深化供销合作社综合改革领导小组，加强全县深化供销合作社改革的组织领导。领导小组迅速开展工作，拟定实施意见初稿，印发到各基层社和社办企业，广泛征求意见和建议，并进行研究修改；11月下旬，向18个县直成员单位再次征求意见。通过县委常委会、县政府常务会研究决定后，印发《中共祁阳县委祁阳县人民政府关于深化供销合作社综合改革的实施意见》。

【电子商务】 一是依靠政府，建设“网上供销社”农村流通电子商务平台。已建成县级服务中心47个，包括农资、日用消费、烟花爆竹、电器等行业直营店，实现网上销售额近2000万元。二是抢先部署，成立“特色中国8 祁阳馆”。B由 4 祁阳县华胥电子商务有限公司（系县供销社独资企业）引领成立祁阳县电子商务协会，吸纳全县具有较大影响力的66家公司（商户），搭建高效沟通平台，创新电商运作模式。同时申报成立“淘宝特色中国8 祁阳馆”,B由县领导牵头组织赴桃江县、湘潭县、安徽无为县、金寨县和合肥神州买卖提公司考察学习，安排财政资金180万元予以线上运营，全年实现销售110.8万余元。在工业园区选址2万余平方米作为展示厅、仓储中心和办公场地。

【基层组织】 一是着力加强镇（街道）基层供销社恢复重建工作。2016年，县供销社以土地出资用招商引资、合作建社的方式恢复重建原黎家坪供销社、观音滩供销社唐家岭分社、八宝供销社等三个基层社，用地规模达7700平方米，拟打造融自主经营主体、惠农服务载体、合作经济联合体为一体的新型基层供销合作社，项目于5月动工建设。二是着力抓好标杆社和示范社建设。抓紧创建祁阳县新三湘农资专业合作社标杆社和祁阳县金丽鸽业养殖专业合作社示范社。三是着力完善行业协会服务。6月，县供销社成立祁阳县蜂业协会，同时与湘永柏氏共同出资成立祁阳县翔云蜂业有限公司，供销社控股34%，以养殖中蜂为主，采取“公司+协会+农户”的模式带动全县中峰养殖户1.1万户进行规模化养殖、标准化生产。四是着力强化农村综合服务。一年来，新成立4家农村综合服务社，4个农民专业合作社，1个农民专业合作社联合社，1家庄稼医院。

【社有企业】 一是创新新理念。与永州安邦新农业有限公司共同出资成立祁阳县供销安邦农业服务公司，公司“以现代农业服务改变传统的种植模式，以现代农业科技促进生产力的发展”为经营理念，由政府或农户向公司购买服务和土地托管的方式，创新农业服务新方式。在白水镇、三口塘镇、梅溪镇、肖家镇、羊角塘镇、文富市镇6镇托管土地1.5万余亩，提供服务面积5.5万余亩。二是增加新投入。县新三湘农资公司和华泰烟花爆竹公司加快推进企业转型升级和结构调整，先后投入600万元对机械设备、服务网点进行改造升级，为社有经济的稳健增长发挥带动作用。三是引入新机制。为强化企业效能，加强科学管理，增强企业赢利，选派5名有经营管理经验的干部、招聘3名有电商头脑和现代财务管理经验的人才入驻社有企业，引领社有企业发展，强化社有企业管理，初见成效。

（何贵云　李兴凤　陈芳青）

商业企业改制服务办公室

【概况】 商业企业改制服务办公室于2016年3月由原商业局和物资局合并，现有在职人员14人，退休人员116人，改制下岗职工5000多人。

【改革改制工作】 商业局和物资局合并后的主要职能是认真贯彻落实中央、省、市、县的相关政策，处理好改制后的遗留问题，管理好离退休老同志，确保国有资产保值增值。为扎实做好这一系列工作，是全县改革、机构合并中率先两局合一，是最早实现统一办公场地、统一管理的改革单位，并建立一套“重激励、硬约束、严考核”的管理机制，在工作方式上又实行了职能、职责的整合，各项工作统一联动，内外关系统一协调，确保了各项工作有序进行。

【为改制职工排忧解难】 2016年共帮助信访户解决历史遗留问题20多起，其中，原物资局8名志愿兵的待遇问题得到落实；原商业局2名信访户通过协调得到解决，另外落实资金近30万元，解决困难职工解决实际困难。

【国有资产保值增值】 通过盘活固定资产，搞好安全经营，实现保值增值，确保机关运转和退休人员的工资发放工作。一是对于门面及闲置土地，实行招商引资，确立专门班子、专门人员，创新服务，明确安全职责，确保安全经营。2016年的经济收入较去年同期递增10%，为国家增收近5万元。二是对于祁阳民爆公司和羊角塘烟花爆竹专营部的安全经营，实行专人专抓，定期培训定期检查，促使其效益最大化，2016年祁阳民爆公司实现销售收入达1000多万元，税金近40万元，羊角塘专营部实现销售收入50多万元，税金1万多元，为全县的工农业生产提供有力的保障。

【中心工作】 2016年累计投入近10万元对创卫工作责任小区、责任街道进行帮扶，年度考核排名一直靠前。认真做好精准扶贫工作，向联系村投资4.5万元，用于帮扶工作。

（张明亮）

盐务

【概况】 祁阳县盐公司（盐务管理局）属省轻工盐业集团有限责任公司（省盐务管理局）垂直管理，实行两块牌子、一套人马，机构分设合署办公。下设综合办、盐政办、营销部3个部室，在职员工13人。负责全县各类食盐、生产加工用盐的调拨、批发供应以及全县盐业市场的监管工作。

【企业文化】 县盐业公司始终坚持务实创新，坚定敏行的企业作风，做强主业，多元发展的经营理念；以人为本，制度为尊的管理理念；至诚至信，客户至上的服务理念；精益求精，臻于完美的质量理念；以德为先，全面发展的人才理念；珍惜生命，安全第一的安全理念；俯读仰思，学以致用的学习理念；居安思危，求存进取的危机理念；绿色产业，和谐自然的环境理念；达人达已，合作竞争的团队理念。每位员工爱岗敬业，辛勤耕耘，昂扬向上，无私奉献，努力实现“融化自我，造福社会”的企业精神。

【盐政管理】 2016年，县盐务管理局面对国务院盐业体制改革的严峻形势，坚持机构不撤、队伍不散，在艰难的执法环境中坚定信心，撸起袖子真抓实干。积极主动向县委、县政府汇报祁阳县盐业市场情况，得到县科经委、公安、工商、食药、质监、卫生、教育等职能部门的大力支持，充分利用“3·15”消费者权益保护日和“5·15”碘缺乏病宣传日等节点日，大力宣传《食盐专营办法》《食盐加碘消除碘缺乏病管理条例》《盐业管理条例》等法规，印发《碘缺乏病的危害》《如何食用加碘盐》等宣传资料5000余份。并结合《永州市食盐市场专项整治行动方案》，在全县开展食盐市场大检查，共出动执法人员100多人次，检查食盐销售网点400余个，查处涉盐案件26起，查获各类私假盐12.45吨。通过宣传提高消费者的自我保护意识，结合市场监管净化全县食盐市场，确保全县人民身体健康。

【营销管理】 2016年，县盐业公司不断完善食盐营销制度，在全县建立食盐终端零售网点600多个，进一步完善片区经理责任制，做到人员下沉，责任压实，不断改进配送方式，提升营销服务水平，调整优化销售结构，全年共销售各类食盐3120吨，确保让全县人民买得到、吃得上放心的合格碘盐。

（陈小文）

石油供销

【概况】 2016年，祁阳县石油公司严格按照市分公司的指导思想，牢固树立市场意识，聚焦提质增效升级，务实“三基”强管理，全年安全无事故，零售经营管理实现提质增效，全年累计零售成品油3.4万吨，非油营业额实现1125万元。

【多措并举拓市场】 为抢占市场份额，公司每天准时公布动态油价，大力开展精准营销，举办惠民活动。如开展“开户、充值、加油、喜迎节日”及推荐中国石化微信，关注、注册、绑卡等吸粉活动。

【“三基”强管理】 为进一步落实公司管理制度和明确责任主体，公司从以人为本的基层建设、制度优先的基础工作、应知应会的基本功训练出发，完善岗位专责制、健康安全环保经营制、设备维护保养制、质量负责制、交接班制、巡回检查制、岗位练兵制、思想政治工作制和文明、清洁经营制等，落实“实操训练”“师带徒”“应急演练”等主措，努力实现“制度落地、责任生根”的责任管理目标。

【安全稳定创质效】 经营系统的“大平稳”是“效益之源”，有安全才有效益，没有安全一切为零。2016年，公司持续深化以“安全从心出发”为核心的HSE文化理念，引导员工牢固树立“人人都是第一责任人”的观念。建立健全员工HSE业绩档案，推行标准化作业，全面规范员工工作行为，远离伤害，稳定创效，零售经营管理实现提质增效。

烟草专卖管理

【概况】 2016年，祁阳县烟草专卖局下设办公室、财务室、纪检组/监察室/整顿办、专卖监督管理股、市场服务分部（含物流配送）5个股室，有员工77人，具有中级以上职称员工19人，大学以上学历人员40人。全年累计销售卷烟26808.04箱，单箱均价25525.98元/箱，实现销售收入68430.15万元，上缴地方财政税收2327.89万元。专卖市场管理共查获各类涉烟案件121起，查获各类涉案卷烟201.602万支，其中真品卷烟185.276万支，假冒卷烟16.802万支，其中5万元以上非法流通案件6起，有效地净化全县烟草市场，维护消费者的合法利益。

【卷烟营销】 面对卷烟销售形势日趋严峻的困难和挑战，祁阳县烟草专卖局党组坚持问题导向，深入开展市场调研，积极采取应对措施狠抓落实。一是扎实开展“消费者在哪里，我们就到哪里”主题调研活动。班子成员及各股室负责人先后跟车送货9人次，送货客户数853户，送货数量554.84万支，送货里程1288公里，现金收款户数69户计171552元，非直送客户100户，收集异常情况8条、意见或建议13条；对县域内9家喜庆用品经营店、5家大型企业、5个大型在建工程项目进行深入调研。二是强化客户经营指导服务，大力提振客户经营信心。严格按“4211”要求及计划走访客户到位，根据货源投放计划引导客户订购适销对路的卷烟，力争通过走访和服务实现辖区卷烟销量稳定，及时向客户讲清货源政策、讲清订货时间，把最新宏观动态、货源投放信息、配送模式调整等利好信息准确传达到位，确保客户订好、订足货，同时帮助客户算清销售帐、算清库存帐、算清盈利账，提振卷烟零售客户的经营信心。三是强化品牌培育服务，多渠道拓展市场潜力。累计开展站柜促销品牌培育活动86场次，帮助卷烟零售客户消化卷烟库存16886条，开展事件用烟助购活动16场次，开展婚庆营销活动26场次，开展品牌宣传会3场次，开展营销人员品牌培育业务培训3场次。

【专卖管理】 在卷烟销量同比下滑的情况下，加大市场监管力度，努力提升市场净化率。一是加大涉烟违法行为的惩治力度。为有效遏制假冒和外地流入卷烟对辖区市场冲击，加大源头违法惩治力度，盯紧关键地域，加强对羊角塘、黄泥塘等边界乡镇和白水镇、潘市镇高速卡口的监管检查；聚焦重点场所，结合突击抽查、错时检查、交叉普查等方式，加大对托运部、集贸市场、车站、娱乐场所等重点市场、区域及重点经营户的监管力度，发现涉烟违法行为及时查处，使假私非烟在辖区内无立足之地。二是加强市场清理整治。按照全市统一安排部署，县烟草局坚持从宣传入手，打防结合，始终保持高压态势，先后与公安、工商联合开展了“春雷6号”、“边界烟草市场整治”、“‘潇湘金剑’四号”、“3·15零点行动”、“5·1节前市场整治”等系列市场清理整治专项行动，累计出动检查车辆100余台次，检查执法人员800余人次。作为永州的北大门，祁阳交通便捷，烟草市场无证经营、乱渠道进货，非法交易、长途贩运等现象时有发生，长期以来是非法流通卷烟的重要冲击区域。2016年，县烟草局多次深入边界地区市场进行调查暗访，培养和发展眼线，积极收集线索，严厉惩治外市真品卷烟非法流入。9月5日，成功破获一起无证运输卷烟案件，当场查获涉案卷烟共计2个品种1980条，涉案金额21万余元。三是强化行政许可管理。切实加强专销协调，完善零售户动态管理，对无证经营户积极引导办证入网经营，有效遏制非法经营行为发生，使行政许可管理与服务水平得到进一步提升。联合工商部门对祁阳区域内所有26个乡镇街道共963个自然村进行全面走访排查，累计登记85户无证户，其中为有办证意愿的客户新办证61户，自主停业8户，工商限期停业整改16户。通过加强便民服务建设，优化行政许可服务流程，提升服务质量，并积极开展预约上门、送证到户、延续提醒等服务，有效杜绝因办证服务不到位影响客户经营卷烟的情况发生。2016年，已累计办理新证134户，延续270户，依法注销零售许可证176户，没有发生乱办证、办人情证、以证谋私的现象。

【企业管理】 法治烟草建设持续推进，2016年5月，该局荣获“全省系统‘六五’普法先进单位”称号。突出培育和践行社会主义核心价值观，持续推进各类党建主题活动并取得实效，屈昭学入选全省烟草系统2016年“身边的榜样”报告团并参加巡回宣讲。后勤综合管理工作注重服务民生，完成了对机关大院道路改造、绿化园林改造及办公楼外墙立面改造等惠民项目。财务预算管理更加规范，积极响应国家税制改革，“营改增”工作顺畅推广并成为新的降本增效增长点；严格执行中央八项规定，积极自查整改，对超范围列支的费用进行清查、退款。安全、综治维稳注重防控，全年无赴省进京重大集体上访事件和安全生产事故，在县直单位考核中县烟草局排第三名，并荣获全县2016年度民调优秀单位。工会组织职能绽放新活力，组织开展祁阳烟草第二届“思源杯”气排球比赛、植物园春季“踏青”活动；3月，荣获“2015年度全县工会工作先进单位”称号。

【作风建设】 始终将加强党的建设作为重要的政治任务，强化党建责任落实，建立健全责任落实机制，拉紧全面从严治党责任链条。始终把严守党的政治纪律和政治规矩作为班子建设的基本准则，充分发挥党组领导核心作用，切实增强政治意识、大局意识、核心意识、看齐意识。一是积极开展“两学一做”学习教育。科学制定实施方案和学习教育计划清单，认真完成全体党员集中学习、专题研讨会、班子成员上党课和专题辅导讲座等形式多样的集中学习17场次。认真组织学习党章党纪党规和必读书籍，认真学习贯彻十八届六中全会精神，组织全体干部职工100%参加十八届五、六中全会精神网络学习。以党小组为单位开展“四讲四有”专题研讨，专题学习贯彻市县党代会精神。通报行业内外违纪违法典型案例，组织观看《作风建设永远在路上》《不可触碰的底线》《打铁还需自身硬》等警示教育片，积极开展对照反思。二是狠抓“四风”问题排查整治。开展党风廉政风险监督检查2次，排查风险点37个。开展行风监督员评议活动，收集意见建议16条并逐一整改落实。开展自查整改、专项巡视整改，持续加强“八项规定”贯彻执行力度，开展“雁过拔毛”式腐败、“纠四风、治陋习”两项作风专项整治。三是积极主动向上级党组织看齐。全面开展党费补缴，对全局37名党员从2008年1月起进行逐月核算、补缴并全部收缴齐。利用周末组织全体党员到爱国主义教育基地开展缅怀革命先烈、重温入党誓词、重走红军路、唱红歌等活动，接受革命传统和思想作风再洗礼，党组成员均以普通党员身份参加支部活动。精准扶贫成效初显。坚持“输血”“造血”相结合，扎实开展精准扶贫工作，多次组织深入六合岭村、青竹村、青石村等扶贫点走访调查慰问。积极履行社会责任，全年共投入精准扶贫和美丽乡村建设资金共计12万余元，得到当地党委政府、帮扶对象和社会各界的好评。

（邓呈　伍梓冲）

国土环保·城建城管

国土资源管理

【耕地保护】 2016年，全县耕地总量稳中有升，耕地和基本农田保有面积均高于责任面积。积极落实“占优补优、占水田补水田”政策。投入资金2606.22万元，实施羊角塘、文明铺、观音滩等5个土地开发整理项目，面积918.16公顷。立项文明铺、龚家坪、观音滩等5个省级项目，投资规模450万元，面积167公顷。立项文明铺、七里桥、文富市3个市级项目，投入资金460万元，面积218公顷。开垦耕地2000亩。积极做好占补平衡。完成祁阳县西区农副产品批发市场等13个用地项目的耕地占补平衡挂钩，涉及占用耕地面积36.743公顷，其中水田25.0858公顷、旱地11.6572公顷，征收土地开垦费1063.24万元。

【保障发展】 紧紧围绕“稳增长、促改革、调结构、惠民生”总要求，对新增建设用地报批认真排序，重点保障重点工程、重要工业项目、重大招商引资项目用地需求。为确保县域经济持续健康发展，重抓项目用地的申报工作，密切跟进报批进度。多种渠道争取年度计划指标，缓解全县建设用地紧缺的状况，为重点项目落地提供可靠保障。完成祁阳县城南污水处理厂一期等项目资料组织上报，批回土地3000亩，确保全县建设用地的要求。做好设施农用地审核备案工作。为温氏集团种猪养殖基地、湘水农业等7个养鸡、养猪等各类养殖场，办理设施农业用地备案，共使用农业生产设施用地542.1公顷。

【执法监察】 一是做好日常执法。出动巡查次数460余次，出动巡查人员1800余人次，制止各类国土资源违法行为180余起，立案查处国土资源违法案件118宗，收缴罚款441.02万元，土地出让金2648.04万元；拆除违法建筑物26处，面积12000余平方米，申请法院强制执行21宗，移交公安机关追究相关责任案件3宗，刑事拘留4人；移送纪委监察局2宗。二是做好卫片执法监督检查整改。全县土地卫片执法监督检查凝似图斑共445个，确定违法图斑18个，面积153.6亩，耕地面积59.2亩。按照验收要求，全县履职到位18个，履职率为100%，查处到位18个，查处到位率为100%。三是做好闲置土地处置工作。查出批而未供土地48宗，面积3232.54亩，目前已完成供地面积766.04亩。共清查出闲置土地38宗，闲置面积799.01亩，按照省、市对闲置土地处置的工作要求，现已全部处置到位。其中依法收回土地使用权6宗，面积195.51亩（有偿收回75.71亩），督促动工建设32宗，面积603.5亩。四是全面清理整顿矿产资源开发秩序。开展矿产巡查110余次，出动巡查人员500余人次，其中夜间巡查58次。查处矿产资源违法案件7起，结案3起，没收非法所得和罚款14万元，关闭矿点3处，移送公安案件

1起，刑事拘留4人，遣散生产作业人员32人。

【矿政管理】 认真做好采矿权新立、延续、变更登记发证工作。全年办理完成采矿权新立登记发证7宗、采矿权延续变更登记发证13宗，收取采矿权价款317万元。对2家位于湘江河道禁采区、限采区矿山按有关规定实施关闭。征收矿产资源补偿费200万元。做好地质勘查和储量检测工作。全县共有探矿权10个，其中两权价款项目5个，商业性探矿权5个。投入资金1511.4万元，实际完成勘查投入1214.95万元，争取省厅投入资金200万元。完成全县1比50000地质灾害详细调查勘查工作。

【地灾安全】 针对全县230处地质灾害隐患点，逐一落实责任单位和责任人，编制并落实全县12个重点地质灾害隐患点应急预案。组织地质灾害防治工作大检查5次。完成白水镇新中村滑坡地质灾害等切块资金中小型地质灾害治理项目勘测设计、治理。向省厅申报2017年地质灾害搬迁安置工程78户；茅竹镇坦坪村滑坡重点治理项目1处；县茅竹镇坦坪村邓家院岩溶地面塌陷和地面变形调查；申报祁阳县河南皂等9个煤矿的矿山复绿项目。申报的搬迁安置及重点工程治理项目都已省厅评审通过，全县无一人因地灾伤亡。

【土地市场】 全年共挂牌出让土地12宗，面积353513.76平方米，成交价18311.7万元；办理出让手续203宗，面积29131.36平方米，收取土地出让金2648.04万元（不含挂牌）。办理转让手续147宗，面积71216.285平方米；办理抵押手续284宗，面积1446785.71平方米，完成新一轮基准地价的修订工作。

【征地拆迁】 完成祁阳县城南污水处理厂（第一期）、祁阳县余热回收热泵机组及节能系统设备生产线等13个项目的土地征收工作，共3000余亩。征地补偿费用全部按时足额发放到位。

环境保护

【概况】 2016年，是“十三五”规划的开局之年，也是生态文明体制改革稳步推进的一年，更是生态环保工作全面开展的一年。面对复杂严峻的环境形势，在县委、县政府的正确领导下，在人大、政协的监督和关心支持下，县环保局紧紧围绕全面建成小康社会这个总目标，协调推进“四个全面”战略布局，努力践行五大发展理念，以改善环境质量、保障群众健康、建设美丽幸福新祁阳为目标，狠抓总量控制和污染防治，全力以赴创建全国卫生县城，全县地表水、县城空气和噪声质量稳定达标。行政处罚案卷评查在全市环保系统获得优秀，监测站在全市环境监测分析技能竞赛暨全省环境监测分析技能竞赛选拔活动中，荣获团体二等奖。农村环境污染治理、安全生产、新型城镇化、人口与计划生育、依法行政、人大代表建议政协委员提案办理等工作被评为县先进，跑项争资工作获县三等奖。全局内设4个职能股室，即办公室、法制管理股、环境监察股、政工股，下设8个直属全额预算事业单位，即祁阳县环境监测站、祁阳县环境保护局浯溪、白水、黎家坪、羊角塘监理站、机动车尾气检测及建筑行业环境监管站、祁阳县环境监察大队、祁阳县主要污染物减排工作办公室。干部职工146人（含离退休人员16人）。

【主要污染物减排推进】 2016年，全县共实施主要污染物减排项目16个，其中结构减排项目4个，工程减排12个。所有减排项目均按进度完成。全年二氧化硫削减510.9吨；氮氧化物削减2239.47吨；化学需氧量削减407.55吨；氨氮削减267.04吨，超额完成上级下达的减排任务。

【开展污染防治】 水污染防治方面，完成两个县级集中饮用水水源保护区方案的划定、调整工作及白水、黎家坪、观音滩3个镇集中饮用水源保护区陆域部分技术方案的编制工作；完成祁阳鑫利冶金化工有限公司含重金属废水、废渣工程建设项目并顺利通过市环保局验收；指导湖南皓志新材料股份有限公司完成废水处理配套设施建设，实现厂区污染物达标排放；取缔不符合国家产业政策的严重污染水环境的七里桥造纸厂、滴水造纸厂和大村甸镇崇山造纸厂生产项目；狠抓工业园区（集聚区）水污染集中治理重点项目推进工作。黎家坪镇污水处理工程厂区及配套管网、提升泵站建设已完成，该项目已处于试运营阶段。白水镇污水处理工程已完成征地、“三通一平”及配套主干管网等基础建设；污水处理系统完成BOT招标，预计2017年年底完成并投入运营。大气污染防治方面，推进燃煤小锅炉淘汰和使用清洁能源，督促指导县中医院、人民医院、鑫利大酒店、祁阳一中、祁阳二中、陶铸中学6个单位改烧清洁能源工作，取缔华洋宾馆、浯溪宾馆的2台锅炉，全面完成《永州市大气污染防治2016年度实施方案》中锅炉淘汰任务；关闭、淘汰22家粘土砖厂；超额完成年度黄标车淘汰任务1858台。

【全县空气环境质量】 2016年，全县空气质量监测总天数（按3参数评价）362天，良好以上天数354天，优良率为97.79%；（按6参数评价）360天，良好以上天数319天，优良率88.61%。

【土壤防治】 编制完成畜牧场养殖密集区农用地土壤治理修复示范项目工作方案，争取土壤治理修复示范项目资金1150万元，畜牧场及周边畜禽养殖污染治理工作有序推进。

【农村环境综合整治推进】 争取农村环境综合整治整县推进以奖代补资金3500万元，2016年到位资金1050万元。完成农村环境综合整治整县推进项目的设计与施工招投标和全县35个行政村的环境综合整治工程建设。

【划定生态保护红线】 根据《湖南省生态保护红线划定技术方案》，结合全县实际，按照“科学规划、合理划定”原则，在省环保厅的技术指导下，完成祁阳县生态保护红线划定工作。全县生态保护红线总面积为961.48平方公里，占县国土面积比例的48.26%。

【随机抽查制度落实】 建立祁阳县污染源日常监管动态信息库，制订《祁阳县污染源日常环境监管随机抽查制度实施方案》。出动执法人员380人次，对一般污染源企业（单位）95家、自然生态类1家进行随机抽查，其中85家企业正常生产，9家企业自然停产，2家企业处于停产整改状态。

【污染源达标排放监管加强固定】 加强排污口规范化整治，推行固定污染源“阳光排污口”工程。对2015年环境保护大检查发现的问题，认真梳理，做好“回头看”。将经开区、白水科技工业园总排污口纳入日常重点监管范围，对4个造纸企业的排污口、海螺水泥的烟囱、污水处理厂的排污口、垃圾填埋场的排污口进行规范化改造，坚持日巡夜查，重点监控，做到每月监察不低于两次，特殊天气条件下加大频次，实行执法值守。

【环境违法违规行为惩治】 关闭位于322国道黎家坪过境路边的智昇煤场并对其负责人实施行政拘留，拆除观音滩镇永大公司的焦炉和烟囱，及时制止茅竹镇振宏焦化厂的非法生产，纠正文富市镇文清砖厂等7个砖厂和羊角塘镇拥军采石场等5个采石场的大气排放违规行为；拆除七里桥镇白竹塘造纸厂、茅竹滴水造纸场厂和大村甸崇山造纸厂的生产设备，消除湘江边上的水污染隐患。首开环保约谈机制。对十里坪畜禽养殖区的34家养殖户下达责令改正通知书，联合检察机关和新闻媒体约谈其中的6家规模养殖户，督促养殖户采取干清粪和干湿分离措施，建设猪粪堆放专用场所，改善十里坪养殖区内的环境，推进养殖污染治理。全年共检查企业268家，责令71家企业改正环境违法行为，立案查处40家环境违法企业，行政处罚17起，处罚金额达80万元，移送公安机关行政拘留3起。

【网格化环境监管落实】 按照“属地管理，重心下移；统一监管，分工负责；上下联动，整体推进；条块结合，以块为主；分工负责，责任到人”的原则，在全县3个办事处、19个镇建立“横向到边、纵向到底的网格化”环境监管体系。全年共建成一级网格1个、二级网格化22个，实现了环境监管的全方位、全覆盖、无缝隙管理。

【环保违规建设项目清理整治】 按照《湖南省人民政府办公厅关于清理整治环保违规建设项目的通知》要求，编制实施《祁阳县清理整治环保违规建设项目工作方案》。共清理环保违法违规建设项目167个，其中淘汰关闭项目9个，整顿规范项目111个，备案管理项目47个，整治完成率100%。

【各类环境污染纠纷及环境信访案件调处】 按照“反应迅速、查办及时、调处到位”的工作要求，全力做好环境污染纠纷及环境信访案件的调处工作。全年共受理环境污染举报投诉140余起，回复率和处理率均达100%。办理人大建议、政协提案8件，办结率100%。

【排污许可监督管理】 严格审批许可办理程序，进一步规范和完善排污许可证、排污申报登记等管理制度，及时掌握企业排污情况。全年依法依规发放排污许可证75个（其中换发排污许可证53个，新发放排污许可证22个）。

【企业环境行为信用评价】 按照省、市环保部门的统一部署，对16家重点企业开展年度环境行为信用评价工作，其中8家被评为环境合格企业，5家被评为环境风险企业，3家被评为环境不良企业。

【建设项目环境监督管理】 严格执行环保部关于建设项目“四个不批”原则，严格控制“两高一资”项目的批建，全年共完成建设项目审批69个（其中建设项目环境影响报告书、报告表54个、环境影响登记表15个），竣工验收项目27个。新建项目环评审批和“三同时”执行率达100%。

【环境应急管理】 编制完成《祁阳县突发环境事件应急预案》，成立环境应急救援分队，建立“24小时”应急值守制度，并于9月组织环境应急突发事件桌面演练。编制完成《祁阳县环境应急能力标准化建设达标验收资料》，环境应急能力标准化建设各项指标达到《全国环保部门环境应急能力建设标准》县级三级标准，通过省环保厅验收。

（黄勇）

住房和城乡规划建设

【《永州建设志》（祁阳卷）编纂】 2016年9月，根据永州市委、市政府关于《永州市城市建设志》的编纂要求，11月，经县委、县政府同意，成立《永州建设志》（祁阳卷）编纂领导小组和编辑部，组织县27个相关单位及部门、召开编纂会，制订《永州市城市建设志·〈祁阳卷〉编纂工作实施方案》，布置分解搜集任务和资料要求，按照起始时间、内容、范围、投入、沿革、修改、过程、规模等方面要求，分别从县城规划、市政建设、园林绿化、旧城改造、新区建设、公共建筑及住宅建设、城市建设投资融资、建筑业、机构队伍及所获荣誉、城建档案等方面入手，确定编写条目41个，经过三个多月的纂写、修改、定稿，完成《永州建设志》（祁阳卷）的编纂工作，累计字数达3万余字。

【依法行政】 印发《2016年住建局法制工作要点》，加强行政执法人员资格管理，办理行政执法证156个。组织规划审批许可听证2次，举办《城乡规划法》及相关法律法规知识抢答赛，组织规划审批行政复议1次，组织规划审批行政诉讼1次，调解建设矛盾纠纷10次，为建房户提供法律服务50次，参与规划建设执法案件审查100起，共审查核批行政处罚案件188起，其中拆除违法违章建筑158起。加强法制宣传，开展2016年度无纸化普法工作。在县内共组织3次大型法制宣传活动，宣传规划建设方面法律法规和相关知识，出动宣传车30次，印发宣传资料5000份。

【建设工程质量安全监督】 2016年，金沙湾二期一标、汀兰华府1#楼、金鼎名府9#、10#楼、祁阳县城区道路改造提质工程、祁阳县灯塔路公共租赁二期工程、浯溪御园高层区c1#、祁阳一中教师公租房建设项目工程1#、2#楼获湖南省建筑施工安全质量标准化示范工地。县建设工程质量安全监督站参加永州市质量安全监督执法技能比武竞赛获得安全组团体赛一等奖，陈安平荣获个人一等奖。

【房屋征收与补偿】 祁阳县国有土地房屋征收与补偿工作办公室（原祁阳县房屋拆迁管理办公室）成立于1997年，原隶属祁阳房产局管理，2007年升格为副科级全额预算事业单位，2016年更名，归口祁阳县住建局管理。全额拨款事业单位，编制17人，内设5个股室。主要负责宣传贯彻房屋征收相关法律法规政策、拟制征收补助和奖励等相关配套措施、组织征收调查登记和社会稳定风险评估、拟制并报批房屋征收具体项目补偿方案、实施房屋征收补偿行为、负责征收补偿资金概算并实行专户管理等。

2016年，县国有土地房屋征收与补偿工作办公室加强房屋征收法律政策宣传，精心制定实施方案，扎实开展摸底调查，严格履行征收程序，坚持入户调查、评估机构的选择，按照征收与补偿征求意见与修改、社会稳定风险评估等程序，依法有序开展房屋征收工作，确保房屋征收工作的合法性，切实维护被征收人合法权益。积极开展王府坪市场棚户区改造中的房屋征收与补偿工作。配合王府坪指挥部悬挂标语横幅100条，发放征求意见表1000余份，召开现场征求意见会3次，通过开展走访和座谈会等方式广泛宣传棚改工作。全年完成民生路立面改造949户，王府坪棚户区700余户进行入户调查登记。

【祁阳大道建设】 祁阳大道既是G322线祁阳绕城公路，又是县城主干道，贯通县城南北，经过高铁站、县城西区和县经开区，是市、县的重点工程，祁阳大道原立项为一级公路，北起衡永高速入口（东风村），南至汽车南站（三南路口）头，全长约9.587公里，最先修建的路段为陶铸广场西侧金盆西路至人民西路段，已建成灯塔路至平安西路段。2016年，投资1.22亿元，新征用地155亩；完成土石方116万平方米；搬迁企业5户；房屋征收拆迁235户、面积28200平方米。其中：完成长虹段长2200米、新埠头段1400米、长流、大塘段1700米（110米宽）土路基、白沙段长2000米路基、附件和70%土石方。

【勘察测绘】 2016年，县勘察测绘院完成盘龙西路、祁阳大道延伸、永兴路、太子路、南峰路、市场路等道路放线及纵、横断面测量；望浯公园、椒山公园、宝塔名胜风景区等地形测量；浯溪御园、金沙湾、浯苑小区、汀澜华府等大型商住楼盘规划指标竣工验收地形测绘；县经开区工业园泰格莱精密电子、湖南华旺保健科技有限公司等园区招商企业规划指标验收测量；县新埠头四水厂、县城建投资有限公司、县火车南站等县重点建设工程项目土石方工程测量放线验收；潘市镇新民村、桐木村至塘弦湾村三村道路农村危房改造、农村人居环境整治地形测绘；潘市镇侧树坪村、肖家镇九泥村、进宝塘陈朝村、下马渡元宗庙、大忠桥镇蔗塘村等美丽乡村规划地形测量。完成县精准扶贫异地安置20个点扶贫点的地形测绘，浯溪街道办事处、白水镇、黄泥塘镇、肖家镇、梅溪镇等14个镇27个合格学校的现状地形测绘。

【县城供水】 祁阳县自来水总公司是一个实行企业化管理的自收自支正科级事业单位，2016年，有干部职工836人，隶属于祁阳县住房和城乡规划建设局，主要负责县城及周边30万居民和单位生产生活用水的供应，同时承担供水区域内供水管网及配套设施的规划、设计、建设、维护维修和管理。现有水厂2座（二水厂、浯溪水厂），日供水能力14万吨，DN100以上供水管网近400公里，用户近6万户，用水人口约30万人，总资产约4.2亿元。

（陈小平）

【新埠头水厂建设】 新埠头水厂位于浯溪街道办新埠头村。于2013年立项建设，至2016年12月，新埠头水厂完成送水泵房及配电间主体工程，气水反冲洗滤池主体工程、取水泵房深基坑开挖土石方，加药间人工挖孔桩工程，技术大楼及机修仓库内外墙粉刷。取水口及原水管网工程完成地质勘探和管线设计。设备采购已确定采购方式，并出台初步方案。力争一期工程（日供水6万吨）尽快完工通水。

（陈小平）

【县经开区规划建设】 2015年10月，在县城总体规划指导下，开展祁阳经开区的扩区调区规划工作，由区规划区面积46平方千米调扩为一区（祁黎工业小区）两园（县工业园、白水科技工业园），2016年12月，完成详细方案，按程序报请审批。建设两个保障性住房小区，完成灯塔路公租房小区390套，长流路公租房小区382套于10月开工，年内完成主体工程。完成园区供排水专项规划，新埠头水厂，2016年完成主体工程，2017年供水。经开区建设的白竹污水处理厂，已完成全部前期工作，以PPP模式在进行招标寻找合作厂商鹏鹞水务公司，管网建设实行雨污双向双排模式，园区建成的近10平方千米道路全部按总体规划要求进行铺设。勘测测绘、放线大型公建企业16处，面积75公顷，村民建房256户。

房产管理

【概况】 2016年，县房产局内设办公室、政工股、计划财计股、产权产籍管理股、房产行业法规股、物业管理办公室、县住房制度改革领导小组办公室7个职能股（室）。下设县住房保障办公室、县物业管理办公室（加挂祁阳县房屋维修资金管理中心牌子）、县房产执法监察大队、县房屋安全鉴定办公室、县公房管理所、县白蚁防治管理所、县房产交易所、县房产局开发公司以及黎家坪房产所、白水房产所、文明铺房产所、羊角塘房产所、大忠桥房产所、八宝房产所、七里桥房产所、观音滩房产所、潘市房产所、大村甸房产所18个职能部门。全局共有干部职工407人，其中：干部39人，工人272人；在职161人，退休96人。共有专业技术职称人员38人。2016年，房产局荣获永州市保障性住房先进单位、永州市小区整治工作先进单位，祁阳县统战工作、无偿献血先进单位等荣誉称号。

【棚户改造】 2016年，县房产局强化房屋征收管理，节约政府修建安置房的经济成本，加大货币补偿力度。一是优化货币补偿方案，引导被征收人选择货币补偿。二是坚持“拆一还一、就近安置、中介评估、互为补差”的原则，摒弃原有两头补偿、政府定价的弊端，采用公平、公正、公开的方式。三是坚持依法、依程序征收，切实保护被征收人的合法权益。四是坚持一盘棋的原则，保证各大片区方案的一致性、连续性、差异性。2016年，全县保障性安居工程建设任务是城市棚户区改造1813户、国有工矿棚户区改造480户、公共租赁住房422套。城市棚户区改造项目具体为：县城建投负责实施的民生路立面改造项目949户、县市管局负责实施的卢家甸区域棚户区改造项目326户和王府坪社区城市棚户区改造538户。国有工矿棚户区改造项目具体为：三口塘镇人民政府负责实施的祁阳煤矿棚户区项目220户、观音滩镇人民政府负责实施的永州市观音滩煤业有限责任公司棚户区改造项目260户。公共租赁住房项目具体为：县职业中专负责实施的教师公租房161套，祁阳一中负责实施的教师公租房126套，县卫计委实施的卫生系统公租房40套，教育局实施的教师公租房95套。为突出抓好老城区房屋征收工作，棚户改造九塘冲、王府坪片区总面积248.3亩，总改造建筑面积为11.06万平方米。完成城市棚户区改造949户，完成864户的入户调查、社会风险稳定评估、征收补偿方案征求意见等前期工作；完成国有工矿棚户区改造480户。

【住房保障】 2016年，为认真落实省委、省政府为民办实事工作，逐步解决城市低收入家庭的住房困难，全面完成上级分配的城镇最低收入家庭廉租住房指标任务，根据相关文件规定，结合全县实际情况，制订《祁阳县解决城镇低收入家庭住房困难发展规划和年度计划》，依法依规按程序对已完工且符合投入使用条件的1367套廉租房进行抽签分配，并签约入住。同时完成对2017年年底计划给予实物配租的1400余户，拟新分配入住家庭的入户调查、资料整理、公示、复核等工作。做好年度保障性安居工程跟踪审计工作。

【公房管理】 一是加大廉租房保障力度。认真审核把关，实行阳光操作，接受群众监督，多渠道解决城镇低收入家庭的住房保障问题，确保实物配租减补工作公开、公平、公正。对3个街道办事处的低收入住房困难家庭，以发放租赁补贴和实物配租的方式予以保障，全年实物配租核减206户，补贴发放基数1880户，新增发放114户，共计1994户，实发放租赁补贴1659户，实发租赁补贴金135万元。二是加大公租房建设力度。2016年，公共租赁房建设任务422套，已全部开工建设。其中县职业中专教师公租房161套已基本建成；祁阳一中教师公租房126套、卫生系统三口塘中心卫生院公租房40套，已全部完成地基建设，正在进行主体建设；教育局实施建设教师公租房95套，其中龚家坪镇云排岭学校、黎家坪镇一中、大村甸镇一中、八宝镇中心小学、七里桥白竹完小、白水镇朱家小学、黄泥塘桐木小学等8个学校教师73套公租房已完成主体建设。三是加大管理力度。2016年，保障性住房发租2868户，直管公房面积为18961.09平方米，其中危房面积6846.41平方米，陈旧公房面积11114.67平方米。全年租金收入315万元，其中保障房租金收入270万元。公房租金收入45万元，占全年住房105%。加强房屋维修。坚持深入基层，了解房屋管理实际状况，认真督促委托方做好日常管理、修缮工作，抽查维修服务质量，确保承租户使用安全。全年共维修房627起，投入维修资金25万元。工作人员通讯24小时畅通，确保遇到突发事件，及时处理，做到事事有回音，件件有落实。

【房地产市场】 2016年，房产局进一步加强房地产市场引导、监督和调控。针对一些房地产企业和不法中介乘机造势，积极采取措施，从严整治。对情节严重、性质恶劣的企业，加大查处力度，狠刹市场歪风，有效遏制蔓延势头，净化房地产市场环境。全县商品房价格稳中有升，保持开发秩序良好，房源充足。全年批准12个项目，预售面积34.3万平方米，合同备案332.88万平方米，售房2064套。简化办事程序，缩短办事时限。进一步提高工作效率，办理转移登记3893宗，抵押登记2645宗，新增商品房预售许可证63件，新投入市场商品住房2528套，面积32.7万平方米。

【产权产籍管理】 2016年，县房产局加强房屋产权产籍管理，完成房屋所有权登记3204件、房屋他项权证2338件、期房预售预告登记3390件，商品房在建工程抵押3件，出具房产证明1167份，出具查询结果57份、接收法院送达的法院文书57件。业务办理过程中，不仅提供优质服务，还减免、缓交各项费用，共减免资金达29万余元。加强房屋产籍档案管理，全年共整理档案入库6312卷，开具无房证明和第一套住房证明共计5402份，接待公安局、检察院、法院、律师及其他人员查阅档案5000多人次，出具结果163份，接收法院送达的法律文书120件。协助两房办核实廉租房申请户数达2000户；清退抵押档案并注销他项权证1177件，各类文书立卷归档41件（法律文书登记册、借阅档案登记册、抵押档案注销登记册等），并为18家房企办理测绘备案30项，完成测绘办证出图255件，全年共测绘房屋面积为913372.09平方米。

【房产执法】 局执法监察队为保护购房者权益，加强房产知识宣传力度，全年组织宣传车巡回宣传，发放宣传单1.5万份。查处违法案件10余起，收缴处罚金73.1万元，其中乡镇罚款为18.5万元。同时对4个乡镇房地产市场进行集中整治，共检查开发企业、开发商9次，楼盘4栋、共360套，商铺40余间，总建筑面积约38560平方米，其中黎家坪收取罚金10万元，白水镇收取罚金2.5万元，大忠桥镇收取罚金3万元，下马渡镇收取罚金3万元，竭力保障消费者购买、转让、办证等方面的权益。

【房屋安全】 2016年，局安鉴办开展四次全县性房屋安全大排查、大整治、大管控工作。其中重点对全县中、小学校舍、老楼危楼、直管公房、自管公房、宾馆、保障房、超市和危旧房屋进行检查和鉴定，共检查各类房屋2876栋，建筑面积约47万平方米；对排查出来的问题房提出整改意见178份，责令加固处理87处。有效地化解房屋安全隐患。积极受理房屋安全投诉，全年受理房屋安全投诉案35件，调解房屋拆改纠纷25起；如长虹办苏油坪村民房挖基造成邻居房屋安全隐患、新桥街许某砖木老房坍塌问题等进行现场处理，有效消除安全隐患，确保国家和人民生命财产安全。

【信息化建设】 2016年，一是加强个人住房信息系统和房屋交易与产权管理信息平台建设，建立网上签约系统。二是加强人员培训。请软件专家，先后为房产局101名从业人员进行集中学习培训，确保各岗位人员熟悉掌握新的系统使用方法，提升房产档案信息化管理和服务水平，房地产信息化建设走在全市前列。三是加大投入。共投入20多万元用于信息化建设。并与全县13个商品房开发企业建成“一个平台，三个系统”（住房信息平台和房屋登记系统、市场监管系统、档案管理系统）。建立以房产局的信息平台为基础不动产登记信息平台，实现了网络传递和信息管理。

【优化物业管理】 县房产局继续加强对物业公司的监督、指导、协调，规范服务行为，以小区管理为突破口，加大对物业服务企业整治工作力度，推进全县物业行业发展。一是规范物业维修资金管理。出台《祁阳县住宅专项维修资金管理办法》，对住宅专项维修资金的交存、使用、监管等工作作出明确规定，收缴物业维修资金2007万元。二是维护业主监管。创建条件积极培育小区成立业主委员会，如滨江豪庭小区业主委员会已正式组建成立。三是化解小区矛盾纠纷。协调解决户主与开发商、户主与小区物业公司的内部矛盾10次。四是严格规范管理。对于开发企业及物业服务公司，实施网上信息公布及企业年审年检制度，不断加强物业管理市场整顿，有效促进全县物业管理市场化、社会化、专业化。

【小区综合整治】 小区综合整治工程是一项系统工程，工作量大，涉及面广。2016年，组建以主管副县长为组长的小区整治领导小组，从国土、规划、房产、城管、公安等单位抽调人员组成强大工作小组，推行强力整治。制定整治方案，摸清整治底数，强化宣传力度，争取民众支持。在整治过程中，共查处问题12类500余起，集中整治24个规模小区318栋、4780套房屋的清查工作，清查总建筑面积达66.8万余平方米。开展“最差小区”、“幸福小区”评选活动，小区面貌焕然一新。

【细化创卫管理】 成立以局长为组长的创卫领导小组、以股室负责人为组长的创卫工作小组，将创卫工作责任、目标落实到各单位，实现责任区域横向到边、纵向到底、不留空白、不留缝隙。抓重点、做亮点、创精品。对宝塔社区的路、街、市场和小区的“牛皮癣”进行全面清理，消除视觉污染，全年共派出义务创卫清扫人员237人次，投入创卫资金7万元。特别是陈老府园廉租房和二中教师公租房辖区内，共有156户低保无房户，老旧房屋居多，周围既有瓦房、也有新楼，小区内垃圾乱丢、杂物乱堆、环境脏、空气臭，是创卫的整治难点。为改善此状况，该局连续10天共派出人员120人次，花费2万余元，清理脏污地面5728平方米，清除垃圾110余车。共为小区安装路灯7盏，将敬老院小区建设为标准小游园，给居民创造良好的生活环境。

【弘扬雷锋精神】 2016年，房产局全面开展“全员下访听民声，走访基层解民困”“五送帮扶办实事”“联村（居）创满意”等活动，进行实地调研、交流走访，答疑解难，解决社区困难，关爱下一代，落实一日捐活动。局党组成员个人自愿捐筹资3200元，局出资7400元，对房产局精准扶贫对象大村甸镇绪光村37户困难户和8户特困难户进行慰问，赞助款和各类物资达13575元。同时积极参与社会活动，自愿奉献爱心，无偿献血人次共14次，累计献血达4500毫升。

（蒋东阳　蒋淑芳　邓建国）

城市管理

【概况】 2016年，城市管理行政执法局有干部职工557人，其中局机关和执法中队在职人员148人，环卫处390人，路灯所19人。局机关内设办公室、人事教育股、法制股、公用事业管理股、收费处罚中心、燃气安全办公室6个股室，下设经开区大队、机动中队、杨家桥中队、百花中队、白沙中队、光明中队、西区中队、民生路中队、禁炮中队9个直属大（中）队。下辖环卫绿化管理处（副科）、路灯照明管理所2个事业单位。2016年，县城管局在县委、县政府的正确领导下，在县人大、县政协的关心下，在县创卫办的具体指导和社会各界的支持下，围绕“创国卫”这个中心，认真分析城市“六乱”的特点，采取延长工作时间，实行“早、中、晚”全覆盖、“点、线、面”全控制，攻坚克难，全面开展市容环境秩序整治，实现城市管理提质扩面，较好的完成2016年年初制定的各项工作任务，得到县委、政府以及社会各界人士的肯定。

【市容管理】 按照“一类街道严禁，二类街道严控，三类街道疏导”的工作要求，对街道实行统一管理，分类施策，建立起定人、定岗、定位的“三定”管理模式。联合法院共同执法，石材店整治强力推进；采取疏堵结合，设置西瓜临时摊点破解管理难题；安排专人值守重要路段，学校、市场、车站周边秩序井然；推行夜班制度，商业街、广场、夜市经营规范有序，全局执法效率更加高效，累计查处违规占道经营、出店经营行为8566起，其中依法取缔285起，教育整改8281起；整改夜宵摊点53处；取缔流动摊贩1033起。一、二类街道做到管理执法常态化，对“六乱”行为保持“露头就治”的高压态势，一大批难点问题得以解决，实现2016年年初提出的城区市容“提质扩面”的目标。

【广告管理】 委托北京异构上海公司对全县广告进行规划，成功编制《祁阳县户外广告设施规划（2015—2020）》。举办广告培训班，组织全县广告行业人士进行学习培训，增强行业自律。抽调5人，成立广告（占破道）管理领导小组办公室，加强对广告（占破道）的巡查和管理，配合大（中）队开展日常执法工作，广告、占破道管理水平显著提高。积极争取县委、政府重视，安排专项资金，进一步加大违规破旧广告的拆除力度，逐月逐类安排人员对城区的违规、破损等广告进行拆除，全县违规广告拆除率达90%以上，城区门店招牌按“四统一”标准逐步规范，民生路门店招牌全部亮化，为立面改造增色，为城区夜景添彩。

【渣土管理】 主动作为，多措并举，持续不断推进工作落实。一是争取领导重视。积极向领导汇报，于7月8日召开渣土管理工作专题会议，认真剖析渣土管理中的困难和问题，再一次明确部门职责和义务，出台硬性措施，为全县渣土管理工作抓好落实提供强力支撑。二是严格把关。严格按要求落实建筑垃圾运输市场准入制度，发动社会有识之士筹办渣土运输公司，目前已有绿城、鑫隆、宏通3家渣土公司向局申报。三是严格执法。采取全天候巡查，加强渣土管理执法力度，实行白天晚上连续执法，对重点路段安排专人值守，对违规行为实行严管重罚。四是积极主动推动县城渣土消纳场、大型工地等文明卫生设施建设，倡导文明施工。提交县政府第44次常务会研究，明确渣土消纳场建设主体，12月20日，会同县住建局、县城建投完成项目选址。积极与祁阳大道指挥部协调，在县城大村甸方向建设一个过水槽，并联系县交警大队出具告示，安排专人值班指挥，大大减少祁阳大道项目建设对城区卫生的污染。通过严格执法和部门联动，城内有8家大型施工工地按要求进行了围挡作业，多数工地建有冲洗平台，文明施工氛围逐渐形成。

【燃气管理】 严格按照“安全第一、预防为主、综合治理”方针，认真开展全县燃气安全生产管理。一是组建专抓队伍，成立燃气和安全生产管理办公室，抽调6人专管专抓，出台一系列安全管理制度，燃气安全管理步入规范化常态化。二是合理制定局“十三五”安全生产规划，进一步落实目标考核和责任追究。三是推行网点制度，强化送气网点管理。6月，启动燃气销售网点审查审核工作，对不符合条件的代售网点予以惩治和撤。四是加强人员培训，9月下旬，举办全县燃气配送服务人员培训班，建立送气工管理制度，第一次将送气工纳入管理范围。五是建立局领导班子联系企业制度，每月到企业调研走访，监督、管理企业安全生产工作不少于三次。六是强化整治力度，全力惩治非法经营燃气和小瓶倒灌燃气行为，规范送气工、送气车辆、气站设备、门卫设施管理，全年累计查获非法经营液化气6起，关停门店4家，惩治小瓶倒灌行为6起，没收液化气瓶23个，排查安全隐患38起，纠正违规操作12起，下达责令整改通知书38份。同时，竭力服务管道燃气建设，全年累计投入资金5500万元，铺设市政中压管网20千米、低压管网35千米，新装居民用户2100户，工业用户16户，完成L—CNG合建站土建工程施工（包括站房、罩棚立柱、储罐设备基础围堰浇筑）。

【市政维护】 加大资金投入，提高施工质量，不断完善城市基础设施。一是攻克重点。对年久失修的兴浯北路实行全面维修，翻新路面4000平方米；投资130万元，维修祁阳大道、沿江路，重新破拆硬化；疏通老百姓反应强烈的中仓街、农行小区、陶铸路等路段下水道1021米，新铺498米；对泰安路路面和下水道、浯溪北路路面进行改造，改造砼路面2000余平方米，铺设涵管590余米，补缺检查井盖120块、雨水井盖172块；大力支持帮扶小区建设，对丝泥塘、枣阳及永安小区基础设施进行改造，硬化地面7000余平方米，砌筑树池138个。二是塑造亮点。精心维护县城门面，提升县城宜居水平，全年共对陶铸广场、白竹湖广场、桥头广场维修十余次，累计补修广场砖1200平方米、麻石地面砖610平方米，安砌路沿石600余米，对陶铸广场水池清洗3次，投入30余万元改造白竹湖门球场。三是突出难点。邀请长沙理工大学公路检测机构对湘江大桥进行为期两天的封闭检测，重点排查桥梁拱波、桥墩、桥面、护栏等部位隐患，检测结论为“大桥为四类桥梁——较差状态”，需立即进行加固处理，考虑到祁阳绕城道尚未贯通，该桥仍当国道桥梁使用，积极向县委、政府领导汇报，由公路局负责祁阳湘江大桥的管理和维护工作。

【路灯管理】 根据县委、政府“点亮祁阳”的决定，分班组对城区路灯进行维修，突出日常检修与升级改造相结合，确保亮灯率始终保持在98%以上。在滨湖路、金盆东路等改造路面新装LED路灯60余盏，在长虹路、平安西路安装12米双臂灯50盏，在县城背街小巷和居民小区累计安装路灯320余盏，在322国道东风村至苏油坪段安装路灯70盏，基本上实现县城至黎家坪镇路灯全线贯通。在复兴路东侧、银岭路南侧敷埋电缆近2500米，解决了十年有灯不亮的问题。在祁阳大道和祁冷公路突击安装LED发光中国节650个，为春节期间的县城增光添彩。多次对祁冷快速路和陶铸广场等重要公共场所路灯连夜抢修，确保重要连接线和城区夜间亮如白昼，市民夜间出行更加安全、方便；开展志愿服务行动，深入挂榜山小学，为学校安装路灯，解决校园照明的问题，方便教师及学生夜间出行。

【禁炮管理】 按照“全面禁炮，两年过渡”的要求，不断浓厚禁炮宣传氛围，不分白天黑夜，不分酷暑严寒，做到白天黑夜不间断（经常工作到凌晨2、3点），同时联合公安局加大巡逻执法力度，形成震慑。通过宣传发动、加强巡查、依法惩治等形式，全县城区燃放烟花爆竹违规行为明显减少，全年制止燃放行为453起，警告、责令打扫311起，处罚燃放行为286起（其中顶格处罚率达92.8%），处罚燃烧纸钱行为18起，配合公安带离燃放行为人2人，城区燃放烟花爆竹违规行为明显减少。全年禁炮成果超过预期目标，增强全县人民成功创建国家卫生城市的信心，提升城管执法威严和政府公信力。

（欧方兵）

城市建设投资开发

【基础设施建设】 2016年，县城市建设投资开发有限公司完成工程建设投资12040万元。投资2170万元，完成金盆西路、万寿路、平安西路、盘龙路、新兴路、平安路、椒山路等道路的绿化改造。投资1360万元，完成民生路立面改造及亮化工程建设。投资210万元，完成唐菇冲、盘龙西路土方工程。永兴路、盘龙西路、太子路、金枣路、青草路、祁山路、栖霞路、校园路在建工程建设速度加快，已完成工程投资6350万元。梅溪镇、文明铺镇、八宝镇、潘市镇、七里桥镇、肖家镇等镇17个村，10个集中安置点和9个分散安置点的异地扶贫搬迁建设工程基本完成，共投资1950万元。人民路、陶铸路、兴浯路提质改造已开工建设。人民西路延伸工程的招标工作圆满完成；浯溪路、背街小巷42条路道路提质改造工程的设计及招标工作正在进行。湘江河道治理（祁阳县城段）、望浯公园、椒山公园、龙山公园的工程设计已基本完成；原种场安置小区工程、西区农贸市场建设已开工建设；全年零星工程项目建设累计投资585余万元。

【征地拆迁安置】 积极调处县城基础设施建设和重点项目建设中的征地拆迁矛盾纠纷。支付各种征地补偿款1642.8万元。全面完成廉租房彭井塘小区的迁坟工作，支付购买坟山和迁坟款57.7万元；完成廉租房彭井塘小区5户的拆迁安置工作，支付拆迁补偿款31.5万元；完成县公局新址院内漆梅花、罗祁村两户拆迁和临时安置工作，支付各项费用共42.5万元；完成县政府人民公园用地范围内的青苗和附属设施赔损145万元；完成红星美凯龙项目中芹菜甸1组征地和青苗附属设施赔损工作，支付各项费用375.6万元。完成西区农贸市场的征地和青苗赔损工作，支付各项费用41.8万元；完成盘龙路施工弃土场地上的祖地和青苗赔损工作，支付各项费用88.5万元。完成原浯溪水厂用地迁坟、房屋拆迁和青苗赔损，支付各项费用205.6万元；完成旭记湘江置业有限公司用地的青苗和附属设施赔损工作、支付各项费用68.2万元。完成唐茹冲8户的拆迁安置工作，支付各项费用155万元；全面完成芹菜甸8组40余户的拆迁和过渡安置，购祖坟山和158棺的迁坟任务，支付各项费用89.6万元，完成42户的拆迁和临时安置，支付各项费用293.6万元；完成六合岭5、6队坟山选址和部分临时安置棚的搭建工作，支付各项费用48.2万元。全面完成全县2016年1836户棚户区改造任务中的949户民生路综合整治目标任务，其中，民生路949户、王府坪538户、芦家甸326户。

【融资贷款】 2016年，全国金融贷款政策持续收紧，通过反复研究国家政策，调整融资思路，县城建投多次与国开行、省农发行等银行衔接进行申请贷款。全年申贷融资总额已达26.4亿元，已核准融资13亿元，到位资金7亿元，其中项目建设基金1亿元，村镇银行贷款2亿元，农发行4亿元。九塘冲、王府坪棚户区改造向农发行申贷6亿元，项目贷款已审批通过，并发放4亿元。以学校、医院为申贷主体，以城建投土地作抵押的方式向县村镇银行申贷2亿元，贷款资金全部发放到位。县城棚户区改造二期项目向华融湘江申贷4亿元，贷款已经审批通过。以湘江河道治理项目（二期）分别向建行、工行申贷8亿元和4亿元，申贷资料已全部报送。西区农贸市场向农业银行申贷1.4亿元，项目贷款资料已全部报送，正在审批之中。湘江河道治理项目（二期）向农发行申贷12亿元，已向市发改委申请立项批复。九塘冲、王府坪棚户区改造向农发行申贷6亿元，项目基础设施资料已报送省农发行永州分行，已完成招标。县城西区农贸市场向农业银行申贷1.4亿元，该项目正准备招标。

（王昕）

交通·通信

交通运输管理

【概况】 2016年，祁阳县公路总里程为3630公里，其中高速公路40.1公里，国省道341.7公里（交通管辖89.9公里，公路局管辖251.9公里），全县农村公路3248.3公里，其中县道217.3公里，乡道692.4公里，村道2338.6公里。祁阳县交通运输重点建设项目有16个，其中公路项目10个，车站项目3个，水运项目3个。

【公路项目】 2016年，公路建设总里程长159.7公里，总投资估算26亿元。在建公路项目3个：一是S348黎家坪至马坪公路（简称黎马公路），祁阳段11.7公里，总投资估算0.8亿元，已经动工建设，预计2018年建成通车。二是S231祁阳木梓圩至金洞公路（简称木金公路），二级公路，长9.75公里，总投资0.76亿元，预计2017年建成通车。三是G322祁阳绕城公路，按照城市道路标准建设宽80米，长9.1公里，总投资估算5亿元，预计2017年建成通车（不含桥梁）。四是上岭桥互通—大忠桥互通连接线（简称上大公路），上大公路祁阳段5.37公里，总投资估算0.6亿，省里已经批复，2017年即将动工建设。目前已经开展前期工作项目有3个：一是衡永高速公路。永州段约为45公里，祁阳段里程约为25公里。二是S231祁阳长虹至白竹塘公路，一级公路建设标准，15公里，总投资估算5.1亿，省发改委已经立项批复。三是S231祁阳龚家坪至长虹公路，二级公路建设标准，34公里，已向省发改委立项。力争进入省干线公路规划，已开展前期工作的项目3个：金洞至祁阳大忠桥工路、G322祁阳芦菜甸至新埠头桥、白竹塘至羊角塘公路。

【水运建设】 一是千吨级航道（湘江萍岛至归阳），祁阳段100.8公里，项目涉及浯溪、湘祁电站船闸的改建，设立三个航道站等。二是千吨级港口，共建设4个千吨级泊位，3个件杂货泊位，1个通用泊位，投资约2.4亿元，占地120亩，预计2018年动工建设。三是全县46处渡口标准化改造，未改造29道，具体投资以市计划为准。

【汽车站场建设】 2016年，全县汽车场站建设共4个项目，总投资估算1.8亿元。一是唐家岭汽车站，一级站场，总投资估算约0.8亿元，目前已经在建，预计2018年建成。二是祁阳县汽车总站，二级站场，投资估算约865万元，改扩建，2017年完成。三是白水客运站，三级站场，投资估算约978万元，改建，预计2017年建成。四是黄土岭综合停车场（该项目正在争取规划中）。

【水上交通】 全县有客运码头21处，渡口46道（其中汽车渡口1道，已标准化改建造14道，渡改桥3道，还未改造29道），航次签单发航10处。客渡船63艘（新标渡船36艘，未改造旧渡船15艘，非机动渡船12艘（实际营运非机动船9艘））；全县5家水路运输公司有客船71艘，（其中黄泥塘镇3家公司，分别为湘荣公司15艘，安达公司15艘，建新公司14艘；潘市镇2家公司，分别为马安岭公司16艘，龙建公司11艘）。全县湘江段运输船舶132艘，其中营运运输船舶94艘，（已持有证照的33艘，证照不全或过期7艘），未营运或报废的38艘；湘江标段内采砂船舶27艘，其中营运采砂船舶17艘（全部无证），未施工采砂船舶10艘；祁水、白水采砂、运输船舶待核。县内有渔船360艘（白水镇116艘，潘市镇125艘，黄泥塘镇29艘，七里桥镇12艘，浯溪街道50艘，茅竹镇12艘，观音滩镇4艘，下马渡镇4艘，文富市镇4艘，黎家坪镇2艘，进宝塘镇2艘）；乡镇农用船舶50艘；水上浮动设施3个（白水镇2个，观音滩1个）；公务执法船舶3艘（海事、渔政、水政各一艘）；经营性水上加油趸船1艘；采砂船生活工具船舶10艘；水上餐饮船舶1艘（进宝塘镇）。

【城市客运】 全县现有公交线路10条，即1—10路线，营运车辆114台，其中62台为2013年后陆续采购的节能环保空调公交车，52台为旧式公交车。全县共有300台出租汽车，分别为祁阳县平安出租车有限责任公司100台（已投入运营60台，正准备投入运营40台）；祁阳县祁源出租汽车有限责任公司100台；祁阳万众出租汽车有限公司100台。

【道路运输】 全县道路运输经营户达2196余户，营运车辆达2768余辆，客运班车545余台，客运班线186余条（其中省际班线26条；市际班线15条；县际班线20条；县内班线125条），机动车维修业户47家，机动车驾驶员培训机构11家，拥有教练车445辆。

道路交通管理

【概况】 2016年，县交警大队按照“两保（保安全、保畅通）、两抓（抓执法、抓服务）、两强（强班子、强队伍）”的工作思路，大刀阔斧、大力作为，全力攻坚创国卫，成效显著、成绩斐然，大队被市支队评为道路交通安全管理第二名，县绩效考核在政法系统排名第二。深入开展货三轮摩托车整治、酒驾、九打九治、大排查大管控大整治、飓风行动等重大行动，全年共查处交通违法行为8.1万起，其中，三轮摩托车非法载人载客、擅自改型940起，违法停车6072起，客车超员156起，闯红灯4432起，货车违法2115起，涉牌涉证8648起，超速41792起。查处饮酒驾驶375起，醉酒驾驶162起，刑事拘留207人，行政拘留193人，吊销驾驶证189本，惩治处理数量创历史最高。特别是治理酒驾，省、市交警专题推介祁阳经验。

【国家卫生县城创建】 齐心创国卫，实现县改市，是全县上下工作的中心和重点，创国卫是群众之所盼，历史之重托，责任之所在。县委、县政府态度坚决，全县人民、社会各界寄予厚望，县交警大队积极行动起来，以奋发有为、顽强拼搏、志在必得的精神状态，花大力气，下狠功夫，扎扎实实打好创国家卫生县城的攻坚战。凝合力。交警大队作为道路交通秩序专业组的牵头单位，整合专业组成员单位，做到既分工负责，又相互配合。针对县城内存在的车辆乱停、挪点乱摆、占道经营、市场外溢、货运车和二手车整治等难点，重点问题开展联合执法，综合治理。抓重点。停车难是城区交通秩序的重点和难点，县交警大队着重从五个方面入手，确保城区交通秩序稳定。一是倡议机关单位内部停车场对外开放。二是停车向空中发展，建议有条件的单位投资建设新型智能电动停车场（比如人民医院、老中医院）。三是规划建设货运停车场，在西区和火车站周边投资新建两处各能容纳100台货车的过渡性临时停车场。四是彻底整治二手车交易市场，目前，二手车交易市场整治已经取得重大进展，坚持一抓到底，彻底整治。五是规范修、洗车场所。在条件成熟后，城区十字路口、主干道车辆修理与清洗场所要全部撤离。强宣传。继续加大交通安全宣传力度，扩大宣传覆盖面，发放《致全县人民的一封信》和《致全县公职人员的一封信》，教育引导他们养成良好的交通习惯，将交通守法情况纳入全县星级文明户评比；利用网络、电台定期曝光不文明交通行为和典型交通违法行为，在民生路等几个重要路段、路口启动全县交通文明劝导队伍，查处劝阻行人、非机动车交通违法行为。严整治。针对影响城区交通秩序的难点、重点，部门联合开展货运车、二手车、占道经营、非法运营和马路市场、摩托车、行人、非机动车交通违法、乱停乱放等专项整治，对重点路段区域，加大巡逻治理力度。特别是对困扰城区秩序的乱停乱放行为，常抓不懈，购置专门拖拽车辆，加大查处力度。

【事故预防】 事故预防工作是交警的主业，进一步强化“事故可防可控”思想，明确重点，综合施策，确保全县不发生一次死亡 3 人以上较大道路交通事故。以创国家文明卫生县城为契机，积极研判道路交通事故，深入分析发生规律，狠抓事故隐患排查整治，当好县委政府参谋，进一步形成“政府牵头、部门联动、社会参与”的道路交通安全综合治理格局。积极向县委政府建议，在开发区与陶铸广场侧边建立两处停车场，城内立体智能停车场早日开工建设，推进交通安全社会化管理工作再上新台阶。加强对国道、省道、县道及城镇道路的巡查机制，定时组织各类交通违法行为集中整治行动，严格落实“零容忍”、“上限处罚”等严管重罚措施，做到“严在日常、严在长久”。加大对“三超、两无、一酒”等严重交通违法行为的查处力度，进一步提高交警管控能力，管出一片交通新秩序。针对县城区“停车难、行车难”的两难问题，交通组织与渠道优化，加快停车设施建设，大力推行公交优先发展战略。对全县道路交通乱点、堵点进行排摸，推行交警责任区勤务“三包”模式，即包执勤、包执法、包处警，最大限度地提高道路通行效率，全力缓解交通拥堵问题。根据公安部的第 123 号令，各路面执勤民警要严格按照新令规定执勤执法，车管部门要严把驾驶人考试关，实时掌握全县的客车、货车、校车、危化品运输车等重点车辆的安全技术检验情况，严格落实企业交通安全主体责任。同时，大队职能部门和各路面中队大力推进道路安全隐患排查整治，46 处危险路段（点）分期整改到位，交通事故率明显下降。

【规范执法】 从执法制度建设、管理应用、素质培育等方面着手，确保大队执法规范化。坚持从细节入手，进一步明确执法规范，固化执法流程，初步形成“覆盖全警、权责清晰、精细操作”的执法标准体系。从岗位职责、教育培训、纪律要求入手，深入开展执法理念大教育、执法问题大排查、执法业务大培训和执法纪律大整顿，着力整改执法不严格、不规范、不文明行为，不断提升交警执法公信力。同时，加强对协警人员规范化管理，杜绝非执法主体参与执法活动。进一步强化执法监督管理。加强对本单位的执法记录仪等科技警务装备的管理与应用，对民警现场执法和服务活动，利用警务装备进行动态实时监督。认真落实执法过错责任追究制，强化各执法单位职责。

【管理服务】 一是化解矛盾纠纷。坚持从维护群众利益的“小处”想起，从关系群众冷暖的“小事”办起，以小警务推进大和谐，提高群众满意度。深入开展“人民交警为人民”活动，倾听群众呼声，掌握社情民意，排解矛盾纠纷。二是拓宽民生服务渠道。继续深化办事大厅的服务项目建设，尽量将放在网上运行的项目向社会公开，进一步优化车管业务服务，强化软件硬件建设、细化各项业务办理服务措施，切实为群众办事，提供便民、利民之举，创群众满意办事窗口。三是创新事故处理机制。交警大队制订出台了道路交通事故快速处理机制，建立道路交通事故处理中心。事故快速处理机制突出“三快”即：快接警、快处置、快办理。同时，加大交通肇事逃逸案件侦破力度，重大逃逸案件侦破率达100%。发扬“清网行动”的经验做法，全年侦破36起逃逸案件，组织拍摄“10·20”东江桥交通肇事逃逸微电影。四是创新拓展微博宣传形式。办公室、法制等科室推行微博互动、提倡安全文明驾驶，设立微博访谈、在线解答市民疑惑等新传播方式，积极主动发布微博通报交通管理工作情况。同时，按照“确认事实、迅速反应、积极应对”的原则，切实增强舆情信息的敏感性，正面引导，果断处置涉警舆情，不断提升社会各界对交警执法工作的满意度。

【安全宣教】 交通安全宣传教育是预防事故的治本之策。进一步整合资源、创新形式，深入推进“文明交通行动计划”实施，不断提高群众交通安全意识，为全县平安建设和文明卫生县城创建创造更加畅通、有序的道路交通环境。一是整合社会化宣传资源。结合每年的“文明交通行动计划”、“安全月”、“122全国交通安全宣传日”，积极推动将交通安全宣传教育工作纳入各部门的工作范畴，全面落实交通安全宣传教育责任制，营造齐参与、共管理的良好局面。二是扩大媒体化宣传声势。以“牵手平安行”活动为抓手，积极会同有关部门，建立健全与媒体沟通交流机制，开展形式多样的媒体宣传和公益宣传，真正使交通安全宣传进报刊、进广播、进电视、进网络，形成有影响、有声势的浓厚宣传氛围。三是加大重点化宣传力度。在深入开展交通安全宣传“五进”工作的基础上，突出抓好重点驾驶人、中小学生、农村群众、私家车主等交通参与者的宣教工作，增强交通安全宣传教育的针对性和实效性。将“醉驾入刑”列为重点宣讲内容，做到家喻户晓、人人尽知。同时，加强与各媒体的沟通联系，力保祁阳交警交管宣传为列全市前列。全年在省内网上稿件150篇，市内网上稿420篇。

【队伍管理】 新形势、新任务对交警队伍建设提出新的更高要求。以工作态度“零推诿”、办案办事“零投诉”、执法管理“零过错”、基层民警“零违纪”为目标，不断推进交警队伍正规化建设，努力打造适应时代发展的精兵队伍。警铸警魂。深入学习贯彻党的十八届六中全会精神，大力践行人民警察核心价值观，以传承“特别能吃苦、特别能奉献、特别能战斗”的“背包”精神，永葆忠诚本色，忠于职守、无私奉献、秉公执法，维护群众生命财产安全、维护社会大局稳定为重点，积极改进和加强经常性的思想教育工作，引导民警从根本上解决为谁掌权、为谁执法、为谁服务的问题。强练精兵。按照“全员参训、实战实效、精兵精练”的原则，分批组织全警参加市局组织的警务实战教育培训。另外，在警辅队伍中推行建立“严把入口、畅通出口”机制、培训机制、考核奖惩机制、文化激励机制和日常工作管理机制五大机制，形成一套行之有效的管理制度，进一步规范管理大队148人的协警队伍。严肃警纪。严格履行“一岗双责”，实行队伍建设“层层分包，逐级负责”的队伍管理新格局。突出抓好民警“执法行为、日常言行、警容风纪、内务卫生、值班备勤”五个规范，积极构筑队伍教育防线、制度防线和监督防线，确保队伍风清气正。温暖警心。扎实深入贯彻实施和推进“暖警”工程建设，旗帜鲜明、理直气壮地支持民警依法履行职责，坚决维护民警的正当权益，尽最大努力帮民警解决后顾之忧，尽力配备民警安全防护设备和执法装备，避免民警在执勤中发生意外。计划有序地开展一些警营文体活动，进一步凝警心、聚警力，全力为民警投身于交管工作提供强有力支撑和保障。

公路建设管理

【路桥改造】 2016年，县公路局实施干线公路改造项目1个：国道G322线K99+000—K100+000、K101+000—K102+000里程2公里水泥路面改为沥青混凝土路面大修工程，完成投资550万元；支线改造项目2个：县道X001线K51+500—K52+650里程1.5公里，完成投资130万元；X001线K51+073清江桥危桥改造1座完成投资15万元。干线公路改造项目经永州市公路局中心试验室钻孔取样抽检各项质量指标均为优良，获永州公路系统工程建设质量第一名。

【公路养护】 以“四大专项行动”（水沟大清理、涵洞大疏通、路容路貌大提升、安全隐患大清除）为契机，突出国、省干线标准化养护，全面提升县支线公路好路率。突出国、省干线按照水沟大清理、涵洞大疏通、路容路貌大提升、安全隐患大清除，使干线公路路面平整清洁、设施完善、行道绿化、美化，功能齐全的文明样板路建设，重在加强预防性养护，对公路病害及时处治，保障公路畅通。加大干线公路保洁力度，每天两台路面清扫设备对国、省道进行清扫，把养护职工从繁重的体力劳动中解脱出来。公路一线职工专功涵洞的疏通、水沟的清挖、安全隐患的清除，使长期被动的养护项目摆上重要的日常养护工作中，减少因水系阻塞造成公路水毁。县支线公路养护以换破板、抢修路基，增设安防设施为重点，X001线（祁阳至羊角塘）14K+700处路基滑坡自该线路修建以来，因滑坡面活动而处理不到位，从砂石路面改沥青路面和沥青路面改水泥混凝土路面中该段都体现它最原始的砂石路面。10月，通过财政投入进行处治，加铺水泥稳定砂基层厚30厘米，8厘米厚沥青混凝土路面，全长80余米，改善该路段的通行压力。路肩养护以除草为重点，实现路肩平整，增加路面视觉宽度，提高车辆通行能力。全年完成干线公路涵洞疏理176座，水沟清挖单幅28.5公里，路面清扫投入机械720个台班，新增波型钢护栏、钢筋混凝土防撞护栏投入经费90万元，水泥路面汪灌缝150000米，完成县支线路面破板修复30000平方米，路基沉陷处治2处，护坡处治3处，路肩除草109.8公里。X003线（白水至进宝塘）普济桥因弯道视线不良加宽路面300平方米，完成养护奖金投入368万元，实现国道好路率93.43%，省道好路率90.11%，县支线平均好路率82.63%，与2015年同期相比分别增长6.56、0.84、4.69个百分点，荣获永州市公路系统“四大专项行动”二等奖，干线公路养护管理先进单位荣誉称号。

【路政管理】 以《永州市公路局2016年路政专项整治工作方案》为目标，运用公路法律法规，保护路产路权，加强公路建筑控制区的管理，狠抓超限运输源头治理，做到强化管理，突出重点把专项活动有序推进。一是对车辆装载易掉落、遗洒货物等污染公路的行为进行集中整治。根据《湖南省国省干线公路路域环境建设工作实施方案》从5月1日起开展为期3个月重点对公路沿线的碎石场、超载飘洒车辆以及易洒落碎石不遮盖帆布等行为进行处治。二是对非公路标志标牌进行专项整治。主要对未经批准擅自在国省干线公路、公路用地、护墙护坡、行道树及附属设施设置、置挂、书写的标语、标牌、广告、横幅、龙门架进行全面清理，为车乘人员提供“净、畅、美”

的公路行车环境。三是对违法棚屋进行专项治理。提高全社会爱路、护路意识，增强人民群众依法维护公路产权的自觉性，治理公路“脏、乱、差”现象，搞好宅路分家，确保公路排水畅通。四是对公路桥梁、隧道、涵洞内管线进行清理整顿的专项行动。落实产权主体，确认有关手续，明确管理责任，对已许可的要完善资料，建好档案，未经许可的一律依法查处。五是对在公路上摆摊设点进行专项治理、铲除“占道经营”现象，确保行车安全。六是对在公路上乱堆乱放进行专项整治。提高公路沿线村民法律意识和法制观念，路政人员对违法属实的当事人进行逐个上门宣传教育，对情节严重及教育后不改正的实行行政处罚。全年在“六大专项”行动中共查处路政案件27起，其中处罚案件20起、处理案件7起、行政许可1起，立案率、结案率、案件查处率均为100%；共清除公路路障1309处、拆除非公路标志1851块、取缔洗车加水点14个、清除在公路上摆摊设点57处，清除路面砂石遗洒车辆16起，拆除临时厂棚5处、制止在公路边违法建筑18处、清除路肩上垃圾池98处。

以源头治理为突破口，按照政府主导、部门联动、全民参与的治超工作格局，开展“割马槽车”、“源头专项整治”“零点行动”有效控制车辆超限超载率在0.05%以下。一是全方位宣传发动，召开全县治超动员会，利用媒体大张旗鼓宣传治超，通过各种形式进村入户造势宣传，打造治超宣传走廊，将治超工作宣传到家喻户晓，深入人心，形成浓厚的全民治超氛围。二是层层排查摸底，严格源头管控。力改过去查处超限超载车辆办法单一、效果不佳的经验教训，立足工作实际，采取从源头上抓起，将治超工作由路面向源头延伸，建立源头管理台账；镇干部治超包保责任制和督查机制严控超载源头管理；促进企业规范装载。三是凝聚强大合力，全面开展集中整治行动。根据《祁阳县车辆超限超载集中整治工作方案》和市治超办“统一规定、统一标准、统一行动”的原则，在治超工作中，强力治超形成高压态势，开展“割马槽”、“源头专项整治”、“零点行动”等车辆超限超载系列整治行动。投资120万增添不停车检查系统，提高治超工作科技整治力度；四是严肃纪律加强执法督查，加强区域协同，全民配合强力治超等系列举措，实现车辆超限超载常态化治理，全年共检测货运车辆322000台次，其中处理处罚超限车辆483台次，卸载超载货物528吨，强制切割非法改拼装车辆8台。

【安全生产】 坚持“以人为本、生命至上”为公路安全主题，以“大排查大管控大整治”为重点，扎实公路安全篱笆，实现全年安全工作“零”事故。明确责任，措施到位。在坚持“安全第一、预防为主、综合治理”总格局中实行“一岗双责、失职追责”确定安全生产总目标的实施，量化职能股室工作职责，强化工作措施，把安全生产工作纳入年终目标考核，实行内部对安全生产工作的一票否决。在安全生产工作管理上做到“三到位”（即：经费到位、人员到位、责任到位），使全局安全生产工作有序开展。营造安全工作氛围，实行预防为主，通过讲座、安全演练、安全生产知识培训，树立职工安全生产意识，组织召开安全生产隐患排查治理工作会议12次，督查落实安全生产措施，参加和组织县安委会和永州市公路局组织的安全生产月宣传活动，精心制作公路法规宣传栏和宣传资料，通过图片和文字资料向人民群众宣传公路法律法规。强化隐患整改，加大投入对公路路面上安全隐患集中整改。对县支线公路的隐患整改摆上重要议事日程，通过巡查抓职工安全落实，每月定期和不定期对公路一线职工和养护工程进行督查，发现问题及时要求整改，不能及时整改的必须做好安防措施。“打非治违”

不放松，加强对路政、治超执法监管，严格工作纪律，对国省干线公路和重点支线存在的在公路上摆摊设点、堆物放料、乱搭乱建、货物飘洒及超限超载车辆实行严格执法，实行处罚、卸载、赔偿损失三管齐下，加大处罚力度，使打非治违工作取得实效。交办的隐患整改不留死角，市、县交办的35处公路安全隐患，逐个落实整改责任、经费、时间实行一天一督查、一周一调度、一月一通报，使交办清单落实整改到位。全年共砍伐沿线公路枯死树木96棵，完成路面减速带标线2580平方米，新设公路急弯、陡坡、交叉路口等标志56块，维修公路钢质防护栏1100米，新安装钢质护栏1359米，钢筋混凝土防撞护栏514米，修复路面30000平方米，有效保障车辆行驶安全并荣获全县安全生产先进单位荣誉称号。

【文明创建】 开展“转作风、解难题、抓关键、见实效”活动，以“说了算、定了干、马上办”为基调，层层压实责任，做到人人手中有事做、个个头上有责任，开创了公路工作新局面。一是以“文明创建”推进各项工作上台阶。实行规范化管理、民主决策、明确工作纪律、规范行为准则，细化、量化绩效考核，把各股室工作进行量化打分。以“文明创建”推进机关作风建设。做到下基层去要解决实际问题，上路执法要看得见明显效果，提升工作执行力。拆墙建绿美化一条街，拆除围墙71.6米，用花岗石铺设花栏155米，种植银杏、桂花、茶花、红刺木、紫玉兰等树木85株、小灌木134平方米，铺草皮300平方米、游道40米，新建高标准球场、铺设沥青混凝土地面8600平方米，规范停车位35个。增加机关亮化工程，通过改造使机关大院布局合理、秩序井然，达到绿化、美化、亮化的整体效果。机关卫生不留死角，实行领导带班、股室负责、区域到人的常态化卫生清扫格局，做到一日一清扫、每周一大扫，实行百分制考核的卫生检查制度，对院内未硬化的场地全部进行硬化，对杂乱的电线、网线进行规范整改。全年荣获全省公路系统2015—2016年度文明建设先进单位，永州公路系统目标管理综合考核先进单位，全县工作目标管理考核先进单位，永州市“永州工匠”暨第六届职工职业技能知识公路养护比赛获团体一等奖，创建县级文明单位。邓文海在2016年全省公路系统养护技能操作竞赛中荣获水泥路面清缝灌缝操作竞赛二等奖，同时被授予2016年全省公路系统“十佳技术能手”荣誉称号。

（邹德生）

铁路运输

【概况】 2016年，祁阳站有员工73人，其中职工66人，管理人员7人。车站秉承精细管理、团结拼搏的理念，发扬开拓进取、勇于探索的精神，在安全、运输生产、服务质量、综治路风、职场环境等方面受到旅客和群众广泛称赞，为祁阳人民打造理想的软硬件出行环境。

【运输生产】 2016年，祁阳站日均办理客运营业的客运列车26对（52趟），其中动车组列车29趟。全年发送旅客988030人，完成全年计划的100.80%，超年度计划0.8万人。全年运输进款6943.2万元，完成全年计划的119.9%，超额完成全年任务1232.5万元。

【安全服务】 安全是铁路永恒的主题。2016年，车站始终把安全工作放在各项工作的首位，按照管理规范化、作业标准化、检查整治常态化的要求，为旅客安全出行、方便出行、温馨出行营造一流的安全舒适环境。为全面提升服务质量，车站恪守“安全出行、方便出行、温馨出行”客运目标，努力提高客运服务质量。在售票厅，常态化开展“微笑售票”活动，把温暖与温馨送到每个旅客心中；在候车大厅，实行“五个一”作业流程，耐心细致、全心全意地为旅客服务，受到旅客的广泛称赞和好评；在站台，客运员使用纯正的普通话用小喇叭引导旅客有序乘车，作业标准，举止规范，态度热情，彬彬有礼。车站全年为旅客做好人好事70多起，收到感谢信和锦旗40多件次。

（周贺　谢培忠）

邮　　政

【概况】　2016年，祁阳邮政以构建“幸福祁阳邮政”为目标，以全面落实“一体两翼”经营发展战略为主线，突出问题导向，破解难题，有力推动改革发展。全县邮政实现业务收入6759万元，排全市第8位；增幅8.6%，排全市前列。

【业务发展】　储蓄业务：全县金融总资产达到5709万元，新增资产4375万元。其中储蓄存款新增4.86亿元，同比增长8000多万元。点均余额新增2100万元，列全市第7位。储蓄存款市场占有率较上年底提高0.6个百分点，达到17.48%，排全市第8位；新增市场占有率达到16.75%，排全市第8位。电子银行交易替代率达73.12%，较上年底提升1.2个百分点，提升率排全市第3位；全年新增手机银行11750户，完成计划任务的100%，新增激活率为98.6%。

快包业务：坚持“整合资源、精细营销、强化支撑、有效激励、市县联动、做大规模”的发展模式，集中力量支撑快递包裹业务快速发展。通过推行营揽投一体化运营模式，实现了以投促揽，增强揽收能力，截至12月31日，全年累计完成快递包裹业务总量17.34万件，增幅达732%，实现收入130.37万元，量、收进度、增幅均列全市第4位；其中，揽收快递包裹15.11万件，绝对值列全市第3位，业务量同比增幅717%。市场占有率达25.37%，较上年提高8个百分点。2016年有效协议客户达10余户，日均交寄量达800件。

电商业务：贯彻落实省、市农村电商发展要求，着力渠道平台建设，确立并推广“商超+便民服务+快包揽投+电商服务+邮政金融”的建点模式，取得初步成效。全年全县新增便民服务站点229个（累计达到476个），完成计划进度102.5%，新增邮掌柜137个。

文化传媒：函件专业全年累计完成收入113.89万元，同比增幅38.63%。村志开发项目取得成效，全年累计签订村志8部，协议金额达到40万元。单位职工生日贺卡取得突破。发行专业全年累计完成收入403.94万元，同比增幅5.22%，完成2017年报刊大收订流转额896万元，同比增幅9.1%；征订教育期刊460万元，实现收入510万元。销售《习近平谈治国理政》（2016年版）72套，新增流转额0.12万元，规模、进度均列全市第5位。县公司营揽投队伍的建设工作，经历“双十一”“双十二”等业务旺季的洗礼，逐步走向成熟。

【网运管控】　打破网运传统管理体制，大力推行邮速整合和转运、分拣、投递“三合一”改革，实现各环节紧密衔接，全县邮件全程时限运行质量持续好转，2016年，进出口邮件处理平均时长3.5小时，较上年缩短1.5小时。通过邮路拆分，将原有的2条1频次邮路改为3条2频次邮路，加快了邮件的传递速度。

【安全保障】　全县投入资金80万元用于改造安防设施，较好地避免各类案件的发生，确保全年无重大安全责任事故和案件。全县新装ATM/CRS机防砸撬报警装置27个，更换消防灭火器136个，安装监控摄像头30个，更换安防门3条。通过积极争取政府支持，设立寄递业安检服务中心，配备安检机、皮带运输机1台。

【网点建设】　2016年，全县重建肖家村支局，预计2017

年3月底全面竣工，搬迁新装白沙网点，升级改造邮件处理中心，作业场地由原来的70平方米扩展到370平方米，配置安检机及皮带运输机，大大提高邮件处理速度。改造大村甸、文富市职工小家建设，文明铺、潘家铺、羊角塘职工小家正在建设中。县公司电商仓储中心已在设计。同时，进一步完善网点自助服务设施，配备ATM、CRS机4台，补登折机11台，3台免填单机、3台智能机器人“邮小萌”，为客户办理业务带来便利和乐趣。

【基层党建】 开展“两学一做”学习教育，使广大党员领导干部对党章党规党纪铭记于心、落实于行，增强主体责任意识。持续转变作风，各级党员领导干部参与“体察实情”跟班体验、机关服务基层、调研督导和挂点包联活动，2016年一季度中层以上管理人员23余人下基层，挂点共计达30天，为金融业务大发展作出贡献。

【惠民工程】 认真开展困难帮扶和送温暖活动，加大扶贫帮困力度，走访慰问困难职工12人，慰问金额1.28万元。因地制宜开展“三小”建设，对2个农村支局小家进行升级改造。积极开展“冬送温暖”“夏送清凉”活动，夏天为基层员工送去西瓜、凉茶等消暑食品和防暑药品，冬天为前台营业员发放棉鞋。为丰富广大员工的业余生活，全年县工会还积极组织员工开展篮球赛、气排球赛、悦动圈健步赛、趣味运动会等文体活动。

（罗中良）

电信

【概况】 2016年，中国电信祁阳分公司下设3个管控部门（综合部（工会）、销售服务部、网络部），7个生产部门（政企分部、渠道分部、城东营业部、城西营业部、城中营业部、接入网维护中心、客户端安装维护中心）、12个支局。共有在职员工143人，其中AB类员工110人，D类员工33人。2016年，中国电信祁阳分公司营业收入完成年度预算的109.43%，较上年完成数增幅18.29%。全年净增移动用户4279户，期末数达到69237户，全年净增宽带用户3203户，期末数达到27231户，较上年用户数增幅13.33%，固定话用户流失2562户，期末数用户数达到25862户。2016年，共完成建设投资1400多万元，新增移动基站102个，达到236个（其中4G基站91个），县城FTTH覆盖区域新增光分纤盒770个，农村有700个行政村完成光网改造，新增光缆1553皮长公里。祁阳分公司荣获省公司“湖南电信天翼先锋双提升”和“中国电信湖南公司战略单元”奖，并获得市公司“2016年度先进企业”奖。

（尹洪霖）

移动通信

【概况】 2016年，中国移动通信集团湖南有限公司永州市祁阳县分公司在岗员工76人，其中在职合同制员工73名、劳务派遣员工3名。县分公司设三部、三中心，分别为综合部、市场部、网络部，政企中心、渠道中心、全业务中心，另建城郊、黎家坪、白水、潘市、金洞五个乡镇营业部。祁阳移动始终坚持以科学发展观为指导，践行优秀文化、打造卓越团队，深入践行“正德厚生、臻于至善”的核心价值观，致力于“移动改变生活”的企业愿景，求真务实、真抓实干、务求实效，取得丰硕的成果。

【市场营销】 全年通话客户规模达29.3万户，收入1.73亿元，全县各级社会渠道286个，遍布全县各乡镇。建设移动基站921个，2G、3G、4G信号基本覆盖到全县每个行政村，全县网络满意度达89.13%，客户服务满意度达85.32%，取得良好的社会声誉。

【流量经营】　以场景精准化营销、套餐升档为抓手，推动流量客户结构优化、价值提升。全年完成4G客户净增63212户，4G客户渗透率为42.76%，客户4G套餐办理率69.2%。全年累积完成价值流量用户规模21.6万户，移动数据流量月均用户渗透率为72.78%，同比增长11.72%，充分发掘客户流量需求，培养客户流量使用习惯，刺激户均流量稳步提升。

【4G网络建设】　全力打造4G精品网络，增强4G客户使用体验，确保4G网络全面覆盖。加强计划建设全生命周期管理，扎实推进管理提升，确保项目“效益、工期、成本、质量、安全”目标达成。开展4G网络深度与广度覆盖提升工作，通过多种优化手段，有效提升4G网络在城区深度覆盖和农村广度覆盖的能力，确保4G客户感知。深入开展LTE网络结构调整等专项工作，不断完善不同场景、不同环境下的参数设置规则，建立针对集团单位等重要场景的高效维护优化体系。通过对比测试和分析，解决LTE网络在规划建设、网络优化等方面的问题，全年完成站点建设65个，以现网MR数据为基础，结合ATU路测和热点投诉等数据进行分析，精准定位盲弱覆盖区域，增加补点需求进入基站建设需求库。强化小区监控性能劣化处理，大力整治结构与干扰、高拥塞及零流量小区、室内覆盖较差问题，切实提升4G网络用户使用体验，确保祁阳移动LTE网络质量达到全市优秀水平。

【宽带建设】　全面推进网络工程建设项目，重点推进有线宽带网络建设速度。精细规划、科学开展家庭宽带网规划建设，全年新增宽带小区119个，全县小区移动宽带覆盖率达40%，全年累计新增端口3.8万个。2016年，移动宽带净增收入800万元。同时狠抓网络质量基础管理，及时解决问题，网络质量持续优化。

【窗口服务】　秉持“客户为根，服务为本”理念，践行“为民服务，创先争优”活动号召，努力提升客户服务质量，彰显社会责任形象，传承企业感恩文化。定期开展“为民服务”客户接待日活动，聆听客户的心声。为提升客户服务感知，推出星级服务体系，设立星级服务专柜，其中涵盖20余项服务关怀和优惠活动，相较原来的全球通VIP服务，新推出的星级服务评定标准更科学，覆盖客户更广泛，服务举措更丰富。参与各项服务质量提升竞赛活动，通过应用新技术、新设备等措施，进一步加强新入网客户身份证信息核验，对于非实名老客户，必要时将根据国家法律法规和有关部委工作要求采取限制通信、业务的手段，严格依法履行实名登记制度。

【信息化应用】　推进“宽带中国”战略在祁阳落地，加快祁阳信息化进程。为祁阳县纪委打造“保密手机”平台，金洞管理区财政报账专线系统；为公安、交警打造基于视频监控的“平安城市”电子眼项目；为公安干警打造警务通平台，实现综合查询、刑侦信息、交通管理、社区警务等警务功能；利用移动位置服务技术，为司法局打造数字化，智能化的管理系统—社区矫正信息管理系统，有力的推动司法矫正工作的改革步伐；利用“移动通信网+物联网”技术，服务于电力、水利水文、出租车等多个行业。

【队伍管理】　加强作风与企业文化建设，提升队伍执行力优化激励机制，打造高绩效团队。注重薪酬、福利、培训等多种激励方式并用，持续深化一线员工量化薪酬，强化干部队伍建设，提升队伍执行力。不断强化风险意识，加强对各环节风险点的控制，把各类风险发生的可能性降到最低，做到风险可控。持续推进企业文化建设，将优秀企业文化融入公司发展、运营管理全过程，以优秀企业文化凝聚人心、鼓舞士气，引领发展、争创一流。

（刘军）

中国联合网络通信有限公司祁阳县分公司

【概况】 中国联合网络通信有限公司祁阳县分公司（以下简称“祁阳联通公司”）成立于2000年7月，是中国联合网络通信有限公司在祁阳县的分支机构，承接在祁阳的基础通信建设、运营和业务发展及客户服务工作。主要经营的业务有：移网业务、宽带业务、电视业务、单位DIA专业线及电路出租业务等。现有员工36人，合作代理渠道达到300家以上。2016年，祁阳联通公司通过持续夯实合作渠道基础，大力拓展集客市场及家庭宽带市场，手机用户规模超过12万户，家庭宽带用户超过1万户，综合主营收入达到6500万元。2016年度，祁阳联通公司荣获中国联通永州分公司先进集体、岁末年初营销突出优胜单位等荣誉称号。

【经营主线】 2016年，祁阳联通公司按照年度制定的TOP目标，分阶段抓节奏的推进各项营销工作，在岁末返乡市场、春季校园开学、红五月、青少年暑期营销、九月开学季、金秋农村专项拓展、祁阳平安城市、警务通、公交公司等集团业务上均取得骄人的成绩，经营绩效名列全市前茅。

【重点成果】 2016年，祁阳联通公司在祁阳县委政府及县公安局的充分信任下，成功取得祁阳平安城市监控系统项目，我公司全力投入、全面保证工期与质量，圆满完成全县610个监控点的顺利开通，并配备专项队伍进行跟踪维护。在地下管网全部开通后，我公司在警务通、单位DIA专线上也取得了优异的业绩。

【政企联动】 创国卫工作新突破，精准扶贫工作率先行动树标杆。

【网络保障】 2016年，祁阳联通公司现有2G站点121个，3G站点226个，4G站点159个，宽带覆盖小区112个，宽带覆盖乡镇19个，宽带端口数45520个；网络维护力量充分保障，现配置维护人员14人，车辆5台，为网络稳定及良好保驾护航。

【客户服务】 2016年，祁阳联通公司在合作商服务质量上加大检查力度，采取月度电话拨测及现场抽查相结合的方式，奖优罚劣；同时全面降低投诉率，开展“10分满意，为客户代言”行动，祁阳联通公司在客户满意度上同比增长5%，排全市前列。

【党风廉政】 2016年，祁阳联通各级人员严格落实“一岗双责”，积极开展“两学一做”、“三会一课”、民主生活会等党内活动，在工作上，开展“党员先锋在行动”主题活动，树立党员模范带头作用。常态化开展风险防控学习及自查，成功吸纳新党员一名，入党积极分子两名。

（唐红艳）

财税·金融

财　　政

【概况】 2016年，祁阳县完成财政总收入15.10亿元，增加2.20亿元，增长17.04%。其中，地方收入9.46亿元，增长10.9%；上划中央收入4.34亿元，增长33.16%；上划省级收入1.30亿元，增长16.94%。分结构看，税收收入11.99亿元，增长25.51%；非税收入3.12亿元，下降7.1%.

2016年，祁阳县财政支出总指标为45.95亿元，比上年增长8.6%。列入2016年决算支出45.46亿元，结转下年支出8774万元。农业、教育、医疗卫生、社会保障等民生支出38.29亿元，民生支出占财政总支出的84.2%，财政保障民生能力进一步加强。

2016年，祁阳县地方收入9.46亿元，加上级补助收入33.98亿元，一般债券收入23.61亿元，调入资金776万元，调入预算稳定调节基金3000万元，收入总计67.43亿元。决算支出45.46亿元，加一般债务还本支出21.74亿元，上解支出3335万元，安排预算稳定调节基金1184万元，结转下年支出8774万元，支出总计68.52亿元。当年结余—1.09亿元，累计结余0万元。

【财税增收】 县财政局始终将财税增收作为财政的中心工作来抓。一是强征管增收入。搜集各行各业资金运动、生产经营等数据，测算其基本税负，查找征管簿弱环节，把握组织收入的主动权。同时，对商品混凝土、建筑企业、废钢回收、交通运输4个税负明显偏低的行业进行专题调研，测算其最低税负，对比入库情况，找出差距，拿出整改措施。进一步完善房地产一体化征管体系，加大对部门办证的核查力度，做到应进尽进，2016年，通过房地产一体化征收入库税费2.16亿元。二是严清查增成效。积极配合地税部门，对全县房地产项目进行全面清算，清收入库税收1.5亿元；协同规划、国土、房产等部门对县城内建筑项目进行调查摸底，清收入库税费3020万元；与国税部门一起对全县财政奖励企业所得税进行全面清查，清收入库税收1230万元；与国土部门组成专门班子，加大对非法用地查处力度，清收入库土地出让金收入2553万元；对税费不清的项目不予拨款，对发票不规范的不予支付，协助入库税费1886万元。三是抓考核增责任。进一步抓好财税任务的分解落实，将任务层层细化到部门、项目，并推行县级领导、财税部门收入包干责任制，严格按照财税收入责任书规定考核兑现，强化征管单位均衡意识和责任意识。进一步加强税收收入调度考核，并对部门财政收入进行奖惩考核，严格执行收入进度按月考核制，定期列出完成任务的时间进度表，切实做到以月保季、以季保年。

【地方经济发展推进助力】 准确把握经济发展形势，加大积极财政政策实施力度，支持地方经济发展。一是全力帮扶企业发展。安排专项资金2000万元，扶持企业上市及转型升级；土地出让金拨付6100余万元，支持企业厂房及基础设施建设；争取上级技术改造专项资金385万元，扶持科力尔等企业技术改造和创新；争取上级外贸发展专项资金652万元，扶持凯盛鞋业等大力发展出口贸易；争取中小企业发展专项资金596万元，重点支持县中小企业做大做强；用好用活特色县域经济重点县资金，撬动社会资金5亿多元投入农业产业化建设，保障特色重点县项目圆满实现预定目标。二是大力推进PPP模式。采取"打包捆绑，组合开发"模式，对全县污水处理、供水、供气等等有收益的公益性项目按行业性质整合打捆包装成PPP项目，面向社会公开招标，引进央企和上市公司投资。设立特色农业产业发展基金，发挥财政资金"四两拨千斤"的乘数效应，引导各类资本加大对农业产业化投入，解决特色县域经济重点县建设后续发展需求。加快城南污水处理和城市管道燃气两个省级PPP示范项目建设进度，积极开展教育新城建设、环城北路及东路建设、智慧城市、教育信息化等多个项目的PPP合作洽谈。

【民生保障】 坚持把民生保障放在财政支出的首要位置，全面优化支出结构。一是优先保工资福利。全力落实干部职工福利待遇，按调资标准足额发放到位。安排资金2000万元，全面落实公务员职务与职级并行、警察警衔津贴提标等提高干部职工待遇的政策措施；安排资金2460万元，按新工资标准计算，提高住房公积金财政补助。二是重点保民生民本。全面完善新型农村合作医疗、城镇居民医疗保险、城乡低保的提标扩面。城乡居民医疗财政补助标准，由上年的每人380元提高到420元；基本公共卫生服务人均补助标准由40元提高到45元；城市最低生活保障线由330元提高到420元；农村最低生活保障线由165元提高到220元。三是全心保惠农支出。通过"一卡通"发放农业支持保护补贴、低保五保补贴等涉农补贴项目共49项，全年累计发放补贴资金3.79亿元。落实村级公益事业"一事一议"财政奖补资金2268万元，惠及自然村屯275个。积极推进政策性农业保险，至2016年年底为农业生产提供78.5亿保障金，受益农户达20多万户次。大力推进精准扶贫，整合精准扶贫项目资金4852万元，确保强农惠民政策不打折扣地落实到位。四是及时保教育经费。统筹初中校舍改造、薄弱学校改造、合格学校建设等各项学校建设资金1.54亿元，建设20所合格学校，对136所薄弱学校进行维修改造，新建公办幼儿园5所。及时、足额发放贫困寄宿生生活费、助学金等资金共计3921万元，解决贫困家庭就学难问题。安排资金550万元，用于校车补助。建设平安校园，三年投入2271万元，为全县102所学校配备243名专职安保，确保校园安保工作。

【财政管理严控】 以财政管理为切入点，严格执行三大管理体系，健全财政管理机制。一是严控预算管理体制。按照实施公开透明预算制度的总体部署，进一步扩大预算公开范围，细化公开内容，将财政工作置于公众的监督之下，让财政资金在阳光下高效运行。完善预算绩效管理制度体系和预算绩效评价体系，建立"事前确定绩效目标，事中加强监管考核，事后实施绩效评价和绩效问责"的全过程绩效管理体系。牢固树立风险意识和忧患意识，规范债务管理。2016年，金融与债务管理工作荣获全省综合考评一等奖。二是严抓支出管理体制。先后去平江县、古丈县财政局借鉴学习乡镇国库集中支付改革成功经验，结合祁阳县实际，制订《祁阳县乡镇国库集中支付制度改革实施方案》，确定在七里桥镇、八宝镇、文富市镇和三个办事处实行乡镇国库集中支付制度改革试点。开展存量资金专项清理，"唤醒"趴在账上的"沉睡"资金，2016

年，收回以前年度结余资金9100余万元，减少存量资金11.3亿元，整合用于全县经济社会发展急需资金领域。三是严格监督管理体制。严格执行政府采购分离制度，2016年，采购预算13.94亿元，实际采购金额12.72亿元，节约率8.75%，其中，政府购买服务11.3亿元。完善财政投资评审制度，完成工程预结算审核项目969个，送审金额18.72亿元，审定金额13.93亿元，审减金额4.79亿元，审减率25.6%。全年开展机关运行经费、医保基金、财政预算公开、全县行政事业单位年度财务等9个专项检查，2016年，共检查单位377个，盘活财政存量资金3740万元，查出违规资金1728.64万元，完成检查收入入库576.3万元，调整账户1125.4万元，收回存留资金109.1万元，处罚无证上岗人员11人，清理吃"空饷"人员45人，收缴入库吃财政"空饷"金额69.2万元。

（邹妍倩）

国家税务

【概况】 2016年，县国家税务局有干部职工166人，内设15个科室局，下设浯溪、白水、黎家坪三个税务分局，负责祁阳县和永州金洞管理区范围内的税收征管。全县纳税人7312户，其中一般纳税人468户，年入库100万元以上重点税源企业62户。全年，县国家税务局获得"全国工人先锋号"、湖南省"文明单位"、湖南省"文明卫生单位"、档案管理规划化建设省特级单位、永州市园林式单位等荣誉称号。

【税收收入】 2016年，祁阳县国税系统累计入库各项税收收入62975万元（不含车辆购置税5305万元），比上年同比增收23902万元，增长61.17%。其中，祁阳县累计入库62481万元，同比增收23642万元，增长60.87%；金洞管理区累计入库495万元，同比增收261万元，增长111.58%。分税种累计入库方面，增值税累计入库45387万元（其中免抵调入库增值税6480万元），同比增收20096万元，增长79.46%；国内消费税入库21.4万元；企业所得税入库17567万元，同比增收3801万元，增长27.61%；车购税入库5305.23万元，同比增收638.29万元，增长13.68%。

【各项税收优惠政策落实】 以依法治税为核心，从服务全县经济发展大局出发，认真落实各项税收优惠政策。2016年，为资源综合利用产品企业办理即征即退增值税的税收优惠38.29万元，办理残疾人就业增值税退税226.8万元，出口企业免抵退8075.4万元，其中免抵增值税4576.38万元，出口退税3497.02万元。认真落实小型微利企业所得税优惠政策，全县小型微利企业共279户，盈利企业应享受优惠62户，实际享受优惠62户，受益面100%，减免税额60.23万元。支持企业科技创新，对3户高新技术企业减免所得税190.44万元，从事研发在税前加计扣除研发费用金额395.66万元。落实国家结构性减税，为从事符合条件的环境保护、节能节水所得免税56.28万元，为购置环保节能节水专用设备的企业抵免税470万元。

【税收征管】 完成"营改增"全面试点工作。3月份起，全局干部职工不辞辛苦、奋勇当先，扎实做好信息比对、案头分析、下户调查、业务培训、税收辅导等工作，到4月底，共接收试点纳税人1336户；5月1日后，取得"开好票""报好税""分析好""改进好""总结好"等关键环节的胜利。截至2016年年底，全局新增"营改增"纳税人1800多户，入库税款1.46亿元。

【国地税业务合作推进】 定期召开联系会，健全工作机制，明确合作具体事项。实行联合办税，双方在对方办税大厅设立2个窗口，联合办理969户设立登记、26户变更登记、14户注销登记，让纳税人切实体验到“进一家门办两家事”的快捷便利。联合办理基础业务，共同实施“营改增”税收宣传7次，企业所得税汇算清缴培训220余人次。对308户纳税人进行纳税信用评价，实施稽查3户，查补国、地税税款49.71万元和1.2万元。合作征收税款，双方相互委托代征税款，全年国税代征地税税款600.48万元，地税代征国税税款377.25万元。协同实施房地产开发企业税收一体化管理，建立56个项目登记台帐，增加国税税款456万元、地税税款270万元。

【税务稽查】　以上级工作部署为指针，始终保持税务稽查对税收违法犯罪活动的高压态势，进一步整顿和规范税收秩序，依法严厉惩治各类税收违法行为。2016年，县国税局稽查局开展各类检查和辅导企业自查入库税款2793.63万元，加收滞纳金230.17万元，罚款16.21万元，超额完成上级下达的稽查任务。其中立案检查42户，查结38户（其中：县局审理的大要案件3起，移送公安机关处理1起），查补入库各项税款、滞纳金、罚款399.6万元；企业自查入库税款2488.56万元（含冲减预缴企业所得税739万元）、加收滞纳金152.21万元。

【纳税服务】　持续推进便民办税春风行动，为应对全面“营改增”试点工作，外聘前台操作人员9名，增设资料预审窗口、营改增绿色通道、试点纳税人专用窗口、外管证管理窗口各1个，实行“一窗通办”全智能模式。扎实开展纳税人需求大走访，全局共走访纳税人1055户，企业纳税人和起征点以上纳税人走访面达到100%，征集建议意见46条，为纳税人解决实际问题25个。通过纳税信用评价，5户企业确定为A级；25户评为B级；104户评为C级；89户评为D级。县局纳税人满意度排名全省前10位，在总局组织的抽查中进入全国前100名；办税大厅获得“全国工人先锋号”荣誉称号。

（伍明亮　黄宁）

地方税务

【地税收入】　面对宏观经济形势偏紧、“营改增”全面落地和结构性减税面广量大等诸多困难，加强税收征管。全面营改增之前，全面开展税收清查活动，重点加强开展营业税欠税清零行动，同时对其他相关税费进行结算入库，3—6月建筑房地产专项清查组共清查入库税费1.95亿元。2016年，入库总收入61164万元，同比增收343万元，增长0.56%，为年初计划52900万元的114.29%，同比增收536万元，增长0.89%，剔除去年同期6—12月营业税基数实际同比增收17794万元，增长29.69%。

【征管转型】　积极推进“营改增”试点，切实做好政策咨询、税源调查、数据测算和信息移交等工作，确保税制转换无缝对接、平稳过渡。抽调业务骨干39人对63户建安房地产企业开展税收清查，查出欠税企业52户，开具发票5000余份，追缴税款15288.8万元。开展应对“营改增”全局大培训，帮助广大地税干部做好后营改增时代的税收工作。做好国、地税数据对比分析，共补办纳税人税务登记658户，核对纳税人信息不符714户，补缴纳税人附征税费不足56户，合计人民币638万元。积极应对税务执法风险，率先在全系统成立风险管理中心和纳税评估分局，把做好纳税评估、强化税源分类分级管理作为防范税收风险的重要手段，共评估57户次，评估和纳税人补正共入库税款511万元。

【依法治税】　积极开展普法宣传，提升法治意识。加强风险管控，做好所得税汇算清缴，联合祁阳县国家税务局对纳税人进行企业所得税汇算清缴业务培训，利用网上办税厅及金三系统完成150户企业2015年度企业所得税汇算清缴，共入库企业所得税589万元。接受市局专项督察，对房地产交易税收制订相应的优化纳税服务制度和办税指南等，并按制定的制度和操作流程执行，建立健全房地产交易税收服务和管理相关制度，深化信息共享和整合应用，不断提高房地产交易税收服务和管理水平。始终围绕整顿和规范税收秩序这根主线，重点抓好税收日常稽查和专项检查，共日常检查纳税户24户，专项入户检查25户，省局交办专项检查2户，入库税费滞纳金及罚款5870万元。坚定不移贯彻执行小微企业税收优惠政策，通过多种渠道向纳税人宣传小微企业的相关优惠政策，为符合条件的小微企业29户办理税费减免13.45万元。严格进行人大、政协委员的涉税资格审查，根据纳税信用等级情况，对398名人大代表候选人和193名政协委员候选人进行严格审查上报，追缴湘南铸造有限公司所欠的税款8.9万元，在社会上获得极好的反响，提升税务部门的社会公信力。税收风险管理执行到位，相应成立税收风险管理专家团队，并完成市局下达的风险管理任务。

【纳税服务】 严格按照《全国税务机关纳服规范》，为纳税人提供规范、优质、快捷的服务，共办理各类业务80193笔。落实优质办税制度，实行朝九晚五的工作时间，继续推行午间不间断业务、预约服务和延时服务等，让纳税人可错开高峰时期，提高办税效率，共提供午间不间断服务486人次，预约服务87户次，延时服务527户次。推广网上办税，陆续为1742户纳税人授权开通网上办税厅，并做好网厅的纳税辅导工作，截至2016年年底网上注册户数已达2347户。积极推广应用自助办税终端，可实现双定户申报、税款缴纳、凭证打印、涉税信息查询等功能，自助办税终端使用频率在全市排名靠前，实现缴税410户次，凭证打印63户次，完税证明打印748户次，深受广大纳税人好评。全面推进国地联合办税，通过国税、地税互设办税窗口，全面推行“一窗一人办税”模式，努力实现纳税人“进一家门，办两家事”，为纳税人办税提供便利，共开具税票4106份，征收税款679.33万元。为更好地让纳税人了解税收政策，规范了办税服务厅的触摸屏、电子显示屏管理，指定专人及时发布最新税收政策，工作动态，咨询热点，广泛宣传纳税人权利和义务。此外，开展“便民办税春风行动”，以“诚信税收、幸福你我”为主题的纳税服务日活动，发放宣传资料100余份，接待纳税人100多人次。

【干部队伍】 2016年，举办50人的中层副职以上为期一周的干部培训班，进一步提高全局干部综合素质；全年共举办6期党组中心组培训，5期党风廉政建设培训班，10余次各类业务培训班，全年在职人员人均脱产学习时间达到14天以上。强化“岗位大练兵、业务大比武”活动，有3人在市局的业务大比武中榜上有名，2人获全市地税系统优秀办税员，在市局举办的党纪条规知识竞赛活动中也有2人获奖。坚持挺纪在前，开展专项整治，强化监督检查，采取每月不定期督查、重点检查、公开通报的形式，加强对作风建设的监督检查；全年共开展明察暗访25次，查处违纪违规65人次，下发通报10次。

【内部管理】 2016年，绩效考核工作全市第一，获得全市地税系统组织绩效管理工作先进单位。严格控制经费支出，规范支出程序，坚决杜绝浪费，2016年，共采购12次，采购金额186.2万元，节约资金8万元；进一步规范奖金津补贴管理，对部分津贴补贴等发放不规范的情况进行专门清理，清退金额302342.84元。关心干部职工困难，直接走访慰问特困职工 8 人次，支助特困基金 3.9 万余元。加强车辆和食堂管理，抓好机关院落维护和修缮，推进综合治理。广泛组织开展融思想性、知识性、趣味性于一体的格调高雅、形式活泼的文体活动，激发单位活力。

人民银行祁阳支行

【概况】 2016 年，祁阳县金融机构运行平衡，存贷总量不断提高，信贷资产质量不断好转，效益不断提升。全县金融机构存款余额 322.76 亿元，贷款余额 124.18 亿元，分别比年初增加 66.26 亿和 26.4 亿，较年初增长 25.85% 和 26.99%；金融机构不良贷款余额 1.75 亿，比年初下降 0.13 亿，不良贷款率 1.48%，同比下降 6.91%；金融机构盈利 4.7 亿元。

【金融精准扶贫】 加强与辖内扶贫部门的沟通协作，制订实施方案。已完成 112 个贫困村电子地图标识工作，其中祁阳县 88 个、金洞区 24 个。出台《祁阳县金融扶贫信贷指导意见》，引导金融机构加大精准扶贫信贷投放力度。完成 3.7 万户贫困户数信息归集工作和授信评级工作，其中有效评级户占 85%，参评率达 98% 以上，授信金额为 9.5 亿元。8 月 18 日，祁阳县观音滩镇群丰村金融扶贫服务站、助农取款服务站、普惠金融服务站和信用信息服务站举行揭牌仪式。全年全县累计发放贫困户小额贷款 5523 户，贷款金额 24860 万元。

【金融稳定创新试点】 为防止辖内不发生系统性、区域性风险底线，全行强化部门配合，推动工作措施落实。开展非法集资风险专项排查工作，对担保、小贷贷款、投资公司、典当等信用机构，各类涉农互助合作组织、民办学校等组织，房地产开发、矿产品开发、中小企业等高风险行业融资情况进行全面摸底，开展规范整顿清理投资公司专项行动。加大惩治社会非法集资宣传力度。加大对出险企业的监测分析。2016 年，全县出险企业 9 个，涉及银行信贷资产 2.5 亿元。

【应收账款质押融资推广应用】 通过调查了解到辖内小微企业融资难问题比较突出，主要原因是贷款抵押物不足。而当前辖内小微企业应收账款规模达 25.4 亿元。为此，支行决定推广应收账款质押融资业务，全面走访企业，发放应收账款质押融资调查问卷，开展中征平台用户注册培训指导。祁阳县累计注册用户 88 个，通过平台成功对接 16 笔应收账款融资业务，融资金额 11.43 亿元。

【“税易贷”业务推广】 2016 年，祁阳支行国库部门组织县国税局、地税局、县建行多次召开“税易贷”业务推介会、工作协调会，达成开展“税银互动—税易贷”业务协议。全年共发放各类宣传资料 4000 份，实地走访 40 家中小企业，对全县 295 家中小企业进行信用等级评定，其中 A 级 160 家、B 级 106 家、C 级 29 家。县建行从中选取 130 家企业作为目标客户，对丰达机电等 109 家企业发放小微企业信用贷款 1.5 亿元，为企业开辟信贷融资新途径，促进中小企业的快速发展，树立央行良好形象，加快社会信用体系建设。11 月 12 日，永州红网上刊载《祁阳支行推动搭建“税易贷”促进多方共赢》，《永州国库信息》《长沙中支信贷信息》等内刊相继刊载祁阳支行的做法和经验。

【国库内控管理制度落实】 一是及时修订完善内控管理制度。3 月初，为强化内控管理，落实各项规章制度，先后修订《会计国库股“零差错”考核办法》《会计国库股考勤考核办法》《会计国库股转变工作作风规定》。二是全面开展国库主任履职检查。上半年国库主任陈智明组织内审、纪检、相关人员进行履职现场检查，对内控制度建设、业务操作规范、重要事项审批等进行了重点检查，并对内控中的薄弱环节进行了重点分析，切实履行国库主任检查职责。三是认真做好自查自纠，会计国库部门负责人及国库会计主管坚持按月、按季组织进行业务自查12次，督促整改问题4个，进一步降低业务差错，保证核算质量。四是切实加强日常监督。对财税部门提供的缴、拨款书的填写规范化、对账的及时性等进行考核；对各行、社提交的票据、清单、报表报送与对账的及时性和准确性、进行考核；对各行、社的票据清算员提交的票据及时性、票据与清单核对一致性、票据印章是否齐全和清晰进行考核，作为年度考核和评先的依据。加强柜台凭证审查，要求接票员接票首先审查凭证各项要素，合格后再交由审核员审查，审查合格后再交接票员扫描录入，从而杜绝业务差错。

【“两学一做”活动】　成立“两学一做”活动领导小组，制订“两学一做”活动方案。支行领导班子根据轮流给干部职工上党课，党员干部认真做好笔记，书写心得体会。支行组织开展学党章、诵党章和“写心得”比赛，推选“两学一做”身边的先进典型。通过开展“两学一做”活动，广大干部职工特别是党员干部，加强对《党章》、党纪、党的理论知识、习总书记讲话精神的学习和了解，增强反腐防腐意识，提高廉洁自律能力，执行力得到明显增强。2016年，支行党支部被武汉分行被为先进基层党支部。

【意识形态宣传教育】　为适应新形势的需要，支行加强干部职工意识形态方面的宣传教育，确保广大干部职工思想不变、忠心不改。加强对党的政治理论的学习和教育，配合“两学一做”活动，组织干部职工开展学党章、学理论、学时事政治的热潮，增强干部职工对党的理论和目前时事政治的理解和掌握，确保在政治上、思想上与党中央保持高度一致。短信、微信成为意识形态的新阵地，积极引导广大干部职工学习正面典型、宣传新思想、新做法，用党的理论占领短信、微信的新阵地，充分发挥短信、微信的作用和形式，用短小、精悍的小品、漫画、习作，不断传播正能量、宣传党的理论知识，帮助干部职工树立正确的人生观、价值观和世界观。将意识形态教育与业务知识、职业道德和操作规程学习紧密结合起来，互相促进，共同提高。

【党风廉政建设】　支行层层签订党风廉政建设责任书，开展一系列倡廉活动，狠抓干部廉洁自律，严格执行中央“八项规定”，纠正行业不正之风，推进民主管理。坚持从源头预防腐败发生，完成党风廉政建设和反腐败工作的各项任务，实现“零案件”的工作目标任务。为加强支行权力监督，祁阳支行创新设立人民银行祁阳支行纪检组长权力清单，加强对干部权力的监督。支行纪检组长申良桥撰写的《坚守纪律阵地当好忠诚卫士》在武汉分行纪检组长交流会上发言。

【基层党组织建设】　2016年，支行先后出台方案、制度、管理办法，搜集支行历年的荣誉资料，添置必要的硬件设施（场地、图书、桌椅）。力争将党员之家办成发挥党员先锋模范作用的阵地、学习交流的平台，宣传党的政策、路线、金融法律法规的窗口，联系群众的桥梁。12月，根据上届党支部的运行情况，支行对党支部进行换届选举，选举新的党支部成员。

工商银行

【概况】　2016年，工商银行祁阳支行始终坚持以支持地方经济发展为己任，紧紧围绕上级行、祁阳县委、县政府的发展战略，按照发展是硬道理、利润是硬目标的指导思想，坚持质量效益发展准则，充分发挥工商银行渠道、网络和金融产品等优势，抓营销、拓市场、推创新、控风险、增效益，不断改进金融服务，提高服务效率，加大信贷投入，积极扶持全县中小企业发展，促进城乡居民消费升级，致力推动祁阳社会经济健康可持续发展，取得较为突出的经营成效。中国工商银行祁阳支行是工总行授权经营的一级支行，下辖支行营业部和2个分理处（城关分理处、浯溪分理处）、1个二级支行（黎家坪支行），三个离行式自助银行，以柜面服务、网上银行、电话银行和自助银行等分销渠道，为祁阳当地客户提供优质、高效和个性化的金融服务。全行共66人，47人取得大专及以上学历。

【业务发展】 2016年，工行各项存款余额23.15亿元，本年净增1.4亿，各项贷款余额4.14亿元，全年实现净利润2276万元。单位客户服务产品包括：中小企业“绿色信贷”、国内外贸易融资、银票贴现、协定存款、结算与现金管理、电子商务、公务用卡、POS商务服务、对公理财等。个人客户服务产品包括：存取款、住房信贷、消费信贷、经营贷款、二手房贷款、代理基金、代理保险、代理国债、理财产品、贵金属、股票账户第三方存管、银行卡、电子银行、自助服务等。

【成绩荣誉】 2016年，祁阳支行被评为基层先进党组织、标杆支行、运行管理专业先进单位；2016年8月，参加永州工行举办的汽排球比赛获得第二名；支行营业部被中国银行业协会授予文明规范服务千佳网点范单位，湖南省银行业协会网点授予文明规范服务百佳网点示范单位，支行营业部、城关分理处分别被永州市银行业协会授予文明规范服务五星级网点示范单位。

农业银行

【概况】 2016年，在县委、县政府及上级行的正确领导下，在全体员工的共同努力下，中国农业银行祁阳县支行深入贯彻上级行党委工作会议精神，认真落实“两个责任”，扎实开展“两个宣战”，稳步推进祁阳农行各项工作全面升级进位。以“崇尚真抓实干，推动升级进位，建设一流商业银行”作为工作总体目标，切实增强责任、创新合规意识，努力提高市场竞争力、价值创造力、风险管控力、班子战斗力、队伍活力和品牌影响力，为祁阳县地方经济发展作出贡献。

作为一家服务多元的现代金融企业，祁阳县支行下辖5个职能部室，14营业网点，其中9个农村网点，是区域内营业网点最多，服务功能最完善，金融产品最丰富的国有股份制银行。全行在职员工160人，在遍布城乡的营销平台，依拓“五金”系列产品为广大客户提供高品质、高效率的金融服务。

【业务经营】 2016年，各项贷款增幅、利润价值创造能力居同业之首，各项存款与储蓄存款一直居于同业前列。在全市农行综合绩效与领导班子考核中排名第一，全年实现本外币考核利润7340万元，人民币各项存款余额63.7亿元，净增4.45亿元，持续保持存量与增量市场份额“双第一”，各项贷款余额12.78亿元，净增2.62亿元，贷存比20.06%，不良贷款率0.27%，中间业务创收1483万元，居同业首位。祁阳支行既是“全国重点推进行”、省行评为的“重点县域支行”，又是蝉连六年的“内控一类行”，被市分行评为县区支行领导班子经营管理目标责任考评优胜单位、县区先进单位、县区内控合规先进单位。

【内控合规】 2016年，全行继续保持内控一类行水平。内控管理水平逐年增强。在创建“三化三铁”活动中，城关、黎家坪被总行评为“三铁”单位，营业部、金洞为“达标”单位，其他10个网点被评为“良好”单位。

【基层党建】 强化支部阵地建设。全行18个党支部都建立党员活动阵地，每个支部做到“三亮”、“五有”和“十上墙”，充分发挥党支部阵地作用和党员模范带头作用。

规范支部日常运作。通过制订《祁阳支行基层党组织2017年度集中学习计划》和操作指引，明确组织生活开展的时间节点和所需的学习内容，各支部严格遵照计划，完成工作任务。

创新开展党群“1+1”活动。支行在全体党员中开展党员联系群众“1+1”结对互助活动，下发《2017年祁阳县支行党员联系群众“1+1”结对互助活动方案》，支行党委、基层党支部召开支部党员大会，认真学习活动方案，将活动目的、工作要求、措施方法及时传达给每位党员干部。做好调查摸底，确定互助对象。对全行在职群众员工进行摸底，按照“1个党员干部联系1名群众员工”的工作要求，进行双向选择，确定好互助对象，认真填写好花名册，及时进行公布，并报市分行人力资源部。支行按照分类引导和属地原则确定互助对象，制订“一人一策”的差异化互助方案，明确结对互助的具体任务、工作方案。通过结对互助，激发党员干部的主动作为、敢于担当的责任意识，发挥基层党组织的战斗堡垒和党员干部的先锋模范带头作用。

建设银行

【概况】 2016年，中国建设银行股份有限公司祁阳支行（以下简称“祁阳建行”）共46名员工，下辖4个物理网点、5个离行网点。祁阳支行全口径存款296117万元，其中个人存款253258万元，对公存款42859万元，贷款余额73979万元、全年新增18547万元，实现中间业务收入1019万元，账面利润4829万元。2016年，祁阳建行在县委、县政府的大力支持下，在省市分行党委的正确领导下，不断加强基础管理工作和合规文化建设，着力提升全行经营管理水平。

【工作亮点】 2016年，祁阳建行紧紧围绕市行考核指标与主线，推进各项业务的又快有好地发展。支行及支行营业部在2016年“金猴闹新春建行伴新岁”旺季营销活动中分别荣获“旺季营销突出贡献网点”“优秀县域网点”称号，获得总行行长亲自签发的激励卡。在市行评比中，支行被评为“财私客户贡献奖”“E动先锋奖”、“信用卡创收先锋奖”，2个网点负责人荣获“十佳网点经理”奖。全年信用卡客户新增3350户、分期9625万。各项电子产品在全市名列前茅。

【金融平台搭建】 维护好金融生态项目—祁阳公交公司IC卡的应用，利用建行客户资源扩大公交IC卡使用数量，为政府管理部门提升城市形象的创建平台，为公交公司减少零钞收付量，为居民提供便利。通过与建材商家联盟、洗车点联盟、装修协会开展各种合作活动，进一步纵深行业渗透。由支行和网点组织形式多样的客户营销活动，将商户、公司与群体客户邀约有机结合，在回馈客户和增进各方面感情的同时，提高群体客户的产品覆率盖。

【信贷投放】 加强培训，提升素质，组建高效的贷款营销团队。加强与各职能单位的沟通，及时捕捉信息，第一时间介入项目，参与项目可行性研究。与财政合作成功营销新区水务公司固定资产贷款1亿元。强化开发楼盘营销，营销新楼盘，支持县城楼盘在建行做按揭。落实优质集团客户集体授信与支用，现已给28家单位集体授信，金额23000多万元。2016年，祁阳建行向县新区水务有限公司发放基本建设贷款10000万元；向湖南科力尔股份有限公司集团授信6500万元；向县中医医院发放贷款1000万元；为14家小企业发放贷款2870万元，其中全年新增小企业信贷5户，新增信贷450万元；完成个人信贷投放8575万元。

【企业文化建设】 祁阳建行始终坚持“以人为本，以德治行，构和谐、谋发展、保平安”的办行思路，切实做到把“关爱员工”放在心上，落实到行动中。在保持业务快速发展的同时，注重企业文化建设，力求发展与管理并举，管理与文化同行，抓出特色，抓出成效。工作中，班子成员以身作则，率先垂范，坚持把带好这支团队，凝聚员工人心作为追求的最终目标。在员工队伍建设上，重点抓观念转变，抓企业文化建设，抓员工素质培训，抓工作执行力和落实力。在学习生活上，切实关心关爱员工，与员工沟通交心，每逢“婚”“嫁”“丧”“生日”等事宜，及时伸出援手。工作之余，组织员工开展丰富多彩的文体活动，主动为员工减压。全年共组织小小银行家、女性沙龙、龙凼游、PPT风采大赛、下马渡爬山等一系列活动，在全行营造激情、和谐的氛围，充分激发每一位员工的工作激情、热情和责任感，使全行上下凝成一股强大合力，共同实现支行又好又快发展的最终目标。

【基层党建】 支行加强基层党建工作，广泛开展“两学一做”，通过三会一课、党员承诺、精准扶贫、重温誓言等多种形式，进一步树立员工清风正气，严守单位组织纪律，自觉按照党员和合格员工标准规范言行，引导员工进一步增强组织意识和大局观念。

农业发展银行

【概况】 2016年，中国农业发展银行祁阳县支行是祁阳县唯一的一家国有农业政策性银行，现有员工20人，主要承担国家规定的农业政策性金融业务，代理财政支农资金拨付，为全县农业经济发展服务。现支持粮油产业化龙头企业2家；地方政府融资平台企业5家；大型水利建设企业1家。

【地方经济助力】 全年累计发放各项贷款余额121122.85万元，较年初增加59086.9万元。累计发放各项贷款87787.9万元。其中：省级储备粮贷款4200万元；产业化龙头企业油料购销流动资产贷款22750万元；一般水利建设中长期贷款10000万元；PSL一般水利建设中长期贷款10000万元；城中村改造贷款40000万元；县级储备粮837.9万元。支持中国农发重点建设基金项目10个，投资金额31110万元。

【“亮点”工程】 积极参与县委、县政府“创建国家卫生城”“绿化森林县城”“精准扶贫攻坚”等活动，完成各项分配指标。行机关进行整体改造，门前安装电子显示屏，院内建有篮球场、羽毛场、乒乓球室。开展以“我为农发行添光彩—价值体系大讨论”的主题活动，塑造良好企业形象，努力建造一支“讲纪律、守规矩、懂制度、通业务、精技能、讲团结、求进取、创一流”的员工队伍。

【企业文化提升】 全行把开展丰富多彩、喜闻乐见的文化艺术活动，作为企业文化建设行之有效的载体。布置职工培训中心、党建活动室、图书室、活动中心，购置卡拉OK设备。组织篮球比赛1次、羽毛球比赛2次、乒乓球比赛2次；举办知识竞赛1次、演讲比赛2次；开展健康有益的文体活动3次，满足员工求知、求美、求乐的精神文化需求，增强员工主人翁意识和集体责任感，进一步激发员工的积极性、创造性和团队精神。

【两个文明建设推进】 坚持以两个文明建设为动力，遵循从严治党、依法治行方针，积极履行社会责任，提升服务质量，树立良好社会形象，努力打造”建设新农村的银行”品牌形象，为“三农”事业发展做贡献。规范文化环境，倡导“至诚服务、有效发展、以人为本、构建和谐”企业文化理念，通过制度建设，视觉文化建设，打造县支行企业文化平台。做到了全行一盘棋，以“净、美、齐、雅”为目标，围绕两个文明建设要求做好各项工作，为地方经济发展提供坚实的金融保障。坚持以人为本、关爱他人，切实为解决员工和群众中的实际困难，也是精神文明建设工作的着力点。全年，全行慰问困难员工2人、贫困居民5家、特困农民20余人，发放慰问金5万多元，精准扶贫4万元。2016年，农发行祁阳县支行被授予永州市“市文明单位”称号。

（毕克功）

中国银行

【概况】　2016年，中国银行股份有限公司祁阳支行现有干部职工48人，下辖3个网点，分别为营业部、人民路支行及罗口门支行。2016年，存贷款分别为134164万元、59554万元，经营收入为3688万元。现有自助银行6个，离行式自助银行分别设在鑫利大酒店、湖南凯盛鞋业公司、县中医院旁。随着总行对网点的大力投入，全行网点都是全功能型网点，可以办理银监局允许的任何业务。中行把握有利政策，充分发挥在贸易金融领域的传统优势，在境内所有地区以及境外多个国家和地区成功办理首笔试点人民币业务，率先在跨境人民币结算、海外人民币贷款、离岸人民币债券等领域推出配套产品和服务。“中银信贷工厂”是中行专门为中小企业客户打造的服务品牌，通过“端对端”的工厂式“流水线”运作和专业化分工，提高服务效率，根据中小企业经营特点与融资需求，丰富产品组合与方案设计，为广大中小企业客户提供专业、高效、全面的金融服务。9月20日，中国银行举行“公益中行”精准扶贫平台发布仪式，正式推出“互联网+公益”扶贫工作新模式，全行员工能够通过手机平台，帮助更多的贫困户走上自力更生之路，实现脱贫致富。“中银信贷工厂”是中行专门为中小企业客户打造的服务品牌，通过“端对端”的工厂式“流水线”运作和专业化分工，提高服务效率，根据中小企业经营特点与融资需求，丰富产品组合与方案设计，为广大中小企业客户提供专业、高效、全面的金融服务。

（王迪）

祁阳农商银行

【概况】　2016年，祁阳农商行总行设有9个职能部室，下辖57个支行，1个营业部，有干部员工464人。各项存款余额达101亿元，比年初增加27.22亿元，增长36.74%，县域存款市场份额占比为31%，；各项贷款余额55.8亿元，比年初增加5.81亿元，增长11.6%，县域贷款市场份额占比为47%。各项存、贷款余额均在全市县级农商行中排名第1位。不良贷款占比1.55%。实现各项财务收入6.01亿元，经营利润达2.85亿元，上缴各类税收0.93亿元，资本充足率15.58%，拨备覆盖率209.97%，电子银行替代率62.17%。2016年度绩效考核等级评为A++级，列全省第九名，荣获“湖南省农村信用社绩效考核先进单位”、“湖南省农村信用社等级考核先进单位”、“全市农村商业银行先进单位”、“县十强纳税工商企业”等荣誉称号。

【经营效益】　2016年9月，该行提前、超量完成县委、县政府“三年实现资产破百亿”的要求，资产总额达110亿元，较年初增加28亿元，增长34.1%。各项存款大幅增长。各项存款余额101.3亿元，较年初增长27.22亿元，增幅36.74%，全省排第四位。县域存款市场份额占比为31.38%。资产质量明显改善。各项贷款余额55.81亿元，较年初增长5.81亿元，增幅11.6%。不良贷款余额8661万元，比年初减少111万元；不良贷款占比为1.55%，继续保持双降势头。资金业务发展良好。设立专门的资金营运机构，积极调整业务结构，转变操作策略，优化配置资产，收益率显著提升。

【扶小支农】 打通金融服务最后一公里。对全县唯一的一个金融空白乡镇——晒北滩乡，安装自助银行设备，并于2016年6月30日正式营业，实现金融服务全覆盖。信贷投放力度进一步加大。累放各项贷款48.05亿元，比上年增加9.16亿元。年末涉农贷款余额55.09亿元，比年初增加5.74亿元，占比98.70%；小微企业贷款余额16.01亿元，比年初增加2.76亿元。服务重点进一步突出，优势产业、重点项目、园区经济、专业市场、民生工程得到有力支持。全面推动金融精准扶贫工作。落实工作要求，开通绿色通道，积极探索扶贫帮困贷款模式，发放贫困户自主创业贷款、贫困户对结经济组织分贷统还贷款、贫困户委托经济组织贷款等形式小额扶贫贷款，全年发放扶贫贷款余额22316万元。

【后劲发展】 转变绩效考核方式。实行产品营销计价制考核，建立科学的绩效考核和评价体系，让想做事、能做事、做成事的员工得实惠，充分调动全体行员的积极性与创造性。着力推进网点升级工程。加大硬件设施投入，精品网点建设有序推进，网点综合竞争力不断提升。目前已有40多个支行分批次完成改造、新建，并计划在2017年年内完成所有基层网点的改造、新建工作。员工培训精准有力。全年按照培训计划，开展各个层级员工的培训，实现员工培训多层次、全覆盖、常态化，有效地提升员工队伍的素质。人才选拔日益完善。建立总行后备干部人才库，将考核和考试成绩优秀的员工选入。并对其采用跟班学习、多岗位轮换等方式进行培训，建立人才梯队，有效地防范人才断层的情况。

【防风控险】 从制度建设入手，通过加强对各项管理制度的梳理和完善，实现制度覆盖所有业务、岗位和操作流程。加强对"九种情形"员工的排查，严格执行银行从业人员"六项禁令"，采取约见谈话、函询等方式，及时进行沟通，将风险消灭在萌芽状态。切实加强了对远程监控、远程授权、预警中心的日常管理，及时防范和化解风险，做到有事查问题、无事报平安。

【跨区域经营】 2016年，成功入股涟源农商银行9500万股，占该行总股本的25%；入股武冈农商银行4500万股，占股15%，有效拓宽盈收渠道，提高抵御风险的能力，走出了跨区域经营的第一步。

（黄星）

中国人寿

【概况】 2016年，中国人寿祁阳支公司承保小寿险2.32万件人、保险金额196770万元、保险收入11371万元、赔付给金额4276.2万元、保险业务支出12435万元。其中：养老险类承保数量0.04万件人、保险金额970万元、保险收入380万元、赔付给金额750万元、保险业务支出756万元。意外短期险类承保数量0.7万件人；保险金额132800万元、保险收入423万元、赔付给金额106万元、保险业务支出254万元。健康险类承保数量0.06万件人；保险金额4000万元、保险收入937万元、赔付给金额221.2万元、保险业务支出416万元。

寿险类承保数量1.52万件人。保险金额59000万元、保险收入9631万元、赔付给金额3199万元、保险业务支出11009万元。

人保财险

【概况】 2016年，人保财险祁阳支公司在岗职工23人，营销人员98人。下设3个营销服务部，白水、金洞及新增设的羊角塘营销服务部。人保财险祁阳支公司设有出单中心，理赔分部，农险科等 7 个部门。开办企事业单位财产保险、家庭财产保险、机动车辆保险、人身意外伤害保险、货物运输保险、建筑安装工程保险、农业保险、信用保险和各种责任保险等 100 多个险种，承担责任风险金额 50 多亿元。2016 年，祁阳支公司保费规模逐步越向更高台阶，全面超额完成年度经营目标任务。

【企业文化建设】 人保财险祁阳支公司围绕分公司“品质卓越、跑赢市场、进一跨越”的战略目标，坚定不移的坚持“四个不动摇”，即：坚持“效益优先、依法合规”经营理念不动摇；坚持“政府合作、城市市场、农村市场、客户服务”重点工程建设不动摇；坚持“算着干”经营方法不动摇；坚持强化“底线意识、问题意识、对标意识”三种意识不动摇。全面提升公司发展能力，盈利能力，服务能力，组织能力和执行力。祁阳支公司顺应宏观环境发展趋势，在对“三严三实”专题知识进行深入学习的基础上，主动将“三严三实”精神落实到实处，将综合素质、执行力和定级考核结果作为选拔任用、教育培养、监督管理、激励约束的员工考核的重要依据，倡导求真务实、真抓实干，树正气、鼓实劲。紧紧围绕学习贯彻习近平总书记系列讲话精神，扎实推进新员工教育培训工作，以先进政策与先进思想为导向逐步构建业务发展全新格局。人保财险祁阳支公司被评为 2016 年度全市先进单位。

【业务发展】 2016 年，祁阳支公司实现保费收入 6118 万元，其中车险完成 3696 万元，非车险业务完成 974 万，农险完成全年计划 1448 万。支付各类赔款 3606 万，缴纳各项税收 573 万。

【服务三农】 祁阳支公司不断完善三农服务体系建设，拓展农网市场。发展乡镇村支书或主任为农业保险专兼干 837 人，举办 8 期三农专兼干培训班，收集有效农户信息 8.7 万多条，将《致农户一封信》下发到农户手中，做到农业保险家喻户晓。2016 年，三农服务网点为公司在各农险种农户保费的收取、凭证发放，造具名册及签章、灾情报案、协助勘查定损、反复做受灾农户的思想工作等方面，切实发挥协调职能作用，对推动涉农业务发展发挥重要作用。为解决祁阳县农业保险基础工作及基层服务体系等方面的难题，拓宽农业保险业务服务范围、夯实农业保险业务发展打下坚实基础。

【内控管理】 祁阳支公司以客户为中心全面转型，以“打造保险业第一服务品牌”为目标，以标准化服务为基础，以差异化服务为方向，以全员服务教育向客户界面管理为手段，建立全方位管理服务链条，制定监督约束业务流程的各项规章制度，要求所有员工必须严格按照规章制度执行，并定期对各员工业务完成量与完成结果进行考查，将考核结果与员工绩效实际工资相挂钩，改进工作流程，提高工作效率，提升经营绩效，努力打造服务品质最优、创新能力最强、客户价值最高、竞争优势最大的保险平台。

（陈梅）

教　育

教育工作

【概况】　2016年，在县委、县政府的正确领导下，在县人大、县政协和各级各部门的关心支持下，全县教育系统不忘初心、敢于担当、团结拼搏，实现了“十三五”教育工作开门红。

【教育名县建设】　县委、县政府坚持把教育作为最大的民生工程，以最大的决心、最实的举措加速推进教育名县建设进程。一是优先规划。县第十二次党代会和县委经济工作会吹响“文教兴县”的响亮号角，描绘建设“湖南教育名县”的宏伟蓝图，为全县教育改革发展指明方向、明确目标。出台祁阳县《乡村教师支持计划（2016—2020年）实施方案》《县直单位联系学校和镇街道履行教育职责考核办法》等重要文件，为加快教育发展提供过硬的政策保障。二是大办教育实事。坚持优先议教、定期议教、专题议教，研究解决推进城区学位建设、加快标准化学校建设、健全教师激励机制等多个教育热点难点问题；2016年来，县级领导和县直部门为联系学校办大小实事170余件，帮扶资金近700万元，大抓、大办教育的氛围空前浓厚。三是加大教育投入。2016年，全县公共财政教育支出达9.8亿元，占公共财政预算支出的21.73%，支出总量较2015年增长10.5个百分点，保障教育事业持续快速发展。一年来，祁阳县教育各项指标跻身全省各县区前列，获得“湖南省教育强县”和全省教育工作“两项督导评估考核”优秀等次等荣誉称号，实现从教育大县向教育强县的重大跨越。《中国教育报》《湖南日报》《湖南教育》《永州日报》等主流媒体以专题形式进行宣传推介。

【教育均衡发展】　坚持把提升义务教育均衡发展水平作为首要任务来抓。一是力促办学条件均衡。投入近1.6亿元，完成黎家坪镇一中标准化建设和肖家镇九牛坝联校等20所非完小合格学校建设，维修改造校舍3.5万平方米，改造农村薄弱学校39所，建设教师公租房750套，城乡办学条件差距进一步缩小。二是力促师资配置均衡。将294名新教师全部分配到城乡缺编学校，校际交流教师300余人，促进师资均衡。三是力促办学水平均衡。完善局班子成员联系镇校制度和督学责任区制度，推动全县中小学校走内涵发展、特色发展、品牌发展之路。支持浯溪二中、民生小学等5所城区学校与肖家镇中学、六合岭完小等8所农村薄弱学校结对帮扶，全年开展送教下乡、送培下乡40余次，促进全县中小学校办学水平的整体提升。

【教育综合改革】　坚持以改革统揽教育发展全局，着力深化四大改革：一是办学体制改革。县政府出台《关于进一步鼓励和支持民间资本投资办学的实施意见》，在财政扶持、土地保障、师资支持等方面加大扶持力度，助推民办教育大发展、大繁荣。陶铸中学、宏文学校分别通过省级和市级骨干民办学校验收，伯爵幼儿园被评为“市级骨干民办幼儿园”，哈弗中学全市民办教育窗口学校地位更加突出。二是课堂教学改革。坚持以生本教育理念为指导，以小组建设为核心，深入推进初中学校课堂教学改革，启动推进高中学校课改工作，培育浯溪二中、祁阳七中等8所市、县级课改示范校和一批课改标兵。有序开展集体备课、送课、竞课、微课等活动，“校校竞相课改、人人参与课改”的氛围基本形成。组织课改名师参加“一师一优课，一课一名师”活动，获部优18节（占全市1/3强），获省优38节，祁阳县连续两年被评为“市‘一师一优课，一课一名师’活动先进组织单位”。三是人事制度改革。突出凭德才和实绩选人用人导向，交流、选拔局机关中层干部及校级干部10人，配合遴选新一届“两代表一委员”30余人，对5名存在“负面清单”的十佳校长实行年度考核“一票否决”，激发干部队伍干事创业热情。扎实开展教职工人事档案专项清理工作，建立局机关公务员编制台帐，稳步推进局机关公务员职务与职级并行制度改革，进一步规范人事管理。四是招考制度改革。坚持“划片、就近、免试入学”的原则，合理划分城区学校服务辖区，严格控制小学一年级入学年龄和班额，严禁初中学校举办任何名义上的重点班，保障适龄儿童少年公平接受教育的权益。全面取消普高择校生招生计划，将省示范性高中2016年指标到镇生比例从40%提高到50%，做到了阳光招生，促进教育均衡。

【教师队伍建设】 多措并举，大力提高教师队伍整体素质。一是师德建设迈出实质性步伐。坚持师德首位，扎实开展以“明师德、铸师魂”为主题的师德师风建设活动，广大教师的敬业精神和奉献精神明显增强，全县有8人分别获得市级优秀校长、优秀班主任、师德标兵和最可爱的乡村教师称号。广大教师踊跃参加无偿献血活动，县教育局被评为“全县无偿献血工作先进单位”。二是师资培训实现全员和全程覆盖。依托国培、省培、市培、县培和校本研修五级培训网络，全年培训干部教师8000人次以上，促进教师专业化成长。10人被聘为国培学科专家，为县级全省之最。小学语文C537工作坊在全省教师工作坊考评中荣获A类第三名，我县成为首批湖南省国培计划A类项目县。三是教师待遇进一步提升。全年共发放义务教育学校“农补”、农村偏远小学骨干教师特殊津贴、校长绩效津贴和乡村教师生活补助2500万余元，考核发放名优校长教师特殊津贴近40万元，为1962名原民办（代课）教师落实困难补助，广大教师有了更多的获得感和幸福感。四是“三名工程”取得阶段性成效。建成县级名师工作室23个，选聘工作室成员422人，培育市级以上优秀教师51人、永州市第二批骨干教师80人。祁阳一中、民生小学被评为“永州市首届名校”，全县有6人被评为“永州市首届名校长、名教师”，5人入围“永州市2016年度名师”评选名单，2人被评为“中小学正高级教师”职称，1人获评2016年度湖南教育十大新闻人物。在全省首届中小学网上集体备课竞赛活动中，我县获得省特等奖2个、省一等奖5个、省二等奖6个，跻身全省三强，受到省中小学教师发展中心好评。

【教育教学质量】 坚持把提高质量作为教育事业的核心任务来抓。高中质量保持高位。2016年高考，全县一、二批本科上线人数2016人，其中一本上线653人，高考各项指标保持全市第一。祁阳一中一本上线418人，二本以上上线984人，一本及二本上线率稳居全市第一。中考质量持续进步。2016年中考，在初三学生全部参考的情况下，全县七科全科平均分达72.86分，平均合格率、平均优秀率分别达71.19%、38.54%，持续领跑全市。职教质量领先全省。县域职业学校学历教育现在校生规模达1.2万余人，全县职普比基本达到1∶1。县职业中专现在校学生突破7900人，对口升学率连续6年全省第一，学生就业率100%，先后通过首批“湖南省教育信息化试点学校”验收和“国家级中职改革发展示范校”省级验收，创建“省卓越中职学校”工作扎实推进，被省教育厅赞誉为“湖南中职学生管理样板学校”。祁阳县被认定为首批“国家级农村职业教育和成人教育示范县”，是全市唯一、全省三个创建成功的县区之一。

【学校办学特色】 因地、因校制宜，一校一品，打造办学特色。学校德育精彩纷呈。各学校以爱国主义教育和社会主义核心价值观教育为重点，扎实开展形式多样的德育实践活动，让学生在体验式德育中快乐学习、健康成长，涌现进宝塘镇中心小学的“学雷锋，献爱心”，黎家坪镇明德小学的“德育课堂”，西区明德小学的“第二课堂”，浯溪二中的“文明寝室评比”等一批德育精品活动。“雏鹰争章”形成品牌。各小学积极构建富有校本特色的雏鹰争章新体系，着力加强校际交流和合作，成效看得见、摸得着，赢得社会和家长的普遍点赞。进宝塘镇中心小学、民生小学被评为省级少先队工作先进集体，28名学生获得“省两型金章”、“省雷锋金章”。祁阳县“雏鹰争章”工作得到团省委和省教育厅领导的充分肯定。“团队创优”开局向好。各初级中学因校制宜，将“团队创优”活动与学校常规管理、学生德育工作、课堂教学改革等紧密结合，扎实开展主题活动和小组评比，培养学生共建优秀小集体的团队意识和协作精神，涌现祁阳七中、浯溪三中、龚家坪镇二中等一批先进单位。国学诵读成为常态。各学校积极创新国学诵读形式，扎实开展诵读评比和竞赛，国学教育蔚然成风，学生语文素养明显提升。2016年中考，全县语文科平分比市平高出8分，优势明显。浯溪二中、三口塘镇中学、肖家镇中学、人民中心小学、民生小学、进宝塘镇中心小学等学校国学教育堪称其中的优秀代表。体艺教育成果丰硕。成功举办第23届中学生体育运动会和第11届中小学生艺术节。祁阳县教师表演的歌舞《中国舞起来》荣获湖南省“欢乐潇湘”大型群众文艺汇演三等奖。组队参加全市首届中学生运动会，高中女子篮球斩获冠军；参加全市教职工排球赛荣获亚军；参加全县“中国梦·劳动美”职工全健排舞荣获一等奖。文化建设亮点纷呈。各学校将文化建设融入师生日常活动，与教育教学有机结合，富有校本特色的文化环境和育人氛围正在形成。黎家坪镇一中、县职业中专、进宝塘镇中心小学跻身全市校园文化建设样板校行列。茅竹镇中心小学家长学校、人民中心小学家长学校等7所家长学校被评为市级示范家长学校。创卫创绿深入人心。出台《2016年创卫工作计划》等多个方案，完成浯溪街道椒山完小等12所学校改厨改厕和绿化亮化工程，广泛开展“创卫见行动，美化祁阳城”等实践活动，全年绿化校园3万平方米，广大师生创卫创绿意识明显增强。陶铸中学、腾龙小学等9所学校达到“创国卫达标学校”标准。

【教育普惠水平】 努力让每一个学生在家门口就能享受到优质公平的教育，最大限度地惠及民生。学前教育更超普及。实施下马渡镇、龚家坪镇中心幼儿园等7所公办园建设，创建普惠性幼儿园11所，长虹街道民德幼儿园等7所民办园正式招生办学。全县在园幼儿近2.8万人，学前一年毛入园率达99.8%，学前三年毛入园率达84.4%。特殊教育稳步发展。为县特殊教育学校补充新教师3名，支持该校适度扩大办学规模，惠及87名智障残疾儿童；鼓励引导轻度适龄残疾儿童随班就读，全县三残适龄儿童入学率达98.36%。

学位建设加紧实施。启动城区学位建设三年攻坚计划，成立3个工程指挥部，由县委、人大、政府分管联系教育的三位领导牵头负责；祁阳一中、七里桥镇中学、县职业中专等7个拟扩建和新建的重大项目征地拆迁正在进行。西区明德小学新教学楼建设已完成并交付使用，将县教师进修学校搬迁到县委党校，深挖浯溪一中和浯溪二中潜力，实施百花完小和祁阳二中初中部扩班计划，支持哈弗中学在邵家岭社区开办分校，可提供学位2600个。教育扶贫精准到位。全年共发放学前教育资助金、义务教育贫困寄宿生活补助、县教育基金会资助金等各类资助金2377万元，惠及学生幼儿2.54万人，实现应助尽助。县建设办、教师工作股等9个专业组分别出台精准扶贫三年行动规划并积极推进。扎实开展“千名干部下基层，精准帮扶解难题”活动，仅局机关就通过“一对一”、“一对多”方式结对帮扶贫困户100户、343人，得到广大群众的普遍好评。安全维稳扎实推进。认真落实安全生产“党政同责、一岗双责”制度和教育部《中小学校岗位安全工作指南》，扎实开展安全生产“百日大会战”、校园安全大检查等专项整治行动，突出抓好交通、校车、校舍、消防、食品卫生、传染病防控、防溺水等重点领域和关键环节的工作，全县教育系统大局安全稳定，祁阳县入围“省平安校园建设先进县”创建名单。

【基层党建】 抓严抓实教育系统党建工作。扎实开展“两学一做”学习教育，组织机关党员干部集中学习3次，开展“四讲四有”做合格党员专题学习讨论4次；发展教师党员2人，培训党员干部300余人次，让12名中青年干部走上机关支部书记、委员岗位；认真开展民主评议党员活动，党员满意率均达96%以上，基层党组织的凝聚力和战斗力进一步增强。严格落实“一岗双责”制度，出台《廉政谈话实施办法》等多项制度，扎实开展廉政警示教育、廉政建设专项整治活动和党风廉政建设教育月活动，突出抓好对财务、基建、招生、人事、采购等重点领域和关键环节的监管，净化教育政治生态，巩固“不敢腐”氛围。以“零容忍”态度强力整治教育“三乱”，系统内人员操办或参加“庆功宴”、“谢师宴”、“升学宴”等不正之风。全年开展纪律作风专项督查3次，下发督查通报3期，处分违纪干部教师11人，提醒谈话和责任约谈违纪干部教师60余人，营造风清气正、心齐气顺、团结和谐的良好氛围。在全县组织的群众满意度测评中，县教育局位居“满意单位”前列，连续两年被评为“全县基层党建工作先进单位”。

（伍克飞　李新春）

湖南祁阳师范学校

【概况】 湖南省祁阳师范学校是永州市人民政府主办、永州市教育局主管的中等职业学校，是国家级重点中等职业学校，湖南省示范性（特色）中等职业学校，湖南省15所幼儿教师培养基地之一，湖南省学前教育教师培养研究基地，永州市大专层次小学幼儿教师培养基地。永州市幼儿教师“国培计划”实施基地，永州市中、小学骨干教师培训中心，永州市学前教育研究中心。学前教育专业是湖南省示范性（特色）专业。

学校创办于1979年，建制为县团级单位。学校坐落在祁阳县城东文昌塔东侧，占地面积96亩，建筑面积约26543平方米。2016年，学校各类教职员工182人。全日制学生3900余人，成教类学生1200余人。学校设置有大专层次初等教育专业（定向培养与非定向培养）、大专层次学前教育专业（定向培养与非定向培养）、中专层次学前教育专业、航空服务专业、对口高考（师范类）。

2016年，在市委、市政府、市教育局的领导和关怀下，祁阳师范与道县师范两校合并创建"永州高等师范专科学校"项目正式启动，成立两校合并创建"永州高等师范专科学校筹建小组"，筹建工作进展顺利。

【德育工作】 2016年，学校始终坚持以德育工作为首位，坚持以社会主义核心价值观为引领，通过教导处、团委会、班主任、课堂教学，全面实施学生德育工作。全体教职员工努力做到管理育人、教书育人、服务育人，不断创新德育形式，丰富德育内容，提高德育工作的吸引力和感染力，增强德育工作的针对性和实效性。

一是切实加强学生管理，努力提高学生素质。完善各种学生管理制度和方案措施，落实立德树人的根本任务，大力培育和践行社会主义核心价值观，努力增强学生文化素质、思想素质、礼仪素质、身体素质、卫生素质、阅读素质、交流、沟通、合作、办事等多方面的素质。二是注意班主任队伍建设。学校注重班主任的选配和培养，引导班主任，特别是年轻班主任不断总结反思自己的教育理念、教育行为、教育方法，积极开展德育科研活动。2016年上期学校开展以"如何做学生喜爱的班主任老师"为主题的班主任工作论文比赛，引导班主任总结、反思班级管理过程中的经验和教训，提升班主任工作能力。学校从实际出发，努力提高班主任各项待遇，改革班主任评价方案和管理办法。教导处坚持每周召开班主任工作会议，较好地调动班主任的工作积极性，有效地促进班级管理和德育工作。三是重视学生干部培养。教导处、团委会十分重视学生干部的选拔和培养，充分发挥学生自治功能，努力培养学生自我教育、自我管理能力。注重在学生干部中吸收入党积极分子，发展学生党员。2016年，有6名学生干部被教导处党支部发展为中共预备党员。四是开展形式多样的德育活动。如周一升国旗仪式学生感言活动；新生入学教育及军训活动；"学雷锋做好事活动月"活动；"践行社会主义核心价值观、做美德少年"征文比赛活动；"廉洁文化进校园"系列活动——"我的廉洁格言"书写活动，"廉洁文化建设"书法比赛，"廉洁文化建设"征文比赛活动等；主题班会、主题演讲、主题黑板报活动；文明教室、文明教室创建评比检查活动等。

【教学工作】 转变学校发展观念。为应对从2017年起师范院校师范类学生实行教师资格证国家考试制度，学校加大公共课、核心课程调整力度，更加重视文化课程，同时制订切实可行的以考促学促教的考试考核制度。要求教师必须到小学、幼儿园听课，了解小学、幼儿园教学情况，从而有针对性地开展教学工作。全面推行"三考"（考教师资格证、考小学、幼儿园事业编制、对口考大学）考核与奖惩措施，大力做好"三考"宣传报道工作，着力营造"三考"浓厚氛围。

加大教育规范管理和教学监控力度。认真落实《祁阳师范教学常规管理制度》，努力做到教学常规管理规范化、精细化。加大对教师的备课、上课、听课、评课、下班辅导、作业批改、教学计划、教学总结等教学常规工作的管理和检查。学校行政值日人员、教导处值日人员，每天都对教师上课、学生听课情况进行检查，登记检查情况，并于当天进行公布。

继续开展第二课堂。完善并改革周六第二课堂。学校技能课教师必须带一个第二课堂兴趣小组，鼓励有特长的学生开展有益的社团活动，定期开展专题讲座。学校成立69个第二课堂兴趣小组，要求每个学生根据自己的兴趣爱好至少参与一个兴趣小组，并实行学分制，将第二课堂兴趣小组活动成绩纳入学分。

重视教育教学研究工作。重新修订《祁阳师范学校立项课题科研经费资助方案》；做好了4个《湖南省职业院校教育教学改革研究项目》的验收和结题工作。组织6位教师申报永州市微型重点课题6个。组织教师参加2016年湖南省职业与成人教育论文评选，4位教师获一等奖，1位教师获二等奖，3位教师获三等奖。

【培训工作】 校内培训。聘请湖南师范大学学前教育系杨莉君教授，湖南第一师范学院万湘桂教授和湖南省教育科学院周丛笑教授来校就如何应对小学、幼儿园教师资格证进行专题讲座，对全体教师进行培训。组织全体技术人员参加市人社局在本校进行的专业技术人员继续教育培训。组织6位教师参加湖南省职成教育学会举办的课题研究人员的培训会议。对外培训。2016年8月，学校承办永州市中职学校公共文化课教师和永州市民办幼儿园骨干教师暑期培训。培训全市中职学校公共文化课教师263人，全市民办幼儿园骨干教师89人。

【招生与就业】 招生工作。2016年共招收全日制新生1009人。初等教育大专211人（定向委培88人，挂靠长沙师范学院；非定向中高职衔接大专123人，挂靠湖南民族职业学院）。学前教育大专136人（定向委培62人，挂靠湖南幼儿师范高等专科学校；非定向中高职衔接大专74人，挂靠湖南民族职业学院）。学前教育中专598人，航空服务中专64人。另外，成人教育非全日制新生441人，其中国家开放大学（电大）新生108人，成人考试函授新生10人，农民大学生62人，自考助学班本科新生261人。就业工作。2016届毕业生共计1177人，其中，学前教育专业1127人，文秘专业20人，航空服务专业30人。学生就业采取学校推荐就业和自主择业相结合的方式，学校推荐就业792人，其他渠道自主择业385人。就业率达到100%。对口就业人数1119人，对口就业率95%。2016年非定向班学生考上公办教师49人。另外，上述毕业生就业，不包含定向委培小教大专班毕业生49人。

【成绩荣誉】 2016年，祁阳师范学校获得的荣誉主要有：永州市社会管理综合治理先进单位、平安校园；祁阳县人口和计划生育工作先进单位；永州市教育宣传工作先进单位；永州市教育局人口和计划生育工作模范单位；永州市依法治校示范学校；永州市廉洁文化进校园示范校；永州市文明交通示范学校等。

祁阳一中

【概况】 2016年，祁阳一中有教职员工369人，其中特级教师3人，高级教师118人，一级教师128人，国家级骨干教师2人，省级骨干教师7人，市名校长1人，市级名师7人，市级学科带头人19人，市级骨干教师23人，在校学生4500余人。学校教学设施完备，多媒体教室、宽带网、有线电视网完全满足现代化教学需求，教学大楼、实验大楼、图书馆、体艺馆、教工宿舍、学生宿舍、塑胶田径场、标准足球场、篮球场、游泳池等设施一应俱全。曾先后荣获“湖南省先进单位”“湖南省绿色学校” “湖南省文明单位”“湖南省依法治校示范学校”“全国劳动技术教育先进学校”“国家基础教育实验中心外语教育研究中心实验学校”“空军招飞工作成绩突出单位”“教育部课题研究先进单位”等68项省级以上殊荣。中央电视台、湖南电视台以及《中国教育报》等多家媒体对学校进行专题报道。

【学校管理】 学校实行校长负责制、教师聘任制，不断规范校务公开行为，充分发挥教职工民主治校的作用。中层干部都是通过2012年和2014年两次竞聘后分别上岗的，在每个学期末都组织全体教职工对中层干部进行量化测评。学校下设办公室、教务处、政教处、督导室、教科室、总务处、团委、三个年级部。人员配备合理，职能界定明确，程序运转高效。建立“分线管理、层层负责、以班级为管理基础、以年级部为管理层级”的教育教学管理体系。学校坚持校务公开，建立健全教职工代表大会制和校务公开民主管理制度，定期召开教代会，听取报告审议学校重大建设与财务账目，明确学校校务公开的组织机构、公开内容、工作重点、校务公开途径与形式、校务公开程序等。成立校务委员会，并聘请宝塔社区负责人、法制副校长、家长代表等共同参与学校管理与监督。

【教育质量】 2016年高考祁阳一中再续辉煌。一本上线418人以上（含外省院校的专业生），二本以上上线980人以上（含外省院校的专业生），一本及二本上线率继续雄踞全市第一，所有学科的平均分全市第一。4人录取为空军飞行员。湖南省高考单科优秀名单中，永州市仅有祁阳一中3名学生榜上有名。高二学业水平考试一次性合格率保持在99%以上。

【教改教研】 学校教研特色鲜明，形成以省、市学科带头人为核心、全校教师积极参与的教研氛围，教师积极参与课题研究。所有的学科教师都参与课堂教学研究，每周星期五为全校固定的备课组集体备课与教研时间，全期每个老师必须上一堂教改课，评课结果张榜公示。承担市、县级高考教学研讨会，并作经验介绍，获得好评。先后申报并成立《高中生核心素养培养研究》《提高农村高中学生语文素养的探究》《适应新高考的教学策略研究》课题研究小组，180余人次参与课题研究，占教工总数45%以上。

【特长教育】 2016年，学校将招飞工作作为推进教学发展的一项特色工程，在认真总结以往工作经验教训的基础上，重点在“选好苗、保好苗”工作上狠下功夫，招飞工作成效显著，学校获得“全国招飞十强学校”荣誉称号，居中南五省第一。另外，学校每年举办科技周活动、校园运动会、校园艺术节，为学生提供一个施展才华，展示风采，锻炼自我的舞台。学校挂牌“全国校园足球特色学校”。

【文化校园】 学校一贯重视校园文化建设，以为师生创设优美的自然环境、舒适的生活环境、健康的心理环境和勤奋的学习环境为己任。举行“两节一会”极大地丰富校园文化，开拓学生的视野，锻炼学生各方面的能力。2016年，举办学生科技、艺术展览和元旦文艺汇演活动。学校现有多个运动代表队。有足球、篮球、羽毛球、乒乓球队、田径队、武术队，参加各种比赛均取得优异成绩。学校大力开展社团活动，现有文学社、摄影社、美术社、音乐社、舞蹈社、动漫社、乐团、读书爱好者协会等10多个学生社团。既提高学生综合素质，又成为学生自主发展、自我教育的舞台。

【自主管理】 学校充分调动学生自主管理的积极性，实行班级轮流值日制度，对学生的学风、纪律、卫生、礼仪等各个方面进行全面督查。学校开设专门的心理咨询室——雷妈妈工作室，帮助学生进行正确的心理调节。学校组织学生开展各种社团活动，合唱团、舞蹈团、文学社、美术组、书法组、科技组等社团极大地丰富学生的课余生活，使德育活动异彩纷呈，其中尤以足球队、乒乓球队最为活跃。

（冯杰）

祁 阳 二 中

【概况】 2016年，祁阳二中在职教职员工323人，其中专任教师289人，高级教师100人，中级教师126人，初级教师63人。全国优秀教师2人，湖南省特级教师3人，省市级骨干教师23人，县级名师工作室3个。上学期教学班60个，学生3960人；下学期教学班60个，学生3902人。

【办学理念】 学校班子坚持“以人为本”的办学理念，大力实施“质量立校，管理兴校，课改亮校，特色强校”战略，坚持科学管理，推行民主管理，充分调动教职工工作的积极性、主动性和创造性，全校上下人心思进，迎难而上，凝心聚力，扎实工作，使学校各项工作取得显著成绩。

【办学条件】 学校大力实施项目强校战略，先后加固修缮大礼堂、装修学生公寓楼、改造学校食堂，完成校门装修、师生厕所改造等工程。在保证大型项目建设的同时，进一步充实教学仪器、图书和音体美器材，基本满足正常教学和各项活动的需要。另外，把校园“绿化、亮化、美化”建设作为优化育人环境、构建和谐校园的重要工作来抓，精心规划，加大投入，校容校貌得到较大改观，努力创造布局合理、整洁清新、绿色环保、优雅和谐的校园环境。

【教学成绩】 学校紧紧抓住教学质量这一中心不放松，从高一年级开始备战高考，认真落实教学常规，全面强化教学管理，稳扎稳打，循序渐进，从根本上增加教学的核心竞争力。建立月考制度，积极改进考试组织流程，深入进行质量分析，准确把握教情学情，切实增强教学的针对性和实效性。始终坚持“因材施教，分类指导，全面优化”的原则，真正落实“培优转差”措施，认真开展学困生的帮扶指导，使每一个学生都能保持足够的自信心，在原有的基础上得到最大发展。落实行政人员蹲点到班制，定期开展推门听课，指导学生应试技巧，引导学生正确对待“考试焦虑”，树立良好的考试心态。

学校从逆境中奋进，教学质量一路攀升，得到上级领导和社会各界的充分肯定和高度赞誉。2016 年，高考生源提高率再次居全县第一名，一、二本上线人数 61 人，其中 9 人上一本线，圆满地完成县教育局下达的高考任务。在 12 月召开的祁阳县 2016 年高考总结会上，祁阳二中荣获全县高考质量综合评估优秀奖，全市普通高中办学水平评估中荣获优秀单位称号，学校知名度显著提升，办学吸引力显著增强，为赢得各方支持、促进学校进一步发展创造有利条件。

【德育教育】 学校始终贯彻国家教育方针，坚持“以导为主，以管为辅，调适心理，注重实效”的工作思路，利用周一升国旗、班会时间针对学生日常行为习惯开展养成教育、理想教育、法制教育、诚信教育、心理健康教育以及励志感恩教育；组织开展“国学经典诵读”“抵制诱惑，远离网吧”、安全文明、创国卫等专项教育活动；坚持每期召开学生家长座谈会，帮助家长树立科学的家教观念，积极构建“三位一体”的教育网络，形成家校联手、齐抓共管的良好局面；贯彻“从严、从细、从实”的管理原则，加强寝室、课间管理，加大早晚自习的检查考核，集中整治学生早恋、打架、赌博和玩手机、网吧上网及夜不归宿的行为，对屡教不改的给予严肃的纪律处分，彻底杜绝管理漏洞，切实维护校纪尊严。

通过一系列扎实有效的德育教育，学生的思想道德素质明显提高，行为举止文明规范，违纪现象大幅度下降，良好学风日臻浓厚，学校真正成了学生陶冶思想、学习知识、发展自我的理想殿堂。2016 年，学校荣获永州市“安全文明学校”、“祁阳县安全工作先进单位”称号。

【教改教研】 学校高度重视教改教研工作。在常规教学中，组织公开课、汇报课、示范课，开展教学研究，创新教研方式，丰富教研活动，抓实集体备课，引导教师互相听课评课，研究教法，取长补短，共同提高；支持教师赴外地参加各类教学研讨与教学竞赛，开阔眼界，增长见识。深化课堂教学改革，开展“团队创优”活动和“国学经典进校园”活动，真正落实学生主体地位，自主、合作、探究的教学新理念得到认同和落实；依托物理、地理、生物等名师工作室，整合课程资源，研究开发校本课程，创立本校教研特色；大力开展体艺活动，增强学生体艺素养。在全体教师的共同努力下，祁阳二中教研教改工作多点开花、喜结硕果。2016年荣获全县课改工作一等奖，全县“国学经典进校园”工作一等奖，全县艺术节舞蹈器乐特等奖，永州市中学生篮球赛女子冠军，75篇论文在省级以上学术刊物上发表或在各级论文评比中获奖，申报确立教研课题省级1项、市级2项、县级10项，本校课程开发迈出可喜的一步。

【内部管理】 以党建促作风建设。扎实开展“两学一做”教育实践活动，认真开展专题民主生活会，增强学校班子成员的服务意识、团结意识、发展意识、大局意识和责任意识，确保学校发展方向正确。坚持民主集中制原则，严格议事办事程序，推行校务公开制度，加强职代会的监督力度，按照“决策层上浮，执行层下沉”的管理思路，加大领导干部执行力考评，形成“分工明确，团结协作，坚强有力，务实高效”的管理机制。领导班子身体力行，下年级、下班、下组切实蹲点，为学校的进步与发展做了大量工作，发挥核心与引领作用。不断完善制度建设，构建学生、教师、学校发展的内部督导机制、评价机制和激励机制，学校管理实现制度化、科学化和规范化。

【师德师风建设】 作风建设常抓不懈。学校扎实开展以“明师德、铸师魂”为主题的“师德师风建设年”活动，严格遵守执行上级有关作风建设的规定，校党总支多次召开专题会，认真调研，精心部署，聚焦师德问题，规范工作纪律，严肃工作作风，以求塑造良好的教师形象。创办《重华校园》专刊，宣传正能量，引领发展，被中国校报平台展出，影响深远。利用教师QQ群、微信群，辨明真理，努力营造“风清正气”的舆论环境。

【教师队伍建设】 强化青年教师培养工程。青年教师的“推门课”“研讨课”“汇报课”，令人耳目一新；老教师言传身教，公开课、示范课，课课精彩。学校每期组织召开两次班主任、管理人员及青年教师德育经验交流会。努力提高师资水平。2016年，成功招聘10名优秀年青大学生、研究生，为学校发展输送新鲜血液。与此同时，学校坚持“岗位培训，岗位成才”的策略，通过继续教育、结对帮带、专家引领、专题研讨、校际交流、集体备课、教学观摩、网络进修等途径，大力开展师资培训，促使教师向学者型、研究型、专家型方向发展。学校多举措助教师业务发展。全年有430人次参加各级各类培训。优质课教师人数明显增加，教师队伍整体素质进一步提高。全体教师敬业爱岗，恪尽职守，勇于探索，奋发向上，教育教学工作充满生机与活力。

【校园文化】 充分发挥学校办学特色，积极开展文艺演出、书画展评、体育比赛等文体活动，做到寓教育于各项活动之中；利用文化长廊张贴各类日报，宣传国家大政，发布一系列专题内容；办好学生文学社刊《重华》。充分利用新媒介。开设校园广播，办好学校网站和祁阳二中微信公众号，建设好教师、班主任QQ群和教师、管理微信群，为师生提供展示才华和个性的平台。学校网站、“祁阳县第二中学”微信公众号正常运行，积极发挥“窗口”作用。学校网站全年共发布师生稿件173篇。在祁阳教育网、祁阳红网、祁阳手机报、永州教育信息网、湖南教育网等发布新闻稿件212篇。

【人文关怀】 校团委举办“心系扶贫”学生签名活动，培养学生爱心，激发学生的进取精神。由校团委牵头的国家助学金名单的核定与发放，为部分贫困学生提供较大的帮助，让学生感受到社会温暖。

学校尊重人才，尊重知识，尊重劳动。按规定及时发放课时津贴，不折不扣地兑现教学质量奖、县文明单位奖。同时，切实保障教职工的正当权益和合理待遇，对老年教师、离退休教师和病弱、贫困职工及家属进行帮扶，按规定对教职工进行重大节日慰问，给教职工派送生日蛋糕，办好满意食堂，改善师生生活。

工会积极为教职员工争取福利。2016年，组织全体教职工进行体检，受到好评。重大节日庆典，工会筹划丰富多彩的文体活动，为教职员工相互交流搭建优质平台，教职工的团队协作精神得以增强。维护教职员工的正当权益，为教职员工解除后顾之忧。建设“教工之家”，并每天第八节课为教职工开放。

学校还特别关爱女教工和离退休老同志。学校女教师人数多，她们充分发挥“半边天”作用，为学校的发展做出重要的贡献。每年“三·八”妇女节的慰问、每年的妇检都如期进行。2016年，祁阳二中荣获“祁阳县计生工作先进单位”和“老干工作先进单位”荣誉称号。

（匡公民　谭又平　刘朝晖　周礼华　唐永红　陈建华）

祁阳四中

【概况】 2016年，祁阳四中有高中教学班54个，初中教学班6个，在校学生4200余人，在编教职员工273人，专任教师202人，其中高级、中级教师150余人，省市优秀教师、明星教师、卓越教师、骨干教师、学科带头人共50人。学校全面贯彻党的教育方针，坚持以教学为中心，以“砺志、勤奋、求实、创新”为校训，确立“以德治校，质量立校，科研强校，环境兴校”的办学思路，秉承“为学生的成材而奠基，为教师的发展而铺路，为学校的发展而创新”的办学理念。教学质量年年攀升，在全市教育质量综合评估中，祁阳四中位居永州市高中教育教学前列。

【高考】 2016年高考，该校本科上线560人，其中一批本科33人，二批本科243人，双完成县教育局目标任务。刘富华中考列全县2500名后，通过在该校三年的学习，竟以616分的高分进入全县理科前30名，被中南大学录取。充分显示该校“低进高出，高进优出”的办学水平。在永州市示范性高中办学水平评估考核中，该校连续两年荣获市二等奖。

【特色办学】 加强人文建设，凸显校园特色。该校处处彰显出“人文精神”的校园文化特色。学校利用优美的环境和文科优势，打造人文校园，在教室、走廊到处张贴名人名言、字画和学生手抄报。积极开展“读书沙龙”活动，举办书画展、诗歌朗诵会、文学采风活动、文化经典背诵比赛和征文比赛等多项活动。新叶文学社、枫叶电影制作社、梦冉话剧社、DH街舞社、象棋社、魔方社等社团组织开展得有声有色。从不同的方面体现人文校园特色，充分发挥学生个性特长。

坚持德育先行，营造和谐校园。学校全面展示“331”计划成果并总结提升。进一步细化《“331”计划实施方案》，全面总结“331”计划并形成理论，着力培养学生学习、品行、键体文明习惯，将“331”计划打造成学校德育工作的名片。每期开学第一天，政教部门牢牢抓住安全这根弦，与班主任、家长、学生层层签订安全责任书，并要求班主任仔细排查教室、寝室、环境区安全隐患，杜绝重大安全事故的发生，共同构建平安和谐校园。研究违纪学生，探索教育方法。对违纪学生进行调查和研究，究其原因，总结规律，探索方法，最终形成书面材料，寻找教育违纪学生的有效途径。在工作中与学生友好相处，与家长互敬互重，共同营造文明和谐校园。

提高文科素养，打造文科品牌。该校文科有着厚重的文化底蕴，文科教学享誉三湘，文科品牌比较突出。一是学校重视文科教师的培养，全面规划教师专业发展，完善师资队伍梯队建设。以专家引领、师徒结对、帮扶工程等主要方式分层次进行教师培训，重点抓好基础性培训、发展性培训和创新性培训，不断提高教师队伍整体素质。强调整体协调，发挥团队优势，用质量、管理、感情、待遇、自我价值实现来留人。同时加大对青年教师培训力度，学校有重点地派文科教师到省内外名校学习，促进教师不断更新教育观念，增强教育教学的实践体验和感悟能力。从而不断保持文科师资优势。二是学校利用多种形式提供学生文科素养。如在校园内完善文科教学设施；实施“331 计划”；要求学生坚持每天写好一篇日记、写一页好字、作一次演讲，提高写作水平和语言表达能力；开辟第二课堂，拓展学生视野。2016 年，该校高考一、二本上线人数均达到县教育局管理目标，超过市示范性高中的平均水平，尤其是文科教学成果显著，高考文科二本上线总人数和文科各科平成绩在全市名列前茅。

祁阳七中

【概况】 2016 年，祁阳七中瞄准“祁阳县精品初中，永州市窗口学校，湘南地区初中名校”的目标，开始“向名校看齐，向品牌进军”，学校制订《祁阳七中五年发展规划》和《学校校园建设五年建设规划》，积极向县委、县政府申报，获得批准，并且将学校建设发展部署体现在学校工作计划和具体办学行为中。

【规范管理】 学校在坚持民主治校，精细管理、精准教学和精心服务的前提下，严格遵守招生政策，在优质生源有限的情况下，依靠学校自身的过硬品牌，充分发挥自己的优势，吸引学生，不采用非正当手段争抢生源；严格执行新课程标准，按计划开课设节，开齐开足音、体、美、劳和信息等课程，全方位育人，引导学生乐学上进，全面发展；加大课堂教学改革力度，建设“高效能力”课堂，提高课堂教学效率，减轻学生课业负担，规范考试次数和科目，控制各类竞赛，保证学生体育锻炼时间，让学生劳逸结合，快乐健康成长；严禁在职教师有偿补课，有偿家教家养，不组织学生利用节假日成建制补课；认真执行收费政策，严禁任何形式的乱收费现象出现，严格规范教辅资料的征订；建立师生多元评价体系，建立教师业务档案和学生成长手册等，激励师生积极上进，勇创佳绩；坚持诚信办学，严格考试纪律，在中考等所有考试中，倡导诚信考试，学生学业成绩的可信度高等。学校管理水平再上新台阶。

【教学质量】 在 2016 年中考中，全校初三上线祁阳一中的总人数稳居全县前两名，有 10 多名学生考上免费师范生。初三合格率和升学率达到 100%，综合评价稳居全县乃至全市前列。期末全县教学质量统一检测考试，各年级学生进入全县前 1000 名的人数，各科合格率、优秀率、生均分以及学校总体评价都稳居全县第二名，与第一名差距逐渐缩小；初二学生参加全市生地毕业会考，生均分、合格率和优秀率全都荣获全县的第二名，遥遥领先于县内的其他同级同类学校。

【办学特色】 “高效能力”课堂改革继续向纵深推进，全员全面课改，教学模式更加完善，教学效果较好，派出教师参加县、市教学比赛，全年共有 18 人次获县市一、二等奖，得到局领导的高度肯定。

学校继续遵循“双语不放松，数学要侧重”特色办学思路，有针对性地实施各种提高语数外教学质量的举措，“双语”教学卓有成效，数学成绩节节攀升。2016中考，初三学生语文平均分均达到110分，合格率100%；英语生均分达到86.8分，合格率97.9%，优秀率88.8%。初一初二学生在本年度的几次统考中，语数外各种评价指标也都稳居全县第二名。

【办学条件】 配合全县标准化学校建设，学校大力推进校园五年建设规划，致力办学条件的改善和优化。2015年投资200多万元的师生文体广场于2016年6月竣工；2016年开始动工兴建的师生生活综合楼已基本竣工，设施设备高标准配置，预计2017年10月可交付使用。学校被评为全县“园林式单位”。

祁阳县职业中等专业学校

【概况】 县职业中等专业学校是首批国家级重点中等职业学校，在建的国家中职示范学校、省示范性中职学校、省首批卓越职业院校、省首批信息化教学试点学校。

2016年，学校有学生7258人，设有电子信息技术、加工制造技术、商贸服务与管理三大专业群。其中电子与信息技术是省精品专业和省特色专业。学校共有实训室76间，生产性实训基地5家（其中中央财政支持的实训基地1家），校外实训基地43个，校内实训室仪器设备总价值4700余万元。学校坚持就业、升学、培训三位一体的办学模式。为社会输送中等技术人才1700多人，为高校输送合格新生600多人，开展各类社会培训1200余人次，其中为园区企业培训员工500余人次，培养农村经济合作人164名。学校发展得到社会的广泛认可，填报该校初中毕业学生人数首次突破4000人，8月20—21日开学两天即到校3012人，首次突破三千大关。

【成绩荣誉】 1月12日，永州市首届“三名工程（名师、名校、名校长）”评选结果揭晓，学校教师王景魁荣获首届“永州市名师”、校长钟端阳获评首届“永州市名校长”。3月8日，省人大副主任、省总工会主席刘莲玉，省总工会党组书记、副主席徐文龙在市县领导高建华、杨海河、魏湘江、周新辉、黄春华、蔡富强等陪同下来学校考察。3月23日，湖南省职业教育与成人教育工作视频会议在省教育厅召开，钟端阳向大会作《立足祁阳，对接产业需求，努力建设卓越中职学校》典型发言。4月27日，学校“省卓越中职学校”建设工程第一期重大项目举行开工仪式。5月26日，湖南省禁毒委员会“蓝结行动第六季——禁毒志愿者三湘行”大型禁毒主题宣传首场演出在该校举行，活动在湖南卫视播出。11月19日，教育部调研组来校调研，充分肯定学校所做工作，称赞学校是“全国经济欠发达地区农村中职学校发展典范”。11月下旬，青年教师欧桃樱荣获“2016年全国中等职业学校学前教育专业‘创新杯’信息化教学说课大赛二等奖。12月中旬，学校入选“湖南省2016年度教育信息化创新应用示范学校”。12月下旬，经湖南省教育厅推荐，入选为“全国职业教育学会国际交流委员会理事单位”，为下阶段开展国际合作提供全新的发展平台。根据祁阳县委、县政府根据学校发展形势需要，拟订学校发展新规划。整个项目预计投资7亿元，占地面积1000亩，能容纳在校学生1.5万人。将把学校建设成为中高职融合发展的“全国中职学校一百强”

（董陆）

陶铸中学

【概况】 2016年，陶铸中学以“为教师实现价值，为学生成就未来，为社会承担责任”为办学理念，大力打造“高效课堂、体艺特色教育、学生自主管理”三大特色。现有小学、初中、高中教学班共90个，学生5500余人，教职员工380余人，其中国家、省、市、县级骨干教师、优秀教师和学科带头人65人，高级教师39人，硕士研究生6人，全国优秀教师、特级教师1人。学校先后获得“全国民办教育先进集体”“湖南省骨干民办中小学校”“湖南省民办学校优秀举办者”“湖南省民办教育特色学校”“湖南省文明卫生单位”“永州市骨干民办学校”“永州市民办教育优秀学校”“永州十佳民办学校举办者”“永州市教学督导评估优秀学校”“永州市社会组织AAA单位”“永州市先进基层党组织”“祁阳县教育教学工作先进单位”“祁阳县教育教学绩效考核评估A类学校一等奖”等荣誉称号。

【各部特色】　小学部实行40人以下的小班制教学，采取寄宿全托型封闭式管理模式，推行“阳光课堂”“幸福教育”，学生课余生活多姿多彩。在校学生的及格率达到100%，优秀率提高到80%，正在向“高品位、高质量、高规格”市县有名的小学迈进。

初中部一直走在全县课改前列，自创“快乐学习”高效课堂教学模式，教学效果显著，深受社会好评，并且成功经验不断推广，每学期接待县内外教师、专家观摩考察超过300人次。自参加中考以来，历年全县综合排名第二，每次均有200名以上的学生进入全县前1000名，各科人平远超县平均水平。在2016年中考中，初1308班柏赞以总分1082.5获全县第二名，1000分以上多达75人。

高中部全力打造教学品牌——创新班，积极推行“活力课堂”。培养出香港中文大学研究生陆誉荣等名校学子及李微平、文细阳等全县文科状元，首届创新班毕业生邓蕤、陈泽文分别被中国音乐学院和中央美术学院录取，连续三年实现二本以上升学超110人，连续十二年雄踞永州市同类学校第一名。

【特色德育】　学校各部实施一月一主题活动，通过文明礼貌月、感恩励志月、红五月、法制教育月、行为规范月、理想前途教育月、安全教育月等德育主题活动的开展，净化学生心灵，陶冶学生情操，提高教学效果，丰富学校内涵。

【特色教育】　体艺特色彰显魅力。成立体艺中心，特聘全国优秀教师、湖南省特级教师、湖南省音乐骨干教师伍小艳负责体艺教学培训的组织指导。全校体艺培训科学有序，参加省、市、县各项比赛捷报频传，校园活动有声有色：跑操晨练、24式简化太极拳、校园足球联赛、师生卡拉OK擂台赛、演讲赛、校运会、艺术节书画作品展览及文艺汇演等，群众性文体活动精彩纷呈，活力四射，成为校园一道靓丽的风景。学校足球特色大放异彩，学校是湖南省首批“全国青少年校园足球特色学校”，是永州市唯一一所“湖南省较高水平足球运动队建设基地”。

【教研成就】　高中部唐太平指导学生获全国作文大赛湖南赛区一等奖；曾峰、刘玉思指导学生参加省市学科比赛，均获得市级一等奖；在祁阳县第二十三届中学生体育运动会中，该校分别获得初中男子田径、乒乓球团体总分全县第二；初中男子篮球全县第三；高中田径、乒乓球团体总分第三名，高中女子篮球第三名。书法老师刘祥锋带领弟子勇夺省级特等奖、一等奖；陈湘祁、谢交飞老师指导学生荣获县级一等奖。在祁阳县第十一届中小学艺术节中，湖南省特级教师伍小艳带领体艺组蒋赛、许智欢、胡艳红指导学生荣获高中组器乐类特等奖、群舞蹈类特等奖，初中组舞蹈类特等奖，高中组声乐类一等奖。

【教师风采】　伍小艳被评为湖南省特级教师。初中部邓红秀代表祁阳县在全市化学优质课竞赛和解题竞赛中，均获得一等奖；初中部欧小娟的课堂教学获湖南省集体备课第三名、省一等奖；初中部孙琳林、欧小娟被评为2016年祁阳县“国学经典进校园”先进工作者；唐韩祁荣获2016年全国青少年“小先生—十五志于学”国学竞赛优秀指导老师；初中部周韬、陈敏敏被评为祁阳县“课堂教学改革”先进个人。伍小艳、李淑云被评为祁阳县首届卓越教师，刘志红、李湘桂、邓雯、王睿5名教师被评为祁阳县首届明星教师。易国旗、刘军被评为师德标兵和记三等功，胡亮、文晓、陈国保、曾峰、陈秀芝、孙琳等被评为祁阳县骨干教师。

祁阳县教师进修学校

【概况】 祁阳县教师进修学校为正科级全额预算事业单位，始建于1980年10月。学校占地面积约66亩，建筑面积3万余平方米，学校办公面积5000余平方米。学校现有教职工23人，其中高级教师13人，中级教师4人，初级教师5人。学校主要职责是负责全县中小学、幼儿园教师继续教育工作和教育干部培训工作；负责教师教育教学相关的管理、研究服务和教育信息资源的开发与推广，开展中小学、幼儿园的教育教学改革，管理教师继续教育进修业务。

【硬件设施】 学校拥有多功能报告厅1间，多功能会议室1间，高标准配置的电脑教室2间，多媒体教室6间，现代化档案室1间，健身活动室1间，环保健康厨房1间，餐厅4间（可容纳220人就餐），党建活动室一间，学校设备设施日趋完善 。

【教改教研】 由校长何新军主持的国家级重点课题《新课程下教师团队培训研究》于2016年5月通过已通过验收结题。湖南省中小学教师发展中心继续聘请学校何新军、王清智等6位教师为“2016年国培远程培训项目”课程专家。

【教师培训】 为贯彻落实国家“十三．五”计划精神，县教师进修学校2016年具体组织实施教师培训项目30个（远程培训项目18个，集中面授培训12个），培训班数86个（远程培训班69个，集中面授培训班17个）。远程培训参训学员3000人次，县内集中面授培训学员2000人次以上。

【培训成果】 远程培训学员上线率100%，合格率100%，69个班中有64个班被评为省优秀班级，64个班级管理员被评为省优秀管理员，450名学员被评为优秀学员，各项考核指标稳居全省前3名，居永州市第一。2016年被省中小学教师发展中心评为远程培训工作先进单位和远程培训工作优秀管理团队。2016年是“省项目县”继续推进实施第二年，“送教下乡”项目取得良好成效。培训合格率100%，培训贴近学员、贴近课堂，形式多、花样新，培训中气氛活跃，学员反响好，各级领导评价高。

（李秋萍）

文化·卫生·体育

文化广电新闻出版

【概况】 2016年，县文体广新局紧紧围绕县委、县政府工作中心，服务大局，着力提升基层文化服务能力，积极引导各类文艺团体组织开展积极向上的文化活动，举办“欢乐潇湘·祁阳幸福”大型群众文艺汇演，建立覆盖全县文化信息共享网络，突出艺术精品的创作生产，努力使全县文化工作登上新台阶。全局内设7个股室：办公室（行政审批服务股）、政工股（计财股）、群众文化股（非物质文化遗产保护中心）、群众体育股、广播电影电视股、市场管理股（新闻出版与版权股、挂县“扫黄打非”领导小组办公室牌子）、政策法规股。下辖县文化市场综合执法大队、县文物局、县全民健身服务中心、县业余体校、县文化馆、县团书馆、电影管理站、祁剧团、县祁剧保护传承中心、县电影公司。整个系统在职干部职工174人。全县共建成22个乡镇文化站，862家农家书屋。

【群众文化】 随着城市建设的推进，陶铸广场、脸谱广场、白竹湖广场、龙山公园等公共场所成为全县群众文化的大舞台。县城每月1场大型广场文艺晚会如期举行，举办春节文艺晚会、新春音乐会、教师节文艺晚会、少儿音乐舞蹈大赛、全民广场舞大赛等广场文艺活动共计30场。全县22个镇办、18个县直单位，在“欢乐潇湘”群众文艺汇演中，排练500多个文艺节目，举行60多场大型演出，现场观看群众30多万人，电视观众40多万人。

【文艺创作】 全年完成各类文艺作品150件。其中，国家级10件，省级10件，市县级130件。继续做好非物质文化遗产申报工作和免费开放服务工作；组织开展《祁阳小调》传承人培训班培训。《祁阳小调》送戏进村进社区达20余场次。

【文化惠民】 两馆一站免费开放，县陶铸图书馆开展“光荣与梦想“纪念建党95周年暨红军长征胜利80周年主题书籍捐赠活动，完成图书外借7.2万人次，计23.8万册，为读者免费提供科技信息资料526条次。开展送书下乡活动8次，送出图书2000余册。县文化馆开展少儿免费艺术培训课程，培训人次达200多人。县祁剧团排练一批祁剧优秀传统剧目，为广大群众免费送戏下乡215场次，承办2016年市级送祁剧下乡活动，深入市内各县区开展送戏下乡80余场次。

【文化艺术团体】 全县共有36个文化艺术类社会团队、16个社会组织、培训机构40多个，群众广场健身活动团队超过100支，成为群众文化的一大亮点。其中三新演艺有限公司、女子十二乐坊、文昌祁剧有限公司、竹山村农民艺术团等艺术团体、为全县文化活动起到很好的示范作用。其中文昌祁剧演艺有限公司是全县规模最大的社会组织，员工51人，成为祁剧表演及剧目创作的主力军。白水竹山村农民艺术团极具特色，采用有偿与无偿服务相结合，常年组织开展形式多样的祁剧文艺活动，深受群众喜爱。

【文物保护】　加大对老窑村古窑、九房院、复兴亭等14处申报省市文物保护单位力度；多方筹措资金对雷晋乾烈士故居进行维修；投入80多万元，对浯溪碑林进行抢修。

【非物质文化遗产】　为更好地传承保护祁剧，针对剧团专业人才匮乏的现状，招录4名优秀祁剧小演员，充实祁剧人才队伍。大型现代祁剧《浯溪兄弟》在全省2016年文化工作推进会上进行汇演，受到省市领导和专家的高度赞誉。

【文化基础设施】　县图书馆于2016年12月新建一家自助图书馆，并投入使用；白竹湖戏剧舞台工程建设完成主体装修。截至12月底，全县完成“户户通”工程22500户，圆满完成省市分配任务，并获得全省先进单位荣誉称号；“村村响”工程完成862个村建设任务。

【电影发行放映】　为丰富人民城乡群众的文化娱乐生活，全县862个行政村全力实施“一村一月一场”农村电影放映工程，全年共完成农村电影放映10636场，观众人数达180万人次。

【文化市场管理】　贯彻全国、省、市“扫黄打非”电视电话会议精神，采取定期、不定期查处、集中整治等措施，收缴盗版书526册、盗版学习资料及考试试卷586份、盗版音像制品135盒，有效净化文化市场秩序。

文化市场综合执法

【概况】　祁阳县文化市场综合执法大队深入学习贯彻中共十八大、十八届三中、四中、五中全会和习近平总书记系列重要讲话精神，坚持强监管、重服务、促发展，推动全县文化市场健康有序发展。2016年，全县拥有网吧68家，歌舞娱乐场所7家，营业性演出团体3家，电影院3家，书报刊经营点8家，音像制品批发、零售、出租单位5家；小片网5个；印刷企业9家，复印打字店32家。

【文化市场发展】　坚持管理与培育并重，进一步优化发展环境，促进文化市场健康有序发展。2016年，全县各类文化市场经营户140余家，提供就业岗位600余个，实现营业额3200万元。网吧行业转型升级取得初步成效，城区网吧向“人性化、规范化、多业态”转型发展，重点推进星光网吧、浩瀚网络等试点改革，引导网吧行业由粗放式、低档次向精细化、高档次转变，重塑网吧良好形象，实现经济效益和社会效益双提升，赢得广大消费者认可和好评。

【日常执法监管】　强化日常监管，开展专项集中整治行动，始终保持惩治文化市场违法违规经营行为的高压态势，保障和促进全县文化市场安全稳定。开展“12345”县长热线和“12318”文化市场举报电话等多渠道举报受理工作，及时更新市民服务热线信息库，整理市民服务热线举报单位名单，提高执法办案针对性。全年共受理市民服务热线办理单10余件，实现办结率和满意率100%。

在繁华街区闹市、城乡结合部、农村地区和校园周边等关键部位，针对“元旦、两会、春节、五一、高考、国庆、寒暑假期”等重要节点，以网吧、KTV、出版物市场、印刷复制企业、歌舞娱乐场所、营业性演出市场等为重点，深入开展各类专项整治行动。以“净网·2016”、“清源·2016”、“利剑·2016”、“静音·2016”四大行动为主线，联合公安、工商、电信、文广新局等有关部门，组织开展专项整治行动，有力惩治各类违规经营行为，文化市场经营秩序得到进一步规范。

创新监管执法方式，在两个中队内部推行联合式、交叉式巡查执法。坚持在八小时工作时间外和消费高峰时间段错时巡查，制定文化市场“黑名单”，对被列入“黑名单”的经营单位和12345县长热线、“12318”文化市场举报电话反复投诉、举报的经营单位重点巡查，做到有案必查、有查必果。2016年，共出动执法检查人员近1500人（次），检查文化市场经营单位300多家（次），办理案件86件。查缴各类非法出版物150册，收缴盗版、淫秽光盘400余张，关闭取缔非法店档摊点和不法游商2个。查缴卫星地面接收设施及其他非法设备7套（件），捣毁非法销售卫星地面接收设施窝点4个。

【法制宣传教育】 制订《祁阳县2016年度文化市场法制宣传教育活动实施方案》，组织开展12318文化市场法制宣传教育，广泛宣传文化市场政策法规，切实增强广大人民群众知法、懂法、守法的自觉性。全年共出动出动宣传车10余台次，宣传人员50人次，印制发放法规宣传单1000余份。4月7—8日，举办文化市场经营业主法律法规培训班，参训人员达120余人。7月14日，邀请省消防协会蒋剑平升展消防知识专题培训讲座，参训人员达100余人。

【执法队伍建设】 扎实开展“三严三实”专题教育。组织全队党员干部到石洞源参观陶铸故居，引导党员干部坚定理想信念、纯洁党性观念、恪守宗旨意识。加强执法人员业务教育。落实年度文化市场管理执法人员培训规划，组织全体执法队员参加全县性“六五”普法学习和考试，参考率和通过率达100%。4月、7月组织执法骨干参加省、市举办的各项业务培训班。累计培训业务骨干30余人次，大力提高执法工作能力和办案水平，树立良好的执法队伍形象。

（邓远明）

广播电视

【概况】 2016年，在县委、县政府的正确领导下，在县人大、县政协的监督支持下，县广播电视台按照“高举旗帜、围绕大局、服务人民、改革创新”的总要求，深入贯彻落实习近平总书记系列重要讲话精神，上下同心，目标一致，心往一处想，劲往一处使，较好地完成全年各项工作任务。2016年，县广播电视台在全县工作目标管理综合考核中，名列同类别单位第一名；荣获全县目标管理综合考核先进单位、社会管理综合治理先进单位、优化经济环境和机关效能建设工作满意单位、跑项争资争资鼓励奖等荣誉称号。

【基层党建】 全台以开展“两学一做”学习教育为契机，坚持抓基础，认真组织开展集中学习、专题讨论、召开民主生活会和组织生活会、重温入党誓词、签署承诺书等活动，全年各党支部组织党员集中学习46场次，党员撰写心得笔记200余万字，组织党员观看《永远在路上》《打铁还需自身硬》等反腐倡廉警示教育片6场次。通过开展“两学一做”学习教育，增强全台党员干部的政治意识、大局意识、核心意识和看齐意识，进一步夯实党建基础，年底县广播电视台被评为基层党建工作先进单位、党风廉政建设工作先进单位。

【新闻舆论】 全年共播出《祁阳新闻》360期，播发图像稿件2685篇，为全县经济社会发营造良好的舆论环境。重大报道策划有力，县第十二次党代会期间策划制作的《喜迎党代会》《聚焦党代会》《新闻会客厅》《献策党代会》等新闻宣传系列报道，从宣传形式、内容和传播效果上积极创新，取得良好的宣传效果，得到县委主要领导的肯定，市台监听监看通报头版点评表扬祁阳的做法。对外宣传再获佳绩，全年在《永州新闻联播》播出新闻稿件368篇、时长463分钟，在全市县区台用稿时长排名第一；在《湖南新闻联播》中播出新闻稿件52篇，在永州各县区排名前列；在中央新闻频道播出稿件3篇；连续五年荣获永州市广播电视新闻通联工作先进单位，连续四年荣获湖南省广播电视优秀通联集体。在全市广播电视新闻奖评选中有4件作品获奖，其中一等奖1个、二等奖1个、三等奖2个。

【创新栏目】 加大自办节目制作力度，在继续办好每周一期《政法在线》的基础上，新开办《美丽祁阳乡村行》栏目，全年共制作播出10期。《美丽祁阳乡村行》推出后社会反响很好，节目收看率、点击率很高，得到大众一致好评，并获得市广播电视协会专家肯定，被评为2016年度全市广播电视奖一等奖。通过该档栏目，既锻炼该台记者、编辑和主持人等一批新人，又提高该台的传播力和影响力。

【小区营销】 2016年，有线网络公司以市场开拓为龙头，以小区营销为突破，努力激发内部活力与潜力，全年共派出工作队到小区主动营销221人次，完成经营收入1134万元、新发展数字电视客户1230户、宽带客户1190户，其中数字电视增值业务收入64万元，双向互动点播业务收入32.31万元，新发展家合客户1568户。

【数字平移】 2016年，全面完成平移工作任务，共平移有线数字电视用户10057户，无线平移2384户。同时，加强农村网络基础设施维护改造，对梅溪镇无线数字基站、黎马公路沿线、十里坪农场重点项目的杆路进行改造，对羊角塘、梅溪两座铁塔进行绣和加固，累计杆路改造、维护光缆干线里程20公里，抢修35次，新增光节点12个，新增光缆里程25公里。加大设备投入，投资10多万元为机房新增UPS不间断电源设备，实现机房断电时信号的稳定传输。大力调动乡镇站和代办员的工作积极性，全年新发展无线数字电视用户2080户，有线电视389户，实现总收入700万元。

【“户户通”】 积极组织人力、物资、技术，保证安装工作及时到位，圆满完成“户户通”22500户的工作任务，收到良好的社会反响，县广播电视台被评为全县重点民生实事工作先进单位。同时，加快设备更新力度，投入50多万元购买全新的虚拟演播室系统、多路飞播系统、高清数字摄像机和飞行器等，对采、编、录、播系统、设备进行全面升级和数字化改造，增强技术管理水平，电视收视率有了较大的提升。

【“村村响”】 2016年，全县全面启动“村村响”建设工程。广播电台面向社会公开征集台歌，继续播发《整点播报》和《创卫第一线》栏目，共播发稿件210期，播发各类稿件1200余条，与企业合作开办《爱车天天汇》《音乐旅途》《听听相声》等节目，广播事业呈现勃勃生机。

【管理制度完善】 全台坚持严格科学管理，不断提升部门和职工的工作效能，不断推进管理制度规范化。考核管理实行奖优罚劣、奖勤罚懒。向社会公开招考8名记者和2名制作人员，及时为台里紧缺的人才补充一支新生力量。对1名违法违纪员工进行严肃处理，对6名员工停发工资和绩效考核奖，不断增强干部职工的遵纪守法意识。

【市级文明单位创建】 2016年，县广播电视台积极申创市级文明单位，加强职工道德教育和法制宣传力度，开设道德讲堂，举办“践行两学一做·做负责任的广电人”演讲比赛，物质文明和精神文明呈现双丰收，顺利通过市县文明办考核验收，被评为“市文明单位”。

【精准扶贫和创国卫活动】 切实加大扶贫工作力度，全年组织党员干部到龚家坪镇石山湾村开展扶贫60人次，捐赠现金5万元及价值5万元物资，班子成员对口联系的11户贫困户全部脱贫，被评为精准扶贫先进单位。切实加大创国卫工作力度，积极组织职工一天一小扫、一周一大扫，认真做好机关内部、责任街道的环境卫生清扫，投入11.5万元启动责任小区和责任村的基础设施和环境卫生改造，创卫工作受到县创卫办的高度肯定，在同类别职能部门评比中荣获第一名；加大创森创绿工作力度，该台荣获创建全国绿化模范县先进单位。

大华山电视调频转播

【概况】 2016年，大华山电视调频转播台（以下简称“大华山台”）主营转播发射中1（中央电视台第一套）、中七（中央电视台第七套）、湖南卫视、永州新闻综合四套模拟电视和中央、省、市7套数字调频广播，此外承接中央、省21套无线地面数字电视发射及省数字微波传输中继任务，直接覆盖永州市北五县及周边衡阳、邵阳、郴州等地区部分县（市），覆盖受益面积近300多万人。

【安全播出】 为做到安全播出，大华山台每班有机房主任和技术精湛的工程师全面负责，重大事件、节（假）日播出实行领导带班值班负责制，实施“预防为主，防治结合，计划检修”机制，制订机器设备检修、维护的周检、月检、季检、年检计划及突发事件应急预案，强化“巡查、消防安全、保卫”体系，发现问题及时处置，做到“第一时间发现，第一时间反应，第一时间解决”。力保一般故障不过夜，重大故障集中力量突击抢修。强化应急演练，增强应对突发事件的快速反应和协调能力，确保机器设备时刻处于完好状态。

【事业建设】 积极推进事业建设，搭建新的发展平台，抢抓发展机遇，为长远发展赢得更大空间，加大基础设施建设，2016年年初，省广播电视局和市电视台在资金上给予大力支持，并自筹资金，全面装修新建的综合性功能楼，经过近一年的奋战，年底全面竣工。机房铺设防静电地板，墙壁安装13台换气扇，以便机器设备良好散热。2016年12月，台领导全面提升办公、职工住房品质和档次，大力改善大华山职工工作、学习、生活环境和氛围，做到既经济、实用、环保、舒适，又达到预期目的。经省、市两级主管部门领导测评，得到较好的评定。

【公路建设】 大华山台地处偏远，道路交通对于高山台、站和发展至关重要，也是高山台、站的一条生命线，2016年台里挤出资金，用挖掘机在原先已硬化的公路两旁拓宽各50厘米左右路基，扩大视野，避免交通事故，确保道路安全和通畅。

【数字电视】 随着中央、省广播电视无线数字化覆盖工程的实施，2016年10月，由成都德鑫厂生产的两台频率分别为16CH和48CH的DTMB数字发射机在大华山台调试成功并运行发射，根据市广播电视台统一安排，2017年将永州电视台新闻综合、永州公共二套电视打包通过DTMB发射传输覆盖，广大观众使用无线接收天线和机顶盒可免费接收23套无线地面数字电视，满足人民群众收看和收听好广播电视的需求，大力促进“文化惠民”工程全面铺开。

（杨燕华）

浯溪文物管理

【概况】 2016年，县浯溪碑林风景名胜区（陶铸故居）管理处内设五科一室，即办公室、计划财务审计科、文物保护科、项目规划建设科、旅游市场营销科、安全保卫科；下辖浯溪碑林景区、龙溪李家大院陶铸故居、陶铸纪念馆等四个事业单位，共定编105人。现有干部职工112人，离退休人员17人。管理全县两处全国重点文物保护单位（浯溪摩崖石刻、龙溪李家大院），一处省级重点文物保护单位（陶铸故居）和全县可移动馆藏文物。县浯溪管理处党委以“两学一做”学习教育活动为抓手，牢牢把握项目建设、文物保护、旅游服务业提升等重点工作，立足实际，凝心聚力，真抓实干，保持良好的发展势头，各项工作都取得新的成绩。全年浯溪景区门票收入突破110万元，导游1100批次，接待游客35万人次。先后获得2016年度全县工作目标管理综合考核先进单位、党建工作先进单位、党风廉政建设先进单位、创国卫责任单位评比第四名、全县民调先进单位、创建为县级文明单位、全县办公室工作先进单位等荣誉。

【文物保护】 一是文物普查。根据国务院《关于开展第一次全国可移动文物普查的通知》及省市有关文件要求，该处于年初组织专门力量，开始对馆藏文物和陶铸纪念馆收藏的可移动文物进行普查。经过普查人员不懈努力，完成资源调查、信息采集、数据上传、成果展示和总结撰写各个阶段的工作任务。此次普查，共完成892件可移动文物采集登录工作，其中：馆藏文物611件；陶铸纪念馆文物281件。普查工作于2016年10月结束并通过省市移普办验收。二是龙溪李家大院“四有”档案工作。龙溪李家大院是2013年国务院公布的第七批全国家重点文物保护单位，根据国家、省文物局要求，县浯溪管理处组织人员克服各种困难，上赴市文物处收集资料，下到李家大院现场调查，集中撰写和编制《李家大院四有档案》，共完成主卷、副卷、备考卷3大类13项353页文字、图片撰写工作。于2016年3月10日完成编制工作，5月20日，顺利通过省文物局验收。三是文物志编撰。根据《湖南省文物局关于组织编撰〈中国文物志·不可移动文物篇〉的通知》精神，《中国文物志》是国家文物局确定的重大文化典籍工程，国家文物局对此高度重视，全志内容分三大部分：行政管理与事业发展篇，不可移动文物篇，可移动文物篇。本次启动的为不可移动文物篇，湖南省入志篇40处，其中浯溪摩崖石刻为其中一处。该处组织人员编撰的浯溪摩崖石刻文物底稿于2017年5月27日完成，9月10日通过省文物局验收。

【浯溪景区提质改造】 完成浯溪碑林景区的绿化提质改造工作，共种植银杏、桂花、红叶李、红豆杉、紫荆等名贵树木600余株，完成11亩地面绿化提质改造工作，景区园林绿化、美化、亮化水平迈上新台阶。进一步提升道路安全工作。在浯溪碑林景区浯溪溪口、监崖、临水等路段安装120米安全护拦。完成浯溪碑林风景名胜区生态环境和游人容量监测项目建设，于2016年5月通过省住房和城乡建设厅验收，共投入资金40万元。投入资金80余万元完成浯溪景区湘江河段幽趣桥、吾洞等处水毁工程建设。

【浯溪AAAA级景区复核】 按照《旅游景区质量等的划分与评定》国家标准及其评定细则的要求，认真做好AAAA级景区复核工作，3—11月，分别对景区内的基础设施、三绝堂、宝篆亭进行刷漆翻新，对游客中心的配套设施进行完善，重新制作景区的警示牌、标识牌、警告牌106块，并刻制成中英文，更换垃圾箱27个，于2016年下半年顺利通过国家A级复核验收。

【文物价值解读】 2016年6月，由中国文物保护基金会、省文化厅、省党史研究室、省地方志编纂委员会、省文物局、红网承办的《讲文物故事、知家乡历史》首届湖南文物价值解读与传播大赛启动，在全省3795篇稿件中，由浯溪管理处组织选送的浯溪碑林解说词《稀世文明明珠·绝佳旅游胜境》获一等奖，《古楼神钟·香火绵延》潇湘楼获入围奖。

（周建辉）

新华书店

【概况】 祁阳县新华书店全称为“湖南省新华书店有限责任公司祁阳县分公司”，有正式员工35人，临聘员工20人。2016年，祁阳县新华书店完成销售总额1.18个亿，与去年同比增长17.23%；教材、教辅销售8987.87万元，同比增长16.66%；一般图书销售1382.07万元，同比增长35.92%；文化用品销售1386.69万元，同比增长6.30%；完成利润1210.37万元，与去年同比增长18.11%。

【中小学教材教辅发行】 祁阳县新华书店负责全县中小学教材教辅发行工作。2016年春秋两季教材教辅发行得到了祁阳县教育局和各学校的一致好评。祁阳县新华书店做好了三件事，一是做好了发书前的准备工作；二是责任到人，提高发行质量；三是做好后续服务工作；祁阳县新华书店坚持“课前到书，人手一册”的发行原则，在计划的时间内把教材、教辅都一本不少地发送到各学校。2016年发行活动用书《诚信课堂》《文明礼仪》10余册，发行《军事理论知识》5万余册。

【政治读物和活动用书发行】 2016年，公司经理室和图书业务部先后多次请县委宣传部出面协调，超额完成省、市公司下达的政治读物发行任务。公司发行政治读物《习近平读本（平）》11000册，发行《习近平读本（精）》860册。

【图书发行网点】 2016年底，祁阳县新华书店共有图书卖场4处。即位于县城人民路59号的中心门店，面积约350平方米，主要销售各类图书和音像制品及数码产品，图书品种约15000余种，年销售量约200万元以及祁阳县第一中学布克校园书店、祁阳县第四中学布克校园书店、祁阳县陶铸中学布克校园书店。另外，新华书店在每个乡镇都建有“校园驿站”。

【公益事业】 2016年，祁阳县新华书店认真贯彻落实习总书记“精准扶贫、精准脱贫”指示精神，对县委、县政府确定的扶贫点进行捐赠帮扶；向620个贫困生（小学生420人，初中生200人）捐赠7至10万元教辅图书。

卫生计生工作

【概况】 2016年，全县卫生计生系统坚持深度融合，着力推进机构改革，原卫生局和原人口计生委机构合并成立县卫生和计划生育委员会，合署到龙山公园老县政府办公，委机关设14个业务股室；原县妇幼保健院和县计划生育指导站合并成立县妇幼保健计划生育服务中心；原县卫生监督所和原计划生育社会抚养费征收管理局合并成立县卫生计生综合监督执法管理局；乡镇卫生院和镇计划生育办公室整合，成立22个镇（办）卫生计生办、19个镇中心卫生院、3个街道社区卫生服务中心；启动县农合办与县医保中心合并以及乡镇卫生院与乡镇卫生防疫保健站合并工作。11月，完成全部合并工作。

【计划生育跨越发展】 一是基层基础工作正常开展。2016年，祁阳县实施“全面二孩政策”；人口计划按目标任务完成，计划生育业务工作月度考核在全市名列前茅；党政综治线考核省、市全部定性为1档；惩治“两非”典型案件5例，被省计生领导小组评为全省惩治“两非”工作先进县区。顺应群众对卫生计生新政宣传需求，全县优化整合镇村卫生计生宣传阵地，对全县22个镇（街道）卫生计生办、560个村（社区、居委会）宣传阵地内容全面整合，优化更新。建成八宝镇龙潜村及黄家渡村高标准卫生计生宣传示范阵地提质点。创办龙山街道光明社区、浯溪街道白竹湖社区

2个城市社区卫生计生文化宣传示范点。流动人口管理与服务工作圆满完成目标任务，违法生育社会抚养费征收到位，药具工作全面落实省、市交办的各项工作任务。2016年，祁阳县被省委、省政府评为“全省人口和计划生育工作良好单位”。

二是着力搞好卫生计生精准扶贫。制订《祁阳县建档立卡农村贫困人口“因病致贫因病返贫”调查方案》《精准扶贫卫生计生支持计划实施方案》，成立卫生计生精准扶贫工作领导小组，加强与相关部门的协调配合，解决扶贫中的重大问题。2016年，县卫生计生委自筹资金20万元，由班子成员带队，在茅竹镇肖家村、白水镇上凉村开展结对帮扶贫困人口健康干预项目试点。同时，对全县8.7万贫困人口建立健康档案，在县级以上（含县级）医疗机构住院补偿比例提高10%，大病保险报销起付线降低50%，在新农合及大病保险补偿后的个人自付医疗费用由县政府相关资金（民政医疗救助资金、扶贫资金或财政其他资金）给予帮扶兜底。

三是关爱计生特殊家庭。围绕解决计生特殊家庭“看病难”问题，开展“计生特殊家庭健康行”活动，建立健全健康档案，设立就医转诊“绿色通道”，村（社区）卫生室开展免费体检、健康咨询、康复指导、精神抚慰等服务。为252名失独家庭建立健康档案，发放200—300元慰问资金，总共发放43900元。为全县328名特殊家庭建立健康档案，每年提高600元奖励标准。县计生协会荣获全省计生协会工作先进单位，邹联琼被评为全国计划生育协会先进个人。县爱心联盟志愿者开展“亲情牵手”活动，让志愿者成为“失独家庭”的社会“儿女”，按照“就近便民”原则，开展“一对一、二对一的联动帮扶”活动，生活上关心，生产上关怀，生养上关爱（上门落实政策、证件代办、家政护理、心理疏导、依法维权、上门送货及农忙协助等），让他们安心过好晚年。

【深化医药卫生体制改革】 一是完善支付方式改革，提高新农合保障水平。2016年，进一步完善按床位、按病种、按服务项目付费等多种付费制度。按床位费用实行“100+800（600）”模式，即一般患者在乡镇卫生院住院7日，患者付费100元（超过7日，按床日每天付费20元），农合定额付费800—900元，在县人民医院、县中医院住院患者定额付费800元，农合定额付费2800~2900元；按病种包干付费病种已增加到67个；按服务项目付费的大病住院补偿比例提高到85%。同时提高补偿封顶线，最高限额由12万元提高到15万元。

二是健全基本药物制度，基药使用比例逐步提高。全县推行基本药物制度，实行药品“三统一”，即统一配备使用基本药物、统一网上集中采购、统一药品零差率销售。自实施基药制度以来，乡镇卫生院基药配备和使用率达到100%，县级医院基药配备和使用比例逐年提高。县人民医院、县中医医院和县妇幼保健院基药销售占比分别达到43.3%、44.2%和52.1%。

三是大力加强人才队伍建设。2016年，面向医学院校及社会公开招聘各类卫生人才162人，其中基层60人，县直单位102人；县级医院人才引进5名；全县选拔人员进修培训102名，其中安排乡镇卫生院在职医务人员进行全科医生转岗培训4名。通过人才培养，全县医疗卫生队伍素质进一步得到提高。

四是公共卫生服务项目有序推进。12大项46小项基本公共卫生服务项目全面开展，基本公共卫生服务主要指标达到了项目要求。全县建立居民电子健康档案建档率85.2%，高血压病、Ⅱ糖尿病规范管理率分别达到42.2%、43.6%，管理重性精神疾病3598人。各种规划免疫接种率达到95%以上；孕产妇、0—6岁儿童建档率达到90%以上。农村妇女“两癌”筛查和重性精神疾病患者救治纳入省市重点民生实事项目，分配全县“两癌”筛查任务3万人重性精神疾病患者救治任务170人，截至11月底，完成农村妇女“两癌”筛查30361人次，重性精神疾病救治171人；完成叶酸服用对象8923人，增补率达94.48%。

【公共卫生服务体系建设】一是疾病控制工作取得实效。坚持以人禽流感、手足口病、艾滋病等重大传染病防治为重点，其它传染病常抓不懈的防治策略，全面落实各项防控措施。制订下发《祁阳县突发公共卫生事件应急预案》《流感大流行应急预案》《霍乱防控应急预案》《人感染H7N9流感应急预案》等重大疾病防控预案文件。强化艾滋病防控工作，艾滋病病毒感染者/病人随访检测比例达到85.2%，高危人群HIV抗体检测比例达65%。做好结核病防控工作，完成新涂阳任务224例，活动性肺结核任务624例，耐多药结核任务9例（市定任务数4例），结核病新涂阳患者治愈率达94.5%。乡镇预防接种门诊标准化率达100%，预防接种门诊实行疫苗扫码入库、扫码接种，扫码率达100%，一类疫苗单苗接种率达95%以上。

二是妇幼保健水平提高。加强两个系统管理工作，全县产妇11558人、产前筛查9917人，产前筛查率85.8%；产前筛查高危孕妇577人、接受干预484人、接受干预率达83.88%；新生儿遗传代谢性疾病筛查11260人、筛查率96.81%；新生儿听力筛查10089人、筛查率90.1%；全县5岁以下儿童死亡48人、死亡率4.12‰；国家免费孕前优生健康检查目标人群覆盖率103.1%，早孕随访率99.9%，妊娠结局随访率99.7%，临床检验室间质评结果合格率100%。

三是加强卫生计生监督执法。开展惩治非法行医、非法医疗广告、代孕及“两非”等专项整治活动。出动车辆70余台次、执法人员550人次，监督检查医疗执业单位84家，共查处无证非法行医的单位36个，其中牙科23个，没收牙床12台，消毒柜3台，B超机1台。加强生活饮用水卫生监督，对全县13家集中式供水单位进行拉网式监督检查，并对其中2家单位进行立案调查和处罚。强化公共场所卫生监督，检查公共场所172家，监督覆盖率达100%，对住宿、游泳、沐浴、美容美发等公共场所进行量化分级管理77家，量化分级达标率100%。

【医疗服务质量提升】 一是狠抓医院质量管理。各医疗机构以开展“医疗质量管理年活动”“群众满意的乡镇卫生院”活动为载体，进一步改善服务态度，优化服务流程，不断提高医疗卫生服务质量。县人民医院在全院逐步推行“5S”管理，认真落实“三基三严”培训，医院服务质量显著提高；县中医医院突出中医特色，重点加强中医医疗核心制度的落实和质量控制，努力提高质量管理水平；文明铺镇中心卫生院创建“群众满意的乡镇卫生院”活动成绩斐然，3月，荣获国家卫计委首批“群众满意的乡镇卫生院”荣誉称号，曾劲松院长荣获中国医师协会第10届中国医师奖。

二是开展中医药服务能力提升工程。2016年，县中医医院开展新的中医诊疗技术，诊疗方法达50余项，实施中医临床路径管理的病种达57种。黎家坪、茅竹、大村甸、羊角塘、浯溪等5所卫生院已完成中医药综合服务区项目建设任务。全县22所乡镇卫生院均能开展10种以上中医药适宜技术，65%以上的村卫生室能开展4种以上中医药适宜技术。

【无偿献血】 认真贯彻《中华人民共和国献血法》，加大无偿献血宣传力度，继续保持无偿献血占临床用血比例100%、自愿无偿献血100%的“双百”目标，截至12月底，全县共完成无偿献血2166人次，献血量71.47万毫升，超额完成全年目标任务。荣获全市2016年度无偿献血工作先进县区荣誉称号，奉毅荣获全市无偿献血工作先进个人荣誉称号。

【行业作风转变】 深入开展“两学一做”专题教育活动。坚决贯彻执行“八项规定”和“九不准”规定，深入开展纠正医药购销、违规收受“红包”等办医行医中的不正之风，严厉惩治涉医违法犯罪专项整治活动。通过走访企业、拨打卫生计生热线等方式，为群众和企业解决有关卫生计生方面问题127个。

（雷胜利）

疾病预防控制

【概况】 2016年，祁阳县疾病预防控制中心有在职职工180人，专业技术人员121人，中级职称60人，高级职称21人。该中心先后取得省卫生厅颁发的艾滋病初筛实验室资质证书、公共卫生监测检验质量认证机构证书、职业卫生体检技术服务资质证书以及市安全生产监督管理局颁发的丙级职业卫生技术服务机构资质证书，通过省级实验室计量认证复评与省级食品检验机构认证。2016年，县疾控中心团结带领全体干部职工抢抓机遇、应对挑战、攻坚克难，较好地完成年度管理方案确定的目标任务，各项工作取得新的成效，向县委县政府交上一份满意答卷。获得湖南省“十二五”重点传染病监测先进单位、湖南省新闻宣传先进单位、湖南省结核病防治先进单位、“骨动湖南”健骨操永州赛区二等奖、祁阳县2016年度社会管理综合治理先进单位、祁阳县先进基层党组织、县“两学一做”知识竞赛三等奖、县2016年度创建国家卫生县城先进单位等多项荣誉，为保障全县人民身体健康，建设幸福美丽新祁阳作出应有贡献。

【全县疫情概况】 继续坚持以霍乱、非典、人禽流感、狂犬病和手足口病等重大传染病防治为重点，其它传染病常抓不懈的防治策略，全面落实各项防病措施，保持全县疫情稳定。截至2016年12月31日，全县共报告法定传染病3317例，死亡17例，发病率312.92/10万，死亡率1.60/10万，病死率0.51%。较上年同期，三率保持稳中有降。无霍乱、非典、狂犬病等重大传染病疫情，无突发公共卫生事件。

【疫情监测】 开展不明原因肺炎、人感染H7N9禽流感、伤寒、狂犬病、钩体、流行性出血热、手足口病、霍乱布鲁氏病等传染病监测。荣获湖南省“十二五”重点传染病监测先进单位称号。全年共采集手足口病散发普通病例样品60份，聚集性疫情样品26份，监测完成率100%；采集活禽交易市场和批发市场环境样品111份，检测出A型阳性标本48份，占43.24%，H7N9阳性标本1份，占0.90%，H5阳性17份占15.32%，职业暴露人群血清样品8份，结果均为阴性。5月以来，开展霍乱疫源检索：对自然水体、疫区、医院污水、海（水）产品等进行采样检测，外环境检索174份，其中外环境水样72份，占41.38%，海水产品95份，占54.60%，食品样7份，占4.04%，均未检出阳性。督促各镇及时开放腹泻门诊并做到“逢泻必登、逢疑必检”，全年共登记腹泻病人1418例，检索521例，检索率36.74%。完成省市业务部门下达的监测任务。开展狂犬病暴露人群监测，共登记6823人次，实施规范接种狂犬疫苗6823人次，增强人群免疫力。

【业务培训与应急演练】 对全县各级医疗卫生单位开展重点传染病防控培训，全年累计培训达1000余人次。12月6日，组织中心应急机动队40余人开展应急演练，全面提高全县疾病防控专业人员的技术水平和应急处置能力。定期开展医疗卫生单位督导工作，强化两个门诊建设，加大传染病防治督查力度，确保各项防病措施落到实处。每天安排专人每2小时上网浏览、审核疫情，确保疫情报告准确性、及时性和完整性。对疑似疫情严格按照传染病防治“早、小、严、实”处理原则，做到发现一起，及时报告一起，规范处置一起。在2月发生的一例人感染H7N9禽流感疫情中，立即出动应急处置队，对病例居住地、工作场所、就诊医院、农贸市场等开展流行病学调查、采样、消毒、健康教育等工作，通过采取部门联防联控等综合措施，确保无新发病例出现。

【艾滋病防治】 全县累计报告艾滋病例731例，其中存活431人，死亡300人，新发127人，疫情形势严峻，成为全县重点防控的传染病。全年完成艾滋病筛查91315人，检测率10.46%，完成常居人口检测率达10%的筛查指标；病毒感染415人，接受抗病毒治疗360人，治疗率86.2%；吸毒人员月均干预100人；梅毒疫情报告准确率100%。对城区83家宾馆、22家美容美发厅、9家KTV、49家足浴城共876名服务人员进行“面对面”宣传，发放安全套4000只、宣传牌1000份，宾馆艾滋病宣传牌、安全套设置率达90%，提高从业人员艾滋病知识知晓率。全年各场所主动来中心领安全套48420只。全年开展药物维持治疗309人次。春节前后，县防艾工作委员会通过集中发放、个别走访等形式，对部分在治病人、病人遗孤及感染儿童、部分生活困难的感染者及家庭进行慰问。对11名遗孤、6户特困家庭，122例在治病人开展慰问，送去慰问金25000元、棉被15床。围绕组织、建设、接诊、治疗、培训、宣传、干预等开展工作，做到早发现、早治疗，报告率达100%。

【结核病管理】 全年结防门诊共登记可疑肺结核病人1575例，查痰1575例，照片1575例。共发现活动性肺结核病人746例，其中初治涂阳251例，复治涂阳35例；涂阴病人460例，耐多药病人9例，全面完成发现任务。落实DOTS措施，提高病人规则治疗率和治愈率，确保项目工作质量。突出重点，抓病人的督导与管理工作，对所有免费治疗的涂阳肺结核病人全部实行全程督导与管理，实现DOTS覆盖率100%。加大对县级各医院结核病网络专报的管理工作，每周督查2次，对漏报进行及时补报，并对网报病人进行追踪管理，网报率100%，病人追踪率100%，达到省市项目办的要求。加强结核病宣传，利用“3·24世界结核病日”，采用多形式、多渠道向社会各界进行广泛宣传。活动共发放宣传品、宣传资料6000余份，现场咨询、义诊300余人次，对县内移动用户发送结核病防治核心知识短信27万条。继续开展中小学生结核病筛查工作，全年完成15000余人次筛查任务，筛查工作走在全市前列。同时，荣获湖南省结核病防治所授予的“实施《湖南省结核病防治工作规划（2011—2015）先进集体”荣誉称号。

【免疫规划】 继续在全县范围内开展免疫规划扩大免疫，保证每月一次冷链运转，全县免疫规划疫苗报告接种率达99%以上。进一步对一类疫苗出入库进行规范化管理，做到账苗相符，市、县、镇相一致。全年共下发一类疫苗449600人份；对全县164所小学和216所托幼机构开展新入学入托儿童预防接种证查验工作。全县应查验24771人，实查24763人，查验率为99.97%。儿童信息录入工作开展有序，接种门诊、产科录入工作质量大幅提高。加强麻疹疫情的调查与处理。全年报告麻疹疑似病例32例，确诊14例，对每一麻疹疑似病例都进行隔离、开展流行病学调查及查漏补种，有效防止麻疹扩散。全年共开展AFP病例主动监测36次，接受两家监测医院旬报72次，发现并报告AFP病例3例，报告率为3.0/100万，脊灰野病毒和疫苗病毒分离均为阴性。做好AEFI的监测、调查与报告工作，全年共报告AEFI68例，报告及时率与调查及时率均达到100%。

【公共卫生监测】　完成食品安全风险监测及各类公共场所常规监测任务。全年共检测蔬菜样品40份，合格率为97.5%；食用湿米粉20份，其中6份水份超标，1份酸度超标，1份检出蜡样芽胞杆菌，17份大肠杆菌超标；食用油20份，合格率95%，食用米粉卫生状况令人堪忧。年内共处置6起重大食源性疾病疫情，按要求开展流行病学调查并及时上报资料；加强公共场所卫生监测，全面推行持证上岗制度。全年共完成餐用具消毒效果监测506份，合格418份，合格率82.6%。开展县、镇医疗保健机构消毒效果监测。全年检测消毒卫生样品数383份，不合格样品21份，合格率为94.52%。全年公共场所健康体检6648人次，合格发放健康证6587人，体检合格率99.08%。更好地保障广大人民群众身体健康。完成农村环境卫生、饮用水水质监测工作任务。对全县100户家庭进行环境卫生和土壤监测。采集20份土壤样品，检测出有蛔虫卵的土壤10份，铅、镉、铬金属指标检测结果正常。在丰水期和枯水期间对农村饮水工程监测点的末梢水、出厂水及城市饮用水的市政供水水质共计390个水样进行抽样检测，合格率68.46%；打造职业卫生服务强县品牌。充分利用全县职业卫生技术服务资质，在做好本县区职业卫生服务工作的同时，承接江华、道县、宁远等多家县外企业职业卫生服务工作，彰显祁阳县职业卫生服务水平。全年完成上岗前体检3257人，在岗人员职业健康检查819人，离岗人员健康体检119人，教师资格体检426人，劳务输出体检285人，药品从业人员预防性健康检查426人，共发现职业禁忌症10人。

【慢性病及寄生虫病防控】
开展4092例重性精神病患者建档和管理工作，患者在册率达4.69‰，完成重性精神病救治救助170人；协助市皮防所完成32人次现症麻风病人及密切接触者调查随访工作。年内完成597份发热病人疟疾血检任务，未发现阳性，并按期完成消除疟疾资料汇编。

【学校卫生】　对城区九年义务教育阶段学生、县直中学和职业教育学生开展健康检查44731人，建立学生健康档案44414份；开展学生近视眼防治监测31792人次，查出近视学生6955人，近视患病率为21.87%；同时，根据创国卫要求，完成城区九年义务教育阶段学生驱虫工作，经过对1058名九年义务教育阶段学生肠道蠕虫感染率调查，驱虫前感染阳性率为3.96%，驱虫后感染阳性率降为1.59%，达到创建国家卫生县城蛔虫感染率控制标准。

【质量管理】　2016年，中心在市卫计委的支持与推荐下，申报乙等县级疾控机构等级达标创建。质量管理工作紧紧围绕质量管理手册，以能力等级达标为重点，对照标准，认真组织业务培训，开展内部评审，各类样品受理与流转进入底数清、登记全、流转快、结果明的良性循环。

【健康教育与促进】　在创国卫活动推动下，全县健康教育机构不断完善，县、镇、村三级健康教育网络不断健全，形成了纵向到底、横向到边的立体化健康教育网络；健康教育范围不断扩大，健康教育内容不断丰富，一年来，共制作宣传栏2000多块，发放《居民健康素养66条》5万余册。同时利用“4·25计免宣传日”“5·12护士节”“科普宣传月”、“12·1艾滋病防治宣传日”等开展健康教育活动20

余场次，开展以提高全民健康素养为重点的健康知识讲座50多场次，近10000人参加了知识讲座；全年开展各类宣传日活动和卫生下乡活动10余次，各种疾病防控知识及全民健康生活方式宣传惠及上万人，极大提高全县居民健康知识知晓率与健康行为形成率，为提高市民素质，创建国家卫生县城奠定良好基础。拓展信息渠道，加大信息报送力度，年内省市投稿326篇，比上年同期增长87%，荣获2016年度湖南省健康教育新闻宣传先进单位荣誉称号。

【绩效考核】 在总结2015年度内部绩效考核经验的基础上，坚持从粗到细，由简及繁的原则，修订完善内部绩效考核方案，突出工作质量、工作纪律、内务管理、机关卫生等考核重点，加大考核力度，完善考核机制，取得明显成效。一是人面识别签到制度，得到全体干部职工积极响应。二是下乡、出差、事病假、年休假行为得到进一步规范，做到手续齐全，有据可查，公开透明。三是内务整理、机关卫生实现精细化管理，营造窗明几净，整洁卫生的工作环境。四是加强质量管理，部门计划、小结、总结、预案及时上报，原始资料逐步完整。

【执行力考核】 制订班子成员执行力考核细则，坚持“谁主管、谁负责”的分工原则，较好地落实县委提出的“说了算、定了干、马上办”的总要求。建立中层干部目标管理责任制，明确岗位职责，增强履职意识、责任意识，做到任务到人、责任上肩，较好地实现中心提出的“做好学科带头人，当好部门领头雁”的新希望。加大专业技术队伍建设，通过质量管理培训、业务知识培训和应急演练等活动，提高专业技术队伍素质，逐步实现由业务大县向业务强县转变。

【内部管理】 针对中心内部管理出现的新情况、新问题，经职代会讨论通过，修订完善晋职规定、来客招待规定、中心外结算管理规定、门诊就诊优惠政策规定、各类补助标准调整规定、病休规定、下乡出差外培规定、旷工补充等规定，中心内部管理制度日益完善，行为规范有章可循。

【基层党建】 中心党总支在开展“两学一做”学习教育活动中，带领班子成员先学一步、深学一层、全面提升学习贯彻习总书记系列讲话精神和党章党规的思想自觉和行动自觉，组织各个支部按照要求开展“四个专题”学习讨论。即对照“讲政治、有信念”、“讲规矩、有纪律”、“讲道德、有品德”、“讲奉献、有作为”四个标准，找到差距，明确方向，较好地解决一些党员理想信念模糊动摇、意识淡化、组织纪律散漫、宗旨观念淡薄等问题。通过开展学习教育活动，每个党员进一步增强政治意识、大局意识、核心意识、看齐意识，进一步强化宗旨观念，在工作、学习和社会生活中起到先锋模范作用，为推动疾控事业发展提供坚强的思想和政治保证。同时，各支部按规定组建党小组，落实“三会一课”制度，执行党费收缴标准，加强党员网格化管理，丰富党日活动。年内，党总支还与文富市镇城柿村46户贫困户建立帮扶关系，圆满完成县委交办的阶段性精准扶贫任务。

【工会活动】 一年来，工会组织发挥桥梁纽带职能，积极建言献策。组织职工提出有代表性合理化建议20余条，全部被采纳并列入中心议事日程。其中，11条建议落到实处；组织落实职工福利待遇规定；对36名住院职工进行看望慰问；对38名办理红白喜事职工进行祝贺和慰问；对6名职工子弟考上大学进行奖励，同时还对唐志强（H7N9禽流感病人）及王双喜（进宝塘镇卫生院职工）开展爱心捐助活动。组织开展“庆三八”妇女节、5·12护士节、五四青年节及国庆中秋节等重大节日文体活动，极大地丰富职工业余文化生活，同时还积极开展职工医疗互助，帮助大病职工缓解就医压力。

【共青团活动】 中心团支部积极组织青年职工开展各类充满活力、益于身心的活动。如，3月5日学雷锋义诊活动、“五四”青年节徒步竞赛，“青春向党”公益活动。在“1+100”团干联系青年活动中，中心团干联系青年102人，发布线上活动5个，线下活动10个，网络点击率居全县前列，充分发挥青年干部这支生力军作用。同时，在团支部组织下，中心预防医学门诊部在成功创建“市级青年文明号”的基础上，又开展“省级青年文明号”创建活动，树立中心优质服务品牌。

【人文关怀】 妇女队伍日益壮大，占中心总人数的50%以上，成为中心发展不可忽视的中坚力量。中心加大对女干部培养，担任部门主要负责人的女干部达50%，她们在各自岗位上扎实奉献，干出实绩。加强育龄妇女孕环情检测工作，建立健全育龄妇女及二孩登记台帐，保证人口与计生政策落到实处。支持退休职工就读老年大学，坚持逢双月25日定期学习制度，畅通信息反馈渠道，年内举办老年门球邀请赛等有益于身心健康的活动，老年支部活动有声有色，对生病住院的退休老同志，及时进行看望慰问，嘘寒问暖，确保中心老年工作顺利开展。

（尹德利）

祁阳县人民医院

【概况】 祁阳县人民医院占地面积60亩，建筑面积41000平方米，现编制床位830张，实际开放床位1100张。2016年，医院业务总收入达到3.4亿元，同比去年增加6.2%。其中医疗收入2.38亿元，同比增长4.8%。门诊收入6500万元，住院收入17373万元。药品收入10125万元，占医疗总收入29.77%，入院人数62349人，相比2015年减少0.1%，出院人数62388人，同比增长0.3%，门诊人次392895人，同比减少2.6%。成功创建长沙医学院非直属附属医院、全国百姓放心示范医院、与省第二人民医院结为结对帮扶医院、与湘雅医院、湘雅二医院结为医疗协作医院。

【医护质量】 医院通过各种会议、业务培训、案例分析总结等方式反复强化医疗制度落实，自觉遵守诊疗常规，天天强调，月月考核，年年总结，力求将医疗核心制度和各项诊疗常规贯穿于医疗活动中，使医务人员将制度和常规内化于心，外化于行。同时加强学科建设，持续加大对重点建设专科和扶持专科的支持力度。医院呼吸内科、儿科、妇产科已被列为省重点专科，11个专业被列入市重点专科。在护理质量方面，增强服务能力。医院优质护理病房覆盖率达到100%，超额实现了二级医院优质病房覆盖率50%的目标。并且已将优质护理推向导诊、供应室等辅助科室。严格执行《医院感染管理办法》《医疗卫生机构医疗废物管理办法》《输血法》等有关法律、法规，加强督查指导。院感工作在上级主管部门检查和监测中全部达标，未发生医院感染暴发和流行。6月初，对住院病人进行横断面调查，其中，医院感染现患率为0.91%，社区感染率为28.44%，各项指标均在卫生部管理标准二级医院范围内。

【医院建设】 为改善就医环境，所有住院楼及门诊楼均已安装中央空调。医院就诊环境进一步改善，病人就诊环境更加舒适。2011年祁阳县人民政府第44次常务会议研究决定兴建祁阳县人民医院医疗综合大楼。大楼建设规模：框架结构，15F+2层，总建筑面积49343平方米，总投资约人民币1.8亿元。综合大楼建设项目已于2015年8月主体封顶。已完成了大楼围护工程、外墙瓷砖装饰工程、地下室通道、外墙内保温、窗户安装工程；已完成手术室、供应室、ICU、新生儿科、产房、血透室、电梯、水处理设备、视频监控、护士站、治疗室操作台、医护信息系统、病房壁柜、中央空调、中心供氧等专业科室设备及装修配套工程招标采购工作；消防、水电、中央空调安装工程及电梯等配套工程正在施工。待确定大楼装饰、装修主材后启动内部装修工作，力争2017年年底大楼投入使用。

【人才培养】 2016年以来共引进硕士研究生8人，上半年通过组织临床医疗考试两次、护理专业一次，共录取、聘用护理44人，医疗专业人员34人。下半年通过县人事局招考录用有编制人员47人（其中医疗17人，护理30人）。

【党建文化】 认真组织学习中共十八大、十八届三中、四中、五中全会精神，积极开展“两学一做”活动，做好结对帮扶工作，利用春节、中秋等重大节日，对九塘冲20户特困群众进行慰问，得到了社区群众的赞誉。2016年，医院党委评为全县“先进基层党组织”。院团委被评为“祁阳县五四红旗团委”，医院护理部跨入“青年文明号”行列。

为丰富医院文化活动，营造积极向上的工作氛围。举办中层干部管理知识培训班，邀请医院管理专家授课，使参加培训的中层干部接受现代化医院管理的新知识与新方法，提高中层干部的管理水平和执行力。创新各种载体，开展丰富多彩、寓教于乐的职工文化活动，倡导健康的生活方式，医院浓厚的人文气息，弘扬团队精神，增强员工的凝聚力和向心力，为医院持续、健康、快速发展注入活力，努力构建和谐医院。

【医保控费】 医保股为农合病人办理出入院手续并收集整理报账资料共计33725人次。农合病人总收入为141142637元，补偿总额93007101元。低保、五保、优抚4734人次，补助金额4233355元。为职工医保办理出入院登记工作共计4867人次，总费用23780933元，统筹金额16808970.77元。居民医保出入院总人数5650人次，总费用为21345170.67元，统筹为3043080.86元。另金洞农合病人办理出入院手续并收集整理报账资料共计818人次，金洞农合病人总收入为3693813元，补偿总额为2438598元，金洞职工医保办理出入院登记工作共计226人次，总费用为1115510.33元，统筹金额为793588.02元。

【精细化管理】 根据各部门工作现状，结合工作实际，客观分析完善工作职责、岗位说明书、工作质量考核表及31个职能部门的192个制度、229个流程、120份岗位说明书。职能部门每月对考核督查的质量缺陷进行讲评；成立了精细化管理小组每月根据精细化管理方案和职能月工作考核评分细则，对职能部门工作每月进行考核一次，自2015年10月已将BSC考核正式纳入月绩效挂钩。医院领导及职能中层干部每半月需制订工作计划，由原粗放、经验管理向计划性管理转变。成立5S管理督查小组，每月对职能部门5S管理工作进行检查一次，并将考核结果纳入BSC考核。大大降低平常工作中常见的错漏发生，有效的改善和提高工作效率及工作质量。

【联合办医】 2015年12月，祁阳县人民医院依托金洞管理区人民医院，建立祁阳县人民医院金洞分院。2015年门诊人次为1844人次，住院人次为1621人次，年收入仅286人次。建立金洞分院后，2016年门（诊）诊达8437人次，住院达3206人次，完成各类手术126台次（其中III类手术9台、IV类手术3台、腹腔手术1台），住院分娩81人次，实现业务收入1230万元，住院人均费用为1853元，患者用低廉的费用享受到县级医院服务，群众反响良好，达到政府满意、群众满意，医院合作共赢的改革目标。

祁阳县中医医院

【概况】 祁阳县中医医院始建于1952年，系二级甲等中医医院。2004年升格为正科级事业单位。目前，全院在岗职工762人（含临聘人员182人），退休职工157人；在岗职工中，正高级职称5人，副高级职称76人、中级职称218人，研究生12人。医院现为“一院两址、同步运行、统一管理”模式，新院区占地97亩，一期工程业务用房18600平方米，开设病床400张；老院区占地26亩，现有业务用房22000平方米，开设病床300张；全院下设27个临床科室、8个辅助科室和19个职能股室。2016年，医院完成经济总收入1.72亿元。完成门诊量13.8万人次，出院病人26603人次，手术7061台次，120中心接送病人7296人次。2016年，医院党总支荣获“全县先进基层党组织”和“县直党建工作先进单位”称号，临床第一党支部荣获“全市三十佳先进基层党组织”称号，李安清荣获“全县十佳党务工作者”称号，唐衡荣获“全县优秀共产党员”称号，唐小明、邓嫔荣获“全县人民最满意医务工作者”称号，王振荣获“全县优秀党务工作者”称号。陈英当选市党代表，李安清当选市人大代表，段红梅当选县党代表，申华育当选县人大常委会常务委员，张军当选县政协委员，团总支被团市委授予“永州市青年文明号”。

【“两学一做”教育活动】 2016年，祁阳县中医医院党总支认真贯彻落实中共十八大及十八届六中全会精神，深入开展“两学一做”教育活动。活动开启后，院总支高度重视，及时安排部署，成立活动领导小组，制定活动实施方案，召开动员大会，相继完成“学党章、学系列讲话”和“争做合格党员”等活动。在“争做合格党员”活动中，全体党员严肃认真查纠“自身不足”，坚持立行立改，“两学一做”活动重点突出、特色鲜明、成效明显。

【医疗管理】 2016年，祁阳县中医医院建立健全质量管理控制体系及规章制度。建立并完善院科组三级医疗质量管理控制体系，院领导、科主任、班组长分别为本部门质量安全第一责任人。进一步完善相关制度，组织编写、完善各项工作制度与岗位职责。落实医疗核心制度，层层签订医疗质量、医疗安全、抗菌药物临床合理应用责任状。各职能股室按照“三乙”标准制定工作计划，不断的检查、反馈、整改直至符合标准。医院领导定期深入临床医技科室查房，及时发现和解决工作中的问题。每月进行一次全院性医疗质量、医疗安全督查结果点评，及时通报医院等级评审办公室，将检查结果与科室及本人绩效挂钩。组织开展基本技能操作、护理技能、输血技能等各种培训与大比武，举行临床各专业危、急重病抢救培训、临床诊疗指南理论考试。全年累计开展中医类操作培训考核项目11项，参培医师315人次，参培护士1632人次，提高全院医师和护士技能操作水平。总护理部全年组织业务学习13场次、以中医药知识为主的理论考试9场次、邀请专家开展理论培训3场次。医务股全年组织业务学习10场次、理论考试3场次、医疗核心制度考试96人次、远程学习和会诊15场次。院质控办全年共检查归档病历和运行病历6966份，甲级率达到96%以上。

【护理管理】 2016年，祁阳县中医医院加强护理质量安全管理，护理质量管理小组对全院的护理质量安全进行监督、检查；科室内由护理质量安全管理核心小组对本科室的护理质量及安全进行检查并督促整改。坚持每季度组织护理质量大检查、健康教育知晓率及病人满意度调查；每月组织护理质量重点检查；每日病房巡视。全年对40名新招聘护士进行岗前培训，全面提高新进人员的素质，选派护理骨干及管理人员参加院外培训，进一步提高科室护理工作管理能力。实施“六项工程”，即：“形象工程、素质工程、创新工程、流程工程、关爱工程、创优工程”；开展护士基础礼仪培训、中医护理操作考核、优质护理服务评比等活动。加强健康教育的落实，开展各类健康教育讲座近30次。

【医院感控管理】 2016年，祁阳县中医医院定期开展院感相关知识培训，落实医院感染管理的各项规章制度，对医院感染管理实行目标管理责任制，规范医院感染监控措施。全年医院感染率为1.6%，感染漏报率为3.2%，均在卫计委规定的范围内；各类环境监测合格率98%以上；传染病上报率100%。

【技术内涵建设】 2016年，祁阳县中医医院各科室不断开展新技术、新项目，熟练巩固应用成熟技术为病人服务。内一科充分发挥中医药特色优势，开展中医外治较上年增长54.7%；内六科新开展急性心肌梗死溶栓治疗和食道调博术，疗效满意；内七科成功开展了扶阳灌技术；脑外科新开展开颅后人工脑膜修复术和开颅后颅骨锁内固定回置骨瓣术，均获成功；外二科成功开展经尿道输尿管软镜钬激光碎石术和局麻下膀胱镜碎石术26例；妇产科新开展产科气囊阴道助产技术80例；耳鼻咽喉科新开展支撑喉镜下喉息肉、喉囊肿摘除术；脊柱椎间盘科成功开展经皮脊柱内窥镜（侧路镜）下髓核摘除术、椎间孔经皮穿刺神经根阻滞术、经皮椎弓根钉结合PVP术治疗胸腰椎骨折术；手足外科开展皮瓣转移术80例、断趾再植术91例；关节外科开展膝关节镜42例。医院制定学科建设规划目标，实施年度考评和目标管理奖励办法，支极扶持重点学科和优势专科建设，进一步推进专科专病专治。在继续抓好3个省级特色专科的基础上，支持针灸推拿科与康复科分离成科，ICU、手足外科和关节外科建成投用。继续加强对重点学科人、财、物的扶持。针灸推拿康复科、骨伤科系统（包含6个科室）被市卫计委评定为“市级重点学科”。

【人才队伍建设】 2016年，祁阳县中医医院加大专业技术人员培养力度，重点培养学科带头人。选派36名学科骨干到省中医附一医院进修。实行中层干部竞争上岗，11名德才兼备的中层干部履新，充实和优化医院中层干部队伍。加强专业技术队伍建设，全年引进各类技术人员51名，其中研究生5名、临床类专业技术人员21名、本科护理专业技术人员15名，获聘中级专业技术职称12人，16人已通过高级专业技术职称理论考试。

【行风建设】 2016年，祁阳县中医医院结合医院特点开展“门难进、脸难看、事难办”、“坚决纠正医院损害群众利益行为”、卫生行业作风建设“九不准”等专项整治活动，出台32条整改措施。建立医院廉洁风险防控信息系统，用“制度+科技+公开”的办法，组建信息平台，基本实现对医院管理权、医疗服务权、供应商诚信管理、患者满意度评价和医德医风等五个方面主要风险指标的实时监控。实行院务公开、党务公开制度，进一步增加“三重一大”事项和医疗服务工作透明度，让职工、患者享有知情权和监督权。继续做好药品、诊疗项目、收费标准及服务承诺的公示工作，自觉接受社会监督。全院职工主动拒退、上交红包、礼品25人次，收到感谢信、锦旗23封（面），医院综合满意率增至98.6%。

【公益服务活动】 2016年，祁阳县中医医院120紧急救援中心出车7296次，救治病人6152人次。完成“分级诊疗”对口支援工作。圆满完成全年无偿献血75人次、23000毫升的任务。按照省卫计委要求，下基层开展巡回医疗活动23场次，进社区、进乡村组织健康讲座18场次，免费发放药品价值达3.5万元。全院职工为社会人士捐款2.36万元。

【医院文化建设】 2016年，祁阳县中医医院投入大量资金，以文体活动为载体，寓教于乐。开展全院职工篮球比赛、医疗急救能力竞赛、气排球比赛、女职工爬山比赛和离退休人员系列文体活动。组织职工篮球队、健排舞文艺队、老年门球队，积极参加市、县比赛活动，并多次获得表彰和奖励。邀请北京同合至诚公司来院拟订《医院文化建设中长期发展规划》，专门组建文化办和考核办2个职能股室，负责医院文化建设。

（王振）

祁阳县妇幼保健院

【概况】 2016年，门诊收治129049人次，住院收治11653人次，业务收入4690万元，总收入5860万元，各项指标与去年同期相比均有所增长。基药比50.5%，药占比15.2%以下，两项指标的控制在全省同级公立医院中名列前茅。孕产妇死亡率为零。10月获得国家卫计委"中国宫颈癌防治工程定点医院"，12月，成功创建儿童保健合格县，并获得全市2016年度妇幼健康服务工作所颁5个奖项中的4项——"全市两癌免费筛查工作先进单位"、"全市儿童保健服务先进单位"、"全市母婴安全保障工作先进单位"、"全市妇幼健康服务工作先进单位"。

【机构整合】 2016年6月，根据《祁阳县人民政府职能转变和机构改革方案的实施意见》，将县妇幼保健院和计划生育技术指导站整合，设立祁阳县妇幼保健计划生育服务中心，保留祁阳县妇幼保健院牌子，为归口县卫计委管理的正科级全额预算（公益一类）事业单位，不再保留祁阳县计划生育技术指导站。根据新的职责要求，县妇幼保健计划生育服务中心（祁阳县妇幼保健院）内设办公室、政工股、财务股等22个管理机构，产科、妇科、儿科等27个医疗辅助机构。单位事业编制为338名(其中全额预算事业编制119名，差额预算事业编制219名)。

【核心制度建设】 一是加大医疗核心制度的执行和落实力度，业务查房每周一次,，科室业务督导每月一次。二是坚持好业务学习制度。全年组织包括手足口病、甲型H7N9等专题业务学习共14次；组织理论知识考试2次，组织新生儿复苏、成人心肺复苏等操作考核共3次。同时，派出6名医师分别到三甲医院进修药剂科、妇产科、儿科等，参加短期培训共60人次。

【医药改革】 2016年，县妇幼保健院进一步深化医药卫生体制改革，巩固基本药物制度实施成果，细化工作措施，强化责任落实，做到组织到位、认识到位、监管到位、责任到位、宣传到位、程序到位"六个到位"，全院2016年共采购药品282种，其中基本药物占230种，占配备使用药品总数的81.5%；上网采购金额为157.1万元，基本药物采购占药品总金额的50.5%；药占比为15.2%，为永州市各县区公立医院最低。9月，在全省公立医院医药改革经验交流会上，县妇幼保健院院长代表全省药品控制成效显著的医院作典型发言。

【两个系统管理】 孕产妇系统管理方面。一是加强高危孕产妇管理力度，根据各镇上报的高危孕产妇信息，每月由院领导分片带队，组织妇产科专家进村入户进行面访及检查，并对评分10分以上的232名高危孕妇进行了专案管理；二是加强督导工作，配合县卫计委每季度对各镇孕产妇的摸底、建档、高危孕产妇管理、妇幼卫生项目工作等进行督导，发现问题及时提出整改意见，并限期整改。三是评审工作。9

月份组织评审小组人员对全县具有代表性的3例危急重孕产妇（产后出血、胎盘早剥、产前子痫）进行了评审，针对评审中存在的问题总结经验教训，制订了干预措施。据统计，全县产妇11558人、活产11631人，孕产妇建卡10911人、建卡率94.4%，孕产妇系统管理10693人、系统管理率92.51%，高危产妇1950人、高危产妇管理率100%。婴幼系统管理方面。一是加强儿童保健管理及健康建档工作。督促镇防保站对辖区内0-6岁儿童建立健康档案；定期开展儿童健康体检工作，对筛选出的体弱儿进行了专案管理。二是开展新生儿死亡评审工作。全年共对在县直医疗机构死亡的5例新生儿进行评审，并针对存在的问题制订了干预措施。三是开展幼儿健康检查工作对托幼机构幼儿健康体检18000人次。

【儿童保健服务合格县创建】 2016年，县委、县政府县确定创建儿童保健服务合格县活动，为做好该项工作，成立领导小组与督导专家组，组织县妇幼保健院及各镇相关人员到益阳、沅江、江华等市县兄弟单位参观学习；加强了业务培训，对全县的儿保人员组织举办二期专题培训班，儿保医生在该院儿保科进行了二轮为期一周的实践操作培训，提高操作技能；加强工作督导，共开展4次督导，发现问题及时整改。12月中旬，经省卫计委组织专家现场评估验收，祁阳县以全市最高分成功创建儿童保健服务规范化建设合格县。

【农村妇女“两癌”检查项目】 2016年，县妇幼保健院成立两个检查队伍，在规定时间内全面完成检查任务，“宫颈癌”、“乳腺癌”普查各30361人次，完成率为101.2%，其中完成宫颈HPV检查4000余人次，接受免费阴道镜检查的有1010人，免费病理切片检查470人；查出宫颈病变185例，阳性检出率为612.63/10万，其中低级别病变81例，宫颈高级别病变89例，宫颈癌15例；查出乳腺癌5例；卵巢癌1例。40%以上的普查对象患有不同程度的妇科疾病，85%以上患者及时得到了治疗。目前部分初筛阳性对象还在进一步的确诊当中。

【出生缺陷综合防控】 2016年，切实抓好出生缺陷综合防控工作，积极开展“防治出生缺陷、关爱患病儿童”为主题的宣传活动，发放宣传资料5000余份、印制宣传海报1000余份、宣传折页60000余份、宣传单10000余份。婚前医学检查方面。结婚登记11886人，婚前医学检查10720人，婚检率90.19%。新生儿疾病筛查方面。共筛查10480名，筛查率90.1%。产前筛查和地中海贫血筛查方面。产前筛查共9917人，筛查率85.8%，地中海贫血表型初筛16490人，血红蛋白电泳检测2479人，发现阳性对象271人。增补叶酸方面。共8923人免费补服叶酸，增补率94.48%。

【妇幼卫生项目】 农村孕产妇住院分娩基本医疗全免费工作，继续推进落实农村孕产妇住院分娩基本医疗全免费工作，全县农业户籍产妇10009人，补助7468人，补助率74.61%，补助金额224.04万元。预防艾滋病、梅毒和乙肝母婴传播工作。全年，孕期艾滋病检测7598人，产时检测为746人，检测率为90.86%；孕期乙肝检测7622人，产时检测708人，检测率为91.15%；孕期梅毒检测7541人，产时检测749人，检测率为90.18%，发现病倒及时采取母婴阻断措施。

体　　育

【概况】 2016年，按照县委、县政府的总体思路开展体育工作，群众体育活动丰富多彩；竞技体育取得历史性突破，体育基础设施不断完善；体育彩票销售实现新的飞跃，总销量达到1400多万元。

【全民健身活动】 2016年，举办端午龙舟赛等具有地方传统特色和大型的群众体育活动20场次，协办8场；县直各单位、各体育单项协会、社区举办各类群体活动100场次。组队参加全市全市太极拳（剑）比赛、气排球赛等。

【基础设施建设】 2016年，全县国家预算内资金援建的祁阳县体育场改造完工，投资共450余万元，于6月30日对市民开放。修建农村“10+1”、体育健身工程70个、“7+1”社区健身路径项目30个，全年共投入资金300万元。

【竞技体育】 2016年，参加永州市青少年田径锦标赛，共获得20枚金牌，19枚银牌，12枚铜牌的成绩，并荣获团体总分全市第一。选拔优秀苗子80人，体育后备人才30人。

【体育彩票销售】 2016年，祁阳县体彩销售达到1400多万元。全年共组织开展形式多样的体育彩票宣传10次。

（左友保）

社会管理与服务

劳动和社会保障

【概况】 2016年，县人力资源和社会保障局争取就业补助资金2657万元，企业养老保险补助资金21350万元，城乡居民养老保险补助资金13763.8万元，城镇居民医保补助资金2825万元，共计4.059亿元。现有干部职工272人，有直属管理就业服务局、机关事业单位养老保险中心、劳动社会保险中心、医疗保险管理服务中心、医疗保险稽核监管中心、工伤保险中心、劳动保障监察大队、城乡居民社会养老保险局和人事劳动争议仲裁院8个副科级事业单位和县人力资源服务中心、县人力资源和社会保障统计信息中心两个正股级事业单位。是年，祁阳县被评为湖南省创新创业带动就业示范县；黎家坪镇被评为湖南省创新创业带动就业示范乡镇；县就业服务局被评为全国人社系统优质服务窗口；县人力资源和社会保障局被评为省级文明单位；县人社局在全市人社系统评比获优秀；县人力资源和社会保障局在全县目标管理综合考核工作县政府工作部门中排名第一；局长、党组书记彭国锋被评为全市“优秀党务工作者”；办公室主任兼政工股股长卢启明获县人大首届“人民满意公务员”荣誉称号。

【机构改革】 根据《中共祁阳县委祁阳县人民政府关于印发〈祁阳县人民政府职能转变和机构改革方案的实施意见〉的通知》和《中共祁阳县委祁阳县人民政府关于祁阳县人民政府机构设置、职能职责变化及部分单位机构调整的通知》，将原县人事局和县劳动和社会保障局合并，设立祁阳县人力资源和社会保障局，为县人民政府工作部门。内设办公室、规划财务股、基金监督股、就业促进与失业保险股、职业能力建设股、公务员管理股、专业技术人员管理股、工资福利股、养老保险股、医疗保险股、工伤保险股、法规信访股、政工股、绩效评估和重点民生实事办公室14个股室。

【新农合和医保中心整合】 根据省、市、县城乡居民医疗保险整合有关文件精神对原县医疗保险基金管理中心、原县新型农村合作医疗管理办公室工作职责、人员编制进行调整。10月20日，召开祁阳县城乡居民医保整合暨2017年参保缴费启动会。11月14日，县农村合作医疗管理办公室工作人员全部移交至县人社局管理。12月25日，祁阳县机制编制委员会下发祁编发〔2016〕44号文件。根据文件规定，原县医疗保险基金管理中心更名为祁阳县医疗保险管理服务中心，原县农村合作医疗管理办公室更名为祁阳县医疗保险稽核监管中心，调整为归口县人力资源和社会保障局管理的副科级公益一类事业单位。原县医疗保险基金管理中心、原县农村合作医疗管理办公室医疗保险医疗保险参保、征缴、结算审核、待遇支付职责整合划入县医疗保险管理服务中心，稽核监管职责整合划入县医疗保险稽核监管中心。

【机关事业单位养老保险改革】 2016年，根据《湖南省人民政府关于机关事业单位工作人员养老保险制度改革的实施意见》，结合祁阳实际，对全县机关事业单位养老保险改革，时间从2014年10月开始。共采集全县337个参保单位、20082名在职人员和9293名离退休人员的数据，涉及全县公务员法管理单位、参照公务员法管理的机关（单位）、事业单位及其编制内的工作人员。

缴费基数为：机关单位（含参公管理的单位）工作人员的个人缴费工资基数包括，本人上年度工资收入中的基本工资、国家统一的津贴补贴、规范后的津贴补贴（地区附加津贴）、年终一次性奖金；事业单位工作人员的个人缴费工资基数包括本人上年度工资收入中的基本工资、国家统一的津贴补贴、绩效工资。单位缴费基数为本单位参保个人缴费工资基数之和。缴费比例按单位参保个人缴费工资基数之和的20%的比例缴纳，按个人缴费工资基数的8%的比例缴纳。同时建立职业年金制度，按单位参保个人缴费工资基数之和的8%缴费，按个人缴费工资基数的4%缴费。

【劳动力就业】 职业技能培训：全县开展各类职业培训8580人（其中：职业技能培训7390人、创业培训1190人）；农村人力资源开发3年行动计划（2014—2016）7200人（其中：一人学一技3000人、企业培训3400人、创业培训800人），实际完成7510人（其中：一人学一技3110人、企业培训3550人、创业培训850人）。

精准扶贫：全年贫困劳动力转移就业（劳务协作脱贫暨“一户一就业”）实际完成2100人；精准扶贫培训2080人；农村电商培训670人。

就业再就业：全年全县城镇新增就业6975人，失业人员再就业实现就业3013人，就业困难人员就业1010人。城镇登记失业率控制在4%以内。帮扶19户新出现的零就业家庭实行就业援助，零就业家庭动态援助率为100%。新增农村劳动力转移就业9146人。

职业介绍：召开“春风行动”暨“返乡创业在家就业”大型专场招聘会、“民营企业招聘周”、退役军人专场招聘会、庆“三八”妇女专场招聘会、高校毕业生专场招聘会等各类招聘会15余场次，设立政策咨询点30个，制作设立固定宣传栏26个，发布就业信息100余次，发放宣传资料25万余份；组织156家企业为求职者提供岗位5万余个，为12万人次免费提供职业介绍和职业指导，介绍成功就业2万余人（其中帮助县属规模企业新增招工9050人）。

创业带动就业：全年新增创业主体3000户、带动城乡就业人数4800人、其中：带动城镇就业人数2400人，实际完成3780户、带动城乡就业5040人、带动城镇就业人数2530人。全年发放促进就业小额担保贷款588笔，发放贷款4647万元（其中妇女425笔，发放贷款3622万元）。

【企业养老保险】 全县共有企业参保单位142家，参加城镇企业职工养老保险在职职工24979人，离退休人员20198人，完成养老保险费收入16534万元；完成同级财政配套320万元；发放养老金39433万元；养老金按时足额发放率100%；社会化管理率100%；养老保险基金规范安全率100%。

【机关事业单位养老保险】 全县参保单位337个，参保在职人员20108人，离退休人员9728人。2016年收缴养老保险基金34202万元，支付养老金36416万元，养老金支付率100%。

【城乡居民养老保险】 参保人数为52.81万人，征缴基金3896.56万元，其中银行代收比列达75%以上。共为14.86万人发放养老待遇，全年发放养老金14226万元。

【城镇职工医疗保险】 全县参加城镇职工基本医疗保险单位499家，参保职工5.64万人，其中在职3.19万人，退休2.45万人，离休人员34人。城镇职工医疗保险征缴基金11686万元其中基本医疗6419万元，个人账户5267万元；另大病互助收入549万元；离休干部医保基金收入525万元；基金总支出8635万元，其中基本医疗支出5202万元，个人账户支出3433万元；大病互助支出534万元；离休干部医疗支出232万元。

【农村合作医疗保险】 2016年全县农村共有813773人（不含金洞管理区53875名参合人员）参加合作医疗，参保率为99.68%，共筹集新农合资金4.394亿元，截至12月，全县获得新农合补偿资金的农民达42.41万人次，共补偿4.0958亿元。其中，住院补偿15.37万人次，补偿金额3.48亿元；定额住院分娩补偿6770次，补偿金额857万元；特殊门诊补偿41581人次，补偿金额710万元；门诊统筹补偿222057人次，补偿金额4591万元。全县新农合基金收支平衡，略有结余。城镇居民参保7.47万人，收入3057万元，支出4091万元。

【失业保险】 全县失业保险参保25500人，共征缴失业保险金520万元，上解失业保险调剂金56.2万元，为200余名失业人员，发放失业保险金、医保费，企业稳岗补贴等支出140余万元。

【工伤保险】 全县参加工伤保险的企事业单位489家，总参保人数50612人，其中企业单位344家，参保职工39977人，事业单位145家，参保职工10635人；共收缴工伤保险基金1431.42万元；调查认定工伤事故207起，共支付各项工伤保险待遇1005.6万元。

【生育保险】 参保职工3.24万人，基金收入258万元，支出140万元。

【被征地农民保障】 按照被征地农民“三个准入”条件，统一宣传口径、统一参保标准，对符合条件的被征地农民做到“应保尽保”；对不符合条件的，严把关口，一律不得纳入保障范畴。已纳入老政策的被征地农民可按自愿原则参加城镇职工养老保险，计划用5年时间分批接轨到城镇职工养老保险，即从2016年起，用五年分别为75岁以上、70岁至75岁、65岁至70岁、60岁至65岁、60岁以下的群众提供社保补贴，确保正常有序衔接。到2016年底，全县有14个镇办，112个村，514个村民小组，11498人纳入了被征地农民社会保障范围，共收缴资金2.75亿元，发放基本生活费1.76亿元，结余9866万元。

【社会保障卡建设】 基本完成参保人员的社保卡数据采集工作，采集数据696784条，共发放社保卡691456张。社会保障基金监管得到进一步加强，社保资金管理运行规范，基础工作扎实，基金规范运作率和基金安全完整率均为100%。

【考核奖惩】 对全县党政群机关4239名公务员和参照公务员认真组织开展年度考核工作，评出优秀516人，称职3706人，基本称职3人，不定等次6人，不称职8人，受到县委、县政府嘉奖552人，记三等功115人。

【人事人才】 2016年，全县招录公务员27名，招聘事业单位工作人员443名，进一步改善全县人才队伍结构。联合组织、纪委、编办等部门完成职务与职级并行、公车改革等业务性工作。开展全县“人民满意公务员”评选活动，配合县人大评选出邓卫芳等10名“人民满意公务员”。整理人事档案421份，对所缺材料逐个登记，针对档案中缺少的材料及时通知进行补充，严格做到“查漏补缺”，人事档案进一步规范。不断提升职称工作服务水平，积极组织全县各单位上报职称评审材料并认真审核，审核并报送市局高级职称评审材料85份，中级职称评审材料92份。审批机关事业单位死亡一次性抚恤金及遗属生活困难补助115人次，为351名机关事业单位工作人员办理正常退休手续，按程序办理因病提前退休2人次，工龄认定98人次。

【军转干部维稳】　严格落实省市相关文件要求，根据军转干部专业特点，认真抓好企业军转干部各项解困政策的落实，继续严格执行“包保”责任制，及时做好重点人员稳控工作。2016年，全县企业军转干部生活安定、思想稳定。接收、安置军转干部3名，其中2名自主择业，1名安置在县人社局工作。

【农民工工资保障】　进一步规范建筑行业农民工工资保障金制度，加强农民工工资支付监督管理。凡在县承担建筑施工项目的建筑业企业必须在签订施工合同后，在工程项目所在地开设农民工工资保障金专用存款账户，原则上每一中标工程项目开设一专用存款账户。由人力资源和社会保障部门、建筑企业、开户银行三方签订《祁阳县农民工工资保障金三方协议书》，明确各自职责，保证专用存款帐户专门用于建筑业企业发生拖欠或克扣行为时支付农民工工资。建设单位在申领工程项目施工许可前，必须按规定的农民工工资保障金缴存比例，将保障金存入中标建筑企业在工程所在地开设的专用存款帐户。2016年，召开农民工工资支付工作协调会5次，现场协调解决问题8次，处理解决县信访局交办的农民工投诉10起。组织开展劳动执法监察6次，检查各类用人单位109个，督促施工单位缴存农民工工资保障金56万元，劳动保障执法监察覆盖面达100%。从源头上有效保障农民工的合法权益，促进劳动关系的和谐稳定发展。

【劳动维权】　2016年，全县劳动保障监察机构共检查用人单位219户（次），受理农民工工资投诉案件63件，解决63件，结案率为100%，追讨农民工工资451万元。接待群众投诉来访204人次，办理“县委书记县长留言板”反映侵害劳动者维权案件4件。下达“劳动保障监察限期整改指令书”32份，督促用人单位与劳动者签订劳动合同2318份。

民　　政

【概况】　2016年，县民政局围绕“以民为本、为民解困、为民服务”宗旨，服务大局、扎实工作，全县民政事业持续、健康、快速发展，较好地完成全年确定的目标任务，受到上级表彰。县民政局内设办公室、法制股、计划财务股、社会组织管理股、优抚安置股、救灾救济股、基层政权和社区建设股、社会福利和社会事务股、城乡低保股、社会救助股、县老龄工作委员会办公室（简称县老龄办、副科级）。局机关核定行政编制16名（含县老龄办编制），事业编制1名。下辖县低收入家庭认定中心、县殡葬改革执法队、县军队离休退休干部休养所、县慈善总会办公室、县婚姻登记处、县福利生产办公室、县城市流浪乞讨人员救助管理站、县福利院、县社会福利有奖募捐委员会办公室、县福利工厂、县社会组织工作委员会办公室、县革命老区办公室县烈士纪念设施管理办公室归口县民政局管理。现有干部职工337人，其中在职238人，退（离）休99人。2016年，县民政局荣获全省慈善工作先进单位、全省“寒冬送温暖”专项救助工作优秀单位、全省乡镇区划调整改革先进县、全省民政新闻宣传工作先进单位、全省福彩销售先进县、成功创建“省级文明单位”。县军休所创成省“五星”级军休所，民政局在全市获2016年度全市民政目标管理责任制考核先进单位、全县绩效考核先进单位、跑项争资先进单位等16项省、市、县荣誉。

【城乡社会救助】 完成以大忠桥镇敬老院二期工程建设为重点的民生实事项目，新增床位109张，实际完成115张，被评为重点民生实事项目先进单位。

建立残疾人两项补贴制度。5月4日，县政府出台《关于全面建立困难残疾人生活补贴和重度残疾人护理补贴制度的实施意见》文件，困难残疾人生活补贴最低标准为每人每月50元，重度残疾人护理补贴最低标准为每人每月50元。根据湘政发［2015］54号文件要求，残疾人两项补贴制度自2016年1月1日起全面实施。截至12月底，全县享受困难残疾人生活补贴9967人，发放资金449.3万元，重度残疾人护理补贴10036人，发放资金478.1万元。

社会保障兜底脱贫对象联合认定工作。根据中央、省、市、县关于精准扶贫的战略部署，为精准认定社会保障兜底脱贫对象，全面完成“兜底一批”的工作任务，县政府办转发了县民政局等部门的工作方案，建立联合认定机制、完善认定标准、规范认定程序、开展农村低保集中动态管理。至年底，认定兜底对象1801户、4181人。

提高城乡居民最低生活保障和农村五保分散供养标准。自2016年1月1日起，全县农村五保分散供养标准提高至3200元/年；自4月1日起，城市居民最低生活保障标准提高到420元/月，农村居民最低生活保障标准提高到220元/月。城乡低保共增加资金1553万元。

县人民政府10月25日印发《祁阳县临时救助办法》，明确救助范围及标准、救助程序及方式、工作机制及资金保障、监督管理及法律责任。

【区划地名管理】 完成建制村合并工作 县委、县政府于2016年3月4日召开动员会，开始实施祁阳县并村改革工作。到3月25日，仅用20天时间，并村工作全部完成。全县原有808个建制村、79个社区，合并为481个建制村、79个社区，减少328个建制村、精简幅度为40.59%，金洞70个建制村、3个社区，合并成42个建制村、3个社区，减少28个建制村，精简幅度为40%。全县建制村平均人口由933人扩大到1571人，其中唐家岭村、三联村、九牛坝村人口达到3000人以上，全县村干部人数精简幅度超过三分之一。通过并村改革初步实现“规模并大、班子并优、实力并强、机制并活、面貌并新”的目标。

【撤县设市】 2016年8月2日，祁阳县全县领导干部大会成功召开。会上，新任县委书记周新辉在就职讲话提出“通过3—5年的努力，实现撤县设市，建成全面小康。”8月29日，中国共产党祁阳县第十二次代表大会隆重开幕。报告明确提出祁阳未来五年发展的“三大战略目标”：打造经济强县，决胜全面小康，实现撤县设市”。10月26日，祁阳县第十六届人大常委会召开第三十次会议，审议了祁阳“撤县设市”等重点工作。11月9日，县委书记周新辉、县人大主任黄春华、县委常委、统战部长唐明生等县领导及县“撤县设市”办常务副主任李晓华等有关人员赶赴北京，向民政部有关领导专题汇报祁阳撤县设市新的举措与做法，表达撤县设市的强烈愿望和坚定信心。

【民间组织管理】 2016年，在县民政局核准登记的社会组织共有280个，其中社会团体95个（社会团体中经济类的社会组织33个，科研类的15个，社会事业类的29个，慈善类4个，综合类14），民办非企业单位182个，会员人数10236人，会员中党员人数1436人，占会员总人数的14%。已建立党组织的社会组织有10个，其中社团5个，民非5个，党组织中共有党员88人。基金会3个。

引导“三社”力量参与精准扶贫。7月5日，县民政局与县扶贫办联合下发《引导“三社”力量参与精准扶贫实施方案》的通知，积极引导社会组织、社区和社会工作专业人才等力量参与精准扶贫，构建协同推进扶贫开发的新格局，形成全社会扶贫攻坚合力，打赢新时期全县扶贫开发攻坚战。大忠桥镇明德基金会为该镇104名贫困学生发放助学金22万元，还有葆春慈善基金会、慈善总会、昌世基金会、义工联、桂氏医院、志愿者协会、白沙幼儿园等社会组织参与扶贫。全县社会组织共扶持500户脱贫。

政府购买社会服务工作。为促进全县农村经济协会的发展，培育和规范农村经济协会运作模式，以点带面，提高农民收入，帮助脱贫致富，资助县蜂业协会3万元用于蜂业协会开展技术培训、设备购置、资助贫困蜂农、培育发展养蜂户、开发产品销售渠道、规范协会管理，效果良好。

进行行业协会商会与行政机关脱钩试点。以县委办的名义印发《关于推进行业协会商会与行政机关脱钩的实施方案》，明确脱钩主体和范围、脱钩任务和措施，完善配套政策，全县试点单位是：祁阳县小水电企业协会、县个体劳动者私营企业协会、县煤炭行业协会、县粮食行业协会、县冶炼行业协会。到10月底，已有3个协会申请注销，2个协会完成资产财务、职能、党建、人员管理的分离。

开展社会组织“两学一做”教育活动。5月25日，县社会组织工作委员会印发《关于在全县社会组织党员中开展“学党章党规、学系列讲话，做合格党员”学习教育的实施方案》，各支部召开动员会、制订相应方案和协调小组名单。7月26日，全县召开社会组织“两学一做”教育工作推进会暨迎接全市基层党建工作督查会，对各支部“两学一做”开展情况、党组织信息台账、党员关系排查以及党费收缴等情况进行安排布置。7月28日，对文明铺宏文学校党支部、桂氏医院党支部进行检查，查看党建活动室、资料、学习笔记。在中国共产党成立95周年之际，社会组织工作委员会开展系列庆祝活动。新成立县雷锋号志愿者协会党支部，改选永州陶铸中学总支委员会、伍氏光明医院党支部、金桥建材商会党支部、哈弗中学党支部、桂氏医院党支部。

【老龄服务】 广泛开展敬老助老活动。1月下旬，县委、人大、政府、政协四大家领导率领县直单位负责人分别到所联系的镇（街道）深入农村、社区走访慰问困难老人，送上慰问金和棉被、棉衣、大米、食用油等慰问物资，发放慰问资金745万元，走访慰问困难群众8000多户（人），全县困难老年群众深深感受到党和政府的温暖。敬老月全县突出“敬老爱老，全民行动”主题，扎实开展系列活动。

扎实推进养老服务工作。一是抓城乡养老服务示范点建设。印发《2016年祁阳县城乡养老服务示范点及示范性基层老年协会建设方案》和转发《永州市城乡养老服务示范点建设与管理试行办法》，按照养老服务示范点“六室一场”的建设标准，4个养老服务示范点完成床位22张，比省定任务超额完成9张；2个示范性老年协会在完善服务设施的基础上，对老年人基本情况和老年人需求进行登记调查，老年协会组织得到加强，着手进行备案登记。同时，争取县本级福彩公益金资助两个县级示范点项目，其中6个养老服务示范点、10个示范性基层老年协会，安排示范点项目资金28万元。并且对全县可建两个示范点进行数据摸底，完成2017—2019年项目数据库申报工作。二是抓养老服务信息平台项目建设。项目已启动建设，办好政府采购手续，设施设备基本到位。三是抓社区日间照料中心、社区小型养老机构、敬老院项目建设。配合社会福利股完成3个社区日间照料中心、1个社区小型养老机构项目建设工作。配合救助局抓好1所敬老院建设工作。四是抓民办养老机构安全工作督查。全年两次由分管老龄的领导带队，会同消防、安监部门对5所民办养老机构进行安全工作督查，针对存在的安全隐患问题下发限期整改通知，督促民办养老机构加强安全防范工作，全年无一起安全事故发生。五是抓养老服务协调工作。培育和引导3家社会力量投资兴办养老机构，指导按程序立项和准备相关材料，提高申办效率。

有序管理三项老年补贴。一是百岁老人复核工作全面完成。对全县百岁老人进行一次核查，清查结果死亡9人、新增14人，目前健在百岁老人32人，与财政衔接落实百岁老人长寿保健金财政预算指标。二是高龄老人生活补贴工作常规推进。每季度例行对全县高龄老人进行复查清理，清出死亡对象，增加新增对象，审核审批发放按季度进行，并将高龄补贴资金纳入财政预算。三是基本养老服务补贴工作有序进行。共发放补贴资金212.69万元。全县2016年基本养老服务补贴覆盖率保持100%的目标任务圆满完成，较年初增长1.66个百分点。四是百岁老人、高龄老人生活补贴资金按时打卡发放。

努力完善老年协会建设。扶持引导协会建设。利用老年福利示范点、幸福院建设平台，重点扶持引导36个村、社区老年协会“四室一厅一场”服务设施建设，即电教室、文娱室、图书室、老年人休息室、食堂餐厅、室外活动场，老年协会标识、工作制度章程统一上墙，提升基层老年协会服务老年群众的能力。做好协会登记备案工作。对具备条件的20个村、1个社区老年协会进行备案登记，提升老年协会社会公信力。

大力推广老年意外保险。认真做好2016年老年人意外伤害保险推广工作。民政局与国寿祁阳支公司出台《2016年祁阳县老年人意外伤害保险工作推广实施方案》，11月4日召开全县老年人意外伤害保险推广工作会议，将目标任务分配到22个镇（街道），各镇（街道）都召开启动会，任务到村到社区，宣传发动社会老年人购买意外伤害保险，势头良好、初见成效。继续做好五类特困老年人入保工作。通过摸底核实全县五类特困老年人34619人，保费72.6999万元，保费资金县政府领导批示从福彩公益金列支，于12月5日划缴国寿永州支公司。

努力完成老龄业务工作。准确办理老年人优待证3950本，网上办证信息准确率100%，及时将信息在政府政务网上公布。认真回复政协委员涉老提案4件，得到委员好评。主动开展调查研究和老龄宣传工作。针对全县高龄老人生活补贴资金发放管理工作现状和存在问题，深入分析问题原因，提出对策建议，撰写专题调研报告，该调研论文在《中国老龄》第3期刊发。向各级民政、老龄网站投递反映祁阳县民政、老龄工作的稿件10多篇，刊发达50多篇次。推荐羊角塘镇龙脉江村老年协会副会长纪云富为“全国老有所为先进个人”候选人，他的事迹在《中国社会组织》8期和湖南老龄网转载，并将该协会报全国征集优秀案例。

【婚姻登记】 全年共办理结婚登记5235对，离婚登记1757对，补办结婚证1542对，补办离婚证133人次，办证合格率100%，做到无有效投诉。及时开通网上预约登记服务，确定专人负责，为预约对象优先办理登记服务。完成婚姻登记历史信息补录工作，共补录婚姻登记历史数据12456条。6月3日，与县档案局签订协议，投入资金9万元，将2013年—2015年的婚登档案全部移交给县档案局，按保存100年的标准进行专业整理、立卷、建档和管理。

【救济救灾】 救灾工作保障灾民基本生活。按上级要求做好查灾、核灾、报灾工作，及时组织开展倒损民房恢复重建工作，按规定制作因灾倒损民房台账，于9月开始根据台账对全县因灾倒损农房恢复重建进行全面摸底并定期督查，保证全部重建农户60户春节前全部入住，下拨资金55.5万元。按时下拨中央和省级救灾资金430万元并实行社会化发放；落实本级财政救灾资金县级预算100万元；年底出台《救灾资金规范化管理（试行）办法》。积极推进救灾物资储备库项目建设，做好相关资料准备汇报材料，正在办理建设用地和上级发改委产项手续。灾情期间及时开展同各减灾委成员部门会商，为全县群众投保了自然灾害公众责任险和农村居民的农房保险，积极探索巨灾保险。

防灾减灾能力不断提升。龙山街道天马社区创建“综合减灾示范社区”工作通过市局验收并得到市局领导高度评价，申报资料通过市局呈报到省厅，成功创建国家级“综合减灾示范社区”。4月7日，参加永州市防汛抗灾应急演练，5月19日，参加祁阳县应急办组织的“5.12”防灾减灾知识集中宣传活动，7月18日，组织天马社区开展防洪抢险和消防演练。争取三口塘镇黄公岭村和里塘村纳入本级福彩公益金支持建设项目，建设村级应急避难场所，建设资金、物资全部落实到位。按照市局统一部署，投入60余万元于8月底完成乡镇网络报灾平台建设并实行乡镇网络报灾，于9月初举办乡镇灾害信息员培训并模拟各灾种网络报灾演练。

【慈善捐赠】 积极开展“慈善一日捐”活动。县慈善总会自成立后，在全县组织开展“慈善一日捐”活动。慈善一日捐活动是慈善总会的核心工作，通过各种媒体多方面宣传，有力地促进捐资活动的顺利开展；全年共收取慈善款80多万元。

成立慈善志（义）工服务指导协会。随着党和政府的不断重视、人民群众的踊跃参与，2016年，全县慈善事业发展迎来一个比较好的机遇。6月27日，批准成立祁阳县慈善志（义）工服务指导协会，业务指导部门为祁阳县慈善总会，法定代表人为王勇良。业务范围为：接受捐赠、赈灾救助、扶贫济困、开展为老、抚孤、助残、助学、助医等各种慈善救助活动。该协会成立后，活动开展频繁，募集的慈善金全部用于慈善事业。

庆祝首个“中华慈善日”。《中华人民共和国慈善法》于2016年9月1日起正式旅行，每年的9月5日定为“中华慈善日”，为庆祝《慈善法》正式施行和首个“中华慈善日”的到来，9月5日，县慈善总会在白竹湖广场开展以《慈善法》颁布实施为主题的宣传活动。9月9日，开展“迎中秋、庆国庆，献爱心——关爱文富市敬老院、祁阳县特殊儿童学校、祁阳县福利院、“关爱重症儿童——张海金”、“关爱聋哑儿童，叩响无声世界”、“圆梦助学—助力祁阳一中困难学生”等一系列活动，实践慈善宗旨，整个宣传活动大力宣传国家对慈善事业的优惠政策，普及慈善理念，弘扬慈善文化，提高慈善意识，让社会充满人文关怀，激发社会各界参与慈善事业的热情。

大力开展慈善救助。开展“慈善助医”活动。通过认真调查核实，对120名大病、重病特困家庭进行救助，从配套资金中共发放救助金10多万元，发放慈善金叶卡80张（每张500元）。开展“爱心圆梦助学”活动。8月26日，县慈善总会举行“爱心圆梦”助学金发放仪式，2016年考入大学的33名贫困学生获得10万元的助学善款。慈善总会会长陈运祥及民政局相关领导出席仪式，受助的准大学生、学生家长代表分别表态发言。开展临时救助活动。帮助社会上不幸的个人和困难群体，积极开展临时救助工作，救助资金高达60万元。

【优抚体恤】 按湘政发［2011］14号文件严格落实城乡义务兵家庭优待抚恤政策，发放光荣军属牌。全年发放优待金690.4万元，为320名退役士兵发放一次性经济补助185.4万元。优抚信息管理系统数据更新及时，二代身份证扫描率达到98%以上。12份评残资料申报符合程序规定。建立和运行医疗费用“一站式”即时结算网络服务平台，重点优抚对象基本医疗保障达到上级要求。规范1—6级残疾军人门诊医药费报账，打卡发放7—10级残疾军人、三属、在乡老复员军人门诊费150元/人年，参战涉核、带病回乡人员门诊费100元/人年。投资30万元维修改造县光荣院。优抚对象的档案实现电子化管理。在龚家坪、潘市、羊角塘、文富市、文明铺、大村甸、大忠桥和肖家8个镇进行“退役军人之家暨青年民兵之家”示范点建设，真正达到“四有”条件：有健全的组织、有固定的阵地、有基本的保障、有效的服务内容。每个示范点镇由县民政局从优抚资金中拨给工作经费5万元，在7月20日前完成工作任务。坚持公平、公正、公开和严守政策、依法安置的原则，妥善安置退役士兵87人。发放城镇退役士兵和转业士官待安置期间生活费按照全县2015年度城市居民最高救助每人每月420元的标准共21.9万元。为使退役士兵人人有技能、个个能就业，促进县域经济又快又好发展，根据上级要求，民政局主办2016年全县退役士兵技能培训班在湘南职业技术学校开班，全年培训300名学员，开设的专业班次有：创业班、电工焊工电子技术班、计算机应用班、种养技术班、物业管理班、电子商务班，参训合格者颁发对应技能操作证及结业证书，学员学习效果明显。重大节日走访慰问重点优抚对象4600户，发放慰问金近100万元。全国烈士纪念日，县委、县政府在龙山烈士纪念设施举行公祭活动，民政局负责承办。公祭结束后，向烈士家属代表发放慰问金。

【福利彩票】 全县有福利彩票投注站74个，其中县城52个、农村各镇22个，从业业主74户。为统一标识，县城所有投注站点在门面房外加装LED电子显示屏。全年销售福利彩票6980万元，其中电脑票4464万元，即开票755万元、中福在线1761万元，销售总量比上年增加321万元，全省排名16位。连续7年获“全省福彩发行工作先进县”荣誉称号。刮刮乐大卖场10多年来在祁阳销售一直不理想，但9月21—29日，在白竹湖广场举行的销售活动，盛况空前，采取“大规模、大舞台、大宣传、大场地、大协调”的方式一举获得成功，销售彩票505万元，创本县单次销售业绩历史之最，而且安全无事故，反应很好。本年度开展两次帮扶活动。一次是6月到七里桥镇乌山冲开展“端午献真情”活动，为该村困难村民送去大米、食用油等；另一次是年底到梅溪镇敬老院开展“春节送温暖”活动，受到孤寒老人热烈欢迎。

【殡葬改革管理】 全年，由县民政局管理、民营的永晟潜龙观福园共火化遗体892具，入住公墓236具，节地生态安葬415具，惠民殡葬政策得到进一步落实，全年共为86户丧主减免殡葬费用9.6万元，减轻困难群众的丧葬负担。会同县相关部门对全县21例异地火化的已故祁阳县干部职工的火化证明进行核查，无一例虚假。清明期间，开展多种形式宣传殡葬改革，出动宣传车50台次，发放宣传资料1.5万余份。

【殡葬管理工作纳入创国家卫生城市范畴】 随着创建国家卫生城市的步步深入，县委、县政府日益重视殡改工作。在全县创“国卫”攻坚会上，对县城集中治丧和临街搭棚治丧作出要求，特别是党员干部职工对违规治丧的5种情形一律免职，9种情形一律处分。并要求各单位和3个街道办事处与职工和临街门店户签订门前三包和不违规治丧承诺书。县政府还组织有关部门召开联席会议，明确职责、互相配合联动。通过联席会议，县城内“三沿六区”新建大墓、豪华墓、乱埋乱葬现象、群众节地生态安葬和文明节俭办丧事的意识逐步加强。

殡仪设施建设不断加强。分别在羊角塘镇泉口村和大忠桥镇建成和筹建乡镇集中治丧场所。配合城区集中治丧，观福园进一步完善设施，扩建悼念厅3个，改造悼念厅2个，提供电子鞭炮和塑料花圈服务，正在对殡仪馆两台平板火化炉进行环保改造，新增一台捡灰炉。

镇乡办场概况

龙山街道

【概况】 2016年，龙山街道办事处辖宝塔街、龙山、邵家岭、芦家甸、九塘冲5个城市社区，天马、东江、光明、黄土岭、百花、六合岭6个村改社区和樟树岭、陶家岭、建湘、青竹4个村，158个居民小组，83个社区网格，109个村民小组，总人口8万人，其中农业人口1.33万。党工委下辖3个基层党委、1个党总支和47个党支部，党员1907名。境内有省级文物保护单位—文昌宝塔、永州市爱国主义教育基地—龙山公园革命烈士纪念碑。有国家级农业产业化龙头企业——湖南新金浩茶油股份有限公司。2016年，龙山街道围绕县委“333”战略，坚持稳中求进工作总基调，以全面建成小康社会为总揽，抓党建强基础、创国卫美环境、抓民调促满意、抓达标强服务、惠民生保稳定，各项工作取得较好的成绩，荣获市计划生育模范单位等十多项荣誉称号。

【党建】 2016年，龙山街道坚持“四个突出”，打造“四个党建”，基层党建工作取得新成效，党工委书记罗轩被评为省优秀党工委书记，百花社区党支部被评为县十佳基层党组织。突出强化责任心，打造责任党建。组织制订《2016年龙山街道基层党建工作目标管理责任制》，明确各级各部门责任，突出强化核心，打造实力党建。开展“两学一做”学习教育、“双述双评”、“党员民主评议”、“一会四评”和远程教育考核评比活动，开展“破解‘两个’难题、‘三个’争创、‘四个’保障”活动。突出围绕中心，打造产业党建。探索、实践“产业党建”新模式，走出一条“党建引领产业，产业助推党建”的新路子。在党建引领下，百花社区产业迅猛发展。2016年，百花社区集体企业已达18家，集体固定资产达1.2亿元，社区年纯收入达330万元，年上缴税费25万元。陶家岭村党支部创优发展环境，引导外出务工人员回乡创业，建成集餐饮、住宿、休闲观光、花卉苗木和种养加工于一体的梅岭湖山庄有限公司。突出凝聚民心，打造服务党建。在10个村（居）落实村干部值班、坐班制。以美丽乡村建设为主题，在农村无职党员中开展“设岗定责”建设活动。在5个城市社区，以构建和谐社区为重点，以创国卫为载体，在党员中开展“党员义工”活动。通过制度的落实和活动的开展，提升服务水平，提高群众满意度。

【创建国家卫生县】 龙山街道严格按照县创卫办的工作部署，克服老城区工作任务重、难度大的困难，按照“三个四”工作模式（开展“四个活动”：开展“创国卫·我先行”党日活动、开展道德讲堂创卫专场活动、开展“创卫之星”评比活动和开展“义工”活动；抓好“四个结合”：创国卫工作与居民素质提升相结合、与健康教育相结合、与植树播绿相结合和与民生工程相结合；推行“四化模式”：即路面“硬化”、“净化”、环境“美化”和小区“亮化”），扎实推进创国卫工作，成效明显。拆除居民小区违建8处1297户53800平方米；投入63.8万元，出动挖机48台次，铲车28台次，出动人工2500人次，清理各类垃圾杂物1840余车；硬化路面6万多平方米；建好百花二小区、六合岭、光明、魏家园和众信家园等9个小游园，实现开窗见绿，出门见园。

【产业发展】　稳步发展农业，扶持壮大500亩种粮大户1户，落实粮食种植面积5860多亩，黄土岭等村植树造林100余亩，抓好建湘村500亩油菜高产示范片，建湘、樟树岭整修渠道5000米，建湘村完成乌龟塘水库除险加固。加快发展工业，全年完成规模工业总产值44.52亿元，同期增长6%；完成工商各税9亿元，同期增长6.8%，完成新、扩、改项目投资2亿元，申报入统企业16个，产值过亿元企业12个。大力发展农村电商，完善百花、黄土岭和陶家岭农村淘宝服务站。

【项目建设】　配合县有关部门抓好祁阳县人民医院综合楼建设以及民生路、盘龙路、甘泉路等道路提质改造建设。配合抓好环城北路和县综合货运停车场建设前期工作。做好中心卫生院异地重建、宝塔街社区新建、龙山和邵家岭社区异地搬迁工作。启动祁阳县宝塔公园创森创绿工程，该工程投资166万元，预计2017年8月完工。

【民生保障】　全面落实城镇低保、农村低保、农村五保供养、粮食直补资金、良种补贴和农资综合补贴等惠民政策。扎实做好企业招工工作，切实解决城镇困难人员和失地农民的就业问题，新增农村劳动力转移就业217人，失业人员再就业1236人，新增城镇就业人员2808人。新增管输天然气用户200户。大力发展社会福利事业。百花、光明和六合岭3个社区从集体收入中发放老年人生活补助金，其中，百花60岁以上老人年生活补助金为3600元/人，光明60岁以上老人年生活补助金为1200元/人，六合岭70岁以上老人年生活补助金为360元/人。百花村成功创建省百岁健康示范村。加强养老设施建设，宝塔街日照中心新增养老服务床位31张。以“绣花功夫”做好精准扶贫工作，成效明显，全年发放小额扶贫贷款502万元，精准脱贫272人。计划生育工作连续六年获市人口和计划生育模范单位。成功承办祁阳县“翰林御景杯”第五十一届农村老年人门球赛。

【省调研组到龙山调研】　7月15日，省政府办公厅党组成员、研究室副主任黎咸兴等省政府调研组一行莅临龙山街道百花村，就被征地农民社会保障工作召开群众座谈会。会议由县委副书记、县长周新辉主持，蒋善生、黄赞校等市县领导及市县人社等部门人员参加会议。会上，龙山街道党工委书记罗轩就被征地农民社会保障工作进行汇报。百花村支书唐树琪就该村情况详细阐述。最后，省调研组成员与与会群众代表进行长时间的互动交流，就并轨新政策缴费标准、认定范围等问题进行解答，表示将出台更详尽的政策。

【荷叶渡和青竹大桥动工兴建】　3月1日，荷叶渡大桥正式动工兴建。荷叶渡大桥总投资800万元，桥长120米，宽9米，预计2017年1月8日建成通车。大桥通车后，为百花村200多名居民以及下马渡镇枫林铺、月塘等10个村800多名群众提供交通便利，助推1000余名群众致富奔小康，成为群众新心中的一座“便民桥”、“致富桥”。

7月9日，龙山街道青竹大桥正式动工兴建，成为青竹建设和发展史上的一座里程碑。青竹大桥全长230米，宽9米，总投资1200余万元。青竹大桥的竣工通车，为青竹和下马渡镇月塘等5个村5000多名群众提供交通便利，为青竹及下马渡镇月塘等5个村带来新的发展机遇。

【“两学一做”学习教育活动】 2016年5月，龙山街道按照县委安排部署，在街道各级党组织中深入开展“两学一做”(学党章党规、学习近平总书记系列重要讲话、做合格党员）学习教育活动，共有47个党组织、1907名党员参加。抓住“学”这个基础。始终把学习放在优先位置，召开“两学一做”学习教育动员大会，召开中心组学习会4次，机关领导干部带头上党课14场，邀请县党校老师集中授课1场次，培训300余人。把握“做”这个关键。围绕提高基层党组织凝聚力和战斗力，在街道广泛开展“三个”争创活动，即在机关开展争创“党员先锋岗”、在农村开展争创“党员示范户”和在社区开展争创“五星党员”活动。突出“改”这个重点。坚持问题导向，将问题整改贯穿学习教育始终。对党员信息实行“五核查”，同步开展规范党员信息管理、档案管理、组织关系管理三项工作。通过制定“五个1”（拿1套整顿方案、派1支工作队伍、配1名“第1书记”、定1批帮扶项目、建1个坚强班子）的具体工作措施，对东江社区软弱涣散基层党组织进行集中整顿。实行首问责任制、限时办结制和服务承诺制，强化便民服务。完善《龙山街道公务用餐和公务用车管理规定》，严控“三公”经费支出，街道“三公”经费支出比上年减少35%。

长虹街道

【概况】 2016年，是实施“十三五”规划的开局之年，也是长虹街道经济社会发展大跨越、大发展的关键之年。街道党工委、办事处团结带领广大党员和干部群众，真抓实干，开拓创新，办成一系列大事，办好一系列实事，办妥一系列难事，书写科学跨越、创新发展的精彩篇章。全年实现地方生产总值19.87亿元，增长9%；财税总收入3744万元，增长12%；全社会固定资产投资33.23亿元，增长30%；城镇居民人均可支配收入28680元，农村居民人均可支配收入14125元，分别增长10%和12%。街道绩效考核被评为全县二等奖。

【工业】 以招商引资为重点，大力发展新型工业。招商引资完成3000万元。完成规模工业总产值22.79亿元，增长18%，增加值8.8亿元，增长20%。年产值过5000万元的企业10家，其中过亿元的企业2家。完成工业固定资产及技改投入3.8亿元。

【农业】 将粮食生产作为农业工作的重心，通过早稻集中育秧、制止稻田抛荒、农机具推广等多种形式压单扩双，全街道双季稻种植率达90%以上；完善巩固东风、官大岭片和长益、苏油坪片两处千亩高产优质稻示范片，全街道没有出现一处连片2亩以上的抛荒稻田。多形式提高农业机械化水平，新增种田大户18户，新增流转稻田2100亩，机耕面积达8600亩。“四冬”生产整修、清淤骨干山塘65口，三面防渗骨干渠3000余米。完善巩固新塘湾、长益、湘祁等村800亩小柏松苗木基地，官大岭村500亩优质葡萄基地，东风、永福等社区500亩血橙基地和500亩冬枣基地，新塘湾、湘祁等村6000亩油菜示范基地，苏油坪、新塘湾、湘祁等村500亩芝麻基地，白沙、白露甸、官大岭等村3000亩蔬菜基地。新发展和壮大养殖大户282户。在街道财政十分吃紧的情况下，挤出资金45万元用于创森创绿工作。

【财税】 坚持强化征管，挖潜增收，完成财税总收入3744万元，增长11.9%。加强财政资金监管，“农业三项补贴”等惠农补贴直发到户。持续加大信用社不良贷款清收和房地产租赁税收的清收力度，任务完成良好。

【项目建设】 项目建设实现大突破，一是“啃”下祁阳大道拆迁安置工作这块硬骨头。2015年9月以来，街道各级党员干部，大力发扬“五加二”、“白加黑”、“晴加雨”的工作作风，想尽一切点子，用尽一切办法，连续作战100天，全力攻坚祁阳大道拆迁安置工作，共签订拆迁安置协议132户，拆迁86户，拆迁面积20000平方米。整个拆迁安置做到群众自觉自愿无强制，目标实现不打折，让这条建设八年之久的城市主干道基本实现2016年底路基全线拉通，受到全县人民的一致好评。二是全力护航全县重点工程。组建专门班子积极配合县里各个工程指挥部解决工程项目建设中遇到的各种困难和问题。一年来，化解各类矛盾纠纷180余起，制止项目建设区村民到县赴市进省群体上访5起。配合相关指挥部全力做好拆迁、安置及建设等工作。三是街道自建项目风生水起。投资700余万元，完成三面防渗渠道4.5公里，清淤山塘50口，水泥加固和新开山塘18口，维修电排7处，兴建机耕道1000米，除险加固病险水库3处。投资300余万元，新修整修村级公路33公里，其中水泥硬化20公里，扩宽公路13公里；群力、苏油坪等村实现自来水进组入户，解决农户饮水难题。完成人民西路、新兴路社区综合服务用房建设。官大岭、东风、芹菜甸三个村级综合服务平台建设有序推进。

【民生事业】 始终坚持以解决群众最关心、最直接、最现实的利益为重点，不折不扣落实各项惠民政策。全面落实低保应保尽保政策，切实做好对低保户、五保户的救助工作和年检年审工作，农村危房改建、大病救助等工作。认真开展城乡居民社会养老保险工作，全街道城乡居民社会养老保险完成缴费比例达到91.72%；新农合参合人数17511人，参合率达到102%；城镇纯居民医保参保16600余人，比上年新增1100余人。为本县企业招工393人次，新增城镇就业2000余人。

【社会事业】 多方筹措资金30余万元，改善城乡办学条件；进一步改革教育体制，提升教育质量。积极开展文化下基层活动，送电影送戏到村、社区70余场次，完善17个村（社区）农家书屋管理制度并更新部分图书；成功举办祁阳县2016年老年人门球赛。提高公共卫生服务能力，组织无偿献血活动，居民健康建档、职工和老年人健康检查全面推进。人口和计划生育“三基”工作扎实推进，人口出生率12.7‰，人口自然增长率5.69‰，符合政策生育率78%；出生性别比为100：109；期内共落实节育手术311例，圆满完成市、县分配的任务。做好县人大代表和县政协委员视察、调研、评议等工作，并积极开展献爱心活动。工会、共青团、武装、妇女、老年、档案、经管、残联、党务政务公开、依法行政、城乡规划、国土管理、精准扶贫等工作均有序开展。

【政法维稳】 完善社区“网格化”管理，“三实”信息采集录入率98%，初步建立社区网格化信息管理平台；扎实开展群防群治活动，在社区组建三支30人的义务巡逻队，同时开展机关干部夜巡活动。严厉惩治违法犯罪行为和“黄、赌、毒”等社会丑恶现象，破获“两抢一盗”案件39起，抓获“两抢一盗”犯罪嫌疑人40人，起诉37人；查处涉赌、涉黄、涉毒案件40余起；抓获违法犯罪嫌疑人250余人，逮捕22人，刑事拘留78人，行政拘留210余人，追回逃犯7人，强制戒毒16人次。做好综治民调工作，全年走访居民39800余人次，召开各类会议70余次，发放宣传资料3.5万份。坚持街道、村（社区）两级“信访接待日”制度，加大矛盾纠纷排查调处力度。加强对上访老户的思想教育和稳控管理，注重信访积案的化解。全年接待信访群众320余人次，下访180余次，主动约访80余人次，决解决信访问题130余件，化解矛盾纠纷200余件，化解信访积案2件。

【安全生产】 巩固“省级安全生产示范街道”创建成果，认真贯彻落实“安全第一，预防为主”的方针，落实“一岗双责”要求，层层签订安全生产责任制；深入开展“打非治违”“九打九治”等专项整治活动。投入资金近10万元制作300多块安全生产宣传牌；完成各类资料的整理和归档。配合全县完成城市客运秩序整治、非法营运车取缔工作。全街道基本实现无安全生产事故。

【城乡环境】 扎实开展拆危控危。在平安街、人民西路、新兴路三个社区依法对488户、近3万平方米的违法建筑进行强制拆除，拆出城市新面貌，提升群众满意度。深入开展创国卫宣传。在各个社区组建创国卫志愿者队伍，发动全社会参与创国卫。制作小区创国卫宣传专栏220个、健康教育栏110个，新建社区创国卫文化长廊450米，树立大型户外宣传牌10处，安装广播站点71个，综合利用辖区内广场、店铺电子屏100余处，悬挂创卫宣传标语200余条，发放创卫《倡议书》《告知书》《健康教育宣传单》等各类宣传资料近10万份。狠抓薄弱环节攻坚。突出清扫保洁，在三个城市社区成立清扫保洁工作队，确保小街、小区、小巷有人清扫，城区不留死角死面；突出拆棚拆违。共劝导拆除违规搭棚886宗，面积5000平方米。突出示范建设。共劝导、纠正小区乱堆乱放行为300余起，清理居民楼道260多个，清运积存垃圾560多车，铲除菜地9000多平方米，硬化小区地面14300多平方米，安装路灯162盏，改造下水道400多米，安装小区文明宣传牌200多块；新添置垃圾桶320个，新砌垃圾池49个；投资50万元用于城中村、社区绿化和小游园建设。

【基层党建】 以“两学一做”学习教育为统领，强化工作措施，夯实党建根基，切实加强党的建设。坚持以基层党支部建设为基础，增强支部战斗力。大力改善村社办公条件，强化基层党组织负责人培训力度。健全村干部业务指导培训机制，村（社区）干部整体素质明显提升，党支部的凝聚力和战斗力明显增强。坚持以党员队伍建设为重点，提高队伍执行力。创建学习型支部，努力提高党员素质。举办两期共86名入党积极分子培训班，新发展党员11名。坚持以制度建设为抓手，提升党建规范化水平。在17个村（社区）建立健全“四议两公开”制度，坚持大事和群众商量，村务向群众公开。开展“三级联创”活动，按照争创“五个好”要求，在基层党支部落实“三会一课”“村（社）干部管理”“村级后备干部培养管理”“不合格党员处置”等各项制度，做到“五有十全”，促进全街道村级组织“五项规范”建设。建立健全“一定三有”的村干部激励保障机制。落实村社党支部书记“双述双评”制度。狠抓党风廉政建设，严格执行廉洁从政各项规定和党风廉政建设责任制，深入开展反对形式主义、官僚主义、享乐主义和奢靡之风，严肃查处各种违纪违法行为，杜绝雁过拔毛式腐败。搞好党务、政务公开工作。开展建党95周年庆祝活动，表彰一批先进基层党组织、优秀党务工作者和优秀共产党员。

（李功　伍爱）

涪溪街道

【概况】 2016年，涪溪街道办事处重点打好“城镇提质、交通提速、园区升级、旅游升温、脱贫攻坚、环境治理”六大战役，埋头苦干、奋力拼搏，全面完成经济社会发展各项任务。全年实现财政总收入5180万元，增长15%，规模工业完成2.72亿元，增长10%，城乡居民人均纯收入分别达到15680元、16900元，分别增长10%、8%。街道在全县绩效考核中荣获先进单位。

【工业】 2016年规模工业企业总产值27262.2万元，比上年增长10.0%，实现税金10183.6万元，增长率26%。工业固定资产投资及技改投入15180万元。

【农业】 2016年粮食产量6224吨，蔬菜种植面积5000亩，产量10435吨；水果种植面积4382亩，产量4971吨。2016年畜牧业总产值19220万元，占农业总产值的60%。林地面积6450亩，植树造林50亩，森林覆盖率30%。

【教育科技】 2016年年末有幼儿园23所，在园幼儿3359人，专任教师245人；小学6所，在校生7623人，专任教师402人；小学适龄儿童入学率100%；初中1所，在校学生493人，专任教师26人；初中适龄人口入学率100%，小升初升学率100%。

【医疗卫生】 2016年年末各级各类医疗卫生机构3个，卫生院1所，其中卫生院有病床107张，其中执业医生护士109人。新型农村合作医疗参合人数13214人，参合率100%。

【社会保障】 2016年，农村最低生活保障户数792户，人数879人；农村五保供养87人，其中农村五保分散供养84人；城镇最低生活保障户数802户，人数2993人。2016年年末，参加新型农村养老保险9852人，参加城镇基本养老保险2275人。

【精准扶贫】 2016年，精准扶贫完成产业扶贫无息贷款842人、300万元，教育帮扶113人，低保兜底433人，危房改造40人，生态补偿198人，安排就业429人，全年完成脱贫279人。

【项目服务】 2016年，征地拆迁的主体责任落在街道办事处，全力攻坚祁阳大道建设，完成征地110多亩，拆房12幢，安置11户，拆迁面积4000余平方米，迁坟230多棺，化解矛盾56起，年底前路基全面拉通。加快推进祁冷快速干线扩宽建设，完成征地89亩，拆迁安置7户，拆迁面积2100余平方米，青苗赔偿78户，化解矛盾65起。县土地收储稳步推进，完成征地2607亩，有力确保县重点项目建设用地需求。成功破解浯溪社区8宗坟地6年未迁难题，顺利推进物流园建设。积极配合县旧城改造指挥部完成滨湖路、椒山北路、椒山南路、金盆东路白加黑提质改造建设。配合抓好王府坪棚户区改造前期工作等。

【创卫创森创绿】 2016年，投资156万元，完成白竹湖、望浯园两个“创卫示范社区”建设。完成农机小区、金龙小区、望兴花园小区、审计局小区等27个“创卫示范小区”建设。投资20万元，硬化小区道路1.5万平方米，安装小区路灯396盏，添置体育器材11套。财政投资300万元，自筹70万元，高标准完成浯园社区、白竹小区、金龙小区、白竹湖社区广场等11个小游园建设。完成322国道和三南路境内段通道的绿化及湘江堤岸绿化工作，街道及直属单位林园绿化面积超额完成任务指标，绿化率达40%以上。农村环境污染治理成效显著，小江村全面完成基础设施改造，成为全县示范村，为全县树立标杆，多次为市县农村环境污染治理示范提供现场。

【安全生产】 加大安全生产示范街道创建，投入10万元，添置安全生产宣传牌56块，印发各类宣传资料5万余份，在小江、新埠头等重点路段安装凸透镜11个，设置减速带16处，深入开展安全生产大排查、大管控、大整治专项行动，先后对道路交通、校车、水上交通等开展隐患排查146次，对86家单位企业进行拉网式排查，发现隐患42起，整改42起。依法取缔非法经营爆竹店5家，无证生产经营企业1家，关停非法经营烟花爆竹店26家。始终保持“打非治违”的高压态势，成为全县规范整治烟花爆竹样榜。落实街道领导干部带队检查制度，全年对重点部位、重点行业检查410次，坚持每个月28日各村、社区安全生产隐患排查信息报表制度，构建安全生产管理“横向到边、纵向到底”的工作格局。街道被评为全县安全生产先进单位。

【社会治理】 深入开展平安浯溪建设，加大社会治安专项整治，完成刑拘112人，破获各类刑事案件33起，查结治安纠纷案件49起。加大禁毒工作力度，破获贩毒案件5起，抓获吸毒人员14人，集中清查娱乐场所76家，网吧26家，旅馆72家。加大疑难信访老件化解，成功化解省督办件1件，县督办件3件，重要信访事件16件，化解率100%。小江、五里两个村级综治工作规范化建设达标，示范村（社）达到5个；稳妥推进社区“大工委”制，积极汇聚各方力量，投身社区共建共创，组织开展活动70余起，在城市创卫、社会治理、为民服务、扶贫帮困等方面发挥积极作用。配备网格员58名，社区网格“三实”信息采集完成96.71%，居全县之首，初步实现了“人在网中走、事在网中办”的目标，居民满意度大大提升。

【全面小康加快推进】 2016年，浯溪街道办事处城乡居民人均可支配收入分别增长10%、8%。沿江、五里等小康示范村建设大步迈进，农村面貌明显改观；“一村一品”特色农业初具规模，沿江绿色无公害蔬菜基地规模进一步壮大，面积达5500亩，人均纯收入增加2500元，小江红提、西瓜、柑橘等产品闻名全县，年销售额达2500多万元。唐家岭500亩水稻改制改造示范点初具规模，100亩草莓基地初见成效，第三产业不断壮大，全年新增商贸、物流、餐饮66家，工商网点达到3667个，解决劳动力就业15780人。

【民生优先发展】 社会保障水平稳步提高，完成农村居民养老保险9852人，城乡居民医疗保险100%完成，为738户申请临时救济金165万元，为270人提供医疗救济金98万元；规范8个村、1100名失地农民基本养老补贴待遇发放；企业招工超额完成任务指标，全年为园区企业招工1500人，新增劳动力650个，新增劳动力再就业培训100人。农村土地经营权确权颁证全面完成，“农业三项”补偿改革落实到位，惠及农民2万多名。

【社会事业协调发展】 投资180万元，完成唐家岭、浯溪、电网升级改造；农村土地流转渐入佳境，土地流转1800亩，培育种养大户30户；新增专业合作社2个；小江现代生态休闲观光产业规划初步完成；征兵超额完成任务，其中大学生参军15人，白竹湖社区退伍军人谢金宝被评为“全省创业致富能人”，省国教办、湖南卫视等媒体对其事迹相继进行了采访报道。

观 音 滩 镇

【概况】 2016年，观音滩镇全面贯彻落实中共十八大和十八届三中、四中、五中全会以及习近平总书记系列重要讲话精神，以“创新、协调、绿色、开放、共享”的发展理念和全面小康社会建设为总揽，始终围绕打造“产镇融合”核心区目标，突出特色农业、美丽乡村建设、精准扶贫三大重点，在发展现代农业、完善基础设施、培植特色产业、加强党的建设上下功夫，进一步认识新常态，凝聚新力量，抢抓新机遇，实现新跨越，强力推动观音滩镇科学有序快速发展。2016年，全镇合并为22个行政村、3个居委会，总面积87.5平方公里，总人口

4.04 万人。其中农业人口 3.55 人，非农业人口 0.49 人。地方生产总值 11.4 亿元，比上年度增长 9.6%。

【农业】 坚持用工业化思维、信息化手段、产业化导向发展农业，调优产业结构。观音滩镇与县农建投联合打造沿 S320 线特色产业带。天堂村的红心火龙果产业园、泰禾苗木、品嘉园林、林峰葡萄、联兴草莓等基地初步规模，形成油茶、特色水果、苗木花卉、莲子等主导产业。继续巩固新铺村的肉蛋鸡养殖基地，实现肉鸡年出笼 30 万羽以上；叶家井村柏氏中蜂养殖得到国家、省市多项荣誉；团胜村孔雀养殖实行特色养殖与休闲观光农业有机结合；和平村充分发挥党建+精准扶贫的作用，支持本村养殖能手，带领本村贫困户成立合作社，扩大黑斑蛙、鳜鱼养殖基地，新建鱼苗培育、莲子种植基地，共同脱贫致富。积极争取农村农业基础设施项目，先后实施水库除险加固工程、退耕还林后续工程、农村安全饮水工程、土地开发和整理工程、粮食产能提升工程等，累计投资项目资金达 1.2 亿元以上，全镇水利设施得到较大程度地改善，基本上解决“靠天吃饭”的局面。2016 年下半年，县农建投整合农业部门项目资金 3000 余万元，整体推进新铺村、新钢铁村、双华村、团胜村、联合村等农业水利基础设施建设，开创全省农业基础设施建设的新模式。

【工业】 观音滩镇呈现出“大众创业，万众创新”的发展态势，形成稀土、电子、铸造等三大主导产业。园区建设发展迅速。园区内白竹、龙井两村引进企业达 9 个，千山药机、自然韵黑茶、湘妹食品、鑫利生物等均成为园区骨干企业。加大升级改造力度。湘江稀土投入技改资金 1.2 亿余元，对厂内设施进行全面改造，改造后，厂内技术生产达到国际领先水平。湘南铸造厂延伸产业链条，引资 1000 余万元组建湘南重机。积极主动地为企业排忧解难，为企业提供优良环境。2016 年，观音滩镇被评为“全县推进新型工业化先进单位”。

【落实惠民政策】 2016 年，全镇完成农村公路改造 93 公里，提质改造 38 公里，实现村村通水泥路，为人民群众的出行提供便利；完成“双叶”“双长”公路建设，缓解观音滩城镇交通压力。认真落实城镇低保、大病救助、五保供养、社会养老保险全覆盖等社会保障制度，推进农村低保、医保、社保与扶贫等工作的有效衔接，实施对困难群众、伤残人员等弱势群体的生活补助，扎实做好农村危房维修改造、救灾救济等工作，切实提高民生保障能力。全镇新农保完成 1.58 万人，参保率 81%；新农合 3.2 万人，参合率 95%。认真落实惠农政策，政策性补贴 100% 发放到农户手中。城乡低保年检年审取消农村低保 137 人，全镇现有城镇低保 168 户、349 人，农村低保 1921 户、2656 人，低保实现应保尽保。五保户 330 人，镇敬老院提供现有 25 名老人入住，新建东泉敬老院新增养老服务床位 50 张。

【科教文化】 加大对教育的投入力度，把凤凰完小、观市完小纳入合格学校计划，投资近 300 万元用于镇中心小学、东泉完小的标准化食堂改造。全镇的教育环境得到大大改善。镇中学教学质量不断提升，中考成绩在全县同类学校评比中名列前茅。镇卫生院硬件设施在县乡镇卫生系统中已达到现代化标准，全面实行基本药物制度，药品实现零差率销售，住院病人实行“1+6+8 补偿模式”，报帐比例逐年提高，有效解决老百姓看病难、看病贵的问题。完成村级卫生室的标准化、规范化建设，新建标准村卫生室 7 个。为方便解决东泉群众就医实际困难，建设东泉卫生分院，预计 2017 年投入使用。

进一步完善农家书屋建

设，每个农家书屋存书达2000余册，另外配备部分音箱及电教设备，农家书屋覆盖率达到70%，有效地解决农民群众“买书难、借书难、读书难”的问题，营造良好的农村文化氛围。全镇现有文艺表演队13支，每年演出达300场，观众累计达5万人次，极大地丰富农村的文化生活。

【计划生育】 认真落实计生奖励扶助政策，加大计生宣传力度，以稳定低生育水平为总目标，扎实推进全镇计生工作上新台阶。继续按照“底子摸实、阵地夯实、责任落实、工作做实、队伍建实”的要求，抓好基础性工作。突出宣传教育、三查四术、依法严惩违法生育。注重依法行政，严抓责任落实，继续推行党员干部联系计生对象和有奖举报制、第一审批权制度，创新方式方法，综合治理规范，形成多数人做少数人工作的计生工作格局，让计划生育政策更加深入人心。全镇人口增长得到有效控制，自然增长率在5‰—7‰以内，计划生育率达80%。连续三年被评为县计划生育先进单位。

【全面小康建设】 认真贯彻落实党的十七大、十八大以及省市县相关会议精神，按照“创新、协调、绿色、开放、共享”发展理念，围绕“提速发展、抢位争先”总基调，“转型跨越、能快则快、全面小康”总要求和县委“三个三”总战略，着力实施惠民工程，农业产业发展、工业经济发展和通村通组公路硬化、村庄整治和房屋改造、农村安全饮水工程、农村文化设施等各项指标都达到了制定目标。

【环境卫生】 2016年，完成乡镇农村生活垃圾分类收集处理统筹治理规划，对公路沿线村及示范村建立“户分类、村落保洁、村收集、镇转运、集中处理”的垃圾处理体系和运行管理制度。以示范引领、样榜辐射的方式来促进全镇环境整治。各村积极响应，努力解决环卫设施，改善村容村貌，实行政府补助和引入市场机制相结合的方法，实行“一事一议”财政补助政策。各村通过召开户主会，制定村规民约。通过政府补贴方式，积极引导和组织群众筹集民间资金，参与环境保洁、垃圾转运、垃圾处理设施建设和运行管理。比如八尺村积极引入八尺旅游开发公司，投入资金约50万元，添置垃圾车一台、洒水车一台、垃圾箱（桶）若干，负责日常的卫生保洁工作，八尺村现已成为全镇的示范样榜村。

【城镇建设】 按照“经营城镇，内生活力”的发展思路，加快城区配套设施建设，争创品质活力小城镇。观音滩镇积极争取小城镇建设的“六个一”工程（累计投资1200万余元），对沿S320线街道路面、行人道绿化亮化和管网工程进行全面改造。对S320沿街20多户乱搭摊棚和30余块乱建广告牌进行拆除，沿路按照“分段统一、灵活调整”的策略种植80株大直径桂花树，对临街铺面铺设高质量道板砖2000平方米，新挖下水道700米，新砌护坡28米150立方米，安装路灯130余盏，同时对城区13处垃圾点进行彻底清除，在综合市场对面区域开辟20余个停车位，缓解停车难的问题。推动新自来水厂建设，竣工后的水厂日产800吨自来水将惠及全镇城乡近两万居民的日常饮水，2017年年初可以投入使用，困扰百姓多年的用水老大难问题将得到彻底解决。完成观音滩农贸市场改造和客运站场建设，城市功能日益完善。

【美丽乡村】 坚持以新农村建设为主线，大力建设美丽乡村。八尺村按照“规划科学，生产发展，生活宽裕，乡风文明，村容整洁，管理民主，宜居宜业”的要求，充分发挥吴家大院深厚文化底蕴和鸭婆洲丰富旅游资源优势，积极打造生态休闲旅游基地，投入资金5380万元，完成新建或改造沥青公路9.2公里（55000余平方米），安装路灯178盏，拆除空心房15000多平方米，修建荷花苑180余亩，绿化3万多平方米，修缮吴家大院、刘家大院、胡家大院等古建筑2万多平方米，初步建成村庄环境优美、产业特色突出、文化底蕴深厚、村民素养文明的美丽乡村。沿沽村将产业建设与美丽乡村建设有机结合，被评为“全市秀美乡村”，并整体带动周边云峰、群丰、永安、梅花等村建设。钢铁、天堂、任塘等村充分发挥台湾火龙果产业园优势，成功创建全县秀美村庄示范片。

【安全维稳】 坚持建设“平安乡镇”，加大社会治安管控网格化，在公路沿线成立农村治安联防队。以高压姿势对社会治安进行集中整治，惩治违法犯罪实行指标化管理，全年镇派出所刑事拘留22人，强制戒毒12人，社会治安明显好转，人民群众安全感和满意度显著增强。信访渠道畅通和谐。注重信访源头化解，及时传达群众诉求和发现各类苗头性、倾向性问题，严格按照《信访条例》规定的程序、期限，受理、办理法定职权范围内的信访事项，加大各类信访案件的督查、督办力度。全年累计依法受理、妥善处理各类信访件100余起，越级信访量大幅度下降。安全生产空前平稳。建立“党政同责、一岗双责、齐抓共管”的安全生产工作机制，全面加强安全生产隐患排查与治理。深化“打非治违”等专项行动；大力开展道路交通、水上安全、建筑工地等安全生产领域专项整治；切实加强食品药品安全工作专项整治，保障群众饮食、用药安全。

【精准扶贫】 脱贫攻坚是2016年的头等大事和一号工程，观音滩坚持以产业扶贫为重点，稳步发展村级集体经济，切实抓好贫困对象的精准识别与管理，全面实施结对帮扶政策，精准掌握贫困家庭的所需、所想、所盼，按照“五个一批”的要求精准施策，科学治贫。通过“脱贫攻坚+金融+企业+产业”等模式，以农村集体建设用地入市、农村宅基地政策、农村集体建设安置政策、易地搬迁扶贫、公租房和农村危房改造等项目为重点，通过整合政策，全面推进“五个到村到户”，实现“三大突破”，即水、电、路、讯、房等基础设施改善取得新突破，农民增收致富取得新突破，大扶贫格局的形成实现新突破。实施好扶贫信贷、特色产业发展和社会保障性兜底等扶贫项目，确保2017年贫困村出列，2018年贫困户全部脱贫。

【基层党建】 全镇深入开展专题教育活动，扎实推进党务政务公开，做到规定动作不走样、自选动作创新意，达到干部受教育、工作有促进、群众得实惠的目的，确保活动顺利完成，受到上级好评。全面落实党风廉政建设责任制，积极推进政务、村务公开，接受群众监督，使党的建设各项工作得到有效提升。各支部持续大力培养党员队伍和村干部后备人才，积极开展多项活动，切实提升党组织的凝聚力和战斗堡垒作用，八尺村、沿沽村通过加强自身建设，现已成为全市农村基层党建的一面旗帜。

茅竹镇

【概况】 2016年，茅竹镇工农业总产值8.98亿元，国民生产总值年均增长8.6%，财政收入年均增长12%；社会固定资产投资年均增长18%；城乡居民收入年均增长11%。大力发展第三产业和旅游业。积极向外推介宣传茅竹生态优势、交通优势、人文优势，完善茅竹八景，完成马迹观、青云寺扩建工程、1000亩紫薇基地、滴水老街的整修与古民居保护，肖家、向家、老山湾、茶园、詹家村等垂钓休闲场所，扶持壮大新泉山庄、桂香荷园、田园牧歌、德辉基地、滴水琵琶一日游等休闲观光业，发展农家乐5家。

【特色农业】 按照“产业强镇，产业富民”战略，茅竹镇坚持调结构、抓创新，构建产业发展新体系，形成创新创业新氛围。打造特色农业。以建设现代农业示范园为契机，用工业化思维、产业化导向念好“土地经”，做活“农”字文章，着力优化农业产业结构，推行良种、良法、良治，着力打造优质稻、油茶、果蔬、花卉苗木、畜禽和休闲观光六大主导产业。以尹家、富里、富联、坦坪、周塘为中心，发展中高档优质稻5000亩；以周塘、吉庆、容驷、道塘、向家、滴水村等为重点建设6000亩西瓜基地；以德辉公司为依托，辐射带动向家、尹家、琵琶等村发展无公害蔬菜5000亩；油茶低改10000亩，新建高产油茶8000亩；以温氏集团现代畜牧业为龙头，发展带动富联、板桥、富里、上升、菜芽、茅竹的万头生猪基地；继续续巩固以泉塘、茅竹、道塘、上升为重点的1000亩花卉苗木基地。以广东农垦集团农博园建设为契机，加大土地流转力度，积极引导、鼓励、支持农民流转闲置土地，为发展规模农业、现代农业提供条件；加强政策引导和协调信贷服务，扶持发展9个种养大户和8个农业专业合作社，实现资源、信息、技术、市场共享，使之成为全镇农业产业结构调整的“领头雁”。

【工业发展】 茅竹镇充分依托地理区位优势，巩固现有工业企业，积极引进环保、低能耗的新兴产业。重点支持宝利铸钢、南方铸钢等企业完成技改项目；引进泉塘玻璃厂，并投产使用；支持湖南德辉现代农业有限公司入统的前期工作，通过这些有效的措施，极大地促进镇域经济的发展。

【基础设施】 着重抓好水、电、路、讯等建设，全镇基础设施明显改善。充分利用现代农业示范园区建设的有利契机，整合各类资源，完善农田基础设施。投资2200万元，进行高标准的国家农业示范园建设。硬化湘江河畔沿江观光步行道2000米；新修排水渠7000米；新修机耕道8000米。新修排水渠一条，支渠12条，共3.6公里；铺设灌溉管网主管3200米；建设机电排站5座；新挖山塘14口，对原有老塘、长塘、腰塘等58口山塘进行清淤、扩容和护砌。完成老鸭山、联合、富联等村农网改造升级5.4公里；完成富里、吉庆村级公路硬化7.4公里，肖家村公路加宽硬化4.5公里。实施“村村响”工程，全镇29个村开通广播；实施亮化工程，全年镇、村两级共安装路灯367盏。

【社会事业进步】 全镇财政保障供给有力，全面完成税收任务，农商行清欠工作处于全县前列。全面完成人口与计划生育工作各项指标任务，新增计生家庭户共76人，奖励扶助资金100%发放到位。科技工作日趋进步，引进并推广新技术、新品种9个，兴办科技示范点15处，推荐省级科技示范户1人。投入30万元，新建村卫生室5个，新农合参合率达99%，解决老百姓“看病难、看病贵”的问题；对全镇60岁以上老人进行健康体检，对全镇妇女开展“两癌”防治检查，印发健康知识宣传资料5000份。积极参与安全生产示范乡镇创建工作，通过领导干部带头检查安全生产工作，结合“打非治违”，全面落实安全生产责任制，确保“零事故”，2016年，被评为全市安全生产先进单位、全县“创省级示范乡镇”宣传工作先进单位。进一步加大教育投入，推行素质教育，教育文化事业蓬勃发展：镇中心小学成绩稳中有升，在全县同类学校中处于前列。同时，不断改善办学条件，完成镇一中的公租房建设。民政、社会救助事业取得长足发展，投资20万元，新建道塘、富里等村五保之家，完成农村危房改造42户，五保户分散供养标准提高到2640元/年，确保五保老人的生活保障，实现低保对象扩面，做到应保尽保，走访慰问困难户、低保户和退伍军人489人次。发放棉被、衣服共62件，发放米、油共计25000元，送慰问金30000元；新农保、企业招工、再就业工作均取得新的突破，农村环境综合治理取得新进展，完成湘江两岸500米范围内养殖场搬迁任务，在湘江沿岸种植绿化苗木2800多株，创建茅竹、道塘两个环境卫生示范村，大塘村完成饮用水源保护3处，新建人工湿地1处、污水处理管道1.2公里，聘请75人对主要院落、主要道路、重点场所保洁，并新添置垃圾桶150个。

【法治建设】 大力开展理想信念教育活动，促使全镇广大党员、干部和群众的精神风貌有极大改观。坚持人民代表大会制度和政治协商制度，充分发挥人大、政协的职能作用，加强对政府职能部门工作的监督和评议。全年开展代表评议和委员视察活动5场次。进一步强化社会治安综合治理，严厉惩治各类刑事犯罪和经济犯罪活动。认真做好调纠和信访工作，积极化解各类矛盾纠纷，有力地维护社会大局稳定。突出抓好皇福村与三口塘镇山林权属纠纷，滴水与老鸭土地权属纠纷等，防止群体性事件的发生。

【基层组织建设】 按照县委的总体安排部署，全镇上下扎实开展“两学一做”学习教育活动，使广大党员、干部的思想政治素质、政策理论水平有新的提高，工作作风有明显改善，各项工作呈现新的起色，达到了预期目的。同时，进一步抓好“基层党建示范点”创建活动，党的基层组织建设得到进一步加强，整顿软涣散支部3个。宣传思想工作力度加强，全面完成县里下达的党报党刊征订任务。认真落实党风廉政建设责任制，大力查处违法违纪案件，并对全镇29个村和镇属涉农收费部门进行全面、彻底、细致的财务清理，认真落实财务公开、政务公开，各级党组织的凝聚力和战斗力得到进一步增强。

三口塘镇

【概况】 2016年，三口塘镇辖30个村（居）民委员会，300个村民小组。全镇总面积55.2平方公里，其中耕地面积2.8万亩，林地面积3.6万亩。总人口24614人，其中城镇常住人口1417人，城镇化率5.75%。境内土地肥沃，水利丰沛，是祁阳县的产粮基地，典型的鱼米之乡。也是生猪、肉鸡鸭、柑橘、油茶的重要产区。2016年全镇生产总值5.8亿元，农民人均纯收入7350元。

【农牧产业】 三口塘镇是典型的农牧业小镇，农牧产业是该镇的支柱产业。为做好“三农”文章，壮大农牧产业，搞活农村经济，富裕全镇农民，镇党委、政府在“活”字上想办法，在“实”字上下功夫，着力加速推进农牧产业化进程。2016年，新培育土地流转1000亩以上的种植大户2户、500亩以上的种植大户3户、100亩以上的种植大户30户。全镇共流转土地12000亩。三口塘村和沙子铺村新培育3000亩连片油菜示范基地1个，上马村和古木村新建成1500亩绿肥基地1个。积极对接温氏集团，培育6户规模养殖户加盟温氏集团一体化养殖项目，正在筹建5000头种猪场1个，嶷山村发展年出栏8000头以上的生猪养殖大户1户，楠木村新扩建养猪户4户，年出栏生猪5000头以上。里塘村新增年出栏50头以上的黄牛养殖1户，10000羽养鸡场1个。鱼塘养殖面积3977.28亩，产量397.728吨，产值596.592万元。2016年，全镇农牧业总产值3.8亿元，比上年增长14.7%。全镇园林绿化面积达18公顷，绿化覆盖率29.1%。完成“三边”造林面积200亩，种植大苗1万株，丝塘村新建10000亩连片油茶基地1个。湘之源公司已租地并平整土地1800亩，打造集生态观光、乡村旅游、科普教育于一体的高档苗木花卉基地。

【工业产业】 2016年，投资3000万元建成日烘干500吨的安邦大型谷物烘干仓储加工中心；拟投资1.2亿元的鸿鑫矿业新型建材项目已累计投资5000万元，有望于2017年下半年完成一期工程并正式开工投产。

【基础建设】 坚持“以人为本”的思想理念，全力推进民生，致力发展农业、城镇基础建设和美丽乡村建设。初步设计库容400万立方米的棉花皂水库工程，已立项并完成各项测量准备工作，正待审批，建成后可解决7个村5000多亩稻田灌溉问题，为改善周边生态环境提供便利条件。“百库工程”全面推进，截止2016年年底，全镇已修复中小型病险水库11座。千方百计争项目，筹资金致力城镇基础建设，努力打造功能分区明显，配套设施完善，美丽宜居城镇。争取到省发改委祁阳煤矿棚户区改造项目，计划投资4000万元，并配套建设过境路、晋乾路和镇中心客运站。投资500万元的三口塘镇中心幼儿园于9月正式开园招生。投资550万元的镇中心卫生院整体搬迁项目工程已基本完成主体工程。总投资1000多万元的镇自来水厂建设顺利完工并已投入使用，解决5000户村镇居民安全饮水问题。投资50万元建成两处小游园，绿化2条主要街道。投资26万元对旧城区1000多米下水道排污系统进行改造。投资180万元用于村镇生活环境治理，各村组都建立垃圾池，聘请村保洁员。做到每村都有永久性宣传标语牌、卫生宣传专栏。

【基层党建】 三口塘镇党委紧紧围绕“清廉、务实、创新、为民”的主题，深入开展“两学一做”教育实践活动，扎实有效推进党的基层建设。严抓基层队伍建设，提升支部凝聚力；狠抓基层作风建设，增强支部执行力；善抓基层制度建设，提高支部战斗力。认真落实党委书记“第一责任”，分管书记“具体责任”，党员领导干部的“基本责任”，基层党支部负责人“直接责任”的责任。完善基层党建“135”模式，制订《党员积分管理办法》《村干部管理办法》《村级财务管理办法》。利用“掌上微信”即时提升基层支部工作执行力，建立三口塘政务公开平台，打造“微平台”，加强“微学习”，形成“微网络”，传递“微资讯”，增强“微互动”，提高“微防御”，工作安排、工作调度和工作督查实现信息化、制度化、规范化、痕迹化。2016年，顺利完成并村工作，深入开展“三规范、二提升、三承诺”党建项目创新活动。“三规范”即：规范党建阵地，规范政治生活，规范政务管理；“二提升”即提升支部书记履职能力，提升党员队伍整体素质；“三承诺”即联点干部承诺党建指导，支部书记承诺党建实事，普通党员承诺党建服务。

【科教体卫】 “科教兴镇，人才强镇，创新富镇，建设幸福美丽新三塘”，是指导三口塘镇经济社会发展的战略思想。2016年，全镇有九年一贯制学校1所，完小3所，在校学生1387人，专任教师109人，其中高级教师11人，一级教师56人，永州市骨干教师1人，祁阳县卓越教师1人，明星教师3人，祁阳县师德标兵1人，祁阳县优秀教师26人，祁阳县优秀班主任15人，祁阳县先进教育工作者6人。公办幼儿园1所，民办幼儿园3所，民办幼儿班3所，在园幼儿441人，幼儿教师28人。三口塘镇中小学校教改教研，如火如荼，饮誉祁阳。其中镇中学的“语文问题式”教学模式，成效凸显，专家颔首，致力推介。镇中学、石湖完小、堡头完小的高效课堂、团队创优、国学经典、雏鹰争章等各项活动，方兴未艾，各具特色，异彩纷呈。教育教学质量，与日俱升，全县瞩目，蜚声永州。初中学业水平考试综合评价雄踞全县乡镇中学第二名，“一分两率”进入永州市前30强。2016年，三口塘镇中学被评为永州市“文明安全学校”、祁阳县“中考综合评价先进单位”、“中职招生先进单位”。在县委“七一”表彰中，教管中心党总支获得县“优秀基层党组织”。在年终考核中，教管中心获“绩效评估考核一等奖”、“党风廉政建设先进单位”、“信访工作先进单位”、“安全工作先进单位”等荣誉称号。为促进教育均衡发展，教管中心争取薄弱学校改造资金400万元，完成香治完小的综合楼、澡堂厕所及附属设施等合格学校建设项目，改造维修镇中学的水塔和教学楼顶防渗、堡头完小的围墙，启动石湖完小的学生食堂综合楼建设，并为三所完小新建机压水井，为镇中学、石湖完小、堡头完小、中心幼儿园安装路灯。2016年，全镇中小学适龄少年儿童入学率达100%。2016年，三口塘镇医疗卫生和健康事业发展迅猛，成果显著。镇卫生院全年门诊量1万余人次，住院病人2454余人次，病床使用率89.76%，承担了三口塘镇近2.5万余人民群众的常见病、多发病以及危急重症医疗服务任务。完成业务收入约223万余元。建立居民电子健康档案21255份，完成65岁以上老年人免费健康体检1765人，规范管理慢性病患者（高血压、2型糖尿病）803人，规范管理重性精神病患者计31人，发放各种健康宣传资料3万余册，举办各类健康知识讲座和公众健康咨询12余次。全镇共纳入0—6岁儿童管理1404人。登记管理65岁及以上老年2998人，登记管理并提供随访高血压患者为660人、糖尿病患者143人，糖尿病合并高血压患者19人、慢性重型精神疾病患者31人，为5名较严重患者免费进行规范化治疗。2016年，0—6岁儿童常规疫苗接种2013针次，接种率为95.21%。同时顺利完成8月龄—12岁1984名儿童的麻疹疫苗强化、0—3岁1137儿童脊髓灰质炎疫苗强化免疫工作。全镇规范管理89名孕妇，累计服用叶酸241人次，服用率为85.7%；孕产妇死亡数0，死亡率0/10万。1—9月份全镇共出生192名儿童，农村住院分娩率98%、婴儿死亡数1人，死亡率5.2‰；5岁以下儿童死亡数1人，死亡率1.7‰。认真落实“十制改革”在卫生院及全镇30家承担公共卫生任务的村卫生所（室）实行药品零差率销售，全年零差率销售17万元。完成院长公开竞聘、全员聘用、制订卫生院绩效考核办法。认真执行医德医风考核制度；实行医务人员“四排队”和医疗机构“八排队”；执行每月一次院务、政务公开；公布卫生局、卫生院举报电话、设立意见箱。从7月起，卫生院实行全面禁烟，制订实施方案，截至12月底，全镇共有14家医疗机构均已达到无烟医疗机构。镇卫生院在“争先创优”、“三好一满意”活动中，风清气正，成绩突出，群众满意度高，深受好评。

大忠桥镇

【概况】 2016年，大忠桥镇辖53个行政村，3个社区，镇域面积4.3万亩，其中稻田面积3.9万亩，旱土0.3万亩。全镇以安全生产、综治维稳、城乡环境同治、精准扶贫为抓手，以小城镇建设和民生工程为重点，以增强群众幸福感，打造“蓝天、碧水、绿地”和“美化、净化、亮化”的大忠桥镇为目标，改进工作作风，狠抓目标落实，在不断提高辖区群众幸福感的同时，确保全镇社会持续稳定，全面完成县委、县政府各项工作，经济和社会各项事业继续保持良好的发展势头。

【精准扶贫】 建成金旗村260亩金槐种植基地、和平村220亩沃柑种植基地等扶贫产业基地。结合贫困村实际量身为贫困村制订相应的产业扶贫计划。该镇爱心企业家邓福明捐资200万，成立全市第一个私募扶贫基金——明德扶贫基金，帮助和救济该镇贫困学子106人，发放善款20多万元。对符合贷款条件的家庭进行贷款资质的评级授信，完成对全镇贫困人口95%的授信，全年共计发放扶贫小额信贷款项852万余元。

【农业】 稳步推进粮食生产。全面落实粮食播种面积，制止耕地抛荒，整治稻田抛荒面积750亩。加快土地流转。通过土地流转、集中育秧、农业机械社会化服务、粮食高产创建活动等措施，鼓励农民发展粮食生产，在韩家洲、黄家桥、白鹤洞等村创建一个2800亩双季稻种植示范片，在马江、深滩、星星等村创建两个1000亩以上的优质稻示范片，全镇新发展种植面积在60亩以上的种粮大户6户，新完成土地流转6000亩，新发展农业专业化合作社4个，完成育秧基地1处。搞好秋冬生产。在深滩、马江、江边村创建千亩县级油菜示范片1处；在肖大、清大公路建立千亩绿肥示范带。

【基础设施建设】 2016年，新建成一条特色街、一个文化广场或游园、一所标准学校、一所标准医院、一个美丽乡村示范点、一所敬老院、一个标准综合车站、一座标准自来水厂、一个标准农贸市场和一个垂直式垃圾中转站。其中新敬老院地处金旗村4组，占地30亩，总建筑面积约5500平方米，共设100个床位，配备综合办公楼、住宿楼、餐厅、室内活动室、健身长廊、休闲广场、蔬菜基地、养殖基地等，套间内配备卫生间、浴室等基本设施。目前敬老院第一期、第二期主体工程全部完成。新建一个标准综合车站。综合客运站用地面积3000平方米，按国家规范标准建设相应停车场、发车位、候车厅、调度室、公厕、汽车安全检验台。选址、征地等工作基本完成。标准农贸市场用地面积3000平方米、建筑面积1000平方米，设立15个停车位，设置两个入口，主道宽度3米，次道2米，并配备相应供水系统，排污管道单独设置，配备公共厕所、宰杀间、供电、消防等相关配套基础设施。垂直式垃圾中转站设在毛家新村狗爪岩，用地面积10亩，配备相应清洁设施，全力做好消杀、清洁等工作。购买压缩式垃圾运输车沿途收运生活垃圾，各村设立一个垃圾收集点。

【安全生产】 编印《村（居）民安全常识手册》15000份，内容涵盖交通、消防、用电、建筑、危险化学品、自救互救等与群众生产生活密切相关的安全科普知识，做到每户一册，着力提高群众安全意识和自我防护能力。在镇政府最显眼的宣传栏上方，制作一条长45米的安全知识宣传长廊。推行一村（社区）一公约，由镇安全生产委员会统一制度模板，各村（社区）在村（社区）办公地或主要道路口等公共聚集场所，制作一块永久性的《村（居）民安全自治公约》宣传牌和一块安全宣传专栏。全镇有关部门、生产经营单位共悬挂横幅30条、红纸标语200条、办墙报18期，发放宣传资料10000余份、安全常识册子15000余份、高标准安全生产永久性标牌100多块。6月20日，在镇中心市场开展“安全生产咨询日”活动，大造宣传声势。全镇印制《村（居）民安全自治公约》15000份，《村（居）民安全自治公约》签订率达到100%。认真开展安全生产“一镇一月一案件”监管执法活动，重点加强对镇安监站执法人员的办案业务指导，加大安全生产执法惩治力度，建立“一企一档一清单”监管制度。在全镇开展安全生产“四个签字背书”工作的基础上，对所有生产经营单位安全生产“一依法、九到位”情况建档立卡。以毛家新村做为示范样板村，采取安委会成员包组，村组干部包户的方式，层层宣讲，户户谈心，对群众安全意识不强，安全生产认知度不高的问题进行创新探索，形成“要我安全为我要安全”的良好氛围。

【信访维稳】 大力加强信访

维稳工作力度，细化工作任务，强化措施，落实责任。狠抓矛盾纠纷摸排，加大调处力度，营造人人抓信访维稳、人人管信访维稳的良好工作氛围。全镇信访维稳形势得到根本好转，社会大局稳定。努力做好矛盾纠纷不出镇，纠纷化解在基层。在县模拟民调中，大忠桥镇排名居全县前十。

【环境治理】 成立相应领导小组，实行“河长制”，由书记挂帅，镇长为河长，分管领导及各驻村干部、村干部签好责任制，负责各自管辖河段环境。创新农村生活垃圾治理方法，对农户生活垃圾实行分类减量、集中收运、资源化利用和无害化处理服务体系建设。加快推进环境卫生治理工作，尤其对毛家新村、蔗塘村等环境示范村积存垃圾实行全方位、无死角清理；将两村旱厕改为水冲式厕所，既美化环境又便利群众生活。

【社会民生】 搞好民政服务窗口建设，提升服务质量和效率。完善社会救助体系，确保救助及时到位。做好农村低保和城镇低保全面清查工作，全面清查死亡保、关系保、人情保等各种违法违规情况。全年农合、农保参保率均在95%以上，基本实现全覆盖。以巩固“省诗词之乡”成果为重点，全面加强农村文化事业建设，双凤、枫树坪等村建成村民文体活动中心；进一步规范学校财务管理，整顿学校周边环境，维护招生秩序，对学校安全进行重点检查和整改。

继续抓好儿童“计划免疫”“非典”“人禽流感”等防治工作，切实做好麻疹、风疹等传染病的防治工作。对全镇村卫生室、私人办医人员进行为期4天的医德医风教育，以及政治业务技术培训。多次组织人员参加县相关部门组织的招聘和就业培训，解决就业800余人次，转移就业人数达2000多人，培训人员1000多人次。加大困难家庭的救助力度，救助因病返困返贫人员100多人次，发放大病救助资金200万元，发放各类慰问金60多万元。加大民生工程建设力度，先后完成各类民生工程60多处。通过采取一系列强有力措施，通过强化责任，落实责任，真心为民干成一件件好事实事，群众的满意度有明显提高。

【作风建设】 以大力开展党的群众路线教育实践活动为契机，狠抓干部作风建设。作风带动政风，带动民风。通过大力整顿党员干部作风，政风明显好转，服务群众有质的飞跃，服务群众的效率有明显提高。强化教育培训管理，健全教育机制，全年举办党员干部教育培训12场次，培训人员2000多人次。做好入党工作，严把入党关，对入党的要求更严，审核更细，积极发挥党员干部模范带头作用。

肖家镇

【概况】 2016年，肖家镇位于北纬26°08′11″—26°22′40″，东经111°54′10″—112°02′33″，地处祁阳县南部，东与八宝镇为邻，南与金洞镇、凤凰乡相连，西与零陵区毗邻，北与白水镇、大忠桥镇接壤。政府驻下白田村光明街1号，距县城38千米。全镇共48个村民委员会，2个居民委员会，下设412个村民小组。

【农业】 农业经济持续发展，耕地面积3.56万亩，人均0.82亩。粮食作物有水稻、玉米、荞麦，人均820千克，其中产水稻24800吨，其它作物产量3200吨，其中花生、大豆480吨，油菜2620吨；经济作物有水果、中药材、茶叶、蔬菜四大类。2016年，全镇水果种植面积3.1万亩，产量50000余吨，以柑橘、葡萄、冬枣等果树为主。新增茶叶种植面积3000亩，茶园总面积达6500亩。药材主要有喜树，面积1000余亩。蔬菜种植面积0.6万亩，产量3300吨，品种主要有红萝卜、香芋、白菜、辣椒等。畜牧业以生猪饲养为主，全年生猪饲养量达到

5.6万头，年末存栏数达4.2万头，总产值1.48亿，占总产量22%。鸡鸭家禽8.6万羽，产蛋量达26吨。渔业以鱼塘养殖、水库养殖为主，水产总产量3229吨，总产值1.94亿元，占总产值的22%。

【教育】 2016年年末，全镇有中、小学9所（含教学点），在校学生4289人，在职专任教师254人，其中中学1所，学生998人，专任教师86人；小学8所（含教学点），学生3234人，专任教师148人。有标准幼儿园7所（其中公办1所），简易幼儿园14所，在园幼儿1129人（其中大班684人、中班313人、小班132人），专任幼师55人。小学适龄儿童入学率100%，初中适龄儿童入学率100%；小升初升学率100%；全年教育经费1851万元，比上年增长28.5%。4月，成立肖家镇专项教育基金；镇人民政府被县委授予“祁阳县推进教育强县先进单位”；镇教育管理中心被县委评为“教育教学先进单位”；镇教育管理中心被县教育局评为“绩效考核先进单位”。

【村镇建设】 2016年，饮水工程投资400多万元，日供水量800立方米，解决不安全饮水人口15000人。农村危房改造76户，城镇道路改造建设6000余米。

【医疗卫生】 2016年，全镇各级卫生机构45个，其中镇卫生院1个，医疗点6个，村级卫生室38个。镇卫生院专业卫生人员44名。其中：执业医师8人，执业助理医师30人，中级职称4人。有病床40张，全年完成诊疗25000余人次，新型农村参合率96%。镇中心卫生院固定资产300万元。全年进行20000余人次的预防接种。安全饮用水普及率达到99%。农村卫生厕所普及率达到60%。

【水利】 病险水库维修加固两处：唐家冲小一型投资400余万元；火塘冲小二型投资80万元。新建电排一处，装机20千瓦，投6万元。新修骨干塘2处，投30万元，河坝10处，投25万元。新修混凝土三面防渗灌溉渠道共13处，总长7500米，投资120万元。整修山坪塘65口，投资45万元。全镇水利建设共投资1011万元，改善灌溉面积1450亩，新增灌溉面积860亩。

【广播电视】 2016年年末有线电视网络1个，可收看23套节目；有线电视用户达150户，无线电视达350户，电视拥有率95%以上。

（邓青梅、刘卓）

八宝镇

【概况】 2016年，八宝镇获“省级安全生产示范乡镇”、“全县工作目标管理综合考核三等奖”、“全县精准扶贫工作三等奖”、“全县社会管理综合治理工作先进镇”、“人口与计划生育工作先进乡镇”、“全面建成小康社会推进工作先进单位”、“全县基层党建工作先进单位”、“全县信访工作先进镇”、“平安乡镇”、“农村环境污染治理工作先进单位”等多项荣誉称号。

【产业发展】 2016年，镇党委、政府加强土地流转，引进企业，促进经济发展。加强和改进“双培养、双转移”模式，推动农村土地围绕“增项目、促产业、创效益”的目标进行流转，由分散自发流转，向集聚双赢流转。整合涉农项目资金，发挥党员干部作用，帮助解决土地流转难的问题。古桥、下龙、坪山、天星、金江5个村实现土地整村流转，四木村、同心村、隆兴、高兴、大源等8个村流转土地分别在300亩以上。全年实现新增流转面积3000亩，新培育大户15户；进一步帮助广垦集团、八宝油茶、大自然蔬菜、宏茂园林、争源、龙门口等种养殖专业合作社，加快土地流转，提高经济效益。内下林业发展有突破。内下炼山整地1320亩，杉树造林1460亩，抚育幼林3790亩，在杉树幼林中套种红薯910亩、玉米300亩。电商发展助推农业产业升级。共发展服务站4个，培养淘帮手16名。4个服务站自开业以来，每个月业绩稳居全县前列，其中天星村服务站业绩连续3月稳居全县第1名，合伙人廖燕平被商务局力荐为村淘合伙人模范标杆，同时也是全县唯一1个获阿里“优秀合伙人认证讲师”的典范。通过发展电子商务带动八宝甘蔗糖、甘蔗酒、土茶油网上销售，实现相关村人均增收500元以上。

【民生工程】 2016年，八宝镇党委、政府坚持以人为本，增强服务观念，加大民生投入。投资900万元的牛冲农村安全饮水工程顺利完成所有主管道铺设，马上可以试营运，该项工程可解决15个村1.6万余群众的饮水安全问题，内下村忠孝安全引水工程按期完工，保障600余人的饮水安全。镇中学、中心小学、卫生院公租房建设已完工，进一步改善教职员工和医护人员居住环境，提高他们的工作积极性。公办幼儿园建成投入使用，天星小学已招标开工。完成县定“五小”水利工程建设任务，特别是3座小二型水库的除险加固工作圆满完成。投资9000万元的木金公路建设项目顺利通车。四木土地占补平衡整理项目基本启动，和平村渡改桥已全面建成。河上江村9公里水库左岸公路路基建设完工。投资约60万元的内下村孝忠皂，瓦窑村猛江口水毁公路砌护工程完工。投资300余万的内下扶贫易地搬迁项目已完成主体工程，可以解决15户44名贫困人品的住房问题。内下村、河上江村修建7个客运码头。新屋场村修建行人便桥6座，方便群众出行。瓦窑村移动基站建设完工，结束瓦窑村和新屋场村不通手机信号的历史。

【社会管理】 2016年，镇党委、政府积极加强社会管理创新，全镇上下呈现治安安定、生产安全、社会安宁的良好局面。一是社会管理、综合治理。全面推进“平安祁阳”建设，创建“3+X”联动调纠工作机制，整合镇政法办、派出所、司法所与相关部门力量，及时化解矛盾纠纷，充分发挥“资源整合、分流指派、现场联调、效力对接”优势，逐步形成“党委政府总揽、分管领导牵头、部门协调参与、各方协力配合”的大调解工作格局，大量的社会矛盾纠纷通过“3+X”联动机制得到化解。以网格化建设为契机，拓宽治安立体监控地域和领域，投资5万元实行以奖代补，拉动其他资金，新增监控点60个。进一步加强应急处突队伍建设，村级联防队伍，实现夜间巡逻常态化。社会管理网格化，实现“人在网格走，事上网格办，服务不空档”。全镇社会管理、综合治理安定有序，2016年被评为“平安乡镇”。二是阳光计生。严格落实计生政策，坚决维护妇女权益，无行政侵权行为。信息上报及时准确率100%，奖扶对象及独生子女家庭死亡伤残对象资金发放核对及时，镇村阵地建设面貌一新。镇人口与计划生育工作获“先进乡镇”荣誉称号。三是安全生产。始终坚持安全生产第一，健全“党政同责，一岗双责，齐抓共管”责任体系，完善安全制度，认真开展安全生产隐患排查，重点加强对烟花爆竹行业销售点进行隐患排查，加大力度对三轮摩托车载客、校车、渡口、道路和消防安全隐患进行排查和整治，狠抓道路、水上交通安全，开展非法汽油零售点专项整治。镇被评为2016年度省级安全生产示范乡镇。四是教育卫生事业。公办幼儿园投入使用；镇中学、镇中心小学、卫生院公租房建设完工，教学、医疗环境得到明显改善。中小学校教学质量逐步提升，卫生院设施、医疗、服务居全县前列。五是民生民本工作。新农保、新农合参保参合人数达90%以上，形成看病有医保，困难有低保，老来有社保的社会保障体系。社会救助工作逐步走上正规，五保低保达到应保尽保。加强困难群众危房改造工作，广泛开展扶贫工作，全镇772户，3039名贫困户纳入扶贫对象，大坪、清塘、新建3个村纳入重点扶贫村，产业扶贫有效推进，上百里洲村种植锦红冰糖橙，上百里村发展良种油茶，内下村、河上江村、瓦窑村、新屋场村突出经济林特色实现产业化，光伏发电产业已立项实施。六是新农村建设。扎实推进新农村建设，城乡一体化进程加快。全镇46个村（居）委会全部修通水泥路，电力改造全部完成，升级改造逐步推进。大力实行村庄亮化、绿化、美化工程，打造宜居宜业新农村。以八宝、黄家渡为中心，以木金公路、两条横跨路为轴线，全力植树造林，种植樟树3万株，桂花树2万株，杜樱树5000株。中仁、八宝、天星、内下村等村植树造林，绿化家园，走在全镇前列；中心村、黄家渡村、坪山村、大源村等十多个村共投资400多万元安装太阳能路灯1300多盏。加强农村环境综合整治力度，新建垃圾中转站1个，进一步规范清洁公司保洁责任，提升居民文明卫生意识，建立”门前三包“责任制，推行”文明卫生户”评比考核，建立村级卫生保洁督查评比机制。

【基层党建】 强化责任意识，切实履行党支部书记为党建工作第一责任人。签订党建工作责任制，层层压实责任。实行党建工作月例会制度，对上月党建工作进行汇总，将督查的情况进行通报，列出问题清单，根据问题清单建好整改台账，明确责任人和限期整改时间，督促存在问题的党支部早日整改到位。落实好党员管理积分制、民主评议制、民主生活会等各项党建日常管理制度。

（八宝镇党政办）

白　水　镇

【概况】 2016年，白水镇辖42个行政村、4个社区居委会，总面积128平方公里，总人口7.6万人，其中城区面积3.9平方公里，人口3.3万人。白水环境优美，民风淳朴，秩序井然，贸易繁荣，交通便捷，衡枣高速、S320公路垂直立交穿境而过，可直通广州、昆明、厦门等地，白水河、黄花河在白水汇于湘江，水路可直达武汉、南京、上海等地。祁阳科技工业园坐落于白水镇西北角，占地面积近3平方公里。该镇培育机电、能源、农产品加工、轻纺四大支柱产业。先后被授予“创建全国绿化模范县工作二等奖”“全国小城镇建设重点镇”“湖南省小城镇建设中心镇”“全省民营企业发展明星乡镇”“全省招商引资先进镇”、“全市经济社会综合发展先进单位”、“市级文明乡镇”“省级环境优美乡镇”“湖南省特色旅游小镇”等荣誉称号。

【产业发展】 工业经济快速发展。2016年，白水镇充分发挥农产品深加工、轻纺、机电、能源四大主导产业效应，实现工业经济总量迅速提升。依靠镇资源优势，加大招商引资力度，以祁阳县科技工业园为平台，通过以商招商、以企引商，做强东骏印染、宝达食品、皓志稀土、丰达机电、凯迪生物发电等7个核心企业；支持宝达食品等企业发展原料基地；引导丰达机电等开发新产品，增强竞争力。全年工业总产值达37亿元。全镇369家中小企业和22家规模企业加快发展，带动城乡就业和商贸服务业的迅速发展，社会效益显著提升。第三产业做活做优。依托区位和交通优势，加快发展新型服务业。2016年，果蔬交易市场的经营有方，市场经济更有活力，县南五镇商贸物流中心效应逐渐显现。同时，大力引导发展农业专业合作组织，培育农村经纪人和农村淘宝电商，搞活农产品流通。加大农村劳动力转移就业培训力度，外向型劳务经济迅速发展，白水正迅速成为现代企业劳务输出基地。

【农业发展】 农业经济稳步发展。着力培育优质稻、果蔬、茶叶、药材、畜禽水产等农产品基地。一是新中、廖塘等村万亩双季稻高产示范基地；二是到福桥、火冲、烟塘等村5千亩天之龙无公害蔬菜种植示范基地；三是龙塘村、岩门口村1000亩新农大棚蔬菜基地、1000亩仙草基地；四是三湾头、朱家桥、湘湖、铁龙等村千亩舜皇刺儿茶基地；五是烟塘村、井水村3000亩国平脐橙基地；六是杨桥村1000亩罗汉果基地；七是柴塘村、双峰村、刚强村3个年出栏万头牲猪养殖基地；八是七星村、上马村年出栏十万羽肉鸡养殖基地。

【美丽乡村建设】 大力发展乡村生态旅游业，积极打造竹山村AAA级乡村旅游；投资2000万元，创办白水屯山休闲农业观光园；投资2.5亿元，建设白水香湖湾旅游度假村，“乡村旅游”已成为白水一张亮丽名片。新农村示范村建设成绩斐然，竹山村被评为湖南省社会主义新农村建设示范村，全国文明村创建先进单位。

【基础设施建设】 加大农业水利基础设施建设力度，完成病险水库的除险加固。全年清淤、整修小山塘23口；新、改建小泵站3个；改造小渠道3500米。对全镇现有防汛设施进行全面检修，设备运转率100%。太和河坝整修已完工。既提高抵御自然灾害能力，又确保粮食生产旱涝保收。

【社会事务】 社会事业全面推进。2016年，投资近1000万元的三江水厂第一期工程已投入使用，受益群众达2万余人。珠陵村、联江村、升级村、赵衙里村、小湖村、渔塘村农网改造升级全面完成。新中、三丰、杨桥等六个村投资1000余万元中小河流综合治理全面完成。一、二居委会及东川等村护岸工程全面完工。白水完小、七里坪完小义务教育合格学校建设顺利完工。三江完小、竹山幼儿园已进入教学阶段。农村低保户及五保户供养实现应保尽保。镇敬老院提质改造如期完工，“农村五保之家”有效解决五保户基本生活所需；农村危房改造顺利推进。严格落实计生政策，坚决维护好妇女合法权益，无行政侵权行为，全年共出生769人，计划生育率达到72.8%，“三查”到位率100%，落实上环手术446例，结扎手术137例，全镇农户参合率达85%。文体事业蓬勃开展。农家书屋基本达到全覆盖，竹山书屋被评为全国农家书屋。全镇共有农村标准篮球场11个，市民休闲健身场所13个。镇政府用群众喜闻乐见的表演形式，策划组织多场次丰富多彩的文艺活动，达到寓教于乐的效果，营造全镇健康向上、文明和谐的浓厚社会氛围。社会环境和谐稳定。白水镇高度重视安全生产工作，加强“打非治违”力度，规范矿产资源开采秩序，全年共惩治非法开采7人次，配合县有关部门处理违法行为12起。对全镇所有涉及安全生产方面的各种行业，重点领域，重点区域等制订安全生产工作实施方案，层层签订责任制。积极开展城区交通秩序大整治和社会秩序综合治理工作，排查道路安全隐患142处，桥头市场道路交通秩序得到有效整治。信访维稳工作扎实推进，全年共调解各类矛盾纠纷257余件，聘请4名法律顾问，配合政法办开展群众调纠纷工作，成效明显。着力整顿市容市貌，成立综合执法队，专门聘请7名工作人员，配备1台综合执法车。加强社会治安综合治理，大力实施“天眼”工程，加大打恶降黑力度，吸毒贩毒、赌博、卖淫等社会不良现象得到有效遏制，治安形势明显好转，人民群众安全感明显增强。

【城镇建设】 2016年，白水镇作为全国小城镇建设重点镇，掀起城镇建设新的高潮。

一是精心规划新型城镇格局。着力打造“工业集聚区、商业贸易区、生活住宅区”三区合一的新型城镇格局，充分利用自身发展优势，灵活运用各种融资渠道，整合大批民间资本，融通大量小城镇建设资金，累计新开发商品住房面积达3万平方米，实现农村人口转移为市民2000人，城镇化率提高2个百分点。二是大力推进项目建设。大力开展“10+X”城镇工程建设，栽种桂花大苗6870棵；铺设混凝土管道7062米，弱电管道3531米；修砌下水道检查井95个、雨水进水井202个；安装人行道侧石7443米，铺设道板砖6.8万平方米、麻石19038万平方米；安装路灯182盏；添置果皮箱132个；统一制作铺面招牌3531平方米。三是优化城镇管理机制。组织各职能部门开展6次大型交通秩序整治和市容市貌专项整治，发放宣传单页10000余份，制作宣传标语和横幅100余条，发放制订“门前三包”责任牌5000余张。为实现城镇管理常态化，形成城镇管理长效机制，制订《白水镇城区管理细则》，聘请市容市貌协管员8名。

【城乡同治】 按照建设“绿色、卫生、和谐新白水”的要求，采取先城区、后乡村，逐年分梯次推进城乡环境污染治理。全年城区共拆除广告牌576块，拆除钢架雨棚489个，清除摊点137个，清除牛皮癣200多处，规范车辆停放点20处，拆除影响湘江水源的养殖场19个，清理水源污染的山塘86口，治理农村水污染21处，22个村生活垃圾分类处理回收。全镇各村都设立垃圾分类处理站，添置1台洒水车、1台勾臂式垃圾收集车及33个环保垃圾箱，建立城乡环境卫生长效管理机制。城区设立环卫所，有固定保洁人员16人。镇政府与保洁公司签订合同，采取公司化模式清扫保洁，并从镇财政安排63万元专项资金作为经费保障，确保城乡环境污染治理常态长效。

【基层党建】 组织建设突出成效。继续落实基层服务型党组织文件精神，强化基层组织建设，加强对“软弱涣散”党组织的整顿，提升村“两委”班子的整体合力。进一步找准党建与经济的结合点，狠抓项目建设、土地流转、畜牧养殖、蔬菜种植、发展农业合作社等工作，努力巩固农业基础地位，实现全镇经济社会又好又快发展。群教活动着眼长效。严格按照上级的统一部署和安排，深入开展党的群众路线教育实践活动，做到周密部署行动快、以上率下学习透、开门纳谏覆盖广、立行立改效果实、整章建制效率高，通过深入群众，听取意见，多渠道收集意见、问题，对党委领导班子的15条整改措施全部落实到位。队伍建设提质增效。健全绩效考核制度、村级组织工作制度、机关干部出勤考勤管理制度、村干部管理办法，更加注重简便易行，有效遏制干部“走读”，干事创业氛围日益浓厚。

（刘建飞）

进宝塘镇

【概况】 2016年，进宝塘镇辖进宝塘社区、河埠塘社区、赤梓湾、枫梓塘、大塘、种田、长冲、佑兴、义学、里仕、西冲、龙鸣、黎明、福星、石云、新朝、荷叶、乐兴、大富、白合20个村，共有8176户，34728人，其中农业人口29169人，小城镇区域居住人口约9000人。

【特色农业】 2016年，全镇农业总产值达到28875万元。发展种植1000亩以上大户2户，600亩以上大户5户、100亩以上大户40户、农村合作组织12个、家庭农场5个。引进永州莞草科技有限公司落户新岭、石云，带动土地流转1000亩，带动农户增收10万元。全镇发展种植湘莲2000亩，扩种甜玉米1000亩，种植珍贵中药材药槐1300亩，特色果树皇帝贡柑、沃柑、砂糖橘、美国糖桔 1200 亩。发展年养殖大户 22 户，其中养殖生猪 300 头以上的 7 户、1 万羽以上三黄鸡的 10 户、山羊、肉牛的 5 户。

【工业】 全镇工业企业转型升级，工业总产值 40150 亿元。企业 200 多个，其中规模企业产值 8030 亿元，镇内主要工业为矿产品加工产业，比如荷叶采石场、种田采石场等。

【基础设施建设】 中心城镇区以进宝塘、种田、义学为核心，城镇面积 6.3 平方公里，城镇人口约 9000 人。320 省道（即三南路）自北向南经过本镇大富、白龙、荷叶、乐兴等村，在镇内长约 5 公里。全镇村组公路总里程境内黄白路、木进路、潘进路、石白路纵横交叉，四环连接，形成一条密集的公路网。全镇村组公路总里程 146 公里，所有行政村的通村公路都进行水泥硬化，总计 120 公里。城镇主街绿化 2 公里，农贸市场 2 个。镇内设有邮政支局、电信支局、农商银行，移动、联通、电信基站各 1 个。共有水库 9 个，安全饮水工程解决饮水安全问题 1855 人。

【教育卫生文化】 进宝塘镇设有 2 所中学、1 所中心小学、1 所完全小学和 7 个教学点，四个民办幼儿园。镇医疗卫生事业发展快速，镇预防保健站 1 个，中心卫生院 1 所，所有行政村都配有卫生室。2016 年，全镇 2.89 万人参加新型农村合作医疗。全镇 20 个村，完成 2000 户农村卫星电视安装，326 个组组组通广播，入户率 69%，广播线路总长 96 杆程公里，用户喇叭有动川喇叭、舌簧喇叭、陶瓷喇叭。播出主要内容，转播中央台、省台、县台新闻，文艺节目及季节性自办节目。镇政府机关建有篮球场、排球场、乒乓球场、门球、小游园以及室外健身广场。

黄泥塘镇

【概况】 2016 年，黄泥塘镇被县委、县政府授予城乡同治先进单位、计划生育先进单位、党风廉政建设先进单位、秋冬农业生产先进单位、安全生产宣传教育培训工作先进单位，被县人大评为代表小组活动先进单位、提建议、议案先进单位。全镇经济社会发展呈现出提速、提质、民生改善、和谐稳定的良好局面。

【农业】 结合全镇产业优势和空间布局，以产业结构调整为目标，引导农民发展种植优质水稻、油菜、苕头、百合、生姜、绿色无公害蔬菜、西瓜、葡萄等作物。制止稻田抛荒工作，农业机械化水平不断提升，特色农业效益跃上新的台阶，全年新增水稻百亩以上种植大户 9 户，新增水果种植基地 5 个，总面积 2000 亩以上；九洲、兴坪、唐家岭、幸福、搭洲等村发展锦红甜橙 3000 余亩，九洲发展 500 亩冬种蔬菜基地，胜利、桐木、杨梅塘等 6 个百亩以上药材基地蓬勃发展；以养猪、牛、羊、家禽、水产为主的传统养殖正向现代立体养殖转变，全镇涌现各类养殖大户 116 户。加快土地流转，与广东农垦集团签订租赁荒山 8150 余亩；湘祁水电站库区移民户全部得到妥善安置，移民后扶工作全面启动；石兰村百合种植协会荣获全国先进农村技术协会，鑫鑫农产品种植专业合作社荣获“全省示范合作社”荣誉称号。

【工业】 积极招商引资，充分利用现有资源和传统优势，向工业倾斜，向项目倾斜，收效明显。湘祁水电站年发电量 3.29 亿度，产值 1.32 亿元。寨岭采石场投入 300 多万元进行技改扩产，成为全县标准化采石场。石兰百合加工厂通过技术改造，扩大加工规模，全年加工干百合 10 余吨，提高产品的附加值，增加农民的收入。2016 年，全镇工业总产值 3.2 亿元。

【基础设施建设】 2016 年，

全镇农业基础设施进一步完善。老塘冲、大塘冲、泉塘三座小型水库全部开工除险加固，搭洲村五小水利工程全面竣工通过验收，总投资达到1100万元的湘江治理工程杨梅塘、下埠头段圆满竣工。加大农村环境污染治理新添置垃圾桶1500只，修建垃圾池25个。镇容村貌大为改观。新修、改扩建公路10公里，卫生院新住院楼建成使用，完成搭洲、桐木、唐家岭完小教学楼新建、改造和合格学校达标建设，三联卫生分院纳入规划，已完成选址工作。

【民生保障】 2016年，全镇人口增长得到有效控制，自然增长率在6.5‰以内，计划生育率达90%。九洲村“第二敬老院”、龙口冲、搭洲、前程三个村“幸福院”建设全部完成。全镇改造危房83户。完成观马、搭洲等村公路扩改建设10千米。全镇新农保完成95%，劳动保障服务平台建成并正式投入运行，新农合完成96%。全面落实惠农政策，政策性补贴100%发放到农户手中。积极筹措教育专项基金13.2万元，全年资助学生68名；扎实开展贫困学生助学行动，雨露计划补助381人；大力开展“文化下乡”、“送戏下乡”活动，为黄泥塘镇的经济社会发展提供精神食粮；完善救助体系，关爱困难群体。城乡低保年检年审清退农村低保135人次，全年新增农村低保161人次，297名五保老人和24名孤儿享受特别救助待遇，救助大病医疗困难群众132人次，全镇现有农村低保3180人，低保基本实现应保尽保，进一步促进公正公平。

【商贸业】 镇新农贸市场建设已全部完成。2016年年末，全镇商业网店39个，全年社会商品销售总额6.5亿元，比上年增长4.84%，城乡集市贸易额3.6亿元，比上年增长12.5%，安置社会劳动力669人。

【综治维稳】 加大社会治安整治力度，开展社会治安集中整治行动。公安机关惩治食品、药品、环境犯罪2起，查处涉黄、赌、毒案件10余起，刑事拘留16人，起诉15人，外地追逃4人。加大技防设施投入，在城区街道和主要路口安装电子眼5个。推进依法逐级信访，信访量大幅度下降，累计协调处理各类案件46件，调处结案43起，调处率达93.5%。“打非治违”专项整治活动成效显著。全年开展安全生产各类执法检查42次，实现全年安全生产零事故，进一步巩固省级安全生产示范乡镇，群众安全感和满意度进一步增强。

【基层党建】 狠抓党的组织建设，加强农村基层党组织建设。3月，按时全面完成建制村的合并工作，将35个村（居委会）合并成22个建制村（社区）。4月，圆满完成党委会换届，为黄泥塘发展提供坚强领导。10月，胜利召开镇六届人大一次会议并圆满完成人大和政府换届，为黄泥塘发展制定宏伟蓝图。2016年，全镇各村完成村级活动场所“清零”行动，硬件设施得到全面改善。强化学习，推进理论学习常态化。深入开展“两学一做”教育活动，进一步建立健全“双述双评”、“三会一课”、“四议两公开”、党建园地、村干部值班、党员分类定级和积分制管理等各项制度，党建工作有章可循；扎实开展“庸、懒、散”专项治理活动和集中整治经济社会发展环境活动，党员干部转变观念，提高工作效率。加强后备党员的培训，全镇培养入党积极分子35名，平均年龄33.2岁，大中专文凭以上12人，党员队伍得到壮大。2016年，全镇共处理6名违法违纪党员，警示党员干部，务必“不忘初心”，营造风清气正的良好环境。开展”七一”系列庆祝活动，表彰一批先进基层党组织和优秀党员。

（吴慧　赵旺）

羊角塘镇

【概况】 2016年，羊角塘镇行政村实行合并，由原来的60个村（居）合并为35个村（社区），现辖羊角塘、君子陡、复兴3个社区和江湾、白塘、泉口、高井、八歧、升坪、荷池、枣子塘、清溪坪、兰桥、公平、新华、兴豪、小陂桥、堆上、铜银、江山、城南陡、兴龙、隐仙岩、平安、太白峰、崀井山、茶园、牛坪坳、金竹、城山、雪坪、堰安、黄坪、大兴、塘冲32个行政村，有699个村（居）民小组。总面积126.81平方公里。全镇总人口6.69万人，男性3.48万人，女性3.21万人，分别占总人口的52.02%，47.98%，农业人口6.41万人，占总人口的95.81%，人口自然增长率5‰。2016年，在县委、县政府的坚强领导下，羊角塘镇紧扣“创先争优、勇创一流、树立品牌、引领发展”工作目标，继续抓好“四镇”（工业强镇、农业大镇、边贸重镇、旅游新镇）、干部执行力建设、基层党组织建设和党风廉政建设，坚持又好又快发展的总体工作取向，明确指导思想、发展思路、发展目标和重大任务，全镇上下齐心协力，攻坚克难，经济社会等各项事业均实现质的提升和新的突破。

【经济发展】 2016年，全镇实现工农业总产值18.93亿元，较上年增长16.49%，完成财政收入972万元，较上年增长17.63%。城镇居民人均可支配收入20824元，农民人均纯收入9127元。全镇有烟花爆竹生产企业59个，其中烟花厂1个，炮竹厂47个，引线厂11个。生产鞭炮、烟花30多个系列，90多个品种，年产值达8.5亿元，产品远销广东、广西、山东、河南、云南等20多个省和地区。造纸业、采石场、碎石场、红砖厂初具规模，全镇各类大小企业达300多个。

【农业】 全年总投资1250万元，完成太白、塘冲、直祖等村骨干山塘防渗114口，荷池、狮城、城山、高桥、飞马、直祖、万福、高槐等村山平塘清淤扩容150口，新增扩容达1600万立方米，修好三面防渗渠道11628米，圆满完成县里分配的秋冬水利样板点任务。全年新增购置农机306件。完成新华、四院、豪口、白塘、灵岩、大兴等六村的农网升级改造。高标准建设沼气池38口。大力实施农村清洁工程建设。抢抓机遇，完成国华村、枣子坪村、清溪坪村农业开发项目建设。加快农村基地建设，完成“天龙”“银利来”优质稻种植14000亩，天圣湘成红薯1200亩，宝达柑橘2200亩，甜玉米620亩，城山片优质稻制种1200亩。完成柑橘品改205亩，低改1608亩，高产示范片100亩；以白塘村为中心，向塘冲、新铺、泉口等村辐射种植蔬菜300余亩。

【基础建设】 一是进一步改善交通条件。现有公路加宽改造50公里，延伸硬化村组道路20公里，打通村断头路5公里，整修公路20公里，清江桥实行提质改造和除险加固，清江至高槐路面投资100万元实行“白改黑”，全部铺设草沙。二是进一步改善教学条件。投资6000万元，新增建筑2.1万平方米，选址新建镇中心小学，塘冲完小综合楼完成立项，福和完小教室及宿舍周转房施工如火如荼，高槐小学成功修缮，镇一中、二中、铜银完小、狮城小学合格学校建设全部验收合格。三是进一步改善电力电信条件。加强农网改造升级力度，投资300万元完成新华、四院、豪口、白塘、灵岩、大兴等六村的农网升级改造，投入90余万元对羊镇线实行无低压建设；完成2000户农村卫星电视安装，60个村（居）实行农村广播村村通，确保镇内信息声音传达无死角无盲区；信息化示范乡镇成功创建，农村4G信号实现全覆盖，移动宽带建设全面铺开。

【安全生产】 强化企业主体责任，加强对企业生产员工的教育和培训，提高企业主和生产员工的业务素质、责任意识和安全意识，举办各类安全生产培训班三期，培训企业主、安全员及企业员工1600余人次。强化行业监管和属地管理。建立“安监队伍指导抓、镇村干部驻厂抓、打非队伍天天抓、政法队伍惩治抓”的四轮齐驱、全程监督管理体系，确保隐患排查无死角，专项整治无盲区，依法惩治无特例。切实抓好企业停产后的隐患管控和排查。全镇下达高温停产指令49份，对4个引线厂、1个烟花厂实行断电，对44个鞭炮生产企业机械上药房实行上锁，对鞭炮企业原材料库、中转房、包装、编织房等工房张贴封条3200余张。强化风险保障，严格执行企业员工持证上岗、挂牌上岗，企业务必为从业人员办理工伤保险、安全责任保险。鼓励企业为员工购买商业保险，增强企业防范事故风险能力，全年安全生产形势进一步好转。

【民生事业】 全面落实各项惠民政策，认真做好社会保障卡登记发放工作，较好完成城乡居民医疗保险和社会养老保险续缴费任务。2016年，城乡居民医疗保险参保人数57651人，100%完成任务。出资16.6万元为1107个“特殊人群”购买医保。全年住院报销12176人次，医疗总费用2435.2万元，报销金额达1582.7万元。圆满完成社会养老保险下达任务。全年新增领取待遇人数637人，领取待遇总人数达8404人。大力实施民政救助工程。2016年全镇共发放临时救济款6.7万元，救济151户；医疗救助176户人，救助总额为408900元。圆满完成农村危房改造指标任务，全镇239户成功实现危房改造。精准扶贫工作有序开展。全年发放小额担保贷款及自主创业贷款2100余万元，全镇317户1230人享受政策照顾；扶持120户进行自主创业；投入500万用于基础设施建设，大力改善民生；大力实施阳光雨露计划，扶持贫困学生完成学业；全面完成减贫任务，做好农民工转移就业，帮助困难群体实现就业。

【秀美乡村】 充分发挥羊角塘与“两镇一场”（潘市镇、梅溪镇、挂榜山林场）、祁东两镇（归阳镇、过水坪镇）毗邻的区位优势，致力发展边贸经济，促进羊角塘镇成为周边五镇的旅游、经济、文化交流中心。以建设新农村示范镇为目标，以“美好乡村”建设为主抓手，深入开展以“绿化、美化、净化、亮化”为核心内容的农村环境综合整治和新农村建设活动，改善环境卫生条件，提高群众生活质量。进一步加强城镇建设。加大投入力度，抓紧规划、建设污水处理设施和增添环卫设施，切实解决基础设施、市政设施建设滞后问题，为纵深推进治理工作提供必要的物质保障。新增垃圾池、桶200余个，架设路灯180余盏。

【社会管理】 一是大力开展“三大”行动。严格落实省、市、县委精神，率先启动为期3个月的道路交通安全大排查、大管控、大整治“三大行动”。组织交警、安监、教育等部门深入一线、严格执法，紧盯公路客运、危险品运输、接送学生“三类”车辆，把牢出站和上路、动态监控、路面检查“三关”，紧扣源头隐患“清零”、路面“降速”、夏季“警钟”“三个行动”，严厉惩治非法营运和非法载客行为，劝导村民乘坐合法营运车辆，积极衔接开通镇级通村线路班车。全年实现道路交通事故零发生，人员零伤亡。二是不断完善群防群治体系建设。倡导全镇各村组和学校建立联防队、护院队、护校队。盯紧特殊人群和重要治安问题，开展维持4个月的惩治违法犯罪“飓风行动”，全年共治安拘留85人，刑事拘留22人。开展专项整治行动，继续开展“打非治危”行动，在重大节假日开展联合昼夜巡逻惩治行动，对群众举报的“黄赌毒”窝点发现一处，惩治一处，确保人民群众安居乐业，进一步实现社会治安大改善，公众形象大改观，民调排位大提升，荣获县民调先进单位。三是积极构建综治、司法、信访“三位一体”的社会排查化解机制。按照属地管理的原则，将矛盾纠纷化解在村组，消化在萌芽状态。全年镇群众接待室共接待群众来信来访470余人次，化解矛盾纠纷115件。对各类矛盾纠纷、信访案件实行包干负责，跟踪管理，奖惩兑现。严抓惩治，对信访对象宽容不包容，关心不放纵，严厉惩治非法信访和无理缠访行为。积极引导群众合法有序表达诉求，实行重点信访问题听证制，推行信访三级终结制，确保全镇社会稳定大局。

（赵礼民）

梅 溪 镇

【概况】 2016年，梅溪镇有行政村15个（杨华、双龙、广岐、月泉旺、城墙、刘家、华塘、大伍、小泉、谢福、大书、华龙新村、新太、华溪新村、龟山），居委会3（春光、关心、中荷），共有党支部45个，党员952名。境内交通便捷，衡昆高速自西向东穿境而过，祁羊路自西南向东北方向贯穿全镇；自然资源丰富，蕴藏丰富的大理石、石灰岩、花岗岩等矿产资源，是生产水泥、双飞粉、精石灰、碑林的优质原材料；气候适宜，是植物资源富集之地，杉木、油茶、柑桔为主要经济作物。

【特色农业】 农业经济稳步发展，产业化经营水平有所提高，基本搞好土地确权颁证。农业结构调整强力推进，积极促进土地流转，有效制止耕地抛荒，减少耕地抛荒200亩。在稳定粮食种植的基础上，种植养殖等特色产业规模迅速扩大，完成优级稻推广面积3500亩，落实农业三项补贴改革，积极促进土地流转，有效制止耕地抛荒，减少耕地抛荒50亩。农业结构调整强力推进，逐步发展壮大8个基地，即刘家、华塘、中荷、月塘优质稻1500亩基地，杨华、中荷、华塘300亩蔬菜基地，大伍、龟山500头藏香猪基地，龟山500亩黄花菜基地，1000亩油茶基地和200亩苗木基地，龟山、大伍、城墙黑山羊基地，龟山、城墙300头肉牛基地，绍江、大泉、广歧500亩稻田养鱼基地。

【工业】 2016年，工业化进程不断加快，着力解决产业“低小散”难题，工业经济稳中求进。新增固定资产投入500万元工业项目1个，50万小微型企业6个，新建液化气站和加油站，对全镇6家鞭炮厂进行“三库四防”改造，将镇鞭炮厂打造成高标准厂家。三次代表市、县迎接省、市安全生产专项检查。现全镇共有个体、私营、股份制等各种形式的经济实体420余家，其中工业企业30家，工业产值达6.5亿元。

【扶贫攻坚】 2016年，全镇共完成减贫任务272户，减贫人口810人。推进重点村扶贫工作，为三个贫困村选派3名第一书记和扶贫工作队长。全年贫困村道路硬化增加13.1公里，新增藏香猪养殖基地、黄花菜种植基地2个，为247户贫困户、665人增加收入。建好2个易地扶贫搬迁安置点、3个分散安置点，有55户、138人迁居，实现住有所居的目标。开展精准识别“回头看”，建立贫困户调进、调出“两本台帐”；大伍村工作受到省精准扶贫考核组肯定，实现脱贫摘帽。

【美丽乡村建设】 梅溪境内山清水秀，山峰、溶洞遍布，城墙岭山脉气势雄伟、壮观。奇峰怪石随处可见，山中自然人文景观众多，正在开发的城墙美丽乡村，面积达8000余亩。冬暖夏凉的黄桂洞，全长0.4公里，洞底平坦，有地下河水顺洞而出，可媲美桂林七星岩；三人围抱、高耸云天的千年雌雄银杏树；宋朝宰相、文学家路振墓园；辽阔的石林佛殿，巍峨壮观的仙神城门；驻足眺望，湘江美景可尽收眼底的灌峰观景台；观音盘座峰的后峰，三峰起伏连绵，形似仙鹅抱蛋，流传着仙鹅孢蛋的神话；建于清朝嘉庆年间的犀牛望月古石拱桥，古藤垂挂，小桥流水，相映成趣，浑然天成，如诗如画。包含金槐，苦参，油用牡丹，野生樱桃园，映天红等十余种经济性兼具观赏性极佳的现代农业种植园。独特的自然景观和海拔气候，赐于了独具的资源禀赋，是集观赏、游玩、休闲等于一体之绝佳旅游胜地。

【科教文卫】 加强教育投入，整合教育资源，教学条件不断改善，教育水平创新高，在全县同类学校中名列前茅。新型农村合作医疗稳步实施，2016年，新农合参合作医疗农业人口26780人，参合率96.5%。社会保障体系进一步完善，低保、五保基本实现应保尽保，制定并实施农村困难家庭医疗救助、农村基本养老保险、非国有企业职工及个体工商户灵活就业人员基本医疗保障金办法，社会救助体系不断完善。城乡环境治理工作有序、稳步推进，增加环卫工人，添置垃圾桶，修建垃圾池，加大清扫频率，修缮镇机关“五小”设施，镇村面貌有所改观。群众文化活动丰富多彩，广场舞村村活跃，早跑晚步人员蔚然成风。

【基层党建】 2016年，扎实开展“两学一做”学习教育，将“两学一做”学习教育和“雁过拔毛”整治活动有机结合起来，一手抓宣教，一手抓处置，共处分违纪党员村干部3人，挽回集体经济损失10万元。积极发展优秀青年党员，从26名发展对象中择优发展党员14名，平均年龄39岁，高中以上文化程度达90%，改善党员的年龄、文化结构，为党的基层组织注入了新鲜血液。投入9万余元为组织部新配电脑、空调等设备，修复城墙村等三个村远教设备。“五小”设施进一步完善，争取上级投入130万元，建好镇机关下水道、水冲式厕所，食堂、澡堂正在改建。发展城墙村药材、龟山村黄花菜、大伍村藏香猪等基地，每年为村集体增收在2万元以上，缓解村党建工作经费不足的压力。全面推进“四议两公开”工作制度，切实增强农村基层民主决策能力，办成一大批群众乐见的实事好事，进一步夯实村级基础，改善群众生产生活条件。

【社会民生】 2016年，共投入基础设施建设资金800万元，完成镇便民服务中心、网格化管理系统、镇中心小学教学楼、镇楼梯完小教学楼等建设。搞好两个党建示范村建设。投资300万元的城区供水工程建设竣工；农田水利基础设施建设投入不断增大，共争取资金60万元，修缮病险水库3座，整修山平塘10余口，渠道三面防渗800米。共投入资金150万元，完成2条、4公里村组级公路水泥硬化，所有的行政村和95%的组通上水泥路。拆除违规建筑2处，建房秩序明显好转。惩治非法上访，刑拘1人，信访秩序逐步改善。惩治强装强卸、强揽工程等违法行为，建设环境日益改观。小农水、自来水、10千伏线路改造、中心幼儿园、易地扶贫搬迁等项目有序推进。

（于志华　申文波）

潘　市　镇

【概况】 2016年，潘市镇有3个社区，33个行政村，546个村民小组。总面积131平方千米，耕地面积2049公顷。总人口49114人。其中，农业人口44596人，非农业人口4518人。全镇完成地方生产总值8.56亿元，增长10.6%。财税收入256万元。农民纯收入达到11700元，增长13%。完成农业生产总值5.54亿元，增长14.9%。其中种植业产值2.87亿元，林业产值0.22亿元，畜牧业总产值0.52亿元，渔业总产值0.22亿元。

【农业】 粮食作物以水稻为主，生产粮食3.98万吨，其中水稻3.05万吨，主要经济作物有水果、蔬菜，全年生产水果1.12万吨，生产蔬菜3.6万吨。畜牧业以生猪为主，年均养量6.12万头。生产肉鸭27万羽，肉鸡48万羽，禽蛋748吨，渔业产量796吨。确保双季稻种植面积85%，完成油茶新造4500亩，油茶低改1500亩，种植油菜16000亩。

【工业】 积极招商引资，帮助企业招工。永州市绿而康农业发展有限公司，投资607.2万元，年产值800万元，拥有职工人数36人。2016年全镇工业总产值4.5亿元。

【商贸业】 境内主要农贸市场2个。2016年年末，商业网点136个，全年社会商品销售总额8.5亿元，城乡集市贸易成交额5.8亿元，安置社会劳动612人。新建6个农村淘宝商业网点。

【基础设施建设】 大力实施城区亮化工程，投入60万元对镇区范围内的路灯进行提质改造，新增太阳能节能路灯200台；大力实施祁羊路沿线沥面改造项目。农村“五小水利”项目建设，丫冲村、享塘村、荷花村、中洲村共投入60.98万元，整治小塘坝51处；投入17.26万元，配套整治小泵站2处；投入293.39万元，改造小渠道19处，11.85千米；投入10万元，建设安全饮水工程5处。至2016年年底，全镇村级公路全部硬化畅通总里程达160千米。购置垃圾清运车24辆，聘用常年清扫人员246人，大力开展环境综合整治，乡村面貌和村民卫生习惯大大改观。

【文教卫体】 2016年，全镇有文化艺术表演团体5个，演职人员80余人，公共图书馆2个，村级图书室45个，藏书近7万册。全镇中学1所，九年一贯制学校1所，小学6所，公办幼儿园1所，教学点2所，中小学生3446人，民办幼儿园5所，学前班10个，共有幼儿学生1180人。在岗在编教师212人。有中心卫生院一所，分院三所，病床80张，村卫生室48个。职业医师18人，注册护士15人，专业卫生人员42人，农村安全饮水普及率为100%，农村卫生厕所普及率为85%。新型农村合作医疗参保人数42773人，参保率为95%。全镇建有标准化运动场2个，篮球场16个，乒乓球室10个，体育健身器材室2个，龙舟赛船6条，端午节举办一次龙舟赛。

【邮政电信】 2016年，有邮政网点1个，投递点1个，乡村通邮率100%，电信网点6个，固定电话总用户2800户，移动电话用户16850户，互联网宽带接入用户宽带接入用户356户。

【社会保障】 2016年，城镇最低生活保障户97户，116人，支出47.8152万元，月人居343.5元，农村最低保障户3019户、3330人、支出419.58万元，月人均105元。

【旅游业】 境内旅游景点有龙溪李家大院、陶铸故居、八家岭风景区、柏家古民居、杨家祠堂、非物质文化遗产老司里舞龙队。旅游业近年取得突破性进展，龙溪李家大院成功创建为国家AAA级景区，全力争取评为国家重点文保单位、中国历史文化名村；陶铸故居被评为省级文保单位、红色旅游景区。

（陈美君）

七里桥镇

【概况】 2016年，七里桥镇辖29个行政村和2个社区，总人口43757人，454个村民小组。全镇总面积113平方公里，耕地面积28396亩，其中水田面积25823亩，旱土3573亩，林地87568亩，水面8071亩。全镇现有3个党总支，62个支部，党员1391人。随着环城东路、灯塔路大桥等项目的建设，七里桥的区位优势将全面提升。镇党委、政府坚持以党的建设为引领，以全面小康为目标，以“东部商贸城、白茶产业园、乡村旅游业”为重点，努力打造商贸重镇、文化名镇、旅游强镇，把七里桥镇建设得更具实力，富有魅力，充满活力，成为祁阳经济发展的增长极，市民休闲的后花园。

【现代农业】 引进推广席草、油菜、油茶、白茶等新品种1.8万亩，培训科技技能人才1200余人；农业机械化应用水平提升，鼓励农户购买大中型耕整机、收割机25台，发放农机购买补贴55.6余万元，实现机耕作业面积1.5万亩，机收面积14000亩，机插秧3650亩，提灌设施维修完成68套、850千瓦；鼓励农村土地大户承包，催生种粮大户61户，投入资金145万元，创建12个1000亩早稻高产集中育秧示范点、3个600亩机插秧示范点和祁羊路万亩双季稻高产示范区。新建金竹山、排楼湾生态养鸭场4个，曾家湾、吴家坪养鸡场5个，长寿亭、高冲岐等养猪场4个，竹山口、吊楼湾养羊大户5户，观音堂、乌山冲养牛大户2户，新增畜禽年存栏量5万头（只）。完成乌山冲、鹅颈石、塘华等村经济林开发5000亩，全镇建设形成“一万亩油菜、两万亩优质稻、一万亩优质水果、一万亩竹木林、一万亩白茶、十万头（只）畜禽”等六大万字号基地，逐渐形成优质稻、油茶、果蔬、竹木、白茶、畜禽等六大农业主导产业。

【规模工业】 规模工业总产值稳中有升，2016年实现规模工业总产值9.78亿元，占比116%，年增速16%。大力培育优势企业，新增小微企业4个，新增规模企业2个，新增投资规模500万元以上企业2个，规模企业累计完成固定资产投入4.5亿元，完成119%，技改投入4亿元，年增长19%；产业结构更加合理，形成大米、竹木、草席、白茶、建材、食品、轻纺等主导产业；全面提升服务企业水平，千方百计为中小企业破解“融资难”和“用工难”的问题，新增劳动力转移就业492人。被县授予推进新型工业化先进单位。

【城镇建设】 全力推进城镇提质工程，今年投资400万元，新建城区下水道700米，铺设通讯网络1.8千米，完成通讯基站建设5座，街道绿化植树805株，城区安装路灯30盏。完成一个标准游园建设的基础工程、两个垂直式垃圾中转站已投用、一个敬老院及乌山冲村美丽乡村示范点路网、通信等工程。镇中学标准化学校建设、标准化市场建设、标准卫生院、镇城区主下水道、中心广场等工程项目正在实施。被评为推进新型城镇化先进单位。

【基层党建】 一是努力抓好“两学一做”学习教育活动。镇党委召开动员会，镇党委书记亲自做主题报告，突出“四种意识”，明确“四个合格”，做到政治合格、执行纪律合格、品德合格、发挥作用合格，全体党员进一步转变干群观念、破解发展难题、提振干事激情、密切党群关系。全镇上下营造自觉遵守、主动践行党章党规党纪，树立顾大局、讲团结、讲政治、讲正气的良好氛围。二是扎实做好党建基础工作。为确保发展党员工作的规范、合理、严肃、民主，镇党委严把党员入口关，成熟一个发展一个，确定党员发展对象15名，转正党员17人，培训非党积极分子20名；走访慰问特困党员25户，发放慰问资金7600元，办理离任村干部待遇2人。以增强党性、提高素质为重点，加强党员教育管理，通过召开各种会议、远程教育、警示教育、参观学习等形式，组织村支书到观音滩镇八尺村学习，更新观念，开拓视野，使党员从学中用、从用中学。严格落实县委

1号文件精神，开展“树标杆筑堡垒提升执行力”活动，在全体党员中开展执行力考核，对执行不力、群众反映强烈的党员干部进行调整。圆满完成镇第六次党代会、第六届人大一次会议，选举镇党委、人大、政府领导班子，推荐提名选举市县镇党代表、人大代表、政协委员工作。镇党委荣获2016年全县优秀基层党组织称号。三是认真做好老年、关心下一代工作。组织老年支部到竹山、八尺等新农村示范村参观学习；组织老同志参加县老年人门球赛；对老同志开展关爱活动；建立老年学校，添置设备，聘请教师，设立课程，老年教育工作正常开展；开展百岁健康村创建活动，乌山冲、田家冲被列为县创建示范村。四是切实抓好党管武装工作。镇党委将基层民兵锻造成一支召之即来、来之能战、战之能胜的精兵，着重抓好民兵干部的选拔和业务培训，提高民兵连长抓好武装工作的能力水平。组织民兵开展义务劳动、扶贫帮困、政策法规宣传等活动10余次，有效地发挥民兵的模范、带头作用。组建一支50人的民兵应急分队，制定各类抢险救灾方案，全镇先后组织民兵参加防汛、抗旱、油茶收摘秩序维护10次，投入兵力120人次，受到干部和群众的广泛称赞。

【基础设施】 一是农业基础投入加大。投入资金800万元，在全镇15个村实施水利建设项目，全镇完成骨干山塘整修60余口，渠道防渗15公里，堰坝1座，机电排6座，机耕道3.5公里，过水闸20处，尤其是吴家坪村发生严重旱情时，村支两委争取资金新增变压器一个，有效缓解旱情；抓好金竹山、曾家湾、湖塘湾等村水库除险加固项目；完成竹山口、接龙桥等村饮水工程，解决2000余人饮水安全问题。二是村级公路投入增加。投入资金200万元，完成竹山口—吊楼湾等村公路4.5公里加宽至6米，高冲岐、五甲垅、虾螃湾、乌山冲等村维修公路10公里。三是文教卫广电全面发展。镇一中实施标准化学校建设，并纳入祁阳一中托管，公办幼儿园、高考补习学校建设全面推进，打造祁阳东部教育高地；投入资金100万元完成白竹塘完小合格学校建设，改造一所农村薄弱学校文家冲完小。镇中心卫生院新址已选择在湖塘湾村，并完成征地，前期合同招投标工作，进一步优化就医环境，提高服务质量，无偿献血工作超额完成任务。全面实施“户户通”工程，安装有限电视天锅1800多个，消除有限电视盲区，各村均安装广播，实现“村村响”。四是环境整治全面覆盖，在夭塘新建地埋式垃圾中转站，购置垃圾转运车6台，购买垃圾桶1500余个，制作大型宣传牌5个，粉刷宣传标语50余条，发放宣传单2万余份，开展大型清扫活动21次，开展村与村、户与户卫生评比活动12次，乌山冲、观音堂、鹅颈石、湖塘湾、早禾冲等村被纳入全县卫生整治一类村，多次为全县城乡环境卫生整治现场会召开提供现场。

【民生事业】 一是计划生育服务优质。落实好“四术”，其中结扎68人，上环381人，流引产86例，政策内生育率达到92%。做好计生迎检工作，开展关爱女孩、免费生殖健康检查活动3次。加强流动人口管理，办理流动人口婚育证明4939个；落实计生奖励扶助对象250人，独生子女死亡残疾扶助对象20人，领取独生子女家庭保健费45户，发放计生奖励金28万余元。二是民政事业积极作为。积极做好抗灾救灾工作，2016年底，城镇低保70人，农村低保3233人；五保户新增8人，达到434人；救济贫困户600余人，发放救济金15万元，大病救助105人，发放救助款22.17万元。全面完成区划调整工作，召开好群众代表会，顺利实现挂榜山乡合并至七里桥镇，上湾、老屋院等15个村建制合并工作；新增长寿亭、丁庙湾等村幸福院2座，农村基本养老服务补贴覆盖率55%，村民依法自治达标率100%；三是“两新”工作全面铺开。新农合参合人数已达4.316万人，参合金额500万元，参合率达到99.5%，报账金额375万元，报账比例达到75%；新农保参保人数22300人，参保率达到95%。

【社会稳定】 一是明确依法行政硬于一切。镇党委每年组织召开依法行政工作领导小组会议，将依法行政工作纳入镇属部门年度考核范围，激发执法部门主动学法、约束行为、依法行政的工作积极性，提高执法部门、干部职工依法行政的水平。二是明确综治维稳重于一切。镇党委、政府紧绷稳定这根弦，把维稳贯穿于全年工作的始终。广泛宣传发动，强化干部责任，深入群众走访，在省市县综治民调工作中，深得群众支持配合，2016年民调排名全县第一位，全市前列。镇政府成立信访接待组，明确专人负责接待，加强镇、村、组民事调解组织建设，加强情报信息报送，做好重点管控，开展矛盾纠纷“大调解”“大排查”13次，调解矛盾纠纷145件，信访办结率达100%，越级非正常上访人员次数大幅下降；三是明确安全生产严于一切。严格落实一岗双责、党政同责，狠抓安全生产。认真落实各单位、企业的安全生产责任，围绕全国“两会”“两节”“十八届六中全会”省市县党代会期间，深入开展安全生产大检查20次，加强重点领域安全生产监管，确保全镇无重特大安全事故发生。加强交通安全法律法规和安全出行常识的宣传，引导辖区群众增强文明出行意识。各村交通要道、临水临崖地段制作安全警示牌，竹山口—吊楼湾沿线安装安全护栏，解决道路安全隐患问题，确保辖区居民出行安全。加大对农贸市场、中小学校、餐饮店、乳制品销售点、药店诊所的食品药品安全大检查，建立农村厨师台账，消除农村食品安全隐患，杜绝发生食品安全事故。安全生产实现零事故、零死亡“双零”目标，安全生产年终考核获市县双百分。2016年获评市级十佳安全生产示范镇。

（罗岗）

下马渡镇

【概况】 2016年，下马渡镇辖55个村委会和2个居委会，503村民小组，总人口5.32万人，人口密度为每平方公里452人；3月，乡镇区划调整，6月，完成合并村工作，将原来55个村2个居委会合并为为33村委会和2个居委会。即：没合并的村（居）16个，分别是：司马源村、东溪源村、大桥湾村、江西桥村、大茅坪村、黄茅冲村、胡家岭村、中渡町村、胡家台村、六合堂居委会、大湖塘居委会、双联村、梅子坪村、紫山冲村、山川村、罗家岭村；由原来2个村合并成的有16个，分别是：梓梁村（梓里山、梁家湾）、刘高岭村（刘家岭、高子岭）、禧清村（禧家坪、清水塘）、谭家湾村（谭家湾、石塘冲）、官塘湾村（官塘湾、继害塘）、营盘町（书家铺、香木冲）、江月村（泥井江、月塘）、汤家岭村（汤家岭、祁山）、枫石铺村（枫林铺、石禾塘）、团栗村（团山、栗山）、藕池村（藕塘、池塘）、横泉村（横冲、泉塘）、扬名桥（扬名山、桥头江）、青峰村（水冲、石湾）、上福村（上赤湾、福星冲）、雅园冲村（雅园、百级）；由原来3个村合并成的有3个，分别是：元家庙村（元家庙、鸟啼冲、百步岭）、市门前村（市门前、城月、赵家坳）、赤塘（竹子坳、农科、下赤湾）。

【农业】 粮食作物以水稻为主，其次是蔬菜、红薯、小麦、黄豆、花生等作物。2016年，全镇粮食播种面积4755公顷，粮食总产量2.96万吨，主要经济作物有水果、湘莲、蔬菜。全年水果产量1.98万吨，生产蔬菜2.1万吨。畜牧业以牲猪、山羊为主，年均饲养量分别是6.95万头、1.26

万头，有养猪大户42户、养羊大户5户。完成油茶垦复5800亩，新造油茶500亩，油菜种植8200亩。2016年，全镇加快土地流转，创办8个农业专业合作社，实行“公司+基地+农户”的生产经营形式，大力推行“一村一品”逐步实现农业产业化。如：森源苗木合作社以团栗村为中心，现已辐射青峰、双联、大桥湾、雅园冲、黄茅冲、汤家岭等数村。全镇新建农家乐5家，带动乡村旅游休闲活动。

【工业】 2016年年末，有紫色页岩砖厂6个，年产值4500万元。镇内有规模企业全宏农牧科技有限公司、盛发食品厂。年内解决劳动力就业520余人。

【水利建设】 境内有小（一）型水库1座，即东溪源水库。小（二）型水库15座。2016年，完成病险水库除险加固8座，争取国家水利项目投资560余万元。江西桥村投入15万元完成正冲水库配套水渠三面防渗工程建设，禧清村清水塘投入12万元完成骨干塘清淤防渗工作。

【商贸业】 镇内集市有下马渡、大桥湾、云盘町、汤家岭等四个农贸市场。2016年年末，商业网点168个，城乡集市贸易交易成交额4.68亿元。新建农村淘宝网站7个。

【教育卫生】 教育事业发展迅速。2016年年末，有幼儿园12所，幼教45人，在园幼儿1120人；小学6所，在校生1730人，小学教师121人，小学适龄儿童入学率100%；初中1所，在校生1186人，教师123人，初中适龄人口入学率100%，小升初升学率100%，九年义务教育覆盖率达100%。下马渡镇教学质量全县名列前茅，如：镇中学学生蒋慧玲由祁阳一中考入清华大学。镇中心卫生院有病床60张，现有职工62人，具有本科及以上学历6人，具有中级及以上职称21人，执业医师14人，执业助理医师14人，注册护士10人，药剂人员7人，医技人员4人，临聘人员3人，返聘2人。村卫生室55个。

【民生保障】 全镇共有五保供养对象669人，其中集中供养13人；享受农村低保2450人，最低生活保障金287200元/月；城镇低保137人，最低生活保障金36934元/月；参加社会养老保险25900人，新型合作医疗参合49626人，参加城镇居民医疗保险356人，参合率为99.8%；实施安居工程32户，补助资金26.80万元；全镇办证残疾人1080人，年内发放残疾人参合补助12.96万元，重度残疾人124人，发放生活、护理补贴1.24万元；计划生育奖扶258人（其中：特扶8人），奖扶资金25.44万元。累计发放临时救助资金12余万元。

【环境保护】 2016年，镇政府对集镇区域实施“净化、绿化、美化”。疏通集镇下水道，清除转运集市周围垃圾，添置垃圾桶1200个，垃圾清运车6辆，聘用常年清扫保洁员42人，生活垃圾转运海螺集团集中无害化处理，全面开展环境综合整治，乡村面貌和村民卫生习惯发生根本转变；以“创森创绿”为契机，白尼庵街两旁栽种桂花树2000株，集镇街道全面绿化。投入30余万元对白尼庵街和镇机关小游园建设，促进环境优化。

【社会管理】 镇党委、政府狠抓社会管理，营造安居乐业环境。山川、禧清、黄茅冲、汤家岭、江月、营盘町、六合堂、司马源、双联等9村新增路灯1500余盏，既点亮“美丽乡村”夜景，又促进“平安祁阳”创建；镇政府投入8万元新安装电子监控探头16个，下马渡镇机关、主要交通路口纳入电子监控管理，建立群防群治护村护院防巡队，创新矛盾纠纷调处机制，农村治安秩序明显好转。

【文化体育】 2016年年末，

文艺表演队12个，人员260余人，图书馆1个，村级图书室57个，藏书近7万余册。使用面积26平方米，藏书1200册。龙舟竞赛是下马渡的传统体育项目，2016年，下马渡镇在全县“金沙湾”龙舟竞赛中取得了优异成绩。全镇35个村（居）委会，建有村级活动中心，绝大多数村（居）委会有篮球场和各类健身器械，全镇年内新建小游园5个，尤以镇机关、中渡町、大湖塘、汤家岭、六合堂、黄茅冲、司马源等村小游园颇有特色，深受当地居民喜爱，是当地居民休闲、娱乐的好场所。

（曾巍）

黎家坪镇

【概况】 2016年，黎家坪镇坚持以项目建设为依托，以产业结构调整为主线，以改善城乡基础设施为重点，不断加快品质活力示范乡镇建设，为“十三五”经济社会发展新局面奠定坚实的基础。被授予2016年度省创新创业示范乡镇。

【农业】 2016年，完成农业总产值9.2亿元，比上年增长10%。冬修水利工程650处，水库除险加固9座。粮食作物以稻谷、红薯、大豆等为主，粮食双季稻播种面积17526亩。主要经济作物有棉花、蔬菜等，油料作物种植面积19200亩，蔬菜种植面积7400亩，主要品种有白菜、萝卜、黄瓜、土豆等。生猪饲养量12.2万头，年末存栏4.36万头。家禽饲养量59万羽。国家生态公益林1.7万亩，经济林1.5万亩，竹林1.2万亩，林木覆盖率57%。农民人均纯收入16520元。

【工业】 工业经济快速转型，出现“大众创业，万众创新”的新局面。2016年，完成工业总产值33亿元，增长28%。规模以上工业企业9家，职工5300人。龙头企业强劲发展，规模企业不断推进，中小企业环境优化，全镇形成以水泥、机电、玻璃制品、农产品加工、新型纳米碳酸钙等支柱产业的工业体系。

【商业金融】 全镇有规模金融网点4个，社会商品销售额达3.8亿元，比上年增加7.8%，城乡集中贸易成交额达2.6亿元，比上年增加7.2%。金融产业实现增加值2.56亿元，比上年增加18%。银行各类存款金额12.7亿元，比上年增加18.2%。财政总收入2.35亿元，比上年增加18%。

【社会事业】 2016年，全镇有幼儿园6所，在园幼儿1360人，专任教师62人。小学10所，在校学生3840人，专任教师150人，小学适龄儿童入学率100%，初中3所，在校学生2810人，专任教师255人，初中入学率100%，普通高中1所，在校学生4200人，专任教师235人。科普图书室25个。投资2600万元，不断加快镇一中绿化、美化、亮化和文化建设。镇一中在2016年中考中，祁阳一中上线和录取人数居农村中学首位，已成为永州市园林式示范性中学。全镇有各级各类医疗卫生机构31个，中心卫生院1所，床位120张，专业卫生人员156人。新建村卫生室8个，新农合参合率99%，新农保参保率为64%。农村数字电视用户1600户，电视综合覆盖率65%。城乡最低生活保障户数771户，人数1220人，做到应保尽保。特困救助和五保户供养进一步规范。农村五保户集中供养30人，农村五保分散供养265人，民政部门资助参加合作医疗734人次。农村临时救济540人次，国家抚恤、补助各类优抚对象369人。

【基础设施】 2016年，城镇规划区面积达9.46平方公里，建成区面积达到6.24平方公里。年内新开通校园路、中山路和海创路，全长2.2千米。新建海创工业园和大型铁路物流，总投资25亿元。自来水厂1座，铺设干线水管52千米，生产能力 2.2 万吨/日，居民自来水普及率 100%，排水管道 32 千米。投资 6000 万元新建黎家坪污水处理厂 1 座，日污水处理能力 5000 吨。将环卫工作推向市场化，成立佳宝环卫保洁公司，新购大型洒水车、垃圾收集车，新建垂直压缩式垃圾中转站和全省首家新型垃圾焚烧站，日处理垃圾可达 300 吨，全镇垃圾集中处理。有 35 千伏以上麻吉塘和响水岩变电站 2 座。座落在镇内麻吉塘和石子岭村，主变压器 26 台，高压输出线路 2 条，总长度 13 千米。综合电压合格率　19.89%，供电可靠率 99.98%。城区绿化面积 32 公顷，其中公共绿化地面积 16.27 公顷，绿化覆盖率 6.5%。

文富市镇

【概况】　2016 年，文富市镇地方生产总值 68734.1 万元，财政收入 334 万元，比上年增长 7.9%。境内拥有中国农业科学院祁阳红壤实验站一个，属农业部在南方土壤研究的重点单位，2016 年年末在职人员 26 人，其中研究员 2 人，享受国务院津贴 1 人。铁路湘桂线横穿全镇 8 个村，镇内长达 5 公里，在境内南河岭村设立南河岭车站。322 国道与湘桂铁路平行横穿而过，交通便利，区位优势明显。

【农业林业】　境内河道属祁水流域，系湘江一级支流，境内流长 16 公里，从祁东县的长滩桥进入境内。另有支流 2 条，境内长分别为 4 千米、5 千米，河道流域横穿 60%的村组。有小（1）型水库 1 座，小（2）型水库 3 座，总库容量 263.9 立方，其中丁源冲小（1）型水库库容量 216 立方，河坝两座，水资源丰富，适宜农作物生长。2016 年，全面完成创建“大屋、平阳甸两个村双季稻高产千亩示范片”、排林村省级粮食生产监测点和香花桥等村“1000 亩高产油菜示范基地”任务，高产优良品种与新型栽培技术得到广泛推广应用，农民种粮积极性得到提高。全镇已发展种粮大户 35 户，种粮专业合作社 3 个，建成高标准黄泥山有机蔬菜基地、柿山湾 300 亩金槐基地、清太 10 万羽养鸡基地和株贵 400 亩四季水果基地各 1 个，培育农机专业合作社 4 个，农业企业 8 家，组建 2 支高素质“三农”服务队。累计投入资金 500 余万元，完成官山冲水库加固工程和“五小水利”项目，及时整修丁源冲等村损毁灌溉水渠，确保农田有效灌溉。建立防汛抗旱服务队，添置防汛抗旱器材，为全镇农业经济发展和抗御自然灾害能力提供有力保障。切实加强动物防疫工作，保障畜牧业健康发展。全面落实绿化文富市行动计划，扎实做好 322 国道、湘桂铁路、窦—双公路等主干线沿线绿色走廊地带的规划建设。加强森林防火工作，完善镇森林防火专业队伍，加强巡山护林队伍管理，有效遏制森林火灾发生。

【城镇建设】　加大控违拆违力度，城镇建设秩序得到根本好转；城镇自来水主网架通供水，年内 1123 户居民用上洁净的自来水；新修下水道 100 米，新架路灯 100 盏，镇加大资金投入近 500 万元，新添置垃圾桶 300 只，垃圾车一辆，成立集镇区专业保洁队伍，每月加大卫生工作评比考核力度，全面提升全镇城乡环境水平。积极创建桥塘村、香花桥村、农科居委会三个示范村，农村环境污染治理率达 80%以上，镇容村貌美化亮化整洁有序。

【民生保障】　着力改善民生，让广大群众共享发展成果。计生管理进一步规范，服务意识增强，人口计生工作评估荣获市级良好等次；教育强镇建设加快推进，教学质量稳步提升，忠诚小学竣工验收，年终绩效考核同类学校排名全县前茅。科技工作扎实开展，文富市镇被评为科普工作先进单位。镇卫生院严格落实医疗卫生各项工作指标，做好居民健康建档和重大疾病防治工作，经验引来同行纷纷效仿，住院部综合大楼竣工装修一新。开展农村低保户清查活动，清除不合格低保户 23 户，新增符合条件低保户 35 人，县后盾扶贫单位年捐款捐物达 13 万元，开展走访慰问社会反响好。加快发展农村电商，推进落实淘宝项目。加快实施精准扶贫步伐，全年以脱贫 637 人，发放小额信贷 1727 万，释放政策红利 35 万元。好事实事全面完成，落实危房改造 47 户。认真开展精神文明单位创建活动，财政所被评为县级文明先进单位；镇农商行、邮政通讯、城建规划、国土等工作部门协调推进，民兵预备役、青年妇联、关心下一代等事业健康发展。

【社会管理】 社会管理综合治理工作常抓不懈，派出所、司法所等部门立足自身的职能作用，全面开展“黄赌毒”、“两抢一盗”、“飓风行动”、“缉枪治爆”等专项整治活动，其中治安拘留 13 人，刑事拘留 12 人，完成惩治处理目标任务，民事纠纷调解 49 起，调解满意率 100%；通过强有力的综合治理措施，民调排名全县第 4，进步明显，实现无赴省进京挂号、无县级以上集访、无民转刑案件，综治工作荣获市先进单位。大力开展安全生产“三大行动”、“安全生产月”活动和班子成员带头安全生产大检查等活动，2016 年全镇排查安全隐患 45 处，取缔非法载客 17 台，关停非法零售烟花点 6 家，捣毁非法存放点 3 处，全年无一起安全事故发生，确保社会大局稳定。

大村甸镇

【概况】 2016 年，大村甸镇辖 21 个村（居委会），总面积 96 平方公里，总人口 38215 人。大村甸镇是新型工业重地。企业集群发展态势良好，湖南银光粮油股份有限公司成功牵手湘粮集团，被评为国家农业产业化龙头企业，荣获中国驰名商标，其产品畅销国内外。大村甸镇是生态农业基地。全镇共有稻田面积 3.1 万亩，其中万亩优质稻示范片一处，实现双季稻种植率达 90%。大村甸镇是宜居宜业福地。全镇以创国森、创国卫为抓手，新造林 1.1 万亩，森林覆盖率达到 53.5%，大力推进标准街、秀美乡村、“小游园”等项目建设，全面实施城乡环境卫生综合整治工作，全面关闭淘汰落后产能企业，城乡面貌发生可喜变化，呈现出一幅“天蓝、水净、山青、地绿”的生态画卷。

【党建】 2016 年，大村甸镇推动党建工作责任“落地生根”，全面推行党建述职评议考核、强化抓党建的主角意识和主动精神，明确责任清单，细化到人、量化到岗，上下联动、齐抓共管，把抓好基层党建作为最大的主业、最大的政绩，使管党治党责任得到进一步落实。扎实推进“两学一做”学习教育常态化、制度化，自觉践行“政法合格、执行纪律合格、品德合格、发挥作用合格”，全面推进“四议两会开”工作制度，切实增强农村基层民主决策能力，办成一大批群众乐见的实事好事，进一步夯实村级基础，改善群众生产生活条件。

【农业】 2016 年，大村甸镇在农业方面干实事、求实效，做到明确目标、狠抓发动、办点示范，注重质量和效益。大村甸镇创办县级绿肥示范片一个，核心种植区 1000 亩（主要分布在大庆社区、银利村）；镇级油菜种植示范片一个，核心种植区 500 亩（主要分布在银利村）；全镇共种植绿肥、油菜、蔬菜等 3.6 万亩。切实加大“四冬”生产投入，整合利用发展粮食生产、油菜生产等资金，鼓励群众投资投劳、发动大户投资经营。冬修工作全面铺开，其中镇财政配套投入 40 余万元在大村甸村整修骨干塘 26 口；许家亭村投资 10 万元高标准整修骨干塘 2 口；永福坪村五小水利工程新修渠道 1200 米全部完工；百库工程、新增粮食产能工程全部完工。冬造工作责任到位，全年完成油茶新造任务1500亩，五爱村集中连片种植500亩，投资20万元，完成荒山造林800亩，裸露山地造林400亩，标准街建设全面落实、秀美村庄烟竹桥村任务完成好。裸露山地造林200亩已完成规划（元家塘村2.7.8组），完成水果品改300余亩，完成油茶新造220亩（五爱村），油茶低改6000亩（刀抚4600亩、锄抚1400亩），新造林800亩已完成整地工作（罗丫塘村）。新发展养猪大户6户，养牛大户2户，其中永福坪村永发养殖场现存栏肉牛80头；新发展养鸡大户6家，其中五塘冲村何艳西、唐平两户扩大养殖规模，现存栏商品鸡10万羽。冬防，动物防疫、森林防火、防洪度汛等各项工作都部署安排到位，全年没有发生疫情、险情、灾情。

【工业】 2016年，大村甸镇规模工业总产值增至8.37亿元，年均增长15%；农民人均纯收入增至9300元，城镇居民可支配收入22000元，年均增长均达到12%；全社会固定资产投资1.88亿元、社会消费品零售总额10490万元，年均增长分别实现10%和11.1%。主要表现在工业现代化深入推进。一是充分发挥龙头企业的旗舰作用。成功牵手湘粮集团的银光粮油，充分发挥重点龙头企业品牌优势，积极转变发展思路，优化产业结构，企业发展顺利迈入快车道。二是充分激发规模企业的强劲动力。宏泰铝业公司进一步研发和采用新技术，降低生产成本，提高生产效益，发展态势稳中向好；翔基建材、祁深玻璃两大规模企业运行高效，融资有利，为全镇经济发展注入新的活力。三是充分扩大园区企业的发展规模。2016年，全镇玻璃工业园厂房面积进一步扩大，园区内基础设施建设力度进一步加大，园区的招商能力和承载产业转型发展的能力显著增强，大中小企业齐头并进。

【基础设施】 2016年，毛塘湾村投资4万元改造自来水工程，入户率100%；投入22万元，扩宽村6.6公里；投入28万元，安装太阳能路灯120盏；种植绿化大苗500棵；整修渠道2.7公里、机耕道1.7公里，对骨干山塘进行了全面防渗整修；建立一个高标准的五保之家；筹资15万元，加强对原村小的装修和改造，为打造高标准的现代化幼儿园奠定基础。立新村争取项目资金90万元，完成一座小二型水库除险加固工作，900亩稻田受益；扩宽村道3.5公里；安装村组路灯48盏；投入50万元，整修渠道1200米，完成2处电排和700米机耕道建设，堰坝和机房建设正在有序施工。投入12万元用于集镇污染治理。

【安全生产】 2016年，积极开展“大排查、大管控、大整治”专项行动，严格执行“党政同责、一岗双责、失职追责”制度，坚持落实领导干部带队检查安全生产制度，主要领导每月不少于一次，各班子成员每月检查安全生产工作不少于两次。2016年，结合本镇实际，着力开展安全生产大检查和重点领域专项整治行动。狠抓清明节、“五一”节、国庆节等节前安全大检查，开展道路交通安全整治、企业安全、危险化学品和烟花爆竹专项整治、水上救生衣专项整治、农村在建项目专项整治等行动。下发责令整改指令书130余份，责令立即整改50余条。查处各类违法行为140余起，其中查处无证驾驶4人次、客运车辆超载10余台次、未带安全头盔16人次；共检查客渡船舶48艘次，迁出采砂船1艘，现场整改隐患2处；共检查烟花爆竹经营店23家、取缔销售烟花爆竹经营店23家，收缴烟花200余桶，鞭炮60件，罚没收入共计2700余元；共检查非煤矿山18次，查出隐患8个，责令整改8个；创建安全生产示范企业2个，平安校园7所。

【城乡环境】 2016年，深入

开展以“绿化、美化、净化、亮化”为核心内容的农村环境综合整治和新农村建设活动，打造了城区的一条样板街、建设了镇中心校、镇政务中心等三个小游园、建成五塘冲等2个村的秀美村庄。如2016年申报市级小康示范村的五塘冲村，继续巩固扩大工作成果，建立孝文化墙和碑刻，建设有村级小游园、敬老院、幸福之家和文体场所，村内亮点纷呈。2016年镇党委政府投入资金76万元，与佳宝清洁公司签订合同市场化运作，新购垃圾车1台、垃圾桶120余个、新建垃圾中转站1个、整治散放点20余个，新修下水道1500余米。各村大力新建垃圾池，聘请了村保洁员，做到村村有宣传标语、村村有卫生宣传栏。提高了群众生活质量，城乡面貌焕然一新。

【社会保障】 2016年，着力发展社会事业，集中力量办一些经济社会发展急需、关系人民群众切身利益的大事实事，让人民群众得到更多实惠。一是加大基础设施建设。公路加宽改造17.8公里，延伸硬化村组道路12.6公里，打通断头路16公里，整修公路12公里。二是坚持优先发展教育事业。全镇共争取资金1000万元用于改善教学办学条件，镇中学投入600万元建成两套教师公租房，已进入验收阶段。许家亭完小拟投资250万元兴建一幢教学楼，徐家冲、烟竹桥完小的薄弱学校改造已完成。三是加大卫生设施投入。投资200多万元，兴建住院办公大楼，新增医疗设备；超额完顾“两癌筛查”任务，对0~7岁的婴幼儿和60岁以上老人实行建档立卡健康检查；全镇城乡居民社会养老保险和基本医疗保险参保率稳定在98%以上，基本实现应保尽保；共投入30余万元完成八一塘、五塘冲、黄岗铺、进步、迎新等村的幸福院建设，毛塘、徐家冲等村的幸福院正在建设中。四是进一步改善电力电讯条件。加强农网改造升级力度，完成光和等3个村的农网升级改造前期准备工作，完成680户农村“户户通”工程卫星电视安装，确保镇内无死角无盲区；五是加快推进全面建设小康社会。继续抓好农村饮水改造、水利建设工程、农村污染治理工作，推进民生工程项目建设。

【综治维稳】 全镇配备综治信息员、兼职治安员和义务调解员。签订综治维稳工作目标管理责任状。按照“属地管理”与“谁主管，谁负责”原则，建立“联防、联调、联动”工作机制。开展专项行动“大整治，消除重大集访隐患9起，惩治非法上访老户2人，化解信访积案6个，排查矛盾纠纷169起，调解各类纠纷263起，信访秩序得到规范；社会治安形势持续稳定，公安接处警288起，破获刑事案件18起，查处行政案件160起，调解民事纠纷86起，拘留61人；禁毒工作卓有成效，社区戒毒14人，尿检到位率100%，戒毒解除1人；反邪教工作成绩斐然，消除反宣标语83条，解脱邪教人员16人；爱路护路工作严谨细致，排除铁道安全隐患12起，协助铁道部门处理意外事故1起。实现工作水平“大提升”。镇政法综治各项工作均有不同程度提升，全镇信访总量较上年下降11.5%，其中赴省进京的非法上访数量为零，意外死亡事故调处成功率100%，全年未发生一起群体性事件和恶性刑事案件。

（伍冬升）

文明铺镇

【概况】 2016年，文明铺镇下辖29个行政村、3个社区，498个村民小组，总人口5.8万人（其中农业人口4.8万人）。镇党委、政府、人大班子共11人，平均年龄39岁，其中党委委员9人，镇机关在职行政、事业人员65人（其中，公务员编制47人，实有34人，空编13人）。全镇共有党员1642名，基层党组织74个。

【农业】 全镇共有耕地面积4.6万亩（其中水田面积4.1万亩，旱地面积0.5万亩），中型水库1座（龙江桥水库库容1124万立方米）、小Ⅰ型水库3座、小Ⅱ型水库6座，山塘3700多口。种植业具有传统优势，是全县商品粮生产核心基地，订单种植面积2.2万亩，常年双季稻种植在90%以上，拥有中国驰名商标“天龙”牌大米，油茶、油菜、生姜、芋头、玉米、豆类等经济作物常年种植面积1.7万亩。生猪、成鱼养殖业也较有规模，年出栏1000头以上的养殖场公司3家，500头以上的养殖场12家，渔业合作社5家、种植合作社17家。大力引导和扶持发展槟榔芋和红爪姜，成立农村专业合作社17家，种植面积4000余亩，较上年增加近1000亩。“祁阳槟榔芋”申报地标保护产品工作进展顺利，7月22日，副县长陈环玉率队赴省质量技术监督局参加初审会，向专家组作陈述报告，获得省质监局和专家组认可。

【党建】 镇党委始终把“抓好党建作为最大政绩”，探索文明铺党建“360模式”，将“党建+工程”融入到发展之中，使党建引领作用得以较好发挥。创先争优出成效。1月，镇党委书记李政在永州市委经济工作会议上作题为《以“党建+”引领基层工作新常态》的典型发言；3月，文明铺镇被县委评为“全县基层党建工作先进单位”；7月，镇党委书记李政被县委授予“全县十佳党务工作者”荣誉称号。同时，镇卫生院被评为全国“群众满意卫生院”、省级文明单位；新塘角村被评为全省“先进基层党组织”、全县“十佳基层党组织”；宏文学校成功举办全县社会组织党建工作现场会。

【并村改革】 1月，在全县率先开展并村改革，原新塘角村和蒋家坪村依法按章完成并村程序，举行新村挂牌仪式，拉开全镇并村改革工作序幕。2016年年底，全镇全面完成并村工作，行政村由原来47个减至到29个，减少18个，成立新村临时党支部和临时工作委员会。

【综合整治】 2016年，投入资金改造下水管网、修缮路段，新建人行道1.5公里，新安装路灯2.1公里，绿化主道7.2公里。加强城区秩序综合整治，以“清摊子乱摆、清车子乱停、清棚子乱打”为主要内容的“三清”行动，分三个阶段依次推进。同时，规划停车区域，划好标志标线，安装红绿灯，有效整合力量加强日常监管，积极探索“政府引导、部门联动、群众参与”的自我管理模式。

【民生实事】 2016年，在完成县政府下达的各项民生实事目标任务外，对群众反映强烈的问题全部加以解决。比如解决丝塘冲村连接槟榔芋基地公路问题；完成龙江桥水库安保设施招投标；吸收香港爱心人士善款70万元，分两期改扩建三官塘希望小学，第一期善款到位40万元，规划征地51亩，用来扩建文明铺中学。

龚家坪镇

【概况】 2016年，龚家坪镇辖云排岭、新旷2个居民委员会，22个村民委员会（九曲河、三星、炭棚、古木堰、石山湾、窑头铺、双睦塘、黄梅、四角丘、草塘、香塘铺、福星桥、段桥湾、双睦塘、新江、沙子坪、田头冲、碧莲、复兴、大坪铺、舜塘、金桥），总面积80平方公里，耕地面积33000亩。全镇总人口39571人，其中城镇常住人口4352人，城镇化率11%，有流动人口2352人。乡镇企业转移劳动力就业200多人，全镇劳动力就业人数达到11400多人，劳务收入达到2.28多亿元。扎实开展结对帮扶，金融贷款扶贫1500多万元，直接结对帮扶30多万元，全镇1093人实现脱贫，并通过省第三方评估验收。

【经济】 2016年，龚家坪镇地区生产总值达3.68亿元，同比增长7%；完成财政收入649.6万元，同比增长12%；完成固定资产投资1.23亿元；农民人均纯收入8370元，同比增长8%，其他各项经济指标显著增长，综合实力不断增强。现有工业企业6个，工业总产值1.34亿元。其中个体采石场1个，机压砖厂1个。鑫旺大米厂、雄伟建材年销售总额0.85亿元，固定产800万元。商业网点6个，职工85人，社会商品销售总额8600万元，比上年增加7.5%；城乡集市贸易成交额1.13亿元，比上年增加13%。

【农业】 龚家坪镇位于祁阳西北部，地处衡邵干旱走廊，土地较为贫瘠。镇党委充分利用有限资源，把“抓引进、抓示范、抓基地”作为“三抓”农业生产工作的重要举措。积极引进人才，创办湖南林峰生态农业科技开发公司，以发展反季节、无公害拱棚蔬菜为重点，压缩品质差、效益低的粮食作物种植面积，扩大高效经济作物面积，逐步扩大订单农业面积，探索创新种植新模式，为农民拓展增收渠道发挥示范带动作用。全力遏制稻田抛荒，在稳定水稻、油菜、黄豆等传统农作物种植面积和产量的基础上，发展基地建设和农村经济合作组织。投入1260万元的龚家坪镇高标准农田建设项目，涉及龚家坪镇的段桥湾、龚家坪、云排岭、新旷、酒塘等5个行政村、项目面积31190亩，耕地8270亩、其中水田7890亩、旱地380亩。其中，中央财政资金360万元、省级财政资金900万元，项目主要建设高标准农田0.91万亩，修建护砌渠道16条12.49千米（其中骨干灌渠3条4.23千米、骨干渠4条3.86千米、田间渠道9条4.40千米）、主要渠系统建筑物16座、小型蓄水工程10座、机耕道13条7.34千米。该项目实施后，项目区稻田由中低产田改造为高标准农田0.91万亩，年新增粮食91万公斤、年新增油料9万公斤、农民年人均纯收入增加440元。投入460万元的抗旱应急水源工程和100口山塘清淤扩容；投入1200万元的2600亩药槐基地和200亩扶贫黄花菜基地。

【社会事业】 2016年，城镇新增就业145人，城镇失业人员再就业54人，帮助城乡残疾人家庭灵活就业217人。农民工在岗培训400人，农村劳动力技能培训10人。因生活改善和其他原因，共清退低保户150人，新增低保78人。城乡居民养老保险参保21928人，城乡居民基本医疗保险参保33826人，参保率98%。领取农村养老保险待遇6639人。全镇共有低保户3189人，其中农村低保3068人，城镇低保121人。大坪铺敬老院改造工程已完工，集中供养人员30人。教育教学工作稳步推进。幼儿园3（所）所，在园幼儿220人，专任教师10人；小学5所，在校生2200人，专任教师105人，小学适龄儿童入学率100%；初中3所，在校生1100人，专任教师95人，初中适龄人口入学率100%，小升初升学率100%，九年义务教育覆盖率达99%。投入教育经费334.8万元，比上年增长6%。镇二中合格学校创建成功并通过验收。武装征兵工作圆满完成任务。计生基础更加稳固。全镇人口出生427人，其中计内318人，计外109人，计生率74.47%，出生率0.9‰。各级各类医疗卫生机构3个，其中卫生防疫站1个，卫生院2所，村级卫生站38个；病床750张，其中，公立卫生机构床位33张，每千人拥有医疗床位1张，固定资产总值400万元。专业卫生人员30人，其中执业医师16人，执业助理医师10人，注册护士4人，平均每千人拥有卫生技术人员1人，平均每千人拥有执业（助理）医师1人。医疗机构（门诊部以上）完成诊疗26000人次，住院手术1865次，出院病人1865人次。镇有电影放映队1个，文化站1个，建筑面积300平方米；公共图书室1个，建筑面积80平方米，藏书3000余册。村图书室38个，藏书14200册。

【美丽乡村建设】 2016年，新安装路灯276盏，新修、扩建公路12公里。投入1000多万元，改善基础设施条件。龚家坪镇美丽乡村现代化徽派民居群建设规划面积80亩，一纵四横，主干线1公里，北接通往祁东、邵阳的云兴路，南通镇集贸中心，形成环形街道。可容纳500户居住。配套镇中心幼儿园、客运站、建设雨污分离下水道等设施建设，云排岭学校公租房、新卫生院配套设施及公租房、客运站场建设等项目建设都已完工并投入使用。杉木塘至复兴公路、窑头铺至石山湾公路等扩宽硬化工程已基本完成；新建九曲河、香塘铺两个“五保之家”，萝卜塘等村卫生室已建成并使用，建立教育基金，共捐款21万元。有信用社2个、邮政网点1个，投递路线单程总长度120千米，投递点3个，乡村通邮率100%，业务收入140万元。电信企业1家，服务网点2个；固定电话用户2500户，电话用户普及率达30%；移动电话用户26500户，移动电话普及率为88.2%，比上年提高14%；互联网端口总数1400个，宽带接入用户700户。全年电信业务收入80万元。全镇有小（二）型水库2处，山平塘和骨干塘4108口。机电排13处，装机容量106千瓦，有效灌溉面积3100亩；灌溉渠10.5千米，水闸9处。镇开发实现新增住房面积125，000平方米，新增（场）镇人口800人。投入25万元新建垃圾库1个，新购斗车25个，垃圾桶500个；投入12万元建成高标准垃圾中转站，清扫、运走场镇垃圾220车、清除路障23处。推广城乡垃圾“垃圾分类、村收集、镇运输”模式，提高了城镇生活垃圾无害化处理率，加大对城镇、农村居民集中饮用水水源保护力度，为人民群众创造清洁、优美的人居环境。农村危房改造86户。投入1260万元用于福星桥至新矿农网改造、建设高标准的农田综合配套设施，甸中间、沙子坪村完成电网改造项目。随着基础设施不断完善，农业产业规划布局实施，因势利导，发展现代休闲观光农业，如九曲河婴桃种植基地樱花观赏采摘被湖南经视栏目宣传报道，四角丘水库风光游，香塘铺、长春的特色农庄，复兴、铁丝江油茶林风光带及休闲垂钓等特色农业已初露端倪，成燎原之势。

【网格化管理】 2016年，按照任务相当、方便管理、界定清清晰、责任明确的原则，设置网格管理小组。网格间有机连接，不留空白，以村为标准设置网格、以村支为单位选出一名网格员，形成以支部为核心管理模式。建立监管网格管理登记制度。举办禁毒、“打非”宣传教育活动10次。投资12万元建设社会治安视频监控系统，安装探头19个，铺设线路约3千米。立刑事案15宗，破6宗；立治安案30宗，破24宗，抓获违法犯罪嫌疑人45人。破获抢劫、抢夺、盗窃“两抢一盗”等各类侵财性案件1宗1人，挽回经济损失5万元，查处吸毒人员8人，强制戒毒2人。组织矛盾纠纷排查15次，排查突出矛盾纠纷5宗。受理调解各类纠纷60宗，成功调解59宗，其中道路交通事故纠纷23宗、邻里纠纷10宗、合同纠纷9宗、损害赔偿纠纷8宗、劳动争议5宗、婚姻家庭纠纷1宗。党委领导接访、约访群众30批共185人次。举办专门针对普法工作人员的法制修身教育培训班。在9所中小学举办“七五”普法法律知识进校园、预防青少年犯罪及校园安全专题讲座，有2000人次参加。按照安全生产“党政同建、一岗双责”属地管理“管行业必须管安全”的要求，落实领导干部带队检查安全生产制度，全年共检查256次，排查隐患121处，落实整改78处。全面开展“四个背书”和企业主体责任制。镇开展安全生产月和安全生产基层服务等活动，举办安全培训班3期，全年无一例重、特大安全事故发生。全面落实镇到村、到各单位、企业安全生产责任制，签订安全生产责任书，确保横向到边，纵向到底，不留“空档”“死角”，确保安全生产的认识到位、责任到位，并实行定期检查与经常检查、全面治理与专项治理相结合的工作机制，进行道路交通专项整治，对无牌无照的车辆进行清理，取缔两轮、三轮载客，经常性地对镇烟花爆竹、地质滑坡等高危行业（地段）进行清查，排除安全隐患。

【基层党建】 全镇有党组织41个，党员1211名。充分发挥党建目标考核的指挥棒作用，提高考核权重，严格“双述双评”，勤督查，给压力，逼履职。针对农村村支书履职能力弱的问题，镇党委把复杂问题简单化，下发《全年党建日程安排表》和《操作实务》，督促多数村明确一名年轻党员为党建助理。针对镇属部门支部重业务轻党建的问题，召开两次部门党建推进会，重点督导“三会一课”、党费收缴、阵地建设等薄弱环节。同时，开展“四好三抓两提高”特色党建活动，在全社会传递党建正能量，涌现了全县“十佳基层党组织”、全国“最美家庭”等先进典型。对段桥湾等村作风懒散问题，进行专项整顿。召开专题会议3次，采取下派工作组、配任第一支书、调整班子、清账兑现等措施，确保有效转化。举全镇之力推进精准扶贫，办成了几件群众期盼多年的大事。如龚家坪镇高标准农田建设项目、路面加宽等。镇党委坚持严密组织，严把程序，严格标准，顺利完成镇党委、人大换届选举工作。严肃党员教育管理，按程序新发展党员12名，处置不合格党员26名。取消8名不诚信、不还贷的发展对象资格。加强村干部管理，认真治理“走读”。认真开展“雁过拔毛式”腐败问题专项整治和“纠四风、治陋习”，对1名村支书进行免职，对2人开除党籍，诫勉谈话5人次，立案在查一起。

（郑正　唐文洁）

大江林场

【概况】 2016年，大江林场有干部职工180人，下辖五个国有工区，林地46900亩。境内盛产杉木，楠竹，茶叶，野生动植物，珍贵中药材等达130多种。境内山清水秀，空气清新，气候宜人，是祁阳县生态旅游，休闲避暑之胜地。

【造林抚育】 2016年，种植大苗桂花树、红叶石楠、樟树、楠木等2300株。林场完成造林497亩11万株，完成中林修山抚育5000亩，完成幼林抚育面积8670亩且全部通过国家、省市验收。

【林下经济】 加快发展林下经济，继续与湖南天江生物科技有限公司合作，采取“树上种石斛，树下种重楼”立体套种模式，让“树站着也能生钱”。2016年，种植珍贵中药材石斛、重楼1500余亩，黄精250亩，发展育苗基地28亩，累计投入资金2300万元。形成全市最大、最有特色的林下经济模式。

【林政管理】 为加强林政管理，有效管理森林资源，林场对工区人员重新进行调整使用，在重要岗位上选调一批工作能力强、责任性强的工作人员。护林人员实行分片、分山头包干负责制，加强制度化管理和指拇机考勤，谁管理谁负责，谁损失谁负责，损失林木数量直接从绩效工资中扣除。与森林公安派出所处理盗伐案件2起，挽回经济损失3万余元。流转插花山山林410亩，有效防止国有资源流失。

【森林防火】 林场成立防火指挥部，由场主要领导直接负责管理，由林场干部职工组建30人的防火专业队伍，各工区建立20人的应急分队，全部配备防火扑火用具，从专业扑火队到应急分队全方位落实防火工作。各工区每天安排2人24小时实行防火值班巡查，发现问题1小时内必须向林场报告，做到及时发现和处理。

【“两学一做”】 2016年，大江林场党委带领全场党员干部深入学习中央、省、市、县“两学一做”有关会议及文件精神。召开“两学一做”动员会，开展全体党员干部集中学习7次。健全完善支部“三会一课”、党务公开、党员发展、值班、请销假等系列制度，严格“三资”管理，严肃工作和财经纪律，不断增强党组织的凝聚力和战斗力，夯实服务基础。

挂榜山林场

【概况】 2016年，祁阳县挂榜山国有林场列为公益性Ⅰ类事业单位，核定全额事业编制为46人。有干部职工125人，其中在职职工59人（在职干部22人，在职工人37人），退休人员66人。

【国有林场改革】 自2015年5月开始，林场在县委、县政府的领导下，严格按照省国有林场改革领导小组批复的国有林场改革实施方案全面推进国有林场改革，于7月底全面完成国有林场改革任务，并于9月通过省国有林场改革领导小组的验收。特别是2016年9月14日政府常务会及10月8日的县委常务会召开，明确林场管理体制，人员编制和经费问题，全面完成国有林场改革的后续工作，为林场的发展注入新的活力与生机。林场原代管的七个村已全部移交七里桥镇管理，林场所办学校、医疗机构同步移交相关部门管理，林场敬老院正移交过程中。从1月开始，林场每月为下岗人员发放生活费800元，为全部职工缴纳住房公积金和公伤保险。

【林下经济】 因林场具有丰富的旅游资源，生态旅游开发已列入全县重点项目建设。业茂农林综合开发有限责任公司和祁阳凰喆石文化发展有限公司，充分利用林场优势资源，扩大生产规模，创办绿色生态产品。业茂公司前期投入1000多万元，完成改造500亩生态有机茶园，新建600亩中药村种基地和500亩药用牡丹基地。凰喆公司也准备将祁阳石文化创意基地落户挂榜山，现已完成选址工作。

【森林防火】 森林防火一直是林场的中心工作。清明节前，机关人员、工区护林人员均签定《森林防火承诺书》，每逢重要节假日，通过书写标语、出动宣传车、制作宣传牌等方式，广泛开展森林防火宣传活动，形成强大的宣传声势。全年累计出动宣传车12次、印发宣传单1500余份、书写标语100余条、张贴布告50余份。同时健全值班机制，加强防火督查。在特别防护期和戒严期坚持24小时值班和领导带班制度，场、工区两级安排值班表，节假日不休息，确保发生火情在第一时间掌握。防火指挥部成员通讯工具一律24小时开通，对于突发性火灾，随时都能组织人员进行扑救。为保护好林场现有的森林资源，预防和制止森林火警、火灾，维护林区稳定，保障林业生产的顺利进行，对各国有工区职工实行“定范围、定目标、定责任、定奖罚”的承包管理方式。林场机关所有人员分成两组驻点四个国有工区，每周对各自的驻点工区不少于两次考核。

【跑项争资】 积极争取项目资金，严格项目资金使用管理，发挥项目资金在建设中的促进作用，确保项目保质保量按时完成，验收合格。争取森林抚育资金40万元，完成森林抚育4000亩。争取林区道路建设资金15万元，完成白鹤观至太白峰工区的林道建设。争取保护区设施建设资金20万元。

【秀美林场建设】 2016年，林场为申报国家级森林公园，将机关绿化、美化、亮化作为实破口，创建秀美林场。一是为绿化机关开展珍贵树种造林，沿机关四周营造桂花、银杏、楠木等树种，机关内移植大苗，共投入资金10万元。二是为美化林场、提升林场品位，在林场制作宣传标语，共投入资金4万元。三是亮化机关，安装路灯25盏，投入资金16万元。林场已成功申报市级文明单位，成为一个宜居、利居、乐居的工作生活场所，被永州市林业局评为年度全市国有林场和森林公园工作目标管理一等奖。

【基础设施建设】 为改善工区一线职工生活条件，给工区配备电视；无移动信号覆盖的地段，积极争取在青峰岭区建设移动塔。为改善职工办公、住房条件，适应现代林业发展的需要，林场对青峰岭、白鹤观两工区办公用房进行改建，建筑面积540平方米，白鹤观工区已完成主体工程，青峰岭工区已完成整地工作。

【体育事业】 为提升党群干部凝聚力，积极举办各项体育活动，“七一”“十一”分别举办职工羽毛球和气排球赛；为提倡低碳出行，联合县自行车协会，12月份成功举办挂榜山自行车挑战赛。（伍春天）

畜 牧 场

【概况】 2016年，县畜牧场辖4个工区，328户1208人，干部23人（在职16人，退休7人），农工277人（在职192人，退休85人），土地面积1530亩，其中稻田面积100亩，水果占地面积500亩，猪场占地面积635亩。场部机关下设“四股一室一场一站”，即畜牧股、园艺股、政工股、计财股、办公室、种猪场、水电站。主要从事生猪养殖业，兼带水果（主要是柑橘、葡萄、西瓜）种植业。全场有生猪养殖户320户，常年存栏300头生猪以上的规模养殖户42户，年生猪饲养量10.5万头，出栏7.8万头，向社会供应良种猪种苗2800余头，水果产量95万公斤，2016年，全场社会生产总值达1.6亿元。

【产业发展】 大力推进农场主导产业生猪发展，组织开展生猪品改，开展春秋两季动物防疫工作，提高生产率，降低生产成本，组织养殖户加入生猪保险，以提高抗市场价格波动风险能力。加强生猪监测统计工作，抽调专人负责，配置专用电脑等办公用具，确保工作顺利开展。2016年，全场有生猪养殖户320户，生猪饲养量达10.5万头，出栏7.8万头，向社会供种2800多头，常年存栏300头以上的有42户。积极推进农场种殖业发展，主推葡萄和脐橙产业发展提质。2016年，葡萄产量达60万公斤，脐橙产量达50万公斤。全场社会生产总值达1.6亿元，人均收入1.4万元。

【招商引资】 在县委、县政府领导的高度重视下，通过重大项目招商引资，先后引进十里坪养殖废弃物综合处置与资源化利用项目；与鑫广安公司合作，对一、二号场提质改造项目；十里坪养殖密殖区农用地土壤修复治理示范项目。一是十里坪养殖废弃物综合处置与资源化利用项目。2016年下半年引进落户入场，已顺利完成征地手续、三通一平、环评、厂房建设，项目拟投资4000万元，占地面积80亩，年生产高品质生态有机肥5万吨、绳蛆蛋白4000吨，项目建成投产后，可有望完全解决十里坪养殖区及周边养殖户的猪粪及病死猪，引领带动养殖生态农业的发展。二是对场部一、二号公有猪场进行提质改造项目。场部公有猪场的一、二号场，占地面积70亩，建于二十世纪八十年代，公有栏舍500间，原一次性存栏生猪5千头。针对栏舍设施陈旧老化，养殖粗放，排污量大的不良现状，县委、县政府引进湖南大型养殖龙头企业鑫广安公司，并利用全县的精准扶贫1.5亿元专项信贷资金，与鑫广安公司合作，以点带面对十里坪的一、二号公有猪场，拟投资一千万元兴建全自动标准化栏舍，建成存栏1.5万头、年出栏3万头的标准化栏舍。经洽谈已形成框架协议，计划于2017年年底前完工投入生产。三是十里坪养殖密殖区农用地土壤修复治理示范项目。该项目国家投入项目资金1150万元，对全场155亩被污染土地进行修复治理，有望在2017年年底前完工。这些项目落户到场，将快速有效地推进十里坪养殖区养殖环境治理，建成生态秀美的社会主义新农场。

【环境整治】 继续推广生态清洁能源。为减少猪粪尿对环境的污染，为养殖户提供方便洁净的能源，建立猪—沼—果、猪—沼—菜的立体生态农业模式，优化农场干部职工生存环境，兴建12口沼气池。搞好全场环境卫生整治。场部成立环境卫生整治工作领导小组，广泛宣传发动，配备保洁员2名，聘用转运垃圾车一台，种植绿化树木300余株，兴建绿化带200米。加大对病死猪处理的投入。兴建在北塘的病死猪无害化处理中心保持日常正常运营，解决病死猪乱扔、乱丢的老大难问题，有效缓解因生猪生产给环境带来污染的压力，取得良好的经济和社会效益。

【国有农场危旧房改造项目】 场部派驻专员与县农林场危旧房改造办公室积极沟通协调，2011年的农垦危房改造项目124套指标房主体工程已完工，开始启动配套路网及下水排污渠工程建设，预计在2017年6月底交付职工使用。

【办公条件改善】 2016年，场部筹措资金30多万元对办公楼进行装修，已基本完工，机关工作人员的办公条件得到明显改善。

【社会管理】 干部联系工区，指导协助各工区开展工作，促进工区经济可持续发展。积极开展机关干部与贫困职工“一对一帮扶活动”。扎实开展"两学一做"活动，抓好基层党建工作，组织全场党员开展"两学一做"专题教育活动，深入学习党章党规和习近平总书记的系列重要讲话精神，围绕建党95周年“做合格党员”为主题，大力宣传场部优秀共产党员的先进事迹，动员全场党员立足岗位履职尽责，创先争优，争做合格党员，争做致富能手. 引导机关党员爱岗敬业，率先典范，着力打造一支能力素质和党性品行过硬的基层党建力量，为全场的社会管理经济发展保驾护航。全年无群体性事件、上访事件发生，民调工作成效显著，社会稳定，经济稳步发展。

（曾爱明　邓超）

金洞管理区

【概述】 金洞管理区位于湘江支流白水河上游，与七县区交界。金洞管理区与金洞林场实行“两块牌子，一套人马”管理，行政级别为正县级，全面负责管理区域内的经济社会事务。管理区（林场）现辖3乡1镇45个行政村（居委会），林场辖8个分场，全区总面积635平方公里，总人口6.8万人，干部职工2300多人；境内森林资源丰富，有山林面积76万亩，森林覆盖率88.5%，森林蓄积量280万立方米，空气中负氧离子含量高达1.1万个/立方厘米，堪称“天然氧吧”；林区内有木本植物91科600余种，草本植物500余种，中草药材50余种，野生动物50余种。获得“国家储备林示范林场”“国家珍贵树种培育示范县”“中国楠木之乡”及全国绿化模范单位等多个称号，金洞漂流、睿击射击俱乐部、国家森林公园、湿地公园等旅游品牌驰名省内外。

地方生产总值11.2亿元，增长10.9%；财政总收入4729万元，增长16%；社会消费品零售总额4.49亿元，增长12.3%；固定资产投资17.53亿元，增长18.5%；规模工业增加值2.68亿元，增长14.7%；城镇居民人均可支配收入和农民人均纯收入分别达到2.76万元、8800元，增长9.1%、10.8%。各项指标均超过全市平均水平。整合城建投、扶贫投、旅建投、农建投组建城发集团，年内融资金额4.2亿元，其中城建投2.73亿元，扶建投0.94亿元，旅建投0.53亿元。

区直部门合并精简到28个。乡镇由原来的8个撤并保留为4个，精简幅度50%，建制村由原来的73个合并保留为45个村（居委会），精简幅度40%，合村方案批复进度排全省第二位，被评为全市乡镇区划调整先进单位。国有林场改革缩减直接成本3839万元，人员从改革前的1206名缩减到664名，成为省市林场改革典范。全区公车改革顺利完成，公务汽车租凭服务公司成立并营运。采用“笔试、演讲、测评”方式，在85名科级干部中择优选配38名干部进入领导班子，规范财税体制，设立国税金洞征收点和金洞地税分局，有效防止“跑、冒、滴、漏”偷漏税收现象，年均增税300多万元。成立投资评审中心、会计核算中心，年均节约资金900多万元。

确定的40个重点基础设施项目全面开工建设，总投资10.9亿元。二级公路金洞至牛头山段全线拉通，4.2千米城区段升级为高标准炒砂路面。金洞中心汽车站开工建设，进展顺利。司法、计生业务用房、档案馆项目、城区供水和污水处理建设工程前期准备工作基本就绪。总投资20亿元的白果市风力发电项目完成一期测风。完成碧江口等6座桥梁的渡改桥和危桥改造。行政村公路改扩建水泥路通畅率100%。凤凰、石鼓源、小金洞等地集镇改造全部完成。病险水库除险加固、“五小”水利建设全面完成。新建移动基站10座，基本消除通讯死角。通过“中博会”“深洽周”“沪洽周”等经济交流活动，内联引资1.08亿元，外贸进口80万美元，实现零的突破。与多家企业就金洞生态文化旅游、林业循环经济、特色小镇建设等项目达成初步意向，争取各类项目资金1亿多元。

完成造林2.3万亩，新增花卉苗木基地800余亩，改培、新造闽楠、红豆杉、银杏等珍贵树种3000余亩，被国家绿委评为“全国绿化模范单位”。与湖南省林科院合作，成立省内首家楠木研究所。完成粮食种植面积4.62万亩，建成凤凰1000亩有机水稻示范基地，石鼓源2800多亩标准茶园。楚旺农牧公司第一期工程完工投产，湖南浯溪百草堂中药饮片投产运营，带动当地发展仙草种植500多亩。启动森林康养基地建设，金洞猛江河国家湿地公园获评第一批全国“森林康养试点基地”。开发金洞游客中心、仙人岭公园等新项目建设，永州林博园金洞分园建成开园。成功举办第二届金洞山地自行车挑战赛和首届“生态明珠，秀美金洞”风光摄影大赛。金洞生态旅游获湖南省“生态经济十优示范案例”、全市先进单位。

派驻24个驻村帮扶工作队和26名“第一村支部书记”，通过产业扶贫、金融扶贫、教育扶贫、兜底保障扶贫等方式，扩大苗木、药材等基地6000多亩，发展竹根鼠、黑山羊等特种养殖场72个，发放小额信贷6300多万元，签订易地扶贫搬迁协议560户2060人。金洞镇龙潜凼、石鼓源乡茅里坪、凤凰乡团结村和晒北滩瑶族乡大源里4个易地扶贫搬迁安置工程建设全面提速。

10所合格学校建设通过市级验收，教师周转房全面完工。管理区人民医院成功交由祁阳县人民医院托管，人口自然增长率控制在3.8‰，全面两孩、孕产妇产前筛查城乡免费服务有效落实，计生协会工作首次挤进全省“先进县区”行列。全面实行药品“零差价”，食品药品安全获全市“先进单位”。成功举办永州市科技活动周启动暨省级科普基地授牌开放仪式。建立村级淘宝服务站点等电子商务服务网点26个，完成农产品溯源2个。第一部《金洞管理区志》付印出版，启动村志修编试点。

新建保障性住房308套，农村危房改造152户，货币补偿棚户区改造534户。城镇生活垃圾处置率100%。以旅游沿线和公路沿线为重点，完成12个重点村及9个集中式污水处理站建设。新增城镇就业700多人，城镇登记失业率控制在3.5%以内。养老保险、城乡低保、五保供养金等民生政策有效落实到位，并超额完成市定目标。

持续开展“美化、绿化、亮化”为主要形式的“扮靓金洞行动”，先后投入370万元对金洞城区和滨河风光带提质改造进行规划设计。逐步完善城镇功能配套，中心城区扩展到1.5平方千米，城镇化率提升至50%。社会综合治理全面加强，新增20个社会治安视频监控摄像头，强力开展严打整治“飓风”行动、惩治非法占用林地行动和“三强三堵”等各类专项行动。全面强化社会管控力度，未发生一起重点人员失控和进京、赴省市上访。安全生产措施落实，未发生生产安全事故。开展城区交通秩序大整治，全区交通秩序全面好转。依法行政能力进一步提升，法治政府建设取得进展，“六五”普法成效明显。

通过“党建+精准扶贫”，凤凰乡党委的“赶着马儿进山扶贫”得到湖南卫视报道推介。以“两学一做”学习教育为重点，多次邀请省市专家、学者、教授对全区广大党员干部进行思想、就业、技能培训，选送110名党员干部赴省内外高等院校进行轮训。开展“转作风、优环境、促发展”专项整治和“国旗下讲话”等活动，倡导推行执行力建设“十六字真诀”，加强对党员领导干部实绩卡和执行力卡的管理与考核。乡镇党委、人大、政府换届完成，村级组织调整顺利推进，软弱涣散基层党组织全部实现晋位升级。落实党风廉政建设责任制，把反腐倡廉工作纳入经济社会发展和党的建设总体布局，以零容忍态度惩治腐败。

【金洞管理区被省政府认定为“革命老区”】 2016 年 1 月，金洞管理区被湖南省人民政府认定为“革命老区”。这次被成功认定为“革命老区”，对该区继承革命光荣传统，发扬先辈革命精神有着重要意义，对全区争取项目和政策扶持也有着积极的作用。

（唐晓军）

领导名录

管理区领导

党委书记	邓扬中
党委副书记管委会主任	何永明
党委副书记	李耀华
党委委员管委会常务副主任	肖铁山
党委委员管委会副主任	夏铁桥
党委委员管委会副主任	邓　彪
党委委员管委会副主任	黄守成
党委委员政法委书记	肖申华
党委委员纪委书记	周旺生
管委会副主任公安分局局长	秦学君
副处级干部	孙国庆
副处级干部	汪桂林
副处级职级干部	奉付成
副处级职级干部	邓秋实
副处级职级干部	周光卓
副处级职级干部	张治国
副处级职级干部	邹广贤

区（场）直单位主要负责人

党政办主任	邓远洋
党委组织部部长人社局局长	奉新国
党委宣传部部长文体广新局局长	赵子勇
纪委副书记监察局局长	邓　菲
党委政法委副书记	奉青林
发改委主任统计环保局局长	徐天柱
经信委主任安监商食局局长	杨　茜
财政局局长	张福生
国土资源局局长	刘保国
住房和城乡规划建设局局长	陈建军
农业委主任	段建华
林业局局长旅游外事侨务局局长	刘金红
民政局局长	奉晓梅
教育局局长	周国平
卫计委负责人	邓春林
工会负责人	唐金林
妇联主席	王晓梅
团委书记	邓　伟
政务中心主任	蒋　琳
国库核算中心主任	谭龙峰
社保中心主任	邓子发
森保中心主任	彭艳飞
国家森林公园管理局局长	雷乾军
国家湿地公园管理局局长	赵开军
项目规划中心主任	袁小燕
扶贫办农技推广服务中心主任	周君荣
公共卫计事务中心主任	邓彩云

林业检察科科长	李传发
金洞人民法庭庭长	蒋鹏飞

乡镇党政主要负责人

金洞镇	党委书记	邓文辉
	镇长	周中心
晒北滩瑶族乡		
	党委书记	奉荣华
	乡长	赵和平
石鼓源乡	党委书记	李宁信
	乡长	刘富春
凤凰乡	党委书记	刘能华
	乡长	苏刘振

金洞镇

【党建工作】 党委一把手履行主体责任，坚持做到“书记抓，抓书记”，形成党建工作合力，以“两学一做”为主线，全年主持召开14次党委会，专题研究部署党建工作，进一步夯实基层党建工作的基础。坚持以党建为引领，建成年产值万元的竹木加工厂1个（楠木坳村）；培育海捷运专业合作社1个；发展面积逾百亩的高淀粉红薯、香芋种植基地1个（大同村）；扩建年投入50万元年产值达百万的牲猪养殖场1个（下司口村）；第十五届人大一次会议通过《建设国家级生态文明乡镇》和《村财镇代管》2个事关全镇大局的决议。

【项目建设】 完成年初安排的二级公路征地拆迁任务，公路已全线贯通；完成小金洞卫生院、小金洞小学合格化学校建设；完成万宝山卫生院、万宝山公租房建设；完成金洞公租房建设；完成农村安全饮水和公路扩宽、安保工程；完成小金洞村秀美乡村建设任务，高标准通过市区验收；完成龙潜凼异地搬迁安置点的选址、规划、奠基等前期工作任务。

【精准扶贫】 精准识别到位；小额贷款全面完成任务；落实异地扶贫搬迁对象；产业扶贫初具规模。

【计划生育】 在全面落实二孩政策的同时，进一步完善利益导向机制。年终考核确认符合政策生育率91.7%，性别比居高不下的局面也得到根本性治理，男女性别比为81：100。

【安全生产】 进一步健全安全隐患排查机制，认真落实“一岗双责”治理模式，全年无1例安全生产事故，顺利通过市级检查验收。

【综治维稳】 全年排查调处各类矛盾纠纷146起，处理各类信访45件（次），综治民调排名全区第一，全镇社会大局稳定。

晒北滩瑶族自治乡

【党建工作】 创新党建工作方法，强化“党建+”理念，增强党建主业意识。“党建+精准扶贫”“党建+美丽乡村建设”“两学一做”学习教育等开展有声有色，积极开展“双述双评”、全面推行党员积分管理、“135”党建工作模式，加强党员管理。加强党风廉政建设和作风建设，完善各项规章制度，加强纪委执纪督查力度，扎实开展“雁过拔毛”式腐败及“纠‘四风’、治‘陋习’”专项整治活动，形成广大党员把心思放到事业发展上的新局面。

【各项改革】 乡党委政府集中时间、集中精力，依法依规按时完成建制村合并工作，全乡由原来的11个建制村调整为9个建制村，并村后已在各村挂牌换公章。顺利完成乡党委、纪委、人大和政府换届选举工作，选举产生新一届党委、纪委、人大、政府领导班子集体。配合管理区做好林场改革，扎实推进依法治乡；推进网格化管理，初步形成社会治安立体化防控体系。

【精准扶贫】 全乡共完成自主创业贷款339万元，专业合作社结对帮扶贷款70万元，旅建投公司结对帮扶贷款735

万元，让群众得到实惠。新增城镇就业72人，救治救助残疾儿童和重性精神疾病患者2人，实现脱贫人口720人，贫困村脱帽1个。大源里村易地搬迁集中安置点，50户199人安置任务已按照统规自建方式得到落实。

【项目建设】 野株源、小茗洞土地整理项目，总投资199.99万元，总面积67.77公顷。成功申报乡集镇多功能运动场建设项目，已争取省体育局价值50万元体育器材；乡机关篮球场已完成地面硬化。乡集镇立面改造项目已完成规划设计，即将启动建设。

【乡村建设】 美丽乡村及新农村建设进行地勘及数据调查，加快了项目进度，已初步形成烟竹山村等6个村的村庄规划和晒北滩村、大源里村2个村的美丽乡村规划，晒北滩、史家坪、枧下村美丽乡村建设已初具雏形。

【安全生产】 乡党委、政府始终坚持“安全第一，预防为主，综合治理”的方针，把安全生产作为农村经济发展、维护社会稳定的大事来抓。目前已投入4万元用于安全生产宣传和警示，加大安全生产宣传和防范力度，多次组织开展“大排查、大管控、大整治”专项行动，为全乡经济发展创造良好的安全环境，为创建省级安全生产示范乡镇奠定基础。加强林业管护工作，在抓好造林绿化工作的同时，进一步抓好护林防火工作，有效遏制偷砍盗伐现象的发生。

【综治维稳】 加大矛盾纠纷的排查化解力度，确保无赴省进京上访事件。加强社区矫正和刑释帮教工作，大力扫除“黄赌毒”等社会丑恶现象，维护社会大局稳定。

【宣传推广】 为展现瑶乡建设风采，突出瑶族文化特色，自治乡加大在中国永州网、红网永州站、金洞新闻网、金洞手机报和《永州日报》等媒介平台上的宣传推广力度。上半年累计发布30篇新闻通稿，下半年累计发布85篇，比上半年增加143%。同时，通过向上级部门争取和乡财政配套，安排资金2万余元组队参加11月16日在郴州华山瑶族乡举办的“湘南三市六县八瑶乡盘王节暨坐歌堂活动”，获三等奖。

石鼓源乡

【重点项目】 市区级重点项目：浯溪百草堂中草药饮片公司生产线落户石鼓源，现已正式投产，实现“公司+基地”、“种植+加工”一体的生产模式，并将进一步加大投资，扩大规模；楚旺畜牧发展有限公司一期工程全面完工，1000立方米的大型沼气池已投入使用，二期工程全面启动，建设5栋现代化猪舍，建成后，可年出栏仔猪8万头；扶贫异地安置点征地工作完成基础工作，年底前建好第一层框架；三大公租房建设中，卫生院公租房及学校公租房已完成验收，乡公租房主体建设已完工。

乡本级重点项目：乡党委会和人大会确定乡本级重点项目，已基本开工或完成，主要是4个村的农网升级及三大主干渠的全面维修、水库除险加固，五星创业孵化基地建设。

【精准扶贫】 2016年，对全乡所有贫困户进行精准识贫，完成3500余贫困人口的授信工作，实现“一大一小”的工作目标。“一大”即异地搬迁，一期签订协议202人，二期签订协议199人，确保大多数无房户、D级危房户能搬得出；“一小”即小额信贷，全乡共完成小额信贷1381万元，其中楚旺、百草堂等企业，合作组织结对帮扶贷款共1049万元，自主创业84户、332万元。扶贫产业开发开创了新局面，兴建了仙草基地、沃柑、默科特反季节水果基地。

【建制村合并及换届】 按照区划调整要求，完成了全乡18

个村合并为10个村的并村工作。分别于4月、10月完成了乡党委、人大、政府换届工作。

【防汛抗旱】 2016年，全乡遭受冰雹灾害、连续2次特大暴雨灾害、长期干旱等自然灾害，乡党委、政府及时安排救灾，正确调度部署，积极组织生产自救，控制灾情，防止次生灾害的发生，确保受灾群众的灾后生产生活需求。

【党风廉政】 全乡深化作风督查、强力惩治腐败、狠抓信访调查，在党风廉政建设方面上了新的台阶，确保“两项专项政治”工作措施落到实处：作风建设方面，全年共出作风通报11期，查处23人次，扣减津贴10290元；案件查处方面，全年共立案查处4人违法违纪，追缴清退违纪违规款43770元；区转办信访处理6件，排查问题线索6件，办结率100%,；扎实开展村级招待费清理，清退金额340805元。

【文明卫生创建】 实现16个村的垃圾集中清运、集中焚烧处理，各村配备保洁员；乡机关干部职工实行卫生分片负责，并对卫生区实行不定期检查评比，通过一系列举措，全乡环境卫生尤其是机关卫生实现了清洁美化。

【民本民生】 全面落实党的各项惠农政策，做到惠农补贴“五个100%”，2016年的低保评议、危旧房改建等工作更加公开公正公平。

凤凰乡

【概况】 2016年，全乡地区生产总值2.6亿元，较上年增长12%，其中农业总产值1.27亿元，较上年增长10.5%。财政收入980万元，较上年增长12%。固定资产投资7.2亿元，较上年增长30%。社会消费品零售总额1.13亿元，较上年增长16.4%。居民人均可支配收入9400元，较上年增长13%。农民人均纯收入5880元，较上年增长14%。

【农业】 巩固农业大乡地位，新建有机稻基地4处，蔬菜基地2个，并且形成了规模，效益明显，红日山有机大米等自主品牌已经打响，正争取认证。全国第三次农业普查全区示范点在波罗源村，为全面完成农业普查工作奠定基础。在抓好造林工作的同时，做好森林资源管护和护林防火工作，加强林业工作人员管理。

【水利】 完成大坝头、柏福、仁光、陶家、长吉等5个村的安全饮水工程建设，隐塘2000米高标准三面防渗水渠全面完工，两座水库除险加固基本完工。

【安全生产】 严格落实“一岗双责”“党政同责”，开展“大排查、大管控、大整治”专项行动，争创安全生产示范乡镇。坚守耕地红线，加强基本农田保护和地质灾害防治工作。采取联合执法，重点整治各类违法行为60余户。

【社会事业】 新增城乡就业159人，救助重性精神病患者2人，新农保参保率达95%以上。波罗源村荣获省级村民自治示范村称号，计生协会荣获市级先进协会称号。积极化解调处各类矛盾纠纷，全年无一例跑市进京上访，维护社会大局稳定。

【美丽乡村建设】 启动花筵村省级“美丽乡村”示范村创建，新修桥梁3座，新修公路1.5千米，公路加宽4千米，安装路灯128盏，拆除空心房47间，流转土地400亩，三面防渗水渠2600米，新建花坛、小庭院40多个，清修河道1公里，四季花海初具雏形。

【扶贫产业】 培育和壮大扶贫产业，在巩固优势苗木产业的基础上，又新发展1000亩；培育新发展林下经济（波罗源林下种植生姜和黄姜100亩）、高山蔬菜种植（大坝头村原生态种植反季节高山黄瓜、白菜

50亩）、特色水果种植（沃柑基地40亩）；扩大有机稻种植面积800亩，通过发展产业带动120余户贫困户脱贫。全乡贫困农户小额信贷授信申请率达100%，自主创业创办各类种养加工业项目127户、确定7家经济组织帮扶，发放自主创业小额信贷资金345万元；金洞管理区旅建投结对帮扶619人。易地扶贫搬迁集中安置点58户，已有20户已完成任务。电商扶贫正在崛起，全乡新增淘宝合伙人及京东推广员共6人，实现消费额100余万元，带动10余户贫困户就业脱贫。

【“党建+”理念】 创建党员创业带富示范基地4个；打造秧田村区党建示范点；开创党建月例会制；全面推行党建工作“1234”工程；严把发展党员关。加强党风廉政建设和作风建设，完善各项规章制度，加强纪委执纪督查力度，开展各项专项整治活动，形成工作新格局。积极推进网格化管理，突出试点（中荣、秧田村为区级示范点）带动，逐步推进农村网格化管理建设工作。顺利完成党委换届工作。

【宣传教育】 省、市电台对全乡各项工作进行多次宣传报道。省电视台的“赶着马儿去扶贫”、《永州日报》“凤凰乡产业扶贫”专题报道是对全乡产业扶贫的真实写照；红色爱国主义教育基地《大会师》拍摄是对全乡旅游业发展的特写；《永州日报》对乡计生协会工作宣传报道。

【环境卫生整治】 全乡各个村都配备2个以上专职保洁员，添置500多个垃圾桶，一天一小扫、周末大扫除和农村垃圾统一清运，统一处理。凤凰街污水处理系统和中荣村污水系统改造已全面完成，村容面貌日益改善。

【规划设计】 集镇规划，把集镇开发工作与生态城镇建设完美结合，完成凤凰集镇规划设计；美丽乡村规划，全乡所有美丽乡村建设规划已全部完成；旅游规划，以“全域旅游、全年旅游、全民旅游”为目标，突出做好凤凰“三色”风情旅游文章，充分挖掘、开发利用好具有地方特色和文化底蕴的人文、自然等旅游资源。

【建制村合并】 依法依规按程序按时完成建制村合并工作。全乡由原来的17个建制村合并调整为11个建制村，合并率35.2%。花筵与中荣、隐塘合并为花筵村；团结与大源岭合并为白果市村；大坝头与长田方合并为旭日洞村；仁光与柏福合并为红日山村。秧田与大湾合并成秧田村。未调整的村有波罗源村、山青村、陶家村、长吉村、凤凰村、江洲村。

主要统计资料

综合经济统计资料一览表

指标名称	计算单位	2016年	2015年	16年比15年（±%）
地区生产总值	万元	2639346	2400209	110.0
第一产业增加值	万元	494840	488203	99.9
其中：农业	万元	291787	283275	103.0
其中：林业	万元	39448	38961	101.2
其中：牧业	万元	88385	98278	89.9
其中：渔业	万元	68151	61448	110.9
其中：农林牧渔业服务业	万元	7069	6242	113.2
第二产业增加值	万元	948515	887592	106.9
其中：工业	万元	784614	733338	107.0
其中：规模以上工业	万元	496102	512672	96.8
建筑业	万元	164839	155178	106.2
第三产业增加值	万元	1203060	1030656	116.7
其中：交通运输、仓储和邮政业	万元	83108	79307	104.8
其中：批发和零售业	万元	104501	98440	106.2
其中：住宿和餐饮业	万元	32896	30452	108.0

财政、金融统计资料一览表

指标名称	计算单位	2016年	2015年	16年比15年（±%）
财政总收入	万元	151019	129036	117.0
其中：地方财政一般预算收入	万元	94618	85326	110.9
各项税收	万元	119851	95494	125.5
地方财政一般预算支出	万元	454578	412253	110.3

续表1

指标名称	计算单位	2016 年	2015 年	16 年比 15 年（±%）
其中：农业支出	万元	67663	63276	106.9
科学支出	万元	2883	2881	100.1
教育支出	万元	98346	89004	110.5
年末金融机构各项存款余额	万元	3222726	2563518	125.7
其中：城乡居民储蓄存款余额	万元	2450271	2179997	112.4
年末金融机构各项贷款余额	万元	1179190	932724	126.4
其中：涉农贷款	万元	1036126	862921	120.1

农业统计资料一览表

指标名称	计算单位	2016 年	2015 年	16 年比 15 年（±%）
农业总产值	万元	863144	828770	104.1
化肥施用折纯量	吨	39736	39039	101.8
粮食面积	千公顷	108.94	108.8	100.1
粮食产量	万吨	64.55	65.7	98.2
其中：稻谷面积	千公顷	84.62	83.9	100.9
稻谷产量	万吨	54.06	54.8	98.6
出栏牲猪	万头	103.72	104.3	99.4

工业和建筑业统计资料一览表

指标名称	计算单位	2016 年	2015 年	16 年比 15 年（±%）
国有及年销售收入 2000 万元以上的：				
工业企业个数	个	113	108	104.6
工业企业总产值	亿元	198.96	184.36	107.9
外商及港澳台商投资企业	亿元	24.1	22.48	107.2
从业人员平均人数	万人	2.15	2.1	102.4
产品主营业务收入	亿元	163.37	142.663	114.5
本年应交增值税	亿元	2.08	2.55	81.6
利润总额	亿元	9.1	3.23	281.7
规模以下工业企业产值	亿元	106.12	99.93	106.2
建筑业				

续表1

指标名称	计算单位	2016年	2015年	16年比15年（±%）
建筑业增加值	万元	164799	155178	106. 2
资质以上建筑业企业个数	个	19	17	111. 8
资质以上建筑企业年末从业人数	人	13220	12809	103. 2
资质以上建筑企业总产值	万元	322671	290647	111. 0

交通运输、邮电通信和能源统计资料一览表

指标名称	计算单位	2016年	2015年	16年比15年（±%）
境内公路里程（国、省、县、镇道）	公里	3630	3630	100. 0
其中：高等级公里	公里	41	41	100. 0
境内铁路营运里程	公里	97	97	100. 0
境内火车站个数	个	4	4	100. 0
民用汽车拥有量	辆	33268	25392	131. 0
邮政业务总量	万元	6671	5761	115. 8
电信业务总量	万元	8188	6620	123. 7
本地年末固定电话用户	万户	0. 86	4. 11	20. 9
移动电话	万户	46. 81	44. 21	105. 9
国际互联网用户	万户	5. 57	4. 72	118. 0
全年用电量	万千瓦时	113023	102715	110. 0
其中：工业用电量	万千瓦时	77519	57790	134. 1

商贸、外经、旅游统计资料一览表

指标名称	计算单位	2016年	2015年	16年比15年（±%）
限额以上批发零售贸易业商品销售总额	万元	730932	654063	111. 8
出口总额	万美元	23751	15972	148. 7
实际使用外资金额	万美元	15500	14500	106. 9
星级饭店个数	个	2	2	100. 0
星级饭店客房数	间	538	538	100. 0
名胜风景区和文物保护区个数	个	1	1	100. 0

固定资产投产统计资料一览表

指标名称	计算单位	2016 年	2015 年	16 年比 15 年（±%）
全社会固定资产投资总额	亿元	299.43	274.22	109.2
其中：工业投资完成额	亿元	127.78	121.08	105.5
房地产投资完成额	亿元	9.26	8.81	105.1

教育、科技、文化和卫生统计资料一览表

指标名称	计算单位	2016 年	2015 年	16 年比 15 年（±%）
普通中学数	所	41	41	100.0
小学数	所	99	99	100.0
普通中学专任老师数	人	3768	3866	97.5
小学专任老师数	人	4038	3712	108.8
普通中学在校学生数	人	47506	46376	102.4
小学在校学生数	人	73903	74350	99.4
学龄儿童入学率	%	100	100	100.0
初中升学率	%	98.7	98.6	100.1
高中入学率	%	88.65	88	100.7
高新技术产业企业个数	个	35	24	145.8
高新技术产业总值（当年价格）	亿元	101.12	59.54	169.8
专业技术人员	人	15425	14820	104.1
其中：农业技术人员	人	1076	898	119.8
农业科技与服务单位个数	个	32	32	100.0
全年申请专利个数	件	296	188	157.4
全年专利授权数	件	143	127	112.6
体育场馆数	个	1	1	100.0
剧场、电影院个数	个	4	4	100.0
公共图书馆图书总藏量	千册	180	175	102.9
医院、卫生院个数	所	45	44	102.3
医院、卫生院卫生技术人员数	个	4315	3611	119.5
其中：执业（助理）医师	个	1942	1683	115.4
5 岁以下儿童死亡率	‰	4.13	5.66	73.0
婴儿死亡率	‰	2.67	3.55	75.2

续表

指标名称	计算单位	2016 年	2015 年	16 年比 15 年（±%）
产妇住院分娩比例	%	100	100	100.0

备注：2016 年教育、卫生数据不包含金洞管理区。

城乡居民可支配收入统计资料一览表

指标名称	计算单位	2016 年	2015 年	16 年比 15 年（±%）
城镇居民可支配收入	元	26143	23809	109.8
农村居民可支配收入	元	11784	10861	108.5
城镇在岗职工年平均人数	人	41992	43184	97.2
城镇在岗职工工资总额	万元	2138410	1883278	113.5
职工年平均工资	元	50924	43611	116.8

社会保障统计资料一览表

指标名称	计算单位	2016 年	2015 年	16 年比 15 年（±%）
各种社会福利收养性单位数	个	432	*	*
各种社会福利收养性单位各种床位数	张	3558	2170	164.0
城镇居民最低生活保障人数	人	18398	18626	98.8
农村居民最低生活保障人数	人	72172	72496	99.6
企业养老保险参保人数	万人	2.49	2.43	102.5
机关事业养老保险参保人数	万人	2.02	2.61	77.4
失业保险参保人数	万人	2.55	2.55	100.0
工伤保险参保人数	万人	5.05	5	101.0
生育保险参保人数	万人	3.24	2.92	111.0

居住环境统计资料一览表

指标名称	计算单位	2016 年	2015 年	16 年比 15 年（±%）
小城镇个数	个	20	21	95.2
县城城区面积	平方公里	27.95	25.1	111.4
其中：绿化覆盖面积	公顷	1268	1073.5	118.1
自然保护区个数	个	10	10	100.0
自然保护区面积	公顷	23815	23815	100.0
AAAA 名胜风景区个数	个	1	1	100.0

续表

指标名称	计算单位	2016 年	2015 年	16 年比 15 年（±%）
环境污染治理本年完成投资额	万元	2675	1827	146. 4
工业二氧化硫排放量	吨	3343	4053	82. 5
工业废水排放量达标率	%	89. 7	89. 2	100. 6
工业烟尘排放达标率	%	90. 7	90. 4	100. 3

附　　录

一、文件选编

中共祁阳县委
关于贯彻落实《中国共产党党和国家机关基层组织工作条例》的实施意见

（2016 年 12 月 9 日）

为深入贯彻落实《中国共产党党和国家机关基层组织工作条例》（中发〔2010〕8 号，以下简称《条例》）、《中共湖南省委关于印发<湖南省贯彻落实《中国共产党党和国家机关基层组织工作条例》的实施办法〉的通知》（湘发〔2012〕18 号）和《中共永州市委关于贯彻落实〈中国共产党党和国家机关基层组织工作条例〉的实施意见》（永发〔2013〕15 号）精神，结合我县实际，制定本实施意见。

一、明确机关党的工作总体要求和机关基层党组织的地位作用

（一）机关党的工作总体要求。高举中国特色社会主义伟大旗帜，以邓小平理论、“三个代表”重要思想和科学发展观为指导，以实施全县基层党建“2345”工程和实现县十二次党代会提出的三大战略目标为总抓手，围绕全面提高党的建设科学化水平这一主题，把握加强党的执政能力建设、先进性和纯洁性建设这一主线，落实党要管党、从严治党方针，突出作风导向，找准党建工作与转型发展的结合点和着力点，遵循规律，改革创新，求真务实，稳中求进，全面加强党的思想建设、组织建设、作风建设、制度建设和反腐倡廉建设，为加快推进美丽幸福新祁阳建设提供坚强保证。

（二）机关基层党组织的地位和作用。机关基层党组织是党的基层组织的重要组成部分，必须适应新形势新任务的要求，走在党的基层组织建设的前头。机关基层党组织在党的机关工作委员会（以下简称机关工委）的领导下开展工作，同时接受本部门党组（党委）的指导。机关基层党组织要认真履行《条例》第十二条规定的九个方面的职责，领导机关和直属单位党的工作，领导机关群团组织工作，协助本单位负责人完成任务、改进工作，协助和配合做

好干部管理和人事方面有关工作，积极做好党员思想政治工作，推进机关社会主义精神文明建设，做好党员教育、管理、监督、服务和发展党员工作。机关基层党组织负责人应当带头发扬民主，自觉接受党组织和党员监督，凡属重要事项都要按照集体领导、民主集中、个别酝酿、会议决定的原则，由机关党的基层委员会、总支部委员会、支部委员会集体讨论，作出决定，提高决策的民主化、制度化、科学化水平。

二、机关基层党组织设置及保障机制

（一）合理设置机关基层党组织。机关党员 100 人以上的，设立党的基层委员会；党员不足 100 人的，因工作需要，经上级党组织批准，也可设立党的基层委员会；机关党员 50 人以上、100 人以下的，设立党的总支部委员会；党员不足 50 人的，因工作需要，经上级党组织批准，也可以设立党的总支部委员会；机关正式党员 3 人以上的，成立党的支部；党员 7 人以上的党支部，设立支部委员会，不足 7 人的不设支部委员会。直属单位较多的部门，可以设立直属机关党的基层委员会，领导直属单位党的工作。凡设立机关党委的单位，应设机关党的纪律检查委员会。党总支、党支部应设立纪律检查委员。机关党委一般设委员 5—7 人，机关纪委一般设委员 3—5 人；党总支一般设委员 5—7 人；党的支部委员会一般设委员 3—5 人。

（二）认真做好换届选举工作。机关党的基层委员会由党员大会或党员代表大会选举产生，每届任期 3 年；党的总支部委员会由党员大会选举产生，每届任期 3 年；党的支部委员会和不设支部委员会的支部书记、副书记均由党员大会选举产生，每届任期 2 年。机关基层党组织应当按期换届。机关党的基层委员会、总支部委员会、支部委员会书记和副书记通过选举产生，报上级党组织批准。机关基层党组织任期届满，换届选举的请示应当提前 3 个月报上级党组织审批。如需延期或提前进行换届选举的，应当报上级党组织批准。延长期限一般不超过 1 年，并在届满 3 个月前报上级党组织审批。机关基层党组织的新建、更名、撤销，必须报上级党组织批准。

部门党组（党委）应重视机关基层党组织的换届工作，适时讨论研究机关基层党组织书记、副书记候选人建议人选，保证机关基层党组织换届工作顺利进行。机关工委要加强对换届工作的组织管理、督促检查，严格考察候选人，保证所属党组织按期、规范地做好换届工作。

（三）充实党建队伍力量。进一步加强机关基层党组织班子建设，机关党委、党总支、党支部的书记由本部门党组（党委）副书记兼任，不设党组（党委）副书记的部门，一般由负责政工、人事的党员副职领导担任。机关党委所属的总支部委员会、支部委员会的书记一般由部门内设机构党员主要负责人担任。机关专职党务人员的编制，列入机关行政编制。机关党委、党总支配备 1 名专职副书记，按部门内设机构正职配备。机关基层党组织应配齐专职党务干部，工作人员在 30 人以下的单位，从事基层党建干部配备不少于 2 名；30 人—80 人的单位，从事基层党建干部配备不少于 3 名；80 人以上的单位，按工作人员 4%的比例配备。机关纪委设书记 1 名，机关纪委书记一般由机关党委副书记兼任。机关基层党组织书记、副书记在任期内职务变动的，应事先征得机关工委的同意，并在三个月内进行补选或由上级党组织指派；委员在任期内出现空缺，确需增补的，应当进行党员大会或党员代表大会进行补选。

（四）不断提高党务干部队伍素质。严格把好机关党务干部的选拔任用关，机关工委与所在部门党组（党委）应共同把好书记、副书记选配关，真正把党性强，作风正，又有发展潜力的中青年业务骨干选拔到党务干部岗位上来。加强机关党务干部业务培训，定期安排机关党务干部特别是机关基层党组织负责人到党员干部培训机构轮训，全面提高他们的政治素质和业务素质。关心和爱护机关党务干部，充分调动和发挥他们工作的积极性、主动性、创造性。要本着优化结构、增强活力、相对稳定、合理流动的原则，有计划、有组织地安排党务干部与行政、业务干部进行双向流动。专职副书记任期满两届的，应进行交流。

（五）健全机关党的工作保障机制。地方党委、部门党组（党委）要高度重视，从财力、物力等方面支持机关党的工作，切实保障机关党的工作需要。机关基层党组织的活动经费，按照不少于机关工作人员工资总额的2%列入单位行政经费年度预算，由机关基层党组织管理使用。县直机关党员教育经费按县直机关工委所辖党员人数每人每年40元核拨，列入县财政年度预算，并根据党员教育培训情况需要和财力情况逐年增加，由县直属机关工委管理使用。专项工作单独列支，保障工作需要。

三、加强党员的教育、管理、服务和发展

（一）抓好机关党员的学习教育。建立健全让党员经常受教育、永葆先进性的长效机制，推进学习型党组织建设。落实每年7月1日为“党章学习日”制度，进一步落实党组（党委）中心组理论学习制度，中心组全年学习时间不少于12天。机关党员每年参加教育培训时间不少于24学时，其中党组织领导班子成员不少于40学时。要充分运用互联网和祁阳智慧党建等在线学习网络平台，拓宽党员受教育渠道。建立健全党员集中轮训制度，完善党员领导干部定期讲党课、作形势报告制度，部门党组（党委）负责人每年至少为机关全体党员讲一次党课。健全学习教育考核制度，对党员参加教育培训的情况进行跟踪管理，严格考核。

（二）严格机关党的组织生活。健全党内生活制度，坚持并创新“三会一课”制度。全县统一制作基层党组织“三会一课”记录本。县直单位党组织每半年对基层支部“三会一课”组织核查。严格党的组织生活，党支部每季度召开一次组织生活会，确定每月25日为“党员活动日”。每年开展一次民主评议党员活动，把个人自评、党员互评、领导点评和群众测评有机结合起来，严肃处置不合格党员。严格执行党员领导干部参加所在党支部和党小组的组织生活并向上级党组织报告情况的制度。把开展组织生活与建设学习型党组织、推动本部门中心工作、开展党员思想和工作交流等结合起来，通过创建“微党建”信息平台，创新组织生活的内容和形式。落实组织生活登记制度，组织生活开展情况列入基层党组织书记年度考核的重要内容。

（三）做好党员服务工作。建立健全党内激励、关怀、帮扶机制。注重加强对机关党员的人文关怀，关心党员思想、学习、工作和生活。坚持经常走访慰问老党员和困难党员制度。设立党内关怀帮扶基金，对遭受重大疾病（伤害）和重大灾害的困难党员提供适当帮扶。大力宣传优秀党员先进事迹，树立党员良好形象。加强和改进离退休党员、流动党员的教育管理工作。

（四）做好党员发展工作。按照“控制总量、优化结构、提高质量、发挥作用”的要求，规范和改进发展党员工作。认真制定和实施发展党员工作计划，做好对发展对象的培训和审查工作。完善和落实发展党员公示制、预审制、票决制、“推优”制、责任追究制等制度，增加发展党员工作的透明度和严肃性，确保党员发展质量。加强对入党积极分子的培养、教育和考察，加大在工作一线、优秀青年和业务骨干中发展党员的力度。

四、加强党内民主与党内监督

（一）保障党员民主权利。保障党员主体地位和民主权利，认真落实机关党员对机关基

层党组织事务的知情权、参与权、选举权、表达权、监督权。建立健全充分反映党员意愿的党内民主制度、基层党组织定期向党员大会或者党员代表大会报告工作制度和党员定期评议基层党组织领导班子成员制度。

（二）推行党务公开。健全党内情况通报制度，及时公布党内信息，畅通信息沟通渠道。机关基层党组织党务除涉及党和国家秘密等依照规定不宜公开和不能公开的外，都应当在一定范围内以适当方式向党员及时公开。公开的内容包括党组织决议、决定及执行情况，党的思想建设情况，党的组织管理情况，领导班子建设情况，干部选拔任用和管理情况，联系和服务党员、群众情况，党风廉洁建设情况以及其它应当公开的事项。机关基层党组织要认真收集党员对党务公开情况的意见和建议，及时作出处理或者整改、并将结果向党员反馈。

（三）推进议事决策的民主化、科学化。机关基层党组织讨论决定重要事项前，应当充分听取党员的意见和建议。注重发挥委员的作用，实行集体讨论、民主决策，逐步推行重大事项票决制。机关基层党组织研究决定涉及党员、群众切身利益的重大问题，可以邀请党员、群众代表列席。

（四）完善基层党组织领导班子选举办法。实行机关基层党组织领导班子成员由党员和群众公开推荐与上级党组织推荐相结合的办法，逐步扩大机关基层党组织领导班子由机关党员直接选举范围。

（五）加强党内监督。不是部门党组（党委）成员的机关基层党组织专职书记或专职副书记，列席本部门党员领导干部民主生活会和部门党组（党委）以及行政负责人主持召开的研究讨论重要工作任务、重要人事工作、重大项目安排、大额资金使用、机关内部建设和涉及机关干部会议。以高度的政治责任感，敢于、善于履行监督职责，正确运用《条例》规定的党内监督八项主要方法，落实八项监督内容，加强对党员特别是党员领导干部的监督，切实把监督工作落到实处。督促部门党组（党委）认真开好民主生活会，参与干部人事部门对机关党员干部的考核、民主评议、选拔任用和评先评优工作。每年至少召开一次机关党员干部大会，听取本部门主要负责人通报工作情况。

（六）抓好思想政治工作。不断改进和创新思想政治工作方式方法，坚持以人为本，加强人文关怀和心理疏导，增强思想政治工作的针对性和实效性。建立健全谈心谈话制度，广泛开展谈心活动。要认真倾听机关工作人员的意见和要求，有针对性地做好思想政治工作，在党员思想有波动、工作有变动、生活有困难、家庭有变故以及作用发挥不明显时，要及时进行谈心谈话，并在思想、工作、生活等方面给予关心帮助。坚持把社会主义核心价值体系教育融入思想政治工作全过程，教育引导机关党员坚持马克思主义指导地位，坚定中国特色社会主义共同理想，弘扬以爱国主义为核心的民族精神和以改革创新为核心的时代精神，树立和践行社会主义荣辱观。

（七）加强作风建设。以“五型”机关创建为总抓手，全力抓好机关作风建设，树立机关良好形象，以优良的党风促政风、带民风。进一步强化机关党员干部宗旨观念，拓宽联系和服务人民群众的渠道，建立健全党组织和党员主动走访联系身边群众的制度，鼓励支持机关党员干部走出机关、走进群众。坚持和完善机关基层党组织与社区、农村党组织结对共建活动，积极推进城乡党建统筹发展。要引导机关党员积极参加结对帮扶和志愿者活动，发挥先锋模范作用。

（八）加强反腐倡廉。全面贯彻落实党的十八届六中全会精神，在全县党员干部中开展党性党风党纪教育活动。认真落实党内监督条例，积极探索加强和改进监督的新途径新办法，切实加强对领导干部特别是主要领导干部行使权力的监督。加强廉政文化建设和制度建设，整体推进《中国共产党党员领导干部廉洁从政若干准则》《中国共产党纪律处分条例》《关于领导干部报告个人有关事项的规定》等制度的贯彻落实。加强机关纪检组织建设，发挥机关纪委作用，促进机关纪委有效履行《条例》规定的主要职责。

五、加强对机关党的基层组织工作的领导和指导

（一）规范县直属机关工作委员会（简称县直属机关工委）的设置。县直属机关工委是县委的派出机关，领导县直属机关党的工作，向县委负责并报告工作。同时，设立机关党的纪律检查工作委员会，在县纪委和县直属机关工委的领导下，领导机关党的纪律检查工作。县直属机关工委实行委员负责制，第一书记由县委常委、组织部长兼任，主持日常工作的书记按县区部门正职领导干部选配，作为县委委员提名人选，副书记、纪工委书记、工委委员按县区部门副职领导干部选配。

（二）明确县直属机关工委的职责。县直属机关工委向县委负责并报告工作，在上级机关工委的指导下开展工作，主要职责是：

1. 准确把握上级精神和决策部署，做好机关党建中长期发展规划，加强对机关党建的研究和指导，及时提出意见和建议。

2. 对所属机关基层党组织请示的有关问题及时作出决定、批复或者答复。

3. 督促指导所属机关基层党组织按期进行换届，严把所属机关基层党组织书记、副书记和纪委书记审批关，及时与部门党组（党委）沟通协商，坚持标准，认真考察，及时批复。

4. 会同有关部门抓好直属机关领导班子思想政治建设，建立思想作风定期调研检查制度，了解和掌握直属单位党组（党委）领导班子和党员领导干部思想作风情况，定期向同级党委报告；参与对党员领导干部民主生活会和党组（党委）中心组学习的督促检查和指导工作。

5. 指导所属机关基层党组织加强党风廉洁建设，实施对党员特别是党员领导干部的监督，参加地方党委干部监督工作联席会议。

6. 指导所属机关基层党组织加强思想政治工作和精神文明建设。

7. 对所属机关基层党组织贯彻落实同级党的委员会决议、决定和重要工作部署的情况进行督促检查。

8. 加强与组织部门的联系和沟通，对部门党组（党委）和所属机关基层党组织贯彻执行《条例》和本办法的情况进行督促检查，每年向同级党的委员会报告。

9. 履行同级党的委员会规定的其他职责任务。

（三）加强对机关党建工作的领导。县委全力支持机关党建工作，为机关党的工作创造有利条件。县委常委会每年至少听取一次机关工委的工作汇报，研究部署机关党的工作，并有针对性地解决存在的突出问题。县直属机关工委书记每年要向县委进行机关党建工作述职。

（四）县直属机关工委要加强对直属机关党建工作的领导。县直属机关工委要认真履行《条例》规定的工作职责，按照县委的要求，加强对所属机关基层党组织工作的领导。配合县委有关部门抓好直属机关领导班子思想政治建设，参与对党员领导干部民主生活会和党组（党委）中心组学习的督促检查和指导工作；负责对所属机关基层党组织贯彻落实县委决议、决定和重要工作部署的情况进行督促检查，负责所属机关基层党组织加强思想政治工作，负责各单位党员的教育、管理、服务和发展工作；督促指导所属机关基层党组织按期进行换届，审批所属机关基层党组织关于召开党员大会或者党员代表大会的请示，审批所属机关基层党组织选出的书记、副书记。

（五）部门党组（党委）要加强对机关基层党组织工作的指导。部门党组（党委）对本部

门基层党建工作负总责，书记是抓基层党建工作的第一责任人，分管领导是直接责任人，领导班子其他成员根据分工抓好职责范围内的基层党建工作。部门党组（党委）要按照《条例》规定，加强对本部门机关党的工作的指导，每年至少两次听取机关基层党组织工作汇报，研究解决机关党建重大问题，提出指导性意见，按规定解决机关基层党组织的工作机构设置、人员编制和经费等问题。党组（党委）成员要结合各自分工，建立基层党建工作联系点，以身作则，支持并积极参加机关党的活动，发挥表率作用。

（六）建立健全机关党的工作责任制。县直属机关工委和部门党组（党委）要建立机关党建工作责任制，建立健全党组（党委）负总责、党组（党委）书记带头抓、分管领导具体抓，机关基层党组织抓落实，一级抓一级、层层抓落实的机关党建工作格局。要建立健全符合科学发展观要求的机关基层党建工作综合考核评价体系，科学设置考核指标，把上级评价、党内评价与社会评价结合起来，定量评价与定性评价结合起来，增强考核的针对性、准确性和导向性。将机关党建工作责任制落实情况，作为部门党组（党委）领导班子和党组（党委）书记年度述职报告和领导干部年度考核的重要内容，作为评价领导班子和考核使用领导干部的重要依据，真正形成齐抓共管的党建工作格局。机关工委要与部门党组（党委）加强联系，经常沟通情况，交换意见，搞好协调配合，共同做好机关党建工作。

六、附则

（一）适用范围。本意见适用于全县党的机关、人大机关、行政机关、政协机关、审判机关、检察机关以及人民团体机关的党组织。党的关系在机关工委的其它单位的机关基层党组织参照本意见执行。

（二）解释权限。本意见由县委组织部、县直属机关工委负责解释。

（三）施行日期。本意见自发布之日起施行，此前有关基层党组织工作规定与本意见不一致的，按本意见执行。

祁发〔2016〕9号

祁阳县人民政府
关于印发《祁阳县乡村教师
支持计划实施方案（2016—2020年）》的通知

（2016—2020年）

祁阳县乡村教师支持计划实施方案

为进一步深化教育综合改革，加强全县乡村教师队伍建设，推进城乡教育均衡发展，根据《国务院办公厅关于印发乡村教师支持计划（2015—2020年）的通知》（国办发〔2015〕43号）、《湖南省乡村教师支持计划（2015—2020年）实施办法》（湘政办发〔2015〕114号）及《永州市乡村教师支持计划（2016—2020年）实施细则》精神，结合我县实际，特制定本方案。

一、指导思想

以贯彻落实国家和省市关于加强教师队伍建设的部署要求为指导，以提升全县乡村教师队伍整体素质为目标，以深化教育体制改革、拓宽乡村教师来源为抓手，以解决当前我县乡村教师队伍建设存在的突出问题为重点，进一步强化教育优先发展战略地位，加快乡村教育精准扶贫步伐，建立健全支持乡村教育持续健康发展的机制，加速教育强县建设进程，为办好人民满意教育、协调推进“四个全面”战略布局提供有力的人才支撑。

二、工作目标

办好乡村教育，教师是关健。到2017年，力争使全县乡村学校教师来源得到多渠道扩充，“县管校聘”管理体制基本建立，乡村教师资源配置得到改善，队伍整体结构更加合理，整体素质稳步提升，教师待遇依法得到较好保障，乡村教师职业吸引力明显增强，逐步建立“越往基层、越是艰苦，地位待遇越高”的激励机制，逐步形成“下得去、留得住、教得好”的良好局面。到2020年，努力造就一支数量足够、结构合理、师德高尚、素质优良、甘于奉献、扎根乡村的教师队伍，带动和促进全县教师队伍整体水平提高，为促进教育公平普惠、推动教育均衡发展、基本实现教育现代化提供可靠的师资保障。

三、实施范围

全县农村中小学校在职在岗教师（特岗教师参照执行）。

四、主要措施

（一）加强师德师风建设

1. 开展多种形式的师德师风教育。把教师职业理想、职业道德、法治教育、责任教育、心理健康教育、中华传统美德教育作为乡村教师培训的重要内容，融入到职前培养、准入、职后培训和管理全过程。把理想信念教育放在师德教育的首位，引导乡村教师带头践行社会主义核心价值观，坚持不懈地用中国特色社会主义理论体系武装头脑，不断提高乡村教师的理论素养和思想政治素质。健全学习制度，建设信息化学习平台，通过报告会、座谈会、研讨会、读书会、培训班等行之有效的学习方式，增强乡村教师思想政治工作的针对性和实效性。大力培育师德典型，开展师德师风标兵、道德模范和“最美乡村教师”评选表彰活动，广泛宣传典型事迹，使广大乡村教师学有榜样、赶有目标，增强典型示范的吸引力、感召力。

2. 严格查处师德失范行为。建立健全宣传、教育、监督、考核与奖惩相结合的师德师风建设长效机制。突出师德师风考核结果运用，将考核结果作为教师聘用、骨干教师、学科带头人、名师名校名校长评选、职务评聘、评优评先、干部任用、绩效工资兑现的重要依据。

3. 加强乡村学校党建工作。切实加强乡村中小学校党建工作，规范党组织设置，选优配强党组织书记，配备必要的党务工作者。强化党员学习制度，提高党员理论修养，重视从优秀乡村教师中发展党员，适当加大发展党员力度。严格乡村教师党员组织生活管理，充分发挥党组织的战斗堡垒作用和党员先锋模范作用。

（二）有效拓展乡村教师补充渠道

1. 逐步扩大公费定向师范生培养规模。根据乡村学校教师“退员补员”的实际需要，制订好公费定向师范生中长期需求计划和年度培养计划，报省、市教育行政主管部门统筹组织实施。每年公费定向培养计划数，按不低于教师自然减员数的60%安排。从2017年开始，启动全县农村村片小学校定向培养计划，面向所在地镇学校招收本镇户籍初中毕业生，毕业后回生源所在地村片小学任教（任教服务期不低于6年）。到2020年，公费定向培养师范毕业生成为我县义务教育阶段乡村教师补充的主渠道。建立完善与国家免费师范生相衔接，各类型、各学段、各学科教师培养全覆盖的地方公费定向师范生培养体系，确保公费定向师范毕业生到农村学校任教有编有岗。

2. 完善乡村教师公开招聘补充机制。扩大边远山区农村教师特岗计划实施规模，适时提高特岗教师工资性补助标准，全面落实特岗教师乡村工作各项政策性地方补贴，采取有效措施，稳定特岗教师队伍，鼓励三年服务期满、考核合格的特岗教师继续留在乡村任教。依法加强新进教师招聘管理，县教育部门根据核定的教师编制总量和当年教师减员情况，制定教师招聘计划和招聘方案，经县人社、编委办、财政等相关部门初审同意后，在县纪检（监察）部门的监督下组织实施。通过调整公费定向师范生招生政策和教师招聘办法等方式，优化乡村教师队伍结构，逐步实现男女教师比例相对均衡，满足学生健康成长和个性发展的需要。

3. 鼓励高校毕业生到乡村任教。高校毕业生取得教师资格并到我县农村中小学和公办幼儿园任教的，按照中央和省、市有关规定享受学费补偿和国家助学贷款代偿政策。

4. 鼓励退休的名优教师和城镇学校教师到乡村支教。鼓励退休（65 岁以下）的特级教师、高级教师和骨干教师、学科带头人、名优教师到乡村学校支教讲学，在认真落实上级财政有关补助政策的基础上，县财政给予每人每月1000 元以上的补贴支持。鼓励引导城镇学校教师到乡村学校支教，支教人员除享受所支教学校教师各项政策规定的待遇外，在职务评聘、评优评先、提拔使用等方面予以加分或优先考虑。

5. 加大对公费定向师范教育经费支持力度。每年培养 100 名左右“一专多能”全科型乡村教师。根据省定的公费定向培养免费师范生财政补贴标准（总额每生每学年达到 6000 元），县财政将市级公费定向培养计划资金足额纳入一般财政预算，并逐年加大经费支持力度。认真落实市定的免费师范生财政经费分担机制（即市政府承担 30%，县政府承担 70%），确保县财政承担的培养经费及时足额到位。

（三）依法依规保障和提高乡村教师待遇

1. 保障乡村教师工资待遇。及时足额发放乡村教师工资，逐步提高乡村教师的奖补标准。以乡村教师工资总额（含绩效工资）为计算基础，依法为教师缴纳住房公积金和各项社会保险费，逐步提高乡村教师住房公积金缴存比例。设立乡村教师人才津贴。全面落实乡镇工作津贴补贴政策，镇及以下学校在职在岗教师（含支教教师）一律纳入乡镇工作补贴实施范围（特岗教师参照执行），发放乡镇工作补贴。乡镇工作补贴不得冲抵原已享受的绩效工资中农村学校教师补贴和农村教师人才津贴。

2. 切实提高教师工作量津贴。根据实际情况，按照“多劳多得、优绩优酬”的原则，充分体现“绩效”，实行工资总量向工作量多的、工作业绩突出的教师倾斜政策。实行班主任津贴制度，全县农村中小学班主任津贴按每人每月不低于 500 元的标准拨付到学校，再由学校考核发放。所需经费纳入县财政预算。

3. 逐步提高农村偏远乡村教师特殊津贴。继续落实农村偏远小学、幼儿园教师特殊津贴，逐步提高特殊津贴标准。尤其要提高特别偏远地区（八宝镇内下区域学校、黄泥塘镇九洲完小、黄泥塘镇搭洲小学、羊角塘镇平安完小、肖家镇大江完小、龚家坪镇荷叶塘小学、文明铺镇林场教学点、大忠桥镇盐江教学点、潘市镇盘古教学点、潘市镇荷花小学、梅溪镇龟山教学点）教师的特殊津贴，上述偏远学校教师（含支教教师）每人每月特殊津贴要达到 1000 元以上。

4. 落实乡村教师定期免费体检制度。要关心教师身心健康，参照公务员标准，每两年组织体检 1 次，安排女性教师每年一次妇女健康体检。

5. 积极实施乡村教师帮扶计划。做好乡村特困教师和重大疾病教师的救助工作，对因遭遇突发事故或突患重大疾病，造成家庭生活特别困难的乡村教师进行救助帮扶。鼓励企业和社会力量积极为学校捐助资金，用于教师帮扶。县直相关部门、镇（街道）要在春节、教师节等重大节日，定期组织开展走访、慰问乡村教师活动，采取有效措施帮助他们解决工作、生活中的实际困难，包括大龄未婚乡村教师婚姻难等问题，重点加大救助特困教师力度。支持县教育基金会建立联动救助特困教师机制。

6. 加大乡村教师周转宿舍建设力度。进一步加强农村教师周转宿舍建设，将符合条件的农村学校教职工周转宿舍建设统筹纳入教育系统棚户区改造计划范围，改善乡村教师居住条件。在规模较大的片区小学、中心小学和初中学校配建适量的教师周转宿舍，并加强管理，保证周转，满足在职教师住校工作需求。

（四）全面提升乡村教师能力素质

制定乡村教师培训目标，有计划开展教师培训，到2020年对所有乡村教师、校（园）长进行360学时的培训。加大教师培训经费投入，按照不低于学校教职工工资总额（含绩效工资）的2%安排培训经费，列入财政预算，并逐步提高；农村学校按不低于年度公用经费预算总额的8%安排教师培训经费，确保培训工作的实际需要，强化对乡村校长、乡村教师特别是贫困村学校教师的培训。积极争取“国培计划”和“省培计划”，重点支持乡村教师与校长的培训。深入推进“三名工程”，积极实施全省统一的中小学名师名校长培养“十百千万”工程，在未来教育家、青年精英、骨干教师培养等项目实施中重点向乡村教师倾斜。乡村教师学历提升培训，取得学历证书的，可报销一半学费（不含交通费、食宿费）。以“名师工作室”为载体，统筹名师“送教下乡”活动，每年全县安排送教到乡村学校活动不少于20次。建立50个县级“名师工作室”，通过工作室平台带徒带教、送培送教，提高乡村教师特别是村小和教学点教师的教育教学本领，足额外保障“名师工作室”每年工作经费。全面提升乡村教师信息技术应用能力，积极利用远程教学、数字化课程等信息技术手段，破解乡村优质教学资源不足的难题，促进信息技术与教育教学深度融合。同时建立支持学校、教师使用相关设备的激励机制并提供必要的保障经费。按照乡村教师的实际需求，改进培训方式，采取顶岗置换、网络研修、送教下乡、跟班学习、专家指导、校本研修等多种形式，增强培训的针对性和实效性。重视县教师发展中心建设，加大经费投入，建立乡村教师校长专业发展支持服务体系。

（五）统一城乡教职工编制标准

县教育部门在核定的编制总额内，根据统一城乡教职工编制标准的要求，按生师比和班师比相结合的方式重新核定中小学教师编制，实行总量控制，确保核定后的中小学教职工编制不突破现有编制总量，并报县编委办、县人社、县财政等部门备案。进一步完善中小学教职工编制动态管理机制，根据学校布局、结构调整、不同学段学生规模变化等情况及时进行调整。通过编制倾斜、加强人员配备等方式，加大对人口稀少的村小学、教学点的支持力度，采取村片小编制单独设定的方式，重点解决教师全覆盖问题，确保乡村学校开足开齐国家规定课程。乡村教师因病因残确实不能上岗的，可实施提前离岗空出编制（到法定退休年龄再办理正式退休手续）的做法，并及时予以补充。严禁在有合格教师来源的情况下“有编不补”、长期聘用代课教师。严禁挤占、挪用、截留教师编制或教职工在编不在岗、随意抽调借调教师等行为。对国家免费师范生、国家985、211大学本科毕业生或具有研究生学历并获得教师资格证书且自愿到乡村学校任教的人员，可采取面试的方式直接引进。

（六）建立乡村教师成长激励机制

1. 建立统一的中小学教师职务（职称）系

列。根据全省统一部署，自2016年开始，全面推进以建立统一的中小学教师职务（职称）系列为主要内容的中小学教师职称制度改革，完善乡村教师职务（职称）评聘条件和程序办法，实现县域内城乡学校教师岗位结构比例总体平衡，并切实向乡村教师倾斜。乡村教师评聘职称（职务）时不作外语成绩（外语教师除外）、发表论文的刚性要求，持有计算机等级证书和信息技术应用能力提升工程结业证书的教师，不再重复参加计算机应用水平培训与考试。坚持育人为本、德育为先，注重师德素养，注重教育教学工作业绩，注重教育教学方法创新，注重教育教学一线实践经历。适当调整镇及以下学校教师岗位结构比例，中级增加5个百分点，高级增加3个百分点，专项用于解决在乡村学校工作满20年和30年，目前仍是初级、中级职称、符合评审条件与标准的乡村学校教师。凡在乡村学校任教累计满30年，且仍在乡村学校任教的乡村初级教师，符合晋升中级教师职称（职务）申报条件的，可不受学校申报职数限制参与中级职称（职务）申报评审，评审通过的，可不受学校岗位职数限制予以聘任，享受中级职称（职务）教师待遇。教龄满30年、有高级教师职称资格而未聘任、本人自愿到乡村学校支教3年以上的城镇教师，可不受原学校岗位职数限制予以聘任，享受高级职称待遇。

2. 加强乡村优秀教师的培养。骨干教师、学科带头人和名师评选向乡村教师倾斜，在全县义务教育阶段市、县级骨干教师评选中，切块拿出不低于评选总数30%的名额，专门用于乡村中小学市级骨干教师的评选，切块拿出不低于评选总数40%的名额，专门用于乡村中小学县级骨干教师的评选。乡村骨干教师、学科带头人和名师实行任期奖励制度和考核制度，年度考核合格的，市级骨干教师奖励5000元/年，学科带头人奖励8000元/年，名师奖励16000元/年。县级骨干教师奖励2400元/年，学科带头人（明星教师）奖励3600元/年，名师（卓越教师）奖励4800元/年。凡获得多项荣誉称号的，只按最高荣誉发给奖金，不重复奖励。

3. 建立乡村教师荣誉制度和表彰制度。对在乡村学校连续任教30年以上、获得国家颁发荣誉证书的乡村教师，根据有关规定给予省级奖励；对在乡村学校连续任教20年以上的乡村教师，由永州市颁发荣誉证书并择优奖励；对在乡村学校连续任教10年以上的乡村教师，由县人民政府颁发荣誉证书并择优奖励，奖励标准参照国家和省、市奖励标准执行。积极引导企业、社会团体捐资助教，重点对长期在乡村学校任教的优秀教师、特岗教师给予奖励。鼓励和支持县教育基金会等社会力量建立专项基金，广泛开展“最可爱乡村教师”评选等表彰奖励活动。在评选表彰各级教育系统先进集体和先进个人、确定特级教师评选指标和评选条件等方面向乡村教师倾斜。广泛宣传乡村教师坚守岗位、默默奉献的崇高精神，在全社会大力营造关心支持乡村教师和乡村教育的浓厚氛围。

（七）有序推动城乡教师合理流动

1. 加快教师队伍管理体制改革。全面推进义务教育教师队伍“县管校聘”管理体制改革，通过改革把教师从“学校人”变为“系统人”，为组织城区教师到乡村学校任教提供制度保障。通过深化改革使教师、校长交流制度化、常态化，为提高乡村学校教育教学水平，缩小城乡教育差距奠定坚实基础。

2. 建立实行校长教师定期交流轮岗制度。实行骨干教师均衡配置，引导骨干教师向乡村学校和薄弱学校合理流动。完善城镇教师支援乡村教育工作制度，自2017年起，城镇中小学教师评聘中级职务应有1年以上农村学校工作经历，评聘高级职务应累计有2年以上农村学校工作经历；乡村学校教师评定为特级教师和高级专业技术职务，应服务5年后方可流动。招考进城的中小学教师要在乡村学校任教满6年，新招聘的城镇中小学教师要先在乡村学校任教2年以上。县教育部门要采取定期交流、跨校竞聘、团队交流、学校联盟、名校办分校、对口支援、镇中心学校教师走教等多种途径和方式，引导优秀校长和骨干教师向乡村学校流动。以城乡学校交流为主，大力推动城镇教师支持农村教育，重点推动县城学校教师到乡村学校交流轮岗，中心学校教师到村小学、教学点交流轮岗。自2016年起，全面实施教师、校长交流制度。原则上男55周岁、女50周岁以下，且在同一所学校连续任教满12年的教师要交流。每学年教师交流的比例应不低于符合交流条件教师总数的10%，其中骨干教师交流应不低于交流总数的20%。教师交流的工作期限至少为3年，以保持乡村优秀教师比例相对稳定。

五、组织实施

（一）加强组织领导。县人民政府负责统筹全县实施乡村教师支持计划工作，县教育局、县财政局、县人社局、县编委办、县发改委、县住建局和各镇人民政府是实施乡村教师支持计划的责任主体。各级各部门要严格实行“一把手”负责制，加强衔接沟通，密切协调配合，扎实有序推进，形成强大工作合力，切实将乡村教师支持计划实施方案落到实处。

（二）明确责任分工。各级各相关部门要按照职责分工主动履职，切实承担责任。县教育局要总体谋划和统筹管理、规划、指导乡村教师发展工作，为精准支持提供依据和服务；县编委办要着力支持教育部门推进体制改革，建立和落实“县管校聘”的管理体制，强化编制保障，确保满足教育教学实际需求；县财政局要保障乡村教师队伍建设所需经费；县发改委、县住建局、县国土资源局、县房产局等单位要协同加快编制教职工周转宿舍规划，着力改善乡村教师工作和生活条件；县人社局、县卫生计生委、县民政局等单位要完善并督促落实乡村教师补助、救助政策，切实提高乡村教师生活待遇，加大对乡村教师倾斜支持力度，改革完善乡村教师职称评聘办法，提高乡村教师职业吸引力。

（三）强化经费保障。积极争取中央和省财政支持，调整财政支出结构，加大投入力度。制定严格的经费监管制度，规范经费使用，强化监督检查，坚决杜绝截留、克扣、虚报、冒领等违法违规行为。要着力改革体制，鼓励和引导社会力量参与支持乡村教师队伍建设。

（四）积极宣传引导。要加强宣传引导，争取社会各界对乡村教师支持计划的理解和支持，迅速形成良好的工作氛围；要大力宣传广大乡村教师为人师表、爱岗敬业、无私奉献的崇高精神，积极营造全社会关心支持乡村教师和乡村教育的浓厚氛围，努力在全社会形成尊师重教的良好风尚。

（五）严格督导检查。县政府督查室要会同县人民政府教育督导室，定期对相关单位落实乡村教师支持计划的情况进行专项督导，及时通报督查情况并适时公布，并将督查结果纳入年度工作目标管理范畴严格考核。对在乡村教师队伍建设工作方面改革创新、积极推进、成绩突出的单位，要按有关规定予以表彰。对实施不到位、成效不明显的单位，要依纪依规严格追究单位负责人的责任。

祁政发〔2016〕20号

中共祁阳县委办公室
印发《关于在全县党员中开展“两学一做”学习教育实施方案》的通知

关于在全县党员中开展“两学一做”学习教育实施方案

根据《中共中央办公厅印发〈关于在全体党员中开展“学党章党规、学系列讲话，做合格党员”学习教育方案〉的通知》（中办发〔2016〕14号）、《中共湖南省委办公厅印发〈关于在全省党员中开展“学党章党规、学系列讲话，做合格党员”学习教育实施方案〉的通知》（湘办发〔2016〕15号）和《中共永州市委办公室印发〈关于在全市党员中开展“两学一做”学习教育实施方案〉的通知》（永办发〔2016〕14号）精神，结合祁阳实际，现就2016年在全县党员中开展“学党章党规、学系列讲话，做合格党员”学习教育（以下简称“两学一做”学习教育），制定如下实施方案。

一、总体要求

（一）突出思想建设。开展“两学一做”学习教育，基础在学，关键在做。要把党的思想建设放在首位，以尊崇党章、遵守党规为基本要求，以用习近平总书记系列重要讲话精神武装全党为根本任务，教育引导广大党员自觉按照党员标准规范言行，进一步坚定理想信念，提高党性觉悟；进一步增强政治意识、大局意识、核心意识、看齐意识，坚定正确政治方向；进一步树立清风正气，严守政治纪律政治规矩；进一步强化宗旨观念，勇于担当作为，在生产、工作、学习和社会生活中起先锋模范作用，为党在思想上、政治上、行动上的团结统一夯实基础，为协调推进“四个全面”战略布局、贯彻落实五大发展理念，打赢脱贫攻坚战，奋力实现“十三五”时期经济社会发展历史性新跨越，夺取全面建成小康社会新胜利，建设美丽幸福新祁阳提供坚强政治保证和组织保证。

（二）突出问题导向。开展“两学一做”学习教育要增强针对性，“学”要带着问题学，“做”要针对问题改。全体党员要着力解决好六个方面的突出问题：一是着力解决一些党员理想信念模糊动摇的问题，主要是对共产主义缺乏信仰，对中国特色社会主义缺乏信心；精神空虚，推崇西方价值观念；不信马列信鬼神，热衷于组织、参加封建迷信活动等。二是着力解决一些党员党的意识和党员意识淡化的问题，主要是看齐意识不强，不守政治纪律政治规矩，在党不言党、不爱党、不护党、不为党；看齐意识不强，不守政治纪律政治规矩，口无遮拦、妄议中央大政方针；组织纪律散漫，不按规定参加党的组织生活、不按时交纳党费、不完成党组织分配的任务、不按党的组织原则办事等。三是着力解决一些党员宗旨观念淡薄的问题，主要是利己主义严重，漠视群众疾苦、与民争利、执法不公、吃拿卡要、假公济私、损害群众利益，在人民群众生命财产安全受到威胁时临危退缩等。四是着力解决一些党员精神作风不振，执行能力不强的问题，主要是工作消极懈怠，不作为、慢作为、乱作为、不善为，不会担当、不愿担当、不敢担当，缺乏攻坚拔寨、冲锋陷阵的志气、勇气和锐气，遇矛盾就让，见困难就躲，安于现状、进取心不强等。五是着力解决一些党员道德行为不端的问题，主要是违反社会公德、职业道德、家庭美德，不注意个人品德，贪图享受、奢侈浪费等。六是着力解决一些党员在党风廉政建设方面存在的问题，主要是公私不分，损公肥私、中饱私囊，甚至贪赃枉法；挥霍、挪用甚至贪污集体财物，低价变卖集体资产；套取骗取国家补贴补助款，截留克扣、虚报冒领、贪污私分惠民资金，侵害群众利益等。各级党组织要以解决问题为牵引来开展“两学一做”学习教育，按照“三严三实”要求，将其同抓好党的群众路线教育实践活动和基层党组织书记党建述职的问题整改结合起来，持之以恒纠正“四风”，抓好突出问题整改，切实整治“为官不为”等群众身边的不正之风，真正使干部正作风、党员受教育、基层增活力、群众得实惠。

（三）突出经常性教育。“两学一做”学习教育不是一次活动，要突出正常教育，区分层次，真正把党的思想政治建设抓在日常、严在经常。要以党支部为基本单位，以党员大会、支委会、党小组会和党课“三会一课”等党的组织生活为基本形式，以落实党员教育管理制度为基本依托，克服应付心理、认识偏差和畏难情绪，牢牢把握五个基本原则，即坚持正面教育为主，用科学理论武装头脑；坚持学用结合，知行合一；坚持问题导向，注重实效；坚持领导带头，以上率下；坚持从实际出发，分类指导。各镇党委、街道党工委、县直各单位党组织要针对领导机关、领导班子和党员干部、普通党员的不同情况作出安排，充分发挥党支部自我净化、自我提高的主动性，最大限度激发党员参与热情，把“两学一做”学习教育作为一项重大政治任务组织好、推动好、落实好。

二、主要内容

（一）深入学习党章党规。一要逐条逐句通读党章。着眼明确基本标准、树立行为规范，逐条逐句通读《中国共产党章程》，全面理解党的纲领，抄写背诵入党誓词、党的宗旨、党员义务和权利，引导党员尊崇党章、遵守党章、维护党章，坚定理想信念，对党绝对忠诚。县处级以上党员领导干部要学深一层，系统学习领悟党章，深刻把握“两个先锋队”的本质和使命，进一步明确“四个服从”的要求，掌握党员领导干部必须具备的六项基本条件。二要认真学习党内法规。全体党员要认真学习《中国共产党廉洁自律准则》《中国共产党纪律处分条例》《中国共产党党员权利保障条例》等，掌握廉洁自律准则规定的“四个必须”“四个坚持”，掌握各类违纪行为的情形和处分规定。县处级以上党员领导干部还要认真学习《中国共产党地方委员会工作条例》《中国共产党党组工作条例（试行）》《党政领导干部选拔任用工作条例》《党政机关厉行节约反对浪费条例》等党内法规，重点掌握廉洁自律准则规定的“四个廉洁”“四个自觉”，掌握党纪处分工作原则以及各类违纪行为的情形和处分规定，掌握党的地方委员会和党组的职责、组织原则、运行机制，掌握党政领导干部选拔任用原则、条件、要求。三要学习对照先进典型。要认真学习党的历史，对照革命先辈和焦裕禄、谷文昌、杨善洲、陈运周、蒋孔吉、蒋冬林等身边先进典型，领悟敬业修身、奉献为民的真谛；从周永康、薄熙来、徐才厚、郭伯雄、令计划等违纪违法案件和省市县内的一些领导干部违纪违法案件中汲取教训，汲取违法乱纪、贪腐妄为的教训，牢记党规党纪，牢记党的优良传统和作风，养成纪律自觉，守住为人、做事的基准和底线。

（二）深入学习系列讲话。全体党员要认真学习《习近平总书记系列重要讲话读本（2016年版）》，主要领会掌握理想信念是精神之“钙”“中国梦”“三个自信”“四个全面”战略布局、五大发展理念、践行社会主义核心价值观、全面从严治党等重要思想和论断。县处级以上党员领导干部，还要以《习近平谈治国理政》和《习近平总书记重要讲话文章选编（领导干部读本）》为基本教材，深刻领会习近平总书记关于改革发展稳定、内政外交国防、治党治国治军的重要思想。各级党委（党组）领导班子成员特别是主要负责同志要把毛泽东同志《党委会的工作方法》作为重要学习内容，真正把握《党委会的工作方法》的基本思想，切实提高决策能力和领导水平。学习习近平总书记系列重要讲话要同学习马克思列宁主义、毛泽东思想、邓小平理论、“三个代表”重要思想、科学发展观结合起来，深刻理解党的科学理论既一脉相承又与时俱进的内在联系，深入领会贯穿其中的马克思主义立场观点方法，坚定中国特色社会主义道路自信、理论自信、制度自信。要把学习贯彻习近平总书记系列讲话精神，同学习贯彻中央和省、市、县各级重要会议精神结合起来，把学习成效转化为促进祁阳加快发展的思路和举措，转化为提高工作效能的实际行动。

（三）做合格党员。着眼党和国家事业的新发展对党员的新要求，着眼我县脱贫攻坚、同步小康赋予党员的新使命，引导党员以知促行，勇于担当作为，争做“四讲四有”合格党员。一是讲政治、有信念；二是讲规矩、有纪律；三是讲道德、有品行；四是讲奉献、有作为。特别是要针对不同群体党员的实际情况，教育引导党员立足岗位作贡献，在任何岗位、任何时候、任何情况下都铭记党员身份，积极为党工作，强化党的意识，凸显党员形象，以实际行动把合格的标尺立起来，把做人做事的底线划出来，把党员的先锋形象树起来，时时处处体现信仰信念的力量。

（四）做执行表率。按照《关于开展“树标杆筑堡垒全面提升执行力”活动的实施方案》（祁发〔2016〕1号）文件精神，充分发挥基层党组织的战斗堡垒作用和党员的先锋模范作用，进一步提升全县干部队伍的执行力，推进县委、县政府重大决策顺利实施，促进经济社会又好又快发展。通过开展“树标杆筑堡垒，全面提升执行力”活动，提高党员素质，筑牢基层党组织，服务人民群众，促进各项工作，使党风政风行风明显改进，党政机关工作效率和工作水平明显提高，干部队伍执行力明显增强。全县各级党组织和广大党员要结合自身实际，扎实工作，锐意进取，争创“四强”（领导班子强、党员队伍强、工作机制强、工作业绩强）党组织，争做“四优”（政治素质优、岗位技能优、工作实绩优、群众评价优）共产党员，增强执行力“四性”（自觉性、科学性、创新性、坚定性）。着眼增强执行能力、提高执行效率，全面推行党员执行力卡管理，强化结果运用，进一步解决工作热情不高、思想消极懈怠、不担当不作为、服务环境不佳、落实力度不大、执行效率不高等问题，引导和督促广大党员把心思用到事业发展上，把精力集中到执行落实上，汇聚干净干事正能量，推动作风风貌显著转变、责任意识不断提升、担当精神全面强化、执行水平明显增强、服务效能稳步提高，大力营造“敢担责、抓落实、勇突破”的干事创业氛围，形成积极进取、落实有力、务实高效的工作新格局。

三、主要措施

（一）开展专题学习讨论。坚持集中学习与个人自学相结合，着力抓好中心组、党支部、党小组集中学习，明确自学要求，引导党员搞好自学。各级党组织可编印制作口袋书，运用微党课、微动漫、微视频等，满足党员学习需求。按照“三会一课”制度，党支部委员会和党小组每月组织一次集中学习；不设党小组的，以党支部为单位集中学习。党支部每2个月召开一次全体党员会议，每次围绕一个专题组织讨论。党员领导干部要参加所在党支部的学习讨论。党员分散、人数较多的党支部，可分组开展学习讨论。重点围绕“四个专题”进行：

专题一（4—5月），围绕“讲政治、有信

念”开展讨论。重点结合学习《党章》和习近平总书记关于坚持中国特色社会主义“三个自信”、实现中华民族伟大复兴的中国梦等有关重要讲话精神进行深入讨论。重点看能否坚守共产党人信仰信念，自觉向党中央看齐，向党的理论和路线方针政策看齐；能否牢记党的宗旨，践行群众路线，密切与群众的血肉联系；能否正确处理公与私、义与利、个人与组织、个人与群众的关系；能否认真履行党员的义务。

专题二（6—7 月），围绕“讲规矩、有纪律”开展讨论。重点结合学习《关于党内政治生活的若干准则》《中国共产党纪律处分条例》《中国共产党廉洁自律准则》和习近平总书记关于严明党的纪律和规矩、加强党风廉政建设等方面的论述以及有关警示教育典型案例等进行深入讨论。重点看能否严格遵守党的政治纪律、组织纪律、廉洁纪律、群众纪律、工作纪律和生活纪律，能否做到在党规党纪面前知敬畏、守底线。

专题三（8—9 月），围绕“讲道德、有品行”开展讨论。重点结合习近平总书记关于社会主义核心价值观、党员干部道德修养和“好干部”的重要论述等方面进行深入讨论。重点看能否带头践行社会主义核心价值观，能否坚守高尚的道德情操，能否保持积极健康的生活方式。

专题四（10—11 月），围绕“讲奉献、有作为”开展讨论。重点结合学习习近平总书记关于治国理政的新思想新战略、党中央提出的“四个全面”战略布局、“五大发展理念”的重要论述以及我县执行力建设有关概论等进行深入讨论。重点看能否保持良好精神状况、积极为党的事业担当作为，能否立足岗位做贡献、发挥先锋模范作用。

（二）开展“执行力+”专题培训。把执行力建设纳入党员干部培训的重要内容。举办“执行力+”专题培训，培训对象为全县在职县处级领导干部、正科级以上单位党政一把手、部分县直单位班子成员、部分优秀的年轻村支部书记等。将执行力建设作为党员干部培训的重点，与精准扶贫、美丽乡村建设、基层党建网格化管理等结合起来，突出培训的实效性、针对性。

（三）创新方式讲党课。讲党课一般在党支部范围内进行。党支部要结合专题学习讨论，对党课内容、时间和方式等作出安排。县处级以上党员领导干部要在所在党支部讲党课，结合本人分管的工作领域或联系点，到农村、社区、企业、学校等基层单位党支部讲党课。各级党委（党组）主要负责同志要带头讲党课。乡镇（街道）党（工）委领导班子成员要为村（社区）、对口联系单位党员讲党课。各级党组织根据实际需要，可邀请党校教师、先进模范到基层一线讲党课。要鼓励和指导基层党组织书记、普通党员联系实际讲党课。“七一”前后，党支部要结合开展纪念建党 95 周年活动，集中安排一次党课，党课上报县“两学一做”学习教育工作协调小组。7 月底全县开展一次优质特色党课评选。讲党课的同志要深入基层开展调研，亲自撰写党课讲稿。要注重运用身边事例、现身说法，强化互动交流、答疑释惑，增强党课的吸引力和感染力。要创新讲党课的载体和方式，通过开辟网络党课、微党课、电视党课等，扩大党课的覆盖面、影响力；探索把党课课堂放在爱国主义教育基地、工业园区、农业产业化基地、警示教育基地甚至田间地头，增强党课的现场感、直观性。

（四）召开党支部专题组织生活会。年底前，党支部召开专题组织生活会。支部班子及其成员对照党章党规、对照习近平总书记系列讲话精神、对照职能职责，进行党性分析，查摆在思想、组织、作风、纪律等方面存在的问题。要面向党员和群众广泛征求意见，普遍开展谈心谈话，严肃认真开展批评和自我批评，针对突出问题和薄弱环节提出整改措施。组织全体党员对支部班子的工作、作风等进行评议，执法监管部门及服务行业、窗口单位、农村和社区等基层党组织可邀请服务对象、群众代表对班子履职情况进行满意度测评。党小组可参照党支部要求，召开专题组织生活会。上级党组织要派人参加指导党支部专题组织生活会。

（五）开展民主评议党员。结合年底召开的专题组织生活会和《关于在全县农村党员中实行积分制管理的实施意见》，以党支部为单位召开全体党员会议，组织党员开展民主评议。对照党员标准，按照个人自评、党员互评、民主测评、组织评定的程序，对党员进行评议。党员人数较多的党支部，个人自评和党员互评可分党小组进行。结合民主评议，支部班子成员要与每名党员谈心谈话。党支部综合民主评议情况和党员日常表现，确定评议等次，对优秀党员予以表扬；对有不合格表现的党员，按照党章和党内有关规定，区别不同情况，稳妥慎重给予组织处置，真正把合格党员的标准树起来、严起来。

（六）实行执行力卡管理。制定出台《关于在全县党员中加强执行力建设的指导意见》，在所有党员（含预备党员）中实行执行力卡管理考核，已经纳入领导干部实绩考核、执行力考核的党员领导干部以实绩考核、执行力考核的结果为准，不再重复考核。执行力卡管理考核实行分类量化评分，包括执行情况得分、年度民主评议得分、获奖加分三大类，采取个人填报、党组织审议、公示公开、上报备案的程序进行。考核结果作为评优评先、奖优罚劣的重要依据，对执行力考核评定为“优秀”等次的党员要予以表扬；对“较差”等次的党员，按照党章和党内有关规定，区别不同情况，稳妥慎重给予组织处置。各镇（街道）、县直各单位要结合实际制定具体的实施方案，确保落到实处，取得实效。

（七）召开“两学一做”专题民主生活会。年底前，各级领导班子要以“两学一做”为主题，充分借鉴党的群众路线教育实践活动经验，召开领导班子专题民主生活会，领导班子和领导干部把自己摆进去，查找存在的问题，深入剖析问题根源，提出具体的整改措施。

（八）立足岗位作贡献。要在全县广大党员中开展“岗位作贡献、合格见行动、争做执行表率、共建美丽幸福新祁阳”主题实践活动，引导和推动不同领域不同行业的党员，立足岗位履职尽责、创先争优，争做合格党员，争做执行表率，争当行业先锋。农村党员要落实党员设岗定责和群众事项代办制度，引导党员在尊老敬老、关爱留守人员，落实基层党建制度，推进精准脱贫和全面小康建设中做合格党员，争当致富能手；社区党员要重点落实服务承诺制度，引导党员在建设“文明社区，和谐家园”、服务居民中做合格党员，争当和谐模范；非公有制企业、社会组织党员要落实党员示范岗和党员责任区制度，引导党员在企业生产经营和社会活动中做合格党员，争当兴业典型；机关事业单位党员要重点落实在职党员到社区报到和直接联系群众制度，引导党员在服务群众、保障发展中做合格党员，争当服务先锋；窗口单位和服务行业党员要重点落实党员挂牌上岗、亮明身份制度，引导党员在为群众提供快捷高效服务中做合格党员，争当敬业标杆；流动党员要重点落实定期联系、汇报思想制度，引导党员在为驻地做贡献、为家乡添光彩中做合格党员，争当文明表率。要引导其他行业党员爱岗敬业、率先垂范。同时，县委倡导全体党员佩戴党徽、亮明身份，在生产、生活、工作和社会活动中发挥示范带头作用。在纪念建党95周年活动中，各镇（街道）党（工）委，县直各单位党组织要评选表彰一批优秀共产党员、优秀党务工作者、先进基层党组织。各单位各行业系统要结合党员实际情况，提出党员发挥作用的具体要求，教育引导党员在任何岗位、任何地方、任何时候、任何情况下都铭记党员身份，立足岗位、履职尽责。

（九）领导机关领导干部作表率。党员领导

干部要在“两学一做”学习教育中走在前面、深学一层，严格执行双重组织生活制度，以普通党员身份参加所在支部的组织生活，与党员一起学习讨论、一起查摆解决问题、一起接受教育、一起参加党员民主评议。同时，要建立领导干部学习教育联系点，县委常委分别联系指导1个镇（街道）或县直单位，县直部门领导班子成员分别联系指导1个内设机构或者二级单位的学习教育。各级党（工）委（党组）要召开党（工）委（党组）会，专题学习党章党规和习近平总书记系列重要讲话，重温毛泽东同志《党委会的工作方法》，并结合实际组织集中研讨，深化学习效果。

（十）夯实学习教育组织基础。整顿软弱涣散基层党组织。各镇（街道）党（工）委，学校、医院等行业系统要在对2015年整顿情况进行“回头看”的基础上，开展新一轮软弱涣散基层党组织集中排查整顿工作。要以村（社区）为重点，按照10%左右比例倒排，建立县镇村三级台账，实行“一村一策”，采取领导挂点、部门帮扶等方式进行集中整顿。结合并村和村（居）换届工作，优化组织设置，配齐配强班子特别是带头人，健全工作制度，确保“两学一做”学习教育有人抓、有人管。严格党员日常管理。严格执行“三会一课”、组织生活会、党性定期分析、党员民主评议等基本制度，真正使党的组织生活、党员教育管理严起来、实起来。严格推行党员积分制管理，对党员参加组织生活、缴纳党费、履行职责、发挥作用等进行全程记录，作为年度评先评优的重要依据，增强党员的党性意识和责任意识。持续加强和改进非公企业和社会组织党组织党的建设工作，不断扩大党的组织和工作覆盖。创新流动党员管理，采取单独组建、区域统建、行业联建、驻外共建等方式，建立健全流动党员党组织；实行流动党员组织关系一方隶属、参加多重组织生活的办法，落实流出地党组织跟踪管理、流入地党组织主体管理、有关部门党组织协同管理、街道社区党组织托底管理责任，确保哪里有党员，哪里就有党的组织和党的活动。

四、组织领导

全县“两学一做”学习教育在县委常委会领导下进行，由县委组织部牵头组织实施，县纪委、县委办、县委宣传部、县委党校、县广播电视台配合做好相关工作。县直属机关党委、县非公有制经济组织党工委、县社会组织党工委以及行业系统主管部门要切实履行好督促指导职责。县总工会、团县委、县妇联等群团组织要在深化学习教育中发挥职能作用。县委党校要把“两学一做”学习教育很好地融入干部教育培训之中。

（一）落实主体责任。全县各级党组织要把开展“两学一做”学习教育作为一项重大政治任务，尽好责、抓到位、见实效。各镇（街道）党（工）委、部门（系统）党委（党组）要发挥关键作用，要结合实际制定具体实施方案，作出部署安排，保障工作力量，加强督促指导把关。基层党（工）委要对所辖党支部进行全覆盖、全过程的现场指导，党（工）委成员至少分工联系指导1个党支部的学习教育，帮助党支部制定学习教育计划，派员参加党支部各项活动，指导党支部开展好执行力卡考核工作。各级党委（党组）书记作为第一责任人，要切实加强领导，保障工作力量，层层传导压力，从严从实抓好学习教育，确保高标准开展、高质量推进。县委把组织开展学习教育情况作为基层党建述职评议考核的首要内容，采取明查暗访、听取汇报、随机调研、专项督查等方式，及时了解全县面上活动开展情况，对那些组织不力、问题较多的，要批评教育、实行问责。各单位各部门开展学习教育的实施方案和情况，要及时报告上级党组织。

（二）强化组织保障。按照省市要求，县委将通过举办示范班、研讨班和专题培训等形式，对基层党组织书记、组织委员、组织员等党务骨干普遍进行一次轮训，帮助他们掌握工作方法，明确工作要求。要认真开展党员组织关系集中排查，摸清“口袋”党员、长期与党组织失去联系党员情况，理顺党员组织关系，努力使每名党员都纳入党组织有效管理，参加学习教育。要加强党内激励关怀帮扶，通过走访慰问、谈心谈话、结对帮扶、设立党内关怀帮扶资金等措施，从思想、工作、生活上关心和爱护党员，激发党员的内生动力，引导党员自觉主动参与学习教育。

（三）突出分类指导。各级党组织特别是镇（街道）、企事业单位等基层党委要根据不同领域、不同行业、不同单位特点，对学习教育的内容安排、组织方式等提出具体要求，避免学习教育与日常工作脱节。对非公有制企业和社会组织党员，要因企制宜、因岗制宜，采取小型、业余、分散等方式，在车间、工地等一线开展学习教育。对农村、社区党员，要通过口头讲解、播放电教片等形象直观的方式帮助学习；驻村第一书记、与村（社区）结对帮扶的部门机关党员可编入村（社区）党组织开展学习教育，发挥带学促学作用。对窗口单位和服务行业党员，可利用休息时间，采取分组、轮班和探索移动课堂等方式开展学习教育。对学校教职工和学生党员，要统筹安排学习教育时间，避免因假期影响或耽误学习。对党员人数少、党员流动性强的党组织，可依托区域化党员服务中心，利用开放式组织生活等方式，组织党员参加学习教育。对流动党员，流入地、流出地党组织要加强协调配合，按照流入地为主的原则，把流动党员编入一个支部，就近就便参加学习教育。对离退休干部职工党员及年老体弱党员，既要体现从严要求，又要考虑实际情况，以送学上门、结对帮学等适当方式组织他们参加学习教育。

（四）加强宣传引导。县委宣传部、县广播电视台等职能部门要充分运用电视、广播、网络、手机等多种媒体，面向全社会广泛宣传“两学一做”学习教育的重大意义，宣传“两学一做”学习教育的做法和成效，加强舆论引导，营造良好氛围。针对党员多样化学习需求，要开发制作形象直观、丰富多样的学习资源，及时推送学习内容。引导党员利用网络自主学习、互动交流，广泛开展面向基层的宣讲活动，扩大学习教育覆盖面。各单位可根据实际，采取优秀党课评选、网上测试、闭卷考试等方式，检测学习效果。

（五）两手抓两促进。坚持围绕中心、服务大局，把开展“两学一做”学习教育与巩固拓展党的群众路线教育实践活动和“三严三实”专题教育成果相结合、与打好精准扶贫攻坚战相结合、与深入开展“纠‘四风’、治陋习”专项整治相结合、与抓好县乡换届相结合、与加强基层党组织建设相结合、与做好改革发展稳定各项工作相结合，推动党员干部提振精气神、展示新作为，在实现同步小康、建设幸福美丽新祁阳，敢于担当、建功立业，为实现“十三五”时期奋斗目标凝聚强大力量。

各单位党委（党组）要在中央和省委、市委、县委实施方案基础上，结合本地本单位实际，进一步细化实化，制定具体实施方案。开展“两学一做”学习教育情况，要及时报告县委学习教育协调小组。

祁办发〔2016〕13号

中共祁阳县委办公室
关于进一步做好非公有制经济组织和社会组织党的建设工作的通知

各镇党委、街道党工委，县直各单位党组织，县直属机关党委、县非公经济组织党工委、县社会组织党工委，中央、省、市驻祁单位党组织：

非公有制企业党组织是党在非公有制企业中的战斗堡垒，在职工群众中发挥政治核心作用，在企业发展中发挥政治引领作用；社会组织党组织是党在社会组织中的战斗堡垒，发挥政治核心作用。

为进一步加强全县非公有制经济组织和社会组织党的建设工作，以党的建设引领非公有制经济组织和社会组织健康发展，根据《中共中央组织部关于集中推进非公有制企业和社会组织党的组织和工作覆盖的通知》（组通字〔2016〕40号）、《中共湖南省委办公厅印发〈关于加强非公有制经济组织和社会组织党的建设工作的实施意见（试行）〉的通知》（湘办发〔2016〕22号）、《中共湖南省委组织部关于集中推进非公有制企业和社会组织党的组织和工作覆盖的通知》（湘组〔2016〕88号）和《中共永州市委办公室关于进一步做好非公有制经济组织和社会组织党的建设工作的通知》（永办发〔2016〕33号）要求，结合我县实际，现就集中推进全县非公有制企业和社会组织党的组织和工作覆盖有关事项通知如下：

一、健全领导体制和工作机制

（一）健全领导机构。按照省市要求，依托县委组织部新成立县非公有制经济组织和社会组织党工委；撤销原设立在县工商联的非公有制经济组织党工委和设在县民政局的社会组织党工委；在县工商联设立县非公有制经济组织综合党委，在县民政局设立县社会组织综合党委；在祁阳经开区设立祁阳经开区非公有制经济组织综合党委，隶属祁阳经开区党工委。县非公有制经济组织和社会组织党工委以及3个综合党委编制按省、市文件规定配备书记1名、专职副书记1名和专职党务工作者3—5名，工作经费列入财政预算。

（二）理顺管理体制。非公有制经济组织党组织原则上实行属地管理。对开发区（园区）非公有制企业党组织，一般由开发区（园区）党组织管理。对不在开发区（园区）的规模以上非公有制企业党组织，一般由县委委托相关部门党组织管理。对大量分散的规模以下非公有制企业和个体工商户党组织，由街道社区和镇村党组织实行兜底管理。社会组织党组织实行分级负责、条块结合、区域兜底管理。同时，在尊重党员自身意愿的基础上，确定党员的组织关系。对社会组织担负业务主管（指导）较多的科协、工商联、教育、卫生计生、文体广新等单位和部门，应设立行业党委（综合党委）或依托行业协会设立党组织，接受县非公有制经济组织和社会组织党工委领导，对本行业（系统）社会组织党组织进行管理。对城乡社区社会组织党组织，由街道社区和镇村党组织实行兜底管理。具体为：

1. 新成立的县非公有制经济组织和社会组织党工委，负责统筹指导全县“两新”组织的党建工作；2. 县非公有制经济组织综合党委负责管理不在开发区的规模以上非公有制企业党组织，管理非公有制经济领域的行业商会（协会）党组织，管理所属会员企业党组织；3. 县社会组织综合党委对在民政部门直接登记、无业务主管单位的社会组织党组织进行管理；4. 祁阳经开区非公有制经济组织综合党委负责管理所在经开区的企业党组织。

二、不断扩大党的组织和工作有效覆盖

（一）明确“两个覆盖”目标。到2016年底，全县非公企业和社会组织党组织覆盖率、单独组建率均要有明显提升。非公企业要做到“四个一百”，即职工50人以上的非公企业100%有党员，100人以上的非公企业100%建立党组织，尚不具备组建党组织条件的非公企业100%选派党建工作指导员，园区党员100%亮明身份、纳入党组织管理。社会组织要做到从业30人以上的民办学校、民办医院以及律师、会计师、税务师事务所等实体性组织全部建立党组织。县非公党工委和社会组织党工委要分别对非公企业和社会组织进行全面排查，摸清底子，对尚未建立党组织的，要做到“五清”，即经营运行情况清、职工队伍情况清、党员队伍情况清、出资人（负责人）情况清、未建党组织原因清，并将摸底情况登记在册、建立台账，在2016年12月底前做到应建尽建，凡应建未建的，要向县委组织部书面说明原因。

（二）创新组织覆盖方式。对有3名以上正式党员、条件成熟的非公有制经济组织和社会组织，要单独设立党组织。对党员人数不足3人、暂不具备单独组建条件的，按行业相近、地域相邻、就近就便原则建立联合党组织。在行业特征明显、管理体系健全的行业，可依托行业协会商会等组建行业性党组织。对园区、专业市场、街区、楼宇等区域内相对集中、规模较小、仅有个别党员的非公有制经济组织和社会组织，可打破单位界限统一建立区域性党组织。非公有制经济组织和社会组织党工委要会同登记审批机关，认真落实“登记申报、年检年报”制度，推动党组织常态化组建工作。对新成立非公有制经济组织和社会组织，具备组建条件的，要同步建立党组织；对已建立党组织但党组织活动不经常不规范的，要督促抓好整改；对已建立党组织的单位因各种原因被注销、不再开展活动的，应按规定程序及时撤销党组织，并将其所属党员的组织关系转入其居住地或新就业单位党组织进行管理。

（三）扩大工作覆盖。对暂不具备组建条件的非公有制经济组织和社会组织，要选派党建工作指导员，帮助先行建立工会、共青团等群团组织，做好培养入党积极分子和发展党员工作，条件成熟时及时建立党组织。发挥党员服务中心、党建工作站“孵化器”作用，突出抓好小微企业、互联网企业和小规模社会组织党的工作覆盖，为建立党组织创造条件。

三、积极拓展党组织和党员发挥作用的途径

（一）创新党员活动方式。把党组织活动融入中心工作，通过设置党员示范岗、党员责任区、党员服务窗口等形式，积极开展党员公开承诺践诺活动，引导党员发挥先锋模范作用。组织党员积极开展建言献策、岗位竞赛、化解矛盾、推动发展环境优化等服务活动，为促进全县非公有制经济组织和社会组织健康发展贡献智慧和力量。深化党员直接联系服务群众工作，发挥非公有制经济组织和社会组织中党员从业人员（会员）的专业优势，广泛开展各类志愿服务活动。

（二）提高组织生活质量。结合全县非公有制经济组织和社会组织实际，落实“三会一课”、民主评议党员、党员党性定期分析等制度。经常听取职工群众对党组织和党员的意见，对存在的问题及时进行整改。按照规定召开民主生活会，定期召开党员组织生活会，积极开

展批评和自我批评，引导党员守纪律、讲规矩，防止组织生活随意化、平淡化、娱乐化、庸俗化。

四、加强党组织书记和党务工作者队伍建设

（一）选优配强党组织书记。通过内部选举、上级委派、公开招聘等方式，将政治素质好、既懂业务又熟悉党务工作的党员选为非公有制经济组织和社会组织党组织书记。提倡党员出资人（负责人）担任党组织书记，出资人（负责人）不是党员的，可从管理层党员中择优选拔党组织书记。内部没有合适人选的，可提请上级党组织选派，或面向社会公开选聘，再通过党内选举程序任职。重视选派优秀专职党务工作者担任联合党组织书记。建立党组织书记津贴制度，所需经费列入财政预算。“两新”组织党组织书记按照300元/月落实津贴，对从机关选派到企业任职的党建工作指导员给予适当津贴，所需经费列入财政预算。在经开区，按照省、市要求和标准，将非公有制经济组织和社会组织党组织书记纳入党员干部教育培训总体规划和年度计划，确保每名党组织书记每年至少接受1次以上的集中培训。

（二）壮大党务工作者队伍。通过专兼职结合、多样化选用、规范化管理、专业化培训、制度化激励等途径和方式，建设一支素质优良、结构合理、数量匹配的党务工作者队伍。规模大、党员多的非公有制经济组织和社会组织党组织，应注重从内部选拔培养党务工作者，配齐专职副书记和党务专干，企业应视情况给予一定的工作津补贴。开发区（园区）要在企业党委（综合党委）下划分若干网格，每个网格至少配备1名党建工作指导员，在企业党委（综合党委）领导下，具体抓好网格内政策宣传、发展党员、组建组织、培育典型、党内帮扶、信息采集等日常工作。党建工作指导员一般由县或经开区统一招聘、使用、管理和考核，面向社会公开选聘的高校毕业生可参照社区工作人员标准确定薪酬待遇。要依托党群活动服务中心，探索成立党务工作者协会，定期举办交流会、学习会或研讨会，搭建工作交流平台。

五、切实强化基础保障

（一）加大政府财政经费保障力度。健全并落实税前列支制度，将党建工作经费纳入单位管理费列支，可按照有关规定据实在所得税前扣除。对新组建的非公经济组织和社会组织党组织，由县财政给予5000元左右的启动经费。非公有制经济企业和社会组织党员先足额上缴党费，然后按照有关程序（参照离退休党支部党费返回50%的做法）全额返回。

（二）全面建立党群活动服务中心。由经开区党工委牵头，以服务党员、服务企业、服务群众为宗旨，在开发区集中区域，全面建设集学习教育、办事服务、联络联谊、展示交流、健康文化等功能于一体的党群活动服务中心，要在2017年底前完成建设任务并投入使用，祁阳经开区至少建成党群活动服务中心。党群活动服务中心一般按照“三区一校七室”的要求划分功能区、设置功能室，“三区”即党建成果展示区、党员群众活动区、公共事务服务区，“一校”即园区党校，“七室”即多功能会议室、党员活动室、工作室、网格信息室、阅览室、谈心室、健身室，统一命名（永州市祁阳县党群活动服务中心），统一标识（由市委组织部统一制作）。聚焦党群活动服务中心的党建主体功能，强化资源整合、统筹安排，将定期组织党员到党群活动服务中心开展活动与党员自发到党群活动服务中心学习休闲相结合，推动党员丰富党内外生活方式。

六、确保工作责任落实

（一）落实领导责任。县委把非公有制经济组织和社会组织党建工作纳入党建工作总体布局，作为抓基层党建工作述职评议考核和相关

部门领导班子、领导干部考核的重要内容。县委主要负责同志带头加强研究，指导、推动解决重点难点问题，带头建立党建工作联系点。由县委组织部牵头抓总，县非公有制经济组织和社会组织党工委具体实施，民政、司法、财政、人力资源和社会保障、商务、税务、工商联等部门和单位分工协作，为非公有制经济组织和社会组织开展党建工作创造条件、提供支持。社会组织登记管理机关要将党建工作要求写入章程示范文本，纳入评估重要指标并增加权重。对履行责任不到位的要追究责任。

（二）抓好督查指导。各有关部门要认真研究制定非公有制经济组织和社会组织党建工作规划和年度计划，实行目标管理，推动任务落实。根据组织性质、行业特点、规模大小等具体情况，区分不同类型，分类提出党建工作要求，加强分类指导。要采取定期检查、随机抽查、专项督查、重点核查等方式，加强督促检查，及时发现解决问题，整体推进工作。注重总结推广经验，培育宣传先进典型，营造良好氛围。

祁办发〔2016〕35号

祁阳县人民政府办公室
关于印发《祁阳县“十三五”时期易地扶贫搬迁实施意见》的通知

祁阳县“十三五”时期易地扶贫搬迁实施意见

为贯彻落实习近平总书记关于做好易地扶贫搬迁工作的重要指示，根据国家发改委等部门《关于印发〈“十三五”时期易地扶贫搬迁工作方案〉的通知》（发改地区〔2015〕2769号）、省发改委等部门《关于印发〈湖南省“十三五”时期易地扶贫搬迁实施意见〉的通知》（湘发改西开〔2016〕39号）等精神，打赢精准扶贫攻坚战，确保完成我县“十三五”时期易地扶贫搬迁任务，特提出如下实施意见。

一、总体要求

（一）指导思想

以2020年全面建成小康社会为目标，以解决“一方水土养不起一方人”的贫困人口脱贫致富为出发点，以“搬得出、稳得住、有事做、能致富”为落脚点，以“县主体、镇（街道）落实、群众自愿、精准实效”为方略，实行有计划分步骤推进，全面完成我县“十三五”时期易地扶贫搬迁和同步搬迁的各项任务。

（二）基本原则

1. 坚持政府主导，群众自愿。充分发挥县、镇两级政府的主导作用，加强统筹谋划和资源整合，动员市场、社会等各方力量共同参与。充分尊重搬迁群众意愿，不搞强迫命令，防止以易地扶贫搬迁之名搞“运动式”搬迁。

2. 坚持量力而行，保障基本。严格控制安置住房面积，同步配套建设必要的基础设施和公共服务设施，保障搬迁对象生产生活基本需要，不搞政府大包大揽，防止出现因建房致贫返贫。

3. 坚持四个结合，科学规划。立足资源特点和当地生产生活习惯，与新型城镇化、美丽乡村建设、生态文明建设、扶贫产业发展等相结合，因地制宜探索搬迁安置方式。综合考虑水土资源、新型城镇化对人口的承载吸纳能力等因素，科学编制规划，强化规划对各类资源的整合引领作用。

4. 坚持精确瞄准，创新机制。瞄准建档立卡贫困人口，在自愿基础上，努力做到应搬尽搬，尽量实现自然村整体迁出。鼓励金融机构通过多种方式提供金融支持，按照“拼盘整合、各记其功”的原则整合各类资金资源，拓展资金来源渠道。

（三）主要目标

用五年时间对我县“一方水土养不起一方人”的地方的建档立卡贫困人口实施易地扶贫搬迁和对非贫困户实行同步易地搬迁，确保“十三五”期间完成1312户、4560人的易地扶贫搬迁以及同步搬迁任务。到2020年，搬迁对象生产生活条件明显改善，享有便利可及的基本公共服务，收入水平明显提升，迁出区生态环境有效改善，与全县人民一道同步迈入全面小康社会。

二、搬迁对象

（一）易地扶贫搬迁对象

易地扶贫搬迁对象必须同时具备两个条件：

1. 居住在“一方水土养不起一方人”的地方，主要是指居住在深山、石山、高寒、荒漠化、地方病多发、无水源、生产资料缺乏等生存环境差、不具备基本发展条件，以及生态环境脆弱、限制或禁止开发地区、地质灾害活跃带。具体而言，“一方水土养不起一方人”的界定标准（有下列情形之一可考虑纳入）：（1）泥石流、滑坡、地质灾害区域；（2）居住偏远，要较大投入基础设施建设才能改善落后面貌的地方；（3）地方病多发地；（4）人畜饮水困难或无保障的村；（5）山林禁伐区、矿产禁止开发区；（6）石漠化较严重区域；（7）难以做到“两不愁、三保障”的地方；（8）生态环境保护需要的地方。

2. 列入扶贫开发建档立卡信息系统的贫困户。

（二）同步搬迁对象

同步搬迁对象指与易地扶贫搬迁对象居住在同一自然村组（“一方水土养不起一方人”的地方）的非贫困户。

搬迁对象的确认要严格把关，严格按照《湖南省建档立卡贫困户易地扶贫搬迁对象确认办法（暂行）》（湘扶办发〔2016〕1号）规定的六个程序执行，即：宣传发动、农户申请、村委会初审及公示7天、镇（街道）审核及公示7天、县政府审批及公告7天、签订搬迁协议。每个环节都要有经办人、负责人签字并存档备查，镇（街道）审核由镇长或街道办事处主任签字。

三、安置方式

易地扶贫搬迁采取集中与分散相结合的安置方式。集中安置是指在一个安置点上集中安置10户以上的安置。集中安置必须统一选址、统一规划、统一建设。在资金整合、政策单列、资金用途专一的前提下，易地扶贫搬迁应与同步搬迁、农村危房改造、库区移民搬迁、生态移民搬迁、地质灾害避险搬迁等实行有效结合、统筹考虑。

易地扶贫搬迁集中安置地点分为镇（街道）安置点、依村就近安置点。各镇（街道）应从实际出发，并充分征求搬迁对象意见，确定安置方式。鼓励采取以小集中为主、以依村就近安置为主进行安置。所有集中安置项目要制定详细实施方案，由县易地扶贫搬迁工作领导小组办公室（联席会议办公室）（以下简称县易地扶贫办）审批后方可动工。

分散安置分为依村就近自建房屋、投亲靠友寻地自建房屋、自行购房安置等。其中搬迁户自主建设住房的，宅基地由搬迁户和所在村共同协商解决，并按易地扶贫搬迁的相关政策要求和程序报批后方能动工。自行购房安置的也必须按易地扶贫搬迁的相关政策要求和程序报批后方可购置房屋。

搬迁对象的老住宅原则上必须拆除，但根据省住建厅制订的相关规定对于具有地域特色、民俗风情等具有保留利用价值的老住宅，以及必要的生产用房，在规定产权归县、镇（街道）或村级集体组织的前提下，可以保留利用。

四、建设内容与补助标准

（一）建设内容

围绕改善搬迁对象生产生活条件和发展环境，建设住房和必要的附属设施，水、电、路、气、网等基本生产生活设施，教育、卫生、文化等公共服务设施。

（二）建设标准

按照“保障基本”的原则，建档立卡贫困户人均住房建设面积不超过25平方米，在此基础上，每户可增加不超过25平方米的生产性用房，但其增加面积费用由农户自行承担。镇（街道）安置点在规划建房时可为搬迁对象今后进一步改善住房条件预留建房空间，作好建房远景规划。对占天占地方式安置的，在条件允许的情况下，可预留续建宅基地，但每户的建房用地总面积不得超过120平方米。在规划及政策允许范围内可以将建房按最多承载三层住房质量标准打基础（超出承载三层住房质量标准的基础费用由农户自己承担），但当前仅允许建设可供入住的一层毛坯房。待搬迁户经济条件改善后，再自行决定是否在已建一层房屋上加层扩建，或再在宅院里加建改善住房。

对于确需与建档立卡贫困户同步搬迁的其他农户，各镇（街道）可结合当地实际和农户自筹能力，按有关规定确定建设规模，但要符合易地扶贫搬迁整体规划。

我县易地扶贫搬迁集中安置点的建房方式为统规统建，分散安置的建房方式为统规自建。

镇（街道）集中安置点、依村就近集中安置点原则上为一户一宅基地、联排式建一层毛坯房，统一建好入户门、铝合金窗、外装修、内墙初粉刷，水电到户不入户。镇（街道）若因受土地的限制确需建楼梯房安置的，楼层不能超过5层。

所有住房均要按住建部门批准的易地扶贫搬迁安置工程住宅设计的要求，规范建房风格、层数、规模等（今后自行加层扩建时也要按统一批准的设计施工建设）。否则，不予享受易地扶贫搬迁和同步搬迁对象的政策待遇。

（三）补助标准

1. 对易地扶贫搬迁户的补助

在人均住房建设面积不超过25平方米的前提下，我县对集中安置统规统建的建档立卡贫困人口毛坯住房建设资金按800元/平方米的标准，由建设单位进行统筹安排；对分散安置的建档立卡贫困人口住房建设补助标准为800元/平方米。

享受易地扶贫搬迁政策的搬迁户，其家庭易地扶贫搬迁人数以扶贫开发建档立卡信息系统中的贫困人口数为准。

集中安置户由政府统筹资金、统一规划、安排基础设施和公共服务设施建设；分散安置的搬迁户在给予住房建设补助后不再安排基础设施建设等其他费用。

易地扶贫搬迁在镇（街道）、村集中安置的搬迁户自筹资金每户原则上不超过1万元，自筹资金在搬迁对象与政府签订搬迁协议时一次性交清。

2. 对同步搬迁户的补助

按上级政策规定，同步搬迁户集中安置建房所需宅基地及建房费用，按用地成本及建房成本价，由农户自筹资金解决，共享集中安置点的基础设施、公共服务设施。

同步搬迁的安置方式、建房方式、安置地点、房屋类型等执行易地扶贫搬迁的规划和建房要求。

（四）补助方式

集中安置的易地扶贫搬迁户在交足自筹资金且新房竣工验收合格后，由所在镇（街道）以及县扶贫开发投资有限公司按事先制定好的住房分配方案统一分配房屋。对自行建房、自行购房安置的贫困户按照省发改委等部门《关于印发易地扶贫搬迁统规统建、统规自建、分散自建、购房安置等4种模式的工作流程（试行）的通知》（湘发改西开〔2016〕61号）中的《易地扶贫搬迁分散自建项目工作流程》《易地扶贫搬迁购房安置项目工作流程》规定，由本人提出申请，并提交建房相关手续、购房合同、相关税费票据、新房照片、房产证等相关资料由镇（街道）核实并签署意见后，报县易地扶贫办审批，再将补助款直接打卡到搬迁户账户。

具体采取何种补助方式，由镇（街道）根据搬迁户选择的安置方式确定，并在搬迁协议中明确。但同时符合易地扶贫搬迁和地质灾害避险安置、农村危房改造等多项条件的搬迁户，只能选择其中一种补助方式，不重复补助。

五、资金筹措及运作

（一）资金筹措

经初步预算，“十三五”时期我县易地扶贫搬迁总投资约27360万元，通过多渠道筹措解决：一是中央预算内专项投资3192万元，地方政府债券资金4446万元，专项建设基金2280万元，承接长期政府性贷款16074万元，群众自筹1368万元。

（二）资金用途

所有筹措的资金严格按中央和省、市要求全部用于对搬迁户的建房补助和安置点建设等。易地扶贫搬迁集中安置点基础设施建设、公共服务设施的款项由县政府统筹安排使用，主要用于征地、三通一平、生产生活设施、公共服务设施、后续产业及其它相关设施，以及与项目直接相关的前期费用。项目建设资金使用情况必须向群众公开公示。

县易地扶贫办工作经费由县财政给予保障。

（三）还款责任及还款资金来源

县扶贫开发投资有限公司对易地扶贫搬迁项目资金及长期政策性贷款资金承担偿还责任。县政府通过整合相关财政专项资金和增加年度预算安排，以政府购买服务方式，逐年向县扶贫开发投资有限公司支付易地扶贫搬迁项目费用，用于偿还易地扶贫搬迁项目资金本息。要用好城乡建设用地增减挂钩政策，土地出让形成的纯收益优先用于向投融资主体及项目实施公司购买易地扶贫搬迁服务。

（四）项目招投标

易地扶贫搬迁资金量大，涉及面广，为用好资金，集中安置项目以及统规统建项目由县扶贫开发投资有限公司作为项目业主，所在镇（街道）经授权为项目具体实施主体，按有关规定进行招标。

六、政策保障

易地扶贫搬迁后，为达到“搬得出、稳得住、有事做、能致富”的目的，县政府对易地扶贫搬迁户实施以下优惠政策：

（一）实施易地扶贫搬迁后，产业发展、就业培训、劳动输出、结对帮扶等各项政策和措施继续给予易地扶贫搬迁对象支持，不因为搬迁群众享受过易地扶贫搬迁政策受到影响；

（二）积极有效整合各类资源，利用好各项政策措施，确保搬迁对象有业可就、稳步脱贫；

（三）县人社局等相关单位和工业园企业主在培训与用工时要优先考虑易地扶贫搬迁对象，确保搬迁户能及时获得技能培训，及时获得就业机会；

（四）县农业委和县扶贫办等相关单位要加大对搬迁户产业扶持力度并适时跟进指导；

（五）公益性事业岗位要向易地扶贫搬迁户倾斜。

七、职责分工

在县委、县政府的领导下，全县要形成“县为主体、镇（街道）为主责、部门主抓、村为主人”责任机制，形成资源整合、各负其责、齐抓共管的工作氛围。“县为主体”，即：在县委、县政府的领导下，县易地扶贫搬迁工作领导小组及其办公室承担全县“十三五”时期易地扶贫搬迁的总体任务、工作部署、协调指导、政策制定、资金调控、督促检查、绩效考核等职责。县级领导对联系镇（街道）承担易地扶贫搬迁的领导责任。“镇（街道）为主责”，即：镇（街道）是辖区易地扶贫搬迁的主责单位，负责组织实施安置点工程建设、宣传发动、对象确认、搬迁对象相关资料的收集及报送、搬迁协议签订、集中安置地的选址征地、规划建设和限额设计、施工建设进度质量和安全、分配建房宅基地和住房、旧房拆除、老宅基地复垦、征地补偿、青苗补偿、信访维稳、矛盾化解，以及后期的扶持管理和服务等工作，完成好易地扶贫搬迁和同步搬迁各项任务；负责辖区内安置点的选址、征地、征地补偿、报批、旧宅基地复垦、开工建设进度的监督和易地扶贫搬迁对象身份的确认、搬迁对象相关资料的收集及报送、搬迁协议的签订以及易地搬迁过程中矛盾纠纷的协调工作。“部门主抓”，即：县直相关单位均按照各自的职能和联系镇（街道）驻村承担易地扶贫搬迁的有关工作和责任，完成所联系村的易地扶贫搬迁和同步搬迁的各项任务。“村为主人”，即：村是易地扶贫搬迁的主人，要自力更生、积极配合，做好宣传发动、确认对象、组织搬迁、拆除旧房、复垦旧宅基地等工作，完成本村易地扶贫搬迁的各项任务。

县发改委：承担县易地扶贫搬迁联席会议牵头单位职能职责。负责会同县扶贫办，组织相关单位编制好全县“十三五”易地扶贫搬迁总体规划、年度计划、年度实施方案；负责中央、省、市有关易地扶贫搬迁政策的分析、研究、宣传工作，负责根据上级政策，结合本县实际，研究提出全县易地扶贫搬迁工作实施方案、建议及措施，加强县财政局、县国土资源局、县住建局、县城建投、县林业局、县扶贫办等相关单位涉及易地扶贫搬迁工作的有关政策归集；负责易地扶贫搬迁项目的审批；统筹协调、督促指导相关单位履行易地扶贫搬迁工作的职能职责，统筹协调项目实施工作，组织相关单位做好考核评估工作；按照省、市易地扶贫搬迁联席会议办公室的要求及时报送各类资料和信息。

县扶贫办：负责全县建档立卡贫困人口精准识别和动态管理，据此拟定“十三五”时期全县建档立卡贫困人口易地扶贫搬迁总体规模及其分布；负责“十三五”各年度建档立卡贫困人口易地扶贫搬迁规模、搬迁对象精准识别、审核认定工作；负责督促、指导各镇（街道）依法依规按程序做好易地扶贫搬迁对象户认定、核实和申报；负责全县易地扶贫搬迁对象的信息资料及公示审核。

县财政局：负责易地扶贫搬迁县级融资平台的筹建管理，搬迁资金的筹措、使用及管理。会同县发改委、县扶贫办制定县易地扶贫搬迁资金监管的具体办法和措施；会同县发改委、县扶贫办使用项目节余资金用于易地扶贫搬迁贷款还本付息以及支持建档立卡贫困人口后续产业发展和就业。

县国土资源局：负责全县所有易地扶贫搬迁建设用地的选址审定、土地利用规划调整、土地征用、迁出宅基地复垦以及耕地占补平衡和增减挂钩等工作，负责制定易地扶贫搬迁依法征地的实施办法和全县易地扶贫搬迁的用地指导性计划，确保“十三五”期间易地扶贫搬迁项目用地依法足额供应，整合地质灾害避险搬迁、治理资金。

县住建局：负责编制易地搬迁安置规划与建设标准、工程建设设计及项目预算；负责各集中安置点实施方案及规划建设手续报批工作；负责制定安置点建设技术规定，监督和检查安置点的工程建设质量、安全施工。会同国土资源局等单位对易地扶贫搬迁集中安置点的选址进行业务指导，负责制定集中安置的住宅建设标准，提供全县区域性、各种类型、可参考的住房建筑风格和户型设计，负责集中安置区整体规划的审批和限额设计的把关，监督安置工程建设质量和安全施工，整合农村危房改造资金。

县城建投：负责组建县级融资平台公司，设立子公司（县扶贫开发投资有限公司），承担全县易地扶贫搬迁项目实施公司职能职责。负责承接省扶贫公司地方债券资金、国家专项建设基金等项目资本金融注工作；负责承接省扶贫公司长期政策性贷款，依法依规管理、使用和偿还项目资本金和长期政策性贷款资金；负责对接省扶贫开发公司，签订好购买服务协议和承接好省扶贫公司地方政府债券资金、国家专项建设资金和长期政策性贷款。县扶贫开发投资有限公司要对地方政府债券资金分别建立台账制度，实行专户专账管理，严格专款专用；同时建立易地扶贫搬迁项目资金定期统计报告制度，定期向省、市扶贫公司上报项目进度及各类资金使用情况。

县林业局：负责易地扶贫搬迁安置工程占用或征收、征用林地审核，占用或征收、征用生态公益林地的规划、申报手续办理；负责易地扶贫搬迁用地区的林业资源的勘查核实、林木采伐许可，林业苗木赔损补偿标准把关，赔损金额的核定；负责易地扶贫搬迁迁出区（老宅基地）的生态修复。

县农业委、县水利局、县交通运输局、县移民局、县教育局、县人社局、国网祁阳县供电公司、县电信公司、县移动公司等单位负责安置区农田、水利、交通、移民、就学、培训、电力设施、通信网络等工程建设和管理。县公安局负责易地扶贫搬迁工作治安管理等相关工作。其他相关单位要按照各自职责制定支持易地扶贫搬迁工作的相关措施，并全力支持全县易地扶贫搬迁工作。

八、监督考核

采取主管部门考核、加强资金管理、委托第三方评估等多种方式，对易地扶贫搬迁工程实施情况进行监督检查，实现考核全覆盖。

（一）加强监督考核。县易地扶贫办负责建立健全监督考核机制，采取半月一督查一通报的方式，对各镇（街道）搬迁对象确认的程序、搬迁对象的核实、搬迁对象相关资料的收集、搬迁协议的签订、搬迁对象与各安置点的对接等，以及对各安置点的选址、征地、报批、开工、建设进度等，进行全方位的监督和考核，考核结果在全县范围内通报，并运用到年终绩效考核当中。

易地扶贫搬迁工作纳入全县干部执行力考核和干部奖惩的重要内容：对完成当年易地扶贫搬迁任务成效显著且搬迁户脱贫快的镇（街道）主要负责人和分管负责人评定为单项工作先进；当年完不成易地扶贫搬迁任务且排在全县后三位的镇（街道）主要负责人和分管负责人要作出检讨；对完不成阶段性任务、弄虚作假的要约谈，情节严重的，按有关规定追责问责，被追责问责的干部当年不得评先评优。

（二）加强资金管理。县财政局会同相关单位制定易地扶贫搬迁项目资金管理办法，加强对项目资本金及长期政策性贷款资金承接、投放及偿还的监督管理。相关金融机构制定易地扶贫搬迁贷款管理办法，加强风险识别和风险防范，严格贷款用途管理，对贷款支持对象是否精准、贷款资金是否专款专用等进行监督检查，并作为贷款发放与回收的重要依据。

（三）委托第三方评估。县易地扶贫办委托社会组织以及咨询公司、科研院所等第三方评估机构，通过监测数据分析、实地调研等方式，对易地扶贫搬迁工程实施进展、资金使用、搬迁对象脱贫发展情况开展第三方独立评价，并将评价结果纳入考核内容。

根据中央、省、市文件精神，本实施意见中的易地扶贫搬迁政策从 2016 年 1 月 1 日起执行。本实施意见授权县易地扶贫办负责解释。

祁政办发〔2016〕3 号

二、建制村合并调整表

单位：人、个、平方千米

单位	调整前					调整后				
	序号	村名	人口	村民小组	面积	序号	村名	人口	村民小组	面积
龙山街道	1	宝塔街社区	9630	20	2.5	1	宝塔街社区	9630	20	2.5
	2	龙山社区	20150	51	2.5	2	龙山社区	20150	51	2.5
	3	九塘冲社区	10129	23	2	3	九塘冲社区	10129	23	2
	4	芦家甸社区	17800	42	2.8	4	芦家甸社区	17800	42	2.8
	5	邵家岭社区	9365	22	2.5	5	邵家岭社区	9365	22	2.5
	6	天马社区	1610	14	3.2	6	天马社区	1610	14	3.2
	7	黄土岭社区	1765	9	2.5	7	黄土岭社区	1765	9	2.5
	8	东江社区	1085	7	1.5	8	东江社区	1085	7	1.5
	9	光明社区	1769	7	3	9	光明社区	1769	7	3
	10	百花社区	3690	23	3.3	10	百花社区	3690	23	3.3
	11	六合岭社区	2268	12	2.5	11	六合岭社区	2268	12	2.5
	12	樟树岭	1079	9	2.3	12	樟树岭	1079	9	2.3
	13	陶家岭	1836	12	2.5	13	陶家岭	1836	12	2.5
	14	建湘	1520	10	4.8	14	建湘	1520	10	4.8
	15	青竹	740	6	2	15	青竹	740	6	2
长虹街道	1	白沙社区	3115	16	3	1	白沙社区	3115	16	3
	2	芹菜甸社区	1714	14	3.8	2	芹菜甸社区	1714	14	3.8
	3	白露甸社区	823	8	1.3	3	白露甸社区	823	8	1.3
	4	长虹社区	1320	13	2	4	长虹社区	1320	13	2
	5	永福社区	1006	10	1.7	5	永福社区	1006	10	1.7
	6	东风社区	2010	16	3	6	东风社区	2010	16	3
	7	长益村	931	7	1.2	7	官益村	2104	14	2.9
	8	官大岭村	1173	7	1.7					
	9	苏油坪村	1326	13	1.9	8	苏油坪新村	2174	20	3.9
	10	群力村	848	7	2					
	11	莲鱼塘村	850	8	2.5	9	莲鱼塘村	850	8	2.5
	12	爱国村	783	8	1.6	10	爱国村	783	8	1.6
	13	湘祁村	1643	14	3	11	光华村	2567	24	5.2
	14	新塘湾村	924	10	2.2					
	15	人民西路社区	13780	33	1.5	12	人民西路社区	13780	33	1.5
	16	新兴路社区	7126	20	1.5	13	新兴路社区	7126	20	1.5
	17	平安街社区	8677	20	2.2	14	平安街社区	8677	20	2.2

续表

单位	调整前					调整后				
	序号	村名	人口	村民小组	面积	序号	村名	人口	村民小组	面积
浯溪街道	1	王府坪社区	11780	29	1.8	1	王府坪社区	11780	29	1.8
	2	望浯园社区	7850	20	1.6	2	望浯园社区	7850	20	1.6
	3	白竹湖社区	7280	25	1.5	3	白竹湖社区	7280	25	1.5
	4	沿江路社区	6860	22	1.5	4	沿江路社区	6860	22	1.5
	5	椒山社区	2583	22	3.2	5	椒山社区	2583	22	3.2
	6	浯溪社区	1414	13	3	6	浯溪社区	1414	13	3
	7	五里社区	1454	13	1.5	7	五里社区	1454	13	1.5
	8	长流社区	1584	13	3.5	8	长流社区	1584	13	3.5
	9	灯塔社区	960	7	2	9	灯塔社区	960	7	2
	10	小江村	900	10	2.7	10	小江村	900	10	2.7
	11	新埠头村	1143	10	2	11	新埠头村	1143	10	2
	12	唐家岭村	1683	16	3	12	唐家岭村	1683	16	3
	13	孙市村	1187	13	1.3	13	孙市村	1187	13	1.3
	14	土轻村	926	8	0.4	14	沿江村	2307	20	2.4
	15	塔边村	1381	12	2					
	16	吾园社区	467		2.2	15	吾园社区	467		2.2
观音滩镇	1	沿沽村	1418	12	3.1	1	沿沽村	2028	18	4.7
	2	云峰村	610	6	1.6					
	3	五四村	734	10	1.8	2	夏乐村	1860	26	5.2
	4	长塘村	470	9	1.7					
	5	裕华村	656	7	1.7					
	6	永安村	850	8	1.3	3	新龙湾村	1458	15	2
	7	群丰村	608	7	0.7					
	8	钢铁村	1040	12	1.9	4	新钢铁村	1575	18	2.9
	9	任塘村	535	6	1					
	10	白竹村	1152	9	2.1	5	白竹新村	2730	23	5
	11	银星村	928	8	1.4					
	12	利溪村	550	6	1.5					
	13	欧塘村	414	5	1	6	和平村	1024	13	2.3
	14	七拱村	610	8	1.3					
	15	团结村	940	14	4	7	团胜村	1648	25	6.8
	16	三胜村	408	11	2.8					

续表

<table>
<tr><th rowspan="2">单位</th><th colspan="5">调整前</th><th colspan="5">调整后</th></tr>
<tr><th>序号</th><th>村名</th><th>人口</th><th>村民小组</th><th>面积</th><th>序号</th><th>村名</th><th>人口</th><th>村民小组</th><th>面积</th></tr>
<tr><td rowspan="24">观音滩镇</td><td>17</td><td>三联村</td><td>865</td><td>12</td><td>1. 7</td><td rowspan="2">8</td><td rowspan="2">联合村</td><td rowspan="2">1475</td><td rowspan="2">19</td><td rowspan="2">2. 9</td></tr>
<tr><td>18</td><td>瓦屋村</td><td>610</td><td>7</td><td>1. 2</td></tr>
<tr><td>19</td><td>天堂村</td><td>923</td><td>10</td><td>1. 5</td><td rowspan="2">9</td><td rowspan="2">新铺村</td><td rowspan="2">2033</td><td rowspan="2">22</td><td rowspan="2">4</td></tr>
<tr><td>20</td><td>烟竹村</td><td>1110</td><td>12</td><td>2. 5</td></tr>
<tr><td>21</td><td>双同村</td><td>523</td><td>7</td><td>1. 4</td><td rowspan="2">10</td><td rowspan="2">凤凰村</td><td rowspan="2">1487</td><td rowspan="2">16</td><td rowspan="2">3. 7</td></tr>
<tr><td>22</td><td>双合村</td><td>964</td><td>9</td><td>2. 3</td></tr>
<tr><td>23</td><td>师公井村</td><td>804</td><td>9</td><td>2. 5</td><td rowspan="2">11</td><td rowspan="2">井仙村</td><td rowspan="2">1146</td><td rowspan="2">13</td><td rowspan="2">4. 2</td></tr>
<tr><td>24</td><td>仙神岭村</td><td>342</td><td>4</td><td>1. 7</td></tr>
<tr><td>25</td><td>东井村</td><td>770</td><td>12</td><td>1. 6</td><td rowspan="3">12</td><td rowspan="3">东泉村</td><td rowspan="3">2226</td><td rowspan="3">31</td><td rowspan="3">3. 8</td></tr>
<tr><td>26</td><td>东木村</td><td>736</td><td>9</td><td>1</td></tr>
<tr><td>27</td><td>欧家铺村</td><td>720</td><td>10</td><td>1. 2</td></tr>
<tr><td>28</td><td>漫山村</td><td>958</td><td>11</td><td>3</td><td>13</td><td>漫山村</td><td>958</td><td>11</td><td>3</td></tr>
<tr><td>29</td><td>八尺村</td><td>1400</td><td>10</td><td>2. 9</td><td>14</td><td>八尺村</td><td>1400</td><td>10</td><td>2. 9</td></tr>
<tr><td>30</td><td>三合村</td><td>1100</td><td>12</td><td>2</td><td>15</td><td>三合村</td><td>1100</td><td>12</td><td>2</td></tr>
<tr><td>31</td><td>双华村</td><td>1135</td><td>14</td><td>2. 7</td><td>16</td><td>双华村</td><td>1135</td><td>14</td><td>2. 7</td></tr>
<tr><td>32</td><td>联兴村</td><td>897</td><td>8</td><td>2. 2</td><td>17</td><td>联兴村</td><td>897</td><td>8</td><td>2. 2</td></tr>
<tr><td>33</td><td>叶家井村</td><td>1260</td><td>13</td><td>4. 6</td><td>18</td><td>叶家井村</td><td>1260</td><td>13</td><td>4. 6</td></tr>
<tr><td>34</td><td>花山村</td><td>1382</td><td>13</td><td>2. 5</td><td>19</td><td>花山村</td><td>1382</td><td>13</td><td>2. 5</td></tr>
<tr><td>35</td><td>龙井村</td><td>1057</td><td>12</td><td>3. 2</td><td>20</td><td>龙井村</td><td>1057</td><td>12</td><td>3. 2</td></tr>
<tr><td>36</td><td>梅花村</td><td>1082</td><td>12</td><td>2</td><td>21</td><td>梅花村</td><td>1082</td><td>12</td><td>2</td></tr>
<tr><td>37</td><td>双龙村</td><td>1372</td><td>15</td><td>3. 3</td><td>22</td><td>双龙村</td><td>1372</td><td>15</td><td>3. 3</td></tr>
<tr><td>38</td><td>马头街社区</td><td>1135</td><td>3</td><td>0. 1</td><td>23</td><td>马头街社区</td><td>1135</td><td>3</td><td>0. 1</td></tr>
<tr><td>39</td><td>桥头街社区</td><td>1293</td><td>3</td><td>0. 2</td><td>24</td><td>桥头街社区</td><td>1293</td><td>3</td><td>0. 2</td></tr>
<tr><td>40</td><td>中心街社区</td><td>1205</td><td>3</td><td>0. 1</td><td>25</td><td>中心街社区</td><td>1205</td><td>3</td><td>0. 1</td></tr>
<tr><td rowspan="8">茅竹镇</td><td>1</td><td>邓家院社区</td><td>680</td><td>9</td><td>2. 2</td><td rowspan="3">1</td><td rowspan="3">茅竹社区</td><td rowspan="3">1610</td><td rowspan="3">18</td><td rowspan="3">7. 6</td></tr>
<tr><td>2</td><td>菜芽村</td><td>450</td><td>4</td><td>1. 9</td></tr>
<tr><td>3</td><td>光华村（1、2、3、4、6）组</td><td>480</td><td>5</td><td>2. 5</td></tr>
<tr><td>4</td><td>清水塘社区</td><td>107</td><td>4</td><td>2. 2</td><td rowspan="2">2</td><td rowspan="2">清水塘社区</td><td rowspan="2">1255</td><td rowspan="2">13</td><td rowspan="2">5. 1</td></tr>
<tr><td>5</td><td>泉塘村</td><td>234</td><td>9</td><td>2. 9</td></tr>
<tr><td>6</td><td>尹家村</td><td>825</td><td>10</td><td>4. 1</td><td rowspan="3">3</td><td rowspan="3">三家村</td><td rowspan="3">2310</td><td rowspan="3">23</td><td rowspan="3">9. 8</td></tr>
<tr><td>7</td><td>肖家村</td><td>815</td><td>8</td><td>3. 3</td></tr>
<tr><td>8</td><td>向家村</td><td>670</td><td>5</td><td>2. 4</td></tr>
</table>

续表

单位	调整前					调整后				
	序号	村名	人口	村民小组	面积	序号	村名	人口	村民小组	面积
茅竹镇	9	琵琶村	290	3	2	4	滴水村	1220	14	6.7
	10	滴水村	930	11	4.7					
	11	板桥村	1460	16	4.6	5	板桥村	2240	27	7.7
	12	竹山村	780	11	3.1					
	13	皇福村	890	11	2.7	6	福庆村	1500	19	5.1
	14	吉庆村	610	8	2.4					
	15	詹家村	960	12	2.7	7	幸福村	1960	23	5.9
	16	道塘村	860	10	2.9					
	17	光华村5组	140	1	0.3					
	18	三塘村	580	8	2.2	8	柏家新村	1260	16	5
	19	三房村	680	8	2.8					
	20	杨司桥村	660	7	2.3	9	联合村	1280	13	4.7
	21	老鸭山村	620	6	2.4					
	22	周塘村	1300	13	3.8	10	周塘村	1300	13	3.8
	23	富联村	1360	15	5.5	11	富联村	1360	15	5.5
	24	大塘村	1250	12	2.7	12	大塘村	1250	12	2.7
	25	坦坪村	1050	12	2.8	13	坦坪村	1050	12	2.8
	26	老山湾村	1100	9	4.4	14	老山湾村	1100	9	4.4
	27	富里村	1350	16	3.4	15	富里村	1350	16	3.4
	28	大岭村	1480	13	4.1	16	大岭村	1480	13	4.1
	29	茶园村	1200	9	4.2	17	茶园村	1200	9	4.2
	30	容驷村	1150	10	3	18	容驷村	1150	10	3
三口塘镇	1	黄公岭村	868	12	2.3	1	黄公岭村	1880	24	5.4
	2	香山村	712	8	2.4					
		治平村7—10组	300	4	0.7					
	3	坝塘村	806	13	2	2	坝塘村	1456	21	4.3
	4	良衙里村	650	8	2.3					
	5	丝塘村	1226	12	3.9	3	丝塘村	1684	19	5.1
	6	治平村1—6组、11组	458	7	1.2					
	7	五星村	1003	10	3.5	4	豪山口村	1904	21	6
	8	豪山村	901	11	2.5					

续表

单位	调整前					调整后				
	序号	村名	人口	村民小组	面积	序号	村名	人口	村民小组	面积
三口塘镇	9	里塘村	1251	12	3. 1	5	里塘村	1881	19	5
	10	小姑塘村	630	7	1. 9					
	11	金凤	856	12	2. 2	6	金凤村	1103	16	2. 7
	12	农科	247	4	0. 5					
	13	四合	505	8	1. 5	7	石湖塘村	1128	18	3. 3
	14	升宏村	623	10	1. 8					
	15	满明村	807	16	2. 4	8	满明村	1917	34	4. 2
	16	堡头村	690	11	1					
	17	陡桥村	420	7	0. 8					
	18	三口塘社区	1100	11	2. 5	9	三口塘社区	1910	21	5. 1
	19	楠木村	810	10	2. 6					
	20	沙子铺村	618	7	1. 5	10	上椿村	1405	17	3. 1
	21	上椿村	787	10	1. 6					
	22	嶷山村	1420	15	4	11	嶷山村	2233	25	7. 2
	23	四方井村	813	10	3. 2					
	24	两江村	718	9	1. 3	12	马嘶村	1468	22	2. 7
	25	马嘶村	750	13	1. 4					
	26	上马村	420	6	1	13	上马村	1748	22	3. 8
	27	古木村	801	9	1. 6					
	28	同庆村	527	7	1. 2					
	29	禾青	535	11	1. 8	14	青杨村	860	17	2. 8
	30	杨池	325	6	1					
大忠桥镇	1	枫树坪	760	10	2	1	同心	1702	19	3. 4
	2	蟠龙	942	9	1. 4					
	3	厚塘	589	4	1. 6	2	沙井	1875	16	3. 4
	4	梅泉	1286	12	1. 8					
	5	和平	1012	11	4	3	和平	1637	16	4. 9
	6	罗果	125	5	0. 9					
	7	马江	788	5	1	4	新马江	2037	14	2. 6
	8	深滩	1249	9	1. 6					
	9	蔗塘	995	7	3. 2	5	蔗塘	2214	16	7. 3
	10	洪家洞	1219	9	4. 1					

续表

单位	调整前					调整后				
	序号	村名	人口	村民小组	面积	序号	村名	人口	村民小组	面积
大忠桥镇	11	黄家桥	1430	12	1. 2	6	黄家桥	2259	21	2. 6
	12	韩家洲	829	9	1. 4					
	13	金龙	780	7	1. 3	7	毛家新村	2247	20	3. 1
	14	花屋场	577	7	1					
	15	白鹤洞	890	6	0. 8					
	16	九渡	389	4	8. 3	8	开阳岗	817	8	13. 1
	17	瓦屋	428	4	4. 8					
	18	中华	620	13	3	9	华羊	1327	29	6
	19	羊角井	707	16	3					
	20	胜利	862	10	2	10	胜利	1485	18	3. 5
	21	群强	1485	8	1. 5					
	22	莲鹤观	860	10	2. 8	11	三合	1890	24	5. 3
	23	双合	600	8	1. 5					
	24	走马	430	6	1					
	25	两塘	738	9	2. 1	12	合兴	1430	17	4. 4
	26	丛山	692	8	2. 3					
	27	杨家冲	628	7	2. 8	13	民星	1138	14	4. 8
	28	十里	510	7	2					
	29	诸先	587	10	3	14	日晖塘	1175	16	4. 7
	30	日晖塘	588	6	1. 7					
	31	新马	628	8	1. 4	15	祝兴	1044	14	2. 2
	32	联心	416	6	0. 8					
	33	饶塘	816	11	1. 7	16	饶滩	1686	22	3. 2
	34	滩头	870	11	1. 5					
	35	祝山	987	11	2	17	大祝	1539	19	3. 2
	36	大塘	552	8	1. 2					
	37	瓦冲	510	6	1. 3	18	冲头	1022	15	2. 6
	38	冲头	512	9	1. 3					
	39	江边	1075	8	2. 5	19	江边	1075	8	2. 5
	40	五里山	1293	11	3. 8	20	五里山	1293	11	3. 8
	41	盐江	1011	9	2	21	盐江	1011	9	2
	42	金旗	1037	10	2. 6	22	金旗	1037	10	2. 6

续表

单位	调整前					调整后				
	序号	村名	人口	村民小组	面积	序号	村名	人口	村民小组	面积
大忠桥镇	43	双凤	1292	11	4. 1	23	双凤	1292	11	4. 1
	44	梅湾	1539	13	2. 5	24	梅湾	1539	13	2. 5
	45	和睦山	1012	9	4. 3	25	和睦山	1012	9	4. 3
	46	茶山	1126	13	3	26	茶山	1126	13	3
	47	烟塘	1041	14	3. 2	27	烟塘	1041	14	3. 2
	48	白毛窝	1030	15	2. 9	28	白毛窝	1030	15	2. 9
	49	远景	1123	12	5	29	远景	1123	12	5
	50	广福	1308	15	6. 8	30	广福	1308	15	6. 8
	51	镰头湾	1002	7	3. 5	31	镰头湾	1002	7	3. 5
	52	永星	629	10	2. 2	32	永星	629	10	2. 2
	53	星星	1250	13	3. 5	33	星星	1250	13	3. 5
	54	大忠社区	3722	12	3	34	大忠社区	3722	12	3
	55	西河街社区	779	5	0. 6	35	西河街社区	779	5	0. 6
	56	茅坪坊社区	2988	11	2. 2	36	茅坪坊社区	2988	11	2. 2
肖家镇	1	肖家村	1238	14	2. 2	1	肖家村	1858	19	3. 1
	2	杨柳村	620	5	0. 9					
	3	赵家棚村	218	3	6. 8	2	大江村	952	11	14. 4
	4	彭家湾村	414	4	5. 5					
	5	唐家冲村	320	4	2. 1					
	6	汪家村	1043	10	2	3	汪家坪村	1894	16	4
	7	福善村	851	6	2					
	8	先进村	830	7	1. 7	4	仙泉村	1812	15	3. 5
	9	清泉村	982	8	1. 8					
	10	两河村社区	806	6	2. 3	5	金刚社区	2186	18	4. 2
	11	石家湾村	648	6	1					
	12	尹清村	729	6	0. 9					
	13	慈源村	1317	10	4. 9	6	慈源新村	2215	17	6. 5
	14	樟树桥村	898	7	1. 6					
	15	豪富村	810	10	1. 9	7	富栗村	2588	25	5. 6
	16	欧家村	540	5	1. 9					
	17	栗木村	1238	10	1. 8					

续表

单位	调整前					调整后				
	序号	村名	人口	村民小组	面积	序号	村名	人口	村民小组	面积
肖家镇	18	大桥村	1373	10	3. 2	8	九牛坝村	3550	32	11
	19	九牛村	537	6	1. 8					
	20	大屋村	982	10	3. 9					
	21	三合村	658	6	2. 1					
	22	黄沙村	490	4	7. 5	9	黄石村	1374	13	23. 3
	23	白竹村	333	2	5					
	24	青石村	551	7	10. 8					
	25	梓山村	1472	15	2. 3	10	泉山村	2310	23	3. 9
	26	八庙村	838	8	1. 6					
	27	码头村	569	5	1	11	青山村	1003	10	5. 7
	28	芭蕉村	434	5	4. 7					
	29	大户村	815	8	2	12	牛头湾村	2078	20	5. 9
	30	鸭婆亭村	618	8	1. 7					
	31	柏树村	645	6	2. 2					
	32	塘岭村	1072	8	4. 3	13	塘岭村	1072	8	4. 3
	33	大院村	1025	7	6. 2	14	大院村	1025	7	6. 2
	34	百岭村	458	5	8. 8	15	百岭村	458	5	8. 8
	35	龙凼村	572	7	24	16	龙凼村	572	7	24
	36	护民村	1736	15	2. 6	17	护民村	1736	15	2. 6
	37	上白田村	1456	13	3. 1	18	上白田村	1456	13	3. 1
	38	共和村	1718	14	3. 2	19	共和村	1718	14	3. 2
	39	元贝岭村	1628	13	3. 3	20	元贝岭村	1628	13	3. 3
	40	上白鹭村	1326	14	4	21	上白鹭村	1326	14	4
	41	桐梓村	1258	10	3. 2	22	桐梓村	1258	10	3. 2
	42	太平村	1239	9	2. 6	23	太平村	1239	9	2. 6
	43	九泥村	1891	17	6	24	九泥村	1891	17	6
	44	金星村	1578	12	2. 6	25	金星村	1578	12	2. 6
	45	九龙村	1546	14	4. 2	26	九龙村	1546	14	4. 2
	46	牛岭村	1028	9	2. 1	27	牛岭村	1028	9	2. 1
	47	下白田社区	1998	12	2. 3	28	下白田社区	1998	12	2. 3
	48	下白鹭村	1489	14	3. 4	29	白鹭村	1489	14	3. 4

续表

单位	调整前					调整后				
	序号	村名	人口	村民小组	面积	序号	村名	人口	村民小组	面积
八宝镇	1	栗山铺村	838	10	2.5	1	火田坳村	2175	25	6.5
	2	荣华村	634	8	1.3					
	3	火田村	703	7	2.7					
	4	大坪村	634	7	1.8	2	上百里村	1698	16	4.6
	5	清塘村	362	3	1.2					
	6	田岭村	702	6	1.6					
	7	高潮村	979	11	3.6	3	蕉溪山村	1948	23	7.2
	8	蕉溪村	969	12	3.6					
	9	砖塘村	1007	12	1.9	4	黄家渡村	1844	18	2.7
	10	黄家渡村	837	6	0.8					
	11	大源村	1362	15	4.4	5	大源村	1470	17	6.3
	12	林场村	108	2	1.9					
	13	和平村	649	6	0.7	6	中和村	1653	16	2.1
	14	中心村	1004	10	1.4					
	15	星燎村	647	7	1.4	7	四木塘村	2027	22	5.6
	16	四木村	1380	15	4.2					
	17	坪山村	902	7	1.8	8	龙山村	1730	14	3.1
	18	下龙村	828	7	1.3					
	19	高兴村	1033	8	2.6	9	双兴村	1671	15	3.6
	20	隆兴村	638	7	1					
	21	天星村	1114	9	1.5	10	天龙村	2032	18	3.9
	22	龙潜村	918	9	2.4					
	23	新建村	706	9	1.2	11	上百里洲村	1404	14	2.6
	24	古桥村	698	5	1.4					
	25	财源村	587	5	1.6	12	泥源村	1291	14	3.5
	26	泥塘村	704	9	1.9					
	27	双合村	1046	9	1.7	13	双合村	1454	13	2
	28	农科村	408	4	0.3					
	29	龙桥村	968	9	2.8	14	龙泉村	1691	16	5.3
	30	月泉村	723	7	2.5					
	31	公坪村	819	7	2.1	15	三联村	1893	19	4
	32	双益村	408	4	0.9					
	33	双二村	666	8	1					

续表

单位	调整前					调整后				
	序号	村名	人口	村民小组	面积	序号	村名	人口	村民小组	面积
八宝镇	34	幸福村	850	9	1.6	16	联兴村	1532	15	2.9
	35	山背村	682	6	1.3					
	36	浦塘社区	851	7	1.3	17	浦塘社区	1825	17	3.1
	37	大众村	974	10	1.8					
	38	黄市社区	806	5	0.5	18	黄市社区	1552	13	1.5
	39	黄河村	746	8	1					
	40	八宝社区	718	6	1.4	19	八宝社区	1644	15	2.4
	41	金江村	926	9	1					
	42	中仁社区	1461	5	1.2	20	中仁社区	2587	16	2.9
	43	桅子村	496	5	0.5					
	44	龙华村	630	6	1.2					
	45	同心村	1406	14	0.9	21	同心村	1406	14	0.9
	46	合力村	1361	11	1.9	22	合力村	1361	11	1.9
	47	内下村	1020	8	36	23	内下村	1020	8	36
	48	瓦窑村	733	11	34	24	瓦窑村	733	11	34
	49	河上江村	1170	9	26.2	25	河上江村	1170	9	26.2
	50	新屋场村	428	5	24.4	26	新屋场村	428	5	24.4
白水镇	1	联江村	835	5	1.8	1	两江村	2017	12	3.4
	2	两江村	1182	7	1.6					
	3	冷水村	728	7	1.2	2	狮子村	2086	18	3
	4	井水村	660	6	1.8					
	5	福田村	698	6	1.2					
	6	廖塘村	1067	9	1.4	3	新华村	2717	22	4.3
	7	洲上村	850	6	1.4					
	8	沙子岭	800	7	1.5					
	9	三丰村	1560	13	2.3	4	丰江村	2090	19	3.3
	10	三江村	530	6	1					
	11	铁炉村	468	4	1.4	5	太和村	1755	15	4.1
	12	太和村	1287	11	2.9					
	13	喜善村	672	5	0.5	6	瓦神街社区	1855	12	0.6
	14	瓦陈庙社区	1183	7	0.1					

续表

单位	调整前					调整后				
	序号	村名	人口	村民小组	面积	序号	村名	人口	村民小组	面积
白水镇	15	菜园村	895	7	1.7	7	花园村	1943	19	3.2
	16	花桥村	1048	12	1.5					
	17	赵衙里村	1838	15	2.8	8	赵衙里村	2348	19	3.4
	18	席家亭村	510	4	0.6					
	19	刚强村	1026	9	2.5	9	西洲新村	2980	27	6.8
	20	西洲村	686	7	1.4					
	21	文武村	1268	11	2.9					
	22	烟塘村	903	7	2.4	10	烟塘村	1631	13	4.5
	23	新屋塘村	728	6	2.1					
	24	石山村	498	7	1.6	11	七里坪村	2205	24	6.4
	25	上马村	846	7	2.4					
	26	七星村	961	10	2.4					
	27	先锋村	785	6	1.5	12	众升村	2111	17	3.4
	28	少白村	656	5	1.9					
	29	坝上村	670	6	1.5					
	30	朱家桥村	786	7	1.7	13	幸福村	1666	15	3.5
	31	温村	880	8	1.8					
	32	到福桥村	780	8	2	14	到福桥村	1410	14	3.7
	33	里丫塘村	1410	6	1.7					
	34	上凉村	630	5	1.3	15	向凉村	1185	11	2.3
	35	向阳村	565	6	1					
	36	万家村	615	5	1.1	16	万新村	1228	12	2.2
	37	新春村	613	7	1.1					
	38	龙塘村	563	6	1.1	17	岩龙湾村	1983	20	4
	39	三湾头村	630	5	1.3					
	40	岩门口村	790	9	1.6					
	41	青年村	760	6	1.7	18	青峰村	1328	10	3
	42	双丰村	568	4	1.3					
	43	珠玉村	910	9	1.3	19	玉陵村	1487	16	2.5
	44	珠陵村	577	7	1.2					
	45	小湖村	1060	9	3	20	湖广村	1900	17	5.6
	46	花广村	840	8	2.6					

续表

单位	调整前					调整后				
	序号	村名	人口	村民小组	面积	序号	村名	人口	村民小组	面积
白水镇	47	湘湖村	1485	10	1.8	21	湘湖村	1898	15	2.8
	48	铁龙村	438	5	1					
	49	金塘村	448	6	0.9	22	屯金村	1047	13	1.8
	50	屯山村	599	7	0.9					
	51	仁冲村	1338	9	2.1	23	三星村	2814	23	3.2
	52	桥口村	968	8	1.1					
	53	唐家村	508	6	1.4					
	54	仁亲	1082	11	2.1	24	仁亲	1082	11	2.1
	55	横塘	1120	10	2.7	25	横塘	1120	10	2.7
	56	毛家	1315	10	2.3	26	毛家	1315	10	2.3
	57	杨桥	1130	7	1.5	27	杨桥	1130	7	1.5
	58	联丰	620	7	0.7	28	联丰	620	7	0.7
	59	石龙	768	8	1.8	29	石龙	768	8	1.8
	60	老窑	667	3	0.5	30	老窑	667	3	0.5
	61	普济桥	1530	12	2.2	31	普济桥	1530	12	2.2
	62	升级	960	12	2.3	32	升级	960	12	2.3
	63	联盟	1157	9	2.1	33	联盟	1157	9	2.1
	64	新中	1757	12	1.8	34	新中	1757	12	1.8
	65	湘江	1600	10	1.8	35	湘江	1600	10	1.8
	66	护国	887	9	1.4	36	护国	887	9	1.4
	67	柴塘	1056	9	1.6	37	柴塘	1056	9	1.6
	68	渔塘	1200	11	2.2	38	渔塘	1200	11	2.2
	69	木梓	1300	9	2.9	39	木梓	1300	9	2.9
	70	成功	1268	10	2.4	40	成功	1268	10	2.4
	71	火冲	891	11	2.2	41	火冲	891	11	2.2
	72	东川村	1386	8	1.7	42	东川村	1386	8	1.7
	73	竹山村	1150	9	2.5	43	竹山村	1150	9	2.5
	74	一居委会	300	6	0.1	44	下忠靖街社区	300	6	0.1
	75	二居委会	600	6	0.1	45	上忠靖社区	600	6	0.1
	76	三居委会	780	6	0.1	46	大桥湾社区	780	6	0.1

续表

单位	调整前					调整后				
	序号	村名	人口	村民小组	面积	序号	村名	人口	村民小组	面积
进宝塘镇	1	泥江桥	781	9	1.7	1	种田村	2424	22	4.7
	2	种田	1643	13	3					
	3	河埠塘社区	1642	14	2.4	2	河埠塘社区	2214	22	3.7
	4	毛高	572	8	1.3					
	5	鸟窝塘	668	8	1.3	3	进宝塘社区	2301	21	4.5
	6	进宝塘社区	1633	13	3.2					
	7	肖家铺	606	7	1.4	4	福星村	1178	15	2.4
	8	排楼	572	8	1					
	9	新岭	660	7	1.7	5	新朝村	1562	17	3.3
	10	陈朝	902	10	1.6					
	11	乐兴	1362	12	2.8	6	乐兴村	2038	21	4.6
	12	井边	676	9	1.8					
	13	白龙	407	6	1	7	大富村	1183	16	2.7
	14	大富	776	10	1.7					
	15	金马	774	8	1.3	8	白合村	1212	14	2.1
	16	白合	438	6	0.8					
	17	长冲	1318	14	3.3	9	长冲村	2170	21	5.3
	18	城脚	852	7	2					
	19	满冠	742	7	1.6	10	龙鸣村	1721	19	3.6
	20	农民	979	12	2					
	21	石梓塘	382	5	0.6	11	西冲村	1402	17	2.6
	22	西冲	1020	12	2					
	23	义学	1213	11	2.6	12	义学村	2060	18	4.2
	24	下炉冲	847	7	1.6					
	25	木瓜	568	8	0.9	13	荷叶村	1495	19	2.7
	26	荷叶	927	11	1.8					
	27	赤梓湾	1029	10	1.9	14	赤梓湾	1029	10	1.9
	28	佑兴	1172	10	2.3	15	佑兴	1172	10	2.3
	29	枫梓塘	1251	12	2.7	16	枫梓塘	1251	12	2.7
	30	大塘	1179	15	3.4	17	大塘	1179	15	3.4
	31	里仕	1411	13	2.4	18	里仕	1411	13	2.4
	32	黎明	1206	13	1.8	19	黎明	1206	13	1.8
	33	石云	1324	11	2.6	20	石云	1324	11	2.6

续表

单位	调整前					调整后				
	序号	村名	人口	村民小组	面积	序号	村名	人口	村民小组	面积
黄泥塘镇	1	搭 洲	1503	16	3.3	1	搭 洲	2061	25	5.6
	2	官 冲	558	9	2.3					
	3	下埠头	1494	13	1.9	2	唐家岭	3047	25	4.1
	4	太阳升	1155	8	1.2					
	5	红 星	398	4	1					
	6	瓢 塘	860	8	1.4	3	三 联	3133	25	4.6
	7	三 联	1311	12	1.8					
	8	白木塘	962	5	1.4					
	9	堰塘铺	1025	12	2.3	4	永 祁	2045	25	5.2
	10	茶 亭	1020	13	2.9					
	11	闲 亭	850	10	1.6	5	幸 福	1416	19	3.2
	12	观 马	566	9	1.6					
	13	双 联	1094	11	2.4	6	双槽门	1579	17	3.7
	14	信 心	485	6	1.3					
	15	板栗坪	785	9	1.8	7	兴 坪	1541	17	3.2
	16	大 兴	756	8	1.4					
	17	官 锋	1013	10	2.5	8	胜 利	1949	17	4.6
	18	杨 梅	936	7	2.1					
	19	庆 塘	1200	12	2	9	新 书	2694	24	4.6
	20	清 吉	1494	12	2.6					
	21	前 程	638	9	1.6	10	新 程	1253	20	3.6
	22	日 新	615	11	2					
	23	建 新	1017	8	2.3	11	建 新	1752	14	4.8
	24	满 竹	735	6	2.5					
	25	龙口冲	1032	13	2.7	12	龙口冲	1032	13	2.7
	26	半边街	1091	13	3	13	半边街	1091	13	3
	27	金 盆	1635	12	1.9	14	金 盆	1635	12	1.9
	28	九 洲	2068	9	3.2	15	九 洲	2068	9	3.2
	29	新 义	2120	17	2.1	16	新 义	2120	17	2.1
	30	石 兰	1529	11	1.9	17	石 兰	1529	11	1.9
	31	杨梅塘	1615	14	1.9	18	杨梅塘	1615	14	1.9
	32	桐 木	1230	12	2.4	19	桐 木	1230	12	2.4

续表

单位	调整前					调整后				
	序号	村名	人口	村民小组	面积	序号	村名	人口	村民小组	面积
黄泥塘镇	33	黄泥塘社区	1569	7	1.1	20	黄泥塘社区	1569	7	1.1
	34	三居委会	599	7	0.9	21	高兴社区	599	7	0.9
	35	二居委会	505	6	1	22	文兴社区	505	6	1
羊角塘镇	1	车头村	378	4	1.2	1	清溪坪村	1701	17	3.4
	2	清溪坪村	1323	13	2.2					
	3	大塘村	650	10	1.6	2	枣子塘村	1588	20	2.8
	4	枣子坪村	938	10	1.2					
	5	国华村	1050	12	2.3	3	八歧村	2275	29	5
	6	高龙桥村	1225	17	2.7					
	7	兴发村	850	11	1.2	4	兴豪村	1400	19	2.5
	8	豪口村	550	8	1.3					
	9	回龙村	1600	15	2.7	5	公平村	2348	27	4.4
	10	大胜村	748	12	1.7					
	11	盐铺村	1038	11	1.9	6	小陂桥村	1856	18	3.3
	12	小陂村	818	7	1.4					
	13	堆上村	368	4	0.7	7	堆上村	1271	16	2.6
	14	朱砂井村	903	12	1.9					
	15	高槐村	1426	11	2.8	8	高井村	2534	23	4.8
	16	石井村	1108	12	2					
	17	石湾村	984	7	1.2	9	江湾村	2104	16	2.6
	18	清江村	1120	9	1.4					
	19	白塘村	988	11	1.3	10	白塘村	1758	17	2
	20	泥鳅塘村	770	6	0.7					
	21	铜银村	980	10	1.4	11	铜银村	1790	18	2.9
	22	龙脉江村	810	8	1.5					
	23	灵岩村	698	7	1.1	12	城南陡村	1496	15	2.4
	24	张阿塘村	798	8	1.3					
	25	合山村	898	8	6.1	13	江山村	2466	27	9.6
	26	江堰村	791	8	2.2					
	27	龙山村	777	11	1.3					
	28	光景村	867	13	2	14	莨井山村	1666	25	4.3
	29	太白村	799	12	2.3					

续表

单位	调整前					调整后				
	序号	村名	人口	村民小组	面积	序号	村名	人口	村民小组	面积
羊角塘镇	30	直祖村	1348	19	4	15	太白峰村	1961	28	5
	31	白露塘村	613	9	1					
	32	万福村	658	15	3. 2	16	茶园村	2433	39	4. 9
	33	茶园村	818	11	1. 7					
	34	高桥村	957	13	2					
	35	平安村	1007	16	2. 5	17	平安村	1497	26	3. 7
	36	狮城村	490	10	1. 2					
	37	油湾村	349	4	0. 6	18	牛坪坳村	1456	20	3. 2
	38	牛坪坳村	1107	16	2. 6					
	39	坪山村	1460	13	4	19	雪坪村	2980	30	8
	40	雪里红村	1520	17	4					
	41	黄坪村	1031	11	1. 7	20	黄坪村	2011	20	3
	42	四院村	980	9	1. 3					
	43	石堰村	1430	13	2. 2	21	堰安村	2408	24	3. 7
	44	大安村	978	11	1. 5					
	45	飞马村	1184	13	3. 1	22	隐仙岩村	2023	20	5. 1
	46	新铺村	834	7	2					
	47	雅塘冲村	808	8	0. 9	23	君子陡社区	1774	19	2. 3
	48	君子陡社区	966	11	1. 4					
	49	升坪村	1502	17	3	24	升坪村	1502	17	3
	50	荷池村	1397	21	4	25	荷池村	1397	21	4
	51	新华村	2170	24	5. 6	26	新华村	2170	24	5. 6
	52	兰桥村	1280	11	1. 7	27	兰桥村	1280	11	1. 7
	53	新龙村	1250	11	2. 6	28	新龙村	1250	11	2. 6
	54	泉口村	1150	12	2. 2	29	泉口村	1150	12	2. 2
	55	大兴村	1876	22	3. 3	30	大兴村	1876	22	3. 3
	56	金竹村	1018	16	3. 9	31	金竹村	1018	16	3. 9
	57	城山村	1879	21	3. 4	32	城山村	1879	21	3. 4
	58	塘冲村	1650	16	2. 5	33	塘冲村	1650	16	2. 5
	59	羊角塘社区	798	7	0. 9	34	羊角塘社区	798	7	0. 9
	60	复兴社区	1120	12	1. 9	35	复兴社区	1120	12	1. 9

续表

<table>
<tr><th rowspan="2">单位</th><th colspan="5">调整前</th><th colspan="5">调整后</th></tr>
<tr><th>序号</th><th>村名</th><th>人口</th><th>村民小组</th><th>面积</th><th>序号</th><th>村名</th><th>人口</th><th>村民小组</th><th>面积</th></tr>
<tr><td rowspan="32">潘市镇</td><td>1</td><td>夭竹村</td><td>590</td><td>10</td><td>2.8</td><td rowspan="3">1</td><td rowspan="3">下七渡村</td><td rowspan="3">2154</td><td rowspan="3">31</td><td rowspan="3">6.4</td></tr>
<tr><td>2</td><td>广济桥村</td><td>638</td><td>7</td><td>1.5</td></tr>
<tr><td>3</td><td>下七渡村</td><td>926</td><td>14</td><td>2.1</td></tr>
<tr><td>4</td><td>岐竹村</td><td>858</td><td>10</td><td>3</td><td rowspan="3">2</td><td rowspan="3">多喜塘村</td><td rowspan="3">2184</td><td rowspan="3">28</td><td rowspan="3">9.6</td></tr>
<tr><td>5</td><td>多喜塘村</td><td>1032</td><td>9</td><td>2.7</td></tr>
<tr><td>6</td><td>乐园村</td><td>700</td><td>9</td><td>3.9</td></tr>
<tr><td>7</td><td>杨柳村</td><td>452</td><td>5</td><td>4.5</td><td rowspan="2">3</td><td rowspan="2">下堡桥村</td><td rowspan="2">1930</td><td rowspan="2">13</td><td rowspan="2">6.4</td></tr>
<tr><td>8</td><td>下堡桥村</td><td>980</td><td>8</td><td>1.9</td></tr>
<tr><td>9</td><td>木埠头村</td><td>950</td><td>8</td><td>1.5</td><td>4</td><td>木埠头村</td><td>950</td><td>8</td><td>1.5</td></tr>
<tr><td>10</td><td>许家岭村</td><td>1106</td><td>15</td><td>3.3</td><td>5</td><td>许家岭村</td><td>1106</td><td>15</td><td>3.3</td></tr>
<tr><td>11</td><td>丁家坪村</td><td>1270</td><td>10</td><td>2.5</td><td>6</td><td>丁家坪村</td><td>1270</td><td>10</td><td>2.5</td></tr>
<tr><td>12</td><td>梅园村</td><td>486</td><td>7</td><td>1.9</td><td rowspan="2">7</td><td rowspan="2">侧树坪村</td><td rowspan="2">972</td><td rowspan="2">13</td><td rowspan="2">3.7</td></tr>
<tr><td>13</td><td>侧树坪村</td><td>486</td><td>6</td><td>1.8</td></tr>
<tr><td>14</td><td>双江村</td><td>668</td><td>7</td><td>0.8</td><td rowspan="2">8</td><td rowspan="2">石峡洲村</td><td rowspan="2">1645</td><td rowspan="2">15</td><td rowspan="2">1.5</td></tr>
<tr><td>15</td><td>石峡洲村</td><td>977</td><td>8</td><td>0.7</td></tr>
<tr><td>16</td><td>龙江村</td><td>760</td><td>7</td><td>1.2</td><td rowspan="2">9</td><td rowspan="2">龙枫村</td><td rowspan="2">1356</td><td rowspan="2">12</td><td rowspan="2">2.7</td></tr>
<tr><td>17</td><td>枫树村</td><td>596</td><td>5</td><td>1.5</td></tr>
<tr><td>18</td><td>曾家岐村</td><td>1326</td><td>13</td><td>2.3</td><td>10</td><td>曾家岐村</td><td>1326</td><td>13</td><td>2.3</td></tr>
<tr><td>19</td><td>谢家湾村</td><td>1160</td><td>13</td><td>2.6</td><td>11</td><td>谢家湾村</td><td>1160</td><td>13</td><td>2.6</td></tr>
<tr><td>20</td><td>柏家村</td><td>606</td><td>7</td><td>1.2</td><td rowspan="2">12</td><td rowspan="2">柏家村</td><td rowspan="2">1472</td><td rowspan="2">20</td><td rowspan="2">2.8</td></tr>
<tr><td>21</td><td>阳家岐村</td><td>866</td><td>13</td><td>1.6</td></tr>
<tr><td>22</td><td>毛家埠村</td><td>827</td><td>9</td><td>2.1</td><td rowspan="3">13</td><td rowspan="3">八角岭村</td><td rowspan="3">2167</td><td rowspan="3">21</td><td rowspan="3">6.5</td></tr>
<tr><td>23</td><td>八角岭村</td><td>802</td><td>7</td><td>2.6</td></tr>
<tr><td>24</td><td>老司里村</td><td>538</td><td>5</td><td>1.8</td></tr>
<tr><td>25</td><td>新民村</td><td>780</td><td>7</td><td>2.5</td><td rowspan="2">14</td><td rowspan="2">新陆村</td><td rowspan="2">1512</td><td rowspan="2">17</td><td rowspan="2">4</td></tr>
<tr><td>26</td><td>陆家村</td><td>732</td><td>10</td><td>1.5</td></tr>
<tr><td>27</td><td>桐木村</td><td>1248</td><td>15</td><td>4.1</td><td>15</td><td>桐木村</td><td>1248</td><td>15</td><td>4.1</td></tr>
<tr><td>28</td><td>塘弦湾村</td><td>840</td><td>9</td><td>2.5</td><td>16</td><td>塘弦湾村</td><td>840</td><td>9</td><td>2.5</td></tr>
<tr><td>29</td><td>中洲村</td><td>865</td><td>11</td><td>1.3</td><td>17</td><td>中洲村</td><td>865</td><td>11</td><td>1.3</td></tr>
<tr><td>30</td><td>合洲村</td><td>1236</td><td>12</td><td>1</td><td>18</td><td>合洲村</td><td>1236</td><td>12</td><td>1</td></tr>
<tr><td>31</td><td>铜锣山村</td><td>570</td><td>11</td><td>1.6</td><td rowspan="2">19</td><td rowspan="2">董家埠村</td><td rowspan="2">1103</td><td rowspan="2">17</td><td rowspan="2">3.9</td></tr>
<tr><td>32</td><td>董家埠村</td><td>533</td><td>6</td><td>2.3</td></tr>
</table>

续表

<table>
<tr><th rowspan="2">单位</th><th colspan="5">调整前</th><th colspan="5">调整后</th></tr>
<tr><th>序号</th><th>村名</th><th>人口</th><th>村民小组</th><th>面积</th><th>序号</th><th>村名</th><th>人口</th><th>村民小组</th><th>面积</th></tr>
<tr><td rowspan="27">潘市镇</td><td>33</td><td>仙人坪村</td><td>690</td><td>7</td><td>1.4</td><td rowspan="2">20</td><td rowspan="2">仙神村</td><td rowspan="2">1106</td><td rowspan="2">10</td><td rowspan="2">2.1</td></tr>
<tr><td>34</td><td>灵官甸村</td><td>426</td><td>3</td><td>0.7</td></tr>
<tr><td>35</td><td>下街社区</td><td>924</td><td>6</td><td>0.8</td><td>21</td><td>下街社区</td><td>924</td><td>6</td><td>0.8</td></tr>
<tr><td>36</td><td>上街社区</td><td>887</td><td>6</td><td>0.7</td><td>22</td><td>上街社区</td><td>887</td><td>6</td><td>0.7</td></tr>
<tr><td>37</td><td>周家湾社区</td><td>1346</td><td>13</td><td>2.1</td><td rowspan="2">23</td><td rowspan="2">周家湾社区</td><td rowspan="2">2146</td><td rowspan="2">20</td><td rowspan="2">4.3</td></tr>
<tr><td>38</td><td>古形村</td><td>800</td><td>7</td><td>2.2</td></tr>
<tr><td>39</td><td>龙溪村</td><td>963</td><td>10</td><td>2.3</td><td rowspan="2">24</td><td rowspan="2">龙溪村</td><td rowspan="2">1443</td><td rowspan="2">16</td><td rowspan="2">4.9</td></tr>
<tr><td>40</td><td>苏木村</td><td>480</td><td>6</td><td>2.6</td></tr>
<tr><td>41</td><td>东江村</td><td>375</td><td>5</td><td>2.6</td><td rowspan="2">25</td><td rowspan="2">高江村</td><td rowspan="2">931</td><td rowspan="2">11</td><td rowspan="2">4.2</td></tr>
<tr><td>42</td><td>高山村</td><td>556</td><td>6</td><td>1.6</td></tr>
<tr><td>43</td><td>陶家湾村</td><td>630</td><td>9</td><td>3</td><td rowspan="2">26</td><td rowspan="2">陶家湾村</td><td rowspan="2">955</td><td rowspan="2">15</td><td rowspan="2">4.7</td></tr>
<tr><td>44</td><td>白果村</td><td>325</td><td>6</td><td>1.7</td></tr>
<tr><td>45</td><td>深皇村</td><td>280</td><td>4</td><td>1.4</td><td rowspan="2">27</td><td rowspan="2">盘古村</td><td rowspan="2">927</td><td rowspan="2">15</td><td rowspan="2">5.4</td></tr>
<tr><td>46</td><td>盘古村</td><td>647</td><td>11</td><td>4</td></tr>
<tr><td>47</td><td>源星村</td><td>927</td><td>10</td><td>3.3</td><td>28</td><td>源星村</td><td>927</td><td>10</td><td>3.3</td></tr>
<tr><td>48</td><td>钢铁村</td><td>924</td><td>8</td><td>1.9</td><td>29</td><td>钢铁村</td><td>924</td><td>8</td><td>1.9</td></tr>
<tr><td>49</td><td>赤一村</td><td>1047</td><td>10</td><td>2.5</td><td>30</td><td>赤一村</td><td>1047</td><td>10</td><td>2.5</td></tr>
<tr><td>50</td><td>赤二村</td><td>678</td><td>9</td><td>2</td><td rowspan="2">31</td><td rowspan="2">清水塘村</td><td rowspan="2">1276</td><td rowspan="2">17</td><td rowspan="2">3.5</td></tr>
<tr><td>51</td><td>大洞源村</td><td>598</td><td>8</td><td>1.5</td></tr>
<tr><td>52</td><td>鲁冲村</td><td>1545</td><td>17</td><td>4.1</td><td>32</td><td>鲁冲村</td><td>1545</td><td>17</td><td>4.1</td></tr>
<tr><td>53</td><td>东桥村</td><td>820</td><td>10</td><td>2.4</td><td rowspan="2">33</td><td rowspan="2">光华村</td><td rowspan="2">1230</td><td rowspan="2">18</td><td rowspan="2">3.8</td></tr>
<tr><td>54</td><td>丫冲村</td><td>410</td><td>8</td><td>1.4</td></tr>
<tr><td>55</td><td>享塘村</td><td>781</td><td>10</td><td>2.1</td><td rowspan="2">34</td><td rowspan="2">荷塘村</td><td rowspan="2">1993</td><td rowspan="2">25</td><td rowspan="2">5.4</td></tr>
<tr><td>56</td><td>荷花村</td><td>1212</td><td>15</td><td>3.3</td></tr>
<tr><td>57</td><td>建溪村</td><td>1900</td><td>20</td><td>4.7</td><td>35</td><td>建溪村</td><td>1900</td><td>20</td><td>4.7</td></tr>
<tr><td>58</td><td>龙潭村</td><td>1500</td><td>16</td><td>3.4</td><td rowspan="2">36</td><td rowspan="2">龙潭村</td><td rowspan="2">2082</td><td rowspan="2">23</td><td rowspan="2">5.6</td></tr>
<tr><td>59</td><td>新屋村</td><td>582</td><td>7</td><td>2.2</td></tr>
<tr><td rowspan="4">梅溪镇</td><td>1</td><td>李家</td><td>813</td><td>6</td><td>2</td><td rowspan="2">1</td><td rowspan="2">双龙村</td><td rowspan="2">1873</td><td rowspan="2">15</td><td rowspan="2">4.9</td></tr>
<tr><td>2</td><td>马阻</td><td>1060</td><td>9</td><td>2.9</td></tr>
<tr><td>3</td><td>太子</td><td>768</td><td>13</td><td>1.9</td><td rowspan="2">2</td><td rowspan="2">新太村</td><td rowspan="2">1848</td><td rowspan="2">25</td><td rowspan="2">3.3</td></tr>
<tr><td>4</td><td>新青</td><td>1080</td><td>12</td><td>1.4</td></tr>
</table>

续表

单位	调整前					调整后				
	序号	村名	人口	村民小组	面积	序号	村名	人口	村民小组	面积
梅溪镇	5	珠溪	430	6	0.3	3	华溪新村	2475	35	7.6
	6	新亭	1405	20	6					
	7	月华	640	9	1.3					
	8	龙湖	998	17	2.3	4	华龙新村	1999	30	4.1
	9	华兴	1001	13	1.8					
	10	大书	628	10	1.8	5	大书村	1296	19	2.4
	11	秧塘	668	9	0.6					
	12	月塘	1037	8	1.5	6	月泉旺村	2689	21	3.7
	13	大泉	866	7	1.5					
	14	招旺	786	6	0.7					
	15	谢阿	1121	16	4	7	谢福星村	1783	27	5.5
	16	石牛	662	11	1.5					
	17	刘家	960	11	1.9	8	刘家新村	1408	15	2.7
	18	绍江1—4组	448	4	0.8					
	19	春光社区	1467	15	2.1	9	春光社区	2005	20	2.2
	20	绍江5—9组	538	5	1					
	21	杨华	1136	18	1.6	10	杨华	1136	18	1.6
	22	大伍	1388	20	2	11	大伍	1388	20	2
	23	城墙	1487	23	1.7	12	城墙	1487	23	1.7
	24	华塘	1469	18	2.5	13	华塘	1469	18	2.5
	25	广歧	1746	18	2.2	14	广歧	1746	18	2.2
	26	小泉	1500	15	2.3	15	小泉	1500	15	2.3
	27	龟山	1598	22	5.9	16	龟山	1598	22	5.9
	28	关心社区	700	8	1.4	17	关心社区	700	8	1.4
	29	中荷社区	950	8	0.7	18	中荷社区	950	8	0.7
七里桥镇	1	上湾村	891	9	1.3	1	易塘湾村	1566	15	2.3
	2	老屋院村	675	6	1					
	3	竹山口村	628	8	2.9	2	云腾村	2456	30	12.6
	4	马颈坳村	970	9	4.8					
	5	吊楼湾村	858	13	4.9					
	6	夭塘村	721	7	1.1	3	双塘村	1684	18	2.6
	7	源塘村	963	11	1.5					

续表

单位	调整前					调整后				
	序号	村名	人口	村民小组	面积	序号	村名	人口	村民小组	面积
七里桥镇	8	蛟龙岭村	1070	9	3.2	4	龙门新村	2046	18	6
	9	三门滩村	976	9	2.8					
	10	田家冲村	583	10	2.7	5	双田照村	1828	31	8.9
	11	双江口村	430	7	2.7					
	12	高照村	815	14	3.5					
	13	塘华村	810	10	4	6	龙华村	1706	19	5.2
	14	五甲垅村	896	9	1.2					
	15	虾螃湾村	858	9	1.5	7	宝旺村	1723	18	2.8
	16	朴六院村	865	9	1.3					
	17	文家冲村	892	10	1.8	8	文高村	1854	20	6.3
	18	高冲岐村	962	10	4.5					
	19	曾家岭村	608	7	2.1	9	栗曾村	1403	16	3.8
	20	栗山坪村	795	9	1.7					
	21	井塘村	887	7	2.2	10	豪井村	1702	14	4.3
	22	豪爽口村	815	7	2.1					
	23	大坳村	629	6	2.5	11	挂榜山村	1031	11	3.8
	24	挂榜山村	402	5	1.3					
	25	龙口源村	1328	11	3	12	龙口源村	1913	16	4.8
	26	接龙桥村	585	5	1.8					
	27	观云口村	701	14	3.7	13	大挂榜山村	1550	23	6.8
	28	龙塘村	849	9	3.1					
	29	乌山冲村	1069	8	2.8	14	乌山冲村	1069	8	2.8
	30	长寿亭村	1694	7	1.3	15	长寿亭村	1694	7	1.3
	31	大堡桥村	1150	11	1.8	16	大堡桥村	1150	11	1.8
	32	鹅颈石村	1421	16	3.4	17	鹅颈石村	1421	16	3.4
	33	竹山湾村	1321	15	1.9	18	竹山湾村	1321	15	1.9
	34	白竹塘村	1130	14	1.3	19	白竹塘村	1130	14	1.3
	35	黄家塘村	1353	12	1.5	20	黄家塘村	1353	12	1.5
	36	吴家坪村	1143	15	2.2	21	吴家坪村	1143	15	2.2
	37	曾家湾村	1139	12	2.9	22	曾家湾村	1139	12	2.9
	38	枣树园村	1143	17	2.8	23	枣树园村	1143	17	2.8
	39	旱禾冲村	1011	10	1.8	24	旱禾冲村	1011	10	1.8

续表

单位	调整前					调整后				
	序号	村名	人口	村民小组	面积	序号	村名	人口	村民小组	面积
七里桥镇	40	丁庙湾村	1012	11	1.2	25	丁庙湾村	1012	11	1.2
	41	排楼湾村	1219	13	3.2	26	排楼湾村	1219	13	3.2
	42	新甸村	1313	12	1.1	27	新甸村	1313	12	1.1
	43	金竹山村	1254	13	3.5	28	金竹山村	1254	13	3.5
	44	邓家岭村	745	9	2.4	29	邓家岭村	745	9	2.4
	45	观音堂社区	1234	12	1.7	30	观音堂社区	1234	12	1.7
	46	湖塘湾社区	965	11	1.8	31	湖塘湾社区	965	11	1.8
下马渡镇	1	雅园	619	8	3	1	雅园冲	1066	14	5
	2	百级	447	6	2					
	3	上赤湾	950	8	1.2	2	上福	1615	16	2
	4	福星冲	665	8	0.8					
	5	竹子坳	1319	11	1.6	3	赤塘	2201	19	2.8
	6	下赤湾	539	5	0.7					
	7	农 科	343	3	0.5					
	8	水冲	1147	12	2.6	4	青峰	1871	20	4.4
	9	石湾	724	8	1.8					
	10	城月	910	10	1.3	5	市门前	2830	28	4.9
	11	市门前	965	10	2.1					
	12	赵家坳	955	8	1.5					
	13	石禾塘	686	6	1.2	6	枫石铺	1749	15	4.2
	14	枫林铺	1063	9	3					
	15	泉塘	665	5	0.6	7	横泉	1523	13	2
	16	横冲	858	8	1.4					
	17	团山	548	5	0.8	8	团栗	1234	10	1.5
	18	栗山	686	5	0.7					
	19	藕塘	973	7	1.2	9	藕池	1753	11	2
	20	池塘	780	4	0.8					
	21	扬名山	1100	7	1.1	10	扬名桥	1990	14	2
	22	桥头江	890	7	0.9					
	23	官塘湾	979	10	2.2	11	官塘湾	1592	16	2.7
	24	继善堂	613	6	0.5					

续表

单位	调整前					调整后				
	序号	村名	人口	村民小组	面积	序号	村名	人口	村民小组	面积
下马渡镇	25	祁山	1016	8	1.1	12	汤家岭	2436	21	3.7
	26	汤家岭	1420	13	2.6					
	27	香木冲	737	7	2.5	13	营盘町	1902	19	5.5
	28	书家铺	1165	12	3					
	29	月塘	1071	10	1.6	14	江月	2351	23	2.9
	30	泥井江	1280	13	1.3					
	31	石塘冲	586	5	2	15	谭家湾	1256	12	5
	32	谭家湾	670	7	3					
	33	鸟啼冲	571	5	0.7	16	元家庙	2137	17	2.6
	34	百步岭	736	6	1.1					
	35	元家庙	830	6	0.8					
	36	清水塘	702	5	2	17	禧清	1444	11	3.3
	37	禧家坪	742	6	1.3					
	38	梓里山	968	9	1.5	18	梓梁	2216	20	3.1
	39	梁家湾	1248	11	1.6					
	40	高子岭	1025	10	3.3	19	刘高岭	2025	20	6
	41	刘家岭	1000	10	2.7					
	42	六合堂社区	1245	9	2	20	六合堂社区	1245	9	2
	43	大湖塘社区	1568	14	3	21	大湖塘社区	1568	14	3
	44	黄茅冲	1360	12	4.7	22	黄茅冲	1360	12	4.7
	45	大茅坪	1208	11	4.5	23	大茅坪	1208	11	4.5
	46	山川	860	6	2.8	24	山川	860	6	2.8
	47	罗家岭	1200	11	3.8	25	罗家岭	1200	11	3.8
	48	双联	1490	12	2.8	26	双联	1490	12	2.8
	49	梅子坪	1195	14	4	27	梅子坪	1195	14	4
	50	紫山冲	1210	16	4	28	紫山冲	1210	16	4
	51	胡家台	1500	12	3.5	29	胡家台	1500	12	3.5
	52	中渡町	1728	14	50	30	中渡町	1728	14	5
	53	胡家岭	1108	12	2	31	胡家岭	1108	12	2
	54	司马源	1686	16	7	32	司马源	1686	16	7
	55	东溪源	1147	9	5	33	东溪源	1147	9	5
	56	大桥湾	1399	8	5	34	大桥湾	1399	8	5
	57	江西桥	1500	13	55	35	江西桥	1500	13	5

续表

单位	调整前					调整后				
	序号	村名	人口	村民小组	面积	序号	村名	人口	村民小组	面积
黎家坪镇	1	黎家坪村	1658	10	1. 1	1	黎家坪村	1658	10	1. 1
	2	新塘村	1421	13	3. 3	2	新塘村	1421	13	3. 3
	3	官塘村	1450	11	2. 5	3	官塘村	1450	11	2. 5
	4	荷叶塘村	1560	13	1. 9	4	荷叶塘村	1560	13	1. 9
	5	竹茶冲村	1156	15	5. 6	5	竹茶冲村	1156	15	5. 6
	6	铁脚湾村	2196	23	4	6	铁脚湾村	2196	23	4
	7	双塘村	1182	17	3. 4	7	双塘村	1182	17	3. 4
	8	十里坪村	1236	16	2. 3	8	十里坪村	1236	16	2. 3
	9	老屋冲村	1100	11	1. 9	9	老屋冲村	1100	11	1. 9
	10	枫树岭村	1136	9	4. 2	10	枫树岭村	1136	9	4. 2
	11	石子岭村	1088	10	2. 1	11	石子岭村	1364	13	2. 6
	12	太平村	276	3	0. 5					
	13	江边湾村	1327	13	1. 5	12	江边湾村	1962	19	2. 6
	14	松山村	635	6	1. 1					
	15	九龙寺村	1258	11	1. 9	13	九龙寺村	2581	24	3. 6
	16	杨家岭村	923	8	1					
	17	颜家湾村	400	5	0. 7					
	18	朝主山村	2008	15	3. 5	14	朝主山村	2916	27	6
	19	祝益村	908	12	2. 5					
	20	大麻冲村	1080	10	2. 5	15	三冲村	2788	34	7. 4
	21	陶家冲村	728	11	2. 1					
	22	铁炉冲村	980	13	2. 8					
	23	培子湾村	1290	13	2. 2	16	培子湾村	1605	17	2. 8
	24	栋梁村	315	4	0. 6					
	25	马斯坪村	1121	14	2. 3	17	马斯坪村	1806	22	3. 7
	26	长弓塘村	685	8	1. 4					
	27	松山湾村	635	8	1. 1	18	甘棠坪村	2284	25	4. 3
	28	甘棠坪村	786	8	1. 3					
	29	狮子岭村	863	9	1. 9					
	30	大湾村	1258	15	2. 1	19	油塘村	1786	24	3. 7
	31	断塘村	528	9	1. 6					

续表

单位	调整前					调整后				
	序号	村名	人口	村民小组	面积	序号	村名	人口	村民小组	面积
黎家坪镇	32	喉水陂村	1256	13	3.1	20	仙人脚村	2182	26	5
	33	祠堂坪村	926	13	1.9					
	34	戴家湾村	860	11	1.7	21	接龙桥村	1922	25	4.1
	35	瑶城村	1062	14	2.4					
	36	张公坪村	1054	9	2.2	22	张公坪村	2216	19	4.7
	37	杨家桥村	1162	10	2.5					
	38	新科院社区	4500	3	0.3	23	新科院社区	4500	3	0.3
	39	黎家院社区	3950	3	0.6	24	黎家院社区	3950	3	0.6
	40	桂斯坪社区	3500	3	1	25	桂斯坪社区	3500	3	1
	41	坦里岩社区	420	2	0.6	26	坦里岩社区	420	2	0.6
	42	雨坛岭社区	3687	2	0.4	27	雨坛岭社区	3687	2	0.4
文富市镇	1	忠诚	1650	17	4.8	1	双龙桥	2500	25	6
	2	幸福桥	850	8	1.2					
	3	排林	1170	9	2.1	2	沙滩桥	2388	21	3.5
	4	桥塘	1218	12	1.4					
	5	香花桥	1486	12	2.2	3	建香	2537	21	4
	6	建设	1051	9	1.8					
	7	双湾	1218	10	1.6	4	黄塘	2303	20	3.2
	8	伍房院	1085	10	1.6					
	9	成家台	1083	11	1.7	5	成柿	1751	18	2.9
	10	柿山湾	668	7	1.2					
	11	檀山岭	1186	10	1.8	6	东洲桥	1996	17	3.2
	12	立志塘	810	7	1.4					
	13	富湾	1526	16	4.2	7	富湾	1526	16	4.2
	14	官山坪	1765	22	3.7	8	官山坪	1765	22	3.7
	15	书林寺	1309	11	1.7	9	书林寺	1309	11	1.7
	16	联江	1305	15	2.1	10	联江	1305	15	2.1
	17	中心	1192	12	2.3	11	中心	1192	12	2.3
	18	黄泥塘	1689	21	3	12	黄泥塘	1689	21	3
	19	马边塘	1128	13	0.8	13	马边塘	1128	13	0.8
	20	清太	1951	13	2.6	14	清太	1951	13	2.6
	21	丁源冲	1227	16	3.6	15	丁源冲	1227	16	3.6

续表

单位	调整前					调整后				
	序号	村名	人口	村民小组	面积	序号	村名	人口	村民小组	面积
文富市镇	22	南河岭	2103	15	3.7	16	南河岭	2103	15	3.7
	23	平阳甸	1472	15	1.8	17	平阳甸	1472	15	1.8
	24	大屋	1227	11	1.4	18	大屋	1227	11	1.4
	25	黄泥山	1779	16	2.7	19	黄泥山	1779	16	2.7
	26	双江口	1689	16	2.3	20	双江口	1689	16	2.3
	27	农科社区	1328	7	0.9	21	农科社区	1328	7	0.9
大村甸镇	1	松树脚	1124	12	1.9	1	新铺子村	2192	21	3.5
	2	新铺子	1068	9	1.6					
	3	显塘	773	8	1.8	2	进步村	1334	13	3.2
	4	进步	561	5	1.4					
	5	迎新	1187	12	2.2	3	联星村	2287	24	5.1
	6	大堰	1100	12	2.9					
	7	光和	945	10	3.1	4	黄岗铺村	1796	18	5.3
	8	黄岗铺	851	8	2.2					
	9	庆阳	832	8	2.2	5	大庆社区	2314	15	4.5
	10	大村甸社区	1482	7	2.3					
	11	罗丫塘	1037	9	3.2	6	银利村	2233	18	5.6
	12	漆家坪	1196	9	2.4					
	13	旭光	650	6	2	7	大村甸村	1906	14	4.4
	14	大村甸	1256	8	2.4					
	15	永福坪	1226	13	4.6	8	幸福村	2003	22	7
	16	徐家冲	777	9	2.4					
	17	烟竹桥	594	7	1.6	9	烟竹桥村	1255	13	3.1
	18	油木岭	661	6	1.5					
	19	丁家岭	1008	9	2.2	10	丁家岭村	1518	15	3.7
	20	白泥塘	510	6	1.5					
	21	石桥铺	1055	8	1.8	11	石元村	1725	16	3.1
	22	袁家塘	670	8	1.3					
	23	毛塘	1380	14	2.9	12	毛塘湾村	2306	22	5
	24	麻托湾	926	8	2.1					
	25	前锋	809	8	1.4	13	吉安村	1752	18	3.5
	26	刘家岭	943	10	2.1					

续表

单位	调整前					调整后				
	序号	村名	人口	村民小组	面积	序号	村名	人口	村民小组	面积
大村甸镇	27	湖塘	786	7	2.8	14	卤桥村	1927	19	5.9
	28	卤桥	1141	12	3.1					
	29	同心	1260	12	2.5	15	同心	1260	12	2.5
	30	五塘冲	1298	11	3.4	16	五塘冲	1298	11	3.4
	31	八一堂	1456	15	4.7	17	八一堂	1456	15	4.7
	32	立新	1206	10	2.7	18	立新	1206	10	2.7
	33	许家亭	1512	13	3.7	19	许家亭	1512	13	3.7
	34	五艾	1625	15	7.1	20	五艾	1625	15	7.1
	35	丛山	1248	12	6.8	21	丛山	1248	12	6.8
文明铺镇	1	大福桥村	1479	14	2.5	1	大福桥村	2262	22	4.2
	2	鹅婆卤村	783	8	1.7					
	3	龙江桥村	1328	15	3	2	龙江桥村	2128	22	4.7
	4	铁桥坳村	800	7	1.7					
	5	白溪村	765	9	1.7	3	长白村	1466	18	3.2
	6	长滩桥村	701	9	1.5					
	7	豪冲村	590	9	1.9	4	豪联玉村	1670	19	4.3
	8	玉柏岭村	1080	10	2.4					
	9	羊古脑村	1286	10	1.2	5	羊兴亭村	2458	19	2.9
	10	段家亭村	1172	9	1.7					
	11	牛筋塘村	688	5	1.4	6	合谊塘村	1514	16	3.7
	12	扒船塘村	826	11	2.3					
	13	蒲草塘村	1237	10	1.6	7	蒲草塘村	2137	20	3.2
	14	茶棚岭村	900	10	1.6					
	15	松林湾村	793	6	1.4	8	松林湾村	1613	11	2.7
	16	双星村	820	5	1.3					
	17	乌塘村	1385	14	2.1	9	乌菱村	2297	23	3.8
	18	菱角塘村	912	9	1.7					
	19	青云村	815	5	2.1	10	云冲村	1738	16	5.4
	20	丝塘冲村	923	11	3.3					
	21	三官塘村	1834	19	4.4	11	三官塘村	2369	24	6.5
	22	桥梓塘村	535	5	2.1					

续表

单位	调整前					调整后				
	序号	村名	人口	村民小组	面积	序号	村名	人口	村民小组	面积
文明铺镇	23	狭江村	1520	15	3.6	12	狭江村	2640	30	5.5
	24	李子冲村	1120	15	1.9					
	25	新塘角村	916	10	2.4	13	新塘角村	1532	16	3.8
	26	蒋家坪村	616	6	1.4					
	27	八甲湾村	1028	10	1.9	14	八甲湾村	1546	17	3.4
	28	张家岭村	518	7	1.5					
	29	成功村	973	10	2.3	15	成功村	1252	15	3.3
	30	汪福桥村	500	5	1					
	31	七一村	1258	10	1.3	16	七一塘村	2074	20	3
	32	谷塘湾村	816	10	1.7					
	33	联益村	1700	14	2.6	17	联益村	2627	23	4.3
	34	宝塔村	927	9	1.7					
	35	三角湾村	1206	10	2.2	18	三角湾村	1836	17	3.4
	36	磨石塘村	630	7	1.2					
	37	峦山村	1378	14	3	19	峦山村	1378	14	3
	38	碧芝塘村	1400	10	2.5	20	碧芝塘村	1400	10	2.5
	39	净龙庵村	1480	10	2.1	21	净龙庵村	1480	10	2.1
	40	同德堂村	1540	11	4.7	22	同德堂村	1540	11	4.7
	41	大泉湾村	1278	13	3.4	23	大泉湾村	1278	13	3.4
	42	高码头村	1598	15	3.1	24	高码头村	1598	15	3.1
	43	泥井湾村	1860	15	2.7	25	泥井湾村	1860	15	2.7
	44	沟河村	1638	17	3	26	沟河村	1638	17	3
	45	林场村	1668	18	8.1	27	林场村	1668	18	8.1
	46	岩塘冲村	1980	17	4.5	28	岩塘冲村	1980	17	4.5
	47	石佛村	1100	10	2.7	29	石佛村	1100	10	2.7
	48	向阳路社区	3835	4	1.8	30	向阳路社区	3835	4	1.8
	49	人民路社区	3187	3	1.6	31	人民路社区	3187	3	1.6
	50	跃进路社区	3105	4	1.7	32	跃进路社区	3105	4	1.7

续表

单位	调整前					调整后				
	序号	村名	人口	村民小组	面积	序号	村名	人口	村民小组	面积
龚家坪镇	1	石山湾	1028	12	2.8	1	石山湾	1914	20	4.7
	2	左家岭	886	8	1.9					
	3	大坪铺	868	7	1.4	2	大坪铺	2268	20	4.9
	4	沟山塘	553	3	1.3					
	5	渗塘湾	847	10	2.2					
	6	酒塘	635	7	1	3	新旷社区	2434	27	2.8
	7	新旷社区	716	9	0.9					
	8	甸中间	1083	11	0.9					
	9	萝卜塘	942	11	2.3	4	双塘	1551	18	3.1
	10	大泥	609	7	0.8					
	11	木山庵	940	9	1.4	5	四角丘	1947	17	6.7
	12	四角丘	1007	8	5.3					
	13	何家岭	1097	7	2.6	6	舜塘	2307	18	4.4
	14	中益	1210	11	1.8					
	15	布谷塘	809	7	1.2	7	窑头铺	2621	29	5
	16	窑头铺	971	12	2.3					
	17	长春	841	10	1.5					
	18	江星	777	9	1.5	8	新江	1913	21	3.3
	19	新湾	1136	12	1.8					
	20	杉木塘	1109	10	1.9	9	双睦塘	1816	17	3.4
	21	檀木塘	697	7	1.5					
	22	云排岭社区	1113	9	1.6	10	云排岭社区	1857	18	2.9
	23	龚家坪	744	9	1.3					
	24	铁丝江	1062	11	3.3	11	金桥	1790	19	4.8
	25	财神塘	728	8	1.5					
	26	碧莲	706	11	2.6	12	碧莲	706	11	2.6
	27	福星桥	1112	13	2	13	福星桥	1112	13	2
	28	古木堰	1395	18	3.2	14	古木堰	1395	18	3.2
	29	黄梅	1464	14	2.1	15	黄梅	1464	14	2.1
	30	香塘铺	766	13	2.8	16	香塘铺	766	13	2.8
	31	复兴	1061	16	2.8	17	复兴	1061	16	2.8
	32	段桥湾	1023	12	1.8	18	段桥湾	1023	12	1.8

续表

单位	调整前					调整后				
	序号	村名	人口	村民小组	面积	序号	村名	人口	村民小组	面积
龚家坪镇	33	田头冲	1311	14	4.3	19	田头冲	1311	14	4.3
	34	沙子坪	1315	15	3.1	20	沙子坪	1315	15	3.1
	35	草塘	828	9	1	21	草塘	828	9	1
	36	九曲河	637	14	2	22	九曲河	637	14	2
	37	三星	1095	11	1.9	23	三星	1095	11	1.9
	38	碳棚	553	21	2.9	24	碳棚	553	21	2.9
金洞镇	1	一居委会	2815	4	3.3	1	一居委会	2815	4	3.3
	2	二居委会	4354	4	1.1	2	二居委会	4354	4	1.1
	3	三居委会	3311	6	2.9	3	三居委会	3311	6	2.9
	4	马蹄口村	626	8	6.2	4	双马村	1211	12	11.4
	5	马蹄源村	585	4	5.2					
	6	白泡廻村	880	8	6.4	5	白泡廻村	2704	19	22.9
	7	友胜村	653	3	2.3					
	8	下古村	759	5	7.6					
	9	农户村	412	3	6.6					
	10	楠木坳村	1219	6	6.9	6	钗江河村	2317	14	24.7
	11	枣树坪村	1098	8	17.8					
	12	小金洞村	1098	6	3.7	7	小金洞村	1876	13	8.9
	13	欧菜河村	778	7	5.2					
	14	江口村	1050	8	8.8	8	双江源村	2066	14	12.8
	15	大竹源	1016	6	4					
	16	土坳村	950	4	6.4	9	黄河村	1930	11	13.4
	17	大同村	980	7	7					
	18	白沙源村	1043	6	6.1	10	白沙源村	2076	10	11.3
	19	东安村	1033	4	5.2					
	20	白沙凼村	908	9	6.3	11	白沙凼村	1683	14	16.5
	21	东江村	775	5	10.2					
	22	油榨铺村	798	8	5.5	12	油胜村	1343	14	14.5
	23	胜利村	545	6	9					
	24	桐子山村	878	7	17	13	小黄司河村	1575	13	25.7
	25	睦源村	697	6	8.7					
	26	下司口村	845	9	6.3	14	下司口村	845	9	6.3
	27	中棚村	532	4	10.9	15	中棚村	532	4	10.9

续表

单位	调整前					调整后				
	序号	村名	人口	村民小组	面积	序号	村名	人口	村民小组	面积
石洞源乡	1	三满房村	1699	16	5.1	1	东风村	2979	24	8
	2	源头村	1280	8	2.9					
	3	借古岭村	1485	13	1.9	2	五星村	4278	26	4.4
	4	冬田村	1468	4	0.9					
	5	五房村	1325	9	1.6					
	6	桂林村	987	10	1.6	3	乐山村	2843	24	4
	7	芳塘村	945	7	1					
	8	乐山村	911	7	1.4					
	9	农胜村	852	4	5.5	4	鸭婆凼村	1541	12	11
	10	鸭婆凼村	689	8	5.5					
	11	蒋家冲村	892	10	7.7	5	蒋家冲村	1682	18	11.8
	12	高枧村	790	8	4.1					
	13	南冲源村	1185	10	4.1	6	南冲源村	2562	21	11.1
	14	双河村	1377	11	7					
	15	西岭坳村	1334	13	4.2	7	西岭坳村	1334	13	4.2
	16	石鼓源村	1198	15	4.9	8	石鼓源村	1198	15	4.9
	17	大岭下村	1577	15	3.7	9	大岭下村	1577	15	3.7
	18	上司源村	1045	12	16.5	10	上司源村	1045	12	16.5
凤凰乡	1	长田方村	1280	7	11.3	1	旭日洞村	2801	17	23.3
	2	大坝头村	1521	10	12					
	3	仁光村	885	8	4	2	红日山村	2365	14	10
	4	柏福村	1480	6	6					
	5	大源岭村	1213	5	7.4	3	白果市村	2641	15	31
	6	团结村	1428	10	23.6					
	7	秧田村	1550	11	4	4	秧田村	3365	18	9
	8	大湾村	1815	7	5					
	9	花筵村	1582	5	1	5	花筵村	4255	16	4.9
	10	隐塘村	1240	5	2.7					
	11	中荣村	1433	6	1.2					
	12	波罗源村	1051	8	11.6	6	波罗源村	1051	8	11.6
	13	山青村	864	4	10.1	7	山青村	864	4	10.1
	14	凤凰村	1882	12	2.5	8	凤凰村	1882	12	2.5

续表

单位	调整前					调整后				
	序号	村名	人口	村民小组	面积	序号	村名	人口	村民小组	面积
凤凰乡	15	江洲村	1532	10	10.1	9	江洲村	1532	10	10.1
	16	陶家村	1635	12	3.7	10	陶家村	1635	12	3.7
	17	长吉村	1424	10	4.1	11	长吉村	1424	10	4.1
晒北滩瑶族乡	1	晒北滩村	1555	5	17.7	1	晒北滩村	2602	9	26.8
	2	碧江口村	1047	4	9.1					
	3	小茗洞村	810	5	11	2	小茗洞村	1592	10	19.7
	4	高笋塘村	782	5	8.7					
	5	野株源村	842	6	12.5	3	野株源村	842	6	12.5
	6	史家坪	1032	6	11.3	4	史家坪	1032	6	11.3
	7	枧下村	824	5	3.6	5	枧下村	824	5	3.6
	8	大源里村	997	4	7.1	6	大源里村	997	4	7.1
	9	三叉岭村	720	6	15.1	7	三叉岭村	720	6	15.1
	10	磨石源村	493	3	9.1	8	磨石源村	493	3	9.1
	11	烟竹山村	965	5	13	9	烟竹山村	965	5	13

注：2016年，祁阳县完成建制村合并工作，全县808个建制村、79个社区，合并为481个建制村、79个社区，减少327个建制村，精简幅度为40.59%；金洞管理区70个建制村、3个社区，合并成42个建制村、3个社区，减少28个建制村，精简幅度为40%。全县建制村平均人口由933人扩大到1571人。